C++
程式設計的樂趣
範例實作與專題研究的程式設計課

Josh Lospinoso 著／張耀鴻 譯

no starch press

```cpp
#include <algorithm>
#include <iostream>
#include <string>

int main() {
  auto i{ 0x01B99644 };
  std::string x{ " DFaeeillnor" };
  while (i--) std::next_permutation(x.begin(), x.end());
  std::cout << x;
}
```

關於作者

喬希·洛斯賓諾索（Josh Lospinoso）博士是一位在美軍服役 15 年的企業家。作為一名網路官員，Josh 編寫了數十個資訊安全工具，並向初級開發人員傳授 C++。他曾在各種會議上演講，發表了 20 多篇同儕評閱的論文，他是一位羅德學者，並擁有專利。他於 2012 年與合夥人成功收購了一家證券公司。他有一個部落格，也是開源軟體的積極貢獻者。

關於技術審稿者

凱爾·威漫（Kyle Willmon）是一位具有 12 年 C++ 經驗的系統開發人員。他在資訊安全領域工作了 7 年，使用的語言有 C++、Python、Go，並參與過許多專案。Kyle 目前是 Sony 全球威脅模擬團隊的開發人員。

目 錄

4

7

運算式 241

PART II：C++ 函式庫和框架   373

10

測試 375

11

12

17

檔案系統 741

18

演算法 769

19

序

「C++ 是一種複雜的語言」，這是 C++ 在被使用了幾十年來所獲得的評價，但其原因並非總是正確的。通常，這被用來當作不想學習 C++ 的理由，或者作為另一種程式設計語言會比較好的理由。這些論點很難證實，因為它們所依賴的基本前提是錯誤的：C++ 不是一種複雜的語言。C++ 最大的問題在於它的聲譽，第二大問題是缺乏學習它的高品質教材。

在過去的四十年裏，這個語言從 C 語言發展而來。它最初是 C 語言的一個分支（添加了少許的功能）和一個叫做 Cfront 的前置編譯器，它將早期的 C++ 程式碼編譯成 C，然後用 C 編譯器進行處理。經過幾年的進步和發展，這種方法被證明對語言的限制太大了，於是我們開始打造一個真正的編譯器。這個編譯器由 Bjarne Stroustrup（C++ 的創造者）所編寫，可以獨立編譯 C++ 程式。其他公司也對 C++ 繼續提供對 C 的支援感到興趣，並製作了自己的 C++ 編譯器，大多與 Cfront 或更新的編譯器相容。

這被證明是站不住腳的，因為這種語言是不可移植的，而且在編譯器之間極不相容。更不用說，把所有的決策和方向都掌握在一個人手中並不是制定跨公司國際標準的方法,這方面有標準的程序,也有管理這些程序的組織。於是 C++ 成了國際標準組織的 ISO 標準。經過幾年的發展,第一個官方的 C++ 標準於 1998 年問世,當時人們還為此欣喜若狂。

不過他們只高興了一會兒,因為雖然 C++98 定義得很好,但它包含了一些人們事先沒有想到的新發展,而且有一些功能以很怪異的方式交互作用。在某些情況下,語言特性本身是寫得很好,但是缺乏了常見特性之間的互動,例如,可以將檔名設定為 std::string,然後用它來打開一個檔案。

另一個後來才新增的功能是針對範本(template)的支援,這是支援標準範本函式庫(Standard Template Library, STL)的主要底層技術,也是當今 C++ 中最重要的部分之一。直到 STL 發佈之後,人們才發現 C++ 本身具有圖靈完備性(能夠計算每一個圖靈可計算函數),許多進階的建構可以藉由在編譯時進行計算來完成,這大大增強了函式庫編寫者撰寫泛型程式碼的能力,這些程式碼能夠處理任意複雜的演繹,而當時已存在的任何其他語言都無法做到這一點。

最後一個複雜的問題是,雖然 C++98 很好,但許多編譯器不適合實作範本。當時的兩個主要編譯器 GNU GCC 2.7 和 Microsoft Visual C++6.0 都無法執行範本所需的「兩步驟名稱查閱」,而唯一的辦法是完全正確地重新寫一個完整的編譯器……。

GNU 試圖在現有的基準程式碼之上繼續增加新的功能,但最終還是在 2.95 版之後進行了重寫。這意味著 C++ 在多年的時間裏沒有發佈新的特性,許多人對此非常不滿。一些公司試圖利用基準程式碼繼續其開發,創建了 2.95.2、2.95.3 和 2.96 版,但這三個版本的程式碼都因缺乏穩定性而遭人們唾棄。最後,完全重寫的 GCC 3.0 問世了。它一開始並不是很成功,因為雖然它在對於範本和 C++ 程式碼的編譯方面比 2.95 好得多,但它不能將 Linux 的核心編譯成一個可正常運作的二進位檔。Linux 社群很明顯地反對修改他們的程式碼來適應新的編譯器,並堅持認為編譯器本身出了毛病。不過最終在 3.2 版的時候,Linux 世界又重新接受了 GCC 3.2 及後來的版本。

微軟儘量避免重寫他們的編譯器，他們添加一個又一個的邊界案例和啟發式方法，並冀望藉由二輪查閱來解決範本名稱解析的問題，不過這種方式始終沒有成功，因為在 2010 年代早期，即使修改原始程式碼也不可能讓所有的函式庫都正常運作。微軟最後還是重寫了他們的解析器，並在 2018 年發佈了更新版本，但是很多人沒有啟用新的解析器。2019 年，新的解析器終於包含在預設的新專案中。

不過在 2019 年之前，2011 年發生了一件大事：C++11 的發佈。在 C++98 發佈之後，主要的新特性被提出並付諸實施。但是由於有一個特性並沒有像預期的那樣運作，新的 C++ 版本因此從 2006 年左右延後到 2009 年左右。在這段時間裏，人們試圖讓它與新功能一起運作。在 2009 年，它最終被刪除，其餘的被修復並發佈，而 1998 年版的 C++ 也終於更新了。然而由於這段期間有大量的新特性和增強的函式庫功能，編譯器又再次跟不上腳步，大多數編譯器在 2013 年底之後才總算能編譯大部分 C++11 的功能。

C++ 委員會從他們之前的失敗中吸取了教訓，現在有了一個戰鬥計畫：每三年要創建一個新版本。計畫是在第一年弄出一些新的功能並加以測試，在下一年將它們好好地整合，第三年想辦法讓它們穩定並正式發佈，每三年重複這個過程。第一次是 C++11，第二次是 2014 年。值得稱道的是，委員會完全按照他們承諾的那樣做了，對 C++11 進行了重大的更新，使得 C++11 的可用性比以前大為提高。在大多數地方實作了嚴謹的限制，而這些限制也改成當時被認為可以接受的範圍內，尤其是關於 constexpr 方面。

那些仍在努力讓 C++11 的所有特性正常運行的編譯器撰寫者現在意識到，他們需要調整自己的速度，否則就落伍了。到了 2015 年，所有的編譯器都支援幾乎所有的 C++14，與之前 C++98 和 C++11 的情況相比，這是一個了不起的成就。這也讓所有主要的編譯器撰寫者重新加入了 C++ 委員會。如果您在某個特性發佈之前就知道了，那麼您就可以成為支援它的領先編譯器。如果您發現某個特性與您編譯器的設計無法支援，您可以影響 C++ 委員會使其朝向您更容易支援的方向來調整，進而讓人們能夠更快地使用它。

C++ 現在正在經歷重生，這個階段是從 2011 年左右開始，當時推出了 C++11，並採用了它所支援的「現代 C++」程式設計風格。到目前為止它已經做了大幅的改進，因為所有來自 C++11 的概念在 C++14 和 C++17 中都進行了微調，而且所有編譯器現在都完全支援您所期望的所有特性。更棒的是，最新版本的 C++20 很快就會發佈，而所有最新版本的編譯器都已經支援了它的主要功能。

現代 C++ 讓開發人員得以跳過原先大部分的困擾：先學習 C、然後學習 C++98、然後學習 C++11，然後忘記所有 C 和 C++98 中已經被改掉的部分。大多數課程都是從介紹 C++ 的歷史開始，因為有必要瞭解為什麼有些東西會如此怪異。不過，我把這些資訊寫在這個序裡面，因此在本書正文中完全沒有提到這些。

您再也不需要為了學習 C++ 來瞭解這段歷史，現代 C++ 風格允許您完全跳過它，只需知道 C++ 的基本原理就可以撰寫設計良好的程式，現在是開始學習 C++ 的最佳時機了。

但是現在回到前面一點：學習 C++ 缺乏高品質的培訓機會和教材。目前在 C++ 委員會內部有一個專門研究 C++ 教學的小組提供高品質的 C++ 培訓，在我看來，後一個問題完全取決於您手裡的那本書了。

與我讀過的所有其他 C++ 書籍不同的是，這本書先教您一些基礎知識、原理、以及如何推理，然後再讓您透過 STL 所提供的東西來進行推理。這樣可能需要比較長的時間才能看到回報，但是當您完全理解 C++ 的工作原理之後，再看到您的第一個成果編譯和運行時將更加滿意。這本書甚至包括了大多數 C++ 書籍都在迴避的主題：在執行完整程式之前先設定環境和測試碼。

希望您喜歡閱讀這本書並嘗試它的所有練習，祝您有個幸運的 C++ 之旅！

彼得·賓德斯（*Peter Bindels*）
首席軟體工程師，*TomTom*

致謝

首先，我要感謝我的家人給了我創作的空間。我花了兩倍的時間才把我提議的一半寫下來，為了您們的耐心，我對您們的感激之情不可言喻。

我要感謝 Kyle Willmon 和 Aaron Bray 教我 C++；感謝 Tyler Ortman 從一個提議中引導了這本書的完成；感謝 Bill Pollock 恢復了我闡述性的寫作風格；感謝 Chris Cleveland、Patrick De Justo、Anne Marie Walker、Annie Choi、Meg Sneeringer 和 Riley Hoffman，他們的一流編輯讓這本書受益匪淺；還有許多早期的讀者，他們把原始的章節變成了無價的迴響。最後，我要感謝 Jeff Lospinoso，他把一本翻了很多遍、沾有咖啡斑漬的「駱駝書」留給了他 10 歲的侄子，這本書點燃了他的心中的火花。

前言

拿起您的畫筆,和我們一起作畫。

—— Bob Ross

系統程式設計的需求量非常龐大,隨著網頁瀏覽器、行動裝置、物聯網的普及,現在是成為一名系統程式設計師的最佳時機。高效率、可維護、和正確的程式碼在任何情況下都是迫切需要的,而我堅信 C++ 通常是最適合這項工作的語言。

在經驗豐富的程式設計師手中,C++ 可以產生比地球上任何其他系統程式語言更小、更有效率、更可讀的程式碼。它是最適合用來實現零間接成本抽象機制的語言,不但您的程式執行起來非常快,而且設計程式的時間也很短,並且可以簡單、直接地對應到硬體上,因此您可以在必要的時候進行低階的硬體控制。當您用 C++ 設計程式時,您就像是站在巨人的肩膀上,他們花了幾十年的時間來設計一種大而靈活的語言。

學習 C++ 有一個非常大的好處，您可以免費存取「C++ 標準函式庫」*stdlib*。stdlib 由三個環環相扣的部分所組成：容器、疊代器和演算法。如果您曾親自寫過自己的快速排序演算法，或者您寫過系統程式碼，並且被緩衝區溢位、懸置指標、釋放後使用、和雙重釋放所困擾，那麼您會很慶幸您熟悉 stdlib。它為您提供了型別安全性、正確性、和效率無與倫比的組合。此外，您會很樂意見到您的程式碼有多麼緊湊並且具有表現力。

C++ 程式設計模型的核心是**物件生命週期**，它為您提供了強而有力的保證，確保程式使用的資源（如檔案、記憶體和網路插槽）能正確釋放，即使在出現錯誤情況時也是如此。當有效地使用時，例外（exception）可以清除程式碼中大量的因錯誤條件檢查而造成的混亂。此外，移動／複製語意提供了安全、高效率和靈活的資源所有權管理方式，而早期的系統程式設計語言（例如 C）根本無法提供這種方式。

C++ 是一個活生生、會呼吸的語言；30 多年來，國際標準組織（International Organization for Standardization，ISO）的 C++ 委員會定期對該語言進行改善。在過去的十年中，已經數次發布了 C++ 標準的更新：分別於 2011 年、2014 年和 2017 年發布了 C++11、C++14 和 C++17。您可以期待在 2020 年有一個新的 C++20。

當我使用**現代** *C++* 一詞時，我指的是最新標準的 C++ 版本，囊括了這些新增內容中所提供的功能和範式。這些更新對語言進行認真的改進，提高了它的表達能力、效率、安全性和整體可用性。從某種程度上說，這種語言從未像現在這樣廣受歡迎，而且也不會很快消失。如果您決定投資在學習 C++ 上，它將在未來幾年裏帶來回報。

關於本書

儘管現代 C++ 程式設計師可以有許多非常高品質的書籍可供選擇，例如 Scott Meyer 的《*Effective Modern C++ 中文版*》和 Bjarne Stroustrup 的《*The C++ Programming Language 國際中文版 第四版*》，但

它們通常都相當進階而難懂。另外還有一些入門的 C++ 書籍可供選擇，但是它們經常略過關鍵的細節，因為它們是針對那些完全沒有程式設計經驗的讀者。對於有經驗的程式設計師來說，往往不清楚該從何處開始學習 C++ 語言。

我比較喜歡刻意地學習複雜的主題，並從它們的基本元素來建立概念。C++ 有著令人望而生畏的名聲，因為它的基本元素緊密地嵌套在一起，很難對這個語言進行完整的描述。當我學習 C++ 時，我大部分的心思花在書籍、影片和精疲力竭的同事之間疲於奔命，所以我寫了這本我希望五年前就有的書。

誰該閱讀本書？

這本書是為已經熟悉基本程式設計概念的中級到高級程式設計師所寫的。如果您沒有特別的系統程式設計經驗也沒關係，有經驗的應用程式設計師也很適合閱讀本書。

NOTE

如果您是一個經驗豐富的 C 程式設計師，或者是有理想有抱負的系統程式設計師，而您想知道是否應該投資於學習 C++ 上面，請務必閱讀第 xxxii 頁的「給 C 程式設計師的建言」，以便進行詳細的評估。

本書內容

這本書分為兩個部分，第一部分介紹了 C++ 語言的核心，而不是按照時間順序（從舊的 C++ 98 到現代 C++ 11/14/17）來呈現 C++ 語言，您將直接學習到現代 C++ 的習慣用語。第二部分介紹了「C++ 標準函式庫」（stdlib）的世界，在這部分您將學到最重要和不可或缺的概念。

第 1 部分：C++ 語言的核心

第 1 章：啟動和執行　這個入門的章節將幫助您建立一個 C++ 開發環境。您將編譯並執行第一個程式，並學習如何為它除錯。

第 2 章：型別　在這裡，您將探索 C++ 型別系統。您將學到基本型別，這是所有其他型別的基礎。接下來，您將瞭解普通舊資料（plain-old-data, POD）型別和功能齊全的類別（class）。您將深入研究建構子（constructor）、初始化和解構子（destructor）的角色。

第 3 章：參照型別　本章將介紹儲存其他物件記憶體位址的物件。這些型別是許多重要程式設計模式的基石，它們允許您產生靈活、高效率的程式碼。

第 4 章：物件生命週期　在儲存持續時間的上下文中繼續討論類別不變量和建構子。在介紹資源獲取即初始化（resource acquisition is initialization, RAII）範式的同時也談到瞭解構子。您將瞭解到例外以及它們如何強制類別不變量和補足 RAII。在討論了 move 和 copy 語意之後，您將探討如何使用建構子和指派運算子來操作它們。

第 5 章：執行時期的多型　這裡將介紹介面，這是一個程式設計的概念，允許您撰寫執行時期多型的程式碼。您將學到繼承和物件組合的基礎知識，這是如何在 C++ 中使用介面的基礎。

第 6 章：編譯時期的多型　本章將介紹範本（template），這是一種能讓您撰寫多型程式碼的語言特性。您還將探索概念（concept），這個語言特性會添加到未來的 C++ 版本中，並命名為轉換函式（conversion function），讓您能夠將物件從一種型別轉換為另一種型別。

第 7 章：運算式　現在您將深入研究運算元和運算子。在徹底理解了型別、物件生命週期和範本之後，您將準備進入 C++ 語言的核心元件，運算式是這個旅程的第一個的航站。

第 8 章：敘述　本章將探討組成函式的元素，您將學習到運算式敘述、複合式敘述、宣告敘述、反覆運算敘述和跳躍敘述。

第 9 章：函式　第 1 部分的最後一章將討論如何把敘述安排成工作單元。您將瞭解函式定義、傳回型別、多載解析、不定參數函式、不定參數範本和函式指標的細節。您還將學會如何使用函式呼叫運算子和 lambda 運算式建立可調用的使用者定義型別。您還將探索 `std::function`：一個提供制式容器來儲存可調用物件的類別。

第 2 部分：C++ 函式庫和框架

第 10 章：測試　本章向您介紹單元測試和模擬框架的奇妙世界。在學習 Boost Test、Google Test、Google Mock 等框架的同時，您還將練習測試驅動開發，並實作一個自動駕駛系統。

第 11 章：智慧型指標　本章解釋了 stdlib 所提供的處理動態物件所有權的特殊實用工具程式類別。

第 12 章：實用工具程式　在這裡，您將看到 stdlib 和 Boost 函式庫中用於處理常見程式設計問題的型別、類別和函式的概述。您還將學到資料結構、數值函式和亂數產生器。

第 13 章：容器　本章將介紹 Boost 函式庫和 stdlib 中幫助您組織資料的許多特殊資料結構。您將瞭解什麼是序列容器、關聯容器和無序關聯容器。

第 14 章：疊代器　這是您在上一章中所學到的容器和下一章的字串之間的介面。您將瞭解不同類型的疊代器，以及它們的設計如何為您提供難以置信的靈活性。

第 15 章：字串　本章將教您如何在單一容器家族中處理人類的語言資料。您還將瞭解字串中內建的特殊功能，這些功能可讓您執行一些常見任務。

第 16 章：串流　這裡將向您介紹支援輸入和輸出操作的主要概念。您將學到如何使用格式化和非格式化操作處理輸入和輸出串流，以及如何使用操縱器。您還將學習如何在檔案中讀寫資料。

第 17 章：檔案系統　在這裡，您將獲得 stdlib 中用於操作檔案系統功能的概述。您將學習如何建構和操縱路徑、檢查檔案和目錄以及列舉目錄結構。

第 18 章：演算法　這是一個數十個問題的快速參照，您可以輕鬆地利用 stdlib 內建的演算法來解決這些問題。您也將瞭解到您可使用的高品質演算法的強大範圍。

第 19 章：協作與並行　本章將教您一些簡單的多執行緒程式設計方法，這些方法是 stdlib 的一部分。您將瞭解什麼是未來（future）、互斥體（mutatex）、條件變數和原子。

第 20 章：Boost Asio 網路程式設計　在這裡，您將學習如何打造透過網路進行通信的高性能程式。您將看到如何使用 Boost Asio 與區塊式和非區塊式輸入和輸出。

第 21 章：撰寫應用程式　最後一章以幾個重要主題的討論來充實這本書。您將瞭解程式支援工具，這些工具允許您與應用程式生命週期掛鉤。您還將瞭解 Boost ProgrampOptions，這是一個函式庫，它讓撰寫接受使用者輸入的控制台應用程式變得簡單易懂。

> **NOTE**
>
> 造訪隨附網站 *https://ccc.codes/* 以取得本書中的程式碼列表。

給 C 程式設計師的開場序

> 亞瑟·丹特（*Arthur Dent*）：「他怎麼了？」
> 希格·赫特弗斯特（Hig Hurtenflurst）：
> 「他的鞋子不合腳。」
> ── 道格拉斯·亞當斯（*Douglas Adams*），
> 《銀河便車指南》，"第十一集"

這篇開場序是為正在考慮是否要閱讀這本書，有經驗的 C 程式設計師所準備的，不是 C 程式設計師的讀者可以跳過這篇前奏。

比樣·史特勞斯特普（Bjarne Stroustrup）從 C 語言中發展出了 C++，雖然 C++ 與 C 完全不相容，但是 C 程式如果寫得很好的話通常也會是有效的 C++ 程式，舉例來說，在布萊恩·柯林漢（Brian Kernighan）和鄧尼斯·裡奇（Dennis Ritchie）的《*The Programming Language*》一書中，所有的範例都是合法的 C++ 程式。

C 語言能普遍存在於系統程式族群中的一個主要原因，是 C 語言允許程式設計師用比組合語言更高的抽象化層級來撰寫程式碼。這樣可以寫出更清晰、更不容易出錯、更易於維護的程式碼。

一般而言，系統程式設計師不願意為程式設計方便而支付額外的成本，因此 C 語言堅守了零額外開銷原則：沒有用到的東西就不用支付。強型別系統是零額外開銷抽象化的最典型例子，型別檢查只在編譯時用來檢查程式的正確性。編譯之後，型別將會消失，而編譯器所產生出的組合語言程式碼將找不到任何型別系統的蹤跡。

作為 C 的後裔，C++ 對於零開銷抽象化和硬體直接映射也非常重視。這種承諾不僅僅是 C++ 支援的 C 語言特性而已，在 C++ 上所建構的一切，包括新的語言特色，都支援這些原則，而且兩者之間的差異都是刻意設計的。事實上，有一些 C++ 的功能甚至比相對應的 C 程式碼帶來更少的間接開銷。關鍵字 constexpr 就是一個很好的例子，它指示編譯器在編譯時就（儘可能）把運算式的結果計算出來，如列表 1 中的程式所示。

列表 1：一個說明常數運算式（constexpr）的程式

```
#include <cstdio>

constexpr int isqrt(int n) {
  int i=1;
  while (i*i<n) ++i;
  return i-(i*i!=n);
}

int main() {
  constexpr int x = isqrt(1764); ❶
  printf("%d", x);
}
```

isqrt 函式會計算參數 n 的平方根，isqrt 函式中的迴圈會將區域變數 i 從 1 開始遞增，直到 i*i 大於或等於 n 為止。如果 i*i==n，則傳回 i；否則返回 i-1。注意，本例呼叫 isqrt 時的參數值是一個固定的字面值（如 ❶ 所示的 1764），因此理論上在編譯時就可以先幫您把結果計算出來。

在 GCC 8.3 上用 -O2 選項以 x86-64 為目標編譯列表 1，將產生列表 2 的組合語言程式。

列表 2：編譯列表 1 後產生的組合語言程式

```
.LC0:
        .string "%d"
main:
        sub     rsp, 8
        mov     esi, 42     ❶
        mov     edi, OFFSET FLAT:.LC0
        xor     eax, eax
        call    printf
        xor     eax, eax
        add     rsp, 8
        ret
```

這裡很明顯的結果是 main 中的第二行指令 ❶；編譯器不是在執行時才計算 1764 的平方根，而是在編譯時就計算好，並在輸出組合語言指令時，直接將 x 視為 42。當然，您可以用計算機算出平方根並手動插入結果，但是使用 constexpr 可以提供很多好處，這種方式可以減少許多因手動複製貼上而造成的錯誤，並且讓程式碼更具有表達能力。

> **NOTE**
>
> 如果您不熟悉 x86 組合語言，請參閱 Randall Hyde 所著的《*The Art of Assembly Language*》第二版，以及 Richard Blum 所著的《*Professional Assembly Language*》。

升等到超級 C

現代 C++ 編譯器將滿足大多數 C 程式設計習慣，這讓我們得以輕鬆地接受 C++ 語言提供的一些策略細節，同時刻意避開語言更深層次的主題。這種 C++ 風格，我們稱之為*超級 C*（*Super C*），基於幾個理由有進一步討論的必要。首先，經驗豐富的 C 程式設計師可以立即受益於將簡單、戰術等級的 C++ 概念應用到程式中。第二，超級 C 不是 C++ 的習慣用語。單純地在 C 程式中使用零散的 **auto** 參照和實例也許能夠讓程式碼更加可靠並增加一些可讀性，但是您需要學習其他概念才能充分利用它。第三，在一些嚴峻的環境（例如，嵌入式軟體、一些作業系統核心和異質架構的計算）中，可用的工具鏈並不完全支援 C++。在這種情況下，至少可以受益於一些 C++ 的技巧，而且很可能也可以支援超級 C。本節將介紹一些可以立即應用到程式碼中的超級 C 概念。

> **NOTE**
>
> 有一些 C 語言所支援的寫法在 C++ 中並不能正常運作，請參閱本書附屬網站 *https://ccc.codes* 的連結部分。

函式多載

考慮以下標準 C 函式庫中的轉換函式：

```
char* itoa(int value, char* str, int base);
char* ltoa(long value, char* buffer, int base);
char* ultoa(unsigned long value, char* buffer, int base);
```

這些函式實現了相同的目標：將整數型別轉換為 C 風格的字串。在 C 語言中，每個函式都必須有一個唯一的名稱。但是對於 C++ 函式而言，只要它們的引數不同，就可以共用名稱，這就是所謂的 *函式多載*（*function overloading*）。您可以利用函式多載來創建自己的轉換函式，如列表 3 所示。

列表 3：呼叫多載函式

```
char* toa(int value, char* buffer, int base) {
  --snip--
}
```

```
char* toa(long value, char* buffer, int base)
  --snip--
}

char* toa(unsigned long value, char* buffer, int base) {
  --snip--
}

int main() {
  char buff[10];
  int a = 1; ❶
  long b = 2; ❷
  unsigned long c = 3; ❸
  toa(a, buff, 10);
  toa(b, buff, 10);
  toa(c, buff, 10);
}
```

由於每個函式中第一個引數的資料型別不同,因此 C++ 編譯器從傳遞到 toa 的引數中可獲得足夠的資訊來呼叫正確的函式,而每個 toa 的呼叫都指向一個唯一的函式。在這裡,您建立了變數 a ❶、b ❷ 和 c ❸,它們是與三個 toa 函式之一對應的不同型別的 int 物件。這比定義單獨命名的函式更為方便,因為您只需要記住一個名稱,編譯器就會自動判斷要呼叫哪個函式。

參照

指標是 C 語言(擴展到大多數系統程式設計)的一個重要功能,它們可以讓您透過傳遞資料位址,而不是實際資料,來高效率地處理大量資料。指標對於 C++ 同樣重要,但您可以提供額外的安全性功能來防止參照到空值和不小心重新指派指標。

參照(reference)是 C++ 對於指標處理的一大改進,它們有點像指標,但有一些關鍵的區別。在語法上,參照與指標有兩大不同。首先,參照是用 & 而不是用 * 來宣告,如列表 4 所示。

列表 4：說明如何宣告帶有指標和參照的函式

```
struct HolmesIV {
  bool is_sentient;
  int sense_of_humor_rating;
};
void mannie_service(HolmesIV*); // Takes a pointer to a HolmesIV
void mannie_service(HolmesIV&); // Takes a reference to a HolmesIV
```

其次是使用點（.）運算子與成員互動，而不是用箭頭運算子
（->），如列表 5 所示。

列表 5：說明點（.）和箭頭（->）運算子用法的程式

```
void make_sentient(HolmesIV* mike) {
  mike->is_sentient = true;
}

void make_sentient(HolmesIV& mike) {
  mike.is_sentient = true;
}
```

在底層機制上，參照相當於指標，因為它們也是零開銷抽象化的運
算。編譯器會產生相似的程式碼。為了說明這一點，考慮使用 -O2
選項在 GCC 8.3 上針對 x86-64 機器編譯 make_sentient 函式的結
果，列表 6 為編譯列表 5 所產生的組合語言程式。

列表 6：編譯列表 5 所產生的組合語言程式

```
make_sentient(HolmesIV*):
        mov     BYTE PTR [rdi], 1
        ret
make_sentient(HolmesIV&):
        mov     BYTE PTR [rdi], 1
        ret
```

然而，在編譯時，參照對原始指標提供了一些額外的安全性，因為
一般來說，它們不能為 null。

如果使用指標，您可以添加 nullptr 檢查以確保安全。例如，您可以為 make_sentient 添加一個檢查，如列表 7 所示。

列表 7：重構列表 5 的 make_sentient，加上 nullptr 檢查

```
void make_sentient(HolmesIV* mike) {
  if(mike == nullptr) return;
  mike->is_sentient = true;
}
```

在使用參照時，這樣的檢查是不必要的；但是，這並不意味著參照總是有效的。考慮以下函式：

```
HolmesIV& not_dinkum() {
  HolmesIV mike;
  return mike;
}
```

not_dinkum 函式會傳回一個參照，這個參照保證不會是 null，但是它卻指向垃圾記憶體（可能在 not_dinkum 所傳回的呼叫堆疊中），也就是所謂的「未定義執行時期行為（*undefined runtime behavior*）」。您絕對不能這麼做，其結果將會是徹底的痛苦，可能會造成當機，也可能給您一個錯誤，或者可能做一些完全無法預料的事情。

參照的另一個安全性功能是它們不可能被重新定址（*reseated*）。換句話說，一旦參照被初始化，它就不能被更改為指向另一個記憶體位址，如列表 8 所示。

列表 8：說明參照不能重新定址的程式

```
int main() {
  int a = 42;
  int& a_ref = a; ❶
  int b = 100;
  a_ref = b; ❷
}
```

您將一個 a_ref 宣告為對 int a ❶ 的參照，此後 a_ref 即無法重新定址為指向另一個 int 的參照。您可能會試著像 ❷ 那樣用 operator= 來為 a_ref 重新定址，但這實際上是 b 的值指派給 a，而不是將 a_ref 的值改為參照到 b。執行以上程式碼片段後，a 和 b 都將等於 100，而 a_ref 仍然指向 a。列表 9 為使用指標的等效程式碼。

列表 9：列表 8 改為使用指標的等效程式碼

```
int main() {
  int a = 42;
  int* a_ptr = &a; ❶
  int b = 100;
  *a_ptr = b; ❷
}
```

在這裡，您用一個 * 來宣告指標，而不是 & ❶。您把 b 的值指派給一個由 a_ptr ❷ 所指向的記憶體。使用參照的話，無需在等號的左邊加上任何修飾字元。但是如果省略了指標 *a_ptr 中的 *，編譯器會抱怨您試圖將 int 指派指標型別。

引用只是帶有額外安全預防措施和少量語法糖的指標。當您把一個參照放在等號的左邊時，您實際上是把該參照所指向的位置設定為等號右邊的值。

自動初始化

C 經常要求您多次重複型別資訊，而 C++ 可以只用一次關鍵字 auto 就能表示變數的型別資訊。由於編譯器知道用來初始化一個變數的值是什麼型別，藉此就能推斷出該變數的型別。考慮以下 C++ 變數的初始化：

```
int x = 42;
auto y = 42;
```

在這裡，x 和 y 都是 int 型別。當您知道編譯器可以推斷出 y 的型別時可能會感到訝異，但是考慮到 42 是一個整數字面值，使用 auto 時編譯器會推斷等號（=）右邊的型別，並將變數的型別設定為與其相同的型別。由於本例中的整數字面值 42 是 int 型別，編譯器會推斷 y 的型別也是 int。在這麼簡單的例子中，似乎看不出有什麼好處，但是考慮用函式的傳回值來初始化一個變數，如列表 10 所示。

列表 10：一個用函式的傳回值來初始化變數的玩具程式

```
#include <cstdlib>

struct HolmesIV {
  --snip--
};

HolmesIV* make_mike(int sense_of_humor) {
  --snip--
}

int main() {
  auto mike = make_mike(1000);
  free(mike);
}
```

auto 關鍵字比明確宣告變數的型別更容易閱讀，也更有利於程式碼重構。如果您在宣告函式時無限制地使用 auto，那麼以後如果您需要更改 make_mike 的傳回型別時，所要做的工作會更少。至於更複雜的型別那就更適合使用 auto 了，例如 stdlib 中那些充斥著範本的程式碼，使用 auto 關鍵字可以讓編譯器為您完成所有型別推斷的工作。

NOTE

您還可以為 auto 加上 const、volatile、&、* 等限定詞。

struct、union、enum 的命名空間和隱含式 typedef

C++ 將型別標籤視為隱含式的 typedef 名稱。在 C 語言中，當您想使用 struct、union 或 enum 時，必須以關鍵字 typedef 指定一個名稱給所創建的型別，例如：

```
typedef struct Jabberwocks {
  void* tulgey_wood;
  int is_galumphing;
} Jabberwock;
```

在 C++ 領域，您看到這樣的程式碼會忍不住哈哈大笑。因為關鍵字 typedef 是隱含的，您根本就不用寫出來，C++ 可以讓您像以下這樣宣告 Jabberwock 型別：

```
struct Jabberwock {
  void* tulgey_wood;
  int is_galumphing;
};
```

這樣更方便，而且還可以節省一些打字的時間。如果您還想定義 Jabberwock 函式，會發生什麼事？好吧，您不應該這麼做，因為對一個資料型別和一個函式重複使用相同的名稱，可能會造成混淆。但是如果您真的堅持要這麼做，C++ 允許您宣告一個命名空間（namespace），為識別字建立不同的範圍，這有助於保持使用者型別和函式的整潔，如列表 11 所示。

列表 11：使用 namespace 消除同名函式和型別的歧義

```
#include <cstdio>

namespace Creature { ❶
  struct Jabberwock {
    void* tulgey_wood;
    int is_galumphing;
  };
}
```

```
namespace Func { ❷
  void Jabberwock() {
    printf("Burble!");
  }
}
```

在本例中，Jabberwock 結構和 Jabberwock 函式現在和諧地共存。透過將每個元素放在其自己的 namespace（Creature 命名空間 ❶ 中的 struct 和 Func 命名空間 ❷ 中的函式）中，可以消除您所指的是哪一個 Jabberwock 的歧義。您可以用幾種方法消除歧義，最簡單的方法是用 namespace 來限定名稱，例如：

```
Creature::Jabberwock x;
Func::Jabberwock();
```

您還可以利用 using 指令來匯入 namespace 中的所有名稱，這樣就不再需要每次使用都要打完整的限定元素名稱，清單 12 使用了 Creature namespace。

列表 12：藉由使用 namespace 來參照 Creature 命名空間中的型別

```
#include <cstdio>

namespace Creature {
  struct Jabberwock {
    void* tulgey_wood;
    int is_galumphing;
  };
}

namespace Func {
  void Jabberwock() {
    printf("Burble!");
  }
}

using namespace Creature; ❶
```

```
int main() {
  Jabberwock x; ❷
  Func::Jabberwock();
}
```

using namespace ❶ 允許您省略 namespace 限定詞 ❷。但是使用 Func::Jabberwock 時您仍然需要加上限定詞，因為它不是 Creature namespace 的一部分。

namespace 的使用是 C++ 的習慣用法，這是一個零開銷抽象化的語法。就像其他的型別識別字一樣，編譯器在產生出組合語言程式碼時會刪除 namespace。在大型專案中，它對於分隔不同函式庫中的程式碼非常有用。

夾雜 C 和 C++ 物件檔案

如果您小心的話，可以讓 C 和 C++ 程式碼和平共存。有時，C 編譯器有必要連結到由 C++ 編譯器所產生出的目的檔（反之亦然）。雖然這是可能的，但需要做一些額外的工作。

有兩個和連結這些檔案有關的問題。首先，C 和 C++ 程式碼中的呼叫慣例可能會不匹配。例如，呼叫函式時如何設定堆疊和暫存器的協定可能有所不同。這些呼叫慣例的不匹配是屬於語言層級的，通常與撰寫函式的方式無關。第二，C++ 編譯器產生出不同於 C 編譯器的符號。有時連結器必須透過名稱來識別物件，C++ 編譯器可以透過對物件進行裝飾來協助，將一個裝飾名稱（*decorated name*）與物件產生關聯。由於函式多載、呼叫慣例、和 namespace 的用法，編譯器必須透過裝飾對函式的附加資訊進行編碼，而不僅僅是其名稱。這樣做是為了確保連結器可以唯一地識別函式。遺憾的是，C++ 中對於這樣的裝飾並沒有制定標準（這就是為什麼在連結不同的翻譯單元時必須使用相同的工具鏈和設定）。C 連結器對 C++ 名稱裝飾一無所知，如果在 C++ 中連結 C 程式碼時沒有抑制裝飾，可能會造成問題（反之亦然）。

解決辦法很簡單。使用 extern "C" 敘述包裝要用 C 風格連結編譯的
程式碼，如列表 13 所示。

列表 13：使用 C 風格的連結

```
// header.h
#ifdef __cplusplus
extern "C" {
#endif
void extract_arkenstone();

struct MistyMountains {
  int goblin_count;
};
#ifdef __cplusplus
}
#endif
```

這個標頭可以在 C 和 C++ 程式碼之間共用。它之所以奏效是因為
__cplusplus 是 C++ 編譯器所定義的一個特殊識別字（但是 C 編譯
器則沒有）。因此，在前置處理完成後，C 編譯器會看到剩下的程式
碼如表 14 所示。

列表 14：C 環境中前置處理器處理列表 13 後剩下的程式碼

```
void extract_arkenstone();

struct MistyMountains {
  int goblin_count;
};
```

這只是一個簡單的 C 標頭檔。在前置處理期間，#ifdef __cplusplus
敘述之間的程式碼將被刪除，因此看不到 extern "C" 包裝器。對於
C++ 編譯器而言，__cplusplus 是在 header.h 中定義，因此它會看
到列表 15 的內容。

列表 15：前置處理程式在 C++ 環境中處理列表 13 之後的程式碼

```
extern "C" {
  void extract_arkenstone();

  struct MistyMountains {
    int goblin_count;
  };
}
```

extract_arkenstone 和 MistyMountains 現在都用 extern"C" 包裝，
因此編譯器知道要使用 C 來連結。這麼一來，您的 C 原始程式碼就
可以呼叫編譯過的 C++ 程式碼，而 C++ 原始程式碼也可以呼叫編譯
過的 C 程式碼。

C++ 主題

本節將簡短的介紹一些讓 C++ 成為最重要的系統程式語言的核心主
題。不用太擔心細節，以下各小節主要是想提供您幾樣開胃小菜。

簡潔地表達想法以及重複使用程式碼

精心撰寫的 C++ 程式碼具有優雅、緊湊的效果。考慮以下簡單的操
作從 ANSI-C 進化到現代 C++ 的寫法：用迴圈走訪 n 個元素的陣列
v，如列表 16 所示。

列表 16：用迴圈走訪陣列元素的幾種寫法

```
#include <cstddef>

int main() {
  const size_t n{ 100 };
  int v[n];

  // ANSI-C
  size_t i;
  for (i=0; i<n; i++) v[i] = 0; ❶
```

```
// C99
for (size_t i=0; i<n; i++)  v[i] = 0; ❷

// C++17
for (auto& x : v) x = 0; ❸
}
```

這個程式碼片段顯示了在 ANSI-C、C99 和 C++ 中宣告迴圈的不同寫法。ANSI-C ❶ 和 C99 ❷ 中的索引變數 i 是用來協助您走訪陣列 v 的每個元素。而 C++ 版本 ❸ 使用了「*以範圍為基礎的 for*」(*range-based for*) 迴圈，在陣列 v 的範圍內執行迴圈，同時隱藏了反覆運算的實作細節。與 C++ 中的許多零開銷抽象化方法一樣，這種結構讓您能夠把注意力放在想要表達的意思而不是語法上。以範圍為基礎的 for 迴圈可用於許多型別，甚至可以跟使用者定義的型別一起使用。

講到使用者定義的型別，它們可以讓您直接用程式碼來表達想法。假設您想要設計一個函式，navigate_to，用來把假想的機器人導航到給定的 x 和 y 座標位置。考慮以下雛型函式：

```
void navigate_to(double x, double y);
```

x 和 y 是什麼？他們的單位又是什麼？使用者必須閱讀說明檔（或者可能是原始程式碼）才能找到答案。比較以下改進的雛型：

```
struct Position{
--snip--
};
void navigate_to(const Position& p);
```

這個函式要清楚得多，對於 navigate_to 所接受的參數沒有任何模糊之處。只要您有一個有效建構的 Position，您就知道如何呼叫 navigate_to。現在，無論是單位或轉換等問題，都留給建構 Position 類別的人去擔心。

您也可以在 C99/C11 中利用 const 指標來達到像這樣清晰的效果，但是 C++ 還可以讓傳回型別緊湊而富有表達能力。假設您想為 robot 撰寫一個叫做 get_position 的推論函式來取得位置資訊。在 C 中，有兩個選項，如列表 17 所示。

列表 17：C 風格的 API，用來傳回使用者定義的型別

```
Position* get_position(); ❶
void get_position(Position* p); ❷
```

在第一個選項中，呼叫者要負責清理傳回值 ❶，這可能需要動用到動態記憶體分配（儘管由程式碼中看不出來這一點）。呼叫者負責把 Position 分配在記憶體中某個位址並將其傳給 get_position ❷。

後一種方法更像 C 風格的慣用寫法，但是這樣會對您造成困擾：您只是想要取得 Position 物件，但您必須擔心呼叫者或被呼叫函式到底誰應該負責分配和釋放記憶體。C++ 透過直接由函式傳回使用者定義型別的方式，可以簡潔地完成所有這些操作，如列表 18 所示。

列表 18：在 C++ 中以傳值方式傳回使用者定義型別

```
Position❶ get_position() {
  --snip--
}
void navigate() {
  auto p = get_position(); ❷
  // p is now available for use
  --snip--
}
```

由於 get_position 傳回的是一個值 ❶，編譯器可以省略複本（*elide the copy*），所以就好像直接建構了一個自動 Position 變數 ❷，而且沒有執行時期的額外開銷。就功能上而言，這種做法與列表 17 中 C 風格的傳遞參照（pass-by-reference）方式非常類似。

C++ 標準函式庫

C++ 標準函式庫（stdlib）是能夠從 C 轉移到 C++ 的主要原因。它包含了現成的高效率、一般用途、並且保證符合標準的程式碼。stdlib 的三個主要元件是容器、反覆運算子、和演算法。

容器（*container*）是負責保存物件序列的資料結構。它們是正確的、安全的，並且（通常）至少和您自行動手完成的一樣高效，這意味著撰寫您自己的容器不但需要花費很多精力，而且不會比 stdlib 所提供容器好。容器被很酷地分為兩大類：*序列容器*（*sequence container*）和*關聯容器*（*associative container*）。序列容器在概念上類似於陣列；它們提供對元素序列的存取。關聯容器包含鍵／值對，因此可以透過鍵查找容器中的元素。

stdlib *演算法*（*algorithm*）是用於常見程式設計任務的一般用途函式，例如計數、搜尋、排序和轉換。和容器一樣，stdlib 演算法具有極高的品質和廣泛的適用性。使用者應該很少需要實作自己的版本，使用 stdlib 演算法可以大大提高程式師的工作效率、程式碼安全性和可讀性。

疊代器（*iterator*）用演算法連接容器。許多 stdlib 演算法應用程式所要操作的資料是存在於容器中，容器再透過疊代器來提供一致的公用介面給演算法使用，讓程式設計師（包括撰寫 stdlib 的人）不必為每個容器型別實作客製化的演算法。

列表 19 說明了如何用幾行程式碼就能對容器內的值進行排序。

列表 19：用 stdlib 對容器內的值進行排序

```
#include <vector>
#include <algorithm>
#include <iostream>

int main() {
  std::vector<int> x{ 0, 1, 8, 13, 5, 2, 3 }; ❶
  x[0] = 21; ❷
  x.push_back(1); ❸
```

```
    std::sort(x.begin(), x.end()); ❹
    std::cout << "Printing " << x.size() << " Fibonacci numbers.\n"; ❺
    for (auto number : x) {
      std::cout << number << std::endl; ❻
    }
}
```

大部分的計算是在後臺進行的，而程式碼是緊湊而具有表達能力的。首先，初始化容器 std::vector ❶。向量（*vector*）是 stdlib 中可動態調整大小的陣列。設定初始值的大括號（{0，1，…}）會設定容器 x 的初始值。您可以像陣列那樣，用方括號（[]）和索引值來存取 vector 中的元素，利用這個技術可以將第一個元素設為為 21 ❷。由於 vector 陣列可動態調整大小，因此可以用 push_back 方法 ❸ 將值附加到向量陣列後面。std::sort 看似神奇的調用方式展示了 stdlib 中演算法的強大功能 ❹，x.begin() 和 x.end() 傳回 std::sort 用來把 x 排序的疊代器，而 sort 演算法則藉由使用疊代器來跟 vector 容器解耦。

多虧了疊代器，您可以用類似的方式使用 stdlib 中的其他容器。例如，您也可以用 list（stdlib 中的雙向串列）而不是用 vector 來排序。因為 list 也是透過 .begin() 和 .end() 方法來提供疊代器，所以可以用相同的方式用 list 疊代器來呼叫 sort。

此外，列表 19 使用 stdlib 中的 *iostream* 機制來執行緩衝輸入和輸出，您可以利用 put-to 運算子（<<）將 x.size() 的值（x 中的元素個數）、一些字串字面值和費氏數列（Fibonacci）元素 number 丟到封裝 stdout 的 std::cout 串流 ❺ ❻。std::endl 物件是一個 I/O 操縱器，它會把「\n」寫入並刷新緩衝區，以確保在執行下一行指令之前將整個串流的資料寫到 stdout。

現在，想像一下用 C 撰寫一個等效的程式要經歷的所有困難，您就會明白為什麼 stdlib 是一個非常有價值的工具。

匿名函式

lambda 又稱為**未命名函式**（*unnamed function*）或**匿名函式**（*anonymous function*），是另一個強大的語言功能，可以改進程式碼的局部性。在某些情況下，您應該把指標傳給函式，以便將指標當作新建立執行緒的目標，或者對序列的每個元素執行某種轉換。而定義一次性自由函式通常不是很方便，此時 lambda 就派上用場了。lambda 是一個新的自訂函式，與呼叫該函式會用到的參數一起定義。考慮以下計算 x 中偶數個數的一行程式：

```
auto n_evens = std::count_if(x.begin(), x.end(),
                        [] (auto number) { return number % 2 == 0; });
```

這段程式碼用 stdlib 的 `count_if` 演算法來計算 x 中的偶數個數，std::count_if 的前兩個引數跟 `std::sort` 一樣都是定義演算法操作範圍的疊代器。第三個引數是 lambda，這個符號看起來有點陌生，但基本原理很簡單：

```
[capture] (arguments) { body }
```

捕獲（*capture*）包含了 lambda 所定義的作用範圍中用來在主體中執行計算所需的物件。**引數**（*argument*）定義了呼叫 lambda 時將會用到的參數名稱和型別。**主體**（*body*）包含了您希望在呼叫時完成的計算，可能有傳回值，也可能沒有傳回值。編譯器會根據您所暗示的型別來推斷函式雛型。

在呼叫上述的 `std::count_if` 時，lambda 不需要 capture 任何變數，它只需要一個引數 number。因為編譯器知道 x 中元素的型別，所以您可以用 `auto` 來宣告 number 來讓編譯器為您推斷出它的型別。當 lambda 被呼叫時，x 中每個元素都會當作 number 參數傳入，而在 body 中，lambda 只會在 number 可被 2 整除時才傳回 true，因此只有偶數會包含在 `std::count_if` 的參數中。

在 C 語言裡面並沒有 lambda，而且也不可能真正地重建它們。每次需要一個函式物件時，都要宣告一個單獨的函式，而用同樣的方法將物件捕獲到函式中是不可能的。

利用範本進行泛型程式設計

泛型程式設計（*generic programming*）是撰寫一次可用於不同型別的程式碼，而不是必須透過多次的複製和貼上所要支援的每個型別來重複相同的程式碼。在 C++ 中，您可以利用**範本**（*template*）來產生泛型程式碼。範本是一種特殊的參數，用來告訴編譯器它代表各種可能的型別。

其實您早就已經在使用範本：stdlib 中所有的容器都是用範本來定義。在大多數情況下，這些容器中物件的型別並不重要。例如，用來決定容器中元素個數或傳回其第一個元素的邏輯並不依賴於元素的型別。

假設您要撰寫一個將三個相同型別的數字相加的函式，而且您想接受任何可相加的型別。在 C++ 中，這是一個很容易理解的泛型程式設計問題，可以直接用範本來解決，如列表 20 所示。

列表 20：使用範本建立泛型 add 函式

```cpp
template <typename T>
T add(T x, T y, T z) { ❶
  return x + y + z;
}

int main() {
  auto a = add(1, 2, 3);      // a is an int
  auto b = add(1L, 2L, 3L);   // b is a long
  auto c = add(1.F, 2.F, 3.F); // c is a float
}
```

當您宣告 add 時 ❶，並不需要知道所有型別是 T 的引數和傳回值。當編譯器遇到 add 被呼叫時，它會推斷出 T 是什麼型別，並依此為您產生一個定做的函式，這是不折不扣的程式碼重複使用！

類別不變量和資源管理

C++ 為系統程式設計所帶來的最大創新也許就是*物件生命週期*（*object live cycle*）了。這個概念源自於 C 語言，在 C 語言中的物件具有不同的儲存持續時間，這取決於您在程式碼中宣告它們的方式。

C++ 在 C 的記憶體管理模型的基礎上再添加了建構子和解構子，這些特殊函式是屬於*使用者定義型別*（*user-defined type*）的方法。使用者定義型別是 C++ 應用程式的基本組件，可以把它們想像成是有函式的 struct 物件。

物件的建構子在儲存持續時間一開始的時候被呼叫，解構子則是在儲存持續時間結束之前被呼叫。建構子和解構子都是沒有傳回型別且與它們所在的類別同名的函式。要宣告解構子，請在類別名稱的前面加上一個波浪符號（~），如列表 21 所示。

列表 21：包含一個建構子和一個解構子的 Hal 類別

```
#include <cstdio>

struct Hal {
  Hal() : version{ 9000 } { // Constructor ❶
    printf("I'm completely operational.\n");
  }
  ~Hal() { // Destructor ❷
    printf("Stop, Dave.\n");
  }
  const int version;
};
```

Hal 中的第一個方法是*建構子* ❶，它設定 Hal 物件並建立其*類別不變量*（*class invariant*）。不變式是類別的特性，一旦被建造出來就不會改變。在編譯器和執行時期的幫助下，程式設計師決定類別的不變量是什麼，並確保程式碼強制執行它們。

在本例中，建構子將 version（不變量）設為 9000。第二個方法是*解構子*（*destructor*）❷。每當 Hal 要被釋放時，它會將 "Stop，Dave." 列印到控制台。（讓 Hal 唱〈Daisy Bell〉留給讀者當作練習。）

編譯器將確保靜態、局部和執行緒內儲存週期的物件會自動調用建構子和解構子。對於動態儲存週期的物件，可以用關鍵字 new 和 delete 取代 malloc 和 free，如列表 22 所示。

列表 22：建立和銷毀 Hal 物件

```
#include <cstdio>

struct Hal {
--snip--
};

int main() {
  auto hal = new Hal{};  // Memory is allocated, then constructor is
called
  delete hal;            // Destructor is called, then memory is
deallocated
}
```
```
I'm completely operational.
Stop, Dave.
```

如果（無論出於什麼原因）建構子無法達到良好狀態，它通常會引發一個例外（*exception*）。作為一個 C 程式設計師，在使用某些作業系統 API（例如，Windows 結構化例外處理）設計程式時，您可能已經處理了例外。當例外被引發時，堆疊將被回溯，直至找到例外處理常式為止，此時程式將會復原。明智地使用例外可以讓程式碼保持乾淨，因為您只需要檢查有意義的錯誤情況。C++ 對於例外有語言層級的支援，如列表 23 所示。

列表 23：try-catch 程式區塊

```
#include <exception>

try {
  // Some code that might throw a std::exception ❶
} catch (const std::exception &e) {
  // Recover the program here. ❷
}
```

您可以將可能引發例外的程式碼放在 **try** 之後的程式區塊中 ❶。如果在任何時候引發了例外，堆疊將會回溯（優雅地銷毀超出範圍的任何物件），並執行在 catch 運算式之後放入的任何程式碼 ❷。如果沒有引發例外，則這段 catch 程式碼永遠不會執行。

建構子、解構子和例外與另一個核心 C++ 主題緊密相關，它將物件的生命週期，與它所擁有的資源捆綁在一起。

這是資源分配即初始化（resource allocation is initialization, RAII）的概念（有時也稱為**建構子獲取，解構子釋放**（*constructor acquires, destructor releases*））。現在考慮列表 24 中的 C++ 類別。

列表 24：A 文件班

```
#include <system_error>
#include <cstdio>

struct File {
  File(const char* path, bool write) { ❶
    auto file_mode = write ? "w" : "r"; ❷
    file_pointer = fopen(path, file_mode); ❸
    if (!file_pointer) throw std::system_error(errno, std::system_
category()); ❹
  }
  ~File() {
    fclose(file_pointer);
  }
  FILE* file_pointer;
};
```

File ❶ 的建構子接受兩個引數。第一個引數對應於檔案的路徑，第二個引數是一個 bool，對應於開啟檔案的模式應該是寫入（**true**）還是讀取（**false**），再透過三元運算子（**? :**）設定 **file_mode** ❷。這個三元運算子會評估布林運算式，並根據布林值傳回兩種值的其中之一。例如：

```
x ? val_if_true : val_if_false
```

如果布林運算式 x 為真，則運算式的值為 val_if_true；如果 x 為 false，則運算式的值為 val_if_false。

在列表 24 的 File 建構子程式碼片段中，建構子會嘗試用讀或寫的存取模式來打開在路徑 path 中所指定的檔案 ❸。如果有任何錯誤，會把檔案指標（file_pointer）設成 nullptr（一個 C++ 中類似 0 的特殊值）。當發生這種情況時，您將引發一個系統錯誤（system_error）❹，system_error 只是一個把系統錯誤詳細資訊封裝起來的物件。如果 file_pointer 不是 nullptr，則可以使用它。這就是這個類別的不變量。現在考慮列表 25 中用到 File 物件的程式。

列表 25：一個用到 File 類別的程式

```
#include <cstdio>
#include <system_error>
#include <cstring>

struct File {
--snip—
};

int main() {
  { ❶
    File file("last_message.txt", true); ❷
    const auto message = "We apologize for the inconvenience.";
    fwrite(message, strlen(message), 1, file.file_pointer);
  } ❸
  // last_message.txt is closed here!
  {
    File file("last_message.txt", false); ❹
    char read_message[37]{};
    fread(read_message, sizeof(read_message), 1, file.file_pointer);
    printf("Read last message: %s\n", read_message);
  }
}
```

```
We apologize for the inconvenience.
```

大括號 ❶ ❸ 定義了一個範圍。因為第一個 file 位於這個範圍之內，所以這個範圍也就定義了 file 的生存期。由於前述類別不變量的關係，建構子一旦成功回傳 ❷，您就能肯定 file.file_pointer 是有效的；基於 File 建構子的設計，您知道 file.file_pointer 在 File 物件的生存期內一定會有效。接著您可以用 fwrite 來寫入訊息，而使用完也不需要明確地呼叫 fclose，因為一旦 File 的生存期結束，解構子就會為您清除 file.file_pointer ❸。在第二個大括號的範圍內，您再次打開 File，但這次是僅供讀取 ❹。只要建構子成功回傳，您就知道 *last_message.txt* 已經成功打開，所以可以繼續從檔案中把訊息讀到 read_message 中。列印出訊息之後，將呼叫 File 的解構子，並且 file.file_pointer 再清理一遍。

有時您會需要動態記憶體分配的靈活性，但是您仍然想依靠 C++ 物件的生命週期來確保不會有記憶體流失或者意外地「釋放後再次使用記憶體」的問題。一旦沒有智慧型指標擁有該動態物件，該物件就會被銷毀。

其中一個智慧型指標是 unique_ptr，用來為獨佔的所有權塑模，列表 26 說明了它的基本用法。

列表 26：一個使用 unique_ptr 的程式

```
#include <memory>

struct Foundation{
  const char* founder;
};

int main() {
  std::unique_ptr<Foundation> second_foundation{ new Foundation{} }; ❶
  // Access founder member variable just like a pointer:
  second_foundation->founder = "Wanda";
} ❷
```

您可以動態地分配一個 Foundation，並將所獲得的 Foundation* 指標透過「大括號初始化語法」傳到 second_foundation 的建構子中 ❷。second_foundation 為 unique_ptr 型別，實際上它只是一個封裝動態 Foundation 的 RAII 物件。當 second_foundation 被銷毀時 ❷，所對應的動態 Foundation 也會被銷毀。

智慧型指標與一般的指標不同，因為未經加工的指標只不過是一個記憶體位址，您必須手動精心安排所有跟位址有關的記憶體管理。另一方面，智慧型指標會處理所有這些雜亂的細節。透過用智慧型指標來包裝動態物件，您放心好了，一旦不再需要該物件，其所對應的記憶體就會得到適當的清理。編譯器知道不再需要該物件，因為智慧型指標的解構子在它超出有效的作用範圍時被調用。

move 語意

有時經常會出現，您希望轉移物件的所有權的情況；以 unique_ptr 為例，您不能複製 unique_ptr，因為一旦 unique_ptr 的其中一個副本被銷毀，其餘的 unique_ptr 將參照到已刪除的物件。解決之道不是複製一個物件，而是用 C++ 的 move 語意將所有權從一個唯一指標轉移到另一個指標，如列表 27 所示。

列表 27：轉移 unique_ptr 的程式

```
#include <memory>

struct Foundation{
  const char* founder;
};

struct Mutant {
  // Constructor sets foundation appropriately:
  Mutant(std::unique_ptr<Foundation> foundation)
    : foundation(std::move(foundation)) {}
  std::unique_ptr<Foundation> foundation;
};
```

```
int main() {
  std::unique_ptr<Foundation> second_foundation{ new Foundation{} }; ❶
  // ... use second_foundation
  Mutant the_mule{ std::move(second_foundation) }; ❷
  // second_foundation is in a 'moved-from' state
  // the_mule owns the Foundation
}
```

如前所述，您建立了唯一的 unique_ptr<Foundation> ❶，而在使用它一段時間之後，您決定將所有權轉移給一個 Mutant 物件。move 函式告訴編譯器要進行轉移。在建構了 the_mule 之後 ❷，Foundation 的壽命將透過其成員變數與 the_mule 的壽命聯繫在一起。

放輕鬆並希望您會喜歡這雙新鞋

C++ 是系統程式語言的首選，您大部分的 C 語言知識都可以直接對應到 C++，但是您也會學到很多新的概念。您可以開始用超級 C 將 C++ 逐漸融入您的 C 程式中，當您對 C++ 的一些深層主題有足夠的瞭解時，您會發現撰寫現代 C++ 能帶來很多實質的優勢，您可以在程式碼中簡潔地表達想法。利用令人矚目的 stdlib 來進入更高層次的抽象化，使用範本來提高執行時期的效率和程式碼的重複使用，並靠著 C++ 的物件生命週期來管理資源。

我相信您學習 C++ 的投資會帶來巨大的回報。讀完這本書，我想您會同意的。

PART 1

C++ 語言核心

我們得先學會怎麼爬，再學怎麼在碎玻璃上爬。

——*Scott Meyers*，《Effecctive STL》

第1部分將教您一些 C++ 語言核心中的關鍵概念。第 1 章先建立一個工作環境，並引導您瞭解一些語言的結構，包括用來寫於 C++ 程式的主要抽象化概念：物件的基本知識。

接下來的五個章節將探討物件和型別，它們是 C++ 的核心和靈魂。和其他程式設計書籍不同的是，您不會從一開始就架設 web 伺服器或發射火箭太空船。第 1 部分裡面的所有程式都會直接列印到命令列，重點是建立您的語言心理模型，而不是追求立即的快感。

第 2 章將詳細介紹型別,這是用來定義物件的語言構件。

第 3 章延伸了第 2 章的討論,詳述了參照到其他物件的參照型別。

第 4 章描述了物件生命週期,這是 C++ 最強大的要素之一。

第 5 章和第 6 章探討了使用範本的編譯時期多型,以及帶有介面的執行時期多型,這讓您得以撰寫鬆散耦合和高度可再利用的程式碼。

有了這些 C++ 物件模型中的基礎,您就可以準備投入第 7 章到第 9 章,這些章節分別介紹了運算式、敘述、和函式,您可以在 C++ 語言中用它們來幫助您完成任務。這些語言結構出現在第 1 部分的末尾可能看起來很奇怪,但是如果沒有對物件及其生命週期的深入瞭解,很難真正理解這些語言結構的基本特徵。

作為一種綜合的、雄心勃勃的、強而有力的語言,C++ 可能讓初學者覺得難以負荷。為了使它更為平易近人,第 1 部分是循序漸進、緊密的,並且讀起來就像閱讀故事書一樣。

第 1 部分只是一張入場券,所有在這部分學習 C++ 語言核心的努力,會讓您獲准進入第 2 部分吃到飽的函式庫和框架中。

1

啟動和執行

……我猛然摔在地上，躺在草地以下九英尺處的一個洞穴裡
嚇得目瞪口呆……低頭看去，我發現我穿了一雙鞋帶特別結
實的靴子。我緊緊地抓住它們，使勁（反覆地）拉著。

——魯道夫·拉斯佩（*Rudolph Raspe*），
《The Singular Adventures of Baron Munchausen》

在本章中，您首先將設定一個 C++ 開發環
境，這是一個可以讓您開發 C++ 軟體的
工具集。您將用這個開發環境來編譯第一個 C++
控制台應用程式，一個可以從命令列執行的程式。

然後您會瞭解開發環境有哪些主要元件，以及它們在產生您所要
撰寫的應用程式中所扮演的角色。接下來的章節將涵蓋足夠的
C++ 基本要素來建構有用的範例程式。

C++ 是一個龐大、複雜、雄心勃勃的語言，也因此以難於學習著
稱，即使是資深的 C++ 程式設計師也經常要學習新的樣式、功能
和用法。

造成這些細微差別原因主要是由於 C++ 的功能緊密地嚙合在一起。不幸的是，這常常給初學者帶來一些困擾。因為 C++ 的概念是如此緊密的耦合，以致於讓人知道該從何下手。

這本書的第 1 部分描繪了一個經過深思熟慮、有條不紊的學習歷程，但我們總是得從某個地方開始，這一章的內容足以讓您著手學習，若是遇到看不懂細節請先不要太過在意！

基本 C++ 程式的結構

在本節中，您將撰寫一個簡單的 C++ 程式，然後編譯和執行。您把 C++ 原始程式碼寫進人類可讀的*原始檔*中，然後用編譯器將 C++ 轉換為電腦可執行的機器程式碼。

現在就讓我們開始建立您的第一個 C++ 原始檔。

建立第一個 C++ 原始檔

打開您最喜歡的文字編輯器。如果您還沒有最喜歡的，那麼可以試試 Linux 上的 Vim、Emacs 或 gedit；Mac 上的 TextEdit；或是 Windows 上的記事本。輸入列表 1-1 中的程式碼，並將檔案另存為 *main.cpp*。

列表 1-1：您的第一個 C++ 程式，把「Hello, world!」列印到螢幕上

```
#include <cstdio> ❶

int main❷(){
  printf("Hello, world!"); ❸
  return 0; ❹
}
```

```
Hello, world! ❺
```

列表 1-1 原始檔編譯成一個程式之後，會列印字元 Hello, world! 到螢幕上。按照慣例，C++ 原始檔的副檔名為 *.cpp*。

在本書中，列表將在原始程式碼後面緊接著以灰色字樣顯示程式輸出，數字註記則是對應於產生該輸出的那一行程式碼。例如，列表 1-1 中的 printf 敘述負責輸出 Hello, world!，所以它們的註記都是 ❸。

main：C++ 程式的起點

如列表 1-1 所示，main 函式 ❷ 為 C++ 程式的單一入口點，它是使用者運行程式時所執行的函式。函式是可以接受輸入、執行某些指令並傳回結果的程式碼區塊。

在 main 中呼叫 printf 函式來把字元 Hello, world! 列印到控制台 ❸，然後程式會退出執行，並將退出碼 0 傳回給作業系統 ❹，退出碼是作業系統用來確定程式執行情況的整數值。通常，退出碼零（0）表示程式成功執行，而其他退出碼可能表示有問題。在 main return 敘述可寫可不寫，此時退出碼預設值為 0。

printf 函式並沒有在程式中定義；它是定義在 cstdio 函式庫中 ❶。

函式庫：引入外部程式碼

函式庫是有用的程式碼所成的集合，您可以將其匯入程式中，以避免重複設計同樣的函式。實際上，每種程式語言都有將函式庫功能整合到程式中的方法：

- Python、Go 和 Java 用 import。
- Rust、PHP 和 C 用 use/using。
- JavaScript、Lua、R 和 Perl 用 require/requires。
- C 和 C++ 用 #include。

列表 1-1 匯入了 cstdio ❶，這是一個執行輸入／輸出操作（例如列印到控制台）的函式庫。

編譯器工具鏈

寫好 C++ 程式原始程式碼之後，下一步就是將原始程式碼轉換成可執行的程式。編譯器工具鏈（簡稱工具鏈）由三個元素所組成，這些元素會依次執行來將原始程式碼轉換為程式：

1. **前置處理器**負責執行基本的原始程式碼操控。例如，#include <cstdio> ❶ 這個指示敘述，會指示前置處理器將 cstdio 函式庫相關的資訊直接包含到原始程式碼中。當前置處理器完成對原始檔的處理後，會產生一個翻譯單元，每個翻譯單元會被傳遞給編譯器做進一步的處理。

2. **編譯器**會讀取翻譯單元並產生目的檔。目的檔為一種中間格式（稱為目標程式碼），這些大多數人都無法理解的中間格式包含了資料和指令。編譯器一次只處理一個翻譯單元，因此每個翻譯單元會對應一個目的的檔案。

3. **連結器**會把目的檔轉換為可執行的程式，連結器還負責查找原始程式碼中所包含的函式庫。例如，在編譯列表 1-1 時，連結器會找到 cstdio 函式庫，並納入程式使用 printf 函式所需的內容。請注意，cstdio 標頭與 cstdio 函式庫不同，標頭包含有關如何使用函式庫的資訊，您將在第 21 章中學到更多有關函式庫和原始程式碼的機制。

設定開發環境

所有 C++ 開發環境都包含編輯原始程式碼和編譯器工具鏈的方法，以便將原始程式碼轉換為程式。通常，開發環境還會包含一個**偵錯器**，這是一個非常重要的程式，它讓您能夠逐行檢查程式以找出錯誤。

當所有這些工具（文字編輯器、編譯器工具鏈和偵錯器）打包到一個單一的程式中時，這個程式就叫作「**交談式開發環境**」（*IDE*）。無論是對於菜鳥或老鳥，IDE 都可以大幅提高生產力。

每個作業系統都有自己的原始程式碼編輯器和編譯器工具鏈，因此這一部分我們針對不同的作業系統來討論，您可以跳到和您有關的那個作業系統繼續閱讀。

Windows 10 和更新的版本：Visual Studio

截至目前為止，微軟 Windows 平台上最流行的 C++ 編譯器為微軟 Visual C++（MSVC）。取得 MSVC 最簡單的方法可按照以下步驟安裝 Visual Studio 2017 IDE：

1. 到 *https://ccc.codes/* 下載社群版的 Visual Studio 2017。

2. 執行安裝程式，並允許在必要時進行更新。

3. 在「安裝 Visual Studio」的螢幕畫面時，請務必選擇**含有 C++ 的桌面開發工作負載**。

4. 按一下「**安裝**」來安裝 Visual Studio 2017 和 MSVC。

5. 按一下「**啟動**」以啟動 Visual Studio 2017。整個安裝過程可能需要幾個小時，具體取決於您機器的速度和您選擇要安裝哪些項目，標準安裝大約需要 20GB 到 50GB 的磁碟機空間。

設定新專案：

1. 選擇「**檔案 ▸ 新增 ▸ 專案**」

2. 在「**已安裝項目**」中，按一下 **Visual C++** 並選擇「**一般**」，然後在中央面板中選擇「**空白專案**」

3. 輸入專案名稱 hello，您的視窗應該如圖 1-1 所示，但「位置」則因您的使用者名稱而異。接著按一下**確定**。

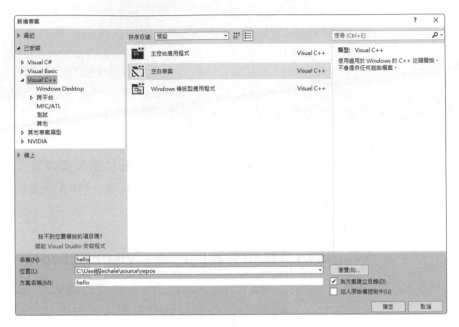

圖 1-1：Visual Studio 2017 新增專案精靈

4. 在工作區左側**方案總管**窗格的**來源檔案**資料夾按右鍵並選擇「**加入 ▶ 現有項目**」（參見圖 1-2）。

圖 1-2：將現有原始檔加入 Visual Studio 2017 專案

5. 選擇在前述列表 1-1 中所建立的 *main.cpp* 檔。（或者，如果尚未建立這個檔案，請選擇**新增項目**而不是**現有項目**，把該檔案命名為 *main.cpp*，然後編輯器視窗中輸入列表 1-1 的內容。）

6. 選擇**建置 ▸ 建置方案**。如果輸出框中出現任何錯誤訊息，請確認是否按照列表 1-1 正確輸入。如果仍然收到錯誤訊息，請仔細閱讀該訊息以獲得進一步的提示。

7. 選擇**偵錯 ▸ 啟動但不偵錯**或按 CTRL-F5 來執行程式。控制台應會列印出 Hello, world!（緊接著會列印「按任意鍵關閉此視窗……」）。

macOS：Xcode

如果您使用的是 macOS，那麼應該安裝 Xcode 開發環境。

1. 開啟 **App Store**。

2. 搜尋並安裝 **Xcode** IDE，安裝時間取決於電腦和網際網路連線的速度，可能會需要一個小時以上。安裝完成後，打開**終端機**並切換到 *main.cpp* 所儲存的目錄。

3. 在終端機視窗中輸入 **clang++ main.cpp -o hello** 來編譯程式。「-o」選項告訴工具鏈要把輸出寫到哪裡。（如果出現任何編譯器錯誤，請檢查是否正確輸入程式。）

4. 在終端機視窗中輸入 **./hello** 來執行您的程式，螢幕上應該會看到 Hello, world!。

要編譯和執行程式，請打開 Xcode IDE 並執行以下步驟：

1. 選擇「**File ▸ New ▸ Project**」建立新專案。

2. 選擇「**macOS ▸ Command Line tool**」並按一下 **Next**。在下一個對話方塊中，可以修改建立專案檔案目錄的位置，不過現在先接受預設值並按一下 **Create**。

3. 把專案命名為 **hello** 並將其 **Type** 設定為 **C++**（見圖 1-3）。

4. 現在您要把列表 1-1 中的程式碼匯入到專案中，一個簡單的做法是複製 *main.cpp* 的內容並貼到專案的 *main.cpp*，另外一種做法是用 Finder 來把專案預設的 *main.cpp* 替換為您的 *main.cpp*。（通常，建立新專案時不必處理這個問題，這只是本教程中需要處理多個作業系統環境的額外步驟。）

5. 按一下 **Run**。

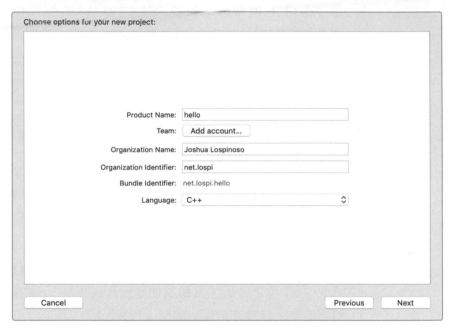

圖 1-3：Xcode 中的「New Project」對話方塊

Linux 和 GCC

在 Linux 上有兩個主要的 C++ 編譯器可供您選擇：GCC 和 Clang。目前最新的 GCC 穩定版本是 9.1，而最新的主要 Clang 版本是 8.0.0。在本節中，您將同時安裝這兩個版本。有些使用者發現其中一個錯誤的訊息比另一個更有幫助。

GCC 的全名是「GNU 編譯器集合」（GNU Compiler Collection），
而 GNU（發音「guh-NEW」）是「GNU's Not Unix!」的遞迴縮寫。
GNU 是一個類似 Unix 的作業系統，其中包含了很多工具軟體。

試著從作業系統的套件管理器安裝 GCC 和 Clang，但是要注意您的
預設儲存庫可能是舊的版本，因此可能沒有支援 C++ 17。如果您的
版本沒有支援 C++ 17，本書中的一些例子您就無法編譯，所以您要
安裝 GCC 或 Clang 的更新版本。為了簡潔起見，本章將介紹如何
在 Debian 上和從原始程式碼來執行此操作。您可以研究如何在您的
Linux 版本上執行相對應的操作，或者用本章中列出的作業系統之一
設定開發環境。

在 Debian 上安裝 GCC 和 Clang

在閱讀本章時，根據「個人套件檔案庫」（Personal Package
Archive）所包含的軟體，您可能可以直接用 Debian 的套件管理器
「進階套件工具」（Advanced Package Tool，APT）來安裝 GCC 8.1
和 Clang 6.0.0。本節將介紹如何在 Ubuntu 18.04 上安裝 GCC 和
Clang，這是目前 LTS Ubuntu 的最新版本。

1. 打開終端機。

2. 更新和升級目前已安裝的套件：

```
$ sudo apt update && sudo apt upgrade
```

3. 安裝 GCC 8 和 Clang 6.0：

```
$ sudo apt install g++-8 clang-6.0
```

4. 測試 GCC 和 Clang：

```
$ g++-8 -version
g++-8 (Ubuntu 8-20180414-1ubuntu2) 8.0.1 20180414 (experimental)
[trunk revision 259383]
Copyright (C) 2018 Free Software Foundation, Inc.
This is free software; see the source for copying conditions.
There is NO warranty; not even for MERCHANTABILITY or FITNESS FOR
A PARTICULAR PURPOSE.
$ clang++-6.0 --version
clang version 6.0.0-1ubuntu2 (tags/RELEASE_600/final)
Target: x86_64-pc-linux-gnu
Thread model: posix
InstalledDir: /usr/bin
```

如果以上任何一個命令傳回找不到該命令的錯誤，表示相對應的編譯器沒有正確安裝。試著上網搜尋您所看到錯誤訊息的相關資訊，尤其是在您所使用的套件管理器的文件和論壇中。

從原始程式碼安裝 GCC

如果您在套件管理器中找不到最新的 GCC 或 Clang（或者您的 Unix 版本中沒有），您可以從原始程式碼安裝 GCC。請注意，這需要花費大量的時間（多達幾個小時），而且有很細節可能需要親自動手去調整：安裝時經常會遇到錯誤，您需要自己去研究如何解決這些錯誤。要安裝 GCC，請按照 *https://gcc.gnu.org/* 所提供的說明操作，本節只是將該網站文件的細節做一個總結。

NOTE

為了簡短起見，本教程不提供安裝 Clang 的詳細步驟，請參考 https://clang.llvm.org/ 以瞭解更多資訊。

要從原始程式碼安裝 GCC 8.1，請執行以下步驟：

1.　打開終端機。

2.　更新並升級目前已安裝的套件。以 APT 為例，您要輸入以下
　　命令：

```
$ sudo apt update && sudo apt upgrade
```

3.　選擇 *https://gcc.gnu.org/mirrors.html* 中一個可用的鏡像網站，下
　　載檔案 *gcc-8.1.0.tar.gz* 和 *gcc-8.1.0.tar.gz.sig*。這些檔案可以在
　　releases/gcc-8.1.0 中找到。

4.　（非必須）驗證套件的完整性。首先，匯入相關的 GnuPG 金
　　鑰，您可以在鏡像網站上找到。例如：

```
$ gpg --keyserver keyserver.ubuntu.com --recv C3C45C06
gpg: requesting key C3C45C06 from hkp server keyserver.ubuntu.com
gpg: key C3C45C06: public key "Jakub Jelinek <jakub@redhat.com>"
imported
gpg: key C3C45C06: public key "Jakub Jelinek <jakub@redhat.com>"
imported
gpg: no ultimately trusted keys found
gpg: Total number processed: 2
gpg:               imported: 2   (RSA: 1)
```

驗證您所下載的簽章檔：

```
$ gpg --verify gcc-8.1.0.tar.gz.sig gcc-8.1.0.tar.gz
gpg: Signature made Wed 02 May 2018 06:41:51 AM DST using DSA key
ID C3C45C06
gpg: Good signature from "Jakub Jelinek <jakub@redhat.com>"
gpg: WARNING: This key is not certified with a trusted signature!
gpg:           There is no indication that the signature belongs to
the owner.
Primary key fingerprint: 33C2 35A3 4C46 AA3F FB29  3709 A328 C3A2
C3C4 5C06
```

您看到的警告訊息，表示我沒有在我的電腦上，將簽章的憑證標記為可信。要驗證簽章是否屬於所有者，您需要以其他方式驗證簽章金鑰（例如，親自與簽章所有者見面或者另外驗證主鍵指紋）。更多有關 GNU 隱私保護（GNU Privacy Guard，GPG）的資訊，請參閱 Michael W. Lucas 的《*GPG: Email for the Practical Paranoid*》（*PGP & GPG: Email for the Practical Paranoid*）或瀏覽 *https://gnupg.org/download/integrity_check.html* 上關於 GPG 完整性檢查機制的具體資訊。

5. 解壓縮套件（這個命令可能需要幾分鐘）：

```
$ tar xzf gcc-8.1.0.tar.gz
```

6. 切換到新建立的 *gcc-8.1.0* 目錄：

```
$ cd gcc-8.1.0
```

7. 下載 GCC 會用到的套件：

```
$ ./contrib/download_prerequisites
--snip--
gmp-6.1.0.tar.bz2: OK
mpfr-3.1.4.tar.bz2: OK
mpc-1.0.3.tar.gz: OK
isl-0.18.tar.bz2: OK
All prerequisites downloaded successfully.
```

8. 用以下命令設定 GCC 環境：

```
$ mkdir objdir
$ cd objdir
$ ../configure --disable-multilib
checking build system type... x86_64-pc-linux-gnu
checking host system type... x86_64-pc-linux-gnu
--snip--
configure: creating ./config.status
config.status: creating Makefile
```

相關說明請造訪 *https://gcc.gnu.org/install/configure.html*。

9. 建置 GCC 二進位可執行檔（可能要在晚上睡覺前執行這個步驟，因為這可能需要好幾個小時）：

```
$ make
```

相關完整說明請造訪 *https://gcc.gnu.org/install/build.html*。

10. 測試是否正確產生 GCC 可執行檔：

```
$ make -k check
```

完整說明請造訪 *https://gcc.gnu.org/install/test.html*。

11. 安裝 GCC：

```
$ make install
```

這個命令會把一些二進位檔案放入作業系統預設的可執行目錄中，通常是 */usr/local/bin*，相關完整說明請造訪 *https://gcc.gnu.org/install/*。

12. 執行以下命令來驗證 GCC 是否正確安裝：

```
$ x86_64-pc-linux-gnu-gcc-8.1.0 --version
```

如果出現找不到該命令的錯誤訊息，表示安裝失敗。詳情請參閱 gcc-help 郵件清單 *https://gcc.gnu.org/ml/gcc-help/*。

> **NOTE**
>
> 您可以為冗長的檔名 x86_64-pc-linux-gnu-gcc-8.1.0 取一個像 g++8 這樣短一點的別名，如下所示：
>
> ```
> $ sudo ln -s /usr/local/bin/x86_64-pc-linux-gnu-gcc-8.1.0 /usr/local/bin/g++8
> ```

13. 切換到儲存 *main.cpp* 的目錄，並使用 GCC 來編譯：

```
$ x86_64-pc-linux-gnu-gcc-8.1.0 main.cpp -o hello
```

14. `-o` 旗標是非必須項；它指定了編譯後要輸出的可執行檔名稱。因為您指定可執行檔的名稱為 `hello`，所以在命令列輸入 `./hello` 應可執行此程式。如果出現任何編譯器錯誤，請確認所輸入的程式是否有打錯字。（編譯器錯誤訊息應有助於判斷出了什麼問題。）

文字編輯器

如果您不想使用上述的任何一個 IDE，可以用簡單的文字編輯器（例如記事本（Windows）、TextEdit（MAC）或 Vim（Linux））來撰寫 C++ 程式；其他還有很多優秀的編輯器是專為 C++ 開發而設計的，請選擇能夠讓您達成最高工作效率的環境。

如果您的作業系統是 Windows 或 macOS，那麼您已經擁有了一個高品質、功能齊全的 IDE，也就是 Visual Studio 或 Xcode。Linux 上可用的編輯器包括 Qt Creator（*https://www.qt.io/ide/*）、Eclipse CDT（*https://eclipse.org/cdt/*）和 JetBrains CLion（*https://www.jetbrains.com/clion/*），VIM 或 Emacs 的使用者，還有大量的 C++ 外掛程式可供選擇。

NOTE

> 如果跨平臺的 C++ 對您很重要，我強烈建議您試試看 JetBrains CLion。雖然 CLion 是需要付費的，但跟其他許多競爭對手不同的是，Jetbrains 提供了降價和免費授權的版本給學生和開源專案的維護人員。

啟動 C++

本節提供了足夠的前後文來支援後面章節中的範例程式碼。您會對一些細節的問題感到疑惑，不過先不要驚慌，接下來的章節將會為您解答這些疑惑！

C++ 型別系統

C++ 是一種物件導向語言，物件是抽象化的狀態和行為。想像一下現實世界中的事物，譬如電燈開關，它的狀態（*state*）可以用目前開關所處的狀況來描述：它是開還是關？它能承受的最大電壓是多少？它位於房子裡的哪個房間？您也可以描述開關的行為（*behavior*）如下：它是否從一個狀態（開）切換到另一個狀態（關）？或者它是一個可以在開和關之間調整不同亮度（狀態）的開關？

物件的型別（*type*）是描述該物件的行為和狀態所成的集合。C++ 是一種強型別語言（*strong typed language*），意思是說每個物件的資料型別都必須要預先定義好。

整數（int）是 C++ 的內建型別之一，int 物件可以儲存整數（狀態），並且支援多種數學運算（行為）。

要用 int 型別執行任何有意義的任務，您要先建立一些 int 物件並為它們命名，而我們把已經被命名的物件稱為變數（*variable*）。

變數宣告

變數的宣告必須包含變數類型、名稱和分號，以下範例宣告一個名稱為 the_answer、型別為 int 的變數：

---

int❶ the_answer❷;

型別 int ❶ 後面跟著變數名稱 the_answer ❷，最後記得加上分號（;）。

初始化變數的狀態

當您宣告變數時，就是在對它們做初始化。物件初始化會建立該物件的初始狀態，例如設定物件的值等等，稍後在第 2 章會對初始化的細節作進一步說明，不過目前您只需要在變數宣告後面加上等號

（＝）來設定變數的初始值。例如，您可以用以下這行程式來宣告和指定 the_answer 的值：

```
int the_answer = 42;
```

執行這一行程式碼之後，會有一個型別為 int、值為 42、名稱為 the_answer 的變數。您也可以指定變數等於數學運算之後的結果，例如：

```
int lucky_number = the_answer / 6;
```

這行程式會求出運算式 the_answer / 6 的值，並將結果指派給 lucky_number。int 型別還支援許多其他運算，例如加法（＋）、減法（－）、乘法（＊）和模除（％）。

> **NOTE**
>
> 如果您不熟悉模除法，並且想知道當您把兩個整數相除之後會有餘數時該怎麼辦，這些疑惑將在第 7 章中為您詳細解答。

條件敘述

條件敘述允許您在程式中做決策，這些決策取決於布林運算式的結果是真或偽。例如，您可以用比較運算子「大於」（＞）或「不等於」（!=）來建構布林運算式。

列表 1-2 中的程式列出了一些 int 型別上可用的基本比較運算子。

列表 1-2：示範比較運算子的程式

```
int main() {
  int x = 0;
  42  == x;  // Equality
  42  != x;  // Inequality
  100 >  x;  // Greater than
```

```
  123 >= x;  // Greater than or equal to
  -10 <  x;  // Less than
  -99 <= x;  // Less than or equal to
}
```

這個程式不會產生任何的輸出（您可以編譯並執行列表 1-2 來驗證這一點）。當程式沒有產生任何輸出時，編譯它有助於驗證您撰寫了正確的 C++。為了產生更有趣的程式，您可以使用像 if 這樣的條件敘述。

if 敘述包含一個布林運算式和一個或多個巢狀敘述。程式要執行哪個巢狀敘述，取決於布林運算的計算結果是真還是偽。if 敘述有幾種形式，但基本用法如下：

if (❶*boolean-expression*) ❷*statement*

如果布林運算式（*boolean-expression*）❶ 為真，則巢狀敘述（*statement*）❷ 將被執行；否則，它就不會被執行。

有時，您會想要執行一組敘述而不只是單一敘述。這樣的一組敘述程為**複合敘述**（*compound statement*）。要宣告一個複合敘述，只需把這組敘述的前後用大括號 { } 包起來。您也可以在 if 敘述中使用複合敘述，如下所示：

if (❶*boolean-expression*) { ❷
  statement1;
  statement2;
  --snip--
}

如果布林運算式 ❶ 為真，則複合敘述 ❷ 中的所有敘述都將被執行；否則，它們都不會被執行。

您可以為 if 敘述加上 else if 和 else 來描述更複雜的邏輯分支，如列表 1-3 所示。

列表 1-3：加上 else if 和 if 分支結構的 if 敘述

---

❶ if (*boolean-expression-1*) *statement-1*
❷ *else if (boolean-expression-2) statement-2*
❸ *else statement-3*

首先，會評估 *boolean-expression-1* ❶ 的 結 果。 如 果 *boolean-expression-1* 為 true，則 只 會 執 行 *statement-1*。 如 果 *boolean-expression-1* 為 false，則會評估 *boolean-expression-2* ❷。如果其值為 true，則會執行 *statement-2*，否則會執行 *statement-3* ❸。請注意，敘述 *1*、敘述 *2*、敘述 *3* 三者之中只有一個會被執行，它們合在一起涵蓋了 if 敘述所有可能的結果。

您可以包含任意個 else if 子句，也可以完全省略它們。else if 子句會隨著一開始的 if 敘述按照出現的順序來評估布林運算式。當其中一個布林運算式的計算結果為 true 時，將停止評估並執行相對應的敘述。如果所有的 else if 計算結果都是 false，則會執行 else 子句中的 *statement-3*。（和 else if 子句一樣，else 也是非必須的）

考慮列表 1-4，它靠 if 敘述來判斷要列印出什麼。

列表 1-4：具有條件式行為的程式

```
#include <cstdio>

int main() {
  int x = 0; ❶
  if (x > 0) printf("Positive.");
  else if (x < 0) printf("Negative.");
  else printf("Zero.");
}
```
- -
```
Zero.
```

編譯並執行它。您的結果也應該是 Zero。現在改變 x 的值 ❶，看看會列印出什麼？

注意列表 1-4 的 main 省略了 return 敘述。因為 main 是一個特殊函式，return 敘述是非必須的。

函式

函式是可以接受任意個數的輸入物件（稱為**參數**（*parameter*）或**引數**（*argument*））的程式區塊，並且將輸出物件回傳給呼叫者。

您可以根據列表 1-5 的一般語法來宣告函式。

列表 1-5：C++ 函式的一般語法

```
return-type❶ function_name❷(par-type1 par_name1❸, par-type2 par_
name2❹) {
  --snip--
  return❺ return-value;
}
```

此函式宣告的第 1 部分是傳回變數的型別 ❶（例如 int）。當函式傳回一個值的時候 ❺，return-value 的型別必須與 return-type 相符。

傳回型別後面接著宣告函式名稱 ❷，函式名稱後面的括號內包含了用逗點分開的的輸入參數，每個參數也有各自的型別和名稱。

列表 1-5 有兩個參數，第一個參數 ❸ 的型別為 par-type1，名稱為 par_name1，第二個參數 ❹ 的型別為 par-type2，名稱為 par_name2，參數代表了傳遞到函式中的物件。

參數列表後面的大括號內為函式的主體，其中包含了函式邏輯的複合敘述。在這個邏輯中，函式可能會傳回一個值給函式的呼叫者，有傳回值的函式會有一個或多個 return 敘述。一旦執行完 return 敘述，函式將停止執行，並且會將控制權交還給呼叫該函式的地方，讓我們來看一個例子。

範例：階躍函式

本節將示範如何建構一個叫做 step_function 的數學函式，如果參數的值是負的，則傳回 -1；如果參數的值為零則傳回 0；如果參數的值是正的，就傳回 1。列表 1-6 示範了如何撰寫 step_function。

列表 1-6：參數為負值則傳回 -1，是零則傳回 0，正值則傳回 1 的
　　　　　 階躍函式

```
int step_function(int ❶x) {
  int result = 0; ❷
  if (x < 0) {
    result = -1; ❸
  } else if (x > 0) {
    result = 1; ❹
  }
  return result; ❺
}
```

step_function 接受一個參數 x ❶。一開始先宣告和初始化變數 result 為 0 ❷。接下來，如果 x 小於 0，if 敘述會把 result 設為 -1 ❸；如果 x 大於 0，if 敘述會把 result 設為 1 ❹；最後，會把 result 傳回給呼叫者 ❺。

函式呼叫

函式呼叫（或調用（*invoke*））時，必須提供函式名稱、括號、以及用逗點分開的參數列表。編譯器會從上到下讀取檔案，因此函式的宣告必須出現在第一次使用它之前。

列表 1-7 示範了如何呼叫 step_function。

列表 1-7：呼叫 step_function 的程式（*此程式沒有產生輸出*）

```
int step_function(int x) {
  --snip--
}
```

```
int main() {
  int value1 = step_function(100); // value1 is  1
  int value2 = step_function(0);   // value2 is  0
  int value3 = step_function(-10); // value3 is -1
}
```

列表 1-7 使用不同的參數呼叫 step_function 三次，並將結果指派給變數 value1、value2 和 value3。

如果您能列印出這些值不是很好嗎？幸運的是，您可以用 printf 函式從不同的變數建立輸出，訣竅是使用 printf 格式指定符。

printf 格式指定符

除了列印常數字串（比如在列表 1-1 中的 Hello, world!），printf 這個特殊的函式，可以接受一個或多個參數，將幾個值組合成一個格式好看的字串。

printf 的第一個參數是*格式字串*（*format string*），為所要列印的字串提供一個範本，它包含了任意個數的特殊*格式指定符*（*format specifier*），告訴 printf 如何解讀和編排格式字串後面的參數。所有格式指定符都是以 % 開頭。

例如，int 的格式指定符是 %d，每當 printf 在格式字串中看到 %d，就知道格式指定符後面應該有一個 int 引數，然後 printf 會用引數的實際值取代格式指定符。

> **NOTE**
>
> printf 是由 BCPL 的 writef 函式所衍生出來的，BCPL 是由馬丁·李察（Martin Richards）在 1967 年設計的程式語言（現已無人使用）。該語言提供指定符 %H, %I, 和 %O 給 writef 透過函式 WRITEHEX、WRITED、WRITEOCT 來產生十六進位、十進位、八進位輸出。至於為何使用 %d 當作格式指定符已不可考（也許是 WRITED 的 D），但我們還是沿用至今。

考慮以下的 printf 呼叫，它會印出字串 Ten 10, Twenty 20, Thirty 30Ten 10，twent20，three30：

```
printf("Ten %d❶, Twenty %d❷, Thirty %d❸", 10❹, 20❺, 30❻);
```

第一個參數 "Ten %d, Twenty %d, Thirty %d" 是格式字串。請注意，有三個格式指定符 %d ❶ ❷ ❸，格式字串後面還有三個引數 ❹ ❺ ❻。當 printf 產生輸出時，它會將 ❶ 處的引數替換為 ❹ 處的引數、將 ❷ 處的引數替換為 ❺ 處的引數、並將 ❸ 處的引數替換為 ❻ 處的引數。

IOSTREAMS、PRINTF 和輸入輸出教學

人們對於教 C++ 新手如何列印到標準輸出有兩派不同的主張。一派主張使用 printf，這是延續自 C 的寫法。另一派主張使用 cout，因為它是 C++ 標準函式庫 iostream 的一部分。本書兩種都會教：第 1 部分是用 printf，第 2 部分是用 cout，理由如下。

本書靠著一磚一瓦堆砌起您對於 C++ 的認識，每一章都是按順序設計的，這樣您在研讀範例程式碼時就不會無所適從。您或多或少會確切地知道每一行的作用。由於 printf 相當簡單，到第 3 章您就有足夠的知識知道它如何運作。

相形之下，cout 涉及大量 C++ 的概念，而直到第 1 部分結束時，您才有足夠的背景知識來理解它是如何運作的（什麼是串流緩衝區？什麼是 << 運算子？什麼是方法？flush() 如何運作？還有，cout 能在解構時自動刷新嗎？什麼是解構子？什麼是 setf？格式旗標到底是什麼？什麼是 Bitmask 型別？哦，天哪，什麼是操縱符？諸如此類。）

當然，printf 也有一些問題，一旦您學會了 cout，您應該會更喜歡它。printf 很容易造成格式指定符和引數之間無法匹配的情況，這可能會導致奇怪的行為、程式崩潰，甚至安全性漏洞。使用 cout 時您不需要格式字串，所以不需要記住格式指定符。格式

字串和引數之間永遠不會出現不匹配的情況。iostream 也是可擴充的，這意味著您可以將輸入和輸出功能整合到自己的型別中。

這本書旨在直接傳授您現代 C++，但在這個特定的主題上，它對現代主義教條做了一些讓步，以換取深思熟慮、循序漸進的學習方式。附帶的好處是，當您將來遇到 printf 的指示符時會知道如何處理，這很可能發生在您的程式設計生涯中的某個時刻。大多數語言，如 C、Python、Java 和 Ruby，都有 printf 指示符的功能，而且在 C#、JavaScript 和其他語言中也有類似的語法。

重訪 step_function

讓我們來看看另一個使用 step_function 的例子。列表 1-8 融合了變數宣告、函式呼叫和 printf 格式指定符。

列表 1-8：列印對幾個整數應用 step_function 的結果

```
#include <cstdio> ❶

int step_function(int x) { ❷
  --snip--
}

int main() { ❸
    int num1 = 42; ❹
    int result1 = step_function(num1); ❺

    int num2 = 0;
    int result2 = step_function(num2);

    int num3 = -32767;
    int result3 = step_function(num3);

    printf("Num1: %d, Step: %d\n", num1, result1); ❻
    printf("Num2: %d, Step: %d\n", num2, result2);
    printf("Num3: %d, Step: %d\n", num3, result3);
```

```
    return 0;
}
```

```
Num1: 42, Step: 1 ❻
Num2: 0, Step: 0
Num3: -32767, Step: -1
```

因為程式有用到 printf，因此需要包含 cstdio ❶。step_function ❷
必須事先定義好，以便之後才能在程式中使用它，main ❸ 建立了程
式的入口點。

> **NOTE**
>
> 本書中的一些列表將建立於之前所提過的範例之上。為了節省篇
> 幅，您會看到我用 --snip-- 來表示重複使用之前的程式碼。

在 main 中，先初始化幾個 int 類別（例如 num1 ❹）。接下來，將這
些變數傳遞給 step_function，並初始化 result 變數以儲存傳回值
（例如 result1 ❺）。

最後，透過調用 printf 來列印傳回值。每次調用都以一個格式字串
開始（例如 "Num1: %d, Step: %d\n" ❻），每個格式字串中都嵌入了
兩個 %d 格式指定符，根據 printf 的要求，格式字串後面必須要有兩
個相對應的參數 num1 和 result1。

註解

註解（*Comment*）是在原始程式碼中給人看的說明文件，您可以用 //
或 /**/ 符號在程式碼中添加註解。這些符號（// 或 /**/）告訴編
譯器忽略從第一個斜線到這一行結束的所有內容，這表示您可以把
註解加到程式碼的後面，或者寫成一整行都是註解：

```
// This comment is on its own line
int the_answer = 42; // This is an in-line comment
```

您可以用 /**/ 表示法在程式碼中加入多行註解：

```
/*
 *  This is a comment
 *  That lives on multiple lines
 *  Don't forget to close
 */
```

跨行的註解以 /* 開頭，並以 */ 結束。（開始和結束斜線之間的行上面的星號不是必要的，但這種寫法很常見。）

什麼時候該使用註解是一直是個爭論不休的話題。有些程式設計大師建議程式碼應該寫成具有很強的表達力和自我解釋性，以便讓大部分的註解都是不必要的，他們可能會主張自我描述性的變數名稱、簡短的函式、和良好的測試通常就是您所需要的說明文件。而其他程式設計師則喜歡在程式中寫得到處都是註解。

您可以培養自己的註解哲學，編譯器將完全忽略您所做的一切，因為它從來不會去解譯註解。

偵錯

對於軟體工程師來說，最重要的技能之一是高效率而且具有成效的偵錯。大多數開發環境都有隨帶偵錯工具，在 Windows、macOS 和 Linux 上，都有非常出色的偵錯工具，學會善用它們是一項會很快得到回報的投資。本節將簡要介紹如何使用偵錯器來逐步執行列表 1-8 中的程式，您可以跳到與您最相關的環境繼續閱讀。

Visual Studio

Visual Studio 有一個優秀的內建偵錯器。我建議您在偵錯（*Debug*）模式下為程式偵錯。這會讓工具鏈建構一個目標，以增強偵錯體驗。在發行（*Release*）模式下進行偵錯的唯一理由是為了診斷在發行模式中才會出現的一些罕見情況。

1. 開啟 main.cpp 並找到 main 的第一行程式。

2. 按一下與 main 第一行所對應行號左側的空白處，插入一個中斷點。按一下的地方會出現一個紅色圓圈，如圖 1-4 所示。

```
13    int main() {
14        int num1 = 42;
15        int result1 = step_function(num1);
16
17        int num2 = 0;
18        int result2 = step_function(num2);
19
20        int num3 = -32768;
21        int result3 = step_function(num3);
22
23        printf("Num1: %d, Step: %d\n", num1, result1);
24        printf("Num2: %d, Step: %d\n", num2, result2);
25        printf("Num3: %d, Step: %d\n", num3, result3);
26
27        return 0;
28    }
```

圖 1-4：插入中斷點

3. 選擇「**偵錯 ▶ 開始偵錯**」。程式將執行到您插入中斷點的那一行。偵錯器將停止執行程式，並出現一個黃色箭頭，指出下一行要執行的指令，如圖 1-5 所示。

```
4     int main() {
5         int num1 = 42;
6         int result1 = step_function(num1);
7
8         int num2 = 0;
9         int result2 = step_function(num2);
10
11        int num3 = -32768;
12        int result3 = step_function(num3);
13
14        printf("Num1: %d, Step: %d\n", num1, result1);
15        printf("Num2: %d, Step: %d\n", num2, result2);
16        printf("Num3: %d, Step: %d\n", num3, result3);
17
18        return 0;
19    }
```

圖 1-5：偵錯器在中斷點處停止執行。

4. 選擇「**偵錯 ▶ 不進入函式**」。「不進入函式」操作以不進入任何所呼叫函式的方式來執行指令。「不進入函式」的預設鍵盤快捷鍵為 F10。

5. 因為下一行會呼叫 step_function，請選擇「**偵錯 ▶ 逐步執行**」來呼叫 step_function 並在第一行中斷。您可以用「不進入函式」或「逐步執行」的方式來繼續偵錯該函式。「逐步執行」的預設鍵盤快捷鍵為 F11。

6. 如果要讓程式返回 main，請選擇「**偵錯 ▶ 跳離函式**」。此操作的預設鍵盤快速鍵為 shift-F11。

7. 選擇「**偵錯 ▶ 視窗 ▶ 自動變數**」可檢視自動變數，您可以看到一些重要變數目前的值，如圖 1-6 所示。

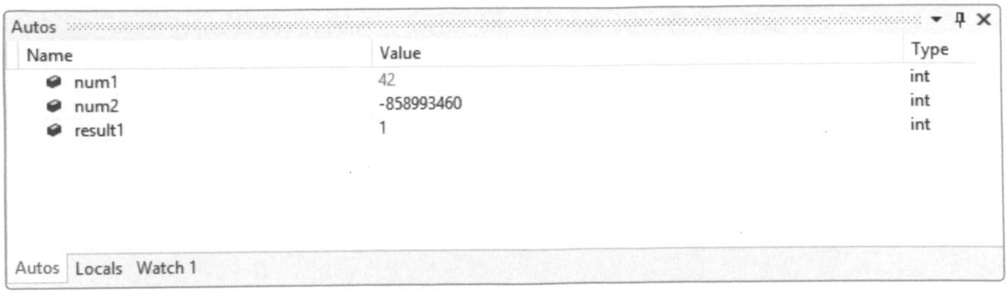

圖 1-6：「自動變數」（Autos）視窗顯示目前中斷點處的變數值。

您可以看到 num1 被設為 42，result1 被設為 1。那麼為什麼 num2 是亂七八糟的值？因為 num2 還沒有被初始化為 0：這是下一行要執行的指令。

NOTE

偵錯器剛剛強調了一個非常重要的底層細節：分配物件的儲存空間和初始化物件的值是兩個不同的步驟。我們將在第 4 章中學到更多有關儲存空間的分配和物件初始化的資訊。

Visual Studio 的偵錯器還提供了很多其他的功能，相關詳細資訊請查看位於 *https://ccc.codes/* 的 Visual Studio 說明文件。

Xcode

Xcode 也有一個完全整合在 IDE 中功能齊全的內建偵錯器。

1. 開啟 *main.cpp* 並找到 main 的第一行程式。

2. 按一下第一行，然後選擇「**Debug ▸ Breakpoints ▸ Add Breakpoint at Current Line**」，此時會出現一個中斷點，如圖 1-7 所示。

```cpp
#include "step_function.h"
#include <cstdio>

int main() {
  int num1 = 42;
  int result1 = step_function(num1);

  int num2 = 0;
  int result2 = step_function(num2);

  int num3 = -32768;
  int result3 = step_function(num3);

  printf("Num1: %d, Step: %d\n", num1, result1);
  printf("Num2: %d, Step: %d\n", num2, result2);
  printf("Num3: %d, Step: %d\n", num3, result3);

  return 0;
}
```

圖 1-7：插入中斷點

3. 選擇「**Product ▸ Run**」，程式將執行到插入中斷點那一行，偵錯器會停止程式的執行，並出現一個綠色箭頭，指出要執行的下一行指令，如圖 1-8 所示。

```cpp
#include "step_function.h"
#include <cstdio>

int main() {
  int num1 = 42;                              Thread 1: breakpoint 1.1
  int result1 = step_function(num1);

  int num2 = 0;
  int result2 = step_function(num2);

  int num3 = -32768;
  int result3 = step_function(num3);

  printf("Num1: %d, Step: %d\n", num1, result1);
  printf("Num2: %d, Step: %d\n", num2, result2);
  printf("Num3: %d, Step: %d\n", num3, result3);

  return 0;
}
```

圖 1-8：偵錯器在中斷點處停止執行。

4. 選擇「**Debug ▸ Step Over**」在不進入任何所呼叫函式的情況下執行指令，此步驟的預設快捷鍵為 F6。

5. 由於下一行會呼叫 step_function，請選擇「**Debug ▸ Step Into**」來呼叫 step_function 並在該函式第一行中斷。接下來您可以透過「Step Over」和「Step Into」來繼續偵錯該函式。「Step Into」的預設鍵盤快捷鍵是 F7。

6. 要返回 main 繼續執行，請選擇「**Debug ▸ Step Out**」，預設的鍵盤快捷鍵是 F8。

7. 檢查 *main.cpp* 螢幕底部的 Autos 視窗，可以看到一些重要變數目前的值，如圖 1-9 所示。

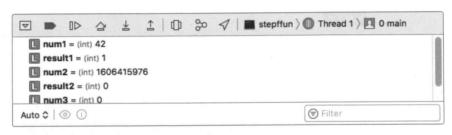

圖 1-9：Autos 視窗顯示目前中斷點處的變數值。

您會看到 num1 被設為 42，result 被設為 1，而由於 num2 的初始化在下一行才會執行，所以 num2 目前還是一些亂七八糟的值。

Xcode 偵錯器還支援了其他更多的功能，詳細資訊請查看位於 *https://ccc.codes/* 的 Xcode 說明文件。

使用 GDB 和 LLDB 為 GCC 和 Clang 偵錯

GNU 專案偵錯器（GNU Project Debugger, GDB）是一個功能強大的偵錯器（*https://www.gnu.org/software/gdb/*），您可以用命令列來跟 GDB 交談。要在 g++ 或 clang++ 編譯期間啟用偵錯，您必須加上 -g 旗標。

您的套件管理器很可能已經有 GDB，如果沒有的話，可輸入以下命令，用 APT 來安裝 GDB：

```
$ sudo apt install gdb
```

Clang 還有一個很棒的偵錯器，叫做低階偵錯器（Low Level debugger, LLDB），您可以在（ *https://lldb.llvm.org/* ）下載。LLDB 是為了配合 GDB 命令一起運作而設計的，因此為了簡潔起見，我不會特別介紹 LLDB。原則上使用偵錯選項的 GCC 所編譯的程式可以用 LLDB 來偵錯，而使用偵錯選項的 Clang 所編譯的程式也可以用 GDB 來偵錯。

NOTE

Xcode 在後臺是使用 LLDB 來偵錯。

要使用 GDB 偵錯第 30 頁的列表 1-8，請執行以下步驟：

1. 在命令列中，切換到儲存標頭檔和原始檔的資料夾。

2. 使用偵錯選項來編譯程式：

```
$ g++-8 main.cpp -o stepfun -g
```

3. 使用 gdb 來偵錯程式；您應該會看到以下交談式控制台對話：

```
$ gdb stepfun
GNU gdb (Ubuntu 7.7.1-0ubuntu5~14.04.2) 7.7.1
Copyright (C) 2014 Free Software Foundation, Inc.
License GPLv3+: GNU GPL version 3 or later <http://gnu.org/
licenses/gpl.html>
This is free software: you are free to change and redistribute it.
There is NO WARRANTY, to the extent permitted by law.  Type "show
copying"
and "show warranty" for details.
This GDB was configured as "x86_64-linux-gnu".
```

```
Type "show configuration" for configuration details.
For bug reporting instructions, please see:
<http://www.gnu.org/software/gdb/bugs/>.
Find the GDB manual and other documentation resources online at:
<http://www.gnu.org/software/gdb/documentation/>.
For help, type "help".
Type "apropos word" to search for commands related to "word"...
Reading symbols from stepfun...done.
(gdb)
```

4. 您可以使用 **break** 命令來插入中斷點,該命令接受一個參數,指定原始檔的檔名和要中斷的行,中間用冒號(:)分開。例如,假設您要在 *main.cpp* 的第一行插入中斷點,這是在列表 1-8 中的第 5 行(您可能需要根據實際上原始程式碼的撰寫方式調整中斷點的位置)。您可以在 **(gdb)** 提示字元之下使用以下命令建立中斷點:

```
(gdb) break main.cpp:5
```

5. 您還可以告訴 **gdb** 要中斷的特定函式名稱:

```
(gdb) break main
```

6. 無論哪種方式,您現在都可以執行程式:

```
(gdb) run
Starting program: /home/josh/stepfun
Breakpoint 1, main () at main.cpp:5
5            int num1 = 42;
(gdb)
```

7. 要逐步執行指令,請使用 **step** 命令來追蹤程式的每一行,包括進入所呼叫的函式執行:

```
(gdb) step
6            int result1 = step_function(num1);
```

8. 要繼續逐步執行，請按 ENTER 鍵重複上一個命令：

```
(gdb)
step_function (x=42) at step_function.cpp:4
```

9. 要退出所呼叫的函式，請使用 finish 命令：

```
(gdb) finish
Run till exit from #0  step_function (x=42) at step_function.cpp:7
0x0000000000400546 in main () at main.cpp:6
6           int result1 = step_function(num1);
Value returned is $1 = 1
```

10. 要執行指令而不進入函式呼叫，請使用 next 命令：

```
(gdb) next
8           int num2 = 0;
```

11. 要檢查目前變數的值，請使用 info locals 命令：

```
(gdb) info locals
num2 = -648029488
result2 = 32767
num1 = 42
result1 = 1
num3 = 0
result3 = 0
```

請注意，任何尚未初始化的變數都不會有合理的值。

12. 要繼續執行直到下一個中斷點（或直到程式完成），請使用 continue 命令：

```
(gdb) continue
Continuing.
Num1: 42, Step: 1
Num2: 0, Step: 0
Num3: -32768, Step: -1
[Inferior 1 (process 1322) exited normally]
```

13. 任何時候想要退出 gdb，請使用 quit 命令。

GDB 支 持 更 多 的 功 能， 請 查 看 *https://sourceware.org/gdb/current/
onlinedocs/gdb/* 以獲取更多資訊。

摘要

本章讓您啟動和執行一個 C++ 開發環境，並且編譯了您的第一個
C++ 程式。您學到了關於程式建置工具鏈的元件以及它們在編譯過
程中所扮演的角色。然後，您探究了一些重要的 C++ 主題，例如型
別、變數宣告、敘述、條件敘述、函式和 printf。本章最後示範了
如何設定偵錯器和逐步執行程式的教程。

> **NOTE**
>
> 如果您在設定環境時遇到問題，請上網搜尋您所看到的錯誤訊息。
> 如果找不到的話，可將您的問題發佈到位於（https://stackoverflow.
> com/）的「堆疊溢位」（Stack Overflow）、位於 https://www.reddit.
> com/r/cpp_questions/ 的「C++ 論壇子版」、或者是位於 https://
> cpplang.now.sh/ 的「C++ 休閒通道」。

練習

請試著應用本章中所學實作以下練習。（本書的配套程式碼可在
https://ccc.codes 下載。）

1-1. 建立一個函式，取名為 absolute_value，該函式接受一個引
數，並傳回其引數的絕對值。整數 x 的絕對值如下：如果 x 大於
或等於 0，則傳回 x（本身）；否則傳回 x 乘以 -1。您可以用列表
1-9 中的程式當作範本：

列表 1-9：使用絕對值函式的程式範本

```cpp
#include <cstdio>

int absolute_value(int x) {
  // Your code here
}

int main() {
  int my_num = -10;
  printf("The absolute value of %d is %d.\n", my_num,
         absolute_value(my_num));
}
```

1-2. 嘗試用不同的值執行此程式，您看到所預期的值了嗎？

1-3. 用偵錯器執行此程式，逐行執行每個指令。

1-4. 撰寫另一個取名為 sum 的函式，它接受兩個 *int* 引數並傳回它們的和。如何修改列表 1-9 中的範本來測試新函式？

1-5. C++ 有一些活躍的線上社群，網際網路上也充斥著優質的 C++ 相關材料。請造訪 CppCast podcast（http://cppcast.com/），搜尋 YouTube 上的 CppCon 和 C++Now 影片，並將（*https://cppreference.com/*）和（*http://www.cplusplus.com/*）加到瀏覽器書籤。

1-6. 最後，請到 *https://isocpp.org/std/the-standard/* 下載國際標準組織（International Organization for Standardization, ISO）C++ 17 標準。正式的 ISO 標準必須購買版權，不過您可以免費下載一份「草稿」，與正式版只在裝飾上有所不同而已。

NOTE

由於 ISO 標準的頁碼因版本而異，本書參照到 ISO 標準的特定章節時，將使用與標準本身相同命名方式，用方括號將章節名稱括起來，章節內的小節則是用句點（·）與所在的章節分隔開來。舉例來說，當引用包含在前言部分的 C++ 物件模型一節時，我們會寫成 [前言 · 物件]。

延伸閱讀

- 《*The Pragmatic Programmer 20 週年紀念版*》，碁峰，2020，Andrew Hunt 與 David Thomas 著

- 《*The Art of Debugging with GDB, DDD, and Eclipse*》，No Starch Press，2008，Norman Matloff 與 Peter Jay Salzman 著

- 《*PGP & GPG: Email for the Practical Paranoid*》，No Starch Press，2006，Michael W. Lucas 著

- 《*The GNU Make Book*》，No Starch Press，2015，John Graham Cumming 著

2

型別

哈丁（Hardin）曾經說過，
「要想成功，光有計劃是不夠的。
一個人也必須即興發揮。」我將即興發揮。

—— 以撒·艾西莫夫（Isaac Asimov），《基地》

如第 1 章所述，型別告訴了編譯器將如何解譯及使用物件。C++ 程式中的每個物件都有一個型別。本章首先深入討論基本型別，然後介紹使用者定義的型別。在這個過程中，您將學到幾種控制流程結構。

基本型別

基本型別（*Fundamental types*）是最根本的物件型別，包括整數、浮點數、字元、布林值、void、byte、size_t^{譯註 1}。有人將基本型別稱為原始（*primitive*）型別或內建（*built-in*）型別，因為它們是

譯註 1　其中 byte 和 size_t 並未列入 C++ 標準中的「基本型別」，容後說明。

核心語言的一部分，而且幾乎隨時都可以讓您使用。這些型別可以用在任何平臺上，但是它們的特性（例如大小和記憶體佈局）則取決於各別平臺的實作。

基本型別是為了保持某種程度上的平衡。一方面，它們試圖將 C++ 構件直接對映到電腦硬體；另一方面，它們允許程式設計師寫一份程式碼就能在許多平臺上運作，從而簡化了撰寫跨平臺程式碼的過程。接下來的小節提供了更多關於這些基本型別的詳細資訊。

整數型別

整數型別儲存的是沒有小數點的數字，總共有四種不同的大小，分別是 *short int*、*int*、*long int*、和 *long long int*，每一種整數型別又可以分為「有正負號」或者是「沒有正負號」。有正負號（*signed*）的變數可以是正、負或零，而沒有正負號（*unsigned*）的變數必須不能是負數。

預設的整數型別為 signed 與 int，這表示您可以在程式中使用以下的簡略符號：short、long、和 long long，而不用寫出全名 short int、long int、和 long long int。表 2-1 列出所有可用的 C++ 整數型別、有沒有正負號、在不同平臺的位元組大小、以及它們的格式指定符。

表 2-1：整數型別、大小和格式指定符

| 型別 | 是否有正負號 | 大小（位元組） | | | | printf 格式指定符 |
| | | 32-bit OS | | 64-bit OS | | |
		Windows	Linux/Mac	Windows	Linux/Mac	
short	有	2	2	2	2	%hd
unsigned short	無	2	2	2	2	%hu
int	有	4	4	4	4	%d
unsigned int	無	4	4	4	4	%u
long	有	4	4	4	8	%ld
unsigned long	無	4	4	4	8	%lu
long long	有	8	8	8	8	%lld
unsigned long long	無	8	8	8	8	%llu

請注意，整數型別的大小因平臺而異：64 位元 Windows 和 Linux /
Mac 的長整數（long）大小分別為 4 個位元組和 8 個位元組。

通常，編譯器會警告您格式指定符與和整數型別無法匹配，但是在
printf 敘述中使用格式指定符時，必須確保它們是正確的。在接下
來的範例中，您將使用格式指定符把整數列印到控制台。

NOTE

> 您可以用 <cstdint> 函式庫來強制保證的整數大小。例如，如果您
> 需要恰好是 8、16、32 或 64 位元帶有正負號的整數，可以宣告為
> int8_t、int16_t、int32_t、或 int64_t。您可以利用這些選項宣告
> 最快、最小、最大、有正負號、和不帶正負號的整數型別，以滿足
> 您的需求。但是，由於並非每個平臺都可以使用 <cstdint> 標頭，因
> 此您應該只有在沒有其他選擇時才使用 cstdint 型別。

字面值（*literal*）是寫在程式中硬編碼的固定值，整數字面值
（*integer literal*）有以下四種硬編碼表示法：

binary　　　　二進位以 0b 為字首

octal　　　　　八進位 0 為字首

decimal　　　　預設為十進位

hexadecimal　　十六進位以 0x 為字首

列表 2-1 示範了幾個如何使用非十進位字面值表示法來指派給整數變
數的例子。

列表 2-1：指派幾個整數變數並用適當的格式指定符列印它們的程式

```
#include <cstdio>

int main() {
  unsigned short a = 0b10101010; ❶
  printf("%hu\n", a);
  int b = 0123; ❷
```

```
    printf("%d\n", b);
    unsigned long long d = 0xFFFFFFFFFFFFFFFF; ❸
    printf("%llu\n", d);
}
```

---

170 ❶

83 ❷

18446744073709551615 ❸

該程式使用非十進位整數表示法（二進位 ❶、八進位 ❷ 和十六進位 ❸），並且用表 2-1 中的格式指定符列印每個以非十進位表示的整數，程式下方顯示了每個 printf 敘述的輸出。

> **NOTE**
>
> 整數字面值可以包含任意個數的單引號（ ' ）以增加可讀性，編譯器會完全忽略它們。例如，1000000 和 1'000'000 兩個整數字面值都表示一百萬。

有時，以十六進位表示或（偶爾）以八進位表示法列印不帶正負號的整數會很有用，您可以分別使用 printf 指定符 %x 和 %o 來達成這些目的，如列表 2-2 所示。

列表 2-2：使用不帶正負號的八進位和十六進位表示法的程式

```
#include <cstdio>

int main() {
  unsigned int a = 3669732608;
  printf("Yabba %x❶!\n", a);
  unsigned int b = 69;
  printf("There are %u❷,%o❸ leaves here.\n", b❹, b❺);
}
```

Yabba dabbad00❶!
There are 69❷,105❸ leaves here.

十進位 3669732608 的十六進位表示法為 dabbad00，第一行的輸出為
使用十六進位格式指定符 **%x** ❶ 的結果。十進位 69 以八進制表示為
105，不帶正負號的整數 **%u** ❷ 和八進位整數 **%o** ❸ 的格式指定符分別
對應於 ❹ 和 ❺ 處的參數。`printf` 敘述將這些數值 ❷ ❸ 替換為格式
化的字串，並產生訊息「`There are 69, 105 leaves in here`」。

預設情況下，整數字面值的型別是 `int`、`long`、或 `long long` 中能夠
儲存該字值的最小型別。（這是由語言所定義的，將由編譯器強制
執行。）

如果您想要更多的控制，可以提供一個*字尾*（*suffix*）給整數字面值
來指定其型別（字尾不區分大小寫）：

- `unsigned` 型別的字尾是 u 或 U
- `long` 型別的字尾是 l 或 L
- `long long` 型別的字尾是 ll 或 LL

您還可以將 `unsigned` 字尾碼與 `long` 或 `long long` 字尾組合起來，以
指定是否有帶正負號和大小。表 2-2 顯示了字尾可以組合的型別，
允許的型別以打勾（✓）表示。對於二進位、八進位和十六進位字面
值，可省略字尾 u 或 U，以星號（*）表示。

表 2-2：整數字尾

型別	(none)	l/L	ll/LL	u/U	ul/UL	ull/ULL
int	✓					
long	✓	✓				
long long	✓	✓	✓			
unsigned int	*			✓		
unsigned long	*	*		✓	✓	
unsigned long long	*	*	*	✓	✓	✓

最後的型別是能夠儲存整數字面值的最小型別，意思是在對於該整數所能使用的所有型別中，將應用最小的那個型別。例如，整數字面值 112114 可以是 int、long 或 long long，而由於 int 可以儲存 112114，因此最後該整數字面值的型別為 int。如果您真的想要以 long 的型別儲存，可以指定 112114L（或 112114l）。

浮點數型別

浮點數型別儲存了實數的近似值（我們對於實數的定義為：具有小數點和小數部分的任何數字，例如 0.33333 或 98.6）。雖然在電腦記憶體中不可能精確地表示任意位數的實數，但可以儲存其近似值。如果這看起來很難相信，可以想像 π 這樣的數字有無窮位數的數字，在有限的電腦記憶體下，您怎麼可能表示無窮多的位數呢？

跟所有的型別一樣，浮點數型別佔用了有限的記憶體，叫做型別的**精確度**（*precision*）。浮點數型別的精確度越高，就越趨近真實的數字。C++ 提供了三種等級的精確度：

float　　　　表示單精確度

double　　　表示雙精確度

long double　表示擴充精確度

跟整數型別一樣，每種浮點數表示法都可能依實作的方式而有所不同。本節將不會詳細介紹浮點數型別，但請注意，在這些實作中可能會涉及到大量的細微差異。在桌機的主要作業系統上，float 等級的精確度通常為 4 個位元組，而 double 和 long double 等級通常有 8 個位元組的精確度（因此名為**雙精確度**（*double precision*））。

大多數沒有參與科學計算應用的使用者，可以安全地忽略浮點數表示法的細節。在這種情況下，通常最好是採用 double。

NOTE

> 對於那些不能安全地忽略細節的人，請查看與硬體平臺相關的浮點數規範，在《IEEE 754 浮點數運算標準》中描述了浮點數儲存與和算術運算的主要實作細節。

浮點數字面值

浮點數字面值預設的精確度為 double，如果有必要的話，可以指定 f 或 F 字尾以單精確度形式儲存；或者用 l 或 L 字尾以擴充精確度形式儲存，如下所示：

```
float a = 0.1F;
double b = 0.2;
long double c = 0.3L;
```

您還可以用科學記法來表示浮點數字面值：

```
double plancks_constant = 6.62607004❶e-34❷;
```

在**有效數**（*significand*）（基數）❶ 和字尾（*suffix*）（指數部分）❷ 之間不能有空格。

浮點數格式指定符

格式指定符 %f 顯示有小數點的數字 float，而 %e 則以科學記法顯示相同的數字。您也可以用格式指定符 %g 讓 printf 決定要在 %f 或 %e 中選擇哪一個是比較簡短的格式來顯示。

如果要列印出 double 的格式，只需在所要的指定符前面加上一個 l（小寫的 L）；如果要列印 long double，則在指定符前面加上一個 L。例如，如果您想要列印一個有小數點的 double，則應指定 %lf、%le，或 %lg；如果要列印 long double，則應指定 %Lf、%Le、或 %Lg。

考慮列表 2-3，其中探討了列印浮點數的不同選項。

列表 2-3：列印幾個浮點數的程式

```
#include <cstdio>

int main() {
  double an = 6.0221409e23; ❶
  printf("Avogadro's Number:  %le❷ %lf❸ %lg❹\n", an, an, an);
  float hp = 9.75; ❺
  printf("Hogwarts' Platform: %e %f %g\n", hp, hp, hp);
}
```
```
Avogadro's Number:  6.022141e+23❷ 602214090000000006225920.000000❸
6.02214e+23❹
Hogwarts' Platform: 9.750000e+00 9.750000 9.75
```

這個程式宣告了一個叫做 an ❶ 的 double 變數。格式指定符 %le ❷ 會列印出科學記法 6.022141e-23，而 %lf ❸ 會以小數點表示法 602214090000000006225920.000000 列印出來，%lg ❹ 指示符則會選擇輸出比較簡短的科學記法 6.02214e-23。float 型別的變數 hp ❺ 無論使用 printf 指定符 %e 或 %f 所列印出的位數都一樣，但是格式指定符 %g 會選擇列印比較短一點的小數點表示法 9.75，而不是科學記法。

原則上，列印浮點數型別時最好是使用 %g。

NOTE

實際上，列印 double 時可以省略指定符前面的 l，因為 printf 會自動將 float 引數的精確度提升至 double。

字元型別

字元型別儲存的是人類語言的資料，總共有六種：

`char`	是預設型別，永遠都是 1 個位元組。可以有正負號也可以沒有。（例如：ASCII）
`char16_t`	用於 2 位元組的字元集。（例如：UTF-16）
`char32_t`	用於 4 位元組的字元集。（例如：UTF-32）
`signed char`	有正負號的 char。
`unsigned char`	無正負號的 char。
`wchar_t`	大到足以容納實作地區設定的最大字元。（例如：Unicode）

字元型別 `char`、`signed char` 和 `unsigned char` 稱為*窄字元*（*narrow character*），而 `char16_t`、`char32_t` 和 `wchar_t` 因所需的相對儲存空間較大而被稱為*寬字元*（*wide character*）

字元字面值

字元字面值（*character literal*）是一個單獨的常數字元，前後以單引號（`''`）標示。如果字元是 `char` 以外的型別，則還必須提供前置碼：L 表示 `wchar_t`，u 表示 `char16_t`，U 則表示 `char32_t`。例如，`'J'` 宣告了一個 `char` 字面值，而 `L'J'` 則宣告了一個 `wchar_t` 的字面值。

轉義序列

有些字元不會顯示在螢幕上，而是會迫使螢幕執行像是將游標移到螢幕最左邊（回車）或將游標往下移動一行（換行）的動作。其他字元可以在螢幕上顯示，但它們是 C++ 語言語法的一部分，例如單引號或雙引號，因此使用上必須非常小心。要將這些字元放入一個 `char` 中，可以用表 2-3 中所列出的*轉義序列*（*escape sequence*）。

表 2-3：保留字元及其轉義序列

型別	轉義序列
換行	\n
跳格 (水平)	\t
跳格 (垂直)	\v
倒退一格	\b
回車	\r
換行	\f
嗶一聲	\a
倒斜線	\\
問號	? or \?
單引號	\'
雙引號	\"
空字元	\0

Unicode 轉義字元

您可以用**通用字元名稱**（*universal character name*）來指定 Unicode 字元的字面值，而通用字元名稱可以寫成以下兩種形式之一：以 \u 開頭後面跟著 4 位數的 Unicode，或是以 \U 開頭後面跟著 8 位數的 Unicode。例如，字元 A 可以用 '\u0041' 來表示，而啤酒杯字元 🍺 可以用 U'\U0001F37A' 來表示。

格式指定符

在 printf 中，char 的格式指定符為 %c，而 wchar_t 的格式指定符為 %lc。

列表 2-4 初始化了兩種字元字面值 x 和 y，然後在 printf 中用不同的格式指定符來顯示。

列表 2-4：一個指派幾個字元型別變數並列印它們的程式

```
#include <cstdio>

int main() {
  char x = 'M';
  wchar_t y = L'Z';
  printf("Windows binaries start with %c%lc.\n", x, y);
}
```
```
Windows binaries start with MZ.
```

以上程式會輸出「Windows binaries start with MZ.」。由於程式使用了正確的格式指定符，即使 M 是窄字元而 Z 是寬字元，printf 仍然可以正常運作。

> **NOTE**
>
> 所有 Windows 二進位檔案的前兩個位元組是字元都是 M 與 Z，主要是為了要向 MS-DOS 可執行二進位檔案格式的設計者馬克·茨柏克沃斯基（Mark Zbikowski）致敬。

布林型別

布林型別（bool）只有兩種狀態：true 和 false。整數型別和 bool 型別之間的轉換相當容易：狀態 true 可轉換為 1，false 則轉換為 0；而任何非零整數可轉換為 true，0 則轉換為 false。

布林文字

布林型別可以用兩個布林字面值 true 和 false 來初始化。

格式指定符

bool 沒有格式指定符，但您可以在 printf 中用 int 格式指定符 %d 來為 true 產生 1，為 false 生成 0，原因是 printf 會將任何小於

int 的整數值提升為 int。列表 2-5 說明了如何宣告布林變數並檢視其值。

列表 2-5：用 printf 敘述印出 bool 變數

```
#include <cstdio>

int main() {
  bool b1 = true;   ❶ // b1 is true
  bool b2 = false;  ❷ // b2 is false
  printf("%d %d\n", b1, b2); ❸
}
```
----
1 0 ❸

一開始先將 b1 初始化為 true ❶，將 b2 初始化為 false ❷，將 b1 和 b2 當成整數來列印（用 %d 格式指定符），會得出 b1 為 1，b2 ❸ 為 0。

比較運算子

運算子（*operator*）是執行計算的函數，而運算元（*operand*）只是物件。（完整的運算子清單詳見第 242 頁的「邏輯運算子」。）為了獲得使用布林型別的有意義的示例，本節將快速介紹一下比較運算子，並在下一節會介紹邏輯運算子，以便瞭解 bool 型別的用法。

有幾個運算子可用來構建布林運算式。回想一下，比較運算子接受兩個引數並傳回一個 bool。可用的運算子有等於（==）、不等於（!=），大於（>）、小於（<）、大於或等於（>=）以及小於或等於（<=）。

列表 2-6 示範了如何使用這些運算子來產生布林值。

列表 2-6：使用比較運算子

```
#include <cstdio>

int main() {
  printf(" 7 ==  7: %d❶\n", 7  ==  7❷);
```

```
  printf(" 7 != 7: %d\n", 7 != 7);
  printf("10 > 20: %d\n", 10 > 20);
  printf("10 >= 20: %d\n", 10 >= 20);
  printf("10 < 20: %d\n", 10 < 20);
  printf("20 <= 20: %d\n", 20 <= 20);
}
--------------------------------------------------
 7 == 7: 1 ❶
 7 != 7: 0
10 > 20: 0
10 >= 20: 0
10 < 20: 1
20 <= 20: 1
```

每次比較的結果會產生一個布林值 ❷，而 printf 敘述會將布林值以 int 形式列印出來 ❶。

邏輯運算子

邏輯運算子（*Logical operator*）是用來評估 bool 型別的布林邏輯，您可以用運算子可接受的運算元個數來分類：一元運算子（*unary operator*）接受一個運算元，二元運算子（*binary operator*）接受兩個運算元，三元運算子（*ternary operator*）接受三個運算元，依此類推。此外，還可以再針對不同的運算元型別，將運算子進一步細分。

一元邏輯否定運算子（!）接受一個運算元並傳回其相反的值，換句話說 !true 的結果是 false，而 !false 的結果為 true。

邏輯運算子 AND（&&）和 OR（||）是針對二進位的位元進行邏輯運算。邏輯 AND 只有當兩個運算元都為 true 時才會傳回 true，邏輯 OR 則是只要兩個運算元中有一個為 true 就會傳回 true。

> **NOTE**
>
> 當您閱讀布林運算式時，「!」應該唸成「非」，而「a && ! b」則應該念成「a 且非 b」。

邏輯運算子一開始可能會令人感到困惑，但很快就變得直觀了。列表 2-7 示範了邏輯運算子的用法。

列表 2-7：一個示範邏輯運算子用法的程式

```
#include <cstdio>

int main() {
  bool t = true;
  bool f = false;
  printf("!true: %d\n", !t); ❶
  printf("true  &&  false: %d\n", t &&  f); ❷
  printf("true  && !false: %d\n", t && !f); ❸
  printf("true  ||  false: %d\n", t ||  f); ❹
  printf("false ||  false: %d\n", f ||  f); ❺
}
```
```
!true: 0 ❶
true  &&  false: 0 ❷
true  && !false: 1 ❸
true  ||  false: 1 ❹
false ||  false: 0 ❺
```

以上的範例中，您可以看到否定運算子 ❶、邏輯 AND 運算子 ❷ ❸ 和邏輯 OR 運算子 ❹ ❺。

std::byte 型別

系統程式設計師有時會直接用到原始記憶體（*raw memory*）（沒有型別的位元所成的集合），此時可使用定義於 `<cstddef>` 標頭檔中的 `std::byte` 型別。`std::byte` 型別允許位元邏輯運算（您將在第 7 章中遇到）和其他運算，對於原始資料使用此型別，有助於避免常見難以偵錯的程式設計錯誤。

注意，與 `<cstddef>` 中的大多數其他基本型別不同的是，在 C 語言中並沒有像 `std::byte` 這樣的型別。在 C 和與 C++ 中，都可以使用 `char` 和 `unsigned char`，但這些型別不太安全，因為它們除了位元運算之外，還支援許多 `std::byte` 所不允許的運算。

例如，您可以對 char 執行算術運算，例如加法（+），但不能對
std::byte 執行。std:: 這個看起來很奇怪的字首稱為**命名空間**
（*namespace*），您將在第 288 頁的「命名空間」一節中再次遇到它
（目前只需先將命名空間 std:: 視為型別名稱的一部分）。

> **NOTE**
>
> 關於 std 如何發音有兩種不同的說法，一種是把每個字母單獨發
> 音，唸成「S-T-D」（ess-tee-dee），另一種是把它當作一個單字，
> 唸成「stood」【stʊd】。當參照到 std 命名空間的類別時，通常命名
> 空間運算子 :: 不發音，這樣 std::byte 就可以唸成「stood byte」，
> 但是如果您不喜歡這種簡短的唸法，也可以唸成「S-T-D 冒號冒號
> byte」。

size_t 型別

size_t 型別（也可以在 <cstddef> 標題檔中找到）可用來編碼物件
的大小。size_t 物件能保證其最大值足以表示所有物件的最大大小
（以位元組為單位）。從技術上來說，這意味著依照具體實作的不
同，size_t 可能需要 2 個位元組或 200 個位元組。實務上，在 64 位
元架構的電腦上，size_t 通常指的是 unsigned long long。

> **NOTE**
>
> size_t 是 C 函式庫標頭檔 <stddef> 中的型別，但它與 C++ 命名空
> 間 std 中的版本是一樣的，您偶爾會看到有人寫成 std::size_t，這
> 在技術上而言也沒有錯。

sizeof

一元運算子 sizeof 接受一個型別運算元並傳回該型別的大小（以
位元組為單位），sizeof 運算子傳回值的型別永遠都是 size_t。例
如，sizeof(float) 會傳回 float 佔用了幾個記憶體位元組。

格式指定符

size_t 的格式指定符為 **%zd**（十進位）或 **%zx**（十六進位），列表 2-8 示範了如何檢查系統中幾個整數型別的大小。

列表 2-8：以位元組為單位列印幾個整數型別大小的程式
（使用 Windows 10 x64 作業系統）

```
#include <cstddef>
#include <cstdio>

int main() {
  size_t size_c = sizeof(char); ❶
  printf("char: %zd\n", size_c);
  size_t size_s = sizeof(short); ❷
  printf("short: %zd\n", size_s);
  size_t size_i = sizeof(int); ❸
  printf("int: %zd\n", size_i);
  size_t size_l = sizeof(long); ❹
  printf("long: %zd\n", size_l);
  size_t size_ll = sizeof(long long); ❺
  printf("long long: %zd\n", size_ll);
}
```

```
char: 1 ❶
short: 2 ❷
int: 4 ❸
long: 4 ❹
long long: 8 ❺
```

列表 2-8 用 sizeof 來計算 char ❶、short ❷、int ❸、long ❹ 和 long long ❺ 的大小，並且用格式指定符 **%zd** 列印出它們的大小。這個程式的執行結果會因作業系統而異，回想一下表 2-1 中不同作業系統的整數型別大小可能會不太一樣，特別注意列表 2-8 中 long ❹ 的傳回值；在 Linux 和 macOS 中 long 型別的大小為 8 個位元組。

void

void 型別的值為空集合。由於 void 物件無法保存值,因此除了特殊情況之外,C++ 並不允許使用 void 物件,例如不傳回任何值的函式的返回型別。以下範例中的函式 taunt 沒有傳回值,因此宣告其傳回型別為 void:

```
#include <cstdio>

void taunt() {
  printf("Hey, laser lips, your mama was a snow blower.");
}
```

在第 3 章中,您將學到 void 的特殊用法。

陣列

陣列是由型別相同的變數所組成的序列,**陣列型別**(*array type*)包括整個序列的型別和元素的個數,宣告陣列的語法為:先寫元素型別,再寫陣列名稱,最後再寫方括號 [],方括號中則註明陣列的元素個數。

例如,以下程式宣告一個包含 100 個 int 物件的陣列:

```
int my_array[100];
```

陣列初始化

您也可以用大括號來指定陣列的初始值:

```
int array[] = { 1, 2, 3, 4 };
```

使用以上語法宣告時,陣列的長度可省略,因為在編譯時可以從大括號中的元素個數推斷出來。

存取陣列元素

用方括號把所需索引括起來，可以存取陣列元素。在 C++ 中，陣列索引是從零開始，因此第一個元素位於索引 0，第十個元素位於索引 9，依此類推。列表 2-9 示範了如何讀取和寫入陣列元素。

列表 2-9：利用索引存取陣列元素的程式

```
#include <cstdio>

int main() {
  int arr[] = { 1, 2, 3, 4 }; ❶
  printf("The third element is %d.\n", arr[2]❷);
  arr[2] = 100; ❸
  printf("The third element is %d.\n", arr[2]❹);
}
```
```
The third element is 3. ❷
The third element is 100. ❹
```

這個程式碼先宣告一個陣列 arr，其中包含四個元素 1、2、3 和 4 ❶，接著在下一行 ❷ 印出第三個元素，然後將 100 指派給第三個元素 ❸，因此當再一次列印第三個元素時 ❹，其值為 100。

for 迴圈快速瀏覽

for 迴圈允許您將敘述重複執行（或稱為反覆運算或疊代）指定的次數。您可以規定一個起始點和其他條件。初始化敘述（init statement）會在迴圈的第一次反覆運算之前執行，用來初始化 for 迴圈中所使用的變數。條件敘述（conditional）是在每次反覆運算之前計算的運算式，如果計算結果為 true，則繼續迴圈的反覆運算。如果為 false，則終止 for 迴圈。在每次反覆運算之後會執行疊代敘述 (iteration statement)，用來改變迴圈變數以覆蓋一系列的值。for 迴圈語法如下：

```
for(init-statement; conditional; iteration-statement) {
  --snip--
}
```

例如，列表 2-10 示範了如何用 for 迴圈來找出陣列中的最大值。

列表 2-10：找出陣列中的最大值

```
#include <cstddef>
#include <cstdio>

int main() {
  unsigned long maximum = 0; ❶
  unsigned long values[] = { 10, 50, 20, 40, 0 }; ❷
  for(size_t i=0; i < 5; i++) { ❸
    if (values[i] > maximum❹) maximum = values[i]; ❺
  }
  printf("The maximum value is %lu", maximum); ❻
}
```
```
The maximum value is 50 ❻
```

首先將 maximum ❶ 初始化為可能的最小值；由於本例的陣列型別為
unsigned，所以最小值為 0。接下來，初始化陣列 values ❷，並用
for 迴圈 ❸ 對其進行反覆運算。在 for 迴圈中，檢查 values 的每個
元素是否大於目前的 maximum ❹，如果是大於的話，則將 maximum 設
定為新的最大值 ❺。當迴圈執行完畢之後，maximum 將等於陣列中的
最大值，最後再把 maximum 的值列印出來 ❻。

NOTE

如果您之前寫過 C 或 C++，您可能會想知道為什麼列表 2-10 中 i
的型別是使用 size_t 而不是 int。想想看 values 理論上可能會佔
用所允許的最大儲存空間，此時只有用 size_t 才可以保證能夠存取
到陣列中的任何值的索引，而 int 卻不行。雖然實務上這沒什麼區
別，但是就技術上而言，使用 size_t 才是正確的。

基於範圍的 for 迴圈

在列表 2-10 中，您看到了如何用 for 迴圈來對陣列中的元素進行反
覆運算 ❸。如果不想使用疊代變數 i 的話，您還可以使用**基於範圍**

的 *for* 迴圈（*range-based for loop*）。對於像陣列這樣的物件，for 知道如何對物件範圍內的值進行反覆運算。以下是基於範圍的 for 迴圈語法：

```
for(element-type❶ element-name❷ : array-name❸) {
  --snip--
}
```

您將疊代變數 element-name ❷ 的型別宣告為 element-type ❶，而 element-type 必須與要反覆運算的陣列元素的型別一樣，這個陣列的名稱為 array-name ❸。

列表 2-11 使用基於範圍的 for 迴圈重寫了列表 2-10。

列表 2-11：用基於範圍的 for 迴圈來重寫列表 2-10

```
#include <cstdio>

int main() {
  unsigned long maximum = 0;
  unsigned long values[] = { 10, 50, 20, 40, 0 };
  for(unsigned long value : values❶) {
    if (value❷ > maximum) maximum = value❸;
  }
  printf("The maximum value is %lu.", maximum);
}
```

```
The maximum value is 50.
```

NOTE

> 您將在第 7 章學到運算式。現在暫時先把運算式看成是會對程式產生影響的一段程式碼。

列表 2-11 對列表 2-10 做了極大的改進，您可以一目了然地看出 for 迴圈要對 values 進行反覆運算 ❶。由於捨棄了疊代變數 i，for 迴圈的主體變得更為簡潔；而您也可以直接存取 values 中的每個元素 ❷ ❸。

請儘量多使用基於範圍的 for 迴圈。

陣列中的元素個數

使用 sizeof 運算子可獲知陣列的大小總共有幾個位元組，藉此您可以用一個簡單的技巧來確定陣列中的元素個數：將陣列的大小除以個別組成元素的大小，如下所示：

```
short array[] = { 104, 105, 32, 98, 105, 108, 108, 0 };
size_t n_elements = sizeof(array)❶ / sizeof(short)❷;
```

在大多數的系統中，sizeof(array) ❶ 會算出陣列的大小為 16 個位元組，而 sizeof(short) ❷ 會算出個別元素的大小為 2 個位元組。無論 short 的大小是多少，n_elements 都會初始化為 8，這個計算會在編譯時進行，因此以這種方式計算陣列的長度不會造成執行時的額外開銷。

像 sizeof(x)/sizeof(y) 這樣的結構是老式的寫法，在舊程式碼中被廣泛使用。在本書的第 2 部分，您將學到如何儲存資料而不需要另外計算長度的作法。如果您真的必須使用陣列，那麼可以利用 <iterator> 標頭檔中的 std::size 函式安全地取得元素的個數。

> **NOTE**
>
> 使用 std::size 的另一個好處是，可以用在任何具有 size 方法的容器，包括了第 13 章中所有的容器。這在撰寫泛型程式碼時特別有用，我們留到第 6 章再討論。此外，如果您不小心傳遞了沒有支援的型別（例如指標），將不會被編譯。

C 風格的字串

字串（*string*）是連續的字元區塊。C 風格的字串或是以 *null* 結束的字串最後面會附加一個零位元組的空值（null），以指示字串的結尾。由於陣列元素是連續的，所以可以把字串儲存在字元型別的陣列中。

字串字面值

字串字面值是透過將文字括在兩個雙引號（" "）內來宣告。和字元字面值一樣，字串字面值也支援 Unicode：只需在文字前加上適當的字首（例如 L）。以下範例會把字串字面值指派給陣列 english 和 chinese：

```
char english[] = "A book holds a house of gold.";
char16_t chinese[] = u"\u66f8\u4e2d\u81ea\u6709\u9ec3\u91d1\u5c4b"
```

NOTE

> 您可能沒有注意到，其實您一直以來都在使用字串字面值：printf 敘述中的格式字串就是字串字面值。

以上這段程式碼會產生兩個變數：第一個變數是 english，其內容為「A book holds a house of gold.」，另一個變數是 chinese，其內容為 Unicode 編碼的「書中自有黃金屋」。

格式指定符

窄字串（char*）的格式指定符為 %s。例如，可以將字串合併到格式字串中，如下所示：

```
#include <cstdio>

int main() {
  char house[] = "a house of gold.";
  printf("A book holds %s\n ", house);
}
```
```
A book holds a house of gold.
```

將 Unicode 列印到控制台非常複雜。通常，您需要確定所選的**內碼表（code page）**是正確的，而這個主題遠遠超出了本書的範圍。如果需要在字串字面值中嵌入 Unicode 字元，請參閱在 `<cwchar>` 標頭檔中的 `wprintf` 說明文件。

連續的字串字面值會自動串接在一起，任何中間的空白或換行都將被忽略。因此，您可以在原始程式碼中放置多行的字串字面值，編譯器會把它們視為一行。例如，可以按照如下方式重寫此範例：

```
#include <cstdio>

int main() {
  char house[] = "a "
      "house "
      "of "  "gold.";
  printf("A book holds %s\n ", house);
}
```
```
A book holds a house of gold.
```

通常，只有當原始程式碼中的長字串字面值跨越多行時，才需要以這種寫法來提高提高可讀性，而所產生的程式是相同的。

ASCII 碼

美國資訊交換標準程式碼（*ASCII*）表為字元指定整數的編碼，表 2-4 顯示了每一個控制碼和可列印字元所對應的十進位（0d）和十六進位（0x）ASCII 碼。

表 2-4：ASCII 表

控制碼			可列印字元								
0d	0x	Code	0d	0x	Char	0d	0x	Char	0d	0x	Char
0	0	NULL	32	20	SPACE	64	40	@	96	60	`
1	1	SOH	33	21	!	65	41	A	97	61	a
2	2	STX	34	22	"	66	42	B	98	62	b
3	3	ETX	35	23	#	67	43	C	99	63	c
4	4	EOT	36	24	$	68	44	D	100	64	d
5	5	ENQ	37	25		69	45	E	101	65	e
6	6	ACK	38	26	&	70	46	F	102	66	f
7	7	BELL	39	27	'	71	47	G	103	67	g
8	8	BS	40	28	(	72	48	H	104	68	h
9	9	HT	41	29	)	73	49	I	105	69	i
10	0a	LF	42	2a	*	74	4a	J	106	6a	j
11	0b	VT	43	2b	+	75	4b	K	107	6b	k
12	0c	FF	44	2c	,	76	4c	L	108	6c	l
13	0d	CR	45	2d	-	77	4d	M	109	6d	m
14	0e	SO	46	2e	.	78	4e	N	110	6e	n
15	0f	SI	47	2f	/	79	4f	O	111	6f	o
16	10	DLE	48	30	0	80	50	P	112	70	p
17	11	DC1	49	31	1	81	51	Q	113	71	q
18	12	DC2	50	32	2	82	52	R	114	72	r
19	13	DC3	51	33	3	83	53	S	115	73	s
20	14	DC4	52	34	4	84	54	T	116	74	t
21	15	NAK	53	35	5	85	55	U	117	75	u
22	16	SYN	54	36	6	86	56	V	118	76	v
23	17	ETB	55	37	7	87	57	W	119	77	w
24	18	CAN	56	38	8	88	58	X	120	78	x

控制碼			可列印字元								
0d	0x	Code	0d	0x	Char	0d	0x	Char	0d	0x	Char
25	19	EM	57	39	9	89	59	Y	121	79	y
26	1a	SUB	58	3a	:	90	5a	Z	122	7a	z
27	1b	ESC	59	3b	;	91	5b	[	123	7b	{
28	1c	FS	60	3c	<	92	5c	\	124	7c		
29	1d	GS	61	3d	=	93	5d	]	125	7d	}
30	1e	RS	62	3e	>	94	5e	^	126	7e	~
31	1f	US	63	3f	?	95	5f	_	127	7f	DEL

ASCII 碼 0 到 31 是控制碼字元，當美國標準協會在 1960 年代將 ASCII 碼標準化時，那個時候需要用 ASCII 碼控制的設備包括電傳打字機、磁帶機和點陣印表機等，雖然這些設備現在大多已經過時，不過仍然有一些目前還是常用的控制碼，例如：

- 0（NULL）為空字元，在程式語言中用來表示字串結束的符號。
- 4（EOT）傳輸結束（end of transmission）符號，用來終結與 shell 的對話和 PostScript 印表機的通訊。
- 7（BELL）電腦嗶一聲。
- 8（BS）倒退鍵（backspace），讓裝置移除前一個字元。
- 9（HT）水平定位（horizontal tab），讓游標向右移動幾格。
- 10（LF）換行（line feed）符號，在大多數的作業系統上當作一行的結束。
- 13（CR）回車（carriage return）符號，在 Windows 系統上與 LF 一起當作行尾標記。
- 26（SUB）替代字元（substitute character）／檔案結束／CTRL-Z，在大多數作業系統上將正在執行的交談式程序暫停。

ASCII 表的其餘部分（從 32 到 127）是可列印字元，代表英文字元、數字和標點符號。

在大多數系統中，char 型別是以 ASCII 表示，雖然並沒有明文規定，但這卻是事實上的標準。

現在是結合您所學到的字元型別、陣列、for 迴圈和 ASCII 表知識的時候了。列表 2-12 示範了如何建構一個由字母所組成的 alphabet 陣列、列印結果、然後將這個陣列轉換成大寫並再次列印。

列表 2-12：使用 ASCII 編碼列印字母表中的小寫和大寫字母

```
#include <cstdio>

int main() {
  char alphabet[27];  ❶
  for (int i = 0; i<26; i++) {
    alphabet[i] = i + 97;  ❷
  }
  alphabet[26] = 0;  ❸
  printf("%s\n", alphabet);  ❹
  for (int i = 0; i<26; i++) {
    alphabet[i] = i + 65;  ❺
  }
  printf("%s", alphabet);  ❻
}
```
----
abcdefghijklmnopqrstuvwxyz❹
ABCDEFGHIJKLMNOPQRSTUVWXYZ❻

首先，宣告一個長度為 27 的 char 陣列來保存 26 個英文字母再加上一個空字元結束符號 #1)。接下來，利用 for 迴圈將疊代器 i 從 0 遞增到 25。字母 *a* 的 ASCII 值為 97，透過在反覆運算過程中將疊代器 i 加 97，可以產生 alphabet ❷ 中所有的小寫字母。要使 alphabet 成為以空字元結尾的字串，需將 alphabet[26] 設為 0 ❸，然後將結果列印出來 ❹。

接下來，列印大寫字母表。字母 *A* 在 ASCII 中的值為 65，您可據此重新指派 alphabet 中每個元素相對應的值 ❺，並再次呼叫 printf 列印結果 ❻。

使用者定義型別

使用者定義型別是由使用者自行定義的型別,大致上可分為三大類:

列舉(Enumeration) 最簡單的使用者定義型別,列舉所允許的值僅限於所有列出的值,非常適合對屬於特定範疇的概念建模。

班級(Class) 功能更全面的型別,讓您能夠靈活地將資料和函式配對。只包含資料的類別稱為普通舊資料(plain-old-data)類別;稍後在本節中將會介紹。

聯合(Union) 一種使用者定義的精品型別,所有成員共用同一記憶體位置。Union 是一個危險的型別,很容易被誤用。

列舉型別

列舉型別是用關鍵字 enum class,後面跟者型別名稱和它可以接受的值來宣告。這些值是由任意字母和數字所組成的字串,用來代表您想要表示的任何類別。實際上,這些值只是整數,但它們讓程式設計師自行定義型別而不用可以表示任何含義的整數來撰寫更安全、表達得更清楚的程式碼。例如,列表 2-13 宣告了一個叫做 Race 的 enum class,它可以接受所列出的七個值中的一個。

列表 2-13:一個包含尼爾・史蒂文森(Neal Stephenson)的
《7 夏娃》中所有種族的列舉類別

```
enum class Race {
  Dinan,
  Teklan,
  Ivyn,
  Moiran,
  Camite,
  Julian,
  Aidan
};
```

若要將列舉變數初始化，請用型別名稱後面跟著兩個冒號（::）和所需的值來表示。例如，以下是如何宣告變數 langobard_race 並將其初始化為 Aidan 的例子：

```
Race langobard_race = Race::Aidan;
```

> **NOTE**
>
> 就技術上而言，enum class 是兩種列舉型別之一：稱為有範圍列舉（scoped enum）。為了要保持與 C 的相容性，C++ 還支援了無範圍列舉（unscoped enum），宣告為 enum 而不是 enum class。兩者主要區別在於有範圍列舉要在列舉型別和值之間加入 ::，而無範圍列舉則不需要。無範圍 enum 類別使用起來比較不安全，因此除非絕對必要，否則請避免使用它們。C++ 之所以支援無範圍 enum 類別主要是基於歷史上的因素，尤其是摻雜了 C 語言的程式碼，詳情請參見史考特·梅耶斯（Scott Meyers）所著的《Effective Modern C++》第 10 項。

switch 敘述

switch 敘述會根據條件（*condition*）的值將控制權轉移到多個敘述中的一個，而該條件的計算結果為整數或列舉型別。

switch 敘述提供了條件分支的邏輯，當執行 switch 敘述時，控制權會轉移到符合條件的 case。如果沒有符合條件的 case，case 則會執行 default 條件的敘述。

有點令人困惑的是，如果沒有在每個條件的結束時加上 break 敘述，則會一直執行到 switch 敘述的最後。

switch 敘述包括許多元件，列表 2-14 顯示了如何將這些元件組合在一起。

列表 2-14：說明如何將 switch 敘述的元件組合在一起

```
switch❶(condition❷) {
  case❸ (case-a❹): {
```

```
    // Handle case a here
    --snip--
  }❺ break❻;
  case (case-b): {
    // Handle case b here
    --snip--
  } break;
    // Handle other conditions as desired
    --snip--
  default❼: {
    // Handle the default case here
    --snip--
  }
}
```

所有的 switch 敘述都以 switch 關鍵字 ❶ 開頭，後面跟著在括號中的條件（condition）❷。每個 case 都以 case 關鍵字 ❸ 開頭，後面跟著這個 case 的列舉或整數值 ❹。例如，如果 condition ❷ 等於 case-a ❹，則將執行包含 Handle case a here 的程式區塊。在每一個 case 區塊的最後 ❺，再加上一個 break 關鍵字 ❻。如果沒有任何符合條件的 condition，則會執行 default 條件的敘述。

> **NOTE**
>
> 每個 case 區塊內的大括號不是必需的，不過我們強烈建議您使用它。因為如果沒有加上大括號的話，您有時會得到出乎意料的結果。

使用以列舉類別為條件的 switch 敘述

列表 2-15 以列舉類別 Race 當作 switch 敘述的條件來產生預定的問候語。

列表 2-15：依據所選的 Race 列印不同問候語的程式

```
#include <cstdio>

enum class Race { ❶
  Dinan,
```

```
    Teklan,
    Ivyn,
    Moiran,
    Camite,
    Julian,
    Aidan
};

int main() {
  Race race = Race::Dinan; ❷

  switch(race) { ❸
  case Race::Dinan: { ❹
      printf("You work hard.");
    } break;   ❺
  case Race::Teklan: {
      printf("You are very strong.");
    } break;
  case Race::Ivyn: {
      printf("You are a great leader.");
    } break;
  case Race::Moiran: {
      printf("My, how versatile you are!");
    } break;
  case Race::Camite: {
      printf("You're incredibly helpful.");
    } break;
  case Race::Julian: {
      printf("Anything you want!");
    } break;
  case Race::Aidan: {
      printf("What an enigma.");
    } break;
  default: {
      printf("Error: unknown race!"); ❻
    }
  }
}
```

```
You work hard.
```

enum class ❶ 宣告了列舉型別 Race，用來把變數 race 初始化為 Dinan ❷。switch 敘述 ❸ 會依照條件 race 的值來決定要把控制權轉移到哪一個條件。由於前面的程式碼將 race 的值硬編碼為 Dinan，所以控制權將轉移到條件 Race::Dinan ❹，並列印出「You work hard.」的訊息。最後，在 ❺ 所標示的 break 將終止 switch 敘述的執行。

在 ❻ 處的 default 條件是一個考慮到安全性的功能。如果有人在列舉類別 Race 中加入一個新的值，執行時將檢測到未知的 race 並列印一條錯誤訊息。

試著把 race 設成不同的值，看看輸出會變成怎樣？

只包含資料的類別

類別（Class）是使用者定義的型別，其中包含了資料和函式，它們是 C++ 的核心和靈魂，而最簡單的類別為*只包含資料的類別*（*plain-old-data class, POD*）。POD 是簡單的容器，可以視為可能具有不同型別*成員*（*member*）的異質陣列。

POD 是以關鍵字 struct 開頭，後面跟著 POD 的名稱，接著再列出成員的型別和名稱。考慮以下包含四個成員的 Book 類別宣告：

```
struct Book {
  char name[256]; ❶
  int year; ❷
  int pages; ❸
  bool hardcover; ❹
};
```

Book 包含了一個 char 陣列 name ❶、一個 int year ❷、一個 int pages ❸ 和一個 bool hardcover ❹。

POD 變數的宣告方式跟任何其他變數一樣：需要指明型別和名稱，然後就可以用點運算子（.）來存取變數的成員。

列表 2-16 示範了如何使用 Book 型別。

列表 2-16：讀寫 POD 型別 Book 成員的例子

```
#include <cstdio>

struct Book {
  char name[256];
  int year;
  int pages;
  bool hardcover;
};

int main() {
  Book neuromancer; ❶
  neuromancer.pages = 271; ❷
  printf("Neuromancer has %d pages.", neuromancer.pages); ❸
}
```

Neuromancer has 271 pages. ❸

首先，宣告一個型別為 Book 的變數 neuromancer ❶。接下來，用點運算子（.）❷ 將 neuromancer 的頁數設為 271 頁。最後，同樣使用點運算子 ❸ 提取 neuromancer 中的頁數並列印出來。

NOTE

POD 有一些低階的特性非常有用：它們跟 C 相容，您可以用高效率的機器指令來複製或移動它們，並且可以很有效率的儲存在記憶體中。

儘管有一些實作要求成員要以 word 為單位儲存，這取決於 CPU 暫存器的長度。一般來說，C++ 保證成員在記憶體中是連續的，而您在定義 POD 時應該按照成員所佔用記憶體從大到小的順序宣告。

Union

union 是把所有成員放在記憶體同一位置的 POD。您可以把 union 看作是對同一塊記憶的不同看法或解譯,它們在處理一些低階的情況下是會很有用。例如,當跨平台編組結構的資料大小必須保持一致性時、處理摻雜了 C 和 C++ 程式碼相關的型別檢查問題時,甚至在打包位元欄位時。

列表 2-17 說明了如何宣告 union:只需使用 union 關鍵字而不用寫 struct。

列表 2-17:一個 union 的範例

```
union Variant {
  char string[10];
  int integer;
  double floating_point;
};
```

union Variant 可以被解譯為 char[10]、int 或 double,它只佔用其最大成員(在本例中可能是 string)的記憶體。

您可以用點運算子(.)來指定 union 要解譯成什麼。從語法上,這看起來像是存取一個 POD 的成員,但在引擎蓋之下卻是完全不同的。

因為 union 的所有成員都佔用了同一個記憶體位置,所以很容易導致資料損   ,列表 2-18 說明了使用時要注意的危險情況。

列表 2-18:使用列表 2-17 的 union Variant 的程式

```
#include <cstdio>

union Variant {
  char string[10];
  int integer;
  double floating_point;
};
```

```
int main() {
  Variant v; ❶
  v.integer = 42; ❷
  printf("The ultimate answer: %d\n", v.integer); ❸
  v.floating_point = 2.7182818284; ❹
  printf("Euler's number e:      %f\n", v.floating_point); ❺
  printf("A dumpster fire:       %d\n", v.integer); ❻
}
```

```
The ultimate answer: 42 ❸
Euler's number e:      2.718282 ❺
A dumpster fire:       -1961734133  ❻
```

首先在 ❶ 處宣告一個變數 v，接下來將 v 解譯為一個整數（integer），並將其值設定成 42 ❷，再把它列印出來 ❸。然後將 v 重新解譯為一個 double，並重新指派新的值 ❹（尤拉數 e=2.71828218284），再把它列印到控制台上。所有結果到目前為止都還不錯 ❺。

當您想要再次將 v 解譯為一個整數時 ❻，災難降臨了。由於您在指派尤拉數時 ❹，已經超過了原先整數值 v（42）❷ 的大小，因此會列印出沒有意義的數字。

這就是 union 主要的問題：您必須自行掌控哪種解譯是否合適，這點編譯器幫不了您。

除了極少數情況外，您應該避免使用 union，而且在本書中將不會再看到它們。第 509 頁的「variant」中討論了當您需要多種型別功能時，一些更安全的做法。

功能齊全的 C++ 類別

POD 類別只包含了資料成員，有時您會希望類別中只包含資料。然而，僅使用 POD 設計程式會產生很多複雜性。您可以用一種將資料與操控它的函式綁定在一起的封裝（*encapsulation*）設計樣式來克服這種複雜性。

將相關的函式和資料放在一起至少有兩種方式可有助於程式碼的簡化。首先,將所有相關的程式碼放在同一個地方,有助於您對程式的瞭解。由於在同一個地方描述了程式狀態以及您的程式如何改變該狀態,因此您比較容易看出程式碼片段的運作方式。其次,您可以採用資訊隱藏(*information hiding*)的做法,把類別中的部分程式碼和資料隱藏起來,不讓其餘的程式碼看到。

在 C++ 中,您可藉由在類別定義中添加方法,和存取控制的方式來達到封裝的效果。

方法

方法(*method*)是在類別中的資料成員和某些程式碼之間建立清楚連結的成員函式。method 可以存取類別的所有成員,要定義 method 只需在類別定義中添加函式即可。

考慮以下記錄年份的 ClockOfTheLongNow 類別,其中定義了 int year 成員和將其遞增的 add_year 方法:

```
struct ClockOfTheLongNow {
  void add_year() { ❶
    year++; ❷
  }
  int year; ❸
};
```

add_year method 的宣告 ❶ 看起來就像任何其他不帶參數、沒有傳回值的函式。在該方法中,將成員 year ❸ 遞增 ❷,列表 2-19 顯示了如何利用該類別來記錄年份。

列表 2-19:一個使用 ClockOfTheLongNow 這個 struct 的程式

```
#include <cstdio>

struct ClockOfTheLongNow {
  --snip--
};
```

```
int main() {
  ClockOfTheLongNow clock; ❶
  clock.year = 2017; ❷
  clock.add_year(); ❸
  printf("year: %d\n", clock.year); ❹
  clock.add_year(); ❺
  printf("year: %d\n", clock.year); ❻
}
--------------------------------------------------
year: 2018 ❹
year: 2019 ❻
```

首先宣告 ClockOfTheLongNow 的實例 clock ❶，然後將 clock 的年份設為為 2017 年 ❷。接下來，呼叫 clock ❸ 中的 add_year 方法，然後把 clock.year ❹ 的值列印出來。最後將 year 的值遞增 ❺ 並把它再列印一次 ❻。

存取控制

存取控制（*access control*）主要是利用公開（*public*）和私有（*private*）關鍵字來限制類別成員的存取。任何人都可以存取公開成員，但只有在類別裡面才能存取其私有成員。預設情況下，struct 的所有成員都是公開的。

私有成員在封裝中扮演著重要的角色。再次考慮 ClockOfTheLongNow 類別。按照目前的情況，可以從任何地方存取 year 成員進行讀取和寫入。假設您希望 year 的值不要低於 2019 年，可以透過兩個步驟來達成：將 year 設為 private，並要求任何使用該類別的人（消費者）只能透過 struct 的方法來和 year 進行互動，列表 2-20 說明了這種做法。

列表 2-20：將列表 2-19 中 ClockOfTheLongNow 的 year 封裝更新版

```
struct ClockOfTheLongNow {
  void add_year() {
    year++;
  }
```

```
  bool set_year(int new_year) { ❶
    if (new_year < 2019) return false; ❷
    year = new_year;
    return true;
  }
  int get_year() { ❸
    return year;
  }
private: ❹
  int year;
};
```

您在 ClockOfTheLongNow 中添加了兩個 methods：用來寫入 year 的
setter ❶ 和用來讀取 year 的 *getter* ❷。您不允許 ClockOfTheLongNow
的使用者直接修改 year，而是用 set_year 來設定 year 的值。而在
set_year 中則加入輸入驗證以確保 new_year 永遠不會小於 2019 ❷。
如果 new_year 小於 2019 的話，會傳回 false，並且不會修改年份。
否則，將更新年份並傳回 true。使用者可以呼叫 get_year 來取得
year 的值。

本例中您使用了存取控制關鍵字 private ❹ 來禁止消費者直接存取
year，而只有 ClockOfTheLongNow 內部的成員才能存取 year。

關鍵字 class

您可以用關鍵字 class 關鍵字取代 struct。預設情況下 class 的成
員都是 private。除了預設的存取控制不同之外，用關鍵字 struct
和用 class 所宣告的類別其實是一樣的。例如，可以透過以下方式宣
告 ClockOfTheLongNow：

```
class ClockOfTheLongNow {
  int year;
public:
  void add_year() {
    --snip--
  }
  bool set_year(int new_year) {
```

```
    --snip--
  }
  int get_year() {
    --snip--
  }
};
```

要用哪一種方式宣告類別其實是個人風格的問題。除了預設的存取控制之外，struct 和 class 之間完全沒有任何差別。不過我個人比較喜歡用 struct 關鍵字，因為我喜歡先列出公開成員。但您會在其他地方會看到各種不同的寫法，請選擇一種適合自己的風格並保持程式碼的一致性。

成員的初始化

在封裝了 year 之後，現在必須透過 method 來跟 ClockOfTheLongNow 互動。列表 2-21 示範了如何將這些 methods 整合到一個試圖將年份設定為 2018 年的程式中。當然這不會成功，而程式接下來會將年份設為 2019、把年份遞增、並列印其最終值。

列表 2-21：用 ClockOfTheLongNow 來示範 methods 用法的程式

```
#include <cstdio>

struct ClockOfTheLongNow {
  --snip--
}

int main() {
  ClockOfTheLongNow clock; ❶
  if(!clock.set_year(2018)) { ❷ // will fail; 2018 < 2019
    clock.set_year(2019); ❸
  }
  clock.add_year(); ❹
  printf("year: %d", clock.get_year());
}
```
```
year: 2020 ❺
```

您先宣告一個變數 clock ❶ 並試著將其年份設定為 2018 ❷。由於 2018 小於 2019，這項嘗試會失敗，然後程式會將年份設為 2019 ❸，將年份遞增一次 ❹，最後列印出 year 的值。

您在第 1 章逐步執行偵錯程式時，已經看到未初始化的變數包含了沒有意義的數據。ClockOfTheLongNow 結構也有相同的問題：當宣告 clock ❶ 時，year 尚未初始化。您想要保證 year 永遠不會少於 2019 年。這樣的要求稱為**類別不變性**（*class invariant*）：在一個類別中永遠都會成立（不會變）的特性。

在這個程式中，clock 終究還是會被設為一個良好的狀態 ❸，但是透過**建構子**（*constructor*）來自動執行會更方便。建構子從物件生命週期的一開始就會初始化物件並強制實施類別不變性。

建構子

建構子是帶有特殊宣告的特殊方法，宣告建構子時並不需要指定傳回型別，而具其名稱與類別名稱相同。例如，列表 2-22 中的建構子不帶參數，並指派 year 的預設值為 2019。

列表 2-22：用無參數建構子改進列表 2-21

```
#include <cstdio>

struct ClockOfTheLongNow {
  ClockOfTheLongNow() { ❶
    year = 2019; ❷
  }
  --snip--
};

int main() {
  ClockOfTheLongNow clock; ❸
  printf("Default year: %d", clock.get_year()); ❹
}
```

```
Default year: 2019 ❹
```

這個建構子無需任何引數 ❶，並且會將 year 設為 2019 ❷。當您宣告一個新的 ClockOfTheLongNow ❸ 時，year 將預設為 2019。您可以用 get_year 取得 year 的值，並將其列印到控制台 ❹。

如果您想用自訂年份初始化 ClockOfTheLongNow 該怎麼辦？建構子可以接受任意個數的引數。您可以宣告不只一個建構子，只要參數的型別不同，就是不同的建構子。

考慮列表 2-23 中的例子，其中添加了一個引數為整數型別的建構子，該建構子會將 year 初始化為引數所指定的值。

列表 2-23：用另一個建構子詳細說明列表 2-22

```
#include <cstdio>

struct ClockOfTheLongNow {
  ClockOfTheLongNow(int year_in) { ❶
    if(!set_year(year_in)) { ❷
      year = 2019; ❸
    }
  }
  --snip--
};

int main() {
  ClockOfTheLongNow clock{ 2020 }; ❹
  printf("Year: %d", clock.get_year()); ❺
}
```

```
Year: 2020 ❺
```

這個新的建構子 ❶ 接受一個型別為 int 的引數 year_in，您先用 year_in 當作引數來呼叫 set_year ❷，如果 set_year 傳回 false，表示呼叫者所提供的輸入值沒有符合要求，此時可重新指派預設值 2019 給 year_in ❸。在 main 中，用新的建構子來宣告 clock 物件 ❹，再將結果列印出來 ❺。

ClockOfTheLongNow clock{ 2020 }; 這行神奇的語法稱為初始化。

您可能不喜歡無效的 year_in 被悄悄地更正為 2019 年 ❸，其實我也不喜歡，不過使用「例外」可解決這個問題；您將在第 130 頁的「例外」一節中進一步瞭解它們。

初始化

物件初始化（*object initialization*），簡稱初始化（*initialization*）就是如何使物件具有生命。物件初始化的語法很複雜，所幸初始化的過程很簡單，本節將把滾燙的 C++ 物件初始化大鍋蒸餾成美味可口的敘述。

將基本型別初始化為零

將基本型別的物件初始化為零有四種方法：

```
int a = 0;     ❶// Initialized to 0
int b{};       ❷// Initialized to 0
int c = {};    ❸// Initialized to 0
int d;         ❹// Initialized to 0 (maybe)
```

其中三種方法是可靠的：用字面值 ❶，大括號 {} ❷，或者用等號加大括號 = {} ❸ 來明確地指定初始值。沒有用這些額外的表示法來宣告的物件 ❹ 是不可靠的；它只在某些情況下有效。即使您知道這些情況是什麼，您也應該避免這樣做，因為它會造成混淆。

使用大括號 {} 來初始化一個變數就叫做大括號初始化（*braced initialization*），這點並不令人意外。C++ 初始化語法之所以令人困惑，部分原因在於這個語言是從 C 中發展出來的，而 C 的物件生命週期是很單純的，不過到了 C++ 就變成具有健全和各種特色的物件生命週期。語言設計者把大括號初始化融入到現代 C++ 中，以減少在轉換到 C++ 的初始化語法時所產生的不適。簡而言之，無論物件的範圍或型別是什麼，都可以使用大括號初始化，而其他表示法則不適用於所有情況。在本章的尾聲，您將學到什麼情況應儘量使用大括號初始化的通則。

將基本型別初始化為任意值

把基本型別初始化為任意值跟初始化為零很類似：

```
int e = 42;      ❶ // Initialized to 42
int f{ 42 };     ❷ // Initialized to 42
int g = { 42 };❸ // Initialized to 42
int h(42);       ❹ // Initialized to 42
```

總共有四種方法：用等號 ❶、大括號初始化 ❷、等號加大括號初始化 ❸、以及括號 ❹，所有這些不同的表示法最後都會產生相同的程式碼。

初始化 POD

初始化 POD 的表示法跟初始化基本型別大致相同，列表 2-24 透過宣告包含三個成員的 POD 型別，並用不同的值初始化它的實例來說明這種相似性。

列表 2-24：說明各種初始化 POD 方法的程式

```
#include <cstdint>

struct PodStruct {
  uint64_t a;
  char b[256];
  bool c;
};

int main() {
  PodStruct initialized_pod1{};     ❶   // All fields zeroed
  PodStruct initialized_pod2 = {}; ❷   // All fields zeroed

  PodStruct initialized_pod3{ 42, "Hello" }; ❸    // Fields a & b set;
c = 0
  PodStruct initialized_pod4{ 42, "Hello", true }; ❹ // All fields set
```

```
}
```

將 POD 物件初始化為零類似於將基本型別的物件初始化為零，大括號 ❶ 和等號加大括號 ❷ 方法會產生相同的程式碼：欄位被初始化為零。

將 POD 初始化為任意值

您可以用大括號初始設定式將欄位初始化為任意值。大括號初始設定式中的引數必須與 POD 成員的型別匹配。引數從左到右的順序即為 POD 成員從上到下的順序。任何省略的成員都將歸零。初始化 initrialized_pod3 ❸ 之後，成員 a 和 b 會分別初始化為 42 和 Hello，由於在大括號初始化時省略了 c，因此 c 會被設成零（false）。而在 initialized_pod4 ❹ 的初始化中有包含對應於 c（true）的引數，因此初始化後將其值被設為 true。

等號加大括號初始化的工作原理大致相同。例如，可以將 ❹ 改寫成：

```
PodStruct initialized_pod4 = { 42, "Hello", true };
```

您只能從右到左省略欄位，因此以下內容將無法編譯：

```
PodStruct initialized_pod4 = { 42, true };
```

初始化陣列

陣列的初始化方式跟 POD 大致上一樣，主要區別是陣列宣告必須指定長度，而這個引數要放在方括號 [] 中。

使用大括號初始設定式來初始化陣列時，指定陣列長度的引數可以省略；編譯器會根據大括號初始設定式中引數的個數推斷出陣列大小。

列表 2-25 說明了初始化陣列的一些方法。

列表 2-25：初始化陣列的各種方法

```
int main() {
  int array_1[]{ 1, 2, 3 };  ❶ // Array of length 3; 1, 2, 3
  int array_2[5]{};          ❷ // Array of length 5; 0, 0, 0, 0, 0
  int array_3[5]{ 1, 2, 3 }; ❸ // Array of length 5; 1, 2, 3, 0, 0
  int array_4[5];            ❹ // Array of length 5; uninitialized
values
}
```

陣列 **array_1** 的長度為 3，其元素為 1、2 和 3 ❶。而您指定了 **array_2** 的長度引數，因此其長度為 5 ❷。大括號初始設定式中並沒有指定任何值，因此所有 5 個元素都初始化為零。**array_3** 的長度也為 5，但是大括號初始設定式中只列出了 3 個元素，因此其餘兩個元素皆初始化為 0 ❸。**array_4** 沒有大括號初始設定式，因此它包含了未初始化的物件 ❹。

array_4 到底會不會被初始化，實際上取決於初始化基本型別的規則，而這個規則由「物件的儲存持續時間」所決定，您將在第 117 頁的「物件的儲存持續時間」一節中進一步瞭解這點。如果您明確表示了初始化的值，則不必記住這些規則。

全功能類別

與基本型別和 POD 不同，全功能類別**總是已初始化**。換句話說，全功能類別在初始化時總會有一個建構子被呼叫。至於會呼叫哪個建構子則取決於初始化時所給定的引數。

列表 2-26 中的類別有助於闡明如何使用全功能的類別。

列表 2-26：一個類別中宣告了幾個初始化時可能會被呼叫的建構子

```
#include <cstdio>

struct Taxonomist {
  Taxonomist() { ❶
    printf("(no argument)\n");
  }
  Taxonomist(char x) { ❷
    printf("char: %c\n", x);
  }
  Taxonomist(int x) { ❸
    printf("int: %d\n", x);
  }
  Taxonomist(float x) { ❹
    printf("float: %f\n", x);
  }
};
```

Taxonomist 類別有 4 個建構子。如果宣告時沒有提供引數，則不帶參數的建構子會被呼叫 ❶。如果在初始化時提供了 char、int、或 float，則相對應的建構子 ❷、❸、或 ❹ 會分別被呼叫，以上每一個建構子都會用 printf 敘述告訴您被呼叫的是哪一個建構子。

列表 2-27 使用不同的語法和引數初始化了幾個 Taxonomist 物件。

列表 2-27：一個使用 Taxonomist 類別和各種初始化語法的程式

```
#include <cstdio>

struct Taxonomist {
  --snip--
};

int main() {
  Taxonomist t1; ❶
  Taxonomist t2{ 'c' }; ❷
  Taxonomist t3{ 65537 }; ❸
  Taxonomist t4{ 6.02e23f }; ❹
  Taxonomist t5('g'); ❺
  Taxonomist t6 = { 'l' }; ❻
  Taxonomist t7{}; ❼
  Taxonomist t8(); ❽
}
```

```
(no argument) ❶
char: c ❷
int: 65537 ❸
float: 60200001727189529464576.000000 ❹
char: g ❺
char: l ❻
(no argument) ❼
```

如果沒有任何大括號或小括號，則無參數建構子會被呼叫 ❶。與
POD 和基本類型不同的是，無論在哪裡宣告了這個物件，都可以
用這種方式初始化。如果使用大括號初始設定式，則正如預期的那
樣，char ❷、int ❸、和 float ❹ 建構子將被呼叫。您還可以用小括
號 ❺ 和等號加大括號語法 ❻；它們也會按照預設調用合適的建構子。

儘管全功能類別總是會被初始化，但是有些程式設計師喜歡對所有
物件使用一致的初始化語法。這對於大括號初始設定式來說沒有問
題；預設建構子會被調用，這跟我們所預期的一樣 ❼。

不幸的是，使用小括號 ❽ 會導致一些令人出乎意料的行為：您看不到輸出。

如果您稍微瞇起眼睛看一下，這個初始化 ❽ 看起來很像一個函式宣告，而事實上它的確是一個函式宣告。由於某些晦澀難懂的語言解析規則，您向編譯器宣告的其實是一個尚未定義的函式 t8，這個函式不帶任何引數，並傳回一個 Taxonomist 型別的物件。

> **NOTE**
>
> 第 326 頁的「函式宣告」更詳細地介紹了函式宣告。但現在只需知道，您可以提供一個函式宣告來定義函式的修飾符、名稱、引數和傳回型別，然後在函式定義中再提供主體。

這個廣為人知的問題被稱為**最煩人的解析**（*most vexing parse*），這是 C++ 社群在語言中添加了大括號初始化語法的主要原因之一。另一個問題是**縮小轉換**（*narrowing conversion*）。

縮小轉換

每當遇到隱式縮小轉換時，大括號初始化將產生警告。這是一個很好的功能，可以讓您避免難以查覺的錯誤。考慮以下範例：

```
float a{ 1 };
float b{ 2 };
int narrowed_result(a/b); ❶ // Potentially nasty narrowing conversion
int result{ a/b };        ❷ // Compiler generates warning
```

將兩個 float 字面值相除會得到一個浮點數，初始化 narrowed_result 時 ❶，由於您使用了括號 ( ) 進行初始化，編譯器會默默地將 a/b（0.5）的結果縮小為整數值 0。當使用大括號初始設定式時，編譯器會產生警告 ❷。

初始化類別成員

您可以用大括號初始設定式來初始化類別的成員，如下所示：

```
struct JohanVanDerSmut {
  bool gold = true; ❶
  int year_of_smelting_accident{ 1970 }; ❷
  char key_location[8] = { "x-rated" }; ❸
};
```

成員 gold 使用了等號初始化表示法 ❶ 來初始化，year_of_smelting_accident 使用了大括號初始化表示法 ❷ 來初始化，而 key_location 使用了大括號加等號表示法 ❸ 來初始化。成員變數不能用括號來初始化。

做好準備

初始化物件的選項讓即使是經驗豐富的 C++ 程式設計師都會感到困惑。以下是簡化初始化的一般性原則：*儘量使用大括號初始設定式*。這幾乎在任何地方都能如預期般地工作，而且它們所引起的意外最少。因此，大括號初始化又稱為*統一初始化*（*uniform initialization*）。本書的其餘部分都是依照這個原則來撰寫。

> **WARNING**
>
> 您將在 C++ stdlib 中為特定類別打破使用大括號初始設定式原則，本書的第 2 部分將非常清楚地說明這些例外情況。

解構子

物件的*解構子*（*destructor*）是在銷毀物件之前被調用，主要負責清理的工作。解構子幾乎無需顯式地呼叫：編譯器將確保每一個物件的解構子都會被適當地呼叫。宣告類別的解構子時使用波浪符號（~）後面跟著解構子的名稱。

以下 Earth 類別有一個解構子,它會列印出「Making way for hyperspace bypass」:

```
#include <cstdio>

struct Earth {
  ~Earth() { // Earth's destructor
      printf("Making way for hyperspace bypass");
  }
}
```

定義解構子是可有可無的選項,如果決定要實作解構子,那麼它不能帶任何引數。解構子所負責的工作通常包括釋放檔案控制碼、刷新網路通訊端和釋放動態物件等。

如果不定義解構子,則編譯器會自動產生預設解構子,其預設行為是不執行任何操作。

您將在第 127 頁的「追蹤物件生命週期」中瞭解到更多有關解構子的資訊。

摘要

本章介紹了 C++ 的基礎,也就是 C++ 的型別系統。您首先瞭解到有哪些基本型別,以及所有其他型別的基本組件。然後您還學到了使用者定義的型別,包括 enum class、POD 類別以及全功能的 C++ 類別。最後您以建構子、初始化語法和解構子的討論結束了您的類別之旅。

練習

2-1. 建立具有 Add、Subtract、Multiply 和 Divide 操作的 enum class Operation。

2-2. 建立一個 struct Calculator，它應該有一個可以接受 Operation 當作引數的建構子。

2-3. 在 Calculator 上建立一個 int calculate(int a, int b) 的 method，該 method 在調用時，應根據其建構子引數執行加、減、乘、或除，並傳回結果。

2-4. 嘗試以不同的方式初始化 Calculator 的實例。

延伸閱讀

- 《*ISO 國際標準 ISO/IEC（2017）──程式語言 C++*》（國際標準組織；瑞士，日內瓦；*https://isocpp.org/std/the-standard/*）

- 《*The C++ Programming Language 國際中文版 第四版*》，碁峰，2015，Bjarne Stroustrup 著

- 《*Effective Modern C++ 中文版：提昇 C++11 與 C++14 技術的 42 個具體作法*》，碁峰，2016，Scott Meyers 著

- 〈C++ Made Easier: Plain Old Data〉，Dr. Dobb's，2002；*http://www.drdobbs.com/c-made-easier-plain-old-data/184401508/*，Andrew Koening 與 Barbara E. Moo 著

3

參照型別

> 每個人都知道偵錯的難度原本就是撰寫程式的兩倍。
> 所以如果您寫程式的時候已經盡了全力，
> 您將如何為程式偵錯？
>
> —— *Brian Kernighan*

參照型別（*reference type*）儲存了物件的記憶體位址。這些型別支持高效率的程式設計，許多一流的設計樣式都具有參照的功能。在本章中，我將討論兩種參照型別：指標和參照。其間我也會討論 this、const 和 auto。

指標

指標（*pointer*）是用來參照到記憶體位址的基本機制，將與另一個物件（即物件的位址和物件的型別）互動所需的兩樣資訊進行編碼。

您可以透過在指標所指向的型別後面加上星號（*）來宣告指標型別。例如，以下為宣告一個指向 int 的 my_ptr 指標：

```
int* my_ptr;
```

指標的格式指定符為 %p。例如，要列印 my_ptr 的值，可以使用以下指令：

```
printf("The value of my_ptr is %p.", my_ptr);
```

指標是非常低階的物件，它們在大多數 C 程式中扮演著重要的角色，不過 C++ 提供了更高階、更高效率的構念，以避免需要直接處理記憶體位址。儘管如此，指標仍然是一個重要的基本概念，毫無疑問，您在從事系統程式設計時肯定會遇到它。

在本節中，您將學習如何找出物件的位址以及如何將結果指派給指標變數。您還將學習如何執行相反的操作，該操作稱為*解析參照*（*dereferencing*）：給定一個指標，您可以取得該指標所指向位址的物件。

您將進一步瞭解*陣列*（*array*）這個管理物件集合中最簡單的構念，以及陣列與指標的關係。作為低階構念，陣列和指標都是相對危險的。您也將瞭解到當基於指標和陣列的程式出錯時會出現什麼問題。

本章會介紹兩種特殊的指標：void 指標和 std::byte 指標。這些非常有用的型別有一些您需要記住的特殊行為。此外，您還將學習如何用 nullptr 對空指標進行編碼，以及如何在布林運算式中使用指標來確定它們是否為空值。

取得變數位址

您可以透過在變數前面加上 *address-of* 運算子（*address-of operator*）（&）來取得變數的位址。您可能希望使用此運算子初始化指標，使其「指向」相對應的變數。在作業系統中經常需要以這樣的方式來設計程式。例如 Windows、Linux 和 FreeBSD 等主要的作業系統，都有大量使用指標的介面。

列表 3-1 示範了如何取得一個 int 的地址。

列表 3-1：一個使用 address-of 運算子（&）的程式和一個糟糕的
雙關語

```
#include <cstdio>

int main() {
  int gettysburg{}; ❶
  printf("gettysburg: %d\n", gettysburg); ❷
  int *gettysburg_address = &gettysburg; ❸
  printf("&gettysburg: %p\n", gettysburg_address); ❹
}
```

首先，宣告一個整數 gettysburg ❶ 並列印出它的值 ❷。然後宣告一個指標 gettysburg_address，指向該整數的位址 ❸；注意，星號在指標前面，而 address-of 符號「&」在 gettysburg 前面。最後，把指標列印到螢幕上 ❹，以顯示整數 gettysburg 的位址。

如果在 Windows 10（x86）上執列表 3-1，應該會看到以下輸出：

```
gettysburg: 0
&gettysburg: 0053FBA8
```

在 Windows 10 x64 上執行相同的程式碼會產生以下輸出：

```
gettysburg: 0
&gettysburg: 0000007DAB53F594
```

您所輸出的 gettysburg 應該有相同的值，但是 gettysburg_address 每次的位址應該是不同的。這種變化是由於位址空間佈局隨機化（*address space layout randomization*）的結果，這是一種安全特性，它會對重要記憶體區域的基底位址進行隨機亂置，以防止駭客對該漏洞加以利用。

位址空間佈局隨機化

為什麼位址空間佈局隨機化能阻礙駭客攻擊？當駭客在程式中發現可利用的條件時，他們有時會將惡意承載塞進使用者所提供的輸入中。為了防止駭客利用這個漏洞來執行惡意承載，第一個安全特性之一就是讓所有資料段都不可執行。如果電腦試圖以程式碼的形式執行資料，那麼理論上它會知道有什麼不對勁，並且應該視為例外狀況而終止程式。

有一些非常聰明的駭客發現了如何以完全不可預見的方式重新調整可執行程式碼指令的用途，方法是精心設計包含所謂傳回導向程式（*return-oriented program*）。這種利用漏洞的技術可能會安排調用相關的系統 API 來標記其有效負載為可執行，從而破壞資料段記憶體不可執行的措施。

位址空間佈局隨機化透過隨機化記憶體位址來防堵傳回導向程式設計，讓攻擊者不知道惡意承載在記憶體中的位置，這使得攻擊者很難重新調整現有程式碼的用途。

還要注意的是，在列表 3-1 的輸出中，x86 架構下的 gettysburg_address 包含 8 個十六進位數字（4 個位元組），而 x64 架構則包含 16 個十六進位數字（8 個位元組）。這應該是合理的，因為在現代桌上型系統中，指標大小會跟 **CPU 的一般用途暫存器相同。x86 架構的一般用途暫存器有 32 位元（4 位元組）**，而 x64 架構的一般用途暫存器則有 64 位元（8 位元組）。

解析參照指標

解析參照運算子（*dereference operator*）（*）是一元運算子，用於存取指標所指向的物件，這是 address-of 運算子的逆運算。給定一個位址，即可取得駐留在該處的物件。就像 address-of 運算子一樣，系統程式設計師經常會用到解析參照運算子。許多作業系統 API 都會傳回指標，如果您想存取被參照的物件，就必須使用解析參照運算子。

不幸的是，解析參照運算子會給初學者帶來很多關於表示法的困惑，因為解析參照運算子、指標宣告、和乘法都是用星號來表示。請記住，在所指向的物件型別後面加上星號表示指標宣告；但是，要解析參照時則是在指標前面加上解析參照運算子的星號，如下所示：

```
*gettysburg_address
```

在指標前面加上解析參照運算子來存取物件之後，就可以把它視為像其他被指向型別的物件一樣來處理。例如，因為 gettysburg 是一個整數，所以可利用 gettysburg_address 來把整數值 17325 寫入 gettysburg 變數。正確的語法如下：

```
*gettysburg_address = 17325;
```

因為解析參照的指標（即 *gettysburg_address）出現在等號的左側，表示您正在寫入儲存 gettysburg 的位址所在。

如果一個解析參照的指標出現在等號左側以外的地方，表示您正在讀取該位址所儲存的內容。要檢索 gettysburg_address 所指向的 int，只需加上解析參照運算子。例如，以下敘述將列印儲存在 gettysburg 中的值：

```
printf("%d", *gettysburg_address);
```

列表 3-2 使用解析參照運算子進行讀寫操作。

列表 3-2：說明使用指標進行讀寫的範例程式（由 Windows10 x64 電腦所輸出的結果）

```
#include <cstdio>

int main() {
  int gettysburg{};
  int* gettysburg_address = &gettysburg; ❶
  printf("Value at gettysburg_address: %d\n", *gettysburg_address); ❷
```

```
    printf("Gettysburg Address: %p\n", gettysburg_address); ❸
    *gettysburg_address = 17325; ❹
    printf("Value at gettysburg_address: %d\n", *gettysburg_address); ❺
    printf("Gettysburg Address: %p\n", gettysburg_address); ❻
}
```

```
Value at gettysburg_address: 0 ❷
Gettysburg Address: 000000B9EEEFFB04 ❸
Value at gettysburg_address: 17325 ❺
Gettysburg Address: 000000B9EEEFFB04 ❻
```

首先將 gettysburg 初始化為零,然後把指向 gettysburg 位址的指標 gettysburg_address 初始化 ❶,再列印出 gettysburg_address 所指向的 int ❷ 和 gettysburg_address 本身的值 ❸。

接下來將值 17325 寫入 gettysburg_address 所指向的記憶體中 ❹,然後再次列印 gettysburg_address 所指向的值 ❺ 和 gettysburg_address 本身的內容 ❻。

如果將 17325 直接指派給 gettysburg 而不是 gettysburg_address 指標,那麼列表 3-2 的結果將是相同的,如下所示:

```
gettysburg = 17325;
```

這個例子說明了被指向物件(gettysburg)和該物件的解析參照指標(*gettysburg_address)之間的密切關係。

指標成員運算子

指標成員運算子(*member-of-pointer operator*)或箭頭運算子(->)同時執行兩個操作:指標運算子的成員箭頭運算子

- 解析對指標的參照。
- 存取被指向物件的成員。

當您處理指向類別的指標時,可以用這個運算子來減少符號摩擦(*notational friction*),也就是程式設計師在程式碼中表達其意圖時所感受到的阻力。您將需要處理各種設計樣式中指向類別的指標。例如，您可能會想要把指向類別的指標當作函式的參數來傳遞，如果接收的函式需要與該類別的某個成員進行互動，則指標成員運算子就是一個很好的工具。

列表 3-3 利用箭頭運算子從 ClockOfTheLongNow 物件（在第 77 頁的列表 2-22 中實作）中讀取 year。

列表 3-3：使用指標和箭頭運算子操縱 ClockOfTheLongNow 物件
（從 Windows 10 x64 電腦上輸出）

```
#include <cstdio>

struct ClockOfTheLongNow {
  --snip--
};

int main() {
  ClockOfTheLongNow clock;
  ClockOfTheLongNow* clock_ptr = &clock; ❶
  clock_ptr->set_year(2020); ❷
  printf("Address of clock: %p\n", clock_ptr); ❸
  printf("Value of clock's year: %d", clock_ptr->get_year()); ❹
}
```
```
Address of clock: 000000C6D3D5FBE4 ❸
Value of clock's year: 2020 ❹
```

您宣告了一個 clock，並將其位址儲存於 clock_ptr 中 ❶。接下來，用箭頭運算子將 clock 的成員 year 設為 2020 ❷。最後，列印 clock 的位址 ❸ 和 year 的值 ❹。

您也可以用解析參照（*）和成員（.）運算子來獲得相同的結果。例如，列表 3-3 的最後一行可以改寫成：

```
  printf("Value of clock's year: %d", (*clock_ptr).get_year());
```

首先將 clock_ptr 解參照，然後再存取 year。儘管這相當於調用指標成員運算子，但這種語法較為冗長，與更簡單的指標成員運算子表示法相較之下並沒有提供任何好處。

指標和陣列

指標與陣列有一些共同的特性，指標對物件位置進行編碼，陣列對相鄰物件的位置和長度進行編碼。

只要稍加修改，陣列就會衰減為指標，而衰減的陣列會失去長度資訊，並轉換為指向陣列第一個元素的指標。例如：

```
int key_to_the_universe[]{ 3, 6, 9 };
int* key_ptr = key_to_the_universe; // Points to 3
```

首先，用三個元素將 int 陣列 key_to_the_universe 初始化。接下來，將指向 int 的指標 key_ptr 初始化為 key_to_the_universe，而 key_ptr 會衰減為一個指標，初始化後的 key_ptr 會指向 key_to_universe 的第一個元素。

列表 3-4 初始化了一個包含 College 物件的陣列，並將該陣列當作指標傳遞給函式。

列表 3-4：一個示範陣列衰變為指標的程式

```
#include <cstdio>

struct College {
  char name[256];
};
```

```
void print_name(College* college_ptr❶) {
  printf("%s College\n", college_ptr->name❷);
}

int main() {
  College best_colleges[] = { "Magdalen", "Nuffield", "Kellogg" };
  print_name(best_colleges);
}
```

Magdalen College ❷
---

print_name 函式接受一個指向 College 的指標引數 ❶，因此當您呼
叫 print_name 時，best_colleges 陣列將衰減為指向第一個元素的
指標，所以在 ❶ 的 college_ptr 會指向 best_colleges 中的第一個
College。

列表 3-4 中還有另一個陣列衰減的情況 ❷。您用箭頭運算子（->）存
取 college_ptr 所指向的 College 成員 name，它本身就是一個字元
陣列。printf 格式指示符 %s 需要一個 C 風格的字串，該字串是一個
char 指標，而 name 則衰減為指標以滿足 printf 的要求。

處理衰減

通常，您會以兩個引數來傳遞陣列：

- 指向第一個陣列元素的指標
- 陣列長度

啟用這個樣式的機制是方括號（[]），它與指標一起運作的方式跟陣
列一樣，列表 3-5 即採用了這種技術。

列表 3-5：說明了將陣列傳遞給函式的常見習慣用法的程式

```
#include <cstdio>

struct College {
  char name[256];
};
```

```
void print_names(College* colleges❶, size_t n_colleges❷) {
  for (size_t i = 0; i < n_colleges; i++) { ❸
    printf("%s College\n", colleges[i]❹.name❺);
  }
}

int main() {
  College oxford[] = { "Magdalen", "Nuffield", "Kellogg" };
  print_names(oxford, sizeof(oxford) / sizeof(College));
}
```

```
Magdalen College
Nuffield College
Kellogg College
```

print_names 函式接受兩個參數來傳遞一個陣列：指向第一個
College 元素的指標 ❶ 和元素個數 n_colleges ❷。在 print_names
中，使用 for 迴圈和索引 i 進行反覆運算，而 i 的值會從 0 疊代到
n_colleges-1 ❸。

透過存取第 i 個元素來提取相對應的學院名稱 ❹，然後取得其成員
name ❺。

這種用指標加大小來傳遞陣列的方式在 C 風格的 API（例如在
Windows 或 Linux 系統程式設計）中非常普遍。

指標算術

要取得陣列的第 n 個元素的位址有兩種方式。首先，您可以用方括
號（[]）直接取得第 n 個元素，然後再用位址運算子（&）：

```
College* third_college_ptr = &oxford[2];
```

指標算術（*Pointer arithmetic*）提供了指標加法和減法的規則，當您
將指標加上或減去整數時，編譯器會用指標所指向型別的大小計算
出正確的位元組偏移量。例如，將 4 加到 uint64_t 指標將增加 32 個

位元組：每一個 `uint64_t` 佔用 8 個位元組，所以 4 個 `uint64_t` 會佔用 32 個位元組。因此，下面的選項相當於前面取得陣列第 n 個元素的位址的選項：

```
College* third_college_ptr = oxford + 2;
```

指標是危險的

指標不能轉換為陣列，這是件好事。您不需要這樣做，而且編譯器一般不可能從指標重新找回陣列的大小，但是編譯器不能免除所有可能的危險。

緩衝區溢位

對於陣列和指標，您可以用括號運算子（`[]`）或指標算術存取任意陣列元素。這些對於低階程式設計是非常強大的工具，因為您無需經過抽象化就可以或多或少地與記憶體互動，這使您能夠對系統進行精確的控制，這在某些環境中是必要的（例如，在系統程式設計環境中實作網路通訊協定或使用嵌入式控制器）。然而，權力越大，責任就越大，您必須非常小心。一個簡單的指標錯誤可能會帶來災難性和難以解釋的後果。

列表 3-6 對兩個字串進行低階操作。

列表 3-6：含有緩衝區溢位的程式

```
#include <cstdio>
int main() {
  char lower[] = "abc?e";
  char upper[] = "ABC?E";
  char* upper_ptr = upper;         ❶ // Equivalent: &upper[0]

  lower[3] = 'd';                  ❷ // lower now contains a b c d e \0
  upper_ptr[3] = 'D';                // upper now contains A B C D E \0

  char letter_d = lower[3];        ❸ // letter_d equals 'd'
```

```
    char letter_D = upper_ptr[3];    // letter_D equals 'D'

    printf("lower: %s\nupper: %s", lower, upper); ❹

    lower[7] = 'g';                  ❺ // Super bad. You must never do this.
}
```

```
lower: abcde ❹
upper: ABCDE
The time is 2:14 a.m. Eastern time, August 29th. Skynet is now online. ❺
```

在初始化字串 lower 和 upper 之後，將 upper_ptr 初始化為指向 upper 的第一個元素 ❶，然後重新指派 lower 和 upper 的第四個元素（問號）為 d 和 D ❷ ❸。請注意，lower 是一個陣列，而 upper_ptr 是一個指標，但其運作機制是相同的。到目前為止，還不錯。

最後，犯下一個寫入超出邊界記憶體的大錯 ❺，存取索引 7 ❹ 處的元素，已經超過了分配給 lower 的儲存空間。由於編譯器不會進行邊界檢查，此程式碼編譯時並沒有出現警告訊息。

在執行時，您會看到「未定義行為（*undefined behavior*）」的錯誤。未定義行為表示 C++ 語言規範沒有明訂會發生什麼，所以程式可能崩潰、揭開了安全性漏洞、或衍生出超越人類的人工智慧 ❺。

括號與指標算術之間的連結

要瞭解越界存取的後果，必須瞭解括號運算子和指標算術之間的關係。設想一下，您可以用指標算術和解析參照運算子來撰寫列表 3-6，而不是用括號運算子，如列表 3-7 所示。

列表 3-7：使用指標算術，與列表 3-6 等效的程式

```
#include <cstdio>
int main() {
  char lower[] = "abc?e";
  char upper[] = "ABC?E";
  char* upper_ptr = &upper[0];
```

```
    *(lower + 3) = 'd';
    *(upper_ptr + 3) = 'D';

    char letter_d = *(lower + 4); // lower decays into a pointer when we add
    char letter_D = *(upper_ptr + 4);

    printf("lower: %s\nupper: %s", lower, upper);

    *(lower + 7) = 'g'; ❶
}
```

lower 陣列的長度為 6（字母 *a-e* 加上一個空字元結束符號），現在應
該很清楚為什麼指派 lower[7] ❶ 是危險的。在本例中，您所寫入的
記憶體位置並不屬於 lower，這可能會導致存取衝突、程式崩潰、安
全性漏洞和資料損毀，這類的錯誤可能很難被發現，因為當這些錯
誤彰顯出來的時候，發生錯誤寫入的位置可能早就被移除了。

void 指標和 std::byte 指標

空指標（*void pointer*）void* 可使用在指標所指向的型別是無關緊要
的情況，使用 void 指標時有一些重要的限制，其主要限制是不能解
析對 void* 的參照。因為被指向的型別已被刪除，因此解析參照沒有
意義（回想一下 void 物件的值集是空的），而出於類似的原因，C++
也禁止對 void 指標進行算術運算。

其他時候，由於位元運算和算術運算被禁用，void 指標也不能用於
位元組層級與原始記憶體進行互動，例如包括在檔案和記憶體之間
複製原始資料、加密和壓縮等低階操作。在這種情況下，可以使用
std::byte 指標。

nullptr 和布林運算式

指標可以有一個特殊的字面值 nullptr，通常等於 nullptr 的指標不
指向任何東西。例如，您可以用 nullptr 來指出沒有剩餘記憶體可供
分配或發生了一些錯誤。

指標可隱含轉換為 bool，任何非 nullptr 的值都隱含轉換為 true，而 nullptr 則隱含轉換為 false，這點在傳回指標的函式成功執行時很有用。一個常見的習慣用法是這樣的函式在失敗的情況下傳回 nullptr，典型的例子是用在分配記憶體時。

參照

參照（*reference*）是較為安全和方便版的指標。宣告參照時，應在型別名稱後面加上 & 符號。參照不能被（很容易地）指派其值為 null，也不能被重新定址（*reseated*）（或重新指派所參照的物件）。這些特性消除了指標特有的一些 bug。

處理參照的語法比指標的語法乾淨得多，與使用指標成員和解析參照運算子不同的地方在於，使用的參照的時候就如同它們是被指向的型別一樣。

列表 3-8 是一個以參照為引數的例子。

列表 3-8：使用參照的程式

```
#include <cstdio>

struct ClockOfTheLongNow {
  --snip--
};

void add_year(ClockOfTheLongNow&❶ clock) {
  clock.set_year(clock.get_year() + 1); ❷ // No deref operator needed
}

int main() {
  ClockOfTheLongNow clock;
  printf("The year is %d.\n", clock.get_year()); ❸
  add_year(clock); ❹ // Clock is implicitly passed by reference!
  printf("The year is %d.\n", clock.get_year()); ❺
}
```
```
The year is 2019. ❸
The year is 2020. ❺
```

您用 & 符號 ❶ 而不是星號宣告引數 clock 為 ClockOfTheLongNow 的參照。在 add_year 中，clock 使用起來就跟它是 ClockOfTheLongNow 型別一樣 ❷：不需要用到笨拙的解析參照和指向參照的指標運算子。首先，列印 year 的值 ❸。接下來，在呼叫函式時，將 ClockOfTheLongNow 物件直接傳遞到 add_year 中 ❹：不需要取得它的位址。最後，再次列印 year 的值以證明它已經增加了 ❺。

指標和參照的用法

指標和參照在很大程度上是可以互換的，但兩者各有利弊。如果有時必須更改參照型別的值，也就是說，必須要讓參照型別指向不同的位址時，那麼必須要使用指標。許多資料結構（包括下一節將介紹的前向鏈結串列）要求您能夠更改指標本身的值。因為參照不能被重新定址，而且它們通常不會被指派為 nullptr，所以有時不適合使用參照。

前向鏈結串列：基於指標的典型資料結構

前向鏈結串列（*forward-linked list*）是由一系列元素所組成的簡單資料結構，每個元素都有一個指向下一個元素的指標，串列中的最後一個元素包含了一個 nullptr。在串列中插入元素非常有效率，而且元素在記憶體中可以是不連續的。圖 3-1 說明了前向鏈結串列的佈局。

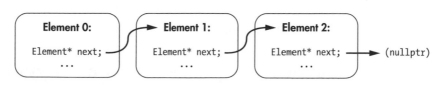

圖 3-1：前向鏈結串列

列表 3-9 示範了如何實作一個單向鏈結串列 Element。

列表 3-9：一個帶有操作編號的鏈結串列 Element 的實作

```
struct Element {
  Element* next{}; ❶
  void insert_after(Element* new_element) { ❷
    new_element->next = next; ❸
    next = new_element; ❹
  }
  char prefix[2]; ❺
  short operating_number; ❻
};
```

每個 element 都有一個指標 next ❶ 指向鏈結串列中的下一個元素，
該指標初始化為 nullptr。若要插入新的元素可使用 insert_after
成員函式 ❷，它會將指標 new_element 所指向物件的 next 成員設為
目前物件（this）的 next ❸，然後再將目前物件的 next 成員設為
new_element ❹。圖 3-2 說明了這種插入的過程，您並沒有更改此串
列中任何 Element 物件的記憶體位置；您只是修改了指標值。

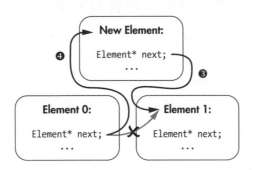

圖 3-2：將一個元素插入鏈結串列

每個 Element 還包含了一個陣列 prefix ❺ 和短整數 operating_
number ❻。

列表 3-10 遍歷 Element 型別的衝鋒隊的鏈結串列，並列印了他們的
操作編號。

列表 3-10：一個說明前向鏈結串列的程式

```
#include <cstdio>

struct Element {
  --snip--
};

int main() {
  Element trooper1, trooper2, trooper3; ❶
  trooper1.prefix[0] = 'T';
  trooper1.prefix[1] = 'K';
  trooper1.operating_number = 421;
  trooper1.insert_after(&trooper2); ❷
  trooper2.prefix[0] = 'F';
  trooper2.prefix[1] = 'N';
  trooper2.operating_number = 2187;
  trooper2.insert_after(&trooper3); ❸
  trooper3.prefix[0] = 'L';
  trooper3.prefix[1] = 'S';
  trooper3.operating_number = 005; ❹

  for (Element *cursor = &trooper1❺; cursor❻; cursor = cursor->next❼)
{
    printf("stormtrooper %c%c-%d\n",
           cursor->prefix[0],
           cursor->prefix[1],
           cursor->operating_number); ❽
  }
}
```
```
stormtrooper TK-421 ❽
stormtrooper FN-2187 ❽
stormtrooper LS-5 ❽
```

列表 3-10 先初始化三個衝鋒隊 ❶，元素 trooper1 被指派了操作
編號 TK-421，然後將其插入到串列中下一個元素的前面 ❷，元素
trooper2 和 trooper3 的操作編號為 FN-2187 和 LS-005，也依次被
插入到串列 ❸ ❹ 中。

for 迴圈遍歷了鏈結串列。首先，將指標 cursor 指定到 trooper1 的位址 ❺，這是串列的開頭。在每次反覆運算之前，先確保 cursor 不是 nullptr ❻。每次反覆運算之後，將 cursor 設為 next 所指向的下一個元素 ❼。在迴圈中，列印每個衝鋒隊的操作編號 ❽。

使用參照

指標提供了很多的靈活性，但這種靈活性所付出的代價是以安全性為成本。如果您不需要可重新定址和 nullptr 的靈活性，那麼最好是選擇參照型別。

讓我們把參照不能重新定址這一點講清楚，列表 3-11 初始化了一個指向 int 的參照，然後嘗試重新指派一個 new_value 給它。

列表 3-11：一個說明不能重新指派參照的程式

```
#include <cstdio>

int main() {
  int original = 100;
  int& original_ref = original;
  printf("Original:  %d\n", original); ❶
  printf("Reference: %d\n", original_ref); ❷

  int new_value = 200;
  original_ref = new_value; ❸
  printf("Original:  %d\n", original); ❹
  printf("New Value: %d\n", new_value); ❺
  printf("Reference: %d\n", original_ref); ❻
}
```
```
Original:  100 ❶
Reference: 100 ❷
Original:  200 ❹
New Value: 200 ❺
Reference: 200 ❻
```

這個程式將一個型別為 int 的變數 original 初始化為 100。然後宣告 original_ref 為指向 original 的參照，從此刻起，original_ref 永遠只會參照到 original，透過列印 original 的值 ❶ 和 original_ref 的值 ❷ 可以看到它們是相同的。

接著將另一個型別為 int 的變數 new_value 初始化為 200，並將這個新的值指派給 original_ref ❸。請看仔細了：這個指派的動作 ❸ 不會將 original_ref 重新定址為指向新的變數 new_value，而是將 new_value 的值指派給 original_ref 所指向的物件（original）。

結果是，這些變數，包括 original、original_ref 和 new_value，統統都變成 200 ❹ ❺ ❻。

this 指標

請記住，method 是跟類別相關聯的，而類別的實例是物件。當撰寫一個 method 時，有時需要存取*目前物件*，也就是執行該 method 的物件。

在 method 的定義中，可以用 this 指標來存取目前物件。通常在存取成員時並不需要寫出 this，但有時您可能需要消除歧義，比如說 method 的參數名稱與成員變數名稱有衝突的情況。例如，您可以重寫列表 3-9，以指明您所參照的是哪一個 Element，如列表 3-12 所示。

列表 3-12：重寫列表 3-9，使用 this 指標

```
struct Element {
  Element* next{};
  void insert_after(Element* new_element) {
    new_element->next = this->next; ❶
    this->next ❷ = new_element;
  }
  char prefix[2];
  short operating_number;
};
```

在這裡，next 被替換為 this->next ❶ ❷，列表 3-9 和列表 3-12 在功能上是相同的。

有時，您需要這樣做來解決成員和引數之間的歧義，如列表 3-13 所示。

列表 3-13：使用 this 的冗長版 ClockOfTheLongNow 定義

```
struct ClockOfTheLongNow {
  bool set_year(int year❶) {
    if (year < 2019) return false;
    this->year = year; ❷
    return true;
  }
--snip--
private:
  int year; ❸
};
```

引數 year ❶ 與成員變數 year ❸ 具有相同的名稱，而 method 的引數至始至終都會遮掉成員變數，這意味著每當您在這個 method 中鍵入 year 時，所指稱的是引數 year ❶，而不是成員變數 year ❸，不過您可以用 this 來消除這個歧義 ❷。

const 正確性

關鍵字 const 是常數（constant）的縮寫，大致上的意思是「我保證不會修改」，這是一種安全機制，可以防止成員變數意外（和潛在的災難性）的修改。您在函式和類別定義中用 const 來指定變數（通常是參照或指標）不會被該函式或類別所修改。如果程式碼試圖修改 const 變數，編譯器將發出錯誤訊息。如果正確使用，const 是所有現代程式設計語言中最強大的語言特性之一，因為它可以幫助您在編譯時消除許多常見的程式設計錯誤。

讓我們看看 const 的幾個常見用法。

常數引數

將引數標記為 const 將排除在函式範圍內對其進行修改，常數指標或參照提供了一種有效的機制，可以將物件傳遞到函式中以供唯讀使用。列表 3-14 中的函式接受了一個 const 指標。

列表 3-14：一個接受 const 指標的函式（此程式碼無法成功編譯）

```
void petruchio(const char* shrew❶) {
  printf("Fear not, sweet wench, they shall not touch thee, %s.", shrew❷);
  shrew[0] = "K"; ❸ // Compiler error! The shrew cannot be tamed.
}
```

函式 petruchio 透過 const 參照取得一個字串 shrew ❶，您可以從讀取 shrew ❷，但嘗試寫入它時會導致編譯器錯誤 ❸。

const method

將 method 標記為 const 表示您承諾不在該 method 內修改目前物件的狀態。換句話說，這些都是唯讀的 method。

要標記 method 為 const，請將關鍵字 const 放在引數列表後面，但放在 method 的主體之前。例如，您可以用 const 更新物件 ClockOfTheLongNow 的 get_year，如列表 3-15 所示。

列表 3-15：更新具有 const 的 ClockOfTheLongNow

```
struct ClockOfTheLongNow {
  --snip--
  int get_year() const ❶{
      return year;
  }
private:
  int year;
};
```

您只需把 const 放在引數列表和方法主體之間即可定義 const method ❶，如果您試圖在 get_year 內修改 year，編譯器將產生一個錯誤。

常數參照和指標的持有者不能調用非 const 的 method，因為非 const 的 method 可能會修改物件的狀態。

列表 3-16 中的函式 is_leap_year 接受一個 const ClockOfTheLongNow 參照，並決定它是否為閏年。

列表 3-16：決定是否為閏年的函式

```
bool is_leap_year(const ClockOfTheLongNow& clock) {
  if (clock.get_year() % 4 > 0) return false;
  if (clock.get_year() % 100 > 0) return true;
  if (clock.get_year() % 400 > 0) return false;
  return true;
}
```

如果 get_year 沒有標記為 const method，那麼列表 3-16 將無法編譯，因為 clock 是一個 const 參照，不能在 is_leap_year 內被修改。

const 成員變數

您可以透過在成員的型別前面加上關鍵字 const 來標記成員變數為常數。const 成員變數在初始化後即無法修改。

在列表 3-17 中，Avout 類別包含兩個成員變數，一個是 const，一個不是 const。

列表 3-17：含 const 成員的 Avout 類別

```
struct Avout {
  const❶ char* name = "Erasmas";
  ClockOfTheLongNow apert; ❷
};
```

成員 name 是 const，表示指標所指向的值不能修改 ❶，而 apert 則不是 const ❷。

當然，const Avout 的參照不能修改，因此一般的規則仍然適用於 apert：

```
void does_not_compile(const Avout& avout) {
  avout.apert.add_year(); // Compiler error: avout is const
}
```

有時您不但希望能夠具有標記成員變數為 const 的安全性，同時也希望用傳遞給建構子的參數來初始化成員。為此，可使用成員初始設定式列表。

成員初始設定式列表

成員初始設定式列表是初始化類別成員的主要機制。若要宣告成員初始設定式列表，請在建構子的參數列表後面加上一個冒號。然後插入一個或多個以逗號分隔的**成員初始設定式**。成員初始設定式是由成員的名稱，後面跟著內含初始值的大括號 {}。成員初始設定式可讓您在執行時設定常數欄位的值。

列表 3-18 中的範例透過引入成員初始化列表改進了列表 3-17。

列表 3-18：宣告並宣佈兩個 Avout 物件的程式

```
#include <cstdio>

struct ClockOfTheLongNow {
  --snip--
};

struct Avout {
  Avout(const char* name, long year_of_apert) ❶
    :❷ name❸{ name }❹, apert❺{ year_of_apert }❻ {
  }
  void announce() const { ❼
    printf("My name is %s and my next apert is %d.\n", name, apert.get_
year());
  }
  const char* name;
  ClockOfTheLongNow apert;
};
```

```
int main() {
  Avout raz{ "Erasmas", 3010 };
  Avout jad{ "Jad", 4000 };
  raz.announce();
  jad.announce();
}
```

```
My name is Erasmas and my next apert is 3010.
My name is Jad and my next apert is 4000.
```

Avout 建構子接受兩個引數：name 和 year_of_apert ❶。成員初始設定式列表透過在函式引數列表之後插入一個冒號 ❷，後面再跟著要初始化的成員名稱 ❸ ❺ 和用大括號括起來的初始值 ❹ ❻ 來添加，本例還多了一個 const 方法 announce 來列印 Avout 建構子的狀態 ❼。

所有成員初始化會在建構子的主體之前執行，這有兩個優點：

- 確保建構子執行之前所有成員的有效性，因此您可以專注在初始化邏輯，而不是成員錯誤檢查。

- 將所有成員一次初始化。如果在建構子中重新指派成員，則可能是在執行額外的工作。

NOTE

您應該按照類別定義中出現的順序來排列成員初始設定式，因為建構子將按此順序被呼叫。

說到要免除額外的工作，那就要輪到 auto 出場了。

auto 自動型別推導

作為一種強型別語言，C++ 為編譯器提供了大量的資訊。當初始化元素或從函式返回時，編譯器可以從上下文判斷型別資訊。關鍵字 auto 告訴編譯器為您執行這樣的預測，從而避免輸入多餘的型別資訊。

用 auto 初始化

在幾乎所有情況下，編譯器都可以用初始化的值來決定物件的正確型別，以下敘述包含了冗餘資訊：

```
int answer = 42;
```

因為 42 是 int，所以編譯器可以推斷出 answer 也是 int，此時可以改用 auto：

```
auto the_answer { 42 };            // int
auto foot { 12L };                 // long
auto rootbeer { 5.0F };            // float
auto cheeseburger { 10.0 };        // double
auto politifact_claims { false };  // bool
auto cheese { "string" };          // char[7]
```

您也可以用括號 () 和等於（=）來初始化：

```
auto the_answer = 42;
auto foot(12L);
--snip--
```

由於之前您已經看過很多次用 {} 來進行一般性的初始化，本節將不再討論這些替代方案。

光是這些各種初始化的方式並不能為您帶來多少好處；然而，當型別變得更複雜時，例如，處理 stdlib 容器中的反覆運算子，它確實可以節省相當多打字的時間，還可以讓程式碼更適應重構。

auto 和參照型別

在 auto 中加上像 &、* 和 const 這樣的修飾符是很常見的，這些修飾分別為 auto 增加了參照、指標和 const 的含義：

```
auto year { 2019 };              // int
auto& year_ref = year;           // int&
const auto& year_cref = year;    // const int&
auto* year_ptr = &year;          // int*
const auto* year_cptr = &year;   // const int*
```

將 auto 的宣告加上修飾符之後，其行為將與您所預期的一樣：如果
宣告時加上修飾符，那麼結果型別肯定會具有該修飾符。

auto 和程式碼重構

關鍵字 auto 使得程式碼更簡單、更靈活並有助於重構。考慮列表
3-19 中的範例，其中包含一個以範圍為基礎的 for 迴圈。

列表 3-19：在以範圍為基礎的 for 迴圈中使用 auto 的例子

```
struct Dwarf {
  --snip--
};

Dwarf dwarves[13];

struct Contract {
  void add(const Dwarf&);
};

void form_company(Contract &contract) {
  for (const auto& dwarf : dwarves) { ❶
    contract.add(dwarf);
  }
}
```

萬一 dwarves 的型別改變，那麼在以範圍為基礎的 for 迴圈 ❶ 中的
指派敘述也無需改變，因為 dwarf 型別的人會適應周圍環境，就像中
土矮人適應環境一樣。

一般來說，儘可能使用 auto。

在一些極端的情況下使用括號初始化，可能會得到出乎驚訝的結果，但是在 C++ 17 解決了一些賣弄學問式的無意義行為之後，這些情況就很少發生了。在 C++ 17 之前，帶有大括號 {} 的 auto 指的是一個 std::initializer_list 物件，我們將在第 13 章再討論。

摘要

本章介紹了兩種參照型別：參照和指標。在此過程中，您瞭解了指標成員運算子、指標和陣列如何交互作用、以及 void／byte 指標。您還瞭解了 const 的含義及其基本用法、this 指標、和成員初始設定式列表。此外，本章還介紹了 auto 自動型別推導。

練習

3-1. 閱讀 CVE-2001-0500 文件，其中描述了有關微軟 IIS 中的緩衝區溢位的漏洞。（此漏洞通常稱為「紅色警戒」蠕蟲漏洞。）

3-2. 在列表 3-6 中增加一個 read_from 和一個 write_to 函式，這些函式應該讀寫適當的字元陣列 upper 或 lower，並執行邊界檢查以防止緩衝區溢位。

3-3. 在列表 3-9 之前增加一個 Element* 來製作一個雙向鏈結串列。在 Element 中增加 insert_before method。用兩個單獨的 for 迴圈由前到後，然後由後到前遍歷該串列，並在每個迴圈內列印操作編號。

3-4. 以不使用顯式型別的方式重新實作列表 3-11。（提示：使用 auto。）

3-5. 檢視第 2 章中的列表，哪些 method 可以標記為 const？ 在哪裡可以使用 auto？

延伸閱讀

- 《*The C++ Programming Language* 國際中文版 第四版》，碁峰，2015，Bjarne Stroustrup 著

- 〈C++Core Guidelines〉，*https://github.com/isocpp/CppCoreGuidelines/*，Bjarne Stroustrup 與 Herb Sutter 著

- 〈East End Functions〉，*https://levelofindirection.com/blog/east-end-functions.html*，Phil Nash 著

- 〈Reference FAQ〉，*https://isocpp.org/wiki/faq/references/*，the Standard C++ Foundation

4

物件生命週期

你曾擁有的物品，現在反而將你束縛。

—— *Chuck Palahniuk*，《鬥陣俱樂部》

 件生命週期是 **C++** 物件在其生存期當中
所經歷的一系列階段。本章首先討論物件
的儲存持續期，即為物件分配到儲存空間的期間。
您將學習到物件生命週期如何與例外互相契合，以穩健、
安全和優雅的方式處理並清除錯誤狀況。本章最後討論
「移動」和「複製」語意，這些語意提供了對物件生命週
期的細微控制。

物件的儲存持續期

物件是具有類型和值的儲存區域。當您宣告變數時，您就創建一
個物件。變數只是一個有名稱的物件。

分配、釋放和生存期

每個物件都需要儲存空間，為程序中的物件保留儲存空間稱為**分配**（*allocation*）。處理完一個物件後，在程序中釋放該物件的儲存空間程為**釋放**（*deallocation*）。

物件的**儲存持續期**（*storage duration*）從分配物件開始，到釋放物件時結束。物件的**生存期**（*lifetime*）是在執行時的特性，最長不會超過物件的儲存持續期。物件的生存期從其建構子完成時開始，在調用解構子之前結束。總之，每個物件都要經過以下階段：

1. 物件的儲存持續期開始，並分配儲存空間。

2. 呼叫物件的建構子。

3. 物件的生存期開始。

4. 您可以在程式中使用該物件。

5. 物件的生存期結束。

6. 物件的解構子被呼叫。

7. 物件的儲存持續期結束，並釋放儲存空間。

記憶體管理

如果您有用程式語言設計過應用程式，那麼您很可能已經使用過**自動記憶體管理器**或**垃圾回收器**。當程式在執行時建立了物件，垃圾回收器會定期確定程式不再需要哪些物件並安全地釋放它們。這種方法讓程式師不必擔心如何管理物件的生命週期，但它會產生一些成本，包括執行時的效能，並且需要一些強大的程式設計技術，例如確定性資源管理等。

C++ 採用了更有效的方法，但先決條件是 C++ 程式設計師必須對儲存持續期有很深的瞭解。設計物件的生存期是**我們的**工作，而不是垃圾收集器的工作。

自動儲存持續期

自動物件（*automatic object*）在程式碼區塊的開頭被分配，而在區塊結束時被釋放，這個封閉的區塊為自動物件的作用範圍（*scope*）。自動物件具有自動儲存持續期。注意，函式參數為自動物件，即使它們在寫法上看起來並不屬於函式主體。

在列表 4-1 中，函式 power_up_rat_thing 是自動變數 nuclear_isotopes 和 waste_heat 的作用範圍。

列表 4-1：有兩個自動變數的函式 nuclear_isotopes 和 waste_heat

```
void power_up_rat_thing(int nuclear_isotopes) {
  int waste_heat = 0;
  --snip--
}
```

nuclear_isotopes 和 waste_heat 在每次 power_up_rat_thing 被調用時就會被分配，而在 power_up_rat_thing 結束時被釋放。

由於您無法在 power_up_rat_thing 之外存取這些變數，所以自動變數也被稱為區域變數（*local variable*）。

靜態儲存持續期

靜態物件（*static object*）是用關鍵字 static 或 extern 來宣告。宣告靜態變數的層級與在全域作用範圍（或命名範圍（*namespace scope*））中宣告函式的層級相同。具有全域作用範圍的靜態物件在程式啟動時分配儲存空間，並在程式停止時釋放。

列表 4-2 中的程式以 nuclear_isotopes 做為參數呼叫函式 power_up_rat_thing，每呼叫一次，rat_things_power 就會增加，而變數 rat_things_power 可用來追蹤函式呼叫前後的結果。

列表 4-2：一個帶有靜態變數和幾個自動變數的程式

```
#include <cstdio>

static int rat_things_power = 200; ❶

void power_up_rat_thing(int nuclear_isotopes) {
  rat_things_power = rat_things_power + nuclear_isotopes; ❷
  const auto waste_heat = rat_things_power * 20; ❸
  if (waste_heat > 10000) { ❹
    printf("Warning! Hot doggie!\n"); ❺
  }
}

int main() {
  printf("Rat-thing power: %d\n", rat_things_power); ❻
  power_up_rat_thing(100); ❼
  printf("Rat-thing power: %d\n", rat_things_power);
  power_up_rat_thing(500);
  printf("Rat-thing power: %d\n", rat_things_power);
}
```

```
Rat-thing power: 200
Rat-thing power: 300
Warning! Hot doggie! ❽
Rat-thing power: 800
```

變數 rat_things_power ❶ 是在全域範圍中以關鍵字 static 宣告的
靜態變數。全域變數的另一個特性是，可以從翻譯單元中任何函式
存取 power_up_rat_thing。（回想第 1 章，翻譯單元是前置處理器對
單一原始檔案執行操作後產生的結果。）在 ❷ 的地方，您可以看到
power_up_rat_thing 將 rat_things_power 增加 nuclear_isotopes。
由於 rat_things_power 是一個靜態變數，因此它的生存期就是整個
程式的生存期，而 rat_things_power 的值會被保留下來並轉移到下
一次呼叫 power_up_rat_thing 時。

接下來，根據 rat_things_power 的新值，計算產生了多少廢熱，並將結果儲存在自動變數 waste_heat ❸ 中。它的儲存持續期從呼叫 power_up_rat_thing 開始，並隨著 power_up_rat_thing 一起結束，因此函式呼叫之間不會保存其值。最後，檢查廢熱是否超過閾值 10000 ❹。如果是的話，則列印警告消息 ❺。

在 main 中，則是以列印 rat_things_power ❻ 的值和呼叫 power_up_rat_thing ❼ 交替出現。

一旦您將 rat_things_power 從 300 增加到 800，就會在輸出警告資訊 ❽。由於 rat_things_power 為的儲存期為靜態，修改 rat_things_power 的效果會持續整個程式的生命期。

當您使用關鍵字 static 時，也就指定了內部連結（*internal linkage*），所謂內部連結的意思是其他翻譯單元無法存取這個變數。您也可以用關鍵字 extern 來指定外部連結（*external linkage*），讓其他翻譯單元也可以存取該變數。

您可以透過以下方式修改列表 4-2 來實作外部連結：

```
#include <cstdio>

extern int rat_things_power = 200; // External linkage
--snip--
```

將 static 改為 extern，就可以從其他翻譯單元存取 rat_things_power。

區域靜態變數

區域靜態變數（*local static variable*）是一種特殊的靜態變數，它是區域變數而不是全域變數。區域靜態變數在函式範圍內宣告，就像自動變數一樣。但是它們的生命週期從第一次調用宣告它們的函式開始，到程式退出時才會結束。

例如，您可以重構列表 4-2，讓 rat_things_power 成為一個區域靜態
變數，如列表 4-3 所示。

列表 4-3：使用區域靜態變數重構列表 4-2

```
#include <cstdio>

void power_up_rat_thing(int nuclear_isotopes) {
  static int rat_things_power = 200;
  rat_things_power = rat_things_power + nuclear_isotopes;
  const auto waste_heat = rat_things_power * 20;
  if (waste_heat > 10000) {
    printf("Warning! Hot doggie!\n");
  }
  printf("Rat-thing power: %d\n", rat_things_power);
}

int main() {
  power_up_rat_thing(100);
  power_up_rat_thing(500);
}
```

與列表 4-2 不同的是，由於 rat_things_power 的作用範圍僅侷限於
函式 power_up_rat_thing 之內，因此在該函式外部無法使用 rat_
things_power。這個例子也是一個封裝（*encapsulation*）的程式設計
樣式，它是將資料與操作該資料的函式綁定在一起，有助於防止意
外修改。

靜態成員

靜態成員（*static member*）是不會與該類別的特定實例產生關聯的類
別成員。普通類別成員的生存期嵌套在類別的生存期內，但靜態成
員具有靜態儲存持續期。

這些成員本質上類似於全域靜態變數和函式；但是必須透過類別名
稱後面跟著範圍解析運算子（::）來使用它們。事實上，靜態成員
必須在全域範圍下初始化，而不能在它們所定義的類別中初始化。

與其他靜態變數一樣，靜態成員只會有一個實例，一個類別的所有
實例共用同一個靜態成員，因此若修改了靜態成員，同一個類別的
所有實例將會看到這個修改。為了說明這一點，您可以將列表 4-2 中
的 power_up_rat_thing 和 rat_things_power 轉換為類別 RatThing
的靜態成員，如列表 4-4 所示。

列表 4-4：利用靜態成員重構列表 4-2

```
#include <cstdio>

struct RatThing {
  static int rat_things_power; ❶
  static❷ void power_up_rat_thing(int nuclear_isotopes) {
    rat_things_power❸ = rat_things_power + nuclear_isotopes;
    const auto waste_heat = rat_things_power * 20;
    if (waste_heat > 10000) {
      printf("Warning! Hot doggie!\n");
    }
    printf("Rat-thing power: %d\n", rat_things_power);
  }
};

int RatThing::rat_things_power = 200; ❹

int main() {
  RatThing::power_up_rat_thing(100); ❺
  RatThing::power_up_rat_thing(500);
}
```

類別 RatThing 包含了靜態成員變數 rat_things_power ❶ 和靜態
method power_up_rat_thing ❷。由於 rat_things_power 是 RatThing
的成員，因此不需要範圍解析運算子 ❸ ；您可以像任何其他成員一
樣存取它。

您可以看到如何利用範圍解析運算子將 rat_things_power 初始化
❹，並呼叫靜態 method power_up_rat_thing ❺。

執行緒區域儲存持續期

執行緒（*thread*）是並行程式中最基本的概念之一。每個程式都有一
個或多個可以獨立執行的執行緒，執行緒所執行的一系列指令稱為
執行的執行緒（*thread of execution*）

當執行多個執行執行緒時，程式設師必須採取額外的預防措施。可
以安全執行多個執行緒的程式碼稱為**執行緒安全程式碼**（*thread-safe
code*）。可變全域變數是許多執行緒安全問題的根源。有時，您可以
指定一個物件具有**執行緒儲存持續期**，給每個執行緒一個變數的副
本來避免這些問題。

在 static 或 extern 後面加上關鍵字 thread_local，可以將任何具有
靜態儲存持續期的變數改成具有 thread_local 儲存持續期。如果只
指定了 thread_local，則預設此變數為 static，該變數的連結則不
會改變。

列表 4-3 不是執行緒安全的程式碼，不同的讀寫順序可能會破壞
rat_things_power，但是若將 rat_things_power 指定為 thread_
local，可以讓列表 4-3 變成執行緒安全的程式碼，如下所示：

```
#include <cstdio>

void power_up_rat_thing(int nuclear_isotopes) {
  static thread_local int rat_things_power = 200; ❶
  --snip--
}
```

現在每個執行緒都有代表自己的「Rat Thing」；一個執行緒修改了
它的 rat_things_power，都不會影響其他執行緒，每個 rat_things_
power 的副本都初始化為 200 ❶。

動態儲存持續期

具有動態儲存持續期的物件可根據要請求進行空間分配和釋放，您可以手動控制動態物件生命期的開始和結束，因此動態物件又被稱為分配的物件。

分配動態物件的主要方法是利用 *new 表達式*。new 表達式以關鍵字 new 開頭，後面跟著所需的動態物件型別，new 表達式會建立該指定型別的物件，然後傳回指向新生成的物件的指標。

考慮以下範例，其中建立一個具有動態儲存裝置持續時間的 int，並將其保存到指標 my_int_ptr 的指標中：

```
int*❶ my_int_ptr = new❷ int❸;
```

您宣告一個指向 int 的指標，並用等號右邊的 new 表達式的結果將其初始化 ❶，new 表達式由關鍵字 new ❷ 和後面的 int 型別 ❸ 所組成。當 new 表達式執行時，C++ 會分配記憶體來儲存 int，然後傳回其指標。

您也可以在 new 表達式中初始化動態物件，如下所示：

```
int* my_int_ptr = new int{ 42 }; // Initializes dynamic object to 42
```

在為 int 分配儲存空間之後，動態物件將像往常一樣初始化，而動態物件的生存期在初始化完成之後才開始。

您可以用由關鍵字 delete 和指向動態物件的指標所組成的 *delete 表達式*來釋放動態物件，delete 表達式永遠會傳回 void。

要釋放 `my_int_ptr` 所指向物件的空間，請使用以下 delete 表達式：

```
delete my_int_ptr;
```

被刪除物件所在的記憶體中包含的值是未定義的，這意味著編譯器所產生的程式碼可將任何內容留在該記憶體中。在實務上，大部分的編譯器會儘量提高效率，因此通常物件的記憶體將保持不變，直到程式將其用於其他用途。例如，您必須實作一個自訂解構子來將一些敏感內容清零。

> **NOTE**
>
> 因為編譯器通常不會在物件被刪除後清理記憶體，這可能會造成一種不易察覺但嚴重的錯誤，稱為「釋放後使用」（use after free）。如果一個物件已被刪除並意外地重新使用它，則程式可能看起來正常工作，因為釋放的記憶體可能仍包含合理的值。在某些情況下，這些問題直到程式已經投入正式環境中很長一段時間，或者直到安全研究人員找到了一種利用漏洞的方法並將其公開，才會顯現出來！

動態陣列

動態陣列（*dynamic array*）是利用陣列 new 表達式所建立、具有動態儲存持續期的陣列。陣列 new 表達式的格式如下：

```
new MyType[n_elements] { init-list }
```

`MyType` 是陣列元素型別，`n_elements` 是陣列的長度，`init list` 是陣列的初始化列表（非必要）。陣列 new 表達式會傳回指向新分配陣列第一個元素的指標。

以下範例將分配一個長度為 100 的 *int* 陣列，並將結果保存到指標 `my_int_array_ptr` 中：

```
int* my_int_array_ptr = new int[100❶];
```

元素的個數不一定是常數 ❶：陣列的大小可以在執行時才確定，這表示方括號之間的值 ❶ 可以是變數，而不是字面值。

要釋放動態陣列，請使用**陣列 *delete* 表達式**。跟陣列 new 表達式不同的是，陣列 delete 表達式不需要指定長度：

```
delete[] my_int_ptr;
```

陣列 delete 表達式跟 delete 表達式一樣，也是傳回 void。

記憶體漏失

權力越大責任也就越大，所以您必須確保分配的動態物件也被釋放，否則會導致**記憶體漏失**，而程式不再需要的記憶體也不會被釋放。當發生記憶體漏失時，您將耗盡環境中永遠無法回收的資源，這可能會導致效能降低或更糟的情況。

> **NOTE**
>
> 實際上，您的程式所運作的環境可能會為您清理漏失的資源。例如，如果您編寫了使用者模式程式碼，現代作業系統將在程式退出時清理資源。但是，如果您編寫的是核心程式碼，作業系統不會清理這些資源，只有在電腦重新開機時才能回收它們。

追蹤物件生命週期

對於新手來說，物件生命週期既強大又令人畏懼，讓我們用一個探索每個儲存持續期的範例來說明。

考慮列表 4-5 中的 **Tracer** 類別，它在建構或銷毀 Tracer 物件時會列印訊息。您可以用這個類別來研究物件的生命週期，因為每個追蹤程式都清楚地指示其生命週期的開始和結束時間。

列表 4-5：在建構和銷毀時會印出訊息的 Tracer 類別

```
#include <cstdio>

struct Tracer {
  Tracer(const char* name❶) : name{ name }❷ {
    printf("%s constructed.\n", name); ❸
  }
  ~Tracer() {
    printf("%s destructed.\n", name); ❹
  }
private:
  const char* const name;
};
```

建構子接受一個參數 ❶ 並將其保存到成員 name ❷ 中，然後列印包含了 name ❸ 的訊息，解構子 ❹ 也會列印一個包含了 name 的訊息。

考慮列表 4-6 中的程式，四種不同的 Tracer 物件具有不同的儲存持續期，透過查看程式中 Tracer 輸出的順序，可以驗證之前所學的儲存持續期。

列表 4-6：使用 Tracer 類別來說明儲存持續期的程式

```
#include <cstdio>

struct Tracer {
  --snip--
};

static Tracer t1{ "Static variable" }; ❶
thread_local Tracer t2{ "Thread-local variable" }; ❷

int main() {
  printf("A\n"); ❸
  Tracer t3{ "Automatic variable" }; ❹
  printf("B\n");
  const auto* t4 = new Tracer{ "Dynamic variable" }; ❺
  printf("C\n");
}
```

列表 4-6 包含了具有靜態持續期 ❶、執行緒區域持續期 ❷、自動持續期 ❹ 和動態持續期 ❺ 的 Tracer。在 main 中，每隔一行分別印出 A、B、和 C 以供參考 ❸。

執行該程式的結果如列表 4-7 所示。

列表 4-7：執行列表 4-6 的輸出

```
Static variable constructed.
Thread-local variable constructed.
A ❸
Automatic variable constructed.
B
Dynamic variable constructed.
C
Automatic variable destructed.
Thread-local variable destructed.
Static variable destructed.
```

在 main 的第一行之前 ❸，static 變數 t1 ❶ 和 thread_local 變數 t2 ❷ 已經被初始化了，您可以在列表 4-7 中看到：這兩個變數都在 A 之前列印了它們初始化的訊息。而由於 t3 是自動變數，因此 t3 的範圍限定在包含它的 main 之內。因此 t3 是在 A 之後才建構並初始化。

在 B 之後，您看到與 t4 ❺ 的初始化相對應的訊息。請注意，Tracer 的動態解構子並沒有產生成相對應的訊息。原因是您（故意）漏掉了釋放 t4 所指向的物件，由於沒有 delete t4 的命令，所以解構子也不會被呼叫。

就在 main 結束之前，印出了訊息 C。因為 t3 是一個範圍侷限於 main 的自動變數，因此它在 main 結束時會被銷毀。

最後，靜態變數 t1 和執行緒區域變數 t2 在程式退出之前會被銷毀，因而產生列表 4-7 中的最後兩條訊息。

例外

例外（*exception*）是傳遞錯誤情況的類型。當出現錯誤情況時，您將引發（*throw*）例外。在您引發一個例外之後，它即處於飛行中（*in flight*）的狀態。當例外正在飛行中時，程式將停止正常執行並搜尋例外處理常式（*exception handler*），在此過程中超出範圍的物件將被銷毀。

在發生錯誤的函式中沒有適當的方法處理該錯誤時（例如在建構子中），通常會使用例外。在這種情況下，例外在管理物件生命週期中起著非常重要的作用。

傳遞錯誤情況的另一個選擇是由函式傳回錯誤碼，這兩種方法是互補的。如果發生了可以在函式內處理的錯誤，或者在程式正常執行過程中發生了已預先想到的錯誤，通常會傳回一個錯誤碼。

throw 關鍵字

要引發例外，可使用關鍵字 throw 後面跟著可引發（throwable）物件。

大多數物件都是可以引發的，但最好使用 stdlib 中已經有的例外，例如在 `<stdexcept>` 標頭檔中的 `std::runtime_error`。`runtime_error` 建構子接受一個以 null 結尾的 `const char*` 來描述錯誤情況的性質。您可以透過不帶參數的 `what` method 來檢索此訊息。

列表 4-8 中的 Groucho 類別在調用帶有引數 `0xFACE` 的 `forget` method 時會引發例外。

列表 4-8：Groucho 類別

```
#include <stdexcept>
#include <cstdio>

struct Groucho {
  void forget(int x) {
    if (x == 0xFACE) {
```

```
        throw❶ std::runtime_error❷{ "I'd be glad to make an exception."
};
    }
    printf("Forgot 0x%x\n", x);
  }
};
```

列表 4-8 用關鍵字 throw ❶，後面跟著 std::runtime_error 物件 ❷
來引發例外。

使用 try-catch 程式區塊

try-catch 程式區塊是用來為一段程式碼建立例外處理常式。在 try
區塊中，放置可能引發例外的程式碼，而在 catch 區塊中，則為可以
處理的每個例外類型指定一個處理常式。

列表 4-9 示範了如何使用 try-catch 區塊來處理 Groucho 物件所引發
的例外。

列表 4-9：使用 try-catch 來處理 Groucho 類別的例外

```
#include <stdexcept>
#include <cstdio>

struct Groucho {
  --snip--
};

int main() {
  Groucho groucho;
  try { ❶
    groucho.forget(0xC0DE); ❷
    groucho.forget(0xFACE); ❸
    groucho.forget(0xC0FFEE); ❹
  } catch (const std::runtime_error& e❺) {
    printf("exception caught with message: %s\n", e.what()); ❻
  }
}
```

在 main 中，您建構了一個 Groucho 物件，然後建立一個 try-catch 區塊 ❶。在 try 部分，您用幾個不同的參數調用 groucho 類別的 forget method，分別是：0xC0DE ❷、0xFACE ❸ 和 0xC0FFEE ❹。在 catch 部分中，透過將訊息列印到控制台 ❻ 來處理任何 std::runtime_error 例外 ❺。

當您執行列表 4-9 中的程式時，將得到以下輸出：

```
Forgot 0xc0de
exception caught with message: I'd be glad to make an exception.
```

當您使用參數 0xC0DE ❷ 調用 forget 時，groucho 會列印出 Forget 0xC0DE 並結束。當您使用參數 0xFACE ❸ 調用 forget 時，groucho 會引發一個例外。這個例外停止了正常的程式執行，所以 forget 不會再被調用 ❹，而是捕捉到正在飛行的例外 ❺，並列印出它的訊息 ❻。

繼承的速成課程

在引入 stdlib 例外之前，您要先大致瞭解簡單的 C++ 類別繼承。子類別可以繼承其超類別的功能，列表 4-10 中的語法定義了這種關係。

列表 4-10：定義超類別和子類別

```
struct Superclass {
  int x;
};

struct Subclass : Superclass { ❶
  int y;
  int foo() {
    return x + y; ❷
  }
};
```

超類別沒有什麼特別的，但是子類別的宣告 ❶ 卻是特殊的，它用「超類別語法」定義了繼承關係。子類別繼承了超類別中未標記為 private 的成員，您可以在子類別中使用變數 x ❷ 看出這一點，這是一個屬於超類別的欄位，但是由於子類別繼承自超類別，所以 x 是可存取的。

例外使用這種繼承關係來確定處理常式是否能捕獲例外，處理常式將捕獲給定類型及其子類型的例外。

stdlib 例外類別

您可以利用繼承（*inheritance*）將類別安排成父子關係，繼承對於程式碼處理例外的方式有很大的影響。stdlib 中有一個很好的、簡單的現有例外類型層次結構，您應該儘量使用這些類型以保持程式的簡潔，而不用另外自行撰寫。

標準例外類別

stdlib 在 <stdexcept> 標頭檔中提供了**標準例外類別**，當您在撰寫例外時，應優先考慮使用這些標準例外類別。所有標準例外類別的超類別都是 std::exception，而在 std::exception 中的子類別可以分為三組：邏輯錯誤、執行階段錯誤和語言支援錯誤。雖然語言支援錯誤通常與程式設計師無關，但您肯定會遇到邏輯錯誤和執行階段錯誤。圖 4-1 總結了它們之間的關係。

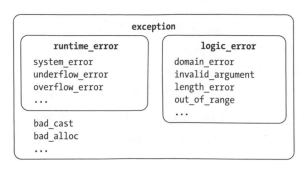

圖 4-1：stdlib 例外如何嵌套在 std：exception 中

邏輯錯誤

邏輯錯誤是由 logic_error 類別所衍生出來的。通常,您可以更小心的設計程式來避免這些例外。一個常見的例子是當類別的邏輯前提條件不被滿足時,比如當類別不變量無法建立時。(回想一下在第 2 章中,類別不變量是類別中永遠為真的特性。)

由於類別不變量是由程式設計師所定義的,編譯器和執行期的環境都不能在沒有其他協助的情況下強制執行它。您可以用類別建構子來檢查各種條件,如果無法建立類別不變量,則可以引發例外。如果是由於向建構子傳遞了不正確的參數而導致失敗,就會引發 logic_error。

logic_error 有幾個您應該注意的子類別:

- domain_error 報告與有效輸入範圍相關的錯誤,尤其是數學函式。例如,平方根只支援非負數(在實際情況下)。如果傳遞了一個負的參數,平方根函式可能會引發 domain_error。
- invalid_argument 例外通常是報告非預期的引數。
- length_error 例外報告某些動作將違反最大的大小限制。
- out_of_range 例外報告某些值不在預期範圍內,典型的例子是資料結構中索引的邊界檢查。

執行階段錯誤

執行階段錯誤(*runtime error*)是從 runtime_error 類別中衍生出來的。這些例外有助於您報告程式範圍之外的錯誤情況。與邏輯錯誤一樣,執行階段錯誤也有一些有用的子類別:

- system_error 報告作業系統所遇到的錯誤。您可以從這種例外中獲得很多資訊。在 <system_error> 標頭檔中,有大量的錯誤碼和錯誤情況。當建構 system_error 時,有關該錯誤的資訊將被打包,以便您可以確定錯誤的性質。.code() method 會傳回一個 std::errc 型別的 enum class,該類別含有很多的值,例如 bad_file_descriptor、timed_out 和 permission_denied 等。

- overflow_error 和 underflow_error 分別報告了算術溢出和下溢。

其他錯誤直接繼承自 exception。一個常見的例外是 bad_alloc 例外，它報告了 new 無法為動態儲存分配所需的記憶體。

語言支援錯誤

您不會直接用到語言支援錯誤，它們的存在是用來表示某些語言的核心功能在執行階段失效。

處理例外

例外處理的規則是以類別繼承為基礎。當例外被引發時，如果引發的例外的類型符合 catch 處理常式的例外類型，或者引發的例外類型繼承自 catch 處理常式的例外類型，則 catch 區塊將處理該例外。

例如，以下處理常式捕獲從 std::exception 繼承的任何例外，包括 std::logic_error：

```
try {
  throw std::logic_error{ "It's not about who wrong "
                          "it's not about who right" };
} catch (std::exception& ex) {
  // Handles std::logic_error as it inherits from std::exception
}
```

以下特殊處理常式會捕獲任何類型的例外：

```
try {
  throw 'z'; // Don't do this.
} catch (...) {
  // Handles any exception, even a 'z'
}
```

特殊處理常式被當作安全機制來記錄程式的災難性失敗，以捕捉特定類型的例外。

透過將 catch 語句連結在一起，可以處理來自同一個 try 區塊但不同類型的例外，如下所示：

```
try {
  // Code that might throw an exception
  --snip--
} catch (const std::logic_error& ex) {
  // Log exception and terminate the program; there is a programming
error!
  --snip--
} catch (const std::runtime_error& ex) {
  // Do our best to recover gracefully
  --snip--
} catch (const std::exception& ex) {
  // This will handle any exception that derives from std:exception
  // that is not a logic_error or a runtime_error.
  --snip--
} catch (...) {
  // Panic; an unforeseen exception type was thrown
  --snip--
}
```

在程式的入口點常常會看到這樣的程式碼。

重新引發例外

在 catch 區塊中，您可以用關鍵字 throw 繼續搜索適當的例外處理常式。這就是所謂的重新引發例外。在一些不尋常但重要的情況下，您可能需要在決定處理例外之前進一步檢查它，如列表 4-11 所示。

列表 4-11：重新引發錯誤

```
try {
  // Some code that might throw a system_error
  --snip--
```

```
} catch(const std::system_error& ex) {
  if(ex.code()!= std::errc::permission_denied){
    // Not a permission denied error
    throw; ❶
  }
  // Recover from a permission denied
  --snip--
}
```

在這個例子中，一些可能引發 system_error 的程式碼被包在 try-catch 區塊中。所有 system_error 都會被處理，但除非是 EACCES（許可權被拒絕）錯誤，否則將重新引發例外 ❶。這種方法會導致一些效能降低，並且產生的程式碼通常會不必要地複雜化。

您可以定義一個新的例外類型並為 EACCES 錯誤建立一個單獨的 catch 處理常式，而不是重新引發，如列表 4-12 所示。

列表 4-12：捕捉特定的例外而不是重新引發

```
try {
  // Throw a PermissionDenied instead
  --snip--
} catch(const PermissionDenied& ex) {
  // Recover from an EACCES error (Permission Denied) ❶
  --snip--
}
```

如果引發 std::system_error，PermissionDenied 處理常式 ❶ 不會捕捉到它。（當然，如果您願意，仍然可以保留 std::system_error 處理常式來捕捉此類例外。）

使用者定義例外

您可以隨時定義自己的例外；通常，這些使用者定義的例外繼承自 std::exception。stdlib 中的所有類別都是用從 std::exception 所衍生的例外，透過一個 catch 區塊就可以很容易捕獲來自程式碼或是 stdlib 的所有例外。

noexcept 關鍵字

關鍵字 noexcept 是另一個您應該知道的跟例外相關的術語，您應該要標記任何不可能引發 noexcept 例外的函式，如下所示：

```
bool is_odd(int x) noexcept {
  return 1 == (x % 2);
}
```

標記為 noexcept 的函式構成一個嚴格的契約，當您使用標記為 noexcept 的函式時，可以放心的是該函式不會引發例外，但代價是當您標記自己的函式為 noexcept 時必須非常小心，因為編譯器不會為您檢查。如果您的程式碼在一個標記為 noexcept 的函式中引發例外，那麼您就要倒大霉了。預設情況下，C++ 執行時會呼叫函式 std::terminate，經由 abort 來退出程式，您的程式將無法復原：

```
void hari_kari() noexcept {
  throw std::runtime_error{ "Goodbye, cruel world." };
}
```

將函式標記為 noexcept 會讓一些依賴於該函式的程式碼最佳化無法引發例外。本質上，編譯器可以自由地使用移動語意，這可能更快（在第 163 頁的「移動語意」中有更多關於這方面的內容）。

呼叫堆疊和例外

呼叫堆疊是一個執行期的結構,用來儲存活動中函式的相關資訊。當一段程式碼(呼叫者)調用函式(被呼叫者)時,機器透過將資訊推送到呼叫堆疊來追蹤誰呼叫了誰,這讓程式可以有許多相互嵌套的函式呼叫,因此被呼叫者可以透過調用另一個函式而成為呼叫者。

堆疊

堆疊是一個靈活的資料容器,可以容納動態個數的元素。所有堆疊都支援兩個基本操作:將元素推入(*push*)堆疊頂部,以及將元素從堆疊頂部彈出(*pop*)。堆疊是一種後進先出的資料結構,如圖 4-2 所示。

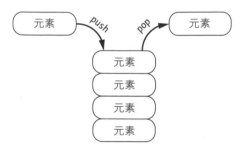

圖 4-2:被推入堆疊上或從堆疊上彈出的元素

顧名思義，呼叫堆疊在功能上與其同名的資料容器相似，每次調用函式時，函式呼叫的相關資訊都會被安排到一個堆疊框（*stack frame*）中並推送到呼叫堆疊上，因此被呼叫者可以自由地調用其他函式，從而形成任意深度的呼叫鏈。每當一個函式結束時，它的堆疊框就會從呼叫堆疊的頂部彈出，執行控制將按照前一個堆疊框的指示恢復。

呼叫堆疊和例外處理

執行時尋找最接近引發例外的例外處理常式。如果當前堆疊框中有合適的例外處理常式，則它將處理該例外。如果沒有找到符合的處理常式，執行時將展開呼叫堆疊，直到找到合適的處理常式為止，任何生命期結束的物件依照慣例都會予以銷毀。

在解構子中引發例外

在解構子中引發一個例外，就像是在用鏈鋸玩雜耍一樣，這樣的例外必須在解構子中捕獲。

假設引發了一個例外，在堆疊展開期間，解構子在正常清理過程中引發了另一個例外，現在您有了兩個例外在飛行中，C++ 執行時應該如何處理這種情況？

您可以想要自行處理，但執行時將呼叫 terminate。考慮列表 4-13，它示範了當您從解構子引發例外時會發生什麼：

列表 4-13：示範在解構子中引發例外的危險的程式

```
#include <cstdio>
#include <stdexcept>

struct CyberdyneSeries800 {
  CyberdyneSeries800() {
    printf("I'm a friend of Sarah Connor."); ❶
  }
```

```
  ~CyberdyneSeries800() {
    throw std::runtime_error{ "I'll be back." }; ❷
  }
};

int main() {
  try {
    CyberdyneSeries800 t800; ❸
    throw std::runtime_error{ "Come with me if you want to live." }; ❹
  } catch(const std::exception& e) { ❺
    printf("Caught exception: %s\n", e.what()); ❻
  }
}
```

```
I'm a friend of Sarah Connor. ❶
```

NOTE

列表 4-13 呼叫了 std::terminate，所以根據您的環境，您可能會看
到跳出一個討厭的視窗來指出這一點。

首先，您宣告了 CyberdyneSeries800 類別，它有一個簡單的建構
子，列印一條訊息 ❶，一個徹底好戰的解構子引發了一個未捕獲的
例外 ❷。在 main 中，您設定了一個 try 區塊，在那裡初始化一個叫
做 t800 ❸ 的 CyberdyneSeries800 並引發一個 runtime_error ❹。在
比較好的情況下，catch 區塊 ❺ 將處理此例外，列印其訊息 ❻，然
後優雅地退出。因為 t800 是 try 區塊中的一個自動變數，它會在您
所引發的例外查找處理常式的正常過程中進行銷毀。而且由於 t800
在它的解構子中引發例外 ❷，所以您的程式將調用 std::terminate
並突然結束。

一般來說，應將解構子視為 noexcept。

一個 SimpleString 類別

讓我們用一個擴大的範例來研究一下建構子、解構子、成員和例外是如何結合在一起的，列表 4-14 中的 SimpleString 類別允許您把 C 風格的字串加在一起並列印結果。

列表 4-14：SimpleString 類別的建構子和解構子

```
#include <stdexcept>

struct SimpleString {
  SimpleString(size_t max_size) ❶
    : max_size{ max_size }, ❷
      length{} { ❸
    if (max_size == 0) {
      throw std::runtime_error{ "Max size must be at least 1." }; ❹
    }
    buffer = new char[max_size]; ❺
    buffer[0] = 0; ❻
  }

  ~SimpleString() {
    delete[] buffer; ❼
  }
--snip--
private:
  size_t max_size;
  char* buffer;
  size_t length;
};
```

建構子 ❶ 接受一個 max_size 引數，這是字串的最大長度，包括一個空字元作為結束字元。成員初始設定式 ❷ 將此長度保存到 max_size 成員變數中。這個值也用在陣列的 new 表達式中分配一個緩衝區來儲存字串 ❺，並將結果的指標指派給 buffer。您將長度初始化為 0 ❸，並確保至少有足夠的大小來容納空位元組 ❹。因為字串一開始的時候是空的，所以將 0（空字元）指派給 buffer 的第一個位元組 ❻。

SimpleString 類別擁有一個資源，即 buffer 所指向的記憶體，當不再需要時必須釋放該資源，解構子用一行指令來釋放 buffer ❼。因為您已經將緩衝區的分配和釋放與 SimpleString 的建構子和解構子配對，所以永遠不會發生記憶體漏失的情況。

這種樣式叫做資源取得即初始化（*RAII*）或建構子取得，解構子釋放（*CADRe*）。

附加和列印

SimpleString 類別還沒有什麼用處，列表 4-15 增加了列印字串並在字串後面追加一行的功能。

列表 4-15：SimpleString 的 print 和 append_line method

```
#include <cstdio>
#include <cstring>
#include <stdexcept>

struct SimpleString {
  --snip--
  void print(const char* tag) const { ❶
    printf("%s: %s", tag, buffer);
```

```
    }

    bool append_line(const char* x) { ❷
      const auto x_len = strlen❸(x);
      if (x_len + length + 2 > max_size) return false; ❹
      std::strncpy❺(buffer + length, x, max_size - length);
      length += x_len;
      buffer[length++] = '\n';
      buffer[length] = 0;
      return true;
    }
--snip--
};
```

print ❶ method 會列印出字串。為了方便起見，您可以提供一個 tag
字串，以便將 print 的調用與結果相匹配。這個 method 為 const，
因為它不需要修改 SimpleString 的狀態。

append_line method ❷ 接受以 null 結尾的字串 x，並將其內容加上
換行字元後附加到 buffer。如果成功附加 x，則傳回 true；如果沒
有足夠的空間，則傳回 false。首先，append_line 必須確定 x 的長
度。為此，可使用 <cstring> 標頭檔中的 strlen 函式 ❸，該函式接
受以 null 結尾的字串並傳回其長度：

```
size_t strlen(const char* str);
```

strlen 會計算 x 的長度並用來初始化 x_len 長度。此結果用於計算
將 x（換行符號）和空位元組附加到當前字串是否會導致長度大於
max_size ❹ 的字串。如果會，append_line 將傳回 false。

如果有足夠的空間附加 x，則需要將其位元組複製到 buffer 中的正
確位置，可用 <cstring> 標頭檔中的 std::strncpy 函式 ❺ 來完成這
項工作，std::strncpy 接受三個引數：目標（destination）位址、
來源（source）位址和要複製的字元個數（num）：

```
char* std::strncpy(char* destination, const char* source, std::size_t num);
```

strncpy 函式將從 source 複製最多 num 個位元組到 destination。一旦完成，它將傳回 destination（不過在這裡並沒有用到）。

在將附加的位元組個數 x_len 加到 length 之後，最後在 buffer 末端再添加一個換行符號（\n）和一個空字元（ASCII 偽 0）來完成，append_line 傳回 true 表示您已成功地在 buffer 後面附加一行輸入參數 x。

WARNING

使用 strncpy 時要非常小心，您會很容易忘記 source 字串中的 null 結束字元，或者在目標字串中沒有分配足夠的空間，這兩個錯誤都將導致未定義的行為，我們將在本書的第 2 部分介紹一種更安全的替代方案。

使用 SimpleString

列表 4-16 示範了 SimpleString 的用法，在這個範例中，您可以以附加幾個字串並將中間結果列印到控制台。

列表 4-16：SimpleString 的應用範例

```
#include <cstdio>
#include <cstring>
#include <exception>

struct SimpleString {
  --snip--
}

int main() {
  SimpleString string{ 115 }; ❶
  string.append_line("Starbuck, whaddya hear?");
  string.append_line("Nothin' but the rain."); ❷
  string.print("A: "); ❸
  string.append_line("Grab your gun and bring the cat in.");
  string.append_line("Aye-aye sir, coming home."); ❹
```

```
    string.print("B: "); ❺
    if (!string.append_line("Galactica!")) { ❻
      printf("String was not big enough to append another message."); ❼
    }
}
```

首先，建立一個最大長度 max_length=115 的 SimpleString ❶。使用
兩次 append_line method ❷ 將一些資料添加到字串中，然後將內
容與標記 A 一起列印出來 ❸。然後追加更多文字 ❹ 並再次列印其內
容，這一次用 B 來標示 ❺。當 append_line 判斷 SimpleString 空間
已經用完時 ❻，會傳回 false。（string 的使用者需自行檢查此情
況。）

列表 4-17 包含了執行該程式的輸出。

列表 4-17：執行列表 4-16 程式的輸出

```
A: Starbuck, whaddya hear? ❶
Nothin' but the rain.
B: Starbuck, whaddya hear? ❷
Nothin' but the rain.
Grab your gun and bring the cat in.
Aye-aye sir, coming home.
String was not big enough to append another message. ❸
```

一如所料，A 字串包含了「Starbuck, whaddya hear?\nNothin' but
the rain.\n」❶。（回想第 2 章，\n 是換行的特殊字元。）而 B 字
串則是附加「Grab your gun and bring the cat in. and Aye-aye
sir, coming home.」之後的結果 ❷。

當列表 4-17 試圖再附加 Galactica! 到 string 時，由於 buffer 沒
有足夠的空間，append_line 會傳回 false，並列印出訊息「String
was not big enough to append another message.」。

組成一個 SimpleString

考慮一下當您定義一個類別中帶有 SimpleString 成員時會發生什麼，請看列表 4-18 的說明。

列表 4-18：實作 SimpleStringOwner

```
#include <stdexcept>

struct SimpleStringOwner {
  SimpleStringOwner(const char* x)
    : string{ 10 } { ❶
    if (!string.append_line(x)) {
      throw std::runtime_error{ "Not enough memory!" };
    }
    string.print("Constructed: ");
  }
  ~SimpleStringOwner() {
    string.print("About to destroy: "); ❷
  }
private:
  SimpleString string;
};
```

正如成員初始設定式所建議的 ❶，string 是事先就完全建構好的，一旦 SimpleStringOwner 的建構子開始執行，它的類別不變量就會建立起來。這說明了在建構過程中物件成員建構的順序：**成員在包含它們的物件的建構子之前就會先建構好**。這很合理：如果不知道類別成員的不變量，如何建立類別的不變量？

解構子的執行順序剛好相反，在 ~SimpleStringOwner() ❷ 中，需要保存 string 的類別不變量，以便列印其內容。**在調用了物件的解構子後，所有的成員才會被銷毀。**

列表 4-19 示範了 SimpleStringOwner 的建構和解構過程。

列表 4-19：一個包含了 SimpleStringOwner 的程式

```
--snip--
int main() {
  SimpleStringOwner x{ "x" };
  printf("x is alive\n");
}
```

```
Constructed: x ❶
x is alive
About to destroy: x ❷
```

正如預期的那樣，x 的成員 string 會先被建構，因為物件的成員建構子會在物件本身的建構子之前被呼叫，這樣會產生訊息「Constructed: x」❶。作為一個自動變數，x 在 main 即將結束之前會被銷毀，而您會看到「About to destroy: x」的訊息 ❷。成員 string 此時仍然有效，因為成員解構子是在包含它們的物件的解構子之後才會被呼叫。

呼叫堆疊展開

列表 4-20 示範了例外處理和堆疊展開的工作原理。在 main 中建立一個 try-catch 區塊，然後進行一系列函式呼叫，其中一個呼叫會導致例外。

列表 4-20：一個示範 SimpleStringOwner 和呼叫堆疊展開的程式

```
--snip--
void fn_c() {
  SimpleStringOwner c{ "cccccccccc" }; ❶
}

void fn_b() {
  SimpleStringOwner b{ "b" };
  fn_c(); ❷
}
```

```
int main() {
  try { ❸
    SimpleStringOwner a{ "a" };
    fn_b(); ❹
    SimpleStringOwner d{ "d" }; ❺
  } catch(const std::exception& e) { ❻
    printf("Exception: %s\n", e.what());
  }
}
```

列表 4-21 顯示了執行列表 4-20 中的程式的結果。

列表 4-21：執行列表 4-20 程式的輸出

```
Constructed: a
Constructed: b
About to destroy: b
About to destroy: a
Exception: Not enough memory!
```

您設定了一個 try-catch 區塊 ❸，第一個 SimpleStringOwner a 被建構而沒有發生意外，您可以看到 Constructed: a 列印到控制台。接下來，fn_b 被呼叫 ❹。請注意，您仍在 try-catch 區塊中，因此將會處理引發的任何例外。在 fn_b 中，另一個 SimpleStringOwner b 被成功地建構，而 Constructed: b 會被列印到控制台。接下來，我們將呼叫另一個函式 fn_c ❷。

讓我們先暫停一下，考慮呼叫堆疊看起來像什麼樣子、哪些物件是活動的、以及例外處理情況的像什麼樣子。您有兩個有效的 SimpleStringOwner 物件：a 和 b，呼叫堆疊的順序為 fn() → fn_b() → fn_c()，而在 main 中有設定一個例外處理常式。圖 4-3 總結了這種情況。

當您在 ❶ 的位置會遇到一個小問題。回想一下，SimpleStringOwner 有一個成員 SimpleString，它的 max_size 總是被初始化為 10。當您嘗試建構 c 時，SimpleStringOwner 的建構子會引發一個例外，因為您試圖附加「cccccccccc」，而它的長度為 10，若再加上換行符號和空結束字元會超過 max_size。

現在您有一個飛行中的例外。堆疊將展開，直到找到適當的處理常式，並且由於展開的關係，所有超出範圍的物件都將被銷毀，而處理常式在堆疊的最上方 ❻，因此 fn_c 和 fn_b 會展開。因為 SimpleStringOwner b 是 fn_b 中的一個自動變數，所以它會被銷毀，您會看到「About to destroy: b」被列印到控制台。在 fn_b 之後，try{} 中的自動變數會被銷毀，這包括了 SimpleStringOwner a，因此您將看到「About to destroy: a」被列印到控制台。

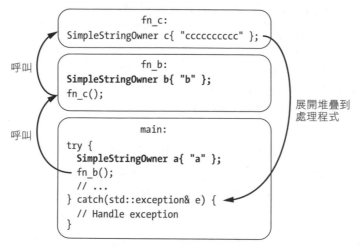

圖 4-3：fun_c 呼叫 SimpleStringOwner c 的建構子時的呼叫堆疊

一旦 try{} 區塊中發生例外，就不會再執行其他敘述。因此，d 永遠不會初始化 ❺，而且您永遠不會看到 d 的建構子列印到控制台。呼叫堆疊展開後，執行將立即進行到 catch 區塊。最後，您將列印訊息 Exception: Not enough memory! 到控制台 ❻。

例外和效能

在程式中必須處理錯誤；錯誤是不可避免的。當您正確使用例外並且沒有發生錯誤時，您的程式碼比手動檢查錯誤的程式碼快。如果確實發生了錯誤，例外處理有時會比較慢，但是在穩定性和可維護性方面比其他方法提升了很多。《*Optimized C++*》的作者 Kurt Guntheroth 說得好：「使用例外處理會讓程式在正常執行時速度更快，而當它們失敗時有更好的行為。」當 C++ 程式正常執行時（沒有引發例外），與檢查例外相關的程式並不會造成執行時的額外開銷。只有當引發例外時，才需要負擔額外開銷。

希望您已經相信例外在慣用的 C++ 程式中扮演著核心的角色。不幸的是，有時您無法使用例外，其中一個例子是需要保證即時性的嵌入式開發，在這樣的環境中沒有工具可用。幸運的是，這種情況很快就會改變，但就目前而言，在大多數嵌入式環境中，您無一例外地會陷入困境。另一個例子是一些老舊系統上的程式碼。例外是優雅的，因為它們很適合 RAII 物件。當解構子負責清理資源時，堆疊展開是防止資源漏失的直接有效方法。在老舊的程式碼中，您可能會找到手動資源管理和錯誤處理，而不是 RAII 物件。這使得例外處理變得非常危險，因為堆疊展開僅對 RAII 物件是安全的。沒有了它們，很容易造成資源漏失。

例外的替代做法

在沒有例外的情況下，一切都不會丟失。雖然您需要手動追蹤錯誤，但也有一些有用的 C++ 特性可以用來減少一些不便。首先，您可以透過公開一些方法來手動強制類別不變數量，該方法用來溝通是否可以建立類別不變量，如下所示：

```
struct HumptyDumpty {
    HumptyDumpty();
    bool is_together_again();
    --snip--
};
```

C++ 的慣用寫法是在建構子中引發例外，但這裡必須記住，將該情況視為呼叫程式碼中的錯誤情況加以檢查和處理：

```
bool send_kings_horses_and_men() {
  HumptyDumpty hd{};
  if (hd.is_together_again()) return false;
  // Class invariants of hd are now guaranteed.
  // Humpty Dumpty had a great fall.
  --snip--
  return true;
}
```

其次，互補的應對策略是使用**結構化綁定宣告**來傳回多個值，這是
一種允許您從函式呼叫傳回多個值的語言特性，您可以利用這個特
性在正常的傳回值之外同時傳回成功的旗標，如列表 4-22 所示。

列表 4-22：說明結構化綁定宣告的程式碼片段

```
struct Result { ❶
  HumptyDumpty hd;
  bool success;
};

Result make_humpty() { ❷
  HumptyDumpty hd{};
  bool is_valid;
  // Check that hd is valid and set is_valid appropriately
  return { hd, is_valid };
}

bool send_kings_horses_and_men() {
  auto [hd, success] = make_humpty(); ❸
  if(!success) return false;
  // Class invariants established
  --snip--
  return true;
}
```

首先，宣告一個包含一個 HumptyDumpty 和一個 success 旗標 ❶
的 POD。接下來，定義函式 make_humpty ❷，以構建並驗證
HumptyDumpty。這樣的方法稱為**工廠方法**（*factory method*），因為它

們的目的是初始化物件。make_humpty 函式在傳回時將初始化後的物件和 success 旗標打包到 Result 中。在呼叫端的語法 ❸ 說明了如何將 Result 解壓縮為多個自動推導型別的變數。

複製語意

複製語意指的是「複製的意義」。實務上，程式設計師用這個術語來表示複製物件的規則：在 x 複製到 y 之後，兩者為等效（*equivalent*）且獨立（*independent*）的物件。也就是說，在複製之後 x == y 為真（等效），而且對 x 的修改不會影響到 y（獨立）

複製是極為常見的操作，尤其是以傳值的方式將物件傳遞給函式時，如列表 4-23 所示。

列表 4-23：說明傳值會產生一個副本的程式

```
#include <cstdio>

int add_one_to(int x) {
  x++; ❶
  return x;
}

int main() {
  auto original = 1;
  auto result = add_one_to(original); ❷
  printf("Original: %d; Result: %d", original, result);
}
```
```
Original: 1; Result: 2
```

在這裡，add_one_to 以傳值的方式接收引數 x，然後修改 x 的值 ❶。這個修改與呼叫者無關 ❷；由於 add_one_to 所接收到的是一個副本，因此 original 不會受到影響。

對於使用者定義的 POD 型別，情況也是類似。傳值呼叫會把每個成員的值複製到參數中（稱為*深層複製*（*member-wise copy*）），如列表 4-24 所示。

列表 4-24：函式 make_transpose 會產生 POD 型別 Point 的副本

```
struct Point {
  int x, y;
};

Point make_transpose(Point p) {
  int tmp = p.x;
  p.x = p.y;
  p.y = tmp;
  return p;
}
```

當調用 make_transpose 時，它的引數 p 接收到的是一個型別為 Point 的副本，而原始副本不會受到影響。

以傳值方式傳遞基本型別和 POD 型別時都是直接採取深層複製，這意味著每個成員都被複製到其對應的目標中，這實際上是從一個記憶體位址按照位元順序複製到另一個記憶體位址。

全功能的類別則需要更多的思考，全功能類別的預設複製語意也是深層複製，這可能非常危險。再考慮一下 SimpleString 類別。如果在執行時允許使用者進行 SimplesSring 類別的深層複製，則會招致災難。兩個 SimpleString 類別將指向同一個 buffer。當兩個副本都附加到同一個 buffer 時，它們會互相衝突。圖 4-4 簡要地說明了這種情況。

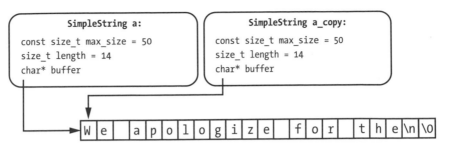

圖 4-4：對於 SimpleString 類別預設複製語意的描述

這個結果很糟糕，但是當 SimpleString 類別開始解構時，會發生更糟糕的事情。當其中一個 SimpleString 類別解構時，buffer 將被釋放。當另一個剩下的 SimpleString 類別試圖寫入 buffer 時，您所進行的是未定義的行為。在某個時間點，這個剩下的 SimpleString 類別將被解構並再次釋放 buffer，從而產生一般所謂的**雙重釋放**（*double free*）。

NOTE

就像它的邪惡表親「釋放後使用」一樣，雙重釋放可以導致很少見的細微和難以診斷的錯誤。雙重釋放表示您釋放了同一個物件的儲存空間兩次。回想一下，一旦釋放了物件，它的儲存生命期就結束了。此記憶體現在處於未定義狀態，如果您釋放了已被釋放的物件，則您的行為是未定義的。在某些情況下，這可能會導致嚴重的安全性漏洞。

您可以透過指定複製建構子和複製指派運算子來控制複製語意，以避免這個徹底失控的情勢，如下節所述。

複製建構子

複製物件有兩種方法，一種是利用**複製建構**，建立一個物件副本並將其指派給另一個全新的物件，複製建構子看起來就像其他的建構子：

```
struct SimpleString {
  --snip--
  SimpleString(const SimpleString& other);
};
```

請注意，other 為 const，是您從某個原始 SimpleString 複製過來的，而您並沒有理由要修改它。您可以像其他建構子一樣，用人括號初始設定式的統一初始化語法來使用複製建構子：

```
SimpleString a;
SimpleString a_copy{ a };
```

第二行用 a 來調用 SimpleString 的複製建構子以產生一個副本 a_copy。

讓我們來實作 SimpleString 的複製建構子，您要用所謂的*深層複製*（*deep copy*）將原始 buffer 所指向的資料複製到一個新的 buffer，如圖 4-5 所示

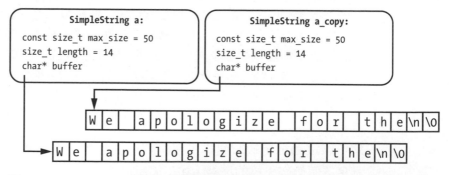

圖 4-5：SimpleString 類別上的深層複製的描述

您不必複製指標 buffer，而是對未使用的儲存空間進行新的分配，然後複製原始 buffer 所指向的所有資料。這給了您兩個獨立的 SimpleString 類別。列表 4-25 實作了 SimpleString 的複製建構子：

列表 4-25：SimpleString 類別的複製建構子

```
SimpleString(const SimpleString& other)
  : max_size{ other.max_size }, ❶
    buffer{ new char[other.max_size] }, ❷
    length{ other.length } { ❸
    std::strncpy(buffer, other.buffer, max_size); ❹
}
```

您可以用成員初始設定式來表示 max_size ❶、buffer ❷ 和 length ❸，並傳入 other 中相對應的欄位。您可以用陣列 new ❶ 來初始化 buffer，因為您知道 other.max_size 大於 0。複製建構子的主體包含一個敘述 ❹，該敘述將 other.buffer 所指向的內容複製到 buffer 所指向的陣列中。

列表 4-26 以現有的 SimpleString 來初始化 SimpleString 來使用此複製建構子：

列表 4-26：使用 SimpleString 類別的複製建構子的程式

```
--snip--
int main() {
  SimpleString a{ 50 };
  a.append_line("We apologize for the");
  SimpleString a_copy{ a }; ❶
  a.append_line("inconvenience."); ❷
  a_copy.append_line("incontinence."); ❸
  a.print("a");
  a_copy.print("a_copy");
}
```
```
a: We apologize for the
inconvenience.
a_copy: We apologize for the
incontinence.
```

程式中的 SimpleString a_copy ❶ 是從 a 而來的複製建構子，等效並
獨立於原來的 a。您可以將不同的訊息附加到 a ❷ 和 a_copy ❸ 的後
面，而這些更改是各自分開的。

複製建構子是用傳值的方式將 SimpleString 傳遞到函式中時調用
的，如列表 4-27 所示。

列表 4-27：說明以傳值方式傳遞物件時調用複製建構子的程式

```
--snip--
void foo(SimpleString x) {
  x.append_line("This change is lost.");
}

int main() {
  SimpleString a { 20 };
  foo(a); // Invokes copy constructor
  a.print("Still empty");
}
```

```
Still empty:
```

NOTE

您不應以傳值方式以避免修改，而是應使用 const 參照。

複製可能會大幅降低效能，尤其是在涉及空間儲存分配和緩衝區複
製的情況下。例如，假設您有一個管理十億個位元組資料生命週期
的類別，每次複製物件時，都需要分配和複製十億個位元組的資
料。這可能需要很多時間，所以您應該確定您是否真的需要複製。
如果您可以透過傳遞 const 參照來避免複製的動作，那麼強烈建議您
應該這樣做。

複製指派

在 C++ 中進行複製的另一種方法是用複製指派運算子（*copy assignment operator*）。您可以建立一個物件的副本並將其指派給另一個現有的物件，如列表 4-28 所示。

列表 4-28：使用預設的複製指派運算子建立一個物件的副本，並將其指派給另一個現有的物件

```
--snip--
void dont_do_this() {
  SimpleString a{ 50 };
  a.append_line("We apologize for the");
  SimpleString b{ 50 };
  b.append_line("Last message");
  b = a; ❶
}
```

> **NOTE**
>
> 列表 4-28 中的程式碼會導致未定義的行為，因為它沒有使用者定義的複製指派運算子。

❶ 這一行程式將 a 複製指派到 b。複製指派和複製建構的主要區別在於當複製指派時，b 可能已經有了值。在複製 a 之前，必須先清理 b 的資源。

> **WARNING**
>
> 對於簡單型別，預設的複製指派運算子只是將成員從來源物件複製到目標物件。在 SimpleString 的情況下，這是非常危險的，原因有兩個。首先，在不釋放動態分配的 char 陣列的情況下重覆寫入原始 SimpleString 類別的緩衝區。第二，現在兩個 SimpleString 類別擁有相同的緩衝區，這可能會導致迷途指標和雙重釋放。您必須實作能夠執行乾淨移交的複製指派運算子。

複製指派運算子使用 operator= 語法，如列表 4-29 所示。

列表 4-29：使用者定義的 SimpleString 複製指派運算子

```
struct SimpleString {
  --snip--
  SimpleString& operator=(const SimpleString& other) {
    if (this == &other) return *this; ❶
    --snip--
    return *this; ❷
  }
}
```

複製指派運算子永遠會傳回對結果的參照 *this ❷，通常比較好的做法是要檢查一下 other 是否參照到 this ❶。

您可以依據以下原則來實作 SimpleString 的複製指派：釋放 this 目前的 buffer，然後像在複製建構中那樣複製 other，如列表 4-30 所示。

列表 4-30：SimpleString 的複製指派運算子

```
SimpleString& operator=(const SimpleString& other) {
  if (this == &other) return *this;
  const auto new_buffer = new char[other.max_size]; ❶
  delete[] buffer; ❷
  buffer = new_buffer; ❸
  length = other.length; ❹
  max_size = other.max_size; ❺
  strcpy_s(buffer, max_size, other.buffer); ❻
  return *this;
}
```

複製指派運算子首先會分配一個適當大小的 new_buffer ❶。接下來清除 buffer 的內容 ❷。剩下的基本上與列表 4-25 中的複製建構子相同：複製 buffer ❸、length ❹ 和 max_size ❺，然後把 other.buffer 中的內容複製到您自己的 buffer ❻。

列表 4-31 說明了 SimpleString 複製指派是如何工作的（如列表 4-30 中所實作）。

列表 4-31：用 SimpleString 類別說明複製指派的程式

```
--snip--
int main() {
  SimpleString a{ 50 };
  a.append_line("We apologize for the"); ❶
  SimpleString b{ 50 };
  b.append_line("Last message"); ❷
  a.print("a"); ❸
  b.print("b"); ❹
  b = a; ❺
  a.print("a"); ❻
  b.print("b"); ❼
}
```
```
a: We apologize for the ❸
b: Last message ❹
a: We apologize for the ❻
b: We apologize for the ❼
```

首先用不同的訊息宣告兩個 SimpleString 類別：字串 a 包含「We apologize for the」❶，b 包含「Last message」❷。

您把這些字串列印出來以驗證它們是否包含您所指定的文字 ❸ ❹。接下來，您將複製指派 b = a ❺。現在，a 和 b 包含相同的訊息「We apologize for the」❻ ❼，但重要的是該訊息駐留在兩個不同的記憶體位置。

預設複製

通常，編譯器將為複製建構和複製指派產生預設的實作，該預設的實作是在類別的每個成員上調用複製建構或複製指派。

任何時候一個類別要管理一個資源，您都必須非常小心地使用預設的複製語意；它們很可能是錯的（正如您在 SimpleString 中看到的那樣）。最佳實務要求您明確使用關鍵字 default 來宣告此類別可接受預設的複製指派和複製建構。例如，Replicant 類別具有預設的複製語意，如下所示：

```
struct Replicant {
  Replicant(const Replicant&) = default;
  Replicant& operator=(const Replicant&) = default;
  --snip--
};
```

有些類別根本不能或不應該被複製，例如當您的類別要管理一個檔案或者它代表並行程式設計的互斥鎖時，可以禁止編譯器使用關鍵字 delete 來產生複製建構子和複製指派。例如，以下的 Highlander 類別是不能被複製的：

```
struct Highlander {
  Highlander(const Highlander&) = delete;
  Highlander& operator=(const Highlander&) = delete;
  --snip--
};
```

任何嘗試複製 Highlander 的指令都會導致編譯器錯誤：

```
--snip--
int main() {
  Highlander a;
  Highlander b{ a }; // Bang! There can be only one.
}
```

我強烈建議您為任何擁有資源（例如印表機、網路連線或檔案）的類別明確定義複製指派運算子和複製建構子。如果不需要自訂行為，請使用 default 或 delete。這將使您從許多討厭和難以偵錯的問題中解脫出來。

複製準則

實作複製行為時，請考慮以下條件：

正確性 您必須確保能夠維護類別不變量。SimpleString 類別示範了預設的複製建構子可能會違反不變量。

獨立性 在複製指派或複製建構之後，原始物件和副本在修改過程中不應改變彼此的狀態。如果您只是將 buffer 從一個 SimpleString 複製到另一個，那麼寫入其中一個 buffer 可能會覆蓋另一個 buffer 中的資料。

等效性 原件和副本應該相同。同一性的語意跟所處的環境有關，但通常相同的操作應用於原始物件和複製的物件結果應該一樣。

移動語意

當涉及大量資料時，複製在執行時會非常耗時。通常，您只是想把資源的*所有權*從一個物件*轉移*到另一個物件，您可以複製一個副本並銷毀原來的物件，但這樣做的效率通常很差，不過您可以用*移動*的方式來取代複製。

移動語意（*move semantics*）是移動版的複製語意，它要求物件 y 移動到物件 x 之後，x 就等於之前的 y 值。移動之後，y 處於一個稱為*移出*（*move-from*）的特殊狀態。您只能對移出物件執行兩個操作：（重新）指派或銷毀它們。請注意，將物件 y 移動到物件 x 中並不僅僅是重新命名：這些物件是具有獨立儲存空間的獨立物件，而且其生命期也很可能是獨立的。

與指定複製行為的方式類似，您可以指定物件如何使用*移動建構子*（*move constructor*）和*移動指派運算元*（*move assignment operator*）。

複製可能會很浪費

假設要按照以下方式將 SimpleString 移動到 SimpleStringOwner 中：

```
--snip--
void own_a_string() {
  SimpleString a{ 50 };
  a.append_line("We apologize for the");
  a.append_line("inconvenience.");
  SimpleStringOwner b{ a };
  --snip--
}
```

您 可 以 為 SimpleStringOwner 添 加 一 個 建 構 子 ， 然 後 複 製 其
SimpleString 成員，如列表 4-32 所示。

列表 4-32：一個天真的成員初始化方法，包含一個浪費的副本

```
struct SimpleStringOwner {
  SimpleStringOwner(const SimpleString& my_string) : string{ my_string
}❶ { }
  --snip--
private:
  SimpleString string; ❷
};
```

這種方法會有潛在的隱性浪費。您有一個複製建構 ❶，但是呼叫者
在建構 string ❷ 之後再也沒有用到所指向的物件，圖 4-6 說明了這
個問題。

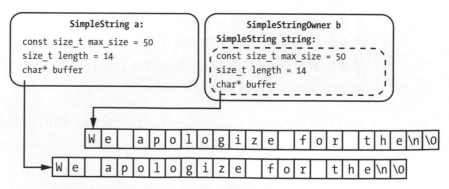

圖 4-6：對字串使用複製建構子是浪費。

您應該將 SimpleString a 的內容移動到 SimpleStringOwner 的成員 string 中。圖 4-7 顯示了您想要達成的目標：SimpleStringOwner b 竊取了 buffer 並將 SimpleString a 設為可銷毀狀態。

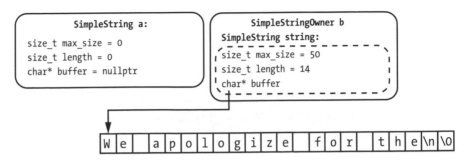

圖 4-7：將 a 的 buffer 換成 b

移動 a 之後，b 的 SimpleString 即等效於 a 的前一狀態，而 a 是可銷毀的。

移動是危險的，如果您不小心使用了移出 a，將會招致災難。當 a 處於移出狀態時，無法滿足 SimpleString 的類別不變量。

不過還好編譯器有內建的保護措施：左值和右值。

值類型

每個運算式都有兩個重要的特徵：**型別**（*type*）和**值類型**（*value category*）。值類型描述了什麼類型的操作對運算式是有效的。由於 C++ 不斷的進化，值類型很複雜：運算式可以是「廣義左值」（*glvalue*）、「純右值」（*prvalue*）、「臨終值」（*xvalue*）、**左值**（*lvalue*）（不為 xvalue 的 glvalue）、或**右值**（*rvalue*）（prvalue 或 xvalue）。幸運的是，對於新手來說，大部分的這些值類型您並不需要瞭解。

我們將以一個簡化觀點來考慮值類型。目前為止，您只需要對左值和右值有一個大致的瞭解。左值是任何有名稱的值，而右值則是任何不是左值的值。

請考慮以下初始化：

```
SimpleString a{ 50 };
SimpleStringOwner b{ a };                    // a is an lvalue
SimpleStringOwner c{ SimpleString{ 50 } };  // SimpleString{ 50 } is an rvalue
```

這些術語源自於*右邊的值*（*right value*）和*左邊的值*（*left vulue*），分別指的是出現在運算式中等號右邊和左邊的值。在 int x = 50 這行敘述中，x 在等號的左邊（左值），而 50 在等號的右邊（右值）。這些術語並不完全準確，因為等號的右邊可以有一個左值（例如在複製指派中）。

<aside>
NOTE

在 ISO C++ 標準的 [basic] 和 [expr] 章節中對於值類型有詳細的說明。
</aside>

左值參照和右值參照

您可以用*左值參照*（*lvalue reference*）和*右值參照*（*rvalue reference*）來跟編譯器溝通，以指明函式接受左值或右值。到目前為止，在本書中每個傳參照的參數都是左值參照，以 **&** 來表示，您也可以用 **&&** 來表示函式接受右值參照的參數。

幸運的是，編譯器在確定物件是左值還是右值方面做得很好。事實上，您可以定義多個同名但參數不同的函式，編譯器將根據您在調用函式時提供的參數自動呼叫正確的版本。

列表 4-33 包含兩個 ref_type 函式，用於識別調用程式傳遞的是左值參照還是右值參照。

列表 4-33：一個帶有左值參照和右值參照的多載函式的程式

```
#include <cstdio>

void ref_type(int &x) { ❶
```

```
    printf("lvalue reference %d\n", x);
}

void ref_type(int &&x) { ❷
    printf("rvalue reference %d\n", x);
}

int main() {
    auto x = 1;
    ref_type(x);       ❸
    ref_type(2);       ❹
    ref_type(x + 2);   ❺
}
```

```
lvalue reference 1 ❸
rvalue reference 2 ❹
rvalue reference 3 ❺
```

參數為 int &x ❶ 的函式接受左值參照，而參數為 int &&x ❷ 的函式接受右值參照。ref_type 被調用了三次。首先，因為 x 是左值（它有一個名稱）❸，您調用了左值參照版本。其次，因為 2 是一個沒有名稱的整數字面值 ❹，您調用右值參照版本。第三，將 2 加到 x 的結果並沒有綁定到名稱，因此它是一個右值 ❺。

> **NOTE**
>
> 定義多個同名但參數不同的函式稱為「函式多載」（function overloading），您將在第 9 章中詳細探討這一主題。

std::move 函式

您可以用 <utility> 標頭檔中的 std::move 函式將左值參照強制轉換為右值參照。列表 4-34 更新了列表 4-33 以說明 std::move 函式的用法。

列表 4-34：列表 4-33 的更新版，使用 std::move 將 x 轉換為右值

```
#include <utility>
--snip--
int main() {
  auto x = 1;
  ref_type(std::move(x)); ❶
  ref_type(2);
  ref_type(x + 2);
}
```

```
rvalue reference 1 ❶
rvalue reference 2
rvalue reference 3
```

正如預期的那樣，`std::move` 將左值 x 更改為右值 ❶。您永遠不會呼叫左值 `ref_type` 多載。

> **NOTE**
>
> C++ 委員會也許應該將 `std::move` 命名為 `std::rvalue` 更為恰當，不過這是我們所使用的函式名稱，`std::move` 函式實際上不會移動它所轉換的任何內容。

當您使用 `std::move` 時要非常小心，因為您刪除了防止您與移出物件互動的保護措施。您只能對移出物件執行兩個操作：銷毀或重新指派。

現在應該很清楚左值和右值語意如何支援移動語意了。如果手頭上有左值，則移動會被抑制。如果手頭有右值，則允許移動。

移動建構

移動建構子看起來就像複製建構子，只是它們接受的是右值參照而不是左值參照。

考慮列表 4-35 中的 `SimpleString` 移動建構子。

列表 4-35：SimpleString 的移動建構子

```
SimpleString(SimpleString&& other) noexcept
  : max_size{ other.max_size }, ❶
  buffer(other.buffer),
  length(other.length) {
  other.length = 0; ❷
  other.buffer = nullptr;
  other.max_size = 0;
}
```

因為 other 是一個右值參照，所以允許您拆解它，這在本例的
SimpleString 中很簡單：只需將 other 的所有欄位複製到 this 中 ❶，
然後將 other 的欄位清除為零 ❷。後面這一步很重要：它會將 other
置於移出狀態。（想一想，如果您沒有清除 other 的成員，當它們銷
毀時會發生什麼事。）

執行此移動建構子比執行複製建構子要快很多。

移動建構子設計為不引發例外，因此將其標記為 noexcept。您應該
以 noexcept 建構子作為首選；通常，編譯器不能引發移動建構子
的例外，因而改為使用複製建構子。編譯器更喜歡慢而正確的程式
碼，而不是快速、錯誤的程式碼。

移動指派

您也可以透過 operator= 來建立移動模擬以複製指派。移動指派
運算子接受右值參照而不是 const 左值參照，通常會將其標記為
noexcept。列表 4-36 為 SimpleString 實作了一個這樣的移動指派運
算子。

列表 4-36：SimpleString 的移動指派運算子

```
SimpleString& operator=(SimpleString&& other) noexcept { ❶
  if (this == &other) return *this; ❷
  delete[] buffer; ❸
  buffer = other.buffer; ❹
```

```
  length = other.length;
  max_size = other.max_size;
  other.buffer = nullptr; ❺
  other.length = 0;
  other.max_size = 0;
  return *this;
}
```

您用右值參照語法和 noexcept 限定詞來宣告移動指派運算子，就像移動建構子一樣 ❶。自我參照檢查 ❷ 處理 SimpleString 移動指派到自己的情況。在將 other 的欄位指派給 this 的欄位 ❹ 之前，先清除 buffer ❸，然後將 other 的欄位歸零 ❺。除了自我參照檢查 ❷ 和清理 ❸ 之外，移動指派運算子和移動建構子在功能上是完全相同的。

既然 SimpleString 是可移動的，那麼您可以完成 SimpleStringOwner 的 SimpleString 建構子：

```
SimpleStringOwner(SimpleString&& x) : string{ std::move(x)❶ } { }
```

x 是一個左值，因此必須用 std::move x 將 x 轉換為 string 的移動建構子 ❶。您可能會覺得 std::move 有點奇怪，因為 x 是一個右值參照。回想一下，左值／右值和左值參照／右值參照用的是不同的描述符號。

考慮一下 std::move 在這裡是否不需要：如果您從 x 中移出，然後在建構子中使用它會怎麼樣？這可能會導致難以診斷的錯誤。請記住，除了重新指派或銷毀物件外，不能使用移出物件，做任何其他事情都是未定義的行為。

列表 4-37 示範了 SimpleString 的移動指派。

列表 4-37：一個用 SimpleString 類別說明移動指派的程式

```
--snip--
int main() {
  SimpleString a{ 50 };
```

```
    a.append_line("We apologize for the"); ❶
    SimpleString b{ 50 };
    b.append_line("Last message"); ❷
    a.print("a"); ❸
    b.print("b"); ❹
    b = std::move(a); ❺
    // a is "moved-from"
    b.print("b"); ❻
}
--------------------------------------------------------------
a: We apologize for the ❸
b: Last message ❹
b: We apologize for the ❻
```

跟列表 4-31 一樣，您首先宣告了兩個不同訊息的 SimpleString
類別：a 字串為「We apologize for the」❶，b 字串為「Last
message」❷。您列印出這些字串來驗證這兩個字串是否包含您所指
定的字串 ❸ ❹。接下來，移動指派 b 等於 a ❺。請注意，您必須用
std::move 將 a 轉換為右值。在移動指派之後，a 處於移出狀態，除
非重新指派新值給它，否則無法使用它。現在，b 擁有 a 曾經擁有的
資訊，即「We apologize for the」❻。

最後成品

現在您有了一個完整實作的 SimpleString，它可支援移動和複製語
意，列表 4-38 將所有這些資訊彙集在一起供您參考。

列表 4-38：一個完整支援複製和移動語意的 SimpleString 類別

```
#include <cstdio>
#include <cstring>
#include <stdexcept>
#include <utility>

struct SimpleString {
  SimpleString(size_t max_size)
    : max_size{ max_size },
    length{} {
```

```
    if (max_size == 0) {
      throw std::runtime_error{ "Max size must be at least 1." };
    }
    buffer = new char[max_size];
    buffer[0] = 0;
  }
  ~SimpleString() {
    delete[] buffer;
  }
  SimpleString(const SimpleString& other)
    : max_size{ other.max_size },
    buffer{ new char[other.max_size] },
    length{ other.length } {
    std::strncpy(buffer, other.buffer, max_size);
  }
  SimpleString(SimpleString&& other) noexcept
    : max_size(other.max_size),
    buffer(other.buffer),
    length(other.length) {
    other.length = 0;
    other.buffer = nullptr;
    other.max_size = 0;
  }
  SimpleString& operator=(const SimpleString& other) {
    if (this == &other) return *this;
    const auto new_buffer = new char[other.max_size];
    delete[] buffer;
    buffer = new_buffer;
    length = other.length;
    max_size = other.max_size;
    std::strncpy(buffer, other.buffer, max_size);
    return *this;
  }
  SimpleString& operator=(SimpleString&& other) noexcept {
    if (this == &other) return *this;
    delete[] buffer;
    buffer = other.buffer;
    length = other.length;
    max_size = other.max_size;
```

```
      other.buffer = nullptr;
      other.length = 0;
      other.max_size = 0;
      return *this;
    }
    void print(const char* tag) const {
      printf("%s: %s", tag, buffer);
    }
    bool append_line(const char* x) {
      const auto x_len = strlen(x);
      if (x_len + length + 2 > max_size) return false;
      std::strncpy(buffer + length, x, max_size - length);
      length += x_len;
      buffer[length++] = '\n';
      buffer[length] = 0;
      return true;
    }
private:
  size_t max_size;
  char* buffer;
  size_t length;
};
```

由編譯器產生的方法

有五種方法可以控制移動和複製行為：

- 解構子
- 複製建構子
- 移動建構子
- 複製指派運算子
- 移動指派運算子

編譯器可以在某些情況下為每一種方法產生預設實作。不幸的是，產生的方法所依據的規則非常複雜，而且可能在不同的編譯器之間並不相容。

您可以透過將這些方法設為 default/delete 或根據需要實作它們來消除這種複雜性。通常的規則是**五種方法都實作**,明確指定這五種方法只需花費一點時間,但卻能減少很多未來令人頭痛的問題。

另一種選擇是記住圖 4-8,它總結了您實作的五個函式中與編譯器為您產生的每個函式之間的相互關係。

若明確定義

最終會得到…	無	解構子	複製建構子	複製指派	移動建構子	移動指派
解構子 ~Foo()	✓	✓	✓	✓	✓	✓
複製建構子 Foo(const Foo&)	✓	✓	✓	✓		
複製指派 Foo& operator=(const Foo&)	✓	✓	✓	✓		
移動建構子 Foo(Foo&&)	✓	以複製取代移動			✓	✓
移動指派 Foo& operator=(Foo&&)	✓					

圖 4-8:說明編譯器在給定各種輸入時會產生哪些方法的圖表

如果不提供任何內容,編譯器將產生所有這五個解構／複製／移動函式,這是**零實作規則**。

如果明確定義解構子／複製建構子／複製指派運算子中的任何一個,則可以得到這三個運算子。這是危險的,正如前面用 SimpleString 示範的那樣:編譯器很容易陷入一種意外的情況,在這種情況下,編譯器將把所有的移動都轉換成複製。

最後,如果只為類別提供移動語意,編譯器將不會自動產生除瞭解構子之外的任何內容。

摘要

您已經完成了物件生命週期的探索。您的旅程由始於儲存期,在那裡您看到了一個物件從建構到銷毀的整個生命週期。隨後對例外處理的研究說明了靈活的、生命週期感知的錯誤處理,並豐富了您對 RAII 的理解。最後,您看到了複製和移動語意如何付予您對物件生命週期的細微控制。

練習

4-1. 建一個 struct TimerClass。在其建構子中,在欄位 timestamp 中記錄當前時間(與 POSIX 函式 gettimeofday 比較)。

4-2. 在 TimerClass 的解構子中,記錄當前時間並減去建構時的時間,這個時間大概是計時器的時間,把這個值列印出來。

4-3. 為 TimerClass 實作複製建構子和複製指派運算子。副本應該共用 timestamp 的值。

4-4. 為 TimerClass 實作一個移動建構子和一個移動指派運算子。移出的 TimerClass 在被銷毀時不應將任何輸出列印到控制台。

4-5. 再寫出 TimerClass 建構子以接受額外的 const char* name 參數。當 TimerClass 被銷 時輸出到 stdout,在輸出中包含計時器的名稱。

4-6. 試試您的 TimerClass 類別。建立一個計時器並將其移動到一個執行一些計算密集型操作的函式中(例如,迴圈中的大量數學運算)。驗證計時器是否按預期運行。

4-7. 識別 SimpleString 類中的每個方法(列表 4-38),試著不要參考本書內容從零開始重新實現它。

> ## 延伸閱讀
>
> - 《優化 *C++*｜提高程式效能的有效技術》，O'Reilly，2016，Kurt Guntheroth 著
>
> - 《*Effective Modern C++* 中文版：提昇 *C++11* 與 *C++14* 技術的 *42* 個具體作法》，O'Reilly，2015，Scott Meyers 著

5

執行階段的多型

有一天，建造者 Trurl 組裝了一台機器，
可以創造出任何以 n 開頭的東西。

—— 斯坦尼斯拉夫·萊姆（*Stanislaw Lem*），
《機器人大師》（*The Cyberiad*）

您在本章將瞭解多型是什麼，以及它能解決
的問題。然後，您將學習如何達成執行階
段的多型，這讓您能夠透過在程式執行期間交換元
件來更改程式的行為。本章首先討論幾個執行階段多型的
重要概念，包括介面、物件組合和繼承。接下來，您將開
發一個使用多種記錄器記錄銀行交易的範例。在本章結束
時，您將使用一個更優雅的、以介面為基礎的解決方案來
重構這個最初的、天真的解決方案。

多型

多型程式碼（*polymorphic code*）是您只需撰寫一次的程式碼，並且可以在不同型別中重複使用。這樣的彈性最終能產生高度可重複使用的程式碼，它消除了繁瑣的複製和貼上，使程式碼更易於維護和可讀。

C++ 提供了兩種多型的方法。**編譯時期多型程式碼**納入可在編譯時確定的多型型別，**執行階段多型程式碼**，則是納入了在執行時才能確定的型別。選擇哪種方法取決於您是否知道要在編譯時或執行時與多型程式碼一起使用的型別。因為這些密切相關的主題涉及面很廣，所以分為兩章。第 6 章將集中討論編譯階段多型。

一個激發動機的例子

假設您負責實作一個 Bank 類別，在帳戶之間轉移資金。稽核對於 Bank 類別的交易非常重要，因此您提供一個 ConsoleLogger 類別來支援日誌記錄，如列表 5-1 所示。

列表 5-1：使用 ConsoleLogger 的 Bank 類別

```
#include <cstdio>

struct ConsoleLogger {
  void log_transfer(long from, long to, double amount) { ❶
    printf("%ld -> %ld: %f\n", from, to, amount); ❷
  }
};

struct Bank {
  void make_transfer(long from, long to, double amount) { ❸
    --snip-- ❹
    logger.log_transfer(from, to, amount); ❺
  }
  ConsoleLogger logger;
};
```

```
int main() {
  Bank bank;
  bank.make_transfer(1000, 2000, 49.95);
  bank.make_transfer(2000, 4000, 20.00);
}
```
```
1000 -> 2000: 49.950000
2000 -> 4000: 20.000000
```

首先，用 `log_transfer` method 來實作 `ConsoleLogger` ❶，`log_transfer` 接受交易的詳細資訊（包括發送者、接收者、金額）並將它們列印出來 ❷。`Bank` 類別裡面有 `make_transfer` method ❸，它（理論上）處理交易 ❹，然後用記 `logger` 成員來記錄交易 ❺。`Bank` 和 `ConsoleLogger` 有不同的考量：`Bank` 負責處理銀行邏輯，而 `ConsoleLogger` 負責處理日誌。

假設您需要實作不同類型的記錄器。例如，您可能需要遠端伺服器記錄器、本機檔案記錄器，甚至需要將工作發送到印表機的記錄器。此外，您必須能夠更改程式在執行時記錄日誌的方式（例如，由於某些伺服器在維護，系統管理員可能需要從網路日誌切換到本機檔案系統）。

要如何才能完成這樣的任務？

有一個簡單的方法是利用 enum 類別在不同的記錄器之間切換。列表 5-2 把 `FileLogger` 加到列表 5-1 中。

列表 5-2：更新後的列表 5-1，帶有執行階段的多型記錄器

```
#include <cstdio>
#include <stdexcept>

struct FileLogger {
  void log_transfer(long from, long to, double amount) { ❶
    --snip--
    printf("[file] %ld,%ld,%f\n", from, to, amount);
  }
```

```cpp
};

struct ConsoleLogger {
  void log_transfer(long from, long to, double amount) {
    printf("[cons] %ld -> %ld: %f\n", from, to, amount);
  }
};

enum class LoggerType { ❷
  Console,
  File
};

struct Bank {
  Bank() : type { LoggerType::Console } { } ❸

  void set_logger(LoggerType new_type) { ❹
    type = new_type;
  }

  void make_transfer(long from, long to, double amount) {
    --snip--
    switch(type) { ❺
    case LoggerType::Console: {
      consoleLogger.log_transfer(from, to, amount);
      break;
    } case LoggerType::File: {
      fileLogger.log_transfer(from, to, amount);
      break;
    } default: {
      throw std::logic_error("Unknown Logger type encountered.");
    } }
  }
private:
  LoggerType type;
  ConsoleLogger consoleLogger;
  FileLogger fileLogger;
};
```

```
int main() {
  Bank bank;
  bank.make_transfer(1000, 2000, 49.95);
  bank.make_transfer(2000, 4000, 20.00);
  bank.set_logger(LoggerType::File); ❻
  bank.make_transfer(3000, 2000, 75.00);
}
```

```
[cons] 1000 -> 2000: 49.950000
[cons] 2000 -> 4000: 20.000000
[file] 3000,2000,75.000000
```

（理論上）可透過實作 FileLogger 來添加記錄到檔案的功能 ❶，您還可以建立一個 enum class LoggerType，這樣就可以在執行時切換記錄日誌的行為。您在 Bank 建構子中將 type 欄位初始化為 Console ❸，並且在更新後的 Bank 類別中加入 set_logger 函式 ❹，以執行記錄日誌所需的行為。您利用 make_transfer 中的 type 來 switch 到正確的記錄器 ❺。若要更改 Bank 類別記錄日誌的行為，可以使用 set_logger method ❻，並且在該物件內部處理排程調度。

添加新的記錄器

列表 5-2 可正常運行，但這種方法存在幾個設計上的問題。添加新的日誌記錄需要在整個程式碼中進行多次更新：

1.　您需要撰寫一個新的記錄器類型。

2.　您需要在 enum class LoggerType 中添加一個新的 enum 值。

3.　必須在 switch 敘述中添加新的 case ❺。

4.　必須在 Bank 中加入新的日誌記錄類別當作 Bank 的成員。

這麼大量的工作僅僅是為了一個簡單的改變！

考慮另一種方法，其中 Bank 持有一個指向記錄器的指標。這樣，您就可以直接設定指標並完全捨棄 LoggerType。您可以利用日誌記錄器具有相同的函式雛型這個事實，這就是介面背後的概念：Bank 類別不需要知道它所持有的 logger 所參照的實作細節，只需要知道如何調用它的 method。

如果我們可以將 ConsoleLogger 換成另一種支援相同操作的類型（比方說 FileLogger），那不是很好嗎？

請容我向您介紹介面。

介面

在軟體工程中，**介面**（*interface*）是一個不包含資料或程式碼的共用邊界，它定義了介面的所有實作都同意支援的功能特徵。**實作**（*implementation*）是支援介面的程式碼或資料，您可以將介面視為實作該介面的類別與該類別的使用者（又稱為**消費者**）之間的共同約定。

消費者知道如何使用實作，因為他們知道共同的約定是什麼。事實上，使用者永遠不需要知道底層實作的類型。例如，在列表 5-1 中，Bank 是 ConsoleLogger 的消費者。

介面的要求必須嚴格，介面的使用者只能使用介面中有明確定義的方法。Bank 類別不需要知道 ConsoleLogger 如何執行其功能，只需知道如何呼叫 log_transfer method。

介面促進了高度可重複使用和鬆散耦合的程式碼，您可以瞭解用來指定介面的表示法，但您需要知道一些物件組合和實作繼承。

物件組合和實作繼承

物件組合（*object composition*）是一種設計樣式，其中一個類別的成員是其他類別。另一種過時的設計樣式**實作繼承**（*implementation inheritance*）則實現了執行階段的多型。實作繼承允許您建立類別的層次結構；每個子級繼承了其父級的功能。多年來，積累的實作繼承經驗使許多人相信它是一種反樣式。例如，Go 和 Rust 這兩種新的、日益流行的系統程式語言沒有支援任何實作繼承，不過有兩個原因需要對實作繼承進行簡短的討論：

- 您可能會遇到含有實作繼承的老舊程式碼。

- 您定義 C++ 介面的古怪方法中與實作繼承有某種共用的聯繫，所以無論如何您都要熟悉這種機制。

> **NOTE**
>
> 如果您正在處理充滿實作繼承的 C++ 程式碼，請參見 Bjarne Stroustrup 所著的《The C++ Programming Language》第 20 章和第 21 章。

定義介面

不幸的是，C++ 中沒有 **interface** 這個關鍵字，您必須使用過時的繼承機制來定義介面。這只是您在用有 40 多年歷史的語言程式設計時必須面對的老生常談之一。

列表 5-3 示範了一個完整的 **Logger** 介面和實作該介面所對應的 **ConsoleLogger**。列表 5-3 中至少有四個結構對您來說是不熟悉的，本節將分別介紹它們。

列表 5-3：**Logger** 介面和重構的 **ConsoleLogger**

```
#include <cstdio>

struct Logger {
  virtual❶ ~Logger()❷ = default;
  virtual void log_transfer(long from, long to, double amount) = 0❸;
};

struct ConsoleLogger : Logger ❹ {
  void log_transfer(long from, long to, double amount) override ❺ {
    printf("%ld -> %ld: %f\n", from, to, amount);
  }
};
```

要解析列表 5-3，您需要理解 virtual 這個關鍵字 ❶、虛擬解構子 ❷、「=0」的字尾和純虛擬 method ❸、基礎類別繼承 ❹ 和關鍵字 override ❺。一旦您瞭解了這些，您就會知道該如何定義一個介面，接下來的章節將詳細討論這些概念。

基礎類別繼承

第 4 章深入研究了 exception 類別如何當作所有其他 stdlib 例外的基礎類別，以及 logic_error 和 runtime_error 類別是如何從 exception 中衍生出來的。這兩個類別又構成了其他衍生類別的基礎類別，而這些衍生類別更詳細地描述了錯誤條件，例如無效的參數和系統錯誤。巢狀式的 exception 類別構成類別層次結構的範例，並代表了實作繼承的設計。

使用以下語法宣告了衍生類別：

```
struct DerivedClass : BaseClass {
  --snip--
};
```

要定義 DerivedClass 的繼承關係，請使用冒號（:），後面跟著基礎類別 BaseClass 的名稱。

衍生類別的宣告和其他類別一樣，好處是可以將衍生類別的參照視為基礎類別參照型別，列表 5-4 用 DerivedClass 參照代替了 BaseClass 參照。

列表 5-4：以衍生類別代替基礎類別的程式

```
struct BaseClass {}; ❶
struct DerivedClass : BaseClass {}; ❷
void are_belong_to_us(BaseClass& base) {} ❸

int main() {
  DerivedClass derived;
  are_belong_to_us(derived); ❹
}
```

DerivedClass ❷ 衍生自 BaseClass ❶。are_belong_to_us 函式接收
參照到 BaseClass 的參數 base ❸。您可以用 DerivedClass 的實例來
調用它,因為 DerivedClass 是衍生自 BaseClass ❹。

反之則不然,列表 5-5 嘗試用基礎類別來代替衍生類別。

列表 5-5:這個程式試圖用基礎類別來代替衍生類別(這個例子無
　　　　　法編譯)

```
struct BaseClass {}; ❶
struct DerivedClass : BaseClass {}; ❷
void all_about_that(DerivedClass& derived) {} ❸

int main() {
  BaseClass base;
  all_about_that(base); // No! Trouble! ❹
}
```

在這裡,BaseClass ❶ 並非衍生自 DerivedClass ❷(該繼承關係剛好
相反),函式 all_about_that 接收一個參照到 DerivedClass 型別的
引數 ❸。當您試圖用 BaseClass 來調用 all_about_that 時 ❹,編譯
器會產生錯誤。

想要從類別衍生的原因主要是要繼承它的成員。

成員繼承

衍生類別從基礎類別繼承了非私有的成員,類別可以像普通成員一
樣使用繼承而來的成員。成員繼承的所假設的好處是,您可以在基
礎類別中定義一次功能,而不必在衍生類別中重複定義它。不幸的
是,經驗已經告訴許多從事程式設計的人要避免成員繼承,因為跟
基於組合的多型相較之下,成員繼承很容易產生脆弱、難以解釋的
程式碼。(這就是為什麼有那麼多現代程式語言將其排除在外。)

列表 5-6 中的類別說明了成員繼承。

列表 5-6：使用繼承成員的程式

```cpp
#include <cstdio>

struct BaseClass {
  int the_answer() const { return 42; } ❶
  const char* member = "gold"; ❷
private:
  const char* holistic_detective = "Dirk Gently"; ❸
};

struct DerivedClass : BaseClass ❹ {};

int main() {
  DerivedClass x;
  printf("The answer is %d\n", x.the_answer()); ❺
  printf("%s member\n", x.member); ❻
  // This line doesn't compile:
  // printf("%s's Holistic Detective Agency\n", x.holistic_detective); ❼
}
```

```
The answer is 42 ❺
gold member ❻
```

在這裡，BaseClass 有一個公開方法 ❶、一個公開欄位 ❷ 和一個私
有欄位 ❸。您宣告一個衍生自 BaseClass 的 DerivedClass ❹，然後在
main 中使用它。因為它們是繼承自公開成員，所以在 DerivedClass
x 上可以使用 the_answer ❺ 和 member ❻。但是，把 ❼ 的註解取消會
產生編譯器錯誤，因為 holistic_detective 是私有的，因此不會被
衍生類別繼承。

虛擬方法

如果要允許衍生類別重寫基礎類別的 method，請用關鍵字 virtual。
在方法定義中添加 virtual，可以宣告如果提供了衍生類別的實作，
則應使用該實作。在實作中，將關鍵字 override 添加到方法的宣告
中，如列表 5-7 所示。

列表 5-7：使用虛擬成員的程式

```cpp
#include <cstdio>

struct BaseClass {
  virtual➊ const char* final_message() const {
    return "We apologize for the incontinence.";
  }
};

struct DerivedClass : BaseClass ➋ {
  const char* final_message() const override ➌ {
    return "We apologize for the inconvenience.";
  }
};

int main() {
  BaseClass base;
  DerivedClass derived;
  BaseClass& ref = derived;
  printf("BaseClass:    %s\n", base.final_message());    ➍
  printf("DerivedClass: %s\n", derived.final_message());  ➎
  printf("BaseClass&:    %s\n", ref.final_message());     ➏
}
```
```
BaseClass:    We apologize for the incontinence.   ➍
DerivedClass: We apologize for the inconvenience.   ➎
BaseClass&:    We apologize for the inconvenience.   ➏
```

BaseClass 包含一個虛擬成員 ➊。在 DerivedClass ➋ 中，重寫繼承的成員並使用關鍵字 override ➌。BaseClass 的實作僅在手上有 BaseClass 實例時使用 ➍。DerivedClass 的實作則是在手上有 DerivedClass 實例才使用 ➎，即使是透過 BaseClass 來參照到它也是一樣 ➏。

如果希望衍生類別**必須實作**該方法，可以在方法定義中附加字尾 =0。呼叫該方法時同時使用關鍵字 virtual 和字尾 =0 來表示純虛擬方法，您不能為包含純虛擬方法的類別產生實例。在列表 5-8 中，考慮列表 5-7 中的重構，它在基礎類別中使用純虛擬方法。

列表 5-8：使用純虛擬方法重構列表 5-7

```cpp
#include <cstdio>

struct BaseClass {
  virtual const char* final_message() const = 0; ❶
};

struct DerivedClass : BaseClass ❷ {
  const char* final_message() const override ❸ {
    return "We apologize for the inconvenience.";
  }
};

int main() {
  // BaseClass base; // Bang! ❹
  DerivedClass derived;
  BaseClass& ref = derived;
  printf("DerivedClass: %s\n", derived.final_message()); ❺
  printf("BaseClass&:   %s\n", ref.final_message()); ❻
}
```
```
DerivedClass: We apologize for the inconvenience. ❺
BaseClass&:   We apologize for the inconvenience. ❻
```

字尾 =0 指定了一個純虛擬方法 ❶，這意味著您不能產生 BaseClass 的實例，僅能從它衍生類別。DerivedClass 仍然從 BaseClass 衍生 ❷，而您提供了必需的 final_message ❸。嘗試產生 BaseClass 的實體將導致編譯器錯誤 ❹。DerivedClass 和 BaseClass 參照的行為與之前相同 ❺ ❻。

> **NOTE**
>
> 虛擬函式可能會造成執行階段的額外開銷，儘管這個開銷通常很低（在一般函式呼叫的 25% 以內）。編譯器會產生虛擬函式表（vtables）其中包含了函式指標。在執行時，介面的使用者通常不知道它的底層型別，但它知道如何調用介面的方法（多虧了 vtable）。在某些情況下，連結器可以檢測介面和函式呼叫，這將從 vtable 中刪除函式呼叫，從而消除相關的執行階段開銷。

純虛擬類別和虛擬解構子

您可透過從只包含純虛擬方法的基礎類別中衍生出來的類別來實作介面繼承，這些類別被稱為**純虛擬類別**。在 C++ 中，介面永遠是純虛擬類別。通常，在介面中會添加虛擬解構子。在某些罕見的情況下，如果未能將解構子標記為虛擬的，則可能會發生資源漏失的情況。考慮列表 5-9，它說明了不添加虛擬解構子的危險。

列表 5-9：一個說明基礎類別中非虛解構子危險性的示例

```
#include <cstdio>

struct BaseClass {};

struct DerivedClass : BaseClass❶ {
  DerivedClass() { ❷
    printf("DerivedClass() invoked.\n");
  }
  ~DerivedClass() { ❸
    printf("~DerivedClass() invoked.\n");
  }
};

int main() {
  printf("Constructing DerivedClass x.\n");
  BaseClass* x{ new DerivedClass{} }; ❹
  printf("Deleting x as a BaseClass*.\n");
  delete x; ❺
}
```
```
Constructing DerivedClass x.
DerivedClass() invoked.
Deleting x as a BaseClass*.
```

在這裡您看到一個衍生自 BaseClass 的 DerivedClass ❶。這個類別有一個建構子 ❷ 和解構子 ❸，它們在被調用時會列印出來。在 main 中，使用 new 來分配和初始化 DerivedClass，並將結果設為指向 BaseClass 的指標 ❹。delete 刪除指標時 ❺，BaseClass 的解構子將被調用，但 DerivedClass 的解構子不會被調用！

在 BaseClass 的解構子添加 virtual 可以解決這個問題，如列表 5-10
所示。

列表 5-10：使用虛擬解構子重構列表 5-9

```
#include <cstdio>

struct BaseClass {
  virtual ~BaseClass() = default; ❶
};

struct DerivedClass : BaseClass {
  DerivedClass() {
    printf("DerivedClass() invoked.\n");
  }
  ~DerivedClass() {
    printf("~DerivedClass() invoked.\n"); ❷
  }
};

int main() {
  printf("Constructing DerivedClass x.\n");
  BaseClass* x{ new DerivedClass{} };
  printf("Deleting x as a BaseClass*.\n");
  delete x; ❸
}
```

```
Constructing DerivedClass x.
DerivedClass() invoked.
Deleting x as a BaseClass*.
~DerivedClass() invoked. ❷
```

添 加 虛 擬 解 構 子 ❶ 會 導 致 在 刪 除 BaseClass 指 標 時 調 用
DerivedClass 的解構子 ❸，這會讓 DerivedClass 的解構子列印出
訊息 ❷。

在宣告介面時，不一定要宣告虛擬解構子，但是要小心。如果您忘
記在介面中沒有實作虛擬解構子，而意外地執行了類似列表 5-9 的操
作，則可能會造成資源漏失，編譯器不會警告您。

實作介面

若要宣告介面,請宣告為純虛擬類別,要實現介面時再從中衍生。
因為介面是純虛擬的,所以在實作中必須實作介面的所有方法。

最好用 override 關鍵字標記這些方法,這表示您打算重寫一個虛擬
函式,允許編譯器將您從簡單的錯誤中解救出來。

使用介面

作為一個消費者,您只能處理介面的參照或指標。編譯器無法提前
知道要為底層型別分配多少記憶體:如果編譯器可以知道底層型
別,那麼最好使用範本。

有兩個選項可用來設定成員:

建構子注入對於建構子注入,通常會使用介面參照。因為無法重
新指派參照,因此它們在物件的生存期內不會更改。

屬性注入透過屬性注入,可以使用 method 來設定指標成員。這允
許您更改成員所指向的物件。

您可以透過在建構子中接受介面指標,同時提供將指標設定為其他
物件的方法來組合這些選項。

通常,當注入的欄位在物件的整個生命期當中不會改變時,您將使
用建構子注入。如果需要修改欄位的靈活性,可以提供執行屬性注
入的方法。

更新銀行記錄程式

Logger 介面允許您提供多個 Logger 的實作。這允許 Logger 的消費者使用 log_transfer 方法記錄傳輸過程，而不必知道 Logger 的實作細節。您已經在列表 5-2 中實作了一個 ConsoleLogger，所以讓我們考慮如何再加上另一個 FileLogger 的實作。為了簡單起見，在這段程式碼中，您只修改日誌輸出的字首，但是您可以想像一下如何實作一些更複雜的行為。

列表 5-11 定義了一個 FileLogger。

列表 5-11：Logger，ConsoleLogger 和 FileLogger

```
#include <cstdio>

struct Logger {
  virtual ~Logger() = default; ❶
  virtual void log_transfer(long from, long to, double amount) = 0; ❷
};

struct ConsoleLogger : Logger ❸ {
  void log_transfer(long from, long to, double amount) override ❹ {
    printf("[cons] %ld -> %ld: %f\n", from, to, amount);
  }
};

struct FileLogger : Logger ❺ {
  void log_transfer(long from, long to, double amount) override ❻ {
    printf("[file] %ld,%ld,%f\n", from, to, amount);
  }
};
```

Logger 是一個純虛擬類別（介面），它有一個預設的虛擬解構子 ❶ 和一個 log_transfer method ❷。ConsoleLogger 和 FileLogger 是 Logger 的實作，因為它們衍生自其介面 ❸ ❺。本例實作了兩個 log_transfer method，並在分別為它們加上關鍵字 override ❹ ❻。

現在我們來看看如何使用建構子注入或屬性注入來更新 Bank。

建構子注入

使用建構子注入，您將有一個 Logger 參照傳遞到 Bank 類別的建構子中。列表 5-12 合併了適當的 Bank 建構子並加到列表 5-11 中。這樣，您就可以建立特定 Bank 產生實例時將執行的日誌記錄。

列表 5-12：使用建構子注入、介面和物件組合來重構列表 5-2，
　　　　　 以代替笨重的 enum 類別的做法

```
--snip--
// Include Listing 5-11
struct Bank {
  Bank(Logger& logger) : logger{ logger }❶ { }
  void make_transfer(long from, long to, double amount) {
    --snip--
    logger.log_transfer(from, to, amount);
  }
private:
  Logger& logger;
};

int main() {
  ConsoleLogger logger;
  Bank bank{ logger }; ❷
  bank.make_transfer(1000, 2000, 49.95);
  bank.make_transfer(2000, 4000, 20.00);
}
```
```
[cons] 1000 -> 2000: 49.950000
[cons] 2000 -> 4000: 20.000000
```

Bank 類別的建構子用成員初始設定式來設定 logger 的值 ❶。由於參照無法重新指派新的值，因此 logger 所指向的物件在 Bank 的生存期內不會更改，您在建構 Bank 的時候就已經選擇了固定的記錄器 ❷。

屬性注入

除了建構子注入之外，您還可以使用屬性注入將 Logger 插入到 Bank 中，而這個方法用的是指標而不是參照。因為指標可以重新指派新

的值（與參照不同），所以您可以隨時更改 Bank 的行為。列表 5-13
是列表 5-12 的一個屬性注入的變形。

列表 5-13：使用屬性注入重構列表 5-12

```
--snip--
// Include Listing 5-10

struct Bank {
  void set_logger(Logger* new_logger) {
    logger = new_logger;
  }
  void make_transfer(long from, long to, double amount) {
    if (logger) logger->log_transfer(from, to, amount);
  }
private:
  Logger* logger{};
};

int main() {
  ConsoleLogger console_logger;
  FileLogger file_logger;
  Bank bank;
  bank.set_logger(&console_logger); ❶
  bank.make_transfer(1000, 2000, 49.95); ❷
  bank.set_logger(&file_logger); ❸
  bank.make_transfer(2000, 4000, 20.00); ❹
}
```
```
[cons] 1000 -> 2000: 49.950000 ❷
[file] 2000,4000,20.000000 ❹
```

set_logger method 使您能夠在 Bank 生命週期的任何時候將新的記
錄器注入物件。當您將記錄器設為 ConsoleLogger 實例時 ❶，您將在
日誌輸出上看到字首 [cons] ❷。當您將記錄器設為 FileLogger 實例
時 ❸，您會看到字首 [file] ❹。

選擇建構子或屬性注入

選擇建構子還是屬性注入取決於設計需求。如果您需要能夠在物件的整個生命週期中修改物件成員的基礎型別,那麼應該選擇指標和屬性注入器的方法。但是使用指標和屬性注入的靈活性是有代價的。在本章的銀行範例中,必須確保未將 logger 設為 nullptr,或者在使用 logger 之前先檢查此條件。還有一個問題是預設行為是什麼:logger 的初始值是多少?

一種可能性是提供建構子和屬性注入。這會鼓勵任何使用您的類別的人考慮將它初始化。列表 5-14 說明了實作該策略的一種方法。

列表 5-14:重構 Bank 以包括建構子和屬性注入

```
#include <cstdio>

struct Logger {
  --snip--
};

struct Bank {
  Bank(Logger* logger) : logger{ logger } () ❶
  void set_logger(Logger* new_logger) { ❷
    logger = new_logger;
  }
  void make_transfer(long from, long to, double amount) {
    if (logger) logger->log_transfer(from, to, amount);
  }
private:
    Logger* logger;
};
```

如您所見,您可以包含一個建構子 ❶ 和一個 setter ❷。這需要 Bank 的使用者用一個值來初始化記錄器,就算它只是 nullptr 也一樣。稍後,使用者可以用屬性注入輕鬆交換此值。

摘要

在本章中，您學到了如何定義介面、虛擬函式在使繼承工作中所起的中心作用，以及一些使用建構子和屬性注入器的一般規則。無論選擇哪種方法，介面繼承和組合的組合為大多數執行階段的多型應用程式提供了足夠的靈活性。您可以用很少的或沒有開銷的方式實作出型別安全的執行階段的多型。介面鼓勵封裝和鬆散耦合設計。使用簡單、集中的介面，您可以透過使程式碼跨專案可移植來鼓勵程式碼重複使用。

練習

5-1. 您的銀行沒有實行會計制度。設計一個 AccountDatabase 介面，可以檢索和設定銀行帳戶中的金額（由長 id 標識）。

5-2. 產生實作 AccountDatabase 的 InMemoryAccountDatabase。

5-3. 將 AccountDatabase 參照成員加到 Bank，使用建構子注入將 InMemoryAccountDatabase 加到 Bank 中。

5-4. 修改 ConsoleLogger 以便於建構時接收 const char*。當 ConsoleLogger 記錄時，將此字串加到到日誌輸出的前面。請注意，您可以在不修改 Bank 情況下修改日誌記錄行為。

延伸閱讀

• 《*API Design for C++*》，Elsevier，2011，Martin Reddy 著

6

編譯階段的多型

您越適應，就會變得更有趣。

—— Martha Stewart

在本章中，您將學習如何利用範本來達到編譯階段多型，您也將學到如何宣告和使用範本、強制型別安全、以及審視一些範本的更高級用法。本章最後將對 C++ 中的執行階段和編譯階段多型進行比較。

範本

C++ 透過範本（*template*）來達成編譯階段的多型。範本是帶有範本參數的類別或函式。這些參數可以代表任何型別，包括基本型別和使用者定義的型別。當編譯器看到一個範本與一個型別一起使用時，它會標記出一個定製的範本實例化。

範本實例化（*template instantiation*）是從一個範本中建立類別或函式的過程。有些令人困惑的是，您還可以將「範本實例化」作為範本實例化過程的結果。範本實例化有時亦稱為具體類別和具體型別。

最主要的概念是，與其到處複製貼上共同的程式碼，不如撰寫一個範本；當編譯器遇到範本參數中新的型別組合時，編譯器會產生新的範本實例。

宣告範本

宣告範本時，以關鍵字 template 後面跟著尖括號 <> 當作範本字首（*template prefix*）。在尖括號內，為一個或多個範本參數的宣告。您可以用 typename 或關鍵字 class 後面跟著識別字來宣告範本參數。例如，範本字首 template<typename T> 宣告範本所接受的範本參數為 T。

> **NOTE**
>
> 關鍵字 typename 和 class 共存的情況是不幸和令人困惑的，它們的意思其實是一樣的。（基於歷史的原因，兩者都受到支援。）本章將使用 typename。

範本類別定義

考慮列表 6-1 中的 MyTemplateClass，它有三個範本參數：X、Y 和 Z。

列表 6-1：有三個範本參數的 template 類別

```
template❶<typename X, typename Y, typename Z> ❷
struct MyTemplateClass❸ {
  X foo(Y&); ❹
private:
  Z* member; ❺
};
```

範本的字首以關鍵字 template ❶ 開頭，其中包含了範本參數 ❷。這個前置字元 template 讓 MyTemplateClass ❸ 的其餘宣告有一些特殊之處。在 MyTemplateClass 中，您可以使用 X、Y 和 Z，就好像它們是 int 或使用者定義的類別那樣完全指定的型別。

foo method 接受一個 Y 的參照並傳回一個 X ❹。您可以用包含範本參數的型別宣告成員，例如指向 Z 的指標 ❺。除了以特殊字首 ❶ 開頭外，此範本類別本質上跟非範本類別是一樣的。

範本函式定義

您還可以指定像列表 6-2 中的 my_template_function 範本函式，該函式也是接受三個範本參數：X、Y 和 Z。

列表 6-2：有三個範本參數的 template 函式

```
template<typename X, typename Y, typename Z>
X my_template_function(Y& arg1, const Z* arg2) {
  --snip--
}
```

在 my_template_function 中，arg1 和 arg2 可以隨意使用，只要傳回型別為 X 的物件即可。

產生範本實例

以下語法可產生範本實例類別：

```
tc_name❶<t_param1❷, t_param2, ...> my_concrete_class{ ... }❸;
```

tc_name ❶ 是放置範本類別名稱的位置。接下來，填入範本參數 ❷。最後，將範本名稱和參數的組合視為普通型別：使用任何您喜歡的初始化語法 ❸。

類似的語法也可產生範本函式的實例：

```
auto result = tf_name❶<t_param1❷, t_param2, ...>(f_param1❸, f_param2, ...);
```

tf_name ❶ 是放置範本函式名稱的地方,您可以像範本類別那樣填入參數 ❷,範本名稱和參數組合的用法,就跟普通型別一樣。您可以用括號和函式參數 ❸ 來調用這個範本函式來產生實例。

所有這些新的符號可能會令新手望而生畏,但一旦您習慣了它就不會那麼糟糕了。實際上,它用於一組稱為命名轉換函式的語言特性中。

命名轉換函式

命名轉換(*named conversions*)是將一種型別明確轉換為另一種型別的語言功能,在不能使用隱含轉換或建構子來獲得所需型別的情況下,可以少量地使用命名轉換。

所有命名轉換都接受一個物件參數(即 *object-to-cast* 物件)和一個型別參數(即 *desired-type* 型別):

---

named-conversion<desired-type>(object-to-cast)

例如,如果要修改一個 const 物件,那麼首先要去掉 const 限定詞。命名轉換函式 const_cast 可讓您執行此操作。其他命名轉換幫您反轉隱含轉換(static_cast)或用其他型別重新解譯記憶體(reinterpret_cast)。

> **NOTE**
>
> 雖然命名轉換函式就技術上而言並非範本函式,但是在概念上與範本非常接近,這種關係反映在它們語法的相似性上。

const_cast

const_cast 函式除去 const 修飾詞,使得 const 值可以被修改。*object-to-cast* 是某種 const 型別,而 *desired-type* 是該型別減去 const 限定詞。

考慮列表 6-3 中的 carbon_thaw 函式，它接受了一個 const 參照到 encased_solo 引數的參照。

列表 6-3：一個使用 const_cast 的函式，取消註解會產生編譯器錯誤

```
void carbon_thaw(const❶ int& encased_solo) {
  //encased_solo++; ❷ // Compiler error; modifying const
  auto& hibernation_sick_solo = const_cast❸<int&❹>(encased_solo❺);
  hibernation_sick_solo++; ❻
}
```

參數 encased_solo 是 const ❶，因此嘗試修改它 ❷ 會導致編譯器錯誤。用 const_cast ❸ 可獲得非常數的參照 hibernation_sick_solo。const_cast 接受一個範本參數，即您希望轉換成的型別 ❹。它還接受一個函式參數，即想要移除 const 的物件 ❺。然後，您可以透過新的非 const 參照 ❻ 自由修改由 enclosed_solo 所指向的 int。

您只能用 const_cast 來取得對 const 物件的寫入權限，任何其他型別轉換都將導致編譯器錯誤。

> **NOTE**
>
> 簡單地說，您可以使用 const_cast 把 const 加到一個物件的型別，但您不應該這樣做，因為它既冗長而且也不必要，請改用隱含強制轉換。在第 7 章中，您會學到修飾詞 volatile，您也可以用 const_cast 來移除物件的 volatile。

static_cast

static_cast 反轉了定義良好的隱含轉換，例如將整數型別轉換為另一個整數型別。*object-to-cast* 是隱含轉換為的某種型別，您可能會需要 static_cast 的原因是因為通常隱含轉換為不可逆。

列表 6-4 中的程式定義了一個 increment_as_short 函式，該函式接受 void 指標參數。它用 static_cast 從這個參數建立一個 short 指標，將指向 short 的指標遞增，並傳回結果。在一些低階的應用程式

中（例如網路程式設計或處理二進位檔案格式），可能會需要將原始位元組解釋為整數型別。

列表 6-4：一個使用 static_cast 的程式

```
#include <cstdio>

short increment_as_short(void*❶ target) {
  auto as_short = static_cast❷<short*❸>(target❹);
  *as_short = *as_short + 1;
  return *as_short;
}

int main() {
  short beast{ 665 };
  auto mark_of_the_beast = increment_as_short(&beast);
  printf("%d is the mark_of_the_beast.", mark_of_the_beast);
}
```
```
666 is the mark_of_the_beast.
```

target 參數是一個空指標 ❶，您可以用 static_cast 將 target 轉換為 short* ❷。範本參數是所需的型別 ❸，而函式參數是要轉換的物件 ❹。

注意，short* 到 void* 的隱含轉換是定義良好的，試著用 static_cast 進行定義不清的轉換（例如將 char* 轉換為 float*），將導致編譯器錯誤：

```
float on = 3.5166666666;
auto not_alright = static_cast<char*>(&on); // Bang!
```

要執行這種電鋸雜耍，您需要使用 reinterpret_cast。

reinterpret_cast

有時在低階程式設計中，必須執行定義不清的型別轉換。在系統程式設計中，尤其是在嵌入式環境中，通常需要完全控制如何解譯記憶體。reinterpret_cast 為您提供了這樣的控制，但確保這些轉換的正確性完全是您的責任。

假設您的嵌入式設備在記憶體位址 0x1000 保存了一個 unsigned long 的計時器，您可以用 reinterpret_cast 來讀取該計時器，如列表 6-5 所示。

列表 6-5：一個使用 reinterpret_cast 的程式。這個程式可以被編譯，但是除非 0x1000 可讀，否則在執行階段應該會發生當機的情況

```
#include <cstdio>

int main() {
  auto timer = reinterpret_cast❶<const unsigned long*❷>(0x1000❸);
  printf("Timer is %lu.", *timer);
}
```

reinterpret_cast ❶ 接受與所需指標型別 ❷ 和結果應指向的記憶體位址 ❸ 相對應的型別參數。

當然，編譯器並不知道位址 0x1000 的記憶體是否包含 unsigned long，確保正確性完全取決於您。因為您要對這個非常危險的構造負全部責任，編譯器會強制您使用 reinterpret_cast。例如，不能將 timer 的初始化替換為以下程式碼：

```
const unsigned long* timer{ 0x1000 };
```

編譯器會抱怨您試圖將 int 轉換為指標。

narrow_cast

列表 6-6 示範了一個自訂的 static_cast，它會在執行階段進行範圍縮小（*narrowing*）檢查，範圍縮小會造成資訊的損失。考慮一下從 int 到 short 的轉換。只要 int 的值適合於 short，轉換是可逆的，

不會發生範圍縮小。如果 int 的值超過了 short 所能表示的範圍，則轉換是不可逆的，並會導致範圍縮小。

讓我們實作一個叫做 narrow_cast 的命名轉換，它會檢查是否有範圍縮小的情況，如果檢測到它，則會引發一個執行階段錯誤。

列表 6-6：narrow_cast 定義

```
#include <stdexcept>

template <typename To❶, typename From❷>
To❸ narrow_cast(From❹ value) {
  const auto converted = static_cast<To>(value); ❺
  const auto backwards = static_cast<From>(converted); ❻
  if (value != backwards) throw std::runtime_error{ "Narrowed!" }; ❼
  return converted; ❽
}
```

narrow_cast 函式範本有兩個範本參數：要轉換成什麼型別 ❶ 和要從什麼型別轉換 ❷。您可以將這些範本參數當作函式的傳回型別 ❸ 和參數的型別 ❹。首先，用 static_cast 執行所要求的轉換，以產生 converted ❺。接下來，進行反向轉換（從 converted 轉換成 From）以產生 backwards ❻。如果 value 不等於 backward，就表示已經發生了範圍縮小的情況，因此引發例外 ❼。否則，傳回 converted ❽。

您可以看到列表 6-7 中的 narrow_cast。

列表 6-7：一個使用 narrow_cast（在 Windows 10 x64 上執行所得到的輸出）

```
#include <cstdio>
#include <stdexcept>

template <typename To, typename From>
To narrow_cast(From value) {
  --snip--
}
```

```
int main() {
  int perfect{ 496 }; ❶
  const auto perfect_short = narrow_cast<short>(perfect); ❷
  printf("perfect_short: %d\n", perfect_short); ❸
  try {
    int cyclic{ 142857 }; ❹
    const auto cyclic_short = narrow_cast<short>(cyclic); ❺
    printf("cyclic_short: %d\n", cyclic_short);
  } catch (const std::runtime_error& e) {
    printf("Exception: %s\n", e.what()); ❻
  }
}
```

```
perfect_short: 496 ❸
Exception: Narrowed! ❻
```

您首先將 perfect 初始化為 496 ❶，然後將其 narrow_cast 為 short perfect_short ❷。這一過程不會引發例外，因為在 Windows 10 x64（最大值 32767）上，496 很容易放入 2 位元組的 short，您可以看到輸出就跟預期的一樣。接下來，您將 cyclic 初始化為 142857 ❹，並嘗試將其 narrow_cast 為 short cyclic_short ❺，這會引發 runtime_error，因為 142857 大於 short 所能表示的最大值 32767。narrow_cast 內的檢查將會失敗，您可以看到 output 中列印的例外 ❻。

注意，在產生實例時 ❶ ❹，只需要提供一個範本參數（即傳回型別），編譯器可以根據用法推斷出 From 參數。

mean：一個範本函式的例子

考慮列表 6-8 中的函式，該函式使用「和除法」（sum-and-divide）計算 double 陣列的平均值。

列表 6-8：計算陣列平均值的函式

```
#include <cstddef>

double mean(const double* values, size_t length) {
```

```
  double result{}; ❶
  for(size_t i{}; i<length; i++) {
    result += values[i]; ❷
  }
  return result / length; ❸
}
```

您將變數 result 初始化為零 ❶。接下來，透過索引 i 進行反覆運算，將相對應的元素加到 result 中 ❷ 以求得總和，然後將 result 除以 length 並 return ❸。

泛型化 mean

假設您想要支援其他數值型別（如 float 或 long）的 mean 計算。您可能會想，「這就是函式多載的目的！」基本上，您是對的。

列表 6-9 的多載意味著接受一個 long 陣列，最直接的方法是複製並貼上原來程式，然後把 double 的實例換成 long。

列表 6-9：列表 6-8 的多載接受 long 陣列

```
#include <cstddef>

long❶ mean(const long*❷ values, size_t length) {
  long result{}; ❸
  for(size_t i{}; i<length; i++) {
    result += values[i];
  }
  return result / length;
}
```

這確實需要大量的複製和貼上，而您所做的更改很少：只需更改傳回型別 ❶、函式引數 ❷ 和結果 ❸。

這種方法不會隨著增加更多型別而自行擴充。如果您想支援其他整數型別（例如 short 型別或 uint_64 型別）該怎麼辦？如果想支援 float 型別呢？如果以後您想重構一些 mean 的邏輯呢？您將面臨許多繁瑣且容易出錯的維護。

列表 6-9 中的 mean 改了三個地方，它們都涉及到找到 double 型別並用 long 型別替換。理想情況下，只要遇到不同型別，編譯器就可以自動為您產生函式所對應的版本，重點是邏輯沒有任何變動，只改變了型別。

要解決這個複製貼上的問題，您需要的是一種*泛型程式設計*（*generic programming*）風格，在這種風格下，您可以使用尚未指定的型別來設計程式。您可使用 C++ 的範本來實現泛型程式設計。範本允許編譯器基於所使用的型別，產生自訂類別或函式的實例。

既然您知道了如何宣告範本，請再次考慮 mean 函式。您仍然希望 mean 接受多種型別，而不僅僅是 double 型別，但是您不希望一遍又一遍地複製和貼上相同的程式。

考慮如何將列表 6-8 重構為範本函式，如列表 6-10 所示。

列表 6-10：將列表 6-8 重構為範本函式

```
#include <cstddef>

template<typename T> ❶
T❷ mean(T*❸ values, size_t length) {
  T❹ result{};
  for(size_t i{}; i<length; i++) {
    result += values[i];
  }
  return result / length;
}
```

列表 6-10 以範本字首開頭 ❶，這個字首傳遞了一個範本參數 T。接下來，更新用 T 來更新 mean 而不是用 double ❷ ❸ ❹。

現在您可以在許多不同的型別中使用 mean。每次編譯器遇到新型別的 mean 用法時，都會執行範本實例化，就*如同*您已經完成了複製貼上和替換型別的過程，但是編譯器在處理細節導向的單調任務方面比您強得多。考慮列表 6-11 中的例子，它可計算 double、float 和 size_t 型別的平均值。

列表 6-11：使用範本函式的 mean 程式

```
#include <cstddef>
#include <cstdio>

template<typename T>
T mean(const T* values, size_t length) {
  --snip--
}

int main() {
  const double nums_d[] { 1.0, 2.0, 3.0, 4.0 };
  const auto result1 = mean<double>(nums_d, 4); ❶
  printf("double: %f\n", result1);

  const float nums_f[] { 1.0f, 2.0f, 3.0f, 4.0f };
  const auto result2 = mean<float>(nums_f, 4); ❷
  printf("float: %f\n", result2);

  const size_t nums_c[] { 1, 2, 3, 4 };
  const auto result3 = mean<size_t>(nums_c, 4); ❸
  printf("size_t: %zd\n", result3);
}
```
```
double: 2.500000
float: 2.500000
size_t: 2
```

本例產生三個範本的實例 ❶ ❷ ❸；就如同您手動產生了列表 6-12 中各別的重載。（每個範本實例化都包含以粗體顯示的型別，其中編譯器用型別來替換範本參數。）

列表 6-12：列表 6-11 的範本實例化

```
double mean(const double* values, size_t length) {
  double result{};
  for(size_t i{}; i<length; i++) {
    result += values[i];
  }
  return result / length;
```

```
}

float mean(const float* values, size_t length) {
  float result{};
  for(size_t i{}; i<length; i++) {
    result += values[i];
  }
  return result / length;
}

char mean(const char* values, size_t length) {
  char result{};
  for(size_t i{}; i<length; i++) {
    result += values[i];
  }
  return result / length;
}
```

編譯器為您做了很多工作，但是您可能已經注意到，您必須輸入指向陣列的型別兩次：一次宣告陣列，另一次指定範本參數。這會變得乏味，並可能導致錯誤。如果範本參數無法對應，很可能會出現編譯器錯誤或導致意外的強制轉換。

幸運的是，在調用範本函式時，通常可以省略範本參數。編譯器用來決定正確範本參數的過程叫做**範本型別推導**（*template type deduction*）被調用。

範本型別推導

通常您不必提供範本函式參數。編譯器可以從用法中推斷出它們，因此列表 6-11 重寫為沒有範本函式參數的版本，如列表 6-13 所示。

列表 6-13：列表 6-11 重構為沒有指明範本參數的版本

```
#include <cstddef>
#include <cstdio>

template<typename T>
```

```
T mean(const T* values, size_t length) {
  --snip--
}

int main() {
  const double nums_d[] { 1.0, 2.0, 3.0, 4.0 };
  const auto result1 = mean(nums_d, 4); ❶
  printf("double: %f\n", result1);

  const float nums_f[] { 1.0f, 2.0f, 3.0f, 4.0f };
  const auto result2 = mean(nums_f, 4); ❷
  printf("float: %f\n", result2);

  const size_t nums_c[] { 1, 2, 3, 4 };
  const auto result3 = mean(nums_c, 4); ❸
  printf("size_t: %zd\n", result3);
}
```

```
double: 2.500000
float: 2.500000
size_t: 2
```

從用法上可以看出，範本參數的型別分別為 double ❶、float ❷ 和
size_t ❸。

> 範本型別的推導基本上是以您所希望的方式工作，但是有一些細微
> 差別，如果您正在撰寫大量的泛型程式，您會需要熟悉它。有關更
> 多資訊，請參閱 ISO 標準 [temp]。另請參閱由 Scott Meyers 所著的
> 《Effective Modern C++》第一項，以及由 Bjarne Stroustrup 所著
> 的《The C++ Programming Language》第四版第 23.5.1 節。

有時，範本參數無法推導。例如，如果範本函式的傳回型別是完全
獨立於其他函式和範本參數的範本參數時，則必須明確指定範本
參數。

SimpleUniquePointer：一個範本類別的例子

唯一指標（*unique pointer*）是一個分配於自由儲存空間的物件的 RAII 包裝器。顧名思義，唯一指標一次只有一個擁有者，因此當唯一指標的生命期結束時，所指向的物件將被破壞。

底層物件的型別對於唯一指標來說並不重要，這使得它們成為選擇範本類別時的主要物件，考慮列表 6-14 中的實作。

列表 6-14：一個簡單的唯一指標實作

```
template <typename T> ❶
struct SimpleUniquePointer {
  SimpleUniquePointer() = default; ❷
  SimpleUniquePointer(T* pointer)
    : pointer{ pointer } { ❸
  }
  ~SimpleUniquePointer() { ❹
    if(pointer) delete pointer;
  }
  SimpleUniquePointer(const SimpleUniquePointer&) = delete;
  SimpleUniquePointer& operator=(const SimpleUniquePointer&) = delete; ❺
  SimpleUniquePointer(SimpleUniquePointer&& other) noexcept ❻
    : pointer{ other.pointer } {
    other.pointer = nullptr;
  }
  SimpleUniquePointer& operator=(SimpleUniquePointer&& other) noexcept { ❼
    if(pointer) delete pointer;
    pointer = other.pointer;
    other.pointer = nullptr;
    return *this;
  }
  T* get() { ❽
    return pointer;
  }
private:
  T* pointer;
};
```

本例首先用範本字首來宣告範本類別 ❶，將 T 當作包裝物件的型別。接下來，使用關鍵字 default 指定一個預設建構子 ❷（回想一下第 4 章，當您想要同時有預設建構子和非預設建構子時，需要用到 default。）由於預設的初始化規則，所產生的預設建構子會將私有成員 T* 指標設為 nullptr。您有一個非預設建構子，它接受一個 T* 並設定私有成員指標 ❸。由於指標可能是 nullptr，解構子在刪除之前會進行檢查 ❹。

由於您只允許一個指向物件的擁有者，因此將複製建構子和複製指派運算子設為 delete ❺，這樣可以防止在第 4 章中所討論的雙重釋放問題。但是，您可以透過增加一個移動建構子來讓您的唯一指標可以移動 ❻。這會偷偷從 other 取得 pointer 的值，然後將 other 的指標設為 nullptr，並將指向物件的責任交給 this。一旦移動建構子結束之後，被移動的來源物件將被銷毀，而由於移動的來源物件的指標設為 nullptr，解構子並不會刪除所指向的物件。

this 已經擁有一個物件的可能性會讓使移動指派變得複雜化 ❼，您必須明確檢查先前的所有權，因為刪除指標失敗會造成資源漏失。完成此檢查後，您將執行與複製建構子中相同的操作：將 pointer 設為 other.pointer 的值，然後將 other.pointer 設為 nullptr。這樣可以確保移動的來源物件不會刪除所指向的物件。

透過呼叫 get method 可直接存取底層指標 ❽。

讓 我 們 用 列 表 4-5 中， 我 們 所 熟 悉 的 Tracer 來 研 究 一 下 SimpleUniquePointer，考慮列表 6-15 中的程式。

列表 6-15：一個用 Tracer 類別來探討 SimpleUniquePointers 的程式

```
#include <cstdio>
#include <utility>

template <typename T>
struct SimpleUniquePointer {
  --snip--
};
```

```
struct Tracer {
  Tracer(const char* name) : name{ name } {
    printf("%s constructed.\n", name); ❶
  }
  ~Tracer() {
    printf("%s destructed.\n", name); ❷
  }
private:
  const char* const name;
};

void consumer(SimpleUniquePointer<Tracer> consumer_ptr) {
  printf("(cons) consumer_ptr: 0x%p\n", consumer_ptr.get()); ❸
}

int main() {
  auto ptr_a = SimpleUniquePointer(new Tracer{ "ptr_a" });
  printf("(main) ptr_a: 0x%p\n", ptr_a.get()); ❹
  consumer(std::move(ptr_a));
  printf("(main) ptr_a: 0x%p\n", ptr_a.get()); ❺
}
```

```
ptr_a constructed. ❶
(main) ptr_a: 0x000001936B5A2970 ❹
(cons) consumer_ptr: 0x000001936B5A2970 ❸
ptr_a destructed. ❷
(main) ptr_a: 0x0000000000000000 ❺
```

首先，用 message_ptr 動態分配一個 Tracer，這將列印出第一
條訊息 ❶，再用所產生的 Tracer 指標來建構一個叫做 ptr_a 的
SimpleUniquePointer。接下來，利用 ptr_a 的 get() method 檢索
其 Tracer 的位址 ❹，然後用 std::move 將 ptr_a 的 Tracer 讓渡給
consumer 函式，後者會將 ptr_a 移到 consumer_ptr 引數中。

現在，consumer_ptr 擁有了 Tracer，您可以用 consumer_ptr 的
get() method 檢索 Tracer 的位址，然後列印出來賓 ❸。請注意，
該地址與在 ❹ 處列印的地址應該要一樣。當從 consumer 返回時，

consumer_ptr 會消失，因為它的儲存持續期間僅限於 consumer 的作用範圍，因此 ptr_a 會被摧毀 ❷。

回想一下 ptr_a 處於移動來源狀態，您將它的 Tracer 移到 consumer 中。您可以用 ptr_a 的 get() method 來看出它現在是一個 nullptr ❺。

多虧了 SimpleUniquePointer，您不會漏失動態分配的物件；而且，由於 SimpleUniquePointer 只帶有一個指標，所以移動語意會很有效率。

範本中的型別檢查

範本的型別是安全的，在範本實例化期間，編譯器會貼上範本參數。如果所生成的程式不正確，編譯器將不會產生實例。

考慮列表 6-16 中的範本函式，它會計算傳入參數的平方並傳回其結果。

列表 6-16：把一個值平方的範本函式

```
template<typename T>
T square(T value) {
  return value * value; ❶
}
```

T 有一個沒有說出來的要求：它必須支援乘法 ❶。

如果您試圖將 square 與 char* 一起使用，那麼編譯將失敗，如列表 6-17 所示。

列表 6-17：一個範本實例化失敗的程式（此程式無法編譯）

```
template<typename T>
T square(T value) {
  return value * value;
}

int main() {
  char my_char{ 'Q' };
  auto result = square(&my_char); ❶ // Bang!
}
```

由於指標不支援乘法，所以範本初始化會失敗 ❶。

square 函式非常小，但是範本初始化失敗的錯誤訊息卻很長。在 MSVC v141 上，可以看到：

```
main.cpp(3): error C2296: '*': illegal, left operand has type 'char *'
main.cpp(8): note: see reference to function template instantiation 'T
*square<char*>(T)' being compiled
        with
        [
            T=char *
        ]
main.cpp(3): error C2297: '*': illegal, right operand has type 'char *'
```

而在 GCC 7.3 中，可以看到：

```
main.cpp: In instantiation of 'T square(T) [with T = char*]':
main.cpp:8:32:   required from here
main.cpp:3:16: error: invalid operands of types 'char*' and 'char*' to
binary 'operator*'
   return value * value;
          ~~~~~~^~~~~~~
```

這些錯誤訊息的例子說明了範本初始化失敗所發出的臭名遠播的錯誤訊息。

雖然範本實例化確保了型別安全，但型別檢查在編譯過程中發生得很晚。編譯器產生範本實例時，會將範本參數型別貼到範本中。在插入型別之後，編譯器會嘗試編譯這個結果。如果產生實例失敗，編譯器將在範本實例化中發出瀕死的訊息。

C++ 範本程式設計與鴨子型別語言（*duck-typed languages*）（如 Python）類似，將型別檢查推遲到執行時。其基本原理是，如果一個物件看起來像鴨子，嘎嘎叫得像鴨子，那麼它就必定是 duck 型別。不幸的是，這意味著您通常無法知道一個物件是否支援某個特定的操作，除非您執行該程式。

對於範本，除非您嘗試編譯，否則您無法知道是否能成功產生實例。不過 duck 型別的語言可能在執行時發生錯誤，而範本則可能在編譯時發生錯誤。

這種情況被 C++ 社區中有正確思維的人們普遍認為是無法接受的，因此有一個極好的解決方案叫做概念。

概念

概念（*concept*）限制了範本參數，允許在產生實例時檢查參數，而不是在首次使用時才檢查。透過在產生實例時捕捉使用時的問題，編譯器可以給您一個友好、詳實的錯誤碼，例如，「您試圖用 char* 為範本產生實例，但此範本需要支援乘法的型別。」

概念允許您直接用語言表達對範本參數的要求。

不幸的是，儘管概念已經確定會被加到 C++ 20 中，但目前還沒有正式成為 C++ 標準的一部分。截至本書出版時，GCC 6.0 以及之後的版本支援「概念技術規範（Concepts Technical Specification）」，微軟正在積極地致力於在 MSVC C++ 編譯器中實作概念。不管概念的非正式地位如何，基於以下理由它都值得深入探討：

- 概念將從根本上改變您實現編譯階段多型的方式，熟悉概念將會有所回報。

- 概念為理解一些臨時解決方案提供了一個概念框架，當範本被濫用時，您可以將這些解決方案放在適當的位置以獲得更好的編譯器錯誤。

- 概念提供了從編譯階段範本到介面（執行時多型的主要機制）極佳的概念性橋樑（在第 5 章介紹）。

- 如果可以使用 GCC 6.0 或之後的版本，則可以透過啟用 -fconcepts 編譯器選項來取得概念。

WARNING

C++ 20 的最終概念規範幾乎肯定會偏離「概念技術規範」，本節介紹的是「概念技術規範」中所指定的概念，以便於您後續的學習。

定義概念

概念就是範本，它是一個包含範本參數、在編譯階段計算的常數表達式。概念可以想像成一個大的述詞（*predicate*）：一個計算結果為 true 或 false 的函式。

如果一組範本參數滿足給定概念的條件，則當以這些參數產生概念的實例時，該概念的計算結果為 true；否則，它的計算結果將為 false。當一個概念的計算結果為 false 時，表示範本實例化失敗。

要宣告概念可在我們已經很熟悉的範本函式定義加上關鍵字 concept：

```
template<typename T1, typename T2, ...>
concept bool ConceptName() {
  --snip--
}
```

型別特徵

概念可用來驗證型別參數。在概念中，可以操縱型別以檢查其屬性。您可以手動進行這些操作，也可以使用 stdlib 中內建的型別支援函式庫。該函式庫包含了用來檢查型別屬性的實用程式。這些實用程式統稱為型別特徵（*type traits*），位於 <type_traits> 標頭檔中，是 std 命名空間的一部分。表 6-1 列出了一些常用的型別特徵。

> **NOTE**
>
> 有關 stdlib 中可用型別特徵的詳盡列表，請參見 Nicolai M. Josuttis 所著的《C++ 標準庫：學習教本與參考工具》第二版第 5.4 節。

表 6-1：從 <type_traits> 標頭檔中節錄的型別特徵

型別特徵	檢查範本引數是否為…
is_void	void
is_null_pointer	nullptr
is_integral	bool、char 型別、int 型別、short 型別、long 型別、或 long long 型別
is_floating_point	float、double、或 long double
is_fundamental	is_void、is_null_pointer、is_integral、或 is_floating_point 中任何一個
is_array	一個陣列；也就是一個包含方括號 [] 的型別
is_enum	列舉型別（enum）
is_class	類別型別（但不是 union 型別）
is_function	函式
is_pointer	指標；函式指標計數，但指向類別成員和 nullptr 的指標不計數
is_reference	參照（左值或右值）
is_arithmetic	is_floating_point 或 is_integral
is_pod	pod 型別；也就是可以用純綷的 C 來表示的型別

型別特徵	檢查範本引數是否為…
is_default_constructible	可預設建構；也就是具有無引數也和初始值的建構子
is_constructible	可使用給定的範本參數建構：此型別特徵允許使用者提供所考慮型別之外的其他範本參數
is_copy_constructible	可複製建構
is_move_constructible	可移動建構
is_destructible	可解構
is_same	與額外範本參數型別相同的型別（包括 const 和 volatile 修飾詞）
is_invocable	可用給定的範本參數調用：此型別特徵允許使用者提供所考慮類型之外的其他範本參數

每個型別特徵都是一個範本類別，它接受一個範本參數，即要檢查的型別。使用範本的靜態成員 value 取結果。如果型別參數滿足條件，則此成員等於 true；否則為 false。

考慮 is_integral 和 is_floating_point 型別特徵類別。這些對於檢查型別是（您猜到的）整數還是浮點數非常有用。這兩個範本都採用一個範本參數，列表 6-18 中的例子探討了幾種型別的型別特徵。

列表 6-18：使用型別特徵的程式

```
#include <type_traits>
#include <cstdio>
#include <cstdint>

constexpr const char* as_str(bool x) { return x ? "True" : "False"; } ❶

int main() {
  printf("%s\n", as_str(std::is_integral<int>::value)); ❷
  printf("%s\n", as_str(std::is_integral<const int>::value)); ❸
  printf("%s\n", as_str(std::is_integral<char>::value)); ❹
  printf("%s\n", as_str(std::is_integral<uint64_t>::value)); ❺
  printf("%s\n", as_str(std::is_integral<int&>::value)); ❻
```

```
    printf("%s\n", as_str(std::is_integral<int*>::value)); ❼
    printf("%s\n", as_str(std::is_integral<float>::value)); ❽
}
```

```
True ❷
True ❸
True ❹
True ❺
False ❻
False ❼
False ❽
```

列表 6-18 將定義了方便將布林值以字串 True 或 False 印出的函式
as_str ❿。在 main 裡面，列印出各種型別特徵所產生實例的結果。
當傳遞給 is_integral 時，範本參數 int ❷、const int ❸、char ❹
和 uint64_t 都會傳回 true，而參照型別 ❻ ❼ 和浮點型別 ❽ 則傳回
false。

> **NOTE**
>
> 回想一下 printf 沒有 bool 的格式指定符，列表 6-18 利用 as_str 函
> 式根據 bool 的值來傳回字串字面值 True 或 False，而不是用整數格
> 式指定符 %d，由於這些值是字串字面值，所以也可以寫成大寫。

型別特徵往往是一個概念的基石，但有時您需要更多的靈活性。型
別特徵告訴您型別是 **什麼**，但有時您還必須指定範本該 **如何** 使用它
們。為此，您可利用「需求」來達成這個目的。

需求

需求是對範本參數的特殊限制，每個概念可以在其範本參數上指定
任意個需求，需求被編碼成必需的運算式，以關鍵字 requires 表
示，後面跟著函式參數和主體。

需求表達式的主體由一系列語法需求所組成，每個語法需求都對範
本參數設定了一個限制。需求表達式的形式如下：

```
requires (arg-1, arg-2, ... ❶) {
  { expression1❷ } -> return-type1❸;
  { expression2 } -> return-type2;
  --snip--
}
```

關鍵字 requires ❶ 後面跟著需求表達式的引數，這些引數的型別是
由範本參數所衍生而來。接著列出語法需求，每個都用 {} -> 表示。
您可將任意表達式放在大括號中 ❷，此表達式可以包含任意個引數
或引數表達式。

如果因實例化而導致表達式的語法無法編譯，則該語法需求將失
敗。假設表達式的計算結果沒有錯誤，下一個要檢查的是該表達式
的傳回型別是否與箭頭 -> ❸ 後面所給定的型別吻合。如果表達式
計算結果的型別不能隱式地轉換為傳回型別 ❸，就表示該語法需求
失敗。

如果任何語法需求失敗，需求表達式的計算結果就會是 false。如果
所有語法需求都沒有問題，則需求表達式的計算結果為 true。

假設您有兩個型別 T 和 U，而您想知道是否可以用 == 和 != 運算子來
比較這兩個型別的物件是否相等。對這個需求進行編碼的方法之一
是使用以下表達式。

```
// T, U are types
requires (T t, U u) {
  { t == u } -> bool; // syntactic requirement 1
  { u == t } -> bool; // syntactic requirement 2
  { t != u } -> bool; // syntactic requirement 3
  { u != t } -> bool; // syntactic requirement 4
}
```

需求表達式接受兩個 T 和 U 型別的引數，表達式中包含的每個語
法需求都是用 == 或 != 來比較 t 和 u 是否相等，並強制執行結果為
bool，滿足此需求表達式的任何兩個型別都要保證可以用 == 和 != 來
比較。

從需求表達式中構建概念

由於需求表達式是在編譯階段就計算出來的，因此概念可以包含任意個表達式。我們可以試著建立一個防止濫用 mean 的概念，列表 6-19 為之前在列表 6-10 所用到的一些隱含需求加上註釋。

列表 6-19：重寫列表 6-10 並對一些 T 的隱含需求加上註釋

```
template<typename T>
T mean(T* values, size_t length) {
  T result{}; ❶
  for(size_t i{}; i<length; i++) {
    result ❷+= values[i];
  }
  ❸return result / length;
}
```

您可以看到此程式隱含的三個需求：

- T 必須能夠預設建構 ❶。
- T 支援運算子 += ❷。
- 將 T 除以 size_t 的結果為 T。

根據這些需求，您可以建立一個叫做 Averageable 的概念，如列表 6-20 所示。

列表 6-20：Averageable 概念，註釋與需求和 mean 的主體一致

```
template<typename T>
concept bool Averageable() {
  return std::is_default_constructible<T>::value ❶
    && requires (T a, T b) {
      { a += b } -> T; ❷
      { a / size_t{ 1 } } -> T; ❸
    };
}
```

使用型別特徵 is_default_constructable 來確保 T 是可預設建構的 ❶，您可以將兩個兩個型別 T 相加 ❷，並且可以將 T 除以 size_t ❸，得到型別為 T 的結果。

回想一下，概念只是述詞（也就是求值結果僅為真或假二種情況的敘述）；您所構建的是一個布林運算式，當範本參數可支援需求表達式中的運算時，該求值的結果為 true；而當範本參數不支援需求表達式中的運算時，求值結果為 false。這個概念由一個型別特徵 ❶ 和包含兩個需求運算式 ❷ ❸ 的需求所組成。如果三者中的任何一個求值結果為 false，則表示無法滿足概念的限制。

使用概念

宣告概念比使用概念要費事得多。要使用概念，只需以概念的名稱來代替關鍵字 typename。

例如，可以用 Averageable 概念重構列表 6-13，如列表 6-21 所示。

列表 6-21：用 Averageable 重構列表 6-13

```
#include <cstddef>
#include <type_traits>

template<typename T>
concept bool Averageable() { ❶
  --snip--
}

template<Averageable❷ T>
T mean(const T* values, size_t length) {
  --snip--
}

int main() {
  const double nums_d[] { 1.0f, 2.0f, 3.0f, 4.0f };
  const auto result1 = mean(nums_d, 4);
  printf("double: %f\n", result1);
```

```
  const float nums_f[] { 1.0, 2.0, 3.0, 4.0 };
  const auto result2 = mean(nums_f, 4);
  printf("float: %f\n", result2);

  const size_t nums_c[] { 1, 2, 3, 4 };
  const auto result3 = mean(nums_c, 4);
  printf("size_t: %d\n", result3);
}
```
```
double: 2.500000
float: 2.500000
size_t: 2
```

在定義了 **Averageable** 之後 ❶，您只需用它來代替 **typename** ❷，不需要進一步修改，編譯列表 6-13 和列表 6-21 所產生的程式碼是一樣的。

當您嘗試對無法 **Averagable** 的型別使用 **mean** 時，在產生實例的時候會得到編譯器錯誤，不過這會比從原始範本所得到的編譯器錯誤訊息更容易理解。

看看列表 6-22 中 **mean** 所產生的實例，在這裡您「意外地」嘗試取得一個 double 指標陣列的平均值。

列表 6-22：以不能 **Averageable** 的引數產生範本實例的錯誤示範

```
--snip—
int main() {
  auto value1 = 0.0;
  auto value2 = 1.0;
  const double* values[] { &value1, &value2 };
  mean(values❶, 2);
}
```

這裡的 **values** 有幾個問題 ❶，編譯器能告訴您有什麼問題嗎？

如果沒有概念，GCC 6.3 會產生如列表 6-23 所示的錯誤訊息。

列表 6-23：編譯列表 6-22 時由 GCC 6.3 所產生的錯誤訊息

```
<source>: In instantiation of 'T mean(const T*, size_t) [with T =
const double*; size_t = long unsigned int]':
<source>:17:17:   required from here
<source>:8:12: error: invalid operands of types 'const double*' and
'const double*' to binary 'operator+'
    result += values[i]; ❶
    ~~~~~~~^~~~~~~~~~
<source>:8:12: error:   in evaluation of 'operator+=(const double*,
const double*)'
<source>:10:17: error: invalid operands of types 'const double*' and
'size_t' {aka 'long unsigned int'} to binary 'operator/'
    return result / length; ❷
           ~~~~~~~^~~~~~~~
```

正如您所料，mean 的使用者會被這個錯誤訊息弄糊塗。i 是什麼 ❶？
為什麼在除法運算中會有 const double* ❷？

概念提供了一個更具啟發性的錯誤訊息，如列表 6-24 所示。

列表 6-24：當啟用概念編譯列表 6-22 時，由 GCC 7.2 所產生的
          錯誤訊息

```
<source>: In function 'int main()':
<source>:28:17: error: cannot call function 'T mean(const T*, size_t)
[with T = const double*; size_t = long unsigned int]'
    mean(values, 2); ❶
                 ^
<source>:16:3: note:   constraints not satisfied
 T mean(const T* values, size_t length) {
   ^~~~
<source>:6:14: note: within 'template<class T> concept bool
Averageable() [with T = const double*]'
 concept bool Averageable() {
              ^~~~~~~~~~~
<source>:6:14: note:     with 'const double* a'
<source>:6:14: note:     with 'const double* b'
```

```
<source>:6:14: note: the required expression '(a + b)' would be ill-
formed ❷
<source>:6:14: note: the required expression '(a / b)' would be ill-
formed ❸
```

這個錯誤訊息太棒了，編譯器告訴您哪個引數（`values`）不滿足限制
❶，然後告訴您 `values` 不能被 `Averageable`，因為它不滿足兩個必
需的運算式 ❷ ❸，您立刻知道該如何修改引數來讓此範本成功產生
實例。

當概念合併到 C++ 標準的時候，很可能 stdlib 將包含許多概念。概
念的設計目標是程式設計師不應該自己定義很多概念；相反地，他
們應該能夠在範本字首中組合概念和特定需求。表 6-2 提供了您可能
希望包含的一些概念的部分列表；這些概念是借用自 Andrew Sutton
在 Origins Library 中概念的實作。

> **NOTE**
>
> 有關 Origins Library 的 更 多 資 訊， 請 參 見 https://github.com/
> asutton/origin/。要編譯下面的範例，可以安裝 Origins 並使用 GCC
> 版本 6.0 或以後的版本並啟用 -fconcepts 選項。

表 6-2：Origins Library 中所包含的概念

概念	型別可以…
`Conditional`	可以指明要轉換成 `bool`
`Boolean`	是 `Conditional` 而且支援 `!`、`&&`、和 `||` 布林運算
`Equality_comparable`	支援 `==` 和 `!=` 運算並傳回布林值
`Destructible`	可被摧毀（比較 `is_destructible`）
`Default_constructible`	為預設可建構（比較 `is_default_constructible`）
`Movable`	支援移動語意：必須可移動指派並且可移動建構（比較 `is_move_assignable`、`is_move_constructible`）
`Copyable`	支援複製語意：必須可複製指派並且可複製建構（比較 `is_copy_assignable`、`is_copy_constructible`）

概念	型別可以…
Regular	預設為可建構、可複製、並且是 Equality_comparable
Ordered	是 Regular 而且是全序（本質上為可排序）
Number	是 Ordered 而且支援 +、-、*、/ 算術運算
Function	支援調用；也就是您可以呼叫它 （比較 is_invocable）
Predicate	是 Function 而且傳回 bool
Range	可在以範圍做為基礎的迴圈中被反覆走訪

有幾種方法可以在範本字首中建立限制，如果範本參數僅用於宣告函式參數的型別，則可以完全忽略範本字首：

```
return-type function-name(Concept1❶ arg-1, ...) {
  --snip--
}
```

由於您用概念而不是用 typename 來定義引數的型別 ❶，所以編譯器知道相關聯的函式是一個範本。您甚至可以在參數列表中自由地混合概念和具體型別。換句話說，每當您將概念當作函式定義的一部分時，該函式將成為範本。

列表 6-25 中的範本函式接受一個 Ordered 元素陣列並找到最小值。

列表 6-25：使用 Ordered 概念的範本函式

```
#include <origin/core/concepts.hpp>
size_t index_of_minimum(Ordered❶* x, size_t length) {
  size_t min_index{};
  for(size_t i{ 1 }; i<length; i++) {
    if(x[i] < x[min_index]) min_index = i;
  }
  return min_index;
}
```

就算沒有範本字首，但由於 Ordered ❶ 是一個概念，因此 index_of_
minimum 就是一個範本，這個範本可以像任何其他範本函式一樣產生
實例，如列表 6-26 所示。

列表 6-26：使用列表 6-25 中 index_of_mininum 的列表，取消註解
　　　　　會導致編譯失敗 ❸

```
#include <cstdio>
#include <cstdint>
#include <origin/core/concepts.hpp>

struct Goblin{};

size_t index_of_minimum(Ordered* x, size_t length) {
  --snip--
}

int main() {
  int x1[] { -20, 0, 100, 400, -21, 5123 };
  printf("%zd\n", index_of_minimum(x1, 6)); ❶

  unsigned short x2[] { 42, 51, 900, 400 };
  printf("%zd\n", index_of_minimum(x2, 4)); ❷

  Goblin x3[] { Goblin{}, Goblin{} };
  //index_of_minimum(x3, 2); ❸ // Bang! Goblin is not Ordered.
}
```
```
4 ❶
0 ❷
```

因為型別是 Ordered（見表 6-2），所以 int ❶ 和 unsigned short ❷
陣列可以成功產生實例。

但是，Goblin 類別並非 Ordered，如果您試圖編譯 ❸，範本實例化將
失敗。重要的是，錯誤訊息將提供有用的資訊：

```
error: cannot call function 'size_t index_
of_minimum(auto:1*, size_t) [with auto:1 = Goblin; size_t = long
unsigned int]'
    index_of_minimum(x3, 2); // Bang! Goblin is not Ordered.
                    ^
note:    constraints not satisfied
 size_t index_of_minimum(Ordered* x, size_t length) {
        ^~~~~~~~~~~~~~~~
note: within 'template<class T> concept bool origin::Ordered() [with T
= Goblin]'
 Ordered()
```

您可以從錯誤訊息得知 index_of_minimum 實例化失敗了,而問題是
出在 Ordered 概念上。

特定需求表達式

概念是強制型別安全的重量級機制。但有時候您只想在範本字首中
直接實作一些需求,您可以將需求表達式直接嵌入到範本定義中來
實現這一點。考慮列表 6-27 中的 get_copy 函式,它接受一個指標並
安全地傳回指向物件的副本。

列表 6-27:一個帶有特殊需求表達式的範本函式

```
#include <stdexcept>

template<typename T>
  requires❶ is_copy_constructible<T>::value ❷
T get_copy(T* pointer) {
  if (!pointer) throw std::runtime_error{ "Null-pointer dereference"
};
  return *pointer;
}
```

範本字首包含了以關鍵字 requires ❶ 開始的需求表達式。在這種情
況下,型別特徵 is_copy_constructable 確保了 T 是可複製的 ❷。
這麼一來,如果使用者不小心試圖用指向不可複製物件的指標取得

get_copy，他們將得到一個清晰的解釋，說明範本實例化失敗的原因。考慮列表 6-28 中的例子。

列表 6-28：使用列表 6-27 中 get_copy 範本的程式（此程式無法編譯）

```
#include <stdexcept>
#include <type_traits>

template<typename T>
  requires std::is_copy_constructible<T>::value
T get_copy(T* pointer) { ❶
  --snip--
}

struct Highlander {
  Highlander() = default; ❷
  Highlander(const Highlander&) = delete; ❸
};

int main() {
  Highlander connor; ❹
  auto connor_ptr = &connor; ❺
  auto connor_copy = get_copy(connor_ptr); ❻
}
```

```
In function 'int main()':
error: cannot call function 'T get_copy(T*) [with T = Highlander]'
   auto connor_copy = get_copy(connor_ptr);
                                       ^
note:    constraints not satisfied
 T get_copy(T* pointer) {
   ^~~~~~~~
note: 'std::is_copy_constructible::value' evaluated to false
```

get_copy ❶ 的定義後面是一個 Highlander 類別定義，它包含了一個預設建構子 ❷ 和一個刪除的複製建構子 ❸。在 main 中，您已經初始化了一個 Highlander ❹，取得了它的參照 ❺，並嘗試用結果來實例化 get_copy ❻。由於只能有一個 Highlander（它是不可複製的），列表 6-28 產生了一個非常清楚的錯誤訊息。

static_assert：概念未列入標準前的權宜之計

在 C++ 17 中，概念不是標準的一部分，因此它們不能保證所有的編譯器都可以使用。您可以在過渡期間應用一個權宜之計：static_assert 表達式。這些斷言會在編譯階段計算。如果斷言失敗，編譯器將發出錯誤並選擇性地提供診斷訊息。static_assert 的形式如下：

```
static_assert(boolean-expression, optional-message);
```

在沒有概念的情況下，可以在範本主體中包含一個或多個 static_assert 表達式，以幫助使用者診斷用法上的錯誤。

假設您想改進 mean 的錯誤訊息，而不依賴於概念。您可以將型別特徵與 static_assert 一起使用，以獲得類似的結果，如列表 6-29 所示。

列表 6-29：使用 static_assert 表達式來改進列表 6-10 中的 mean 編譯階段錯誤訊息

```
#include <type_traits>

template <typename T>
T mean(T* values, size_t length) {
  static_assert(std::is_default_constructible<T>(),
    "Type must be default constructible."); ❶
  static_assert(std::is_copy_constructible<T>(),
    "Type must be copy constructible."); ❷
  static_assert(std::is_arithmetic<T>(),
    "Type must support addition and division."); ❸
  static_assert(std::is_constructible<T, size_t>(),
    "Type must be constructible from size_t."); ❹
  --snip--
}
```

您可以看到用於檢查 T 是否為預設定 ❶ 和可複製建構 ❷ 的常見型別特徵，並提供錯誤方法來幫助使用者診斷範本實例化的問題。您用 is_arithmetic ❸ 來評估型別參數是否支援算術運算（+、-、* 和 /）；用 is-constructable ❹ 來決定是否可以從 size_t 建構 T。

用 static_assert 作為概念的代理是一種非正統的作法，但它被廣泛使用。使用型別特徵，您可以一瘸一拐地走，直到概念包含在標準中。如果您使用現代第三方函式庫，則會常常看到 static_assert；如果您正在為其他人（包括未來的您）撰寫程式，請考慮使用 static_assert 和型別特徵。

編譯器（和程式設計師）不會去閱讀說明文件。透過將需求直接寫到程式中，可以避免過時的文件。在沒有概念的情況下，static_assert 是一個很好的權宜之計。

無型別範本參數

用關鍵字 typename（或 class）宣告的範本參數稱為**型別範本參數**，它是某些尚未指定的型別的替代項。或者，您可以使用**無型別範本參數**來當作一些尚未指定值的替代項。無型別範本參數可以是以下型別：

- 整數型別
- 左值參考型別
- 指標（或指向成員的指標）型別
- std::nullptr（nullptr 型別）
- enum 類別

使用無型別範本參數允許您在編譯階段將值注入泛型程式。例如，可以建構一個叫做 get 的範本函式，該函式透過將要存取的索引作為無型別範本參數，在編譯階段檢查陣列的越界存取。

回想一下第 3 章，如果您把一個陣列傳遞給一個函式，它會衰減成一個指標。您可以用一種特別令人討厭的語法來傳遞陣列參照：

element-type(*param-name*&)[*array-length*]

例如，列表 6-30 包含一個 get 函式，它會首先嘗試執行邊界檢查陣列存取。

列表 6-30：一個在存取陣列元素時使用邊界檢查的函式

```
#include <stdexcept>

int& get(int (&arr)[10]❶, size_t index❷) {
  if (index >= 10) throw std::out_of_range{ "Out of bounds" }; ❸
  return arr[index]; ❹
}
```

get 函式接受一個參照到長度為 10 的 int 陣列 ❶，和一個用來提取陣列元素的 index ❷。如果 index 超出邊界，將引發一個 out_of_bounds 例外 ❸；否則，它將傳回所對應元素的參照 ❹。

您可以用三種方法來改進列表 6-30，這三種方法都是透過將 get 中的值泛化為無型別範本參數來實現的。

首先，您可以透過讓 get 成為一個範本函式來放寬 arr 參照 int 陣列的需求，如列表 6-31 所示。

列表 6-31：重構列表 6-30 以接受泛型的陣列

```
#include <stdexcept>

template <typename T❶>
T&❷ get(T❸ (&arr)[10], size_t index) {
  if (index >= 10) throw std::out_of_range{ "Out of bounds" };
  return arr[index];
}
```

正如您在本章中所做的那樣，您透過用範本參數替換具體型別（這裡是 int）來泛化函式。❶ ❷ ❸

其次，透過引入無型別範本參數 length，可以放寬 arr 參照到長度為 10 的陣列的要求，列表 6-32 示範了如何簡單地宣告一個 size_t Length 範本參數並用它來代替 10。

列表 6-32：列表 6-31 的重構，接受一個泛型長度的陣列

```
#include <stdexcept>

template <typename T, size_t Length❶>
T& get (T(&arr)[Length❷], size_t index) {
  if (index >= Length❸) throw std::out_of_range{ "Out of bounds" };
  return arr[index];
}
```

想法是一樣的：您沒有替換特定的型別（int），而是替換了一個特定的整數值（10）❶ ❷ ❸，現在您可以將函式用於任何大小的陣列。

第三，可以透過把 size_t index 當作另一個無型別範本參數來執行編譯階段邊界檢查，這允許您用一個 stgatic_assert 取代 std::out_of_range，如列表 6-33 所示。

列表 6-33：在編譯階段執行陣列存取邊界檢查的程式

```
#include <cstdio>

template <size_t Index❶, typename T, size_t Length>
T& get(T (&arr)[Length]) {
  static_assert(Index < Length, "Out-of-bounds access"); ❷
  return arr[Index❸];
}

int main() {
  int fib[]{ 1, 1, 2, 0 }; ❹
  printf("%d %d %d ", get<0>(fib), get<1>(fib), get<2>(fib)); ❺
```

```
    get<3>(fib) = get<1>(fib) + get<2>(fib); ❻
    printf("%d", get<3>(fib)); ❼
    //printf("%d", get<4>(fib)); ❽
}
```

---

1 1 2 ❺3 ❼

您已將 size_t 索引參數移到無型別範本參數中 ❶，並改用正確的名稱 Index 來更新陣列存取 ❸。由於 Index 現在是編譯階段常數，因此還可以用 static_assert 來取代 logic_error，當您不小心嘗試存取超出邊界的元素時 ❷，它將印出容易理解的訊息 Out-of-bounds access。

列表 6-33 的 main 中還示範了 get 的用法，您首先宣告一個長度為 4 的 int 陣列 fib ❹，然後用 get 列印陣列的前三個元素 ❺，設定第四個元素 ❻，然後把它列印出來 ❼。如果取消超出邊界存取的註解 ❽，編譯器將由於 static_assert 而產生錯誤。

可變範本

有時，範本必須接受未知個數的參數，編譯器在範本實例化時就知道這些參數，但要避免為不同個數的參數撰寫多個不同的範本，這就是可變範本的目的，**可變範本**（*variadic template*）可接受不同個數的引數。

可變範本以 typename... arguments 來表示，省略符號（三個點）表示 arguments 是**參數包型別**（*parameter pack type*），這表示您可以在範本中宣告一系列的參數。參數包是可以接受零個或多個函式引數的範本引數。這些定義看起來有點深奧，所以考慮以下建立在 SimpleUniquePointer 之上的可變範本的例子。

回想一下列表 6-14，您傳遞了一個原始指標給 SimpleUniquePointer 的建構子，列表 6-34 實作了一個 make_simple_unique 函式，該函式處理底層型別的建構。

列表 6-34：實作 make_simple_unique 函式以簡化
SimpleUniquePointer 的使用

```
template <typename T, typename... Arguments❶>
SimpleUniquePointer<T> make_simple_unique(Arguments... arguments❷) {
  return SimpleUniquePointer<T>{ new T{ arguments...❸ } };
}
```

您定義了參數包型別 Arguments ❶，宣告把 make_simple_unique 當作
可變範本，此函式將 argumentrs ❷ 傳遞給範本參數 T 的建構子 ❸。

結果是現在可以非常容易地建立 SimpleUniquePointers，即使所指
向的物件具有非預設建構子。

> **NOTE**
>
> 列表 6-34 有一個稍微更有效率的實作方式。如果 arguments 為右
> 值，您可以直接將它移到 T 的建構子中。stdlib 在 <utility> 標頭
> 中包含一個函式 std::forward，它將檢測 arguments 是左值還是右
> 值，並分別執行複製或移動。參見 Scott Meyers 所著的《Effective
> Modern C++ 中文版：提昇 C++11 與 C++14 技術的 42 個具體作
> 法》第 23 項。

進階範本主題

對於日常的多型程式設計，範本是您的首選工具。事實證明，範本
還可用於各種進階設定，尤其是在實作函式庫、高效能程式和嵌入
式系統軔體時。本節概述了這片廣闊空間的一些主要輪廓特徵。

範本專門化

要瞭解進階範本的用法，必須首先瞭解範本專門化。範本實際上可
以接受的不僅僅是概念和 typename 參數（型別參數）。它們還可以
接受基本型別，如 char（值參數）以及其他範本。考慮到範本參數
的巨大靈活性，您可以對它們的特性做出許多編譯階段決策。根據

這些參數的特性，可以有不同版本的範本。例如，如果一個型別參數是 Ordered 而不是 Regular，那麼您可以提高泛型程式的效能。這種方式被稱為**範本專門化**（*template specialization*）程式設計。有關更詳細的範本專門化資訊可參考 ISO 標準 [temp.spec]。

名稱綁定

範本如何產生實例的另一個關鍵元件是命名綁定。名稱綁定有助於確定編譯器何時將範本中的命名元素與具體實作搭配的規則。例如，命名元素可以是範本定義的一部分、本地名稱、全域名稱或來自某個命名空間的名稱。如果您想撰寫大量範本化的程式，您需要瞭解這種綁定是如何發生的。如果您遇到這種情況，請參閱 David Vandevoorde 等人所著的《*C++ Templates 全覽*》第 9 章「範本中的名稱」。以及 ISO C++ 標準中的 [temp.res] 部分。

型別函式

型別函式（*type function*）接受型別當作引數並傳回型別。用來建立概念的型別特徵與型別函式密切相關；您可以將型別函式與編譯階段的控制結構（例如程式設計控制流程）結合起來，以便在編譯階段進行一般計算。通常，使用這些技術的程式設計稱為**範本中繼程式式設計**。

範本中繼程式設計

範本中繼程式設計有一個令人稱道的名聲，因為它所產生的程式非常聰明，除了最厲害的大師之外，其他所有人都絕對無法理解。幸運的是，一旦概念是 C++ 標準的一部分，範本中繼程式設計應該變得更加平易近人。在那之前，使用的時候請小心。如果有興趣進一步瞭解這一主題，請參閱 Andrei Alexandrescu 所著的《*Modern C++ Design: Generic Programming and Design Patterns Applied*》和 David Vandevoorde 等人所著的《*C++ Templates 全覽*》

組織範本原始程式碼

每次產生範本實例時，編譯器必須能夠產生使用該範本所需的所有程式。這意味著有關如何產生自訂類別或函式實例的所有資訊，必須與範本實例化在同一個翻譯單元中。到目前為止，實現這一點最常用的方法，是完全在標頭檔中實作範本。

這種方法有一些不太方便的地方，編譯的時間會增加，因為具有相同參數的範本可能會被多次產生實例。它還降低了隱藏實作細節的能力。幸運的是，泛型程式設計的好處遠遠大於這些不便。（不管怎樣，主要編譯器可能會儘量減少編譯階段間和程式重複的問題。）

僅使用標頭檔的範本還有一些優點：

- 其他人很容易使用您的程式：只需將 #include 應用於某些標頭檔（而不是編譯函式庫，並確保結果目的檔可以被連結器看見，等等）。
- 編譯器只需將標頭檔範本嵌入原始程式中，這個編譯器來說很簡單，而且可以產生在執行時更快的程式。
- 當所有原始程式碼都可用時，編譯器通常可以把程式的最佳化做得更好。

執行階段與編譯階段多型的比較

當您想要多型時，您應該使用範本。但有時您不能使用範本，因為直到執行時才知道程式使用的型別。請記住，範本實例化僅在範本的參數與型別配對時發生。此時，編譯器可以為您將自訂類別實例化。在某些情況下，您可能無法在程式執行之前進行這樣的配對（或者，至少在編譯階段執行這種配對，將是冗長而費時的）。

在這種情況下，可以使用執行階段多型。範本是實現編譯階段多型的機制，而執行階段機制則是介面。

摘要

在本章中，您探討了 C++ 中的多型。本章首先討論了什麼是多型，以及它為什麼如此有用。您探討了如何使用範本在編譯階段實現多型。您學到了使用概念進行型別檢查，然後探討了一些進階主題，例如可變範本和範本中繼程式設計。

練習

6-1. 值往往以一系列的模式呈現。使用以下函式簽章實作一個 mode 函式：int mode(const int* values, size_t length)。如果遇到錯誤情況，例如輸入具有多個模式而且沒有值，則傳回零。

6-2. 將 mode 實作為範本函式。

6-3. 修改 mode 以接受整數概念。驗證 mode 無法使用諸如 double 之類的浮點型別進行實例化。

6-4. 重構列表 6-13 中的 mean，使其接受一個陣列而不是指標和長度引數，可參考列表 6-33 的作法。

6-5. 使用第 5 章中的範例，使 Bank 成為一個接受範本參數的範本類別。將此型別參數用來當作帳戶的型別，而不是 long。使用 Bank<long> 類別驗證程式是否仍能正常運作。

6-6. 實作 Account 類別並產生 Bank<Account> 實例。執行帳戶中的功能以記錄餘額。

6-7. 使 Account 成 為 介 面。實 作 CheckingAccount 以 及 SavingsAccount。建立一個有多個支票帳戶和儲蓄帳戶的程式。使用 Bank<Account> 在帳戶之間進行幾筆交易。

延伸閱讀

- 《*C++ Templates 全覽*》第二版，Addison Wesley，2017，David Vandevoorde、Nicolai M. Josuttis 和 Douglas Gregor 著

- 《*Effective Modern C++ 中文版：提昇 C++11 與 C++14 技術的 42 個具體作法*》，O'Reilly Media，2015，Scott Meyers 著

- 《*The C++ Programming Language 國際中文版 第四版*》，碁峰，2015，Bjarne Stroustrup 著

- 《*Modern C++ Design: Generic Programming and Design Patterns Applied*》，Addison-Wesley，2001，Andrei Alexandrescu 著

7

運算式

這才是人類創造力天才的精髓：
不是代表文明高樓大廈，也不是終結文明的強大武器，
而是像精子攻擊卵子般充實新概念的詞彙。

——丹·西蒙斯（*Dan Simmons*），《海柏利昂》

運算式（*expression*）是產生結果和副作用的計算。通常，運算式包含了運算元和運算子，C++ 語言核心中加入了許多運算子，本章將介紹其中大多數的運算子。首先將討論內建運算子，然後討論多載運算子 new 和使用者定義的型別，然後深入探討型別轉換。當您建立自己的使用者定義型別時，通常會需要描述這些型別如何轉換為其他型別。在學習 constexpr 常數運算式和廣為誤解的關鍵字 volatile 之前，您會先對這些使用者定義的型別轉換有所瞭解。

運算子

運算子（例如加法（+）和 address of（&）運算子）以數值或物件運
算元為引數並加以處理。在本節中，我們將介紹邏輯運算子、算術
運算子、指派運算子、遞增／遞減運算子、比較、成員存取、三元
條件運算子和逗號運算子。

邏輯運算子

C++ 運算式中包含了全套的邏輯運算子，包括（經常使用的）AND
（&&）、OR（||）、以及 NOT（!），它們接受可轉換為 bool 的運算
元並傳回 bool 型別的物件。此外，*位元邏輯運算子*（*bitwise logical
operator*）處理像是 bool、int 和 unsigned long 等整數型別，這些
運算子包括 AND（&）、OR（|）、XOR（^）、補數（~）、左移位
（<<）和右移位（>>）。每個運算都在位元等級上執行布林運算，並
傳回與其運算元相符的整數型別。

表 7-1 列出了所有的邏輯運算子以及一些範例。

表 7-1：邏輯運算子

運算子	名稱	表達式範例	結果
x & y	Bitwise AND	0b1100 & 0b1010	0b1000
x | y	Bitwise OR	0b1100 | 0b1010	0b1110
x ^ y	Bitwise XOR	0b1100 ^ 0b1010	0b0110
~x	Bitwise complement	~0b1010	0b0101
x << y	Bitwise left shift	0b1010 << 2 0b0011 << 4	0b101000 0b110000
x >> y	Bitwise right shift	0b1010 >> 2 0b10110011 >> 4	0b10 0b1011
x && y	AND	true && false true && true	false true
x || y	OR	true || false false || false	true false

運算子	名稱	表達式範例	結果
!x	NOT	!true	false
		!false	true

算術運算子

一元和二元算術運算子可同時應用於整數和浮點數型別（又稱為算術型別），您可在任何需要執行算術運算的地方使用內建的算術運算子，它們可執行一些最基本的工作，像是遞增索引變數，或是執行需要許多計算的統計模擬。

一元算術運算子

一元加號 + 和一元減號 - 運算子接受單一算術運算元，這兩個運算子都會把運算元轉換為 int。因此，如果運算元的型別是 bool、char 或 short int，則運算式的結果是 int。

一元加號除了型別提升之外沒有什麼作用；而一元減號則會翻轉運算元的符號。例如，給定 char x=10，+x 會產生值為 10 的 int，而 -x 則會產生 int 值 -10。

二元算術運算子

除了兩個一元算術運算子外，還有五個算術運算子：加號 +、減號 -、乘號 *、除號 / 和模除符號 %。這些運算子接受兩個運算元並執行指定的算術運算。和一元運算子一樣，這些二元運算子會對其運算元進行整數提升。例如，將兩個 char 運算元相加會得到一個 int。此外，還有浮點提升規則：

- 如果一個運算元是 long double，則另一個運算元會提升為 long double。
- 如果一個運算元是 double，則另一個運算元會提升為 double。
- 如果一個運算元是 float，則另一個運算元會提升為 float。

如果這些浮點提升規則都不適用，則檢查兩個參數是否都有正負號。如果是的話，兩個運算元都變成有正負號的。最後，與浮點型別的提升規則一樣，最大運算元的大小會用來提升另一個運算元：

- 如果一個運算元為 `long long`，則另一個運算元將提升為 `long long`。

- 如果一個運算元為 `long`，則另一個運算元提升為 `long`。

- 如果一個運算元是 `int`，則另一個運算元提升為 `int`。

雖然這些規則不是複雜到難以記住，我建議您依賴 auto 型別推導來檢查。只需將運算式的結果指派給一個宣告為 auto 的變數，然後檢查推導出的型別。

別把強制轉換和提升混為一談，強制轉換是指您擁有一個型別的物件，並且需要將其轉換為另一個型別，提升是解譯字面值的一套規則。如果您電腦上的 short 有 2 個位元組，而您想要對一個值為 40,000 的 `unsigned short` 進行有正負號的轉換。這與處理字面值 40,000 的提升規則完全不同。如果它必需要有正負號，則字面值的型別為有正負號的 int，因為有正負號的 short 不足以容納像 40,000 這麼大的值。

NOTE

您可以用您的 IDE 甚至 RTTI 的 typeid 將型別列印到控制台。

表 7-2 彙整了算術運算子如下。

表 7-2：算術運算子

運算子	名稱	範例	結果
+x	一元正數	+10	10
-x	一元負數	-10	-10
x + y	二元加法	1 + 2	3

運算子	名稱	範例	結果
x - y	二元減法	1 - 2	-1
x * y	二元乘法	10 * 20	200
x / y	二元除法	300 / 15	20
x % y	二元模除	42 % 5	2

表 7-1 和 7-2 中的許多二元運算子也有相對應的指派運算子。

指派運算子

指派運算子執行給定的運算，然後將結果指派給第一個運算元。例如，加法指派 x += y 會計算 x + y 並將結果指派給 x。您可以用運算式 x = x + y 得到同樣的結果，但在語法上更為緊湊，並且至少可提高執行時的效率。表 7-3 彙整了所有可用的指派運算子。

表 7-3：指派運算子

運算子	名稱	範例	結果（x 的值）
x = y	簡單指派	x = 10	10
x += y	加法指派	x += 10	15
x -= y	減法指派	x -= 10	-5
x *= y	乘法指派	x *= 10	50
x /= y	除法指派	x /= 2	2
x %= y	模除指派	x %= 2	1
x &= y	位元 AND 指派	x &= 0b1100	0b0100
x |= y	位元 OR 指派	x |= 0b1100	0b1101
x ^= y	位元 XOR 指派	x ^= 0b1100	0b1001
x <<= y	位元左移指派	x <<= 2	0b10100
x >>= y	位元右移指派	x >>= 2	0b0001

遞增和遞減運算子

如表 7-4 所示，（一元）遞增／遞減運算子總共有 4 個。

表 7-4：遞增和遞減運算子（給定 x = 5）

運算子	名稱	運算後 x 的值	運算式的值
++x	前置遞增	6	6
x++	後置遞增	6	5
--x	前置遞減	4	4
x--	後置遞減	4	5

如表 7-4 所示，遞增運算子將其運算元的值增加 1，而遞減運算子則減少 1。運算子傳回的值取決於它是前置還是後置。前置運算子將在修改後傳回運算元的值，而後置運算子將傳回修改前的值。

比較運算子

如表 7-5 所示，六個比較運算子比較給定的運算元並求算出布林值。算術運算元會發生與算術運算子相同的型別轉換（提升）。比較運算子也可以處理指標，而且它們的工作方式與與您所預期的大致相同。

表 7-5：比較運算子

運算子	名稱	範例（求值後的結果皆為 true）
x == y	等於運算子	100 == 100
x != y	不等於運算子	100 != 101
x < y	小於運算子	10 < 20
x > y	大於運算子	-10 > -20
x <= y	小於或等於運算子	10 <= 10
x >= y	大於或等於運算子	20 >= 10

成員存取運算子

您可以用**成員存取運算子**來跟指標、陣列和在本書第 2 部分中會遇到的許多類別進行互動，包括下標 []、間接 *、位址 &、物件成員 .、指標成員 -> 等五六個運算子。您在第 3 章已經看過這些運算子，但本節提供了一個簡短的摘要。

NOTE

還有物件成員指標 .* 和指標成員指標 ->* 運算子，但這些並不常見，請參閱 [expr.mptr.oper]。

下標運算子 x[y] 可存取 x 所指向的陣列的第 y 個元素，而間接運算子 *x 則提供對 x 所指向的元素的存取。您可以用位址運算子 &x 建立指向元素 x 的指標，這本質上是間接運算子的逆運算。對於元素 x 中的成員 y，可以用物件成員運算子 x.y 來存取。您還可以存取指標所指向物件的成員；給定一個指標 x，可以用指標成員運算子 x->y 來存取 x 所指向的物件。

三元條件運算子

x ? y : z 是一塊需要三個運算元的語法糖（因此稱為「三元」），第一個運算元 x 為布林運算式，並根據其布林值是 true 還是 false 分別傳回第二個運算元 y 或第三個運算元 z。考慮以下的 step 函式，如果參數 input 為正，則傳回 1；否則傳回零：

```
int step(int input) {
  return input > 0 ? 1 : 0;
}
```

使用等效的 if-then 敘述語句，還可以按以下方式實作 step：

```
int step(int input) {
  if (input > 0) {
    return 1;
  } else {
    return 0;
  }
}
```

這兩種方式在執行時是等效的，但是三元條件運算子要打的字比較少，並且通常會產生比較乾淨的程式碼，請儘量使用三元條件運算子。

> **NOTE**
>
> 三元條件運算子有一個更時髦的名字：貓王運算子。如果您把書順時針旋轉 90 度看著它，您就會看到貓王的招牌飛機頭 ?:

逗號運算子

另一方面，用**逗號運算子**通常無法寫出更乾淨的程式碼，它可以在一個較大的運算式中，對多個用逗號分隔的運算式從左到右進行求值，最右邊的運算式是傳回值，如列表 7-1 所示。

列表 7-1：使用逗號運算子寫出令人困惑的函式

```cpp
#include <cstdio>

int confusing(int &x) {
  return x = 9, x++, x / 2;
}

int main() {
  int x{}; ❶
  auto y = confusing(x); ❷
  printf("x: %d\ny: %d", x, y);
}
```

```
x: 10
y: 5
```

在調用 confusing 之後，x 等於 10 ❶，y 等於 5 ❷。

NOTE

> 逗號運算子是 C 語言所殘留下來的結構，當時並未受到人們的歡迎，它允許一種特殊的運算式導向的程式設計方式。逗號運算子的使用非常罕見，而且可能會造成混亂，應儘量避免使用。

運算子多載

對於每一種基本型別，將提供本節所介紹的部分運算子，對於使用者定義的型別，可以透過**運算子多載**來為這些運算子指定自訂行為。要在使用者定義的類別中指定運算子的行為，只需在關鍵字 operator 後面緊跟著該運算子來命名 method；同時請確認傳回型別和參數與要處理的運算元型別是否相符。

列表 7-2 定義了 CheckedInteger。

列表 7-2：在執行時檢測溢位的 CheckedInteger 類別

```
#include <stdexcept>

struct CheckedInteger {
  CheckedInteger(unsigned int value) : value{ value } ❶ { }

  CheckedInteger operator+(unsigned int other) const { ❷
    CheckedInteger result{ value + other }; ❸
    if (result.value < value) throw std::runtime_error{ "Overflow!" }; ❹
    return result;
  }

  const unsigned int value; ❺
};
```

在這個類別中，您定義了一個接受單個無 unsigned int 的建構子。這個引數用於 ❶ 成員初始化私有欄位 value ❺。由於 value 為 const，CheckedInteger 是不可變的，建構後無法修改 CheckedInteger 的狀態。這裡我們感興趣的 method 是 operator+ ❷，它讓您得以把一個普通的 unsigned int 加到 CheckedInteger 中，以產生一個具有正確 value 的新 CheckedInteger，operator+ 的傳回值會在 ❸ 處建構。每當加法導致 unsigned int 溢位時，結果將小於原始值，❹ 會檢查此情況，如果檢測到溢位，則會引發例外。

第 6 章描述了 type_traits，它讓您能夠在編譯時確定型別的特性。在標頭檔 <limits> 中提供了一個相關的型別家族，可支援您查詢算術型別的各種屬性。

在 <limits> 中，範本類別 numeric_limits 公開了許多成員常數，這些常數提供了有關範本參數的資訊。其中一個例子是 max() method，它會傳回給定型別的最大值。您可以用這個方法來試試 CheckedInteger 類別，列表 7-3 展示了 CheckedInteger 的行為。

列表 7-3：一個說明檢查整數

```
#include <limits>
#include <cstdio>
#include <stdexcept>

struct CheckedInteger {
  --snip--
};

int main() {
  CheckedInteger a{ 100 }; ❶
  auto b = a + 200; ❷
  printf("a + 200 = %u\n", b.value);
  try {
    auto c = a + std::numeric_limits<unsigned int>::max(); ❸
  } catch(const std::overflow_error& e) {
    printf("(a + max) Exception: %s\n", e.what());
  }
}
```

```
a + 200 = 300
(a + max) Exception: Overflow!
```

建構了 CheckedInteger ❶ 之後，可以將其與 unsigned int 相加 ❷。由於結果 300 這個值保證會在 unsigned int 的範圍內，因此執行此敘述時不會引發例外。接下來，透過 numeric_limits ❸ 將同一 CheckedInteger 與 unsigned int 的最大值相加，這將導致溢位，這個錯誤會被多載的 operator+ 檢測出來並引發 overflow_error。

多載運算子 new

回想一下第 4 章，您利用運算子 new 分配具有動態儲存持續時間的物件。預設情況下，運算子 new 將在未使用儲存區中分配記憶體，為動態物件騰出空間。*未使用儲存區*又稱為*堆積*（*heap*），其儲存位置因實作而有所不同。在桌機作業系統上，通常由核心來管理未使用儲存區（請參閱 Windows 上的 HeapAlloc，以及 Linux 和 macOS 上的 malloc），並且通常非常龐大。

未使用儲存區的可用性

在某些環境中（例如 Windows 核心或嵌入式系統），預設情況下沒有可用的未使用儲存區。在其他設定中（例如遊戲開發或高頻交易），分配未使用儲存區只會涉及太多延遲，因為您已經將其管理委託給作業系統。

您可以嘗試完全避免動用到未使用儲存區，但這會造成嚴格的限制，其中一個主要的限制是禁止使用 stdlib 容器，在讀完第 2 部分之後，您會同意這是一個重大損失。您可以將未使用儲存區的操作多載並取得分配的控制權，而不是去滿足這些嚴格的限制，這一點可以透過多載運算子 new 來做到。

<new> 標頭檔

在支援未使用儲存區操作的環境中，<new> 標頭檔包含以下四個運算子：

- `void* operator new(size_t);`
- `void operator delete(void*);`
- `void* operator new[](size_t);`
- `void operator delete[](void*);`

注意，new 運算子的傳回型別是 void*。未使用儲存區運算子所處理的是未初始化的原始記憶體。

您也可以自己提供這四個運算子的版本，所要做的只需在程式中定義一次即可，編譯器將使用您的版本而不是預設的運算子。

未使用儲存區的管理這個任務出乎意料地的複雜。主要問題之一是記憶體碎片。隨著時間的推移，多次的記憶體分配和釋放會使未使用區塊分散在專門用於未使用儲存空間的區域中。有可能出現雖然有大量未使用記憶體，但這些記憶體卻分散在已分配的記憶體之間的情況。當這種情況發生時，對於大的記憶體請求將失敗，即使技術上有足夠的未使用記憶體可以提供給請求者。圖 7-1 說明了這種情況，雖然有足夠的記憶體用於所需的分配，但可用記憶體是非連續的，導致請求無法成功。

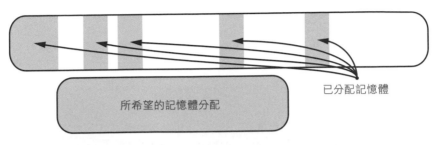

已分配記憶體

所希望的記憶體分配

圖 7-1：記憶體碎片問題

貯體

一種做法是將已分配的記憶體切分為固定大小的**貯體**（*bucket*）。當您請求記憶體時，環境會分配整個貯體，即使您沒有請求所有記憶體。例如，Windows 提供了兩個分配動態記憶體的函式：`VirtualAllocEx` 和 `HeapAlloc`。

`VirtualAllocEx` 函式比較低階，它允許您提供許多選項，例如將記憶體分配到哪個程序、首選記憶體位址、請求的大小和許可權，比如記憶體是否為可讀、可寫和可執行。這個函式永遠不會分配少於 4,096 個位元組（即所謂的**分頁**（*page*））。

另一方面，`HeapAlloc` 是一個比較高階的函式，如果可以的話，它將發出少於一個分頁的記憶體；否則，它將代表您調用 `VirtualAllocEx`。在 Visual Studio 編譯器中，`new` 預設會呼叫 `HeapAlloc`。

這種安排可以防止記憶體碎片化，以換取將分配捨入到儲存桶大小相關的額外開銷。像 Windows 這樣的現代作業系統將有相當複雜的分配不同大小記憶體的方案，您無需面對這樣的複雜性，除非您想掌控全局。

控制未使用儲存區

列表 7-4 示範了如何實作非常簡單的 Bucket 和 Heap 類別，這將有助於取得動態記憶體分配的控制權：

列表 7-4：Heap 和 Bucket 類別

```
#include <cstddef>
#include <new>

struct Bucket { ❶
  const static size_t data_size{ 4096 };
  std::byte data[data_size];
};

struct Heap {
  void* allocate(size_t bytes) { ❷
    if (bytes > Bucket::data_size) throw std::bad_alloc{};
    for (size_t i{}; i < n_heap_buckets; i++) {
      if (!bucket_used[i]) {
        bucket_used[i] = true;
        return buckets[i].data;
      }
    }
    throw std::bad_alloc{};
  }

  void free(void* p) { ❸
    for (size_t i{}; i < n_heap_buckets; i++) {
      if (buckets[i].data == p) {
        bucket_used[i] = false;
        return;
      }
    }
  }
  static const size_t n_heap_buckets{ 10 };
  Bucket buckets[n_heap_buckets]{}; ❹
  bool bucket_used[n_heap_buckets]{}; ❺
};
```

Bucket 類別 ❶ 負責取得記憶體中的空間。為了向 Windows 堆積管理器致敬，堆積大小固定為 4,096。所有管理邏輯都由 Heap 負責。

Heap 中有兩個重要的成員負責核算：bucket ❹ 和 bucket_used ❺。bucket 成員存放所有的 Buckets，整齊地打包成一個連續的字串。bucket_used 成員是一個相對較小的陣列，其中包含 bool 型別的物件，以記錄 buckets 中具有相同索引的 Bucket 是否已被用掉，這兩個成員都初始化為零。

Heap 類別有兩個 method：allocate ❷ 和 free ❸。allocate method 首先檢查請求的位元組數量是否大於 bucket 大小。如果是，則引發 std::bad_alloc 例外。一旦大小檢查通過，Heap 會遍歷 buckets，尋找 bucket_used 中沒有標記為 true 的貯體。如果找到一個，則傳回資料成員指標所指向的 Bucket。如果找不到未使用的 Bucket，則引發 std::bad_alloc 例外。free method 接受 void* 參數並遍歷所有 buckets，尋找符合條件的 data 成員指標。如果找到一個，則將貯體所對應的 bucket_used 設為 false。

使用我們的堆積

分配堆積方式之一是在命名空間範圍內宣告它，以便它具有靜態儲存持續時間。因為它的生命週期是在程式啟動時開始的，所以您可以在 operator new 和 operator delete 中重新改寫，如列表 7-5 所示。

列表 7-5：重新改寫 new 和 delete 以使用來自列表 7-4 的 Heap 類別

```
Heap heap; ❶

void* operator new(size_t n_bytes) {
  return heap.allocate(n_bytes); ❷
}

void operator delete(void* p) {
  return heap.free(p); ❸
}
```

列表 7-5 宣告了一個 Heap ❶，並在運算子 new 多載 ❷ 和運算子 delete 多載 ❸ 中使用它。現在如果您使用 new 和 delete，動態記憶體管理將使用 heap 而不是由環境所提供的預設未使用儲存區，列表 7-6 對多載動態記憶體管理做了簡單的測試。

列表 7-6：一個說明使用 Heap 來管理動態分配的程式

```cpp
#include <cstdio>
--snip--
int main() {
  printf("Buckets:   %p\n", heap.buckets); ❶
  auto breakfast = new unsigned int{ 0xC0FFEE };
  auto dinner = new unsigned int { 0xDEADBEEF };
  printf("Breakfast: %p 0x%x\n", breakfast, *breakfast); ❷
  printf("Dinner:    %p 0x%x\n", dinner, *dinner); ❸
  delete breakfast;
  delete dinner;
  try {
    while (true) {
      new char;
      printf("Allocated a char.\n"); ❹
    }
  } catch (const std::bad_alloc&) {
    printf("std::bad_alloc caught.\n"); ❺
  }
}
```

```
Buckets:   00007FF792EE3320 ❶
Breakfast: 00007FF792EE3320 0xc0ffee ❷
Dinner:    00007FF792EE4320 0xdeadbeef ❸
Allocated a char. ❹
Allocated a char.
Allocated a char.
Allocated a char.
Allocated a char.
Allocated a char.
Allocated a char.
Allocated a char.
Allocated a char.
```

```
Allocated a char.
std::bad_alloc caught. ❺
```

您列印了 heap 的第一個 buckets 元素的記憶體位址 ❶，這是借給第一個調用 new 的記憶體位置，您可以藉由列印 breakfast 所指向的記憶體位址和值來驗證是否真的是這樣 ❷。請注意，記憶體位址與 heap 中第一個 Bucket 的記憶體位址吻合。您對 dinner 所指向的記憶體也做了同樣的操作 ❸。請注意，記憶體位址正好比 breakfast 的位址大 0x1000。這與 Bucket 的 4,096 位元組長度完全一致，正如 const static 成員 Bucket::data_size 中所定義的那樣。

列印 ❷ ❸ 之後，您刪除了 breakfast 和 dinner。然後，您不顧一切地分配 char，直到 heap 耗盡記憶體時引發 std::bad_alloc 為止。從 ❹ 開始，每次進行分配時，都會印出 Allocated a char，在看到 std::bad_alloc 例外 ❺ 之前列印了 10 行。請注意，這正是您在 Heap::n_heap_buckets 中所設定的儲體個數。這意味著，對於所分配的每個字元，都佔用了 4,096 位元組的記憶體！

安置運算子

有時，您不希望覆蓋全部的儲存空間分配。在這種情況下，可以使用安置（placement）運算子，它們會對預先分配的記憶體執行適當的初始化：

- void* operator new(size_t, void*);
- void operator delete(size_t, void*);
- void* operator new[](void*, void*);
- void operator delete[](void*, void*);

使用安置運算子，可以在任意記憶體中手動建構物件。這樣做的好處是可以手動操縱物件的生存期，但是不能用 delete 來釋放所產生的動態物件。您必須直接呼叫物件的解構子（並且只能呼叫一次！），如列表 7-7 所示。

列表 7-7：使用 placement new 初始化動態物件

```cpp
#include <cstdio>
#include <cstddef>
#include <new>

struct Point {
  Point() : x{}, y{}, z{} {
    printf("Point at %p constructed.\n", this); ❶
  }
  ~Point() {
    printf("Point at %p destructed.\n", this); ❷
  }
  double x, y, z;
};

int main() {
  const auto point_size = sizeof(Point);
  std::byte data[3 * point_size];
  printf("Data starts at %p.\n", data); ❸
  auto point1 = new(&data[0 * point_size]) Point{}; ❹
  auto point2 = new(&data[1 * point_size]) Point{}; ❺
  auto point3 = new(&data[2 * point_size]) Point{}; ❻
  point1->~Point(); ❼
  point2->~Point(); ❽
  point3->~Point(); ❾
}
```

```
Data starts at 0000004D290FF8E8. ❸
Point at 0000004D290FF8E8 constructed. ❹
Point at 0000004D290FF900 constructed. ❺
Point at 0000004D290FF918 constructed. ❻
Point at 0000004D290FF8E8 destructed. ❼
Point at 0000004D290FF900 destructed. ❽
Point at 0000004D290FF918 destructed. ❾
```

建構子 ❶ 會列印一條訊息，指出某個特定位址的 Point 已被建構，解構子 ❷ 會列印一條相對應的訊息，指出這個 Point 正在被摧毀。您列印了 data 的位址，這是 placement new 初始化 Point 的第一個位址 ❸。

注意觀察每個 placement new 都在 data 陣列所佔用的記憶體中分配了 Point ❹ ❺ ❻，而且您必須分別調用每個解構子 ❼ ❽ ❾。

運算子優先順序和結合律

當運算式中出現多個運算子時，**運算子優先順序**和**運算子結合律**決定了運算式的解析方式。與優先順序較低的運算子相比，優先順序較高的運算子與其參數的綁定更緊密。如果兩個運算子具有相同的優先順序，則由它們的結合律來決定參數如何綁定。結合律可分為**從左到右**或**從右到左**。

表 7- 6 包含每個 C++ 運算子，以其優先順序排序，並用其結合律加以註解。每一列包含一個或多個具有相同優先順序的運算子，並描述其結合律，超上面的列表示其優先順序越高。

表 7-6：運算子優先順序和結合律

運算子	說明	結合律
a::b	範圍解析	從左到右
a++	後置遞增	從左到右
a--	後置遞減	
fn()	函式呼叫	
a[b]	下標	
a->b	指標成員	
a.b	物件成員	
Type(a)	函式轉型	
Type{ a }	函式轉型	

運算子	說明	結合律
++a	前置遞增	從右到左
--a	前置遞減	
+a	一元加號	
-a	一元減號	
!a	邏輯 NOT	
~a	位元補數	
(Type)a	C-STYLE 轉型	
*a	解參照	
&a	位址 &	
sizeof(Type)	大小	
new Type	動態分配	
new Type[]	動態分配（陣列）	
delete a	動態釋放	
delete[] a	動態釋放（陣列）	
.*	指到物件的成員	從左到右
->*	指到指標的成員	
a * b	乘法	從左到右
a / b	除法	
a % b	模除	
a + b	加法	從左到右
a - b	減法	
a << b	位元左移	從左到右
a >> b	位元右移	
a < b	小於	從左到右
a > b	大於	
a <= b	小於或等於	
a >= b	大於或等於	
a == b	等於	從左到右
a != b	不等於	
a & b	位元 AND	從左到右
a ^ b	位元 XOR	從左到右
a | b	位元 OR	從左到右

運算子	說明	結合律
a && b	邏輯 AND	從左到右
a || b	邏輯 OR	從左到右
a ? b : c	三元邏輯	從右到左
throw a	引發例外	
a = b	指派	
a += b	加總指派	
a -= b	差值指派	
a *= b	乘積指派	
a /= b	商數指派	
a %= b	除數指派	
a <<= b	位元左移指派	
a >>= b	位元右移指派	
a &= b	位元 AND 指派	
a ^= b	位元 XOR 指派	
a |= b	位元 OR 指派	
a, b	逗號	從左到右

NOTE

您尚未見過範圍解析運算子（它在第 8 章才會出現），不過為了完整起見，表 7-6 也將其納入。

由於 C++ 有許多運算子，所以運算子的優先順序和結合律規則可能很難記住。為了那些閱讀您程式碼的人的心理健康，儘量使運算式清晰。

考慮以下運算式：

```
*a++ + b * c
```

由於後置加法的優先順序高於解參照運算子 *，它會先綁定到參數 a，這意味著 a++ 的結果是解參照運算子的引數。乘法 * 的優先順序

高於加法 +，因此乘法運算子 * 會綁定到 b 和 c，最後加法運算子 + 會綁定到 *a++ 和 b*c 的結果。

您可以透過在運算式中加入括號來強制優先順序，括弧的優先順序高於任何運算子。例如，可以用括弧重新改寫前面的運算式：

```
(*(a++)) + (b * c)
```

一般的原則是，在讀者可能對運算子優先順序感到困惑的地方可以加上括弧。如果結果有點難看（如本例所示），那麼運算式可能過於複雜；您可以考慮將其分解為多個敘述。

求值順序

求值順序決定運算式中運算子的執行順序。一個常見的誤解是優先順序和求值順序是等效的：事實並非如此。**優先順序**是一個編譯階段的概念，用來決定運算子如何綁定到運算元，而**求值順序**是在執行階段決定運算子執行排程的概念。

一般來說，C++ 沒有明確指定的運算元執行順序。儘管運算子依前面幾節中所解釋的清楚定義的方式綁定到運算元，但這些運算元的求值順序仍未定義。編譯器可以隨意對運算元求值排序。

您可能會認為以下運算式中的括弧決定了函式 stop、drop 和 roll 的求值順序，或者認為某些從左到右的結合律會影響到執行時結果：

```
(stop() + drop()) + roll()
```

其實並沒有，roll 函式可能在 stop 和 drop 求值之前、之後或之間執行。如果您需要將這些運算依特定的順序執行，只需將它們分成不同的敘述，並按照以下順序執行：

```
auto result = stop();
result = result + drop();
result = result + roll();
```

如果您不小心，您甚至會有未定義的行為，考慮以下運算式：

```
b = ++a + a;
```

由於運算式 ++a 和 a 的順序並沒有指定，而且 ++a + a 的值取決於哪個運算式先求值，所以 b 的值無法清楚的定義。

在某些特殊情況下，執行順序由語言指定。最常見的情況如下：

- 內建邏輯 AND 運算子 a && b 和內建邏輯 OR 運算子 a || b 保證 a 會在 b 之前執行。

- 三元運算子 a ? b : c 保證 a 會在 b 和 c 之前執行。

- 逗號運算子 a, b 保證 a 會在 b 之前執行。

- new 運算式中的建構子引數會在呼叫分配器函式之前求值。

您可能會想知道為什麼 C++ 不強制執行順序，比如從左到右，以避免混淆。答案很簡單，透過不任意限制執行順序，C++ 語言允許編譯器撰寫者找到巧妙的優化機會。

NOTE

有關執行順序的詳細資訊，請參閱 [expr]。

使用者定義的字面值

第 2 章介紹了如何宣告字面值，也就是直接在程式中使用的常數值，這可以幫助編譯器將嵌入的值轉換為所需的型別。每種基本型別都有自己的字面值語法。例如，char 的字面值用單引號（例如 'J'）宣告，而 wchar_t 則是在前面加上 L（例如 L'J'）來宣告，您可以用 F 或 L 放在字尾以指定浮點數的精確度。

為了方便，您也可以自己宣告使用者定義的字面值。跟內建的字面值一樣，它們可向編譯器提供一些語法上的支援。儘管您很少需要宣告使用者定義的字面值，但還是值得一提，因為您可能會在函式庫中看到它們。stdlib 的 <chrono> 標頭檔使用了大量的字面值，為程式設計師提供了一個清晰的語法來使用時間型別，例如，**700ms** 表示 700 毫秒。由於使用者定義的字面值相當罕見，所以我在這裡不再詳細介紹它們。

> **NOTE**
>
> 若要進一步瞭解，請參閱 Bjarne Stroustrup 所著的《The C++ Programming Language 國際中文版》，第 4 版。

型別轉換

當您有一個型別但希望將其轉換為另一個型別時，可以執行型別轉換。根據具體情況，型別轉換可以是顯式的，也可以是隱式的。本節討論這兩種型別的轉換，同時涵蓋型別提升、浮點到整數的轉換、整數到整數的轉換以及浮點到浮點的轉換。

型別轉換相當普遍。例如，您可能需要計算給定個數及總和的一些整數的平均值。因為 count 和 sum 儲存在整數型別的變數中（而且您不希望截斷小數），所以您需要將平均值視為浮點數來計算。為此，您會需要使用到型別轉換。

隱式型別轉換

隱式型別轉換可以發生在任何呼叫特定型別但您提供了不同型別的地方，這些轉換發生在幾種不同的前後文中。

第 243 頁的「二元算術運算子」概述了所謂的*提升規則*。事實上，這些都是一種隱式轉換。每當發生算術運算時，較短的整數型別會被提升為 int 型別。在算術運算期間，整數型別也會提升為浮點型別，而這些都是在後臺發生的。結果是，在大多數情況下，型別系統只是儘量不讓您受到影響，這樣您就可以專注於程式設計的邏輯。

不幸的是，在某些情況下，C++ 在悄悄地轉換型別方面有點過分熱心，考慮以下從 double 到 uint_8 的隱式轉換：

```
#include <cstdint>

int main() {
  auto x = 2.7182818284590452353602874713527L;
  uint8_t y = x; // Silent truncation
}
```

您應該希望編譯器會在這裡產生警告，但是技術上來說這是有效的 C++。因為這個轉換會丟失資訊，所以它是一個縮小的轉換，可以透過大括號初始化 {} 來避免：

```
#include <cstdint>

int main() {
  auto x = 2.7182818284590452353602874713527L;
  uint8_t y{ x }; // Bang!
}
```

回想一下，大括號初始化不允許縮小範圍的轉換。從技術上講，帶大括弧的初始值設定項是顯式轉換，所以我將在第 268 頁的「顯式型別轉換」中討論這一點。

浮點數到整數的轉換

浮點數和整數型別可以在算術運算式中和平共存，原因是隱式型別轉換：當編譯器遇到混合型別時，它會執行必要的提升，以便算術按預期進行。

整數到整數的轉換

整數可以轉換為其他整數型別。如果目標型別是 signed，只要值可以被表示，就一切正常。如果不能，則行為是由實作來定義。如果目標型別是 unsigned，則結果是可以放入該型別的最多位元數。換句話說，高階位元將會丟失。

考慮列表 7-8，該範例說明了在什麼情況之下，有符號的轉換可能會變成未定義的行為。

列表 7-8：有符號的轉換導致了未定義行為

```
#include <cstdint>
#include <cstdio>

int main() {
  // 0b111111111 = 511
  uint8_t x = 0b111111111; ❶// 255
  int8_t y =  0b111111111; ❷// Implementation defined.
  printf("x: %u\ny: %d", x, y);
}
```
```
x: 255 ❶
y: -1 ❷
```

列表 7-8 隱式地把一個 8 位元無法儲存的整數（數字 511 或 9 個位元的 1）轉換成 x 和 y，其型別分別為 unsigned 和 signed。x 的值可以確定是 255 ❶，而 y 的值則取決於實作。在 Windows10 x64 電腦上，y 等於 -1 ❷。x 和 y 的指派都涉及到位元遺失轉換，可以用大括號初始化語法來避免這種轉換。

浮點數到浮點數的轉換

浮點數可以隱式轉換為其他浮點數或從其他浮點數轉換。只要目標值的範圍能夠容得下來源值，一切都沒問題。但是當它容不下時，您就有了未定義的行為。同樣，大括弧初始化可以防止潛在的危險轉換。考慮列表 7-9，該範例顯示了因位元遺失而導致的未定義行為。

列表 7-9：因位元遺失轉換而導致的未定義行為

```
#include <limits>
#include <cstdio>

int main() {
  double x = std::numeric_limits<float>::max();  ❶
  long double y = std::numeric_limits<double>::max();  ❷
  float z = std::numeric_limits<long double>::max();  ❸   // Undefined
Behavior
  printf("x: %g\ny: %Lg\nz: %g", x, y, z);
}
```
```
x: 3.40282e+38
y: 1.79769e+308
z: inf
```

從 float 到 double ❶ 和 double 到 long double ❷ 的隱式轉換是完全安全的。不幸的是，指派 long double 的最大值給 float 會導致未定義的行為 ❸。

轉換為 bool

指標、整數和浮點數都可以隱式轉換為 bool 物件。如果值為非零，則隱式轉換的結果為 true，否則結果為 false。例如，值 int{1} 會轉換為 true，而值 int{} 則會轉換為 false。

指向 void* 的指標

指標總是可以隱式轉換為 void*，如列表 7-10 所示。

列表 7-10：隱式指標轉換為 void*（此為從 Windows 10 x 64 電腦上的輸出）

```
#include <cstdio>

void print_addr(void* x) {
  printf("0x%p\n", x);
}
```

```
int main() {
  int x{};
  print_addr(&x); ❶
  print_addr(nullptr); ❷
}
```

```
0x000000F79DCFFB74 ❶
0x0000000000000000 ❷
```

列表 7-10 之所以能夠編譯，得益於指標對 void* 的隱式轉換。
print_addr 函式列印出 x 的位址 ❶ 和 nullptr 的值 ❷。

顯式型別轉換

顯式型別轉換也被稱為**強制轉換**（*cast*）。進行顯式型別轉換主要是
靠大括號初始化 {}，這種方法的優點是保證型別安全且不會遺失位
元。使用大括弧號始化可確保在編譯時只允許安全、行為良好的非
遺失位元轉換，列表 7-11 展示了一個範例。

列表 7-11：4 位元組和 8 位元組整數的顯式型別轉換

```
#include <cstdio>
#include <cstdint>

int main() {
  int32_t a = 100;
  int64_t b{ a }; ❶
  if (a == b) printf("Non-narrowing conversion!\n"); ❷
  //int32_t c{ b }; // Bang! ❸
}
```

```
Non-narrowing conversion! ❷
```

這個簡單的例子使用大括號初始化 ❶ 從一個 int32_t 生成一個
int64_t，這是一個行為良好的轉換，因為您可以保證不會丟失
任何資訊。您總是可以在 64 位元中儲存 32 位元的資料。在基

本型別的良好轉換之後，原始型別將會等於轉換後的結果（根據 operator==）❷。

這個例子企圖進行一個行為不良（會位元遺失）的轉換 ❸，編譯器將產生一個錯誤。如果您沒有使用大括號初始值設定項 {}，編譯器就不會抱怨，如列表 7-12 所示。

列表 7-12：把列表 7-11 重新改寫列表成不帶大括號的初始值設定項

```
#include <limits>
#include <cstdio>
#include <cstdint>

int main() {
  int64_t b = std::numeric_limits<int64_t>::max();
  int32_t c(b); ❶ // The compiler abides.
  if (c != b) printf("Narrowing conversion!\n"); ❷
}
```

```
Narrowing conversion! ❷
```

將 64 位元整數轉換為 32 位元整數 ❶，會造成部分位元遺失，使得運算式 c != b 的求值結果為 true ❷。這種做法非常危險，這就是為什麼第 2 章建議儘可能使用帶括弧的初始值設定項的原因。

C-Style 強制轉換

回想一下第 6 章，命名轉換函式讓您能夠執行大括號初始化所不允許的危險強制轉換。您也可以執行 C-style 轉換，但這主要是為了維護語言之間的相容性。其用法如下：

```
(desired-type)object-to-cast
```

每 個 C-style 轉 換， 都 存 在 一 些 static_casts、const_casts 和 reinterpret_casts 轉換的緊箍咒，因此 C-style 轉換比命名轉換危險得多（而且這裡強調是非常多）。

C++ 顯式轉換的語法故意寫成醜陋而冗長，這樣就會引起人們對
程式碼中型別系統嚴格的規則被扭曲或破壞時的注意，C-style 轉
換沒有這麼做。此外，從型別轉換中看不出程式設計師打算進行什
麼樣的轉換。當您使用更精細的工具（例如命名轉換）時，編譯
器至少可以強制一些限制。例如，當您只打算以 C-style 轉換進行
reinterpret_cast 時，很容易忘記 const 的正確性。

假設您要將 const char* 陣列當作函式中的 unsigned 型別來處理，
那麼撰寫像列表 7-13 這樣的程式碼就太容易了。

列表 7-13：C-style 的火車失事函式意外地解除了限定詞 const 的
read_only 限制（此程式具有未定義的行為；輸出來自
Windows 10 x64 電腦）

```
#include <cstdio>

void trainwreck(const char* read_only) {
  auto as_unsigned = (unsigned char*)read_only;
  *as_unsigned = 'b'; ❶ // Crashes on Windows 10 x64
}

int main() {
  auto ezra = "Ezra";
  printf("Before trainwreck: %s\n", ezra);
  trainwreck(ezra);
  printf("After trainwreck: %s\n", ezra);
}
```
```
Before trainwreck: Ezra
```

現代作業系統強制執行記憶體存取樣式，列表 7-13 試圖寫入儲存字
串字面值 Ezra 的記憶體中。在 Windows10 x64 上，這會導致記憶體
存取衝突（它是唯讀記憶體），造成程式無法正常執行。

如果您嘗試使用 reinterpret_cast 執行此操作，編譯器將產生一個
錯誤，如列表 7-14 所示。

列表 7-14：將列表 7-13 改成用 reinterpret_cast 來寫（此程式碼
無法編譯）

```
#include <cstdio>

void trainwreck(const char* read_only) {
  auto as_unsigned = reinterpret_cast<unsigned char*>(read_only); ❶
  *as_unsigned = 'b'; // Crashes on Windows 10 x64
}

int main() {
  auto ezra = "Ezra";
  printf("Before trainwreck: %s\n", ezra);
  trainwreck(ezra);
  printf("After trainwreck: %s\n", ezra);
}
```

如果您真的打算放棄 const 的正確性，您需要在這裡加上一個
const_cast ❶。程式碼會自我記錄這些意圖，並使這種有意的規則破
壞很容易找到。

自訂型別轉換

在自訂型別中，可以提供自訂的轉換函式。這些函式告訴編譯器您
的自訂型別在隱式和顯式型別轉換期間的行為。您可以用以下使用
樣式宣告這些轉換函式：

```
struct MyType {
  operator destination-type() const {
    // return a destination-type from here.
    --snip--
  }
}
```

例如，列表 7-15 中的 struct 使用起來就跟唯讀 int 一樣。

列表 7-15：`ReadOnlyInt` 類別包含將自訂型別轉換為 `int` 的型別轉
換運算子

```
struct ReadOnlyInt {
  ReadOnlyInt(int val) : val{ val } { }
  operator int() const { ❶
    return val;
  }
private:
  const int val;
};
```

在 ❶ 處的 `operator int` method 定義了從 `ReadOnlyInt` 轉換到 `int` 的
自訂型別轉換。由於這是隱式轉換，您現在可以像使用一般 `int` 型
別一樣來使用 `ReadOnlyInt` 型別：

```
struct ReadOnlyInt {
  --snip--
};
int main() {
  ReadOnlyInt the_answer{ 42 };
  auto ten_answers = the_answer * 10; // int with value 420
}
```

有時，隱式轉換會導致出乎意料的行為，您應該儘量使用顯式轉
換，尤其是對於自訂型別。您可以關鍵字 **explicit** 來實現顯式轉
換。顯式建構子會告訴編譯器不要將建構子視為隱式轉換的一種方
法。您可以為您的自訂轉換函式提供相同的準則：

```
struct ReadOnlyInt {
  ReadOnlyInt(int val) : val{ val } { }
  explicit operator int() const {
    return val;
  }
private:
  const int val;
};
```

現在，必須用 `static_cast` 將 ReadOnlyInt 顯式轉換為 int：

```
struct ReadOnlyInt {
  --snip--
};
int main() {
  ReadOnlyInt the_answer{ 42 };
  auto ten_answers = static_cast<int>(the_answer) * 10;
}
```

一般來說，這種方法所產生的程式碼比較不會模棱兩可。

常數運算式

常數運算式是可以在編譯時就計算出結果的運算式。基於效能和安全理由，您應該儘可能地在編譯時進行計算，而不是等到執行時才做。涉及到字面值的簡單數學運算，是可以在編譯時求值的運算式的淺顯範例。

您可以用 constexpr 運算式來擴展編譯器的範圍。每當要計算一個運算式所需的資訊在編譯階段就出現時，如果該運算式被標記為 constexpr，則編譯器就被迫要算出該運算式的結果。這種簡單的承諾可以對程式碼可讀性和執行時效能產生驚人的巨大影響。

const 和 constexpr 密切相關，constexpr 強制要求運算式在編譯時就要計算出來，而 const 強制要求變數在某個範圍內（在執行時）不能更改。所有 constexpr 運算式都是 const，因為它們在執行時總是固定的。

所有 constexpr 運算式都以一個或多個基本型別（int、float、wchar_t 等）開頭。可以透過運算子和 constexpr 函式在這些型別的基礎上進行建構。常數運算式主要用來替換程式碼中手動計算的值。這通常會產生成更健全、更易於理解的程式碼，因為您可以消除所謂的神奇值：手動計算再複製貼上原始程式碼的常數。

一個豐富多彩的例子

考慮以下範例，在您專案中所用到的某些函式庫以色調飽和度值
（hue-saturation-value, HSV）表示法編碼 Color 物件：

```
struct Color {
  float H, S, V;
};
```

大致上而言，色調對應於一系列顏色，例如紅色、綠色或橘色，飽
和度對應於色彩或強度，而值則對應於顏色的亮度。

假設您要用紅－綠－藍（red-green-blue, RGB）表示法來產生 Color
物件的實例，您可以用轉換器手動計算 RGB 到 HSV 之間的轉換，
這是一個很好的例子，您可以用 constexpr 來消除神奇值。在撰寫
轉換函式之前，您需要一些公用函式，即 min、max 和 modulo，列表
7-16 實作了這些函式。

列表 7-16：幾個用來操縱 uint8_t 物件的 constexpr 函式

```
#include <cstdint>
constexpr uint8_t max(uint8_t a, uint8_t b) { ❶
  return a > b ? a : b;
}
constexpr uint8_t max(uint8_t a, uint8_t b, uint8_t c) { ❷
  return max(max(a, b), max(a, c));
}
constexpr uint8_t min(uint8_t a, uint8_t b) { ❸
  return a < b ? a : b;
}
constexpr uint8_t min(uint8_t a, uint8_t b, uint8_t c) { ❹
  return min(min(a, b), min(a, c));
}
constexpr float modulo(float dividend, float divisor) { ❺
  const auto quotient = dividend / divisor; ❻
  return divisor * (quotient - static_cast<uint8_t>(quotient));
}
```

每個函式都被標記為 constexpr，告訴編譯器該函式在編譯時必須是可求值的。max 函式 ❶ 利用三元運算子傳回最大引數的值。三個引數版本的 max ❷ 使用了比較的遞移性；透過求出 a，b 和 a，c 這兩對引數 max，可以找到這個中間結果的 max，從而找到整個運算式的 max。因為兩個引數版的 max 是 constexpr，所以這是完全合乎語法的。

> **NOTE**
>
> 基於相同的理由，您不能使用 <math.h> 標頭檔中的 fmax：因為它不是 constexpr。

min 的版本 ❸ ❹ 除了在比較時把大於改成小於之外，跟 max 完全一樣。modulo 函式 ❺ 是 C 函式 fmod 的簡陋 constexpr 版，它會計算第一個引數（被除數）除以第二個引數（除數）的浮點餘數。因為 fmod 不是 constexpr，所以您得自己動手。首先，算出商 ❻。接著利用 static_cast 和減法減去商的整數部分，再將商的小數部分乘以除數得到結果。

在您的工具函式庫中有了一組 constexpr 公用程式之後，您就可以實作轉換函式 rgb_to_hsv，如列表 7-17 所示。

列表 7-17：從 RGB 到 HSV 的 constexpr 轉換函式

```
--snip--
constexpr Color rgb_to_hsv(uint8_t r, uint8_t g, uint8_t b) {
  Color c{}; ❶
  const auto c_max = max(r, g, b);
  c.V = c_max / 255.0f; ❷

  const auto c_min = min(r, g, b);
  const auto delta = c.V - c_min / 255.0f;
  c.S = c_max == 0 ? 0 : delta / c.V; ❸

  if (c_max == c_min) { ❹
```

```
    c.H = 0;
    return c;
  }
  if (c_max == r) {
    c.H = (g / 255.0f - b / 255.0f) / delta;
  } else if (c_max == g) {
    c.H = (b / 255.0f - r / 255.0f) / delta + 2.0f;
  } else if (c_max == b) {
    c.H = (r / 255.0f - g / 255.0f) / delta + 4.0f;
  }
  c.H *= 60.0f;
  c.H = c.H >= 0.0f ? c.H : c.H + 360.0f;
  c.H = modulo(c.H, 360.0f); ❺
  return c;
}
```

您宣告並初始化 Color c ❶，用來當作 rgb_to_hsv 的傳回值。透過
縮放 r、g、b 的最大值，在 ❷ 處計算 Color 的值 V。接下來，透過
計算最小和最大 RGB 值之間的距離並按 V 縮放來計算飽和度 S ❸。
如果您把 HSV 值想像成是一個圓柱體，則**飽和度**為沿著水平軸的距
離，而值是沿著垂直軸的距離，**色調**則是角度。為了簡潔起見，我
將不詳細介紹如何算出這個角度，不過這個計算的實作列在 ❹ 到 ❺
之間。重要的是，它必需算出主要顏色分量角度的偏移量，按照比
例並取模數以符合 0 到 360 度的區間，並儲存到 H 中。最後，再把 c
傳回。

> **NOTE**
>
> 有關將 HSV 轉換為 RGB 的公式，請參閱 https:// en.wikipedia.org/
> wiki/HSL_and_HSV#Color_conversion_formulae 的說明。

這裡做了很多計算，但都是發生在編譯的時候，這表示當您初始化
顏色時，編譯器將用填入所有 HSV 欄位值的方式來初始化 Color：

```
--snip--
int main() {
  auto black   = rgb_to_hsv(0,     0,   0);
  auto white   = rgb_to_hsv(255, 255, 255);
  auto red     = rgb_to_hsv(255,   0,   0);
  auto green   = rgb_to_hsv(  0, 255,   0);
  auto blue    = rgb_to_hsv(  0,   0, 255);
  // TODO: Print these, output.
}
```

您告訴了編譯器，這些顏色值都是在編譯階段就可以可計算的。根據在程式的其他地方如何使用這些值，編譯器可以決定要在編譯時還是在執行時算出它們的值。結果是編譯器通常會產生硬編碼的*神奇數字*與每種顏色的正確 HSV 值相對應。

constexpr 的案例

對於什麼樣的函式可以是 constexpr 有一些限制，但是這些限制在新的 C++ 版本已經被放寬了。

在某些情況下，比如嵌入式開發，constexpr 是不可或缺的。一般來說，如果一個運算式可以宣告為 constexpr，您應該強烈考慮這樣做。使用 constexpr 而不是手動計算的字面值可以使程式碼更具表現力。通常，它還可以大大提高執行時的效能和安全性。

Volatile 運算式

關鍵字 volatile 告訴編譯器，透過此運算式進行的每個存取都必須視為可見的副作用，這意味著存取不能被優化或另一個可見的副作用交換執行順序。這個關鍵字在某些設定中非常重要，比如嵌入式程式設計，對記憶體某些特殊部分的讀寫操作會對底層系統產生影響。關鍵字 volatile 阻止編譯器優化此類存取，列表 7-18 透過包含編譯器通常會優化的指令來說明為什麼需要 volatile 關鍵字。

列表 7-18：包含閒置儲存和冗餘載入的函式

```
int foo(int& x) {
  x = 10; ❶
  x = 20; ❷
  auto y = x; ❸
  y = x; ❹
  return y;
}
```

因為 x 被指派 ❶，但在重新指派之前從未使用過 ❷，所以被稱為閒置儲存（dead store），並且是優化時首先要考慮的對象。另一個類似的例子是 x 被用來設定 y 的值兩次，而中間沒有任何指令 ❸ ❹。這稱為冗餘載入（redundant load），也是優化時的首選。

任何優秀的編譯器都應該能將前述的函式優化為類似列表 7-19 的函式。

列表 7-19：列表 7-18 的合理優化

```
int foo(int& x) {
  x = 20;
  return x;
}
```

在某些設定中，冗餘讀取和閒置儲存可能會對系統產生明顯的副作用。透過把 foo 的引數加上 volatile 關鍵字，可以避免優化器刪除這些重要的存取，如列表 7-20 所示。

列表 7-20：將列表 7-18 改為加上 volatile

```
int foo(volatile int& x) {
  x = 10;
  x = 20;
  auto y = x;
  y = x;
  return y;
}
```

現在編譯器將產生出指令，來執行您編寫的每個讀寫動作。

一個常見的誤解是 volatile 與併行程式設計有關，其實並沒有。標記為 volatile 的變數通常不是執行緒安全的，第 2 部分所討論 std::atomic 將保證型別上的某些執行緒安全原式，太多時候 volatile 和 atomic 被混淆了！

摘要

本章介紹了運算子的主要特性，運算子是程式中的基本工作單元。您探索了型別轉換的幾個面向，並從環境中控制了動態記憶體管理，還介紹了 constexpr ／ volatile 運算式。有了這些工具，您幾乎可以執行任何系統程式設計的任務。

練習

7-1. 建立一個 UnsignedBigInteger 類別，該類可以處理大於 long 的數字。您可以用位元組陣列作為內部表示法（例如，uint8_t[] 或 char[]）。為 operator+ 和 operator- 實作運算子多載。完成執行時的溢位檢查。對於想要更多挑戰的讀者，還可實作 operator*、operator/、operator%。確保運算子多載同時適用於 int 型別和 UnsignedBigInteger 型別。完成 operator int 型別轉換，並於執行時檢查是否會發生位元遺失的情況。

7-2. 建一個可以儲存多達 1MB 資料的 LargeBucket 類別。擴充 Heap 類別，使其提供 LargeBucket 以分配大於 4,096 位元組的記憶體。確保在 Heap 無法分配適當大小的貯體時仍會引發 std::bad_alloc 例外。

- 《ISO International Standard ISO/IEC (2017) — Programming Language C++》（ISO 國際標準 ISO/IEC（2017）- 程式語言 C++）（國際標準組織；瑞士日內瓦，*https://isocpp.org/std/the-standard/*）

8

敘述

進步並非來自勤勞的早起者，
而是懶惰的人想要尋求更簡單的做事方式。

—— *Robert A. Heinlein*，
《有足夠的時間去愛》（*Time Enough for Love*）

 每個 C++ 函式都包含了一系列敘述
（*statement*），它們是指定執行順序的程
式設計架構。本章利用對物件生命週期、範本和運
算式的理解來探索各種敘述的細微差異。

運算式敘述

運算式敘述（*expression statement*）是後面跟著分號（；）的表達
式。運算式敘述涵蓋了程式中大部分的敘述。您可以將任何表達
式轉換為敘述，每當您想要求出表達式的值，但又希望放棄結果
時，都應該這樣做。當然，這只在表達式求值過程中會產生副作
用時才有用，比如列印到控制台或修改程式的狀態。

列表 8-1 包含了幾個運算式敘述。

列表 8-1：一個包含幾個運算式敘述的簡單程式

```
#include <cstdio>

int main() {
  int x{};
  ++x; ❶
  42; ❷
  printf("The %d True Morty\n", x); ❸
}
```

```
The 1 True Morty ❸
```

在 ❶ 處的運算式敘述有一個副作用（將 x 遞增），但在 ❷ 處的運算式敘述則沒有副作用。兩者都是合法的敘述（儘管 ❷ 處的運算式沒有什麼用），呼叫函式 printf ❸ 也算是一個運算式敘述。

複合敘述

複合敘述（*compound statement*），也稱為區塊（*block*），是用大括號 { } 括起來的一系列敘述。區塊在 if 敘述之類的控制結構中很有用，因為您可能希望執行多個敘述而不是單一敘述。

每個區塊宣告了一個新的作用域，稱為區塊範圍（*block scope*）。正如您在第 4 章中所學到的，在區塊範圍內所宣告的自動儲存持續時間的物件，其生存期僅限於此區塊之內，而區塊中的變數銷毀的順序則與宣告時的順序相反。

列表 8-2 利用列表 4-5（第 128 頁）中的可信賴的 Tracer 類別來探討區塊範圍。

列表 8-2：利用 Tracer 類別來探討複合敘述

```cpp
#include <cstdio>

struct Tracer {
  Tracer(const char* name) : name{ name } {
    printf("%s constructed.\n", name);
  }
  ~Tracer() {
    printf("%s destructed.\n", name);
  }
private:
  const char* const name;
};

int main() {
  Tracer main{ "main" }; ❶
  {
    printf("Block a\n"); ❷
    Tracer a1{ "a1" }; ❸
    Tracer a2{ "a2" }; ❹
  }
  {
    printf("Block b\n"); ❺
    Tracer b1{ "b1" }; ❻
    Tracer b2{ "b2" }; ❼
  }
}
```

```
main constructed. ❶
Block a ❷
a1 constructed. ❸
a2 constructed.  ❹
a2 destructed.
a1 destructed.
Block b ❺
b1 constructed. ❻
b2 constructed. ❼
b2 destructed.
b1 destructed.
main destructed.
```

列表 8-2 首先初始化一個取名為 main 的 Tracer ❶，接著產生二個複合敘述。第一個複合敘述以左大括號 { 開始，後面跟區塊的第一個敘述，列印出 Block a 的訊息 ❷。您建立兩個 Tracer，分別為 a1 ❸和 a2 ❹ x，然後用右大括號 } 結束該區塊。一旦執行完 Block a，這兩個 tracer 就會被銷毀。請注意，這兩個 tracer 銷毀的順序與它們初始化的順序是相反的：先是 a2，然後是 a1。

還要注意 Block a 後面的另一個複合敘述，在這裡列印出訊息 Block b ❺，然後建構兩個 tracer，b1 ❻ 和 b2 ❼，這個區塊的行為跟前面那個是一樣的：先銷毀 b2，然後是 b1。一旦執行完 Block b，main 的範圍就結束，而 Tracer main 的作用域最終也會被銷毀。

宣告敘述

宣告敘述（*declaration statements*）（或簡稱為宣告（*declarations*））將識別字帶入程式中，例如函式、範本和命名空間等。本節將探討這些常見敘述的一些新特性，以及型別的匿稱、屬性和結構化綁定。

NOTE

> 您在第 6 章所學到的表達式 static_assert 也是一個宣告敘述。

函式

函式宣告（*function declaration*）又稱為函式的簽章（*signature*）或雛型（*prototype*），指定了函式的輸入和輸出。宣告時無需指定參數名稱，只需要包含它們的型別。例如，以下這行敘述宣告了一個叫做 randomize 的函式，該函式接受一個 uint32_t 的參照並傳回 void：

```
void randomize(uint32_t&);
```

不屬於成員的函式稱為非成員函式（*non-member function*），有時也叫做自由函式（*free function*），而這些函式總是在 main() 的命名空間範圍之外宣告。函式定義（*function definition*）包括函式宣告和函式主體，函式宣告只定義了函式的介面，而函式定義則包含其實作。例如，以下定義是函式 randomize 的一種實作方式：

```
void randomize(uint32_t& x) {
  x = 0x3FFFFFFF & (0x41C64E6D * x + 12345) % 0x80000000;
}
```

> **NOTE**
>
> 這個 randomize 的實作是一個線性同餘產生器（linear congruential generator），它是一種基本的亂數產生器，請參閱第 324 頁的「延伸閱讀」，以獲取更多關於產生亂數的資訊。

您可能已經注意到，函式宣告不是必需的，那麼為什麼要有函式宣告呢？

答案是，只要函式在程式的某個地方定義，就可以在程式碼中使用它們。您的編譯器工具鏈可以解決這個問題。（您將在第 21 章中學到這一點。）

列表 8-3 中的程式算出亂數產生器從數字 0x4c4347 到數字 0x474343 所需的反覆運算次數。

列表 8-3：在 main 中使用一個稍後才會定義函式

```
#include <cstdio>
#include <cstdint>

void randomize(uint32_t&); ❶

int main() {
  size_t iterations{}; ❷
  uint32_t number{ 0x4c4347 }; ❸
```

```
  while (number != 0x474343) { ❹
    randomize(number); ❺
    ++iterations; ❻
  }
  printf("%zd", iterations); ❼
}

void randomize(uint32_t& x) {
  x = 0x3FFFFFFF & (0x41C64E6D * x + 12345) % 0x80000000; ❽
}
--------------------------------------------------------
927393188 ❼
```

首先，宣告 randomize ❶。在 main 中，將變數 iterations 計數器初始化為零 ❷，並將變數 number 初始化為 0x4c4347 ❸。while 迴圈會檢查 number 是否等於目標 0x4c4347 ❹。如果不是，則調用 randomize ❺ 並將 iterations 遞增 ❻。請注意，randomize 尚未定義，一旦 number 等於 target，就會在 main 結束之前將反覆運算次數 iterations 印出 ❼。最後，定義 randomize ❽。該程式的輸出顯示，要用隨機的方式產生目標值需要將近 10 億次反覆運算。

試著刪除函式 randomize 的定義並重新編譯。您應該會看到一個錯誤訊息，指出找不到 randomize 的定義。

您可以用類似的方法將 method 的宣告與其定義分開。跟非成員函式一樣，您在宣告 method 時可以省略其主體。例如，以下 RandomNumberGenerator 類別將 randomize 函式替換為 next：

```
struct RandomNumberGenerator {
  explicit RandomNumberGenerator(uint32_t seed) ❶
    : number{ seed } {} ❷
  uint32_t next(); ❸
private:
  uint32_t number;
};
```

您可以用種子值來建構一個 RandomNumberGenerator ❶，這個種子值是用來初始化成成員變數 number ❷。您已經用與非成員函式相同的規則宣告了函式 next。若要提供 next 的定義，您必須用範圍解析運算子和類別名稱來識別出要定義的 method。除此之外，定義 method 與定義非成員函式是一樣的：

```
uint32_t❶ RandomNumberGenerator::❷next() {
  number = 0x3FFFFFFF & (0x41C64E6D * number + 12345) % 0x80000000; ❸
  return number; ❹
}
```

此定義與宣告共用相同的傳回型別 ❶。RandomNumberGenerator:: 用來指出您定義的是 method ❷。函式的細節基本上是一樣的 ❸，不過您所傳回的是亂數產生器狀態的副本，而不是寫入參數所參照的位置 ❹。

列表 8-4 說明了如何重構列表 8-3 以納入 RandomNumberGenerator。

列表 8-4：使用 RandomNumberGenerator 類別來重構列表 8-3

```
#include <cstdio>
#include <cstdint>

struct RandomNumberGenerator {
  explicit RandomNumberGenerator(uint32_t seed)
    : iterations{}❶, number { seed }❷ {}
  uint32_t next(); ❸
  size_t get_iterations() const; ❹
private:
  size_t iterations;
  uint32_t number;
};

int main() {
  RandomNumberGenerator rng{ 0x4c4347 }; ❺
  while (rng.next() != 0x474343) { ❻
    // Do nothing...
```

```
  }
  printf("%zd", rng.get_iterations()); ❼
}

uint32_t RandomNumberGenerator::next() { ❽
  ++iterations;
  number = 0x3FFFFFFF & (0x41C64E6D * number + 12345) % 0x80000000;
  return number;
}

size_t RandomNumberGenerator::get_iterations() const { ❾
  return iterations;
}
```

927393188 ❼

如列表 8-3 所示,您已經將宣告和定義分開。在宣告了一個將成員
iterations 初始化為零 ❶,並將其成員 number 設為 seed ❷ 的建構
子之後,方法 next ❸ 和 get_iterations ❹ 的宣告並不包含實作。
在 main 中,您用種子值 0x4c4347 ❺ 初始化 RandomNumberGenerator
類別,並調用 next method 來提取新的亂數 ❻,結果是一樣的 ❼。如
前所述,next 和 get_iterations 的定義與它們在 main 中的用法一
致 ❽ ❾。

> **NOTE**
>
> 將定義和宣告分離的效用可能不太明顯,因為到目前為止您所處理
> 的是只有一個檔案的原始程式。第 21 章探討了多個檔案的原始程
> 式,其中將定義和宣告分離提供了很大的好處。

命名空間

命名空間可防止命名衝突,在大型專案或匯入函式庫時,命名空間
對於準確地消除所要查找的符號的歧義是不可或缺的。

將符號放在命名空間之內

預設情況下，您所宣告的符號都將放在**全域命名空間**（*global namespace*）。全域命名空間包含您無需添加任何命名空間限定詞即可存取的所有符號。除了 std 命名空間中的幾個類別之外，您還使用了專門位於全域命名空間中的物件。

若要將符號放在除了全域命名空間之外的命名空間，請在**命名空間區塊**（*namespace block*）中宣告該符號，命名空間區塊的型式如下：

```
namespace BroopKidron13 {
  // All symbols declared within this block
  // belong to the BroopKidron13 namespace
}
```

巢狀命名空間可以寫成兩種方式。首先，可單純地寫成巢狀的命名空間區塊：

```
namespace BroopKidron13 {
  namespace Shaltanac {
    // All symbols declared within this block
    // belong to the BroopKidron13::Shaltanac namespace
  }
}
```

其次，可以使用範圍解析運算子：

```
namespace BroopKidron13::Shaltanac {
  // All symbols declared within this block
  // belong to the BroopKidron13::Shaltanac namespace
}
```

其中第二種是比較簡潔的方式。

在命名空間中使用符號

要在命名空間中使用符號，可以用範圍解析運算子來指定符號的完全限定名稱。這讓您可以在大型專案中或在使用第三方函式庫時防止命名衝突。如果您和另一個程式設計師使用相同的符號，則可以透過將符號放在命名空間中來避免歧義。

列表 8-5 說明如何用完全限定的符號名稱來存取命名空間中的符號。

列表 8-5：使用範圍解析運算子的巢狀命名空間區塊

```
#include <cstdio>

namespace BroopKidron13::Shaltanac { ❶
  enum class Color { ❷
    Mauve,
    Pink,
    Russet
  };
}

int main() {
  const auto shaltanac_grass{ BroopKidron13::Shaltanac::Color::Russet❸ };
  if(shaltanac_grass == BroopKidron13::Shaltanac::Color::Russet) {
    printf("The other Shaltanac's joopleberry shrub is always "
           "a more mauvey shade of pinky russet.");
  }
}
```
```
The other Shaltanac's joopleberry shrub is always a more mauvey shade
of pinky russet.
```

列表 8-5 使用巢狀命名空間 ❶ 並宣告了 Color 類型 ❷。要使用 Color，您需要應用範圍解析運算子來指定符號的全名 BroopKidron13::Shaltanac::Color。因為 Color 是一個 enum 類別，您用範圍解析運算子來存取它的值，就像將 shaltanac_grass 指定給 Russet 一樣 ❸。

使用指示詞

您可以利用指示詞（*directive*）using 來大幅度減少打字的次數。指示詞 using 會將符號匯入區塊中，如果您在命名空間範圍內宣告指示詞 using，則匯入當前命名空間。無論是哪種方式，您只需輸入一次完整的命名空間路徑，用法如下：

---

using *my-type*;

相對應的 *my_type* 將被匯入到當前命名空間或區塊中，這意味著您不用再打出其全名。列表 8-6 利用指示詞 using 來重構列表 8-5。

列表 8-6：用指示詞 using 來重構列表 8-5

```
#include <cstdio>

namespace BroopKidron13::Shaltanac {
  enum class Color {
    Mauve,
    Pink,
    Russet
  };
}

int main() {
  using BroopKidron13::Shaltanac::Color; ❶
  const auto shaltanac_grass = Color::Russet❷;
  if(shaltanac_grass == Color::Russet❸) {
    printf("The other Shaltanac's joopleberry shrub is always "
           "a more mauvey shade of pinky russet.");
  }
}
```

```
The other Shaltanac's joopleberry shrub is always a more mauvey shade
of pinky russet.
```

在 main 中利用指示詞 using ❶，當您要使用 Color，就不需要再輸入命名空間 BroopKidron13::Shaltanac ❷ ❸。

如果您小心的話，可以利用指示詞 using namespace 將給定命名空間中的所有符號，都匯入全域命名空間。

列表 8-7 詳細說明了列表 8-6：命名空間 BroopKidron13::Shaltanac 包含多個符號，您希望將這些符號匯入到全域命名空間中，以避免大量的打字。

列表 8-7：列表 8-6 的重構，將多個符號匯入全域命名空間

```
#include <cstdio>

namespace BroopKidron13::Shaltanac {
  enum class Color {
    Mauve,
    Pink,
    Russet
  };

  struct JoopleberryShrub {
    const char* name;
    Color shade;
  };

  bool is_more_mauvey(const JoopleberryShrub& shrub) {
    return shrub.shade == Color::Mauve;
  }
}

using namespace BroopKidron13::Shaltanac; ❶

int main() {
  const JoopleberryShrub❷ yours{
    "The other Shaltanac",
    Color::Mauve❸
  };

  if (is_more_mauvey(yours)❹) {
    printf("%s's joopleberry shrub is always a more mauvey shade of
            pinky" "russet.", yours.name);
```

```
    }
}
```

The other Shaltanac's joopleberry shrub is always a more mauvey shade
of pinky russet.

使用 `using namespace` 指令 ❶，可以在程式中使用類別 ❷、列舉類別
❸、函式 ❸ 等等，而不必輸入完全限定的名稱。當然，您需要非常
小心地處理全域命名空間中現有的型別。通常，在一個編譯單元中
最好不要出現太多 `using namespace` 指示詞。

> **NOTE**
>
> 您不應該把指示詞 `using namespace` 放在標頭檔中，所有匯入該標頭
> 檔的原始程式檔都將把所有符號從這個 using 所指的命名空間轉到全
> 域命名空間中，這可能會造成難以除錯的問題。

型別別名

型別別名（*type alias*）所定義的名稱是參照到先前已定義的名稱，型
別別名可視為是現有型別名稱的同義詞。

型別和任何參照到它的型別別名之間是沒有區別的。此外，型別別
名不能變更現有型別名稱的含義。

要宣告型別別名，請使用以下格式，其中 *type-alias* 是型別別名，
而是 *type-id* 是目標類型：

```
using type-alias = type-id;
```

列表 8-8 使用了 `String` 和 `ShaltanacColor` 兩個型別別名。

列表 8-8：用型別別名重構列表 8-7

```cpp
#include <cstdio>

namespace BroopKidron13::Shaltanac {
  enum class Color {
    Mauve,
    Pink,
    Russet
  };
}

using String = const char[260]; ❶
using ShaltanacColor = BroopKidron13::Shaltanac::Color; ❷

int main() {
  const auto my_color{ ShaltanacColor::Russet }; ❸
  String saying { ❹
    "The other Shaltanac's joopleberry shrub is "
    "always a more mauvey shade of pinky russet."
  };
  if (my_color == ShaltanacColor::Russet) {
    printf("%s", saying);
  }
}
```

列表 8-8 宣告了一個參照到 const char[260] 的型別別名 String ❶，
並且宣告了參照到 BroopKidron13::Shaltanac::Color 的型別別名
ShaltanacColor ❷。您可以用這些型別別名來臨時替換名稱以清理
程式碼。在 main 中，您用 ShaltanaColor 來移除所有的巢狀命名空
間 ❸，並且用 String 來讓 saying 的宣告更為簡潔 ❹。

> **NOTE**
>
> 型別別名可以出現在任何範圍內，包括區塊、類別或命名空間。

您可以在型別別名中引入範本參數，這有兩個重要的用途：

- 您可以對範本參數進行部分應用，所謂部分應用（partial application）是將幾個引數固定到一個範本上，以產生另一個參數較少的範本的過程。

- 您可以用一組完全指定的範本參數為範本定義型別別名。

範本實例化可能會相當繁瑣，而型別別名可以避免您因打字過度而造成腕隧道症候群。

列表 8-9 宣告了一個包含兩個範本參數的 NarrowCaster 類別，然後以型別別名部分應用於其參數之一並產生新的型別。

列表 8-9：利用型別別名實作 NarrowCaster 類別的部分應用

```
#include <cstdio>
#include <stdexcept>

template <typename To, typename From>
struct NarrowCaster const { ❶
  To cast(From value) {
    const auto converted = static_cast<To>(value);
    const auto backwards = static_cast<From>(converted);
    if (value != backwards) throw std::runtime_error{ "Narrowed!" };
    return converted;
  }
};

template <typename From>
using short_caster = NarrowCaster<short, From>; ❷

int main() {
  try {
    const short_caster<int> caster; ❸
    const auto cyclic_short = caster.cast(142857);
    printf("cyclic_short: %d\n", cyclic_short);
  } catch (const std::runtime_error& e) {
    printf("Exception: %s\n", e.what()); ❹
```

```
    }
}
```

```
Exception: Narrowed! ❹
```

首先，您實作了一個與列表 6-6（第 204 頁）中的 narrow_cast 函式範本具有相同功能的 NarrowCaster 範本類別：它將執行一個 static_cast，然後檢查精確度是否有縮小 ❶。接下來，宣告一個型別別名 short_caster，它會部分地將 short 當作 To 型別應用於 NarrowCast。在 main 中，宣告一個型別為 short_caster<int> 的 caster 物件 ❸，short_caster 型別別名中的單個範本參數將應用於型別別名中的其餘型別參數 From。換句話說，short_cast<int> 型別與 NarrowCaster<short, int> 同義，最後的結果是一樣的：對於 2 位元組的 short，當嘗試將值為 142,857 的 int 轉換為 short 時 ❹，會出現一個型別範圍縮小的例外。

結構化綁定

結構化綁定（*Structured binding*）讓您能夠將物件解壓到其組成元素中。任何具有 public 非靜態資料成員的型別都可以這樣解壓縮（例如第 2 章所介紹的 POD 型別）。結構化綁定語法如下：

```
auto [object-1, object-2, ...] = plain-old-data;
```

這行程式碼會初始化任意個數的物件（*object-1, object-2* 等），方法是逐個將它們從 POD 物件中剝離出來，這些物件會從上到下剝離 POD，並從左到右填入結構化綁定。考慮 read_text_file 函式，它接受代表檔案路徑的字串引數。例如，如果檔案被鎖定或不存在，這樣的函式可能會失敗。處理錯誤有兩個選項：

- 您可以在 read_text_file 檔案中引發例外。
- 您可以從函式傳回成功狀態碼。

讓我們來探討第二個選項。

列表 8-10 中的 POD 型別將當作 read_text_file 函式的良好傳回型別。

列表 8-10：將由 read_text_file 函式傳回的 TextFile 型別

```
struct TextFile {
  bool success; ❶
  const char* contents; ❷
  size_t n_bytes; ❸
};
```

首先，一個與呼叫者溝通函式呼叫是否成功的旗標 ❶。接下來是 file 的內容 ❷ 及其大小 n_bytes ❸。

read_text_file 的雛型如下：

```
TextFile read_text_file(const char* path);
```

您可以用結構化綁定宣告將 TextFile 解壓縮到程式中的各個部分，如列表 8-11 所示。

列表 8-11：模擬讀取文字檔的程式，該程式傳回結構化綁定中使用的 POD

```
#include <cstdio>

struct TextFile { ❶
  bool success;
  const char* data;
  size_t n_bytes;
};

TextFile read_text_file(const char* path) { ❷
  const static char contents[]{ "Sometimes the goat is you." };
  return TextFile{
    true,
    contents,
```

```
      sizeof(contents)
  };
}

int main() {
  const auto [success, contents, length]❸ = read_text_file("REAMDE.
txt"); ❹
  if (success❺) {
    printf("Read %zd bytes: %s\n", length❻, contents❼);
  } else {
    printf("Failed to open REAMDE.txt.");
  }
}
```

```
Read 27 bytes: Sometimes the goat is you.
```

您已經宣告了 TextFile ❶，然後為 read_text_file 提供了一個偽定義 ❷（它實際上並沒有讀取檔案；在第 2 部分中有更多介紹）。

在 main 中，您調用 read_text_file ❹ 並且用結構化綁定宣告將結果解壓縮成三個不同的變數：success、contents 和 length ❸，您可以像單獨宣告它們那樣使用這些變數。

NOTE

結構化綁定敘述中的型別不必匹配。

屬性

屬性將由實作所定義的特性應用於運算式敘述。您用雙括號 [[]] 來表示屬性，該屬性包含一個或多個由逗號分隔的屬性元素列表。

表 8-1 列出了標準屬性。

表 8-1：標準屬性

屬性	意義
[[noreturn]]	表示函式無傳回值。
[[deprecated("reason")]]	表示此運算式已棄用；也就是說，不鼓勵使用它。"reason" 為可選參數，指出棄用的原因。
[[fallthrough]]	表示 switch case 打算進入下一個 case。由於 switch case 通常不會執行多個 case，這個檢查可避免編譯時的錯誤。
[[nodiscard]]	表示應使用接下來的函式或型別宣告。如果使用此元素的程式碼遺棄該值，編譯器應發出警告。
[[maybe_unused]]	表示接下來的元素可能未使用，編譯器不應對此發出警告。
[[carries_dependency]]	在 `<atomic>` 標頭中使用，以幫助編譯器最佳化某些記憶體操作。你不太可能直接遇到這種情況。

列表 8-12 透過定義一個沒有傳回值的函式來示範如何使用 [[noreturn]] 屬性。

列表 8-12：示範如何使用 [[noreturn]] 屬性的程式

```
#include <cstdio>
#include <stdexcept>

[[noreturn]] void pitcher() { ❶
  throw std::runtime_error{ "Knuckleball." }; ❷
}

int main() {
  try {
    pitcher(); ❸
  } catch(const std::exception& e) {
    printf("exception: %s\n", e.what()); ❹
  }
}
```

```
Exception: Knuckleball. ❹
```

首先，用 [[noreturn]] 屬性宣告 pitcher 函式 ❶，並且在這個函式中引發一個例外 ❷。因為您總是會引發例外，pitcher 永遠不會傳回 [[noreturn]] 屬性。在 main 中，您調用 pitcher ❸ 並處理捕獲到的例外 ❹。當然，這個列表在沒有 [[noreturn]] 屬性的情況下也可以正常運作。但是，將這些資訊提供給編譯器可以讓它對程式碼進行更全面的分析（並有可能優化您的程式）。

雖然需要使用屬性的情況很少，但它們仍然會向編譯器傳遞有用的資訊。

選擇敘述

選擇敘述（*selection statements*）所要表達的是條件控制流程，選擇敘述有 if 敘述和 switch 敘述兩種變形。

if 敘述

if 敘述的格式如列表 8-13 所示。

列表 8-13：if 如果陳述的語法

```
if (condition-1) {
  // Execute only if condition-1 is true ❶
} else if (condition-2) { // optional
  // Execute only if condition-2 is true ❷
}
// ... as many else ifs as desired
--snip--
} else { // optional
  // Execute only if none of the conditionals is true ❸
}
```

遇到 if 敘述時，首先評估 *condition-1*，如果為 true，則執行 ❶ 處的區塊並停止執行 if 敘述（else if 或 else 敘述將不納入考量）。如果為 false，則依序評估 else if 敘述的條件。這些都是非必要的選項，您可以提供任意個數的 else if。

例如，如果 *condition-2* 的評估結果為 true，則將執行 ❷ 處的區塊，而不考慮其餘的 else if 或 else 敘述。最後，如果前面的所有條件的評估結果都是 false，則 ❸ 處的 else 區塊將被執行。與 else if 區塊一樣，else 區塊也是非必要的選項。

列表 8-14 中的函式範本將 else 引數轉換為正（Positive）、負（Negative）或零（Zero）。

列表 8-14：使用 if 敘述的例子

```
#include <cstdio>

template<typename T>
constexpr const char* sign(const T& x) {
  const char* result{};
  if (x == 0) { ❶
    result = "zero";
  } else if (x > 0) { ❷
    result = "positive";
  } else { ❸
    result = "negative";
  }
  return result;
}

int main() {
  printf("float 100 is %s\n", sign(100.0f));
  printf("int  -200 is %s\n", sign(-200));
  printf("char    0 is %s\n", sign(char{}));
}
```
```
float 100 is positive
int  -200 is negative
char    0 is zero
```

sign 函式接受一個參數並決定它是等於 0 ❶、大於 0 ❷、還是小於 0 ❸。根據符合的條件，它將自動變數結果設定為三個字串之一（zero、positive 或 negative），並將此值傳回給呼叫者。

初始化敘述和 if

透過將 init-statement 加到 if 和 else if 敘述中，可以將物件的作用範圍綁定到 if 敘述，如列表 8-15 所示。

列表 8-15：帶有初始化的 if 敘述

```
if (init-statement; condition-1) {
  // Execute only if condition-1 is true
} else if (init-statement; condition-2) { // optional
  // Execute only if condition-2 is true
}
--snip--
```

您可以將此模式與結構化綁定一起使用，以產生優雅的錯誤處理。列表 8-16 重構了列表 8-11，使用初始化敘述將 Text 的範圍限定在 if 敘述中。

列表 8-16：列表 8-11 的增強版：使用結構化綁定和 if 敘述來處理
　　　　　　錯誤

```
#include <cstdio>

struct TextFile {
  bool success;
  const char* data;
  size_t n_bytes;
};

TextFile read_text_file(const char* path) {
  --snip--
}

int main() {
  if(const auto [success, txt, len]❶ = read_text_file("REAMDE.txt");
success❷)
  {
    printf("Read %d bytes: %s\n", len, txt); ❸
  } else {
```

```
    printf("Failed to open REAMDE.txt."); ❹
  }
}
```

```
Read 27 bytes: Sometimes the goat is you. ❸
```

您已經將結構化綁定敘述移到 if 敘述的初始化敘述部分 ❶，這將把每個解封包物件 success、txt 和 len 的範圍限制在 if 區塊。您在 if 的條件運算式中直接用 success 來確定 read_text_file 是否成功 ❷。如果成功的話，就列印 REAMDE.txt 檔 ❸，如果不成功，則會列印一條錯誤訊息 ❹。

constexpr if 敘述

可以讓 if 敘述成為 constexpr；這樣的敘述稱為 constexpr if 敘述。constexpr if 敘述會在編譯時求值，與 true 條件對應的程式碼區塊將被編繹，其餘部分將被忽略。

constexpr if 的用法跟一般的 if 敘述的用法一樣，如列表 8-17 所示。

列表 8-17：constexpr if 敘述的用法

```
if constexpr (condition-1) {
  // Compile only if condition-1 is true
} else if constexpr (condition-2) { // optional; can be multiple else
ifs
  // Compile only if condition-2 is true
}
--snip--
} else { // optional
  // Compile only if none of the conditionals is true
}
```

constexpr if 敘述與範本和 <type_traits> 標頭結合起來會非常強大。constexpr if 的主要用途是根據型別參數的某些屬性在函式範本中提供自訂行為。

列表 8-18 中的函式範本 value_of 可接收指標、參照、和值。根據引數的物件類型，value_of 會傳回所指向的值或值本身。

列表 8-18：使用 constexpr if 敘述的範例函式範本 value_of

```cpp
#include <cstdio>
#include <stdexcept>
#include <type_traits>

template <typename T>
auto value_of(T x❶) {
  if constexpr (std::is_pointer<T>::value) { ❷
    if (!x) throw std::runtime_error{ "Null pointer dereference." }; ❸
    return *x; ❹
  } else {
    return x; ❺
  }
}

int main() {
  unsigned long level{ 8998 };
  auto level_ptr = &level;
  auto &level_ref = level;
  printf("Power level = %lu\n", value_of(level_ptr)); ❻
  ++*level_ptr;
  printf("Power level = %lu\n", value_of(level_ref)); ❼
  ++level_ref;
  printf("It's over %lu!\n", value_of(level++)); ❽
  try {
    level_ptr = nullptr;
    value_of(level_ptr);
  } catch(const std::exception& e) {
    printf("Exception: %s\n", e.what()); ❾
  }
}
```
```
Power level = 8998 ❻
Power level = 8999 ❼
It's over 9000! ❽
Exception: Null pointer dereference. ❾
```

函式範本 value_of 接收一個參數 x ❶。您可以把 std::is_pointer<T> 型別特徵當作 constexpr if 敘述中的條件運算式來決定引數是否為指標型別 ❷。如果 x 是指標型別，則檢查是否為 nullptr，如果是的話則引發例外 ❸。如果 x 不是 nullptr，取消對它的參照並傳回結果 ❹。否則，x 不是指標型別，所以就將它傳回（因為它是一個值）❺。

在 main 中，您多次用不同的型別實例化 value_of，包括 unsigned long 指標 ❻、unsigned long 參照會 ❼、unsigned ong ❽ 和 nullptr。

在執行時，constexpr if 敘述將消失；每個 value_of 的實例都包含選擇敘述的其中一個分支。您可能想知道這麼做有什麼用。畢竟，程式應該在執行時做一些有用的事情，而不是在編譯時。回到列表 7-17（第 275 頁），您將看到編譯時評估可以透過消除神奇數值來大大簡化程式。

還有一些經常使用編譯時評估的例子，特別是在建立函式庫供其他人使用時。因為函式庫編寫者通常不知道使用者要用什麼方式來使用函式庫，所以他們需要編寫泛型程式碼。通常，他們會用您在第 6 章所學到的技術，這樣他們就可以實現編譯時的多型。像 constexpr 這樣的結構可以在撰寫此類程式碼時派上用場。

NOTE

如果您有 C 的背景，當考慮到編譯時求值幾乎完全取代了對前置處理器巨集的需要時，將立即認識到編譯時求值的實用性。

switch 敘述

第 2 章首先介紹了傳統的 switch 敘述，本節將深入研究如何在 switch 敘述中添加初始化敘述。用法如下：

```
switch (init-expression❶; condition) {
  case (case-a): {
    // Handle case-a here
  } break;
  case (case-b): {
    // Handle case-b here
  } break;
    // Handle other conditions as desired
  default: {
    // Handle the default case here
  }
}
```

與 if 敘述一樣，您可以在 switch 敘述中產生實例 ❶，列表 8-19 在
switch 敘述中使用了一個初始化敘述。

列表 8-19：在 switch 敘述中使用初始化表達式

```
#include <cstdio>

enum class Color { ❶
  Mauve,
  Pink,
  Russet
};

struct Result { ❷
  const char* name;
  Color color;
};

Result observe_shrub(const char* name) { ❸
  return Result{ name, Color::Russet };
}

int main() {
  const char* description;
  switch (const auto result❹ = observe_shrub("Zaphod"); result.
color❺) {
```

```cpp
    case Color::Mauve: {
      description = "mauvey shade of pinky russet";
      break;
    } case Color::Pink: {
      description = "pinky shade of mauvey russet";
      break;
    } case Color::Russet: {
      description = "russety shade of pinky mauve";
      break;
    } default: {
      description = "enigmatic shade of whitish black";
    }}
    printf("The other Shaltanac's joopleberry shrub is "
           "always a more %s.", description); ❻
}
```

The other Shaltanac's joopleberry shrub is always a more russety shade
of pinky mauve. ❻

您宣告了熟悉的 Color enum class ❶，並將其與 char* 成員合併，
以形成 POD 型別的 Result ❷。函式 observe_shrub 傳回一個 Result
❸。在 main 中，您在初始設定式中呼叫 observe_shrub 並將結果儲
存到結果變數 x 中 ❹。在 switch 的條件表達式中，您提取了 result
中的 color 元素 ❺，此元素決定要執行哪一個 case 區塊（並設定
description 指標）。

與 if 敘述加初始值設定項語法一樣，初始設定式中初始化的任何物
件都綁定到 switch 敘述的範圍。

反覆運算敘述

反覆運算敘述（*iteration statements*）會重複執行敘述。反覆運算敘述
有四種，分別是 while 迴圈、do while 迴圈、for 迴圈和以範圍為基
礎的 for 迴圈。

while 迴圈

while 迴圈是基本的反覆運算機制，用法如下：

```
while (condition) {
  // The statement in the body of the loop
  // executes upon each iteration
}
```

在執行迴圈的反覆運算之前，while 迴圈會先評估 condition 表達式。如果為 true，則迴圈繼續。如果為 false，則迴圈終止，如列表 8-20 所示。

列表 8-20：一個將 uint8_t 乘以 2，並在每次反覆運算中列印新值的程式

```
#include <cstdio>
#include <cstdint>

bool double_return_overflow(uint8_t& x) { ❶
  const auto original = x;
  x *= 2;
  return original > x;
}

int main() {
  uint8_t x{ 1 }; ❷
  printf("uint8_t:\n===\n");
  while (!double_return_overflow(x)❸) {
    printf("%u ", x); ❹
  }
}
```
- -
```
uint8_t:
===
2 4 8 16 32 64 128 ❹
```

您宣告 double_return_overflow 函式的參數為 8 位元、不帶正負號的整數參照 ❶，這個函式會將參數加倍，並檢查這是否會導致溢位。如果是，則傳回 true。如果沒有發生溢位，則傳回 false。

在進入 while 迴圈之前，將變數 x 初始化為 1 ❷。while 迴圈中的條件運算式會評估 double_return_overflow(x) ❸，由於您是透過參照來傳遞，這個函式會將 x 加倍。它還傳回一個值，告訴您加倍是否導致 x 溢位。當條件運算式的評估結果為 true 時，將執行迴圈，但 double_return_overflow 寫成是迴圈該停止時傳回 true，透過在其前面加上邏輯反向運算子（!）可以解決此問題。（回想第 7 章，這會把 true 變 false、false 變 true。）所以 while 迴圈實際上是在問，「double_return_overflow 為真是否不成立。」

最終結果將列印出值 2、4、8 等一直到 128 ❹。

請注意，由於評估條件運算式會讓 x 加倍，值 1 永遠不會被印出來，您可以透過將條件敘述放在迴圈的最後面來修改此行為，而這正是 do-while 迴圈。

do-while 迴圈

do-while 迴圈與 while 迴圈相同，只是條件敘述在迴圈完成後而不是在迴圈之前評估。其用法如下：

```
do {
  // The statement in the body of the loop
  // executes upon each iteration
} while (condition);
```

由於條件是在迴圈結束時才評估，所以您可以保證迴圈至少執行一次。

列表 8-21 將列表 8-20 重構為 do-while 迴圈。

列表 8-21：一個將 uint8_t 乘以 2，並在每次反覆運算中列印新值
　　　　 的程式

```
#include <cstdio>
#include <cstdint>

bool double_return_overflow(uint8_t& x) {
  --snip--
}

int main() {
  uint8_t x{ 1 };
  printf("uint8_t:\n===\n");
  do {
    printf("%u ", x); ❶
  } while (!double_return_overflow(x)❷);
}
```

```
uint8_t:
===
1 2 4 8 16 32 64 128 ❶
```

請注意，列表 8-21 的輸出現在從 1 開始 ❶，而您所做的只是重新安排一下 while 迴圈的位置，將條件放在迴圈的最後 ❷。

在大多數涉及反覆運算的情況下，您有三個任務：

1. 初始化一些物件。

2. 在每次反覆運算之前更新物件。

3. 檢查物件的值是否符合某些條件。

您可以用 while 或 do-while 迴圈來完成這些任務中的一部分，但是 for 迴圈則提供了更方便的內建工具。

for 迴圈

for 迴圈是一個包含三個特殊表達式的反覆運算敘述：*初始化*（*initialization*）、條件（*conditional*）、和*疊代*（*iteration*），如下所述。

初始化表達式

初始化表達式類似 if 的初始化：只有在執行第一個反覆運算之前執行一次。初始化表達式中所宣告的任何物件的生存期都僅限於 for 迴圈的範圍。

條件表達式

for 迴圈的條件表達式只在每次剛要執行反覆運算之前進行評估。如果條件的評估結果為 true，則迴圈將繼續執行。如果條件的評估結果為 false，則迴圈會終止（此行為與 while 和 do-while 迴圈的條件完全相同）。

跟 if 和 switch 敘述類似的地方是，for 也允許您在敘述的作用範圍內初始化物件。

疊代表達式

在 for 迴圈的每次反覆運算之後，疊代表達式會在條件表達式之前進行求值。請注意，疊代表達式在成功反覆運算後才會求值，因此疊代表達式不會在第一次反覆運算之前執行。

為了澄清這一點，以下列表概述了 for 迴圈中典型的執行順序：

1. 初始化表達式
2. 條件表達式
3. （迴圈主體）
4. 疊代表達式
5. 條件表達式
6. （迴圈主體）

重複步驟 4 到 6，直到條件表達式傳回 false。

用法

列表 8-22 為 for 迴圈的用法。

列表 8-22：使用 for 迴圈

```
for(initialization❶; conditional❷; iteration❸) {
  // The statement in the body of the loop
  // executes upon each iteration
}
```

初始化 ❶、條件 ❷ 和反覆運算 ❸ 表達式位於 for 迴圈主體前面的括號中。

使用索引進行反覆運算

for 迴圈非常擅長反覆運算類似陣列物件的組成元素。您可以用一個索引（index）變數來輔助反覆運算類似陣列物件的有效範圍，您可以使用此索引按順序與每個陣列元素互動。列表 8-23 用一個索引變數列印陣列的每個元素及其索引。

列表 8-23：反覆運算費波那契數的程式

```
#include <cstdio>

int main() {
  const int x[]{ 1, 1, 2, 3, 5, 8 }; ❶
  printf("i: x[i]\n"); ❷
  for (int i{}❸; i < 6❹; i++❺) {
    printf("%d: %d\n", i, x[i]);
  }
}
```

```
i: x[i] ❷
0: 1
1: 1
2: 2
3: 3
4: 5
5: 8
```

您用前六個費波那契數初始化一個叫做 x 的 int 陣列 ❶。在列印輸出標頭之後 ❷，構建一個包含初始化 ❸、條件 ❹ 和反覆運算 ❺ 表達式的 for 迴圈。初始化表達式會先執行，並將索引變數 i 初始化為零。

列表 8-23 顯示了一個自從 1950 年代以來從未改變過的程式撰寫模式。透過使用更現代的以範圍為基礎的 for 迴圈，可以消除很多樣板程式碼。

以範圍為基礎的 for 迴圈

以範圍為基礎的 for 迴圈在一個值的範圍（*range*）之內進行反覆運算，而不需要索引變數。範圍（或範圍表達式（*range expression*））是一個以範圍為基礎的 for 迴圈知道要如何疊代的物件。許多 C++ 物件都是有效的範圍表達式，包括陣列。（所有您在第 2 部分會學到的 stdlib 容器也是有效的範圍表達式。）

用法

以範圍為基礎的 for 迴圈的用法如下：

```
for(range-declaration : range-expression) {
  // The statement in the body of the loop
  // executes upon each iteration
}
```

範圍宣告（*range declaration*）A 陳述了一個命名變數，而這個變數的型別必須與範圍表達式所暗示的型別相同（可以使用 auto）。

列表 8-24 用以範圍為基礎的 for 迴圈重構了列表 8-23。

列表 8-24：以範圍為基礎的 for 迴圈對前六個費波那契數進行疊代

```
#include <cstdio>

int main() {
  const int x[]{ 1, 1, 2, 3, 5, 8 }; ❶
```

```
  for (const auto element❷ : x❸) {
    printf("%d ", element❹);
  }
}
```

```
1 1 2 3 5 8
```

您仍然宣告一個包含 6 個費波那契數的陣列 x ❶，以範圍為基礎的
for 迴圈包含一個範圍宣告表達式 ❷，您可以在其中宣告 element 變
數來保存範圍中的每個元素。它還包含了範圍表達式 x ❸，其中包含
要以疊代方式印出的元素 ❹。

現在這個程式碼看起來更簡潔了！

範圍表達式

您可以定義自己的型別，這些型別也是有效的範圍表達式。但是您
需要在您的型別上指定幾個函式。

每個範圍都有一個 begin 和 end method，這些函式代表以範圍為基
礎的 for 迴圈用來在該範圍內疊代的公用介面，兩種方法都會傳回
疊代器（*iterator*）。疊代器是一個支援 operator!=、operator++、和
operator* 的物件。

讓我們看看這些零件是如何組合在一起的。實際上，一個以範圍為
基礎的 for 迴圈看起來就像列表 8-25 中的迴圈。

列表 8-25：用 for 迴圈模擬以範圍為基礎的 for 迴圈

```
const auto e = range.end();❶
for(auto b = range.begin()❷; b != e❸; ++b❹) {
  const auto& element❺ = *b;
}
```

初始化表達式儲存兩個變數，b ❷ 和 e ❶，分別初始化為 range.
begin() 和 range.end()。條件表達式檢查 b 是否等於 e，如果是的

話，表示迴圈已完成 ❸（這是慣例）。疊代表達式以前置運算子遞增 b ❹。最後，iterator 幫忙將運算子 * 解參照，因此您可以提取被指向的元素 ❺。

> **NOTE**
>
> begin 和 end 所傳回的型別不需要一樣，基本要求是 begin 的運算子 operator!= 能接受 end 引數，以支援 begin != end 的比較。

費波那契範圍

本節將實作一個可以產生任意長的費波那契數列的 FibonacciRange 物件。在上一節中，您知道這個範圍必須提供可傳回 iterator 的 begin 和 end method。這個 iterator（在本例中稱為 FibonacciIterator）必須反過來提供 operator!=、operator++、和 operator*。

列表 8-26 實作了一個 FibonacciIterator 和一個 FibonacciRange。

列表 8-26：FibonacciIterator 和 FibonacciRange 的實作

```
struct FibonacciIterator {
  bool operator!=(int x) const {
    return x >= current; ❶
  }

  FibonacciIterator& operator++() {
    const auto tmp = current; ❷
    current += last; ❸
    last = tmp; ❹
    return *this; ❺
  }

  int operator*() const {
    return current; ❻
  }
private:
  int current{ 1 }, last{ 1 };
```

```
};

struct FibonacciRange {
  explicit FibonacciRange(int max❼) : max{ max } { }
  FibonacciIterator begin() const { ❽
    return FibonacciIterator{};
  }
  int end() const { ❾
    return max;
  }
private:
  const int max;
};
```

FibonacciIterator 有兩個欄位，current 和 last，初始化為 1，記錄了費波那契數列中的兩個值。operator!= 檢查引數是否大於或等於 current ❶。請記住，這個引數是用在以範圍為基礎的 for 迴圈中的條件表達式。如果該元素保持在範圍內，則傳回 true；否則傳回 false。operator++ 出現在疊代表達式中，負責設定下一次反覆運算的疊代器。首先將 current 的值保存到臨時變數 tmp 中 ❷，接著把 current 遞增 last，得到下一個費波那契數 ❸（這是從費波那契數列的定義得到的），然後把 last 設為 tmp ❹ 並傳回對 this 的參照 ❺。最後，operator* 的實作直接傳回 current 即可 ❻。

FibonacciRange 要簡單得多。它的建構子接收一個 max 引數，用來定義範圍的上限 ❼。begin method 傳回一個新的 FibonacciIterator ❽，而 end method 則傳回 max ❾。

現在應該很清楚為什麼在 FibonacciIterator 上實作 bool operator!=(int x)，而不是 bool operator!=(const FibonacciIterator& x)：FibonacciRange 從 end() 傳回一個 int。

您可以在以範圍為基礎的 for 迴圈中使用 FibonacciRange，如列表 8-27 所示。

列表 8-27：在程式中使用 FibonacciRange

```
#include <cstdio>

struct FibonacciIterator {
  --snip--
};

struct FibonacciRange {
  --snip--;
};

int main() {
  for (const auto i : FibonacciRange{ 5000 }❶) {
    printf("%d ", i); ❷
  }
}
```

```
1 2 3 5 8 13 21 34 55 89 144 233 377 610 987 1597 2584 4181 ❷
```

實作列表 8-26 中的 **FibonacciIterator** 和 **FibonacciRange** 花了一些功夫，但回報是可觀的。在 **main** 中，您只需建構一個具有所需上限的 **FibonacciRange** ❶，而以範圍為基礎的 **for** 迴圈會為您處理所有其他問題，您只需在 **for** 迴圈中使用結果元素 ❷。

列表 8-27 在功能上等同於列表 8-28，列表 8-28 將以範圍為基礎的 **for** 迴圈轉換為傳統的 **for** 迴圈。

列表 8-28：以傳統的 **for** 迴圈重構列表 8-27

```
#include <cstdio>

struct FibonacciIterator {
  --snip--
};

struct FibonacciRange {
  --snip--;
};
```

```
int main() {
  FibonacciRange range{ 5000 };
  const auto end = range.end();❶
  for (const auto x = range.begin()❷; x != end ❸; ++x ❹) {
    const auto i = *x;
    printf("%d ", i);
  }
}
```
----
1 2 3 5 8 13 21 34 55 89 144 233 377 610 987 1597 2584 4181

列表 8-28 示範了所有這些部分是如何組合在一起的。呼叫
range.begin() ❷ 會產生一個 FibonacciIterator，當您呼叫
range.end() 的時候 ❶，會產生一個 int。這些型別直接來自
FibonacciRange 上 begin() 和 end() method 的定義。條件敘述 ❸ 利
用 FibonacciIterator 上的 operator!=(int) 得到以下行為：如果疊
代器 x 超過 operator!= 的 int 引數，條件的評估結果為 false 並結
束迴圈。您也在 FibonacciIterator 上實作了 operator++，所以 ++x
會在 FibonacciIterator 中加上費波那契數。

當您比較列表 8-27 和列表 8-28 時，可以看到以範圍為基礎的 for 迴
圈隱藏了多少乏味的細節。

NOTE

> 您可能會想，「當然，以範圍為基礎的 for 迴圈看起來更乾淨，但是
> FibonacciIterator 和 FibonacciRange 卻需要做很多工作。」這是一
> 個很好的觀點，而且如果程式碼只用一次，您可能不會用這種方式
> 重構程式碼。範圍主要的用處在於您正在撰寫函式庫、經常重複使
> 用的程式碼、或者只是使用其他人所撰寫的範圍。

跳轉敘述

跳轉敘述（包括 break、continue 和 goto 敘述）是用來改變控制流程。與選擇敘述不同的是，跳轉敘述並非條件敘述。您應該避免使用它們，因為它們幾乎總是可以被更高階的控制結構所取代。在這裡討論它們，是因為您可能會在舊的 C++ 程式碼中看到它們，而且它們仍然在許多 C 程式碼中扮演中心角色。

break 敘述

break 敘述會終止包含它的反覆運算或 switch 敘述的執行。break 完成後，執行會轉移到緊跟在 for、以範圍為基礎的 for、while、do while 或 switch 之後的敘述。

您已經在 switch 敘述中使用了 break；一旦某個 case 完成，break 敘述將終止 switch。回想一下，如果沒有 break 敘述，switch 敘述將繼續執行以下所有情況。

列表 8-29 重構了列表 8-27，以在疊代器 i 等於 21 時跳出以範圍為基礎的 for 迴圈。

列表 8-29：列表 8-27 的重構，如果疊代器等於 21 就中斷

```
#include <cstdio>

struct FibonacciIterator {
  --snip--
};

struct FibonacciRange {
  --snip--;
};

int main() {
  for (auto i : FibonacciRange{ 5000 }) {
    if (i == 21) { ❶
```

```
      printf("*** "); ❷
      break; ❸
    }
    printf("%d ", i);
  }
}
```

---

1 2 3 5 8 13 *** ❷

if 敘述來用來檢查 i 是否為 21 ❶。如果是，則列印三個星號 *** ❷
並 break ❸。注意這個程式的輸出：程式會列印三個星號而不是列印
21，並且 for 迴圈會終止。請將其與列表 8-27 的輸出進行比較。

continue 敘述

continue 敘述會跳過它所在疊代範圍內的其餘敘述，並繼續下一次
的反覆運算，列表 8-30 用 continue 取代了列表 8-29 中的 break。

列表 8-30：用 continue 取代 break 來重構列表 8-29

```
#include <cstdio>

struct FibonacciIterator {
  --snip--
};

struct FibonacciRange {
  --snip--;
};

int main() {
  for (auto i : FibonacciRange{ 5000 }) {
    if (i == 21) {
      printf("*** "); ❶
      continue; ❷
    }
    printf("%d ", i);
```

```
    }
}
```

---

1 2 3 5 8 13 *** ❶34 55 89 144 233 377 610 987 1597 2584 4181

當 i 為 21 時，您仍然列印三個星號 ❶，但是使用 continue 而不是 break ❷。這會導致 21 不列印，如列表 8-29 所示；但是，與列表 8-29 不同，列表 8-30 繼續反覆運算。（比較輸出。）

goto 敘述

goto 敘述是無條件跳轉，goto 敘述的目標是一個標籤。

標籤

標籤（*label*）是可以添加到任何敘述中的識別字。標籤給敘述一個名稱，它們對程式沒有直接影響。若要指派標籤，可在敘述前添加所需的標籤名稱，後面跟著冒號即可。

列表 8-31 在一個簡單的程式中加入標籤 luke 和 yoda。

列表 8-31：一個帶有標籤的簡單程式

```
#include <cstdio>

int main() {
luke: ❶
  printf("I'm not afraid.\n");
yoda: ❷
  printf("You will be.");
}
```

```
I'm not afraid.
You will be.
```

標籤 ❶ ❷ 本身並沒有做任何事情。

轉到用法

goto 敘述的用法如下：

---

goto *label*;

例如，您可以用 goto 敘述造成列表 8-32 中簡單程式不必要的混淆。

列表 8-32：示範因 goto 敘述而造成雜亂無章的程式碼

```
#include <cstdio>

int main() {
  goto silent_bob; ❶
luke:
  printf("I'm not afraid.\n");
  goto yoda; ❸
silent_bob:
  goto luke; ❷
yoda:
  printf("You will be.");
}
```

```
I'm not afraid.
You will be.
```

列表 8-32 中的控制流程先傳給 silent_bob ❶，然後傳給 luke ❷，
然後再傳給 yoda ❸。

goto 在現代 C++ 程式中的作用

在現代 C++ 中，goto 敘述並沒有什麼好的用處，不要使用它們。

在寫得不好的 C++ 中（以及在大多數 C 程式碼中），您可能會看到 goto 被當作簡易的錯誤處理機制。許多系統程式設計需要獲取資源、檢查錯誤條件、和清理資源。RAII 範式巧妙地將所有這些細節抽象化，但 C 並沒有 RAII。有關更多資訊請參見第 xxiv 頁的 C 程式設計師開場序。

摘要

在本章中，您學習了可以在程式中使用的不同類型的敘述，包括宣告和初始化、選擇敘述和疊代敘述。

請記住，try-catch 區塊也是敘述，不過它們已經在第 4 章中被詳細討論過了。

練習

8-1. 將列表 8-27 重構成單獨的編譯單元：一個用於 main，另一個用於 FibonacciRange 和 FibonacciIterator。使用標頭檔在兩個編譯單元之間共用定義。

8-2. 實作一個 PrimeNumberRange 類別，該類別可用於範圍例外中，以反覆運算所有小於給定值的質數。同樣，將標頭檔和原始檔儲存為不同的檔案。

8-3. 將 PrimeNumberRange 整合到列表 8-27 中，添加一個迴圈以產生所有小於 5,000 的質數。

延伸閱讀

- 《ISO International Standard ISO/IEC (2017) — Programming Language C++》（ISO 國際標準 ISO/IEC（2017）--程式語言 C++）（國際標準組織；瑞士日內瓦；*https://isocpp.org/std/the-standard/*）

- 《*Random Number Generation and Monte Carlo Methods*》，第二版 Springer-Velrag，2003，James E. Gentle 著

- 《*Random Number Generation and Quasi-Monte Carlo Methods*》，SIAM Vol. 63，1992，Harald Niederreiter 著

9

函式

函式應該做一件事，他們應該把這件事做好，
而且應該只做這件事。

—— 羅伯特 · **C** · 馬丁（*Robert C. Martin*），
《無瑕的程式碼：敏捷軟體開發技巧守則》

本 章將對把程式碼封裝到可重複使用的元件
中的函式做一個完整的討論。現在您已經
具備了紮實的 **C++** 基礎知識，本章首先重新探討
了函式，並對其修飾詞、指定詞和傳回型別進行了更深入
的討論，這些會出現在函式的宣告中，對函式的行為做特
殊的處理。

接下來，在探索函式指標、型別別名、函式物件和久負盛名的
lambda 表達式之前，您將學習多載解析和接受可變個數的參數。
最後，在重訪 main 函式並接受命令列引數之前，本章會先介紹一
下 std::function。

函式宣告

常見的函式宣告形式如下：

---

prefix-modifiers return-type func-name(arguments) suffix-modifiers;

您可以給函式提供許多可選的修飾詞（*modifiers*）（或指定詞（*specifiers*）），修飾詞以某種方式改變函式的行為，有些修飾詞出現在函式的宣告或定義的開頭（前置修飾詞（*prefix modifiers*）），而其他修飾詞則出現在函式宣告或定義的後面（後置修飾詞（*suffix modifiers*））。前置修飾詞出現在傳回型別之前，後置修飾詞則出現在參數列表之後。

至於為什麼某些語言的修飾語要放在函式宣告的前面或後面並沒有明確的原因：由於 C++ 有著悠久的歷史，這些特點是由逐漸演變而來。

前置修飾詞

到目前為止，您已經知道幾個前置修飾詞：

- 前置詞 static 表示非類別成員的函式具有內部連結，這意味著該函式不會在翻譯單元之外使用。不幸的是，這個關鍵字有雙重作用：如果它修改了一個 method（即類別中的一個函式），表示函式與類別所產生的實體無關，而是與類別本身相關聯（見第 4 章）。

- 修飾詞 virtual 表示 method 可以被子類別重寫，修飾詞 override 向編譯器指出子類別打算重寫父類別的虛擬函式（見第 5 章）。

- 修飾詞 constexpr 表示，如果可能，應該在編譯時即求出函式的值（見第 7 章）。

- 修飾詞 [[noreturn]] 表示該函式沒有傳回值（見第 8 章）。回想一下，這個屬性有助於編譯器將程式碼最佳化。

另一個前置修飾詞是 inline，它在最佳化程式碼時起到引導編譯器的作用。

在大多數平臺上，函式呼叫會編譯為一系列的指令，例如：

1. 將引數放入暫存器和呼叫堆疊中。

2. 將傳回位址推送到呼叫堆疊中。

3. 跳轉到被呼叫的函式。

4. 函式完成後，跳轉到傳回位址。

5. 清理呼叫堆疊。

這些步驟通常執行得非常快，如果您在許多地方使用同一個函式，那麼所減少的程式碼大小將是相當可觀的。

將函式內嵌（*inlining a function*）意味著直接將函式的內容複製貼上到執行路徑中，進而消除了對前述的五個步驟的需求。這也表示，當處理器執行程式碼時，它將立即執行函式的程式碼，而不是執行函式呼叫所需的（適度）儀式。如果您更喜歡這種速度的邊際增長，而不在乎會付出相對地增加程式檔大小的代價，那麼可以用關鍵字 inline 向編譯器表明這一點，關鍵字 inline 會提示編譯器的最佳化程式將函式直接嵌入程式碼中，而不是執行函式呼叫。

將函式加上 inline 並不會改變它的行為；它純粹是表達編譯時的所喜好的方式。您必須確保，如果您定義了 inline 函式，那麼在所有轉譯單元中都應該這樣做的。還要注意的是，現代編譯器通常會在有意義的地方將函式內嵌，尤其是當函式不會在單一轉譯單元之外使用時。

後置修飾詞

在本書中，到目前您已經知道兩個後置修飾詞：

- 修飾詞 noexcept 表示函式將**永遠不會**引發例外，它支援某些最佳化（見第 4 章）。

- 修飾詞 const 表示該 method 不會修改其類別的實例，允許 const 參照型別來調用該方法（見第 4 章）。

本節將探討另外三個後置修飾詞：final、override 和 volatile。

final 和 override

修飾詞 final 表示 method 不能被子類別重寫，它實際上是 virtual 的反面。列表 9-1 試圖重寫 final method 並產生編譯器錯誤。

列表 9-1：一個試圖重寫 final method 的類別（此程式碼無法編譯）

```
#include <cstdio>

struct BostonCorbett {
  virtual void shoot() final❶ {
    printf("What a God we have...God avenged Abraham Lincoln");
  }
};

struct BostonCorbettJunior : BostonCorbett {
  void shoot() override❷ { } // Bang! shoot is final.
};

int main() {
  BostonCorbettJunior junior;
}
```

這個列表標記了 shoot 方法為 final ❶，在繼承自 BostonCorbett 的 BostonCorbettJunior 中，您試圖重寫 shoot 方法 ❷，這會導致編譯器錯誤。

您還可以將 final 關鍵字應用於整個類別，完全禁止該類別成為父類別，如列表 9-2 所示。

列表 9-2：一個試圖繼承自 `final` 類別的類別（此程式碼無法編譯）

```
#include <cstdio>

struct BostonCorbett final ❶ {
  void shoot()  {
    printf("What a God we have...God avenged Abraham Lincoln");
  }
};

struct BostonCorbettJunior : BostonCorbett ❷ { }; // Bang!

int main() {
  BostonCorbettJunior junior;
}
```

BostonCorbett 類別被標記為 `final` ❶，所以此時當您試圖在 BostonCorbettJunior ❷ 中繼承它時，會導致編譯器錯誤。

> **NOTE**
>
> final 和 override 技術上而言都不是語言的關鍵字；它們是識別字。與關鍵字不同，識別字只有在特定上下文中使用時才具有特殊意義。這意味著您可以在程式的其他地方把 final 和 override 當作為符號名稱，從而導致像 virtual void final() override 這樣瘋狂的寫法，請儘量不要這樣做。

無論在任何時候使用介面繼承，都應該將實作類別標記為 `final`，因為修飾詞可以鼓勵編譯器執行稱為**去虛擬化**（*devirtualization*）的最佳化。當虛擬呼叫被去虛擬化時，編譯器會消除與虛擬呼叫相關的執行時開銷。

易失性

回想一下第 7 章，易失性（volatile）物件的值可以隨時更改，因此編譯器必須將對 volatile 物件的所有存取視為可見的副作用，以便進行最佳化。volatile 關鍵字表示該 method 可以被 volatile 物件調用。這類似於 const method 如何應用於 const 物件。這兩個關鍵字一起定義了一個方法的**常數／易失性條件**（*const/volatile qualification*）（或有時稱為 CV 修件（cv qualification）），如列表 9-3 所示。

列表 9-3：說明 volatile method 的使用方式

```
#include <cstdio>

struct Distillate {
  int apply() volatile ❶ {
    return ++applications;
  }
private:
  int applications{};
};

int main() {
  volatile ❷ Distillate ethanol;
  printf("%d Tequila\n", ethanol.apply()❸);
  printf("%d Tequila\n", ethanol.apply());
  printf("%d Tequila\n", ethanol.apply());
  printf("Floor!");
}
```

```
1 Tequila ❸
2 Tequila
3 Tequila
Floor!
```

在這個列表中，您宣告在 Distillate 類別上的 apply method 為 volatile ❶。您還可以在 main 中建立一個名為 ethanol 的 volatile Distillate ❷。由於 apply 方法是 volatile，您仍然可以調用它 ❸（即使 ethanol 為 volatile）。

如果您沒有標記 apply 為 volatile ❶，當您試圖調用它時，編譯器將發出一個錯誤 ❸。正如您不能在 const 物件上調用非 const method 一樣，也不能在 volatile 物件調用非 volatile 方法。想像一下如果您可以執行這樣的操作會發生什麼：一個非 volatile 方法是所有編譯器最佳化的對像，原因在第 7 章已說明：許多類型的記憶體存取可以在不會對程式產生明顯副作用的情況下被最佳化掉。

編譯器應該如何處理因使用 volatile 物件而產生的矛盾（該物件要求將其所有記憶體存取都視為可觀察的副作用來調用非 volatile 方法）？編譯器的答案是，它將這種矛盾稱為錯誤。

auto 傳回型別

有兩種方法可以宣告函式的傳回值：

- （主要）用它的傳回型別來引導一個函式宣告，就像您一直在做的那樣。
- （次要）讓編譯器用 auto 來推斷正確的傳回型別。

與 auto 型別推斷一樣，編譯器會推斷出傳回型別，並將執行時的型別固定。

這項函式使用時應謹慎，因為函式定義是說明文件，所以最好是提供具體的傳回型別。

auto 和函式範本

auto 型別推斷的主要使用案例是函式範本，其中傳回型別可以（以潛在的複雜方式）依賴於範本參數。其用法如下：

```
auto my-function(arg1-type arg1, arg2-type arg2, ...) {
  // return any type and the
  // compiler will deduce what auto means
}
```

auto 傳回型別推斷的語法可進一步延伸，提供將傳回型別置於箭頭運算子（->）後面的寫法。透過這種方式，可以將計算結果附加到函式的傳回型別上。其用法如下：

```
auto my-function(arg1-type arg1, arg2-type arg2, ...) -> type-expression {
  // return an object with type matching
  // the type-expression above
}
```

通常，您不會使用這種迂腐的形式，但在某些情況下，它是有幫助的。例如，這種 auto 型別推斷的型式通常與 decltype 型別運算式成對出現，而 decltype 型別運算式產生另一個運算式結果的型別。其用法如下：

```
decltype(expression)
```

這個運算式解析為運算式結果的型別。例如，以下 decltype 運算式會產生成 int，因為整數字面值 100 具有該型別：

```
decltype(100)
```

除了使用範本的泛型程式設計之外，decltype 很少出現。

您可以將 auto 傳回型別推斷和 decltype 結合起來記錄函式範本的傳回型別。考慮列表 9-4 中的 add 函式，它定義了一個函式範本 add，並將兩個引數相加。

列表 9-4：使用 decltype 和 auto 傳回型別推斷

```
#include <cstdio>

template <typename X, typename Y>
auto add(X x, Y y) -> decltype(x + y) { ❶
  return x + y;
}

int main() {
  auto my_double = add(100., -10);
  printf("decltype(double + int) = double; %f\n", my_double); ❷
```

```
  auto my_uint = add(100U, -20);
  printf("decltype(uint + int) = uint; %u\n", my_uint); ❸

  auto my_ulonglong = add(char{ 100 }, 54'999'900ull);
  printf("decltype(char + ulonglong) = ulonglong; %llu\n", my_
ulonglong); ❹
}
```

```
decltype(double + int) = double; 90.000000 ❷
decltype(uint + int) = uint; 80 ❸
decltype(char + ulonglong) = ulonglong; 55000000 ❹
```

add 函式採用 decltype 型別表達式的 auto 型別推斷 ❶。每次用兩
個型別 X 和 Y 產生實例範本時，編譯器都會評估 decltype(X+Y) 並
將 add 的傳回型別固定。在 main 中產生了三個實例。第一個是
把 double 和 int 相加油 ❷。編譯器將判定 decltype(double{ 100.
}+int{ -10 }) 是一個 double，並確定了這個 add 實例化的傳回型
別，而這又會將 my_double 的型別設為 double ❷。main 中其他兩
個實例化：一個用於 unsigned int 和 int 相加（結果為 unsigned
int ❸），另一個用於 char 和 unsigned long long 相加（結果為
unsigned long long ❹）。

多載解析

多載解析（*overload resolution*）是編譯器在將函式呼叫與其正確實作
相匹配時執行的過程。

回想一下第 4 章，函式多載允許您指定具有相同名稱但不同型別和
可能不同引數的函式。編譯器透過比較函式呼叫中的引數型別，與
每個多載宣告中的型別，在這些函式多載中進行選擇。編譯器將在
可能的選項中選出最佳選項，如果無法選出最佳選項，則會產生編
譯器錯誤。

大致而言，匹配過程如下：

1. 編譯器將查找完全匹配的型別。

2. 編譯器將嘗試使用整數和浮點提升來獲得適當的多載（例如，
   int 到 long 或 float 到 double）。

3. 編譯器將嘗試使用標準轉換進行匹配，例如將整數轉換為浮點
   數，或將指向子級的指標轉換為指向父級的指標。

4. 編譯器將查找使用者定義的轉換。

5. 編譯器將查找不固定引數函式。

不固定引數函式

不固定引數函式（*variadic functions*）接受任意個數的引數。通常，
透過顯式列舉函式的所有引數來指定函式接受的確切引數個數。不
固定引數函式 printf 是一個典型的例子：您提供一個格式指定符和
任意個數的參數，而由於 printf 是一個不固定引數函式，因此可接
受任意個數的參數。

NOTE

精明的 Pythonista 會注意到不固定引數函式和 *args/**kwargs 之間
直接的概念上的關係。

您可以透過把函式引數列表的最後一個參數寫成 ... 來宣告不固定引
數函式。當不固定引數函式被調用時，編譯器將參數與宣告的參
數進行匹配，任何其餘的參數都會被壓縮到由 ... 所表示的不固定引
數中。

您不能直接從不固定引數中提取元素，而是利用 <cstdarg> 標頭中的
公用函式存取各別引數。

表 9-1 列出了這些公用函式。

表 9-1：在 `<cstdarg` 標頭中的公用函式

函式	說明
va_list	用來宣告區域變數代表不固定個數的引數
va_start	開始存取不固定引數
va_end	用來結束不固定引數的疊代
va_arg	用來疊代不固定引數中的每個元素
va_copy	製作不固定引數的複本

公用函式的用法有點複雜，最好是用一個內聚的例子來說明。考慮列表 9-5 中的 variadic sum 函式，它包含了一個 variadic 引數。

列表 9-5：具有不固定引數列表的 sum 函式

```cpp
#include <cstdio>
#include <cstdint>
#include <cstdarg>

int sum(size_t n, ...❶) {
  va_list args; ❷
  va_start(args, n); ❸
  int result{};
  while (n--) {
    auto next_element = va_arg(args, int); ❹
      result += next_element;
  }
  va_end(args); ❺
  return result;
}

int main() {
  printf("The answer is %d.", sum(6, 2, 4, 6, 8, 10, 12)); ❻
}
```

```
The answer is 42. ❻
```

您將 sum 宣告為不固定引數函式 ❶，所有不固定引數函式都必須宣告一個 va_list，您已經將其命名為 args ❷。va_list 需要使用 va_start 進行初始化 ❸，它接受兩個引數。第一個引數是 va_list，第二個是不固定引數的個數。您可以用 va_args 函式對不固定引數中的每個元素進行反覆運算。第一個引數是 va_list，第二個引數是引數型別 ❹。一旦完成反覆運算，就用 va_list 結構呼叫 va_end ❺。

調用 sum 時有七個引數：第一個是不固定引數的個數（六個），後面是六個數字（2、4、6、8、10、12）❻。

不固定引數函式是從 C 語言所保留下來的。通常，不固定引數函式是不安全的，也是安全性漏洞的常見來源。

不固定引數函式至少有兩個主要問題：

- 不固定引數不是型別安全的。（請注意，va_arg 的第二個引數是一個型別。）
- 不固定引數中的元素數量必須單獨追蹤。

編譯器無法幫您解決這些問題。

幸運的是，不固定引數範本為實作不固定引數函式提供了一種更安全、更高效的方法。

不固定引數範本

不固定引數範本（variadic template）允許您建立能接受不固定、相同型別引數的函式範本，讓您能夠利用範本引擎的強大函式。要宣告不固定引數範本，需要加入一個名為**範本參數包**（*template parameter pack*）的特殊範本參數，其用去如列表 9-6 所示。

列表 9-6：帶有參數包的範本函式

```
template <typename...❶ Args>
return-type func-name(Args...❷ args) {
  // Use parameter pack semantics
```

```
  // within function body
}
```

範本參數包是範本參數列表的一部分 ❶。當您在函式範本中使用 Args 時 ❷，它被稱為函式參數包（*function parameter pack*）。一些特殊運算子可用於參數包：

- 您可以用 sizeof...(args) 來獲取參數包的大小。
- 您可以用特殊語法 other_function(args...) 來調用函式（例如，other_function）。這將擴展 args 參數包，並允許您對參數包中包含的引數執行進一步的處理。

使用參數包來寫程式

不幸的是，不可能直接在參數包中建立索引，必須從函式範本本身調用函式範本（稱為**編譯時遞迴**的程序）遞迴地對參數包中的元素進行疊代。

列表 9-7 示範了這個樣式。

列表 9-7：用參數包說明編譯時遞迴的範本函式。與其他用法列表不同的是，此列表中包含的省略符號直接寫在字面上

```
template <typename T, typename...Args>
void my_func(T x❶, Args...args) {
  // Use x, then recurse:
  my_func(args...); ❷
}
```

關鍵是在參數包之前添加一個正常範本參數 ❶。每次調用 my_func 時，x 會吸收第一個引數，其餘部分打包成 args。若要調用，請寫成 args... 型式以展開參數包 ❷。

遞迴需要一個停止條件，因此您添加了一個不帶參數的專門化函式範本：

```
template <typename T>
void my_func(T x) {
  // Use x, but DON'T recurse
}
```

再訪 sum 函式

考慮列表 9-8 中以不固定引數範本實作（改進很多）的 sum 函式。

列表 9-8：使用範本參數包（而不是 va_args）重構列表 9-5

```
#include <cstdio>

template <typename T>
constexpr❶ T sum(T x) { ❷
    return x;
}

template <typename T, typename... Args>
constexpr❸ T sum(T x, Args... args) { ❹
    return x + sum(args...❺);
}

int main() {
  printf("The answer is %d.", sum(2, 4, 6, 8, 10, 12)); ❻
}
```

The answer is 42. ❻

第一個函式 ❷ 是處理停止條件的多載；如果函式只有一個引數，則
只需傳回引數 x，因為所有元素的和就是該元素本身。不固定引數範
本 ❹ 依照列表 9-7 中的遞迴樣式列出。它從參數包參數中剝離出一
個參數 x，然後傳回 x 加上遞迴呼叫 sum 的結果和擴展的參數包 ❺。
因為所有這些泛型程式設計都可以在編譯時計算，所以您可以將這
些函式標記為 constexpr ❶ ❸。與列表 9-5 相比，這種編譯時計算是
一個重大的優勢，列表 9-5 具有相同的輸出，但在執行時計算結果 ❻
（如果可以不必支付執行時的成本，為什麼要支付？）

當您只要像列表 9-5 那樣在一系列值上應用一個二進位運算子（例如加號或減號），您可以用 fold 表達式而不是遞迴。

折疊表達式

折疊表達式（*fold expression*）計算對參數包的所有參數使用二進位運算子的結果。Fold 表達式不同於不固定引數範本，但與之相關。其用法如下：

(... *binary-operator parameter-pack*)

例如，您可以用以下 fold 表達式對名為 pack 的參數包中的所有元素求和：

(... + args)

列表 9-9 用 fold 表達式（而不是遞迴）重構了列表 9-8。

列表 9-9：使用 fold 表達式重構列表 9-8

```
#include <cstdio>

template <typename... T>
constexpr auto sum(T... args) {
  return (... + args); ❶
}

int main() {
  printf("The answer is %d.", sum(2, 4, 6, 8, 10, 12)); ❷
}
```

```
The answer is 42. ❷
```

您只需用一個 fold 折疊表達式，不需要用遞迴方法也能簡化 sum 函式 ❶，最後所得到的結果是相同的 ❷。

函式指標

函數式程式設計（*functional programming*）是一種強調函式求值和不可變資料的程式設計範式，其中的一個主要的概念，是把一個函式當作參數傳遞給另一個函式。

實現這一點的一種方法是傳遞函式指標。函式就像物件一樣佔用記憶體，您可以透過一般的指標機制來參照到這個記憶體位址。但是，與物件不同的是，您不能修改所指向的函式。在這方面，函式在概念上類似於 const 物件，您只能取得函式的位址並調用它們，就這樣。

宣告函式指標

要宣告函式指標，使用以下難看的語法：

return-type (*pointer-name)(*arg-type1*, *arg-type2*, ...);

這與函式宣告的外觀相同，其中函式名稱被換成（*pointer-name）。

一如往常，可以用 address-of 運算子 & 來取得函式的位址。但是，這是非必要的選項；您可以單純地將函式名稱當作指標。

列表 9-10 示範了如何取得和使用函式指標。

列表 9-10：一個演示函式指標的程式（由於位址空間佈局隨機化，位址 ❹ ❼ 在運行時會有所不同）

```
#include <cstdio>

float add(float a, int b) {
  return a + b;
}

float subtract(float a, int b) {
  return a - b;
}
```

```
int main() {
  const float first{ 100 };
  const int second{ 20 };

  float(*operation)(float, int) {}; ❶
  printf("operation initialized to 0x%p\n", operation); ❷

  operation = &add; ❸
  printf("&add = 0x%p\n", operation); ❹
  printf("%g + %d = %g\n", first, second, operation(first, second)); ❺

  operation = subtract; ❻
  printf("&subtract = 0x%p\n", operation); ❼
  printf("%g - %d = %g\n", first, second, operation(first, second)); ❽
}
```
```
operation initialized to 0x0000000000000000 ❷
&add = 0x00007FF6CDFE1070 ❹
100 + 20 = 120 ❺
&subtract = 0x00007FF6CDFE10A0 ❼
100 - 20 = 80 ❽
```

這個列表顯示了兩個具有相同函式簽名的函式，add 和 subtract。由於函式簽名吻合，指向這些函式的指標型別也會吻合。初始化一個函式指標 operation，接受一個 float 和一個 int 當作引數並傳回一個 float ❶。接下來在初始化後，列印出 operation 的值 nullptr ❷。

然後，把 add 的位址指派給 operation ❸，並列印其新位址 ❹。您可以調用 operation 並列印結果 ❺。

為了說明您可以重新指派函式指標，您可以在不使用 address-of 運算子的情況下將 operation 指派給 subtract ❻，列印 operation 的新值 ❼，最後列印結果 ❽。

型別別名和函式指標

型別別名為使用函式指標程式設計提供了一種簡潔的方法，用法如下：

```
using alias-name = return-type(*)(arg-type1, arg-type2, ...)
```

您可以在列表 9-10 中定義 operation_func 型別別名，例如：

```
using operation_func = float(*)(float, int);
```

如果要使用相同型別的函式指標，這一點尤其有用；它可以真正清理程式碼。

函式呼叫運算子

透過將函式呼叫運算子 operator()() 多載，可以讓使用者定義的型別成為可呼叫或不可調用。這樣的型別稱為**函式型別**，而函式型別的實例稱為**函式物件**。函式呼叫運算子允許任何引數型別、傳回型別和修飾詞的組合（除了 **static** 以外）。

希望讓使用者定義的型別成為可呼叫的主要原因，是與希望函式物件使用函式呼叫運算子的程式碼進行交互操作，您會發現許多函式庫（例如 stdlib）使用函式呼叫運算子，作為類函式物件的介面。例如，在第 19 章中，您將學習如何使用 std::async 函式建立非同步任務，該函式以函式呼叫運算子作為介面，接受可以在單獨執行緒上執行的任意函式物件。發明 std::async 的委員會本可以要求您公開執行的方法，但是他們選擇了函式呼叫運算子，因為它允許泛型程式碼，使用相同的表示法來調用函式或函式物件。

列表 9-11 說明了函式呼叫運算子的用法。

列表 9-11：函式呼叫運算子的用法

```
struct type-name {
  return-type❶ operator()❷(arg-type1 arg1, arg-type2 arg2, ...❸) {
    // Body of function-call operator
  }
}
```

函式呼叫運算子具有特殊的 operator() 方法名稱號 ❷，您可以宣告任意個數的引數 ❸，還可以決定適當的傳回型別 ❶。

當編譯器計算函式呼叫運算式時，它將對第一個運算元調用函式呼叫運算子，並將其餘運算元作為參數傳遞。函式呼叫表達式的結果，是調用相對應函式呼叫運算子的結果。

一個計數的例子

考慮列表 9-12 中的函式型別 CountIf，它會計算以空字元結束的字串中特定 char 的頻率。

列表 9-12：一個統計以 null 結尾的字串中出現字元數的函式型別

```
#include <cstdio>
#include <cstdint>

struct CountIf {
  CountIf(char x) : x{ x } { }❶
  size_t operator()(const char* str❷) const {
    size_t index{}❸, result{};
    while (str[index]) {
      if (str[index] == x) result++; ❹
      index++;
    }
    return result;
  }
private:
  const char x;
};
```

```
int main() {
  CountIf s_counter{ 's' }; ❺
  auto sally = s_counter("Sally sells seashells by the seashore."); ❻
  printf("Sally: %zd\n", sally);
  auto sailor = s_counter("Sailor went to sea to see what he could
see.");
  printf("Sailor: %zd\n", sailor);
  auto buffalo = CountIf{ 'f' }("Buffalo buffalo Buffalo buffalo "
                                "buffalo buffalo Buffalo buffalo.");
❼
  printf("Buffalo: %zd\n", buffalo);
}
```

```
Sally: 7
Sailor: 3
Buffalo: 16
```

您可以用一個接受 char 的建構子初始化 CountIf 物件。因為您已經
實作了函式呼叫運算子，所以您可以把結果函式物件視為一個接受
以 null 結束的字串參數的函式來呼叫 ❷。函式呼叫運算子用 index
變數來走訪引數 str 中的每個字元 ❸，只要字元與 x 欄位吻合，就會
遞增結果變數。因為呼叫函式不會修改 CountIf 物件的狀態，所以您
將其標記為 const。

在 main 中，您已經初始化了 CountIf 函式物件 s_counter，它將
會計算字母 s 的出現的次數 ❺。您可以像使用函式一樣來使用 s_
counter ❻。您甚至可以初始化 CountIf 物件並將函式運算子直接當
成 rvalue 物件 ❼。在某些設定中（例如，您可能只需要調用物件一
次），您可能會發現這樣做很方便。

您可以將函式物件當成部分應用程式。列表 9-12 在概念上類似於列
表 9-13 中的 count_if 函式。

列表 9-13：模仿列表 9-12 的自由函式

```
#include <cstdio>
#include <cstdint>
```

```
size_t count_if(char x❶, const char* str) {
  size_t index{}, result{};
  while (str[index]) {
    if (str[index] == x) result++;
    index++;
  }
  return result;
}

int main() {
  auto sally = count_if('s', "Sally sells seashells by the
seashore.");
  printf("Sally: %zd\n", sally);
  auto sailor = count_if('s', "Sailor went to sea to see what he could
see.");
  printf("Sailor: %zd\n", sailor);
  auto buffalo = count_if('f', "Buffalo buffalo Buffalo buffalo "
                                "buffalo buffalo Buffalo buffalo.");
  printf("Buffalo: %zd\n", buffalo);
}
```

```
Sally: 7
Sailor: 3
Buffalo: 16
```

count_if 函式有一個額外的參數 x ❶，但在其他方面它幾乎與
CountIf 的函式運算子相同。

NOTE

> 套用函數式程式設計的說法，CountIf 是 x 對 count_if 的部分應
> 用。當您將引數部分應用於函式時，其引數的值就已經固定。這種
> 部分應用的產物是另一個少了一個引數的函式。

宣告函式型別是冗長的，通常可以用 lambda 表達式來大量減少
樣板。

lambda 表達式

lambda 表達式簡潔地建構了未命名的函式物件，該函式物件已隱含了函式型別，因此可以快速宣告動態函式物件。除了有別於用老式的方法宣告函式型別外，lambda 表達式並不提供任何其他函式。但是當您只需要在一個上下文中初始化一個函式物件時，它們非常方便。

用法

lambda 表達式有五個元件：

- 擷取（*captures*）：函式物件的成員變數（即部分應用的參數）
- 參數（*parameters*）：調用函式物件所需的引數
- 主體（*body*）：函式物件程式碼
- 指定詞（*specifiers*）：constexpr、mutable、noexcept 和 [[noreturn]] 等元素
- 傳回型別（*return type*）：函式物件傳回的型別

lambda 表達式用法如下：

[*captures*❶] (*parameters*❷) *modifiers*❺ -> *return-type*❹ { *body*❸ }

只有擷取和主體是必需的；其他都是可選的。在接下來的幾節中，您將深入瞭解這些元件。

每個 lambda 元件在函式物件中都有一個直接與其類似的東西。要在 CountIf 和 lambda 表達式等函式物件之間建立一個關聯，請看列表 9-14，其中列出了列表 9-12 中的 CountIf 函式型別，其中的注釋對應於用法列表中 lambda 表達式的類似部分。

列表 9-14：比較 CountIf 型別宣告和 lambda 表達式

```
struct CountIf {
  CountIf(char x) : x{ x } { } ❶
```

```
  size_t❹ operator()(const char* str❷) const❺ {
    --snip--❸
  }
private:
  const char x; ❷
};
```

在 CountIf 的建構子中設定的成員變數類似於 lambda 的擷取 ❶。函式呼叫運算子的引數 ❷、主體 ❸ 和傳回型別 ❹ 類似於 lambda 的參數、主體和傳回型別。最後，修飾詞可以應用於函式呼叫運算子 ❺ 和 lambda。（lambda 表達式用法範例和列表 9-14 中的數字互相對應。）

lambda 參數和主體

lambda 表達式產生函式物件。作為函式物件，lambda 是可呼叫用的。大多數情況下，您希望函式物件在調用時能接受參數。

lambda 的主體就像函式的主體：所有參數在函式內部都有效。

宣告 lambda 參數和主體時所使用的語法與函式所使用的語法基本相同。

例如，以下 lambda 表達式將產生一個函式物件，該物件將對其 int 引數進行平方運算：

```
[](int x) { return x*x; }
```

lambda 接受一個 int x，並在 lambda 的主體中用它來執行平方運算。

列表 9-15 利用三個不同的 lambda 來轉換陣列 1、2、3。

列表 9-15：三個 lambda 和一個 transform 函式

```
#include <cstdio>
#include <cstdint>
```

```
template <typename Fn>
void transform(Fn fn, const int* in, int* out, size_t length) { ❶
  for(size_t i{}; i<length; i++) {
    out[i] = fn(in[i]); ❷
  }
}


int main() {
  const size_t len{ 3 };
  int base[]{ 1, 2, 3 }, a[len], b[len], c[len];
  transform([](int x) { return 1; }❸, base, a, len);
  transform([](int x) { return x; }❹, base, b, len);
  transform([](int x) { return 10*x+5; }❺, base, c, len);
  for (size_t i{}; i < len; i++) {
    printf("Element %zd: %d %d %d\n", i, a[i], b[i], c[i]);
  }
}
```

```
Element 0: 1 1 15
Element 1: 1 2 25
Element 2: 1 3 35
```

transform 範本函式接受四個引數 ❶：函式物件 fn、in 陣列和 out
陣列，以及這些陣列相對應的長度 length。在 transform 中，對 in
的每個元素調用 fn，並將結果指派給 out 的相對應元素 ❷。

在 main 中，宣告將當作 in 陣列的 base 陣列 1、2、3。在同一行
中，您還宣告了三個未初始化的陣列 a、b 和 c，它們將當作 out 陣
列。第一次呼叫 transform 傳遞了一個永遠會傳回 1 的 lambda（[]
(intx){ return1; }）❸，而結果會儲存在 a 中（注意 lambda 不需
要名稱！）。第二次呼叫 transform（[](intx) { return; }）只會
傳回其引數 ❹，結果會儲存到 b 中。第三次呼叫 transform 會將參數
乘以 10 並加上 5 ❺，這個結果會儲存在 c 中。然後將輸出列印到一
個矩陣中，其中每一行都說明了在每種情況下應用於不同 lambda 的
轉換。

請注意，您將 transform 宣告為範本函式，讓您可以將其與任何函式物件一起重複使用。

預設引數

您可以為 lambda 提供預設引數。預設 lambda 參數的行為與預設函式參數類似。呼叫者可以指定預設引數的值，在這種情況下，lambda 會使用呼叫者所提供的值。如果呼叫者不指定 lambda 值，則會使用預設值。

列表 9-16 說明了預設參數的行為。

列表 9-16：使用預設 lambda 參數

```
#include <cstdio>

int main() {
  auto increment = [](auto x, int y = 1❶) { return x + y; };
  printf("increment(10)    = %d\n", increment(10)); ❷
  printf("increment(10, 5) = %d\n", increment(10, 5)); ❸
}
```
```
increment(10)    = 11 ❷
increment(10, 5) = 15 ❸
```

increment lambda 有兩個參數 x 和 y。但是參數 y 是非必需的，因為它的參數預設值為 1 ❶。如果在呼叫函式時沒有為 y 指定參數 ❷，increment 將傳回 1+x。如果在呼叫函式時有指定參數 y 的值 ❸，則會使用該值。

泛型 lambda

泛型 lambda 是 lambda 表達式範本。對於一個或多個參數，可以指定 auto 而不是具體型別。這些 auto 型別成為範本參數，這意味著編譯器將清除 lambda 的自訂實例化。

列表 9-17 示範了如何將一個泛型 lambda 指派一個變數，然後在兩個不同的範本實例化中使用 lambda。

列表 9-17：使用泛型 lambda

```
#include <cstdio>
#include <cstdint>

template <typename Fn, typename T❶>
void transform(Fn fn, const T* in, T* out, size_t len) {
  for(size_t i{}; i<len; i++) {
    out[i] = fn(in[i]);
  }
}

int main() {
  constexpr size_t len{ 3 };
  int base_int[]{ 1, 2, 3 }, a[len]; ❷
  float base_float[]{ 10.f, 20.f, 30.f }, b[len]; ❸
  auto translate = [](auto x) { return 10 * x + 5; }; ❹
  transform(translate, base_int, a, l); ❺
  transform(translate, base_float, b, l); ❻

  for (size_t i{}; i < l; i++) {
    printf("Element %zd: %d %f\n", i, a[i], b[i]);
  }
}
```
```
Element 0: 15 105.000000
Element 1: 25 205.000000
Element 2: 35 305.000000
```

您為 transform 添加第二個範本參數 ❶，將其當作 in 和 out 所指向的型別。這讓您得以將 transform 應用於任何型別的陣列，而不僅僅是 int 型別的陣列。要測試升級後的 transform 範本，需要宣告兩個具有不同指向型別的陣列：int ❷ 和 float ❸。（回想一下第 3 章，10.f 中的 f 指定了一個 float 字面值。）接下來，您將為 translate

指定一個泛型 lambda 表達式 ❹，這允許您用相同的 lambda 為轉換的 base_int ❺ 和 base_float ❻ 產生實例。

如果沒有泛型 lambda，就必須明確地宣告參數型別，如下所示：

```
--snip—
  transform([](int x) { return 10 * x + 5; }, base_int, a, l); ❺
  transform([](double x) { return 10 * x + 5; }, base_float, b, l); ❻
```

到目前為止，您一直依靠編譯器來推斷 lambda 的傳回型別，這對於泛型 lambda 特別有用，因為 lambda 的傳回型別通常取決於其參數型別。但如果需要的話，可以明確地宣告傳回型別。

lambda 傳回型別

編譯器會為您推斷 lambda 的傳回型別。要接管編譯器，請使用箭頭 -> 語法，如下所示：

```
[](int x, double y) -> double { return x + y; }
```

這個 lambda 表達式接受一個 int 和一個 double 並傳回一個 double，也可以用 decltype 表達式，這對泛型 lambda 很有用。例如，考慮以下 lambda：

```
[](auto x, double y) -> decltype(x+y) { return x + y; }
```

這裡您已經明確地宣告了 lambda 的傳回型別是將 x 加到 y 後得到的任何型別。

很少需要明確地指定 lambda 的傳回型別。

一個較常見的要求是必須在調用之前將物件注入 lambda，這是 lambda 擷取所扮演的角色。

lambda 擷取

lambda 擷取（*capture*）將物件注入 lambda，注入的物件有助於修改 lambda 的行為。

透過在方括號 [] 中指定擷取列表來宣告 lambda 的擷取。擷取列表位於參數列表之前，它可以包含任意個數的逗號分隔引數，然後在 lambda 主體內使用這些引數。

lambda 可以透過參照或值來擷取。預設情況下是透過值來擷取 lambda。

lambda 的擷取列表類似於函式型別的建構子，列表 9-18 將列表 9-12 中的 `CountIf` 重新改造為 lambda `s_counter`。

列表 9-18：從列表 9-12 重新改造為 lambda

```
#include <cstdio>
#include <cstdint>

int main() {
  char to_count{ 's' }; ❶
  auto s_counter = [to_count❷](const char* str) {
    size_t index{}, result{};
    while (str[index]) {
      if (str[index] == to_count❸) result++;
      index++;
    }
    return result;
  };
  auto sally = s_counter("Sally sells seashells by the seashore."❹);
  printf("Sally: %zd\n", sally);
  auto sailor = s_counter("Sailor went to sea to see what he could see.");
  printf("Sailor: %zd\n", sailor);
}
```

```
Sally: 7
Sailor: 3
```

將一個名為 to_count 的 char 初始化為字母 s ❶。接下來，在指派給 s_counter 的 lambda 表達式中擷取到 to_count ❷，這使得 to_count 可以在 lambda 表達式的主體中使用 ❸。

要透過參照而不是按照值來擷取元素，請在擷取物件的名稱前面加一個 & 符號。列表 9-19 添加了一個對 s_counter 的擷取參照，以便在 lambda 調用之間保持執行時的加總計數。

列表 9-19：在 lambda 中使用擷取參照

```
#include <cstdio>
#include <cstdint>

int main() {
  char to_count{ 's' };
  size_t tally{};❶
  auto s_counter = [to_count, &tally❷](const char* str) {
    size_t index{}, result{};
    while (str[index]) {
      if (str[index] == to_count) result++;
      index++;
    }
    tally += result;❸
    return result;
  };
  printf("Tally: %zd\n", tally); ❹
  auto sally = s_counter("Sally sells seashells by the seashore.");
  printf("Sally: %zd\n", sally);
  printf("Tally: %zd\n", tally); ❺
  auto sailor = s_counter("Sailor went to sea to see what he could see.");
  printf("Sailor: %zd\n", sailor);
  printf("Tally: %zd\n", tally); ❻
}
```

```
Tally: 0 ❹
Sally: 7
Tally: 7 ❺
Sailor: 3
Tally: 10 ❻
```

將計數器變數 tally 初始化為零 ❶，然後 s_counter lambda 透過
參照來擷取 tally（注意 & 符號）❷。在 lambda 的主體中，在返回
之前，透過調用 result 添加一個敘述來遞增 tally ❸。結果是無
論調用 lambda 多少次，tally 都會記錄總計數。在調用第一個 s_
counter 之前，列印 tally 的值 ❹（仍然為零）。在您以 Sally sells
seashell by the seashore. 調用 s_counter 之後，totally 的值為 7
❺。最後一次用 Sailor went to sea to see what he could see. 調
用 s_counter 會傳回 3，因此 tally 的值為 7+3=10 ❻。

預設擷取

到目前為止，您必須按照名稱擷取每個元素，有時這種擷取方式被
稱為名稱擷取（*named capture*）。如果您懶得這樣做，可以用預設擷
取（*default capture*）來擷取 lambda 中使用的所有自動變數。要在擷
取列表中按值指定預設擷取，請使用單獨的等號 =。要透過參照指定
預設擷取，請使用單獨的 & 符號。

例如，您可以「簡化」列表 9-19 中的 lambda 表達式，以透過參照執
行預設擷取，如列表 9-20 所示。

列表 9-20：用預設參照擷取簡化 lambda 表達式

```
--snip--
  auto s_counter = [&❶](const char* str) {
    size_t index{}, result{};
    while (str[index]) {
      if (str[index] == to_count❷) result++;
      index++;
    }
    tally❸ += result;
    return result;
  };
--snip--
```

指定一個透過參照的預設擷取 ❶，這意味著 lambda 表達式主體中的
任何自動變數（to_count 和 tally）都將透過參照來擷取。

如果編譯並執行重構後的列表，您將獲得相同的輸出。但是，請注意，to_count 現在是透過參照擷取的。如果您不小心在 lambda 表達式的主體中修改了它，那麼更改將在 lambda 調用中以及 main 中發生（其中 to_count 是一個自動變數）。

如果改為按照值來執行預設擷取，會發生什麼情況？您只需將擷取列表中的 = 改為 & 即可，如列表 9-21 所示。

列表 9-21：修改列表 9-20 以透過值而不是透過參照來擷取
　　　　　　（這段程式碼無法編譯）

```
--snip--
  auto s_counter = [=❶](const char* str) {
    size_t index{}, result{};
    while (str[index]) {
      if (str[index] == to_count❷) result++;
      index++;
    }
    tally❸ += result;
    return result;
  };
--snip--
```

您將預設擷取改為按照值來擷取 ❶。to_count 擷取不會受到影響 ❷，但嘗試修改 tally 會導致編譯器錯誤 ❸。除非在 lambda 表達式中加上關鍵字 mutable，否則不允許修改按值擷取的變數。關鍵字 mutable 允許您修改值擷取的變數，這包括對該物件調用不是常數的方法。

列表 9-22 添加了修飾詞 mutable，並有一個透過值的預設擷取。

列表 9-22：具有預設值擷取的 mutable lambda 表達式

```
#include <cstdio>
#include <cstdint>

int main() {
  char to_count{ 's' };
```

```
  size_t tally{};
  auto s_counter = [=❶](const char* str) mutable❷ {
    size_t index{}, result{};
    while (str[index]) {
      if (str[index] == to_count) result++;
      index++;
    }
    tally += result;
    return result;
  };
  auto sally = s_counter("Sally sells seashells by the seashore.");
  printf("Tally: %zd\n", tally); ❸
  printf("Sally: %zd\n", sally);
  printf("Tally: %zd\n", tally); ❹
  auto sailor = s_counter("Sailor went to sea to see what he could
see.");
  printf("Sailor: %zd\n", sailor);
  printf("Tally: %zd\n", tally); ❺
}
```

```
Tally: 0
Sally: 7
Tally: 0
Sailor: 3
Tally: 0
```

您宣告一個按照值的預設擷取 ❶，並讓 lambda s_counter 成為
mutable ❷。每列印三次 tally ❸ ❹ ❺，都會得到一個零值。為什麼？

因為 tally 是透過值來複製的（透過預設擷取），所以 lambda 中的
版本其本質上是一個完全不同的變數，只是碰巧具有相同的名稱。
對 lambda 的 tally 副本的修改，不會影響 main 的自動 tally 變數。
main() 中的 tally 被初始化為零，並且永遠不會被修改。

還可以將預設擷取與名稱擷取混合使用。例如，可以用以下公式按
參照預設擷取和按值複製 to_count：

```
auto s_counter = [&❶,to_count❷](const char* str) {
  --snip--
};
```

這將指定一個預設的「按參照擷取」❶ 和「按值擷取」❷。

雖然執行預設擷取看起來是一個簡單的捷徑，但是應避免使用，明確宣告擷取會好得多。如果您發現自己在說「我將使用預設擷取，因為有太多的變數要列出」，那麼您可能需要重構程式碼。

擷取列表中的初始值設定項表達式

有時您需要在擷取列表中初始化一個全新的變數，也許重新命名擷取的變數可以讓 lambda 表達式的意圖更明顯，或者您想將物件移到 lambda 中，因此需要初始化一個變數。

要使用初始值設定項表達式，只需宣告新變數的名稱，後面跟草等號和要初始化變數的值，如列表 9-23 所示。

列表 9-23：在 lambda 擷取中使用初始值設定項表達式

```
auto s_counter = [&tally❶,my_char=to_count❷](const char* str) {
  size_t index{}, result{};
  while (str[index]) {
    if (str[index] == my_char❸) result++;
  --snip--
};
```

擷取列表包含一個簡單命名的 capture，其中有透過參照的 tally ❶。lambda 也會擷取透過值的 to_count，但您選擇使用變數名稱 my_char ❷。當然，您需要在 lambda 中使用名稱 my_char 而不是 to_count ❸。

> **NOTE**
>
> 擷取列表中的初始值設定項表達式也稱為「初始化擷取」。

擷取 this

有時 lambda 表達式有一個包含它的類別。您可以分別使用 [*this] 或 [this] 透過值或參照擷取包含它（由 this 所指向）的物件。

列表 9-24 實作了一個產生計算有幾個 lambda 並記錄 tally 的 LambdaFactory。

列表 9-24：說明 this 擷取用法的 LambdaFactory

```
#include <cstdio>
#include <cstdint>

struct lambdaFactory {
  lambdaFactory(char in) : to_count{ in }, tally{} { }
  auto make_lambda() { ❶
    return [this❷](const char* str) {
      size_t index{}, result{};
      while (str[index]) {
        if (str[index] == to_count❸) result++;
        index++;
      }
      tally❹ += result;
      return result;
    };
  }
  const char to_count;
  size_t tally;
};

int main() {
  lambdaFactory factory{ 's' }; ❺
  auto lambda = factory.make_lambda(); ❻
  printf("Tally: %zd\n", factory.tally);
  printf("Sally: %zd\n", lambda("Sally sells seashells by the
seashore."));
  printf("Tally: %zd\n", factory.tally);
  printf("Sailor: %zd\n", lambda("Sailor went to sea to see what he
could see."));
  printf("Tally: %zd\n", factory.tally);
```

```
}
```

```
Tally: 0
Sally: 7
Tally: 7
Sailor: 3
Tally: 10
```

LambdaFactory 建構子接受一個字元並用它初始化 to_count 欄位。
make_lambda ❶ method 示範了如何透過參照來擷取它 ❷，以及如何
在 lambda 表達式中使用 to_count ❸ 和 tally ❹ 成員變數。

在 main 中，初始化一個 factory ❺ 並使用 make_lambda method 產
生 lambda ❻。輸出與列表 9-19 相同，因為您透過參照擷取 this，並
且 tally 的狀態在 lambda 的調用中保持不變。

簡短明瞭的例子

捕捉列表有很多可能性，但是一旦您掌握了透過值和參照進行擷取
的基本知識，就不會有太多出乎意料的情況了。表 9-2 提供了幾個簡
短明瞭的例子，以供將來參考。

表 9-2：闡明 lambda 擷取列表的例子

擷取列表	所代表的意義
[&]	透過參照的預設擷取
[&,i]	透過參照的預設擷取；透過值擷取 i
[=]	透過值的預設擷取
[=,&i]	透過值的預設擷取；透過參照擷取 i
[i]	透過值擷取 i
[&i]	透過參照擷取 i
[i,&j]	透過值擷取 i；透過參照擷取 j
[i=j,&k]	透過 i 的值擷取 j；透過參照擷取 k
[this]	透過參照擷取其所在的物件

擷取列表	所代表的意義
[*this]	透過值擷取其所在的物件
[=,*this,i,&j]	透過值的預設擷取；透過值擷取 this 和 i；透過參照擷取 j

constexpr lambda 表達式

只要 lambda 可以在編譯時調用，所有 lambda 表達式都是 constexpr。您可以選擇要明確宣告 constexpr，如下所示：

```
[] (int x) constexpr { return x * x; }
```

如果要確保 lambda constexpr 滿足所有 constexpr 要求，則應標記該 lambda constexpr。對於 C++17 而言，這意味著不能動態分配記憶體，也不能調用非 constexpr 函式，以及其他限制。標準委員會計畫在每個版本中放寬這些限制，因此，如果您使用 constexpr 撰寫大量程式碼，請務必溫習最新的 constexpr 限制。

std::function

有時您只需要一個相同的容器來儲存可調用物件。`<functional>` 標頭中的 std::function 類別範本，是一個圍繞可呼叫物件的多型包裝器。換句話說，它是一個泛型函式指標，可以將靜態函式、函式物件或 lambda 儲存到 std::function 中。

> **NOTE**
>
> 這個 function 類別在 stdlib 中，我們提前一點示範，因為它很適合現在的主題。

有了 functions，您可以：

- 在呼叫者不知道函式實作的情況下調用
- 指派、移動和複製
- 有一個空狀態，類似於 nullptr 函式宣告

函式宣告

若要宣告 function，必須提供一個包含可呼叫物件的函式雛型的範本參數：

```
std::function<return-type(arg-type-1, arg-type-2, etc.)>
```

std::function 類別範本有許多建構子。預設建構子以空模式建構 std::function，意味著它不包含可呼叫物件。

空函式

如果調用沒有包含物件的 std::function，則 std::function 將引發 std::bad_function_call 例外。考慮列表 9-25。

列表 9-25：預設 std::function 建構子和 std::bad_function_ call 例外

```
#include <cstdio>
#include <functional>

int main() {
    std::function<void()> func; ❶
    try {
        func(); ❷
    } catch(const std::bad_function_call& e) {
        printf("Exception: %s", e.what()); ❸
    }
}
```

```
Exception: bad function call ❸
```

您預設建構了 std::function ❶。範本參數 void() 表示不帶參數並傳回 void 的函式。因為沒有將可呼叫物件填入 func，所以它處於空狀態。當您調用 func ❷ 時，它會引發 std::bad_function_call 例外，您可以捕捉並列印它 ❸。

將可調用物件分配給函式

您可以用 function 的建構子或指派運算子指派一個可呼叫的物件給 function，如列表 9-26 所示。

列表 9-26：使用 function 的建構子或指派運算子

```
#include <cstdio>
#include <functional>

void static_func() { ❶
  printf("A static function.\n");
}

int main() {
  std::function<void()> func { [] { printf("A lambda.\n"); } }; ❷
  func(); ❸
  func = static_func; ❹
  func(); ❺
}
```

```
A lambda. ❸
A static function. ❺
```

您宣告了不帶參數並傳回 void 的靜態函式 static_func ❶。在 main 中，您建立一個名為 func 的函式 ❷。範本參數指出 func 所包含的可呼叫物件不帶參數並傳回 void。您用 lambda 初始化 func，該 lambda 將列印訊息 A lambda，之後立即調用 func ❸，調用所包含的 lambda 並列印預期的訊息。接下來，您將 static_func 指派給 func，這將替換您在建構時指派的 lambda ❹。然後您再調用 func，後者會調用 static_func 而不是 lambda，這樣就可以看到 A static function 被列印出來 ❺。

稍微複雜一點的例子

只要物件支援由 function 的函式範本參數隱含的函式語意，就可以用可呼叫物件建構 function，列表 9-27 使用一個 std::function 實例的陣列，並用一個計算空格的靜態統計函式、列表 9-12 中的 CountIf 函式物件、和一個計算字串長度的 lambda 來填入它。

列表 9-27：使用 std::function 陣列反覆運算具有不同底層型別的可呼叫物件的統一集合

```cpp
#include <cstdio>
#include <cstdint>
#include <functional>

struct CountIf {
  --snip--
};

size_t count_spaces(const char* str) {
  size_t index{}, result{};
  while (str[index]) {
    if (str[index] == ' ') result++;
    index++;
  }
  return result;
}

std::function❶<size_t(const char*)❷> funcs[]{
  count_spaces, ❸
  CountIf{ 'e' }, ❹
  [](const char* str) { ❺
    size_t index{};
    while (str[index]) index++;
    return index;
  }
};

auto text = "Sailor went to sea to see what he could see.";

int main() {
  size_t index{};
  for(const auto& func : funcs❻) {
```

```
        printf("func #%zd: %zd\n", index++, func(text)❼);
    }
}
```
```
func #0: 9 ❸
func #1: 7 ❹
func #2: 44 ❺
```

您宣告一個 std::function 陣列 ❶，其靜態儲存持續時間稱為
funcs。範本參數是一個函式雛型，該函式接收 const char* 並傳回
一個 size_t ❷。在 funcs 陣列中，傳入一個靜態函式指標 ❸、一個
函式物件 ❹ 和一個 lambda ❺。在 main 中，使用以範圍為基礎的 for
迴圈來反覆運算 funcs 中的每個函式 ❻。您調用每個函式 func 時都
使用文字 Sailor went to sea to see what he could see.，並列印
出結果。

請注意，從 main 的角度來看，funcs 中的所有元素都是相同的：只
需使用以 null 結尾的字串調用它們，並傳回一個 size_t ❼。

> **NOTE**
>
> 使用 function 可能會產生執行時的額外開銷。由於技術原因，
> function 可能需要進行動態分配來儲存可呼叫物件。編譯器在最佳
> 化函式呼叫時也有困難，因此通常會引發間接函式呼叫。間接函式
> 呼叫需要額外的指標來解參照。

main 函式和命令列

所有 C++ 程式都必須包含一個全域函式 main，這個函式為程式的入
口點，也就是程式啟動時要調用的函式。程式啟動時可以接受環境
所提供的任意個數的**命令列參數**（*command line parameter*）。

使用者向程式傳遞命令列參數以自訂其行為。您可能在執行命令列
程式時已經使用過這項函式，就像 copy（在 Linux 上為 cp）命令
那樣：

```
$ copy file_a.txt file_b.txt
```

調用這個命令時，透過把這些值當作命令列參數來傳遞，指示程式
將 file_a.txt 複製到 file_b.txt。與您所習慣的命令列程式一樣，
您可以將值當作命令列參數傳給 C++ 程式。

您可以透過宣告 main 的方式選擇程式是否要處理命令列參數。

三種 main 的多載

透過在 main 的宣告中加入引數，可以在 main 中存取的命令列參數。

main 有三種有效的多載類型，如列表 9-28 所示。

列表 9-28：合乎 main 語法的多載

```
int main(); ❶
int main(int argc, char* argv[]); ❷
int main(int argc, char* argv[], impl-parameters); ❸
```

第一種多載 ❶ 不帶參數，這是到目前為止在本書中使用 main() 的方
式。如果要忽略提供給程式的任何引數，請使用這種形式。

第二種多載 ❷ 接受 argc 和 argv 二個參數。第一個引數 argc 是一個
非負整數，指的是 argv 中的元素個數，這個值環境會自動計算：您
不必提供 argc 中的元素個數。第二個引數 argv 是指向以 null 結尾
的字串的指標陣列，該字串對應於從執行環境所傳入的引數。

第三種多載 ❸ 是第二種多載 ❷ 的延伸：它接受任意個跟實作相關的
額外參數，其作用是讓目標平臺可以為程式提供一些額外引數，不
過與實作相關的參數在現今桌機環境中並不常見。

通常，作業系統將程式可執行檔的完整路徑，當作第一個命令列參
數來傳遞，這個行為取決於您的作業系統環境。在 macOS、Linux
和 Windows 上，可執行檔的路徑是第一個引數。此路徑的格式取決
於作業系統。（第 17 章將深入討論檔案系統。）

探索程式參數

讓我們寫一個程式來探索作業系統如何將參數傳遞給程式。列表 9-29 列印命令列參數的個數，然後將每行列印一個引數的索引和值。

列表 9-29：列印命令列參數的程式，將此程式編譯為 list_929

```
#include <cstdio>
#include <cstdint>

int main(int argc, char** argv) { ❶
  printf("Arguments: %d\n", argc); ❷
  for(size_t i{}; i<argc; i++) {
    printf("%zd: %s\n", i, argv[i]); ❸
  }
}
```

您用 argc/argv 多載宣告 main，這使得命令列參數可用於程式中 ❶。首先，透過 argc 列印命令列參數的個數 ❷。然後利用迴圈列印每個參數的索引和值 ❸。

讓我們看看一些範例輸出（在 Windows10 x64 上）。以下是在命令列調用這個程式的情況：

```
$ list_929 ❶
Arguments: 1 ❷
0: list_929.exe ❸
```

在這裡，除了程式名稱 list_929 之外 ❶，並沒有提供其他命令列引數（您應該依編譯列表的實際情況，用可執行檔的名稱來替換 list_929。）在 Windows10 x64 電腦上，執行結果是程式接收到一個參數 ❷，也就是可執行檔的檔案名稱 ❸。

以下是另一個調用 list_929 的情況：

```
$ list_929 Violence is the last refuge of the incompetent. ❶
Arguments: 9
0: list_929.exe
1: Violence
2: is
3: the
4: last
5: refuge
6: of
7: the
8: incompetent.
```

在這裡，您提供了額外的程式引數：Violence is the last refuge of the incompetent.（暴力是無能者最後的避難所）❶。您可以從輸出中看到，Windows 依空格分隔了命令列，總共產生了九個引數。

在主要的桌機作業系統中，可以強制作業系統將此短句當作單一引數來處理，方法是用引號將這些引數括起來，如下所示：

```
$ list_929 "Violence is the last refuge of the incompetent."
Arguments: 2
0: list_929.exe
1: Violence is the last refuge of the incompetent.
```

一個更複雜的例子

現在您已經知道了如何處理命令列輸入，讓我們考慮一個更複雜的例子。柱狀圖（*histogram*）是顯示相對頻率分佈的圖示。讓我們寫一個程式來計算命令列引數字母分佈的柱狀圖

從兩個輔助函式開始，這些函式決定所給定的字元是大寫字母還是小寫字母：

```
constexpr char pos_A{ 65 }, pos_Z{ 90 }, pos_a{ 97 }, pos_z{ 122 };
constexpr bool within_AZ(char x) { return pos_A <= x && pos_Z >= x; } ❶
constexpr bool within_az(char x) { return pos_a <= x && pos_z >= x; } ❷
```

常數 pos_A、pos_Z、pos_a 和 pos_z 分別包含大寫字母 A、Z、小寫
字母 a 和 z 的 ASCII 值（請參閱表 2-4 中的 ASCII 表）。within_AZ
函式透過決定某個 char x 的值是否介於 pos_A 和 pos_Z（包括 A 和
Z）之間來決定該字元 x 是否為大寫字母。within_az 函式對小寫字
母執行相同的操作 ❷。

現在您有了一些用於從命令列處理 ASCII 資料的元素，讓我們寫一
個 AlphaHistogram 類別，該類別可以接收命令列元素並儲存字元出
現的頻率，如列表 9-30 所示。

列表 9-30：包含命令列元素的 AlphaHistogram

```
struct AlphaHistogram {
  void ingest(const char* x); ❶
  void print() const; ❷
private:
  size_t counts[26]{}; ❸
};
```

AlphaHistogram 會將每個字母出現的頻率儲存在 counts 陣列中。每
當建構 AlphaHistogram 時，該陣列會初始化為零。ingest method
將取得以 null 結尾的字串，並適當地更新 counts。然後用 print
method 將儲存在 counts 中的柱狀圖資訊列印出來。

首先，考慮列表 9-31 中 ingest 的實作。

列表 9-31：ingest method 的實作

```
void AlphaHistogram::ingest(const char* x) {
  size_t index{}; ❶
  while(const auto c = x[index]) { ❷
    if (within_AZ(c)) counts[c - pos_A]++; ❸
    else if (within_az(c)) counts[c - pos_a]++; ❹
    index++; ❺
  }
}
```

由於 x 是以 null 結尾的字串，因此您事先不知道它的長度，不過您可以初始化一個 index 變數 ❶，並用 while 迴圈每次提取一個 char c ❷。如果 c 為 null，表示這是字串的結尾，則此迴圈將終止。在迴圈中，您可以用 within_AZ 輔助函式來決定 c 是否為大寫字母 ❸。如果是，則把 c 減去 pos_A。這會將大寫字母正規化為 0 到 25 的區間，以便與 counts 相對應。您也可以用 within_az 輔助函式對小寫字母進行相同的檢查 ❹，並且在 c 是小寫的時下更新 counts。如果 c 既不是小寫也不是大寫，則 counts 不會受到影響。最後，在繼續迴圈之前將 index 遞增 ❺。

現在，考慮如何印出 counts，如列表 9-32 所示。

列表 9-32：print method 的實作

```
void AlphaHistogram::print() const {
  for(auto index{ pos_A }; index <= pos_Z; index++) {   ❶
    printf("%c: ", index); ❷
    auto n_asterisks = counts[index - pos_A]; ❸
    while (n_asterisks--) printf("*"); ❹
    printf("\n"); ❺
  }
}
```

要列印柱狀圖，需要迴圈來反覆評估從 A 到 Z 的每個字母 ❶。在迴圈中，首先列印 index 字母 ❷，然後透過從 counts 中提取正確的字母來決定要列印多少個星號 ❸。您用了 while 迴圈來列印正確個數的星號 ❹，然後列印代表結束的換行符號 ❺。

列表 9-33 顯示了 AlphaHistogram 的實際操作情形。

列表 9-33：顯示字母柱狀圖的程式

```
#include <cstdio>
#include <cstdint>

constexpr char pos_A{ 65 }, pos_Z{ 90 }, pos_a{ 97 }, pos_z{ 122 };
constexpr bool within_AZ(char x) { return pos_A <= x && pos_Z >= x; }
```

```
constexpr bool within_az(char x) { return pos_a <= x && pos_z >= x; }

struct AlphaHistogram {
  --snip--
};

int main(int argc, char** argv) {
  AlphaHistogram hist;
  for(size_t i{ 1 }; i<argc; i++) { ❶
    hist.ingest(argv[i]); ❷
  }
  hist.print(); ❸
}
```

```
$ list_933 The quick brown fox jumps over the lazy dog
A: *
B: *
C: *
D: *
E: ***
F: *
G: *
H: **
I: *
J: *
K: *
L: *
M: *
N: *
O: ****
P: *
Q: *
R: **
S: *
T: **
U: **
V: *
W: *
X: *
Y: *
Z: *
```

您對命令列中程式名稱之後的每個命令列引數進行反覆運算 ❶，將每個引數傳遞到 AlphaHistogram 物件的 ingest method 中 ❷。一旦擷取完所有引數，就列印 histogram 柱狀圖 ❸。每行對應一個字母，星號顯示相應字母的絕對頻率。正如您所見，短句 The quick brown fox jumps over the lazy dog 包含了每一個英文字母。

退出狀態

main 函式可以傳回與程式退出狀態相對應的 int。這些值所代表的意義是由環境所定義的。例如，在現代桌機系統中，零傳回值對應於程式的成功執行。如果沒有明確寫出 return 敘述，編譯器將添加一個隱式的 return 0。

摘要

本章更深入地研究函式，包括如何宣告和定義它們、如何使用可用於修改函式行為的各種關鍵字、如何指定傳回型別、多載解析如何工作、以及如何獲取可變個數的引數。在討論了如何獲取指向函式的指標之後，您研究了 lambda 表達式及其與函式物件的關係；然後，您學到程式的入口點、main 函式以及如何擷取命令列引數。

練習

9-1. 使用以下雛型實作 fold 函式範本：

```
template <typename Fn, typename In, typename Out>
constexpr Out fold(Fn function, In* input, size_t length, Out
initial);
```

例如，您的實作必須支援以下用法：

```
int main() {
  int data[]{ 100, 200, 300, 400, 500 };
  size_t data_len = 5;
```

```
  auto sum = fold([](auto x, auto y) { return x + y; }, data,
data_len, 0);
  print("Sum: %d\n", sum);
}
```

sum 的值應為 1,500，用 fold 計算以下數值：maximum、minimum、和大於 200 的元素個數。

9-2. 實作一個程式，接受任意個數的命令列引數，計算每個引數的字元長度，並列印引數字元長度分佈的柱狀圖。

9-3. 使用以下雛型實作 all 函式：

```
template <typename Fn, typename In, typename Out>
constexpr bool all(Fn function, In* input, size_t length);
```

Fn 函式型別是一個支援 bool operator()(In) 的 predicate。all 函式必須測試 function 是否為輸入的每個元素傳回 true。如果是，則傳回 true，否則傳回 false。

例如，您的實作必須支援以下用法：

```
int main() {
  int data[]{ 100, 200, 300, 400, 500 };
  size_t data_len = 5;
  auto all_gt100 = all([](auto x) { return x > 100; }, data,
data_len);
  if(all_gt100) printf("All elements greater than 100.\n");
}
```

延伸閱讀

- 《*Functional Programming in C++: How to Improve Your C++ Programs Using Functional Techniques*》，Manning，2019，Ivan Čukic 著

- 《無瑕的程式碼：敏捷軟體開發技巧守則》，
  Pearson Education，2009，Robert C. Martin 著

PART 2

C++ 函式庫和框架

尼歐：為什麼我的眼睛痛？
莫斐斯：您以前從來沒用過它們。

——《駭客任務》

第2部分將為您介紹 C++ 函式庫和框架的世界，包括 C++ 標準函式庫（stdlib）和 Boost 函式庫（Boost）。後者是一個開放原始碼的志工專案，以生產大量需要的 C++ 函式庫。

在第 10 章中，您將瀏覽幾個測試和模擬框架。與第 1 部分的主要不同之處在於，第 2 部分中的大多數列表都是單元測試，提供了測試程式碼的實際做法，而且單元測試通常比以 printf 為基礎的範例程式更為簡潔，也更具有表達力。

第 11 章全面介紹智慧型指標，它可以管理動態物件，並促成了在任何程式語言中最強大的資源管理模型。

第 12 章探討實作常見程式設計任務的許多公用程式。

第 13 章深入研究了可以容納和操縱物件的大量容器。

第 14 章說明了作為所有容器公用介面的疊代器。

第 15 章回顧了儲存和操縱人類語言資料的字串和字串操作。

第 16 章討論串流，一種新的執行輸入和輸出操作的方式。

第 17 章闡釋檔案系統函式庫，它提供了與檔案系統互動的工具。

第 18 章全面探討了查詢和操作疊代器的一系列令人眼花瞭亂的演算法。

第 19 章概述了併行處理的主要方法，這些方法讓您的程式可以同時運行數個執行緒。

第 20 章回顧了 Boost ASIO，這是一個跨平臺的函式庫，用來以非同步方式進行網路和低階輸入／輸出的程式設計。

第 21 章提供了幾個實作日常應用程式所需的標準結構的應用程式框架。

第 2 部分可當作快速參考手冊來使用，但您第一次閱讀時應該要按照章節順序閱讀。

10

測試

「電腦如何抓到安德弟弟的照片，
並把它放進這個童話世界的套路中？」
「格拉夫上校，該程式被撰寫時我不在場，
我只知道這台電腦以前從未帶任何人到過這個地方。」
—— 歐森·史考特·卡德（*Orson Scott Card*），
《戰爭遊戲》

測試軟體的方法有許多種，而貫穿這些測試方法的共同點是，每個測試都為程式碼提供某種類型的輸入，然後評估測試輸出是否恰當。環境的性質、調查的範圍和評估的形式因測試類型而異。本章將介紹如何使用一些不同的框架來執行測試，但是這些材料可以擴展到其他測試類型。在一頭栽進框架的研究之前，讓我們先快速審視幾種測試類型。

單元測試

單元測試驗證一個集中的、內聚的程式碼集合（例如函式或類別）的行為，是否完全符合程式設計師的預期；好的單元測試將被測試的單元與其依賴項隔離開來。有時這很難做到：這個單位可能依賴於其他單位。在這種情況下，您可以用模擬來代替這些依賴項。所謂模擬（*mock*）是您只在測試期間使用的偽物件，以便對單元的依賴項在測試期間的行為進行細微控制。模擬還可以記錄單元如何與它們互動，因此您可以測試單元是否按照預期與其依賴項互動。您還可以用 mocks 來模擬罕見事件，例如系統記憶體不足，方法是透過撰寫程式來引發異常。

整合測試

將一組單元一起測試稱為整合測試。整合測試也可以指測試軟體和硬體之間的互動，這是系統程式設計師經常處理的問題。整合測試是單元測試之上的一個重要層級，因為它們能確保您所撰寫的軟體可在同一個系統中一起運作。整合測試可彌補單元測試的不足，但不能完全取代單元測試。

驗收測試

驗收測試確保您的軟體能滿足客戶的所有要求，高效率的軟體團隊可以用驗收測試來為開發指引方向。一旦所有驗收測試都透過，您的軟體就可以交付使用了。由於這些驗收測試成為程式碼庫的一部分，因此內建針對重構或功能迴歸的保護，以免在添加新功能的過程中破壞現有功能。

效能測試

效能測試評估軟體是否滿足有效性要求，例如執行速度或記憶體／電力消耗。程式碼最佳化基本上是依賴經驗法則，您可以（也應該）知道程式碼的哪些部分會導致效能瓶頸，但除非您進行實際量測，否則無法確定。此外，除非您再次量測，否則您無法知道您所實作的程式碼最佳化是否能夠提高效能。您可以用效能測試來檢測程式碼並提供相關的量測。**儀表化**是一種量測產品效能、檢測錯誤和記錄程式執行情況的技術。有時客戶有嚴格的效能要求（例如，計算時間不能超過 100 毫秒，或者系統分配的記憶體不能超過 1MB）。您可以自動化測試這些需求，並確保未來程式碼的變更不會違反它們。

程式碼測試可能是一個抽象而枯燥的主題。為了避免這種情況，下一節將介紹一個稍微複雜一點的例子，為討論程式碼測試提供一些脈絡。

稍微複雜一點的例子：踩剎車

假設您正在為一輛自動駕駛車子撰寫軟體。您團隊的軟體非常複雜，涉及數十萬行程式碼。整個軟體解決方案由幾個二進位檔所組成。要部署軟體，必須將二進位檔案（以相對耗時的過程）上傳到車子中。對程式碼進行更改、編譯、上傳和在即時車輛中執行，每次都需要幾個小時。

撰寫所有車輛軟體的重大任務被分成幾個小組。每個小組負責一個**服務**，例如方向盤控制、音訊／視訊或車輛檢測。這些服務透過服務匯流排發佈事件以進行互動，而其他服務則根據需要訂閱這些事件。這種設計模式稱為**服務匯流排架構**。

您的團隊負責自動剎車服務，維修人員必須確定是否即將發生碰撞，如果是，則通知車子踩剎車。您的服務訂閱了兩種事件類型：`SpeedUpdate` 類別告訴您車子的速度已經改變了；`CarDetected` 類別告訴您偵測到前面有另一輛車。當偵測到即將發生碰撞時，系統負責向服務匯流排發佈 `BrakeCommand`，這些類別呈現在列表 10-1 中。

列表 10-1：與您的服務互動的 POD 類別

```
struct SpeedUpdate {
  double velocity_mps;
};
```

```
struct CarDetected {
  double distance_m;
  double velocity_mps;
};

struct BrakeCommand {
  double time_to_collision_s;
};
```

您將用具有 publish method 的 ServiceBus 物件來發佈 BrakeCommand：

```
struct ServiceBus {
  void publish(const BrakeCommand&);
  --snip--
};
```

首席架構師希望您將 observe method 公開，以便讓您可以訂閱服務匯流排上的 SpeedUpdate 和 CarDetected 事件。您決定建構一個 AutoBrake 類別來把程式的入口點初始化。AutoBrake 類別將保留對服務匯流排的 publish method 的參照，並透過其 observe method 訂閱 SpeedUpdate 和 CarDetected 事件，如列表 10-2 所示。

列表 10-2：AutoBrake 類別，提供自動剎車服務

```
template <typename T>
struct AutoBrake {
  AutoBrake(const T& publish);
  void observe(const SpeedUpdate&);
  void observe(const CarDetected&);
private:
  const T& publish;
  --snip--
};
```

圖 10-1 總結了服務匯流排 ServiceBus、自動剎車系統 AutoBrake 和其他服務之間的關係。

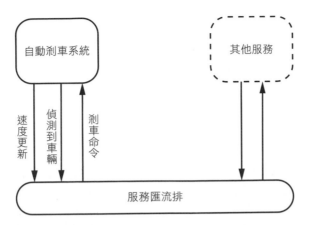

圖 10-1：服務和服務匯流排之間互動的高階描述

該服務整合到車子的軟體中，產生類似列表 10-3 中的程式碼。

列表 10-3：使用 AutoBrake 服務的入口點

```
--snip--
int main() {
  ServiceBus bus;
  AutoBrake auto_brake{ [&bus❶] (const auto& cmd) {
                        bus.publish(cmd); ❷
                  }
  };
  while (true) {  // Service bus's event loop
    auto_brake.observe(SpeedUpdate{ 10L }); ❸
    auto_brake.observe(CarDetected{ 250L, 25L }); ❹
  }
}
```

您用一個 lambda 建構了一個 AutoBrake，用來捕捉對 ServiceBus ❶
的參考。關於 AutoBrake 如何決定何時踩剎車的所有細節，都對其他
團隊完全隱藏起來。服務匯流排協調所有服務間的通訊，您只需將
AutoBrake 中的任何命令直接傳遞給 ServiceBus ❷。在事件迴圈中，
ServiceBus 可以將 SpeedUpdate ❸ 和 CarDetectedobjects ❹ 傳遞給
auto_brake 上的 observe method。

實作 AutoBrake

直覺上實作 AutoBrake 最簡單的方法是重複進行撰寫程式、編譯生產環境的二進位檔、將其上傳到車子上以及手動測試功能等步驟。這種方式很可能導致程式（和車子）崩壞，並浪費大量時間。比較好的作法是撰寫程式碼、編譯一個單元測試二進位檔，然後在桌面開發環境中執行它。您可以更快地在反覆執行這些步驟；一旦您有理由確信所撰寫的程式碼能夠按預期工作，就可以用一輛實車進行手動測試。

單元測試二進位檔將是一個針對桌機作業系統所開發的簡單控制台應用程式。在單元測試二進位檔案中，您將執行一組單元測試，而這些單元測試會將特定的輸入傳遞到 AutoBrake 中，並斷言它是否會產生預期的結果。

在諮詢管理團隊後，您收集了以下要求：

- AutoBrake 將車子的初始速度預設為零。
- AutoBrake 應該有一個可設定碰撞前預測秒數的靈敏度門檻值，靈敏度不得小於 1 秒，預設靈敏度為 5 秒。
- AutoBrake 必須在 SpeedUpdate 之間儲存觀察到的車速。
- 每次 AutoBrake 觀察到 CarDetected 事件時，如果在低於設定的靈敏度門檻值的時間內預測到碰撞，則必須發佈剎車命令。

因為您有這樣一個原始的要求列表，下一步將嘗試用*測試驅動開發*（*test-driven development, TDD*）來實作自動剎車服務。

NOTE

因為這本書是關於 C++ 而不是關於物理學的，您的 AutoBrake 只有當您正前方有車時才有效。

測試驅動開發

在單元測試採用的歷史上，一些勇敢的軟體工程師認為：「如果我知道我要為這個類別撰寫一堆單元測試，為什麼不先寫測試呢？」這種稱為 TDD 的軟體撰寫方式，掀起了軟體工程界一場巨大的宗教戰爭。Vim 還是 Emacs？定位字元還是空格？使用 TDD 還是不使用 TDD？本書謙虛地避免對這些問題進行討論。但我們將使用 TDD，因為它很適合單元測試的討論。

TDD 的優點

TDD 背後的基本想法是在實作解決方案*之前*撰寫測試是否符合需求程式碼，支持者說，這種方式所撰寫的程式碼往往更模組化、健全、乾淨並設計良好。撰寫好的測試是為其他開發人員記錄程式碼的最佳方法。一個好的測試套件是由一套可以正常運作的例子所組成，而且永遠不會不同步。當您添加新特性時，它可以防止功能退化。

單元測試還可以透過撰寫失效的單元測試來提交 bug 報告。一旦 bug 被修復，它將保持不變，因為單元測試和修復 bug 的程式碼將成為測試套件的一部分。

紅色─綠色─重構

TDD 從業者有一個咒語：*紅色、綠色、重構*。紅色是第一步，這意味實作一個失效的測試。這樣做有幾個原因，主要是為了確保您確實在測試某些東西。您可能會驚訝於意外地設計一個不做任何斷言的測試是多麼常見；接下來，實作剛好能夠通過測試的程式碼，這會讓測試從紅色變為綠色。現在您有了可正常運作的程式碼和可以通過的測試，您就可以重構生產環境的程式碼。重構意味著重新改寫現有程式碼而不改變其功能，例如，您可能會找到一種更優雅的方法來撰寫相同的程式碼，用協力廠商函式庫來替換程式碼，或者重寫程式碼以獲得更好的效能。

如果您不小心弄壞了什麼東西，您會馬上知道，因為您的測試套件會告訴您，然後您可以繼續用 TDD 實作類別的其餘部分。接下來可以處理碰撞門檻值。

撰寫骨架 AutoBrake 類別

在撰寫測試之前，您需要先寫一個骨架類別來實作一個介面，但不提供任何功能。這在 TDD 中很有用，因為沒有要測試類別的 shell 就無法編譯測試。

考慮列表 10-4 中的骨架 AutoBrake 類別。

列表 10-4：骨架 AutoBrake 類別

```
struct SpeedUpdate {
  double velocity_mps;
};

struct CarDetected {
  double distance_m;
  double velocity_mps;
};

struct BrakeCommand {
  double time_to_collision_s;
};

template <typename T>
struct AutoBrake {
  AutoBrake(const T& publish❶) : publish{ publish } { }
  void observe(const SpeedUpdate& cd) { } ❷
  void observe(const CarDetected& cd) { } ❸
  void set_collision_threshold_s(double x) { ❹
    collision_threshold_s = x;
  }
  double get_collision_threshold_s() const { ❺
    return collision_threshold_s;
  }
  double get_speed_mps() const { ❻
```

```
    return speed_mps;
  }
private:
  double collision_threshold_s;
  double speed_mps;
  const T& publish;
};
```

AutoBrake 類別有一個接受範本參數 publish 的建構子 ❶，您可以將其儲存到 const 成員中，其中一個需求宣稱您將利用 BrakeCommand 調用 publish。使用範本參數 T，可以針對任何支援利用 BrakeCommand 調用的型別進行泛型程式設計。您提供了兩個不同的觀察函式：您想訂閱的每一種事件都有一個 ❷ ❸。因為這只是一個骨架類別，程式主體中並沒有指令。您只需要一個類別，它公開適當的方法並編譯而不出錯。因為這個 method 會傳回 void，所以甚至不需要 return 敘述。

您實作了一個 setter ❹ 和 getter ❺，這些 method 負責協調與私有成員變數 collision_threshold_s 的互動。其中一個要求意味著關於 collision_threshold_s 有效值的類別不變量。由於此值在建構後會發生改變，所以不能僅使用建構子來建立類別不變量。您需要一種方法，來在物件的整個生命週期中強制使用這個類別不變量。在類別設定成員值之前，可以用 setter 來執行驗證。getter 允許您在不允許修改的情況下讀取 collision_threshold_s 的值，它強制執行了一種外部常數。

最後，您有一個 speed_mps 的 getter ❻，但沒有相對應的 setter。這就好像把 speed_mps 設成 public 成員，但重要的區別在於，如果是 public 成員的話，則可以從外部類別來修改 speed_mps。

斷言：單元測試的建構區塊

單元測試最重要的元件是斷言（*assertion*），它檢查是否滿足某些條件。如果不滿足條件，則表示這個斷言所在的測試失效。

列表 10-5 實作了一個 assert_that 函式，當某個布林 statement 為 false 時，該函式將引發例外並傳回錯誤訊息。

列表 10-5：一個說明 assert_that 的程式（輸出為 GCC v7.1.1 所編譯的二進位檔）

```
#include <stdexcept>
constexpr void assert_that(bool statement, const char* message) {
  if (!statement❶) throw std::runtime_error{ message }; ❷
}

int main() {
  assert_that(1 + 2 > 2, "Something is profoundly wrong with the
universe."); ❸
  assert_that(24 == 42, "This assertion will generate an exception."); ❹
}
```
```
terminate called after throwing an instance of 'std::runtime_error'
  what():  This assertion will generate an exception. ❹
```

assert_that 函式檢查 statement ❶ 參數是否為 false，在這種情況下，它利用 message 參數引發例外 ❷。第一個斷言檢查 1+2>2 是否成立，這個測試會通過 ❸。第二個斷言檢查 24==42 是否成立，這會失效並引發未捕獲的例外 ❹。

要求：初始速度為零

考慮第一個要求，車子的初始速度為零。在 AutoBrake 中實作這個功能之前，您需要撰寫一個檢查這個需求是否滿足的單元測試。您將把單元測試作為一個函式來實作，該函式建立一個 AutoBrake，運用這個類別，並對其結果進行斷言。列表 10-6 為一個針對初始速度為零的需求編寫的單元測試。

列表 10-6：對初始速度為零的要求編寫的單元測試

```
void initial_speed_is_zero() {
  AutoBrake auto_brake{ [](const BrakeCommand&) {} }; ❶
  assert_that(auto_brake.get_speed_mps() == 0L, "speed not equal 0"); ❷
}
```

首先用一個空的 BrakeCommand publish 函式建構一個 AutoBrake ❶。這個單元測試只關心車子速度的 AutoBrake 初始值。因為本單元測試並不關心 AutoBrake 如何或何時發佈 BrakeCommand，所以您給它一個仍然可以編譯的最簡單的參數。

<table>
<tr><td>NOTE</td></tr>
</table>

> 單元測試一個容易被忽略但卻重要的特性是，如果您不在乎被測單元的某些依賴性，那麼您只需提供一個空的實作來執行一些無害的預設行為即可，這個空的實作有時稱為樹樁（stub）。

在 initial_speed_is_zero 中，您只想斷言車子的初始速度為零 ❷，您使用了 get_speed_mps 這個 getter 並將傳回值與 0 進行比較，您只需這樣做就夠了；如果初始速度不為零，assert 將引發一個例外。

現在您需要一種方法來執行單元測試。

測試導線

測試導線（*test harness*）是執行單元測試的程式碼，您可以製作一個將調用單元測試函式的測試導線（例如 initial_speed_is_zero）並優雅地處理失效的斷言。考慮列表 10-7 中的測試導線 run_test。

列表 10-7：一個測試導線

```
#include <exception>
--snip--
void run_test(void(*unit_test)(), const char* name) {
  try {
    unit_test(); ❶
    printf("[+] Test %s successful.\n", name); ❷
  } catch (const std::exception& e) {
    printf("[-] Test failure in %s. %s.\n", name, e.what()); ❸
  }
}
```

測試導線 run_test 接受一個同樣也是名為 unit_test 的單元測試函式指標，並在 try-catch 敘述中調用它 ❶。只要 unit_test 沒有引發例外，run_test 將列印一條友好訊息，聲稱單元測試通過，然後結束 ❷。如果引發任何例外，測試將失效，並列印一條未通過的訊息 ❸。

要讓一個單元測試程式執行所有單元測試，需要將 run_test 測試導線放在新程式的主函式中。總之，單元測試程式如列表 10-8 所示。

列表 10-8：單元測試程式

```
#include <stdexcept>

struct SpeedUpdate {
  double velocity_mps;
};

struct CarDetected {
  double distance_m;
  double velocity_mps;
};

struct BrakeCommand {
  double time_to_collision_s;
};

template <typename T>
struct AutoBrake {
  --snip--
};

constexpr void assert_that(bool statement, const char* message) {
  if (!statement) throw std::runtime_error{ message };
}

void initial_speed_is_zero() {
  AutoBrake auto_brake{ [](const BrakeCommand&) {} };
  assert_that(auto_brake.get_speed_mps() == 0L, "speed not equal 0");
}
```

```
void run_test(void(*unit_test)(), const char* name) {
  try {
    unit_test();
    printf("[+] Test %s successful.\n", name);
  } catch (const std::exception& e) {
    printf("[-] Test failure in %s. %s.\n", name, e.what());
  }
}

int main() {
  run_test(initial_speed_is_zero, "initial speed is 0");  ❶
}
```

```
[-] Test failure in initial speed is 0. speed not equal 0.  ❶
```

當您編譯並執行這個單元測試檔時，您可以看到單元測試的 **initial_speed_is_zero** 失效，並顯示一條通知性的訊息 ❶。

讓測試透過

要讓 **initial_speed_is_zero** 能夠通過，只需在 AutoBrake 的建構子中將 **speed_mps** 初始化為零：

```
template <typename T>
struct AutoBrake {
  AutoBrake(const T& publish) : speed_mps{}❶, publish{ publish } { }
  --snip--
};
```

只需加上初始化為零。現在，如果您更新、編譯並執行列表 10-8 中的單元測試程式，您將看到更令人愉快的輸出：

```
[+] Test initial speed is 0 successful.
```

要求：預設碰撞門檻值為 5

預設碰撞門檻值必須是 5，考慮列表 10-9 中的單元測試。

列表 10-9：對敏感度為 5 的要求進行編碼的單元測試

```
void initial_sensitivity_is_five() {
  AutoBrake auto_brake{ [](const BrakeCommand&) {} };
  assert_that(auto_brake.get_collision_threshold_s() == 5L,
            "sensitivity is not 5");
}
```

您可以將這個測試插入到測試程式中，如列表 10-10 所示。

列表 10-10：添加 initial_sensitivity-is-five 測試至測試導線

```
--snip--
int main() {
  run_test(initial_speed_is_zero, "initial speed is 0");
  run_test(initial_sensitivity_is_five, "initial sensitivity is 5");
}
```
```
[+] Test initial speed is 0 successful.
[-] Test failure in initial sensitivity is 5. sensitivity is not 5.
```

正如預期的那樣，列表 10-10 顯示 initial_speed_is_zero 仍然可以通過，而新的測試 initial_sensitivity_is_five 失效。

現在，在 AutoBrake 添加適當的成員初始值設定項，讓它能夠通過，如列表 10-11 所示。

列表 10-11：更新 AutoBrake 以滿足碰撞門檻值要求

```
template <typename T>
struct AutoBrake {
  AutoBrake(const T& publish)
    : collision_threshold_s{ 5 }, ❶
```

```
      speed_mps{},
      publish{ publish } { }
   --snip--
};
```

新成員初始值設定項 ❶ 將 collision_threshold_s 設為 5。重新編譯
測試程式，您可以看到 initial_sensitivity_is_five 現在能通過：

```
[+] Test initial speed is 0 successful.
[+] Test initial sensitivity is 5 successful.
```

接下來，處理敏感度必須大於 1 的類別不變量。

要求：靈敏度必須始終大於 1

要使案例外對靈敏度驗證錯誤來編寫測試碼，您可以建立一個測
試，當 collision_threshold_s 設為小於 1 的值時，將引發例外，如
列表 10-12 所示。

列表 10-12：靈敏度始終大於 1 的測試編碼

```
void sensitivity_greater_than_1() {
  AutoBrake auto_brake{ [](const BrakeCommand&) {} };
  try {
    auto_brake.set_collision_threshold_s(0.5L); ❶
  } catch (const std::exception&) {
    return; ❷
  }
  assert_that(false, "no exception thrown"); ❸
}
```

您預期當用 0.5 的值呼叫 auto_brake 的 set_collision_threshold_s
方法時會引發例外 ❶。如果它引發了例外，則該例外會被捕獲並立
即結束測試 ❷。如果 set_collision_threshold_s 沒有引發例外，則
斷言失效，並顯示訊息 no exception thrown ❸。

接下來，將 sensitivity_greater_than_1 添加到測試導線中，如列表 10-13 所示。

列表 10-13：添加 set_collision_threshold 至測試導線

```
--snip--
int main() {
  run_test(initial_speed_is_zero, "initial speed is 0");
  run_test(initial_sensitivity_is_five, "initial sensitivity is 5");
  run_test(sensitivity_greater_than_1, "sensitivity greater than 1"); ❶
}
```

```
[+] Test initial speed is 0 successful.
[+] Test initial sensitivity is 5 successful.
[-] Test failure in sensitivity greater than 1. no exception thrown. ❶
```

正如預期的那樣，新的單元測試無法通過 ❶。

您可以實作使測試通過的驗證，如列表 10-14 所示。

列表 10-14：更新 AutoBrake 的 set_collision_threshold method
　　　　　　以驗證其輸入

```
#include <exception>
--snip--
template <typename T>
struct AutoBrake {
  --snip--
  void set_collision_threshold_s(double x) {
    if (x < 1) throw std::exception{ "Collision less than 1." };
    collision_threshold_s = x;
  }
}
```

重新編譯和執行單元測試套件會使測試變為成功（green）：

```
[+] Test initial speed is 0 successful.
[+] Test initial sensitivity is 5 successful.
[+] Test sensitivity greater than 1 successful.
```

下一步，您要確保 AutoBrake 在每次速度更新之間儲存車子速度。

要求：在更新之間儲存車速

列表 10-15 中的單元測試編碼了 AutoBrake 儲存車速的要求。

列表 10-15：對 AutoBrake 儲存車速的要求編碼

```
void speed_is_saved() {
  AutoBrake auto_brake{ [](const BrakeCommand&) {} }; ❶
  auto_brake.observe(SpeedUpdate{ 100L }); ❷
  assert_that(100L == auto_brake.get_speed_mps(), "speed not saved to
100"); ❸
  auto_brake.observe(SpeedUpdate{ 50L });
  assert_that(50L == auto_brake.get_speed_mps(), "speed not saved to 50");
  auto_brake.observe(SpeedUpdate{ 0L });
  assert_that(0L == auto_brake.get_speed_mps(), "speed not saved to 0");
}
```

在建構了一個 AutoBrake ❶ 之後，您將 velocity_mps 等於 100 的
SpeedUpdate 傳遞到它的 observe 方法中 ❷。接著再用 get_speed_
mps 方法從 auto_brake 取得速度，並期望它等於 100 ❸。

> **NOTE**
>
> 一般來說，每個測試應該有一個斷言。這個測試違反了對這個規則
> 最嚴格的解釋，但是並沒有違背它的精神。所有的斷言都在檢查相
> 同的、內聚的需求，即只要 SpeedUpdate 被觀察到就會被儲存。

依照慣例將列表 10-15 中的測試添加到測試導線中，如列表 10-16
所示。

列表 10-16：將 speed_saving 單元測試添加到測試導線中

```
--snip--
int main() {
  run_test(initial_speed_is_zero, "initial speed is 0");
  run_test(initial_sensitivity_is_five, "initial sensitivity is 5");
```

```
  run_test(sensitivity_greater_than_1, "sensitivity greater than 1");
  run_test(speed_is_saved, "speed is saved"); ❶
}
```
```
[+] Test initial speed is 0 successful.
[+] Test initial sensitivity is 5 successful.
[+] Test sensitivity greater than 1 successful.
[-] Test failure in speed is saved. speed not saved to 100. ❶
```

不出所料，新測試無法通過。要讓這個測試通過，您需要實作適當的 observe 函式：

```
template <typename T>
struct AutoBrake {
  --snip--
  void observe(const SpeedUpdate& x) {
    speed_mps = x.velocity_mps; ❶
  }
};
```

從 SpeedUpdate 中提取 velocity_mps 並將其儲存到 speed_mps 成員變數中 ❶，重新編譯測試檔之後，顯示單元測試現在通過了：

```
[+] Test initial speed is 0 successful.
[+] Test initial sensitivity is 5 successful.
[+] Test sensitivity greater than 1 successful.
[+] Test speed is saved successful.
```

最後，您需要 AutoBrake 能夠計算出正確的碰撞時間，如果合適，可以用 publish 函式發佈一個剎車命令。

要求：AutoBrake 在檢測到碰撞時發佈剎車命令

計算碰撞的相關方程式直接來自於高中物理學。首先，計算車子相對於檢測到車輛的相對速度：

$$\text{Velocity}_{\text{Relative}} = \text{Velocity}_{\text{OurCar}} - \text{Velocity}_{\text{OtherCar}}$$
（相對車速 = 自己車速 – 其他車輛車速）

如果您的相對速度是恒定而且為正的值，車子最終會相撞。您可以按如下方式計算此類碰撞的時間：

$$Time_{Collision} = Distance / Velocity_{Relative}$$
（碰撞時間 = 距離 / 相對車速）

如果 $Time_{Collision}$ 大於零而且小於或等於 collision_threshold_s，則以 BrakeCommand 調用 publish。列表 10-17 中的單元測試將碰撞門檻值設為 10 秒，然後觀察指出撞車的事件。

列表 10-17：剎車事件的單元測試

```
void alert_when_imminent() {
  int brake_commands_published{}; ❶
  AutoBrake auto_brake{
    [&brake_commands_published❷](const BrakeCommand&) {
      brake_commands_published++; ❸
  } };
  auto_brake.set_collision_threshold_s(10L); ❹
  auto_brake.observe(SpeedUpdate{ 100L }); ❺
  auto_brake.observe(CarDetected{ 100L, 0L }); ❻
  assert_that(brake_commands_published == 1, "brake commands published
not one"); ❼
}
```

在這裡，您將本地變數 brake_commands_published 初始化為零 ❶。這將記錄調用 publish 回呼的次數。透過參照將這個區域變數傳遞到 lambda 中，用來建構 auto_brake ❷。請注意，您增加了 brake_commands_published ❸。因為 lambda 是透過參照捕獲的，所以您可以檢查稍後在單元測試中發佈的 brake_commands_published 的值。接著將 set_collision_threshold 設為 10 ❹。將車子的速度更新為每秒 100 公尺 ❺，然後偵測到 100 公尺外以每秒 0 公尺行駛（停止）的車子 ❻。AutoBrake 類別應確定碰撞將在 1 秒內發生。這將觸發一個回呼函式，該回呼函式會將 brake_commands_published 遞增，這個斷言 ❼ 會確保回呼只發生一次。

添加到 main 之後，編譯並執行以產生新的失效測試（red test）：

```
[+] Test initial speed is 0 successful.
[+] Test initial sensitivity is 5 successful.
[+] Test sensitivity greater than 1 successful.
[+] Test speed is saved successful.
[-] Test failure in alert when imminent. brake commands published not one.
```

您可以實作程式碼以使此測試通過，列表 10-18 提供了所有發出剎車命令所需的程式碼。

列表 10-18：實作剎車功能的程式碼

```
template <typename T>
struct AutoBrake {
  --snip--
  void observe(const CarDetected& cd) {
    const auto relative_velocity_mps = speed_mps - cd.velocity_mps; ❶
    const auto time_to_collision_s = cd.distance_m / relative_veloc-
ity_mps; ❷
    if (time_to_collision_s > 0 &&  ❸
        time_to_collision_s <= collision_threshold_s ❹) {
      publish(BrakeCommand{ time_to_collision_s }); ❺
    }
  }
};
```

首先，計算相對速度 ❶。然後，使用該值計算碰撞時間 ❷。如果該值為正 ❸ 而且小於或等於碰撞門檻值 ❹，則發佈 BrakeCommand ❺。

重新編譯並執行單元測試套件將獲得成功的測試結果：

```
[+] Test initial speed is 0 successful.
[+] Test initial sensitivity is 5 successful.
[+] Test sensitivity greater than 1 successful.
[+] Test speed is saved successful.
[+] Test alert when imminent successful.
```

最後，您需要檢查 AutoBrake 是否不會以 BrakeCommand 調用 publish，如果碰撞發生在 collision_threshold_s 之後，您可以重新調整單元測試 alert_when_imminent，如列表 10-19 所示。

列表 10-19：測試車子若預計發生碰撞不在門檻值內是否不發佈 BrakeCommand

```
void no_alert_when_not_imminent() {
  int brake_commands_published{};
  AutoBrake auto_brake{
    [&brake_commands_published](const BrakeCommand&) {
      brake_commands_published++;
  } };
  auto_brake.set_collision_threshold_s(2L);
  auto_brake.observe(SpeedUpdate{ 100L });
  auto_brake.observe(CarDetected{ 1000L, 50L });
  assert_that(brake_commands_published == 0 ❶, "brake command published");
}
```

這將會改變設定。您車子的碰撞門檻值設為 2 秒，速度為每秒 100 公尺。當偵測到一輛車子在 1,000 公尺外以每秒 50 公尺的速度接近中，AutoBrake 類別應該會預測在 20 秒之後碰撞，這超過了 2 秒的門檻值，而您也改變了斷言 ❶。

將此測試添加到 main 並執行單元測試套件後，您將獲得以下結果：

```
[+] Test initial speed is 0 successful.
[+] Test initial sensitivity is 5 successful.
[+] Test sensitivity greater than 1 successful.
[+] Test speed is saved successful.
[+] Test alert when imminent successful.
[+] Test no alert when not imminent successful. ❶
```

對於這個測試案例，您已經擁有了所有能通過這個測試所需的程式碼 ❶。一開始沒有失效的測試就違反了紅、綠、重構的魔咒，不過沒關係。這個測試案例與 alert_when_imminent 密切相關。TDD 的重點不是教條地遵守嚴格的規則，而是一套相當寬鬆的指導方針，可以幫助您撰寫更好的軟體。

添加服務匯流排介面

AutoBrake 類別有幾個依賴項：CarDetected、SpeedUpdated 以及對某個 publish 物件的一般依賴關係，這些物件可以透過一個 BrakeCommand 參數調用。CarDetected 和 SpeedUpdated 類別是 C 語言的 struct 型別，很容易直接在單元測試中使用。publish 物件的初始化稍微複雜一些，但是由於使用了 lambda，其實也不會太難。

假設您想要重構服務匯流排，您想要接受 std::function 來訂閱每個服務，如列表 10-20 中新的 IServiceBus 介面所示。

列表 10-20：ISserviceBus 介面

```
#include <functional>

using SpeedUpdateCallback = std::function<void(const SpeedUpdate&)>;
using CarDetectedCallback = std::function<void(const CarDetected&)>;

struct IServiceBus {
  virtual ~IServiceBus() = default;
  virtual void publish(const BrakeCommand&) = 0;
  virtual void subscribe(SpeedUpdateCallback) = 0;
  virtual void subscribe(CarDetectedCallback) = 0;
};
```

因為 IServiceBus 是一個介面，所以不需要知道實作細節。這是一個很好的解決方案，因為它允許您自己連接到服務匯流排。但是有個問題。如何單獨測試 AutoBrake？如果您嘗試用生產匯流排，那麼您將牢牢地處於整合測試領域，而您想要的是易於設定、獨立的單元測試。

模擬依賴項

所幸您並不依賴於實作,而是依賴於介面。您可以建立一個實作 IServiceBus 介面的模擬類別,並在 AutoBrake 中使用它。模擬 (mock)是一種特殊的實作,主要是為了測試依賴於 mock 的類別。

現在,當您在單元測試中使用 AutoBrake 時,AutoBrake 會與 mock 互動,而不是與生產服務匯流排互動。因為您可以完全控制 mock 的 實作,並且 mock 是一個特定於單元測試的類別,在如何測試依賴於 介面的類別方面,您有很大的靈活性:

- 您可以任意獲取關於如何呼叫 mock 的詳細資訊。例如,這可以 包括相關參數和呼叫 mock 的次數。
- 您可以在模擬中執行任意計算。

換句話說,您可以完全控制 AutoBrake 依賴項的輸入和輸出。 AutoBrake 如何處理服務匯流排在 publish 調用內部引發記憶體不足 的異常情況?您可以對它進行單元測試。AutoBrake 為 SpeedUpdates 註冊了多少次回檔?同樣的,您可以對其進行單元測試。

列表 10-21 展示了一個可以用於單元測試的簡單模擬類別。

列表 10-21:MockServiceBus 定義

```
struct MockServiceBus : IServiceBus {
  void publish(const BrakeCommand& cmd) override {
    commands_published++; ❶
    last_command = cmd; ❷
  }
  void subscribe(SpeedUpdateCallback callback) override {
    speed_update_callback = callback; ❸
  }
  void subscribe(CarDetectedCallback callback) override {
    car_detected_callback = callback; ❹
  }
  BrakeCommand last_command{};
  int commands_published{};
```

```
  SpeedUpdateCallback speed_update_callback{};
  CarDetectedCallback car_detected_callback{};
};
```

publish method 記錄 BrakeCommand ❶ 和 last_command ❷ 被發佈的次數。每次 AutoBrake 向服務匯流排發佈一個命令，您都會看到 MockServiceBus 成員的更新。稍後您將看到，這允許對 AutoBrake 在測試期間的行為，進行一些非常強大的斷言。保存用於訂閱服務匯流排的回呼函式 ❸ ❹，這允許您透過在模擬物件上手動調用這些回呼來模擬事件。

現在，您可以將注意力轉到重構 AutoBrake。

重構 AutoBrake

列表 10-22 更新了 AutoBrake，並重新編譯單元測試二進位碼（但不一定要通過！）。

列表 10-22：重構接受 ISServiceBus 參照的 AutoBrake 架構

```
#include <exception>
--snip--
struct AutoBrake { ❶
  AutoBrake(IServiceBus& bus) ❷
    : collision_threshold_s{ 5 },
      speed_mps{} {
  }
  void set_collision_threshold_s(double x) {
    if (x < 1) throw std::exception{ "Collision less than 1." };
    collision_threshold_s = x;
  }
  double get_collision_threshold_s() const {
    return collision_threshold_s;
  }
  double get_speed_mps() const {
    return speed_mps;
  }
private:
```

```
  double collision_threshold_s;
  double speed_mps;
};
```

請注意，所有 observe 函式都已刪除。另外，AutoBrake 不再是範本 **❶**，而是在其建構子中接受一個 IServiceBus 參照 **❷**。

您還需要更新單元測試，以便再次編譯測試套件。一種受 TDD 啟發的方法，是註解掉所有沒有編譯和更新 AutoBrake 的測試，這樣所有失效的單元測試都能通過。然後，逐一取消對每個單元測試的註解，使用新的 IServiceBus 模擬重新實作每個單元測試，然後更新 AutoBrake 以使測試通過。

讓我們試試看。

重構單元測試

因為您已經改變了建構 AutoBrake 物件的方式，所以您需要重新實作每個測試。前三個很簡單：列表 10-23 只是將 mock 放入 AutoBrake 建構子中。

列表 10-23：用 MockServiceBus 重新實作單元測試函式

```
void initial_speed_is_zero() {
  MockServiceBus bus{}; ❶
  AutoBrake auto_brake{ bus }; ❷
  assert_that(auto_brake.get_speed_mps() == 0L, "speed not equal 0");
}

void initial_sensitivity_is_five() {
  MockServiceBus bus{}; ❶
  AutoBrake auto_brake{ bus }; ❷
  assert_that(auto_brake.get_collision_threshold_s() == 5,
              "sensitivity is not 5");
}

void sensitivity_greater_than_1() {
  MockServiceBus bus{}; ❶
```

```
AutoBrake auto_brake{ bus }; ❷
try {
  auto_brake.set_collision_threshold_s(0.5L);
} catch (const std::exception&) {
  return;
}
assert_that(false, "no exception thrown");
}
```

因為這三個測試處理的是與服務匯流排無關的功能，所以您不需
對 AutoBrake 進行任何重大更改就不足為奇了。您只需建立一個
MockServiceBus ❶ 並將其傳遞到 AutoBrake 建構子中 ❷。執行單元
測試套件時，您會看到以下內容：

```
[+] Test initial speed is 0 successful.
[+] Test initial sensitivity is 5 successful.
[+] Test sensitivity greater than 1 successful.
```

接下來，看看 speed_is_saved 測試。AutoBrake 類別不再公開
observe 函式，但是因為您已經將 SpeedUpdateCallback 存放在
模擬服務匯流排上，所以可以直接調用回呼。如果正確地訂閱
AutoBrake，這個回呼函式將更新車子的速度，當您呼叫 get_speed_
mps method 時，將會看到效果。列表 10-24 包含了重構。

列表 10-24：以 MockServiceBus 重新實作 speed_is_saved 單元測試

```
void speed_is_saved() {
  MockServiceBus bus{};
  AutoBrake auto_brake{ bus };

  bus.speed_update_callback(SpeedUpdate{ 100L }); ❶
  assert_that(100L == auto_brake.get_speed_mps(), "speed not saved to
100"); ❷
  bus.speed_update_callback(SpeedUpdate{ 50L });
  assert_that(50L == auto_brake.get_speed_mps(), "speed not saved to 50");
  bus.speed_update_callback(SpeedUpdate{ 0L });
  assert_that(0L == auto_brake.get_speed_mps(), "speed not saved to 0");
}
```

測試與之前的實作相比沒有太大變化，您調用儲存在模擬匯流排上的 `speed_update_callback` 函式 ❶，確保 AutoBrake 物件正確更新了車子的速度 ❷，編譯和執行所產生的單元測試套件會產生以下輸出：

```
[+] Test initial speed is 0 successful.
[+] Test initial sensitivity is 5 successful.
[+] Test sensitivity greater than 1 successful.
[-] Test failure in speed is saved. bad function call.
```

回想一下 bad function call 訊息來自 `std::bad_function_call` 異常。這是意料之中的：您仍然需要從 AutoBrake 訂閱，因此 `std::function` 在調用它時會引發一個例外。

考慮列表 10-25 中的方式。

列表 10-25：訂閱 AutoBrake 以更新來自 IServiceBus 的速度

```
struct AutoBrake {
  AutoBrake(IServiceBus& bus)
    : collision_threshold_s{ 5 },
    speed_mps{} {
    bus.subscribe([this](const SpeedUpdate& update) {
      speed_mps = update.velocity_mps;
    });
  }
  --snip--
}
```

由於 `std::function`，您可以將回呼函式作為 lambda 傳遞到 bus 的 subscribe 方法中，該 lambda 會捕獲 `speed_mps`。（請注意，您不需要儲存 bus 的副本。）重新編譯並執行單元測試套件會產生以下結果：

```
[+] Test initial speed is 0 successful.
[+] Test initial sensitivity is 5 successful.
[+] Test sensitivity greater than 1 successful.
[+] Test speed is saved successful.
```

接下來，您有了第一個警報相關的單元測試 no_alert_when_not_imminent，列表 10-26 強調了用新的架構更新這個測試的一種方法。

列表 10-26：用 IServiceBus 更新 no_alert_when_not_imminent
測試

```
void no_alert_when_not_imminent() {
  MockServiceBus bus{};
  AutoBrake auto_brake{ bus };   auto_brake.set_collision_threshold_s(2L);
  bus.speed_update_callback(SpeedUpdate{ 100L }); ❶
  bus.car_detected_callback(CarDetected{ 1000L, 50L }); ❷
  assert_that(bus.commands_published == 0, "brake commands were
published");
}
```

在 speed_is_saved 測試中，您調用 bus 模擬上的回呼來模擬服務匯流排上的事件 ❶ ❷，重新編譯和執行單元測試套件會導致預期的失效。

```
[+] Test initial speed is 0 successful.
[+] Test initial sensitivity is 5 successful.
[+] Test sensitivity greater than 1 successful.
[+] Test speed is saved successful.
[-] Test failure in no alert when not imminent. bad function call.
```

您需要用 CarDetectedCallback 訂閱，您可以將其添加到 AutoBrake 建構子中，如列表 10-27 所示。

列表 10-27：更新的自動剎車將自身連接到服務匯流排的建構子

```
struct AutoBrake {
  AutoBrake(IServiceBus& bus)
    : collision_threshold_s{ 5 },
    speed_mps{} {
    bus.subscribe([this](const SpeedUpdate& update) {
      speed_mps = update.velocity_mps;
    });
    bus.subscribe([this❶, &bus❷](const CarDetected& cd) {
```

```
        const auto relative_velocity_mps = speed_mps - cd.velocity_mps;
        const auto time_to_collision_s = cd.distance_m / relative_
velocity_mps;
      if (time_to_collision_s > 0 &&
          time_to_collision_s <= collision_threshold_s) {
        bus.publish(BrakeCommand{ time_to_collision_s }); ❸
      }
    });
  }
  --snip--
}
```

您所做的只是移植與 CarDetected 事件對應的原始 observe method。
lambda 在回呼中透過參照捕獲 this ❶ 和 bus ❷。捕獲 this 可讓
您計算碰撞時間，而捕獲 bus 可以讓您在條件滿足的情況下發佈
BrakeCommand ❸。現在，執行單元二進位檔測試會輸出以下訊息：

```
[+] Test initial speed is 0 successful.
[+] Test initial sensitivity is 5 successful.
[+] Test sensitivity greater than 1 successful.
[+] Test speed is saved successful.
[+] Test no alert when not imminent successful.
```

打開最後一個測試 alert_when_imminent，如列表 10-28 所示。

列表 10-28：重構 alert_when_immenent 單元測試

```
void alert_when_imminent() {
  MockServiceBus bus{};
  AutoBrake auto_brake{ bus };
  auto_brake.set_collision_threshold_s(10L);
  bus.speed_update_callback(SpeedUpdate{ 100L });
  bus.car_detected_callback(CarDetected{ 100L, 0L });
  assert_that(bus.commands_published == 1, "1 brake command was not
published");
  assert_that(bus.last_command.time_to_collision_s == 1L,
              "time to collision not computed correctly."); ❶
}
```

在 MockServiceBus 中，您實際上將發佈到匯流排的最後一個 BrakeCommand 儲存到一個成員中。在測試中，可以用這個成員來驗證碰撞時間的計算是否正確。如果一輛車子以每秒 100 公尺的速度行駛，它將需要 1 秒的時間撞上停在 100 公尺外靜止的車子。透過參考我們模擬匯流排上的 time_to_collision_s 欄位，檢查 BrakeCommand 是否記錄了正確的碰撞時間 ❶。

重新編譯和重新執行後，測試套件終於又完全變綠（通過）了：

```
[+] Test initial speed is 0 successful.
[+] Test initial sensitivity is 5 successful.
[+] Test sensitivity greater than 1 successful.
[+] Test speed is saved successful.
[+] Test no alert when not imminent successful.
[+] Test alert when imminent successful.
```

現在已經完成了重構。

重新評估單元測試解決方案

回顧單元測試解決方案，您可以確定幾個與 AutoBrake 無關的元件。這些是一般的單元測試元件，您可以在將來的單元測試中重複使用這些元件。回想一下列表 10-29 中建立的兩個 helper 函式。

列表 10-29：一個嚴格的單元測試框架

```
#include <stdexcept>
#include <cstdio>

void assert_that(bool statement, const char* message) {
  if (!statement) throw std::runtime_error{ message };
}

void run_test(void(*unit_test)(), const char* name) {
  try {
    unit_test();
    printf("[+] Test %s successful.\n", name);
    return;
```

```
  } catch (const std::exception& e) {
    printf("[-] Test failure in %s. %s.\n", name, e.what());
  }
}
```

這兩個函式反映了單元測試的兩個基本面向：產生斷言和執行測試。使用您自己的簡單斷言函式和執行測試導線可以正常運作，但是這種方法不能很好地擴展，依靠單元測試框架可以做得更好。

單元測試和模擬框架

單元測試框架（*unit-testing framework*）提供常用函式，和將測試綁定到易於使用的程式中所需的框架，這些框架提供了豐富的功能，可以幫您建立簡潔、表達力強的測試。本節將介紹幾種流行的單元測試和模擬框架。

Catch 單元測試框架

由 Phil Nash 所提出的 Catch 是一個最簡單的單元測試框架，可以從 *https://github.com/catchorg/Catch2/* 下載。因為它是一個僅包含標頭的函式庫，所以可以透過下載 single_header 版本並將其包含在每個含有單元測試程式碼的翻譯單元中來設定 Catch。

NOTE

> 本書出版時，Catch 的最新版本是 2.9.1。

定義入口點

用 #define CATCH_CONFIG 告訴 Catch 提供您的測試二進位檔入口點，使用 Catch 單元測試套件時，程式一開始的寫法如下：

```
#define CATCH_CONFIG_MAIN
#include "catch.hpp"
```

這樣就可以了，在 `catch.hpp` 標頭中，會查找 CATCH_CONFIG_MAIN 前置處理器定義。當出現時，Catch 會添加一個 `main` 函式，所以您不必自己來。它將自動獲取您定義的所有單元測試，並用一個漂亮的測試導線將它們包裝起來。

定義測試案例

之前，在 376 頁的「單元測試」中，您為每個單元測試定義了一個單獨的函式，然後傳遞一個指向這個函式的指標作為 `run_test` 時的第一個參數。您將測試的名稱當作第二個參數傳遞，這有點多餘，因為您已經為第一個參數所指向的函式提供了一個描述性名稱。最後，您必須實作自己的 `assert` 函式。Catch 會默默地處理所有這些儀式，對於每個單元測試，您只要使用 TEST_CASE 巨集，Catch 就會為您處理所有整合。

列表 10-30 說明了如何建構一個簡單的 Catch 單元測試程式。

列表 10-30：一個簡單的 Catch 單元測試程式

```
#define CATCH_CONFIG_MAIN
#include "catch.hpp"

TEST_CASE("AutoBrake") { ❶
  // Unit test here
}
```

==
```
test cases: 1 | 1 passed ❶
assertions: - none - ❷
```

Catch 入口點偵測到您宣告了一個 AutoBrake 測試 ❶，它還提供了一個警告，提示您沒有做出任何斷言 ❷。

做出斷言

Catch 附帶了一個內建的斷言，它具有兩個不同的斷言巨集家族：REQUIRE 和 CHECK。它們之間的區別是 REQUIRE 將立即使測試失效，而 CHECK 則允許測試執行到完成（但仍然會導致失效）。當失效的相關斷言組引導程式設計師沿著除錯問題的正確路徑前進時，CHECK 有時會很有用。Catch 還包含了 REQUIRE_FALSE 和 CHECK_FALSE，它們會檢查所包含敘述的計算結果是否為 false。在某些情況下，您可能會發現這是表達需求更自然的方式。

您只需要用 REQUIRE 巨集包裝一個布林運算式。如果運算式的計算結果為 false，則斷言失效。如果斷言透過，則您所提供的**斷言運算式**的計算結果為 true；如果斷言失效，則返回 false：

```
REQUIRE(assertion-expression);
```

讓我們看看如何將 REQUIRE 與 TEST_CASE 結合起來建構單元測試。

> **NOTE**
>
> 因為 REQUIRE 是迄今為止最常見的 Catch 斷言，我們在這裡將使用 REQUIRE，有關更多資訊，請參閱 Catch 相關說明文件。

重構使用 Catch 的 init_speed_is_zero 測試

列表 10-31 顯示 initial_speed_is_zero 被重構為使用 Catch 的測試。

列表 10-31：已重構為使用 Catch 的 initial_speed_is_zero 單元測試

```
#define CATCH_CONFIG_MAIN
#include "catch.hpp"
#include <functional>

struct IServiceBus {
  --snip--
};

struct MockServiceBus : IServiceBus {
  --snip--
};
```

```
struct AutoBrake {
  --snip--
};

TEST_CASE❶("initial car speed is zero"❷) {
  MockServiceBus bus{};
  AutoBrake auto_brake{ bus };
  REQUIRE(auto_brake.get_speed_mps() == 0); ❸
}
```

您用 TEST_CASE 巨集定義一個新的單元測試 ❶，測試由其唯一的參數
所描述 ❷。在 TEST_CASE 巨集的主體中，繼續執行單元測試。您還可
以看到作用中的 REQUIRE 巨集。要瞭解 Catch 如何處理失效的測試，
請註解掉 speed_mps 成員初始值設定項以導致測試失效，並觀察程式
的輸出，如列表 10-32 所示。

列表 10-32：故意註解掉 speed_mps 成員成員初始值設定項以導致
測試失效（使用 Catch）

```
struct AutoBrake {
  AutoBrake(IServiceBus& bus)
    : collision_threshold_s{ 5 }/*,
    speed_mps{} */{ ❶
  --snip--
};
```

相對應的成員初始值設定項 ❶ 被註解掉，導致測試失效。重新執行
表 10-31 中的 Catch 測試套件會到列表 10-33 中的輸出。

列表 10-33：實作列表 10-31 後執行測試套件的輸出

```
~~~~~~~~~~~~~~~~~~~~~~~~~~~~~~~~~~~~~~~~~~~~~~~~~~~~~~~~~~~~~~~~~~~~~~~~~~
catch_example.exe is a Catch v2.0.1 host application.
Run with -? for options

----------------------------------------------------------------------
initial car speed is zero
```

```
--------------------------------------------------------------------
c:\users\jalospinoso\catch-test\main.cpp(82)
....................................................................

c:\users\jalospinoso\catch-test\main.cpp(85): ❶ FAILED:
  REQUIRE( auto_brake.get_speed_mps()L == 0 ) ❷
with expansion:
  -9255963134931783073683178320070772713224868796511999446378
0864.0 ❸
  ==
  0

====================================================================
test cases: 1 | 1 failed
assertions: 1 | 1 failed
```

這比您在自製的單元測試套件中所產生的輸出要好得多。Catch 確切
告訴您是哪一行在單元測試中失效 ❶，然後為您列印出這一行 ❷。
接下來，它將這行擴展為執行時遇到的實際值。您可以看到 get_
speed_mps() 傳回奇怪（未初始化）的值顯然不為 ❸。請將此輸出
與自製單元測試的輸出進行比較；我想您會同意使用 Catch 有立即的
價值。

斷言和例外

Catch 還提供了一個稱為 REQUIRE_THROWS 的特殊斷言，這個巨集要
求包含的運算式引發異常。為了在自行開發的單元測試框架中實作
類似的功能，請考慮以下多行問題：

```cpp
try {
  auto_brake.set_collision_threshold_s(0.5L);
} catch (const std::exception&) {
  return;
}
assert_that(false, "no exception thrown");
```

其他異常感知巨集也可以使用，您可以用 REQUIRE_NOTHROW 和 CHECK-NOTHROW 巨集，要求某些運算式計算不要引發異常。您還可以用 REQUIRE_THROWS_AS 和 CHECK_THROWS_AS 巨集來指定預期引發的異常類型。它們需要第二個參數來描述期望的類型。它們的用法類似於 REQUIRE；您只需提供一些運算式，該運算式必須引發異常才能讓斷言通過測試：

```
REQUIRE_THROWS(expression-to-evaluate);
```

如果 *expression-to-evaluate* 未引發異常，則斷言失效。

浮點斷言

AutoBrake 類別涉及浮點運算，我們一直在掩蓋斷言中潛在的嚴重問題。因為浮點數會導致捨入錯誤，所以用運算子 == 檢查相等性不是一個好主意。更穩健的方法是測試浮點數之間的差是否小到可以忽略，您可以用 Catch 的 **Approx** 類別輕鬆地處理這些情況，如列表 10-34 所示。

列表 10-34：使用 approw 類別重構「initializes sensitivity to five」測試

```
TEST_CASE("AutoBrake") {
  MockServiceBus bus{};
  AutoBrake auto_brake{ bus };
  REQUIRE(auto_brake.get_collision_threshold_s() == Approx(5L));
}
```

Approx 類別有助於 Catch 執行浮點值的容差比較，它可以存在於比較運算式的任一側。對於容忍度，它有合理的預設值，但是您可以對細節進行細微控制（請參閱 Catch 說明文件中的 epsilon、margin 和 scale）。

失效

您可以用 FAIL() 巨集讓 Catch 測試失效，當與條件陳述式一起使用時，這有時候會很有用，如下所示：

```
if (something-bad) FAIL("Something bad happened.")
```

如果有合適的敘述，請使用 REQUIRE 敘述。

測試案例和區段

Catch 支援測試案例和測試區段的概念，這使得單元測試中的共同設定與拆卸更加容易。請注意，每次建構 AutoBrake 時，每個測試都有一些重複的儀式：

```
MockServiceBus bus{};
AutoBrake auto_brake{ bus };
```

無需一再重複此程式碼，Catch 解決此常見設定的方法是利用巢狀 SECTION 巨集。您可以在基本使用模式的測試案例中建立巢狀 SECTION 巨集，如列表 10-35 所示。

列表 10-35：巢狀 Catch 巨集設定的範例

```
TEST_CASE("MyTestGroup") {
  // Setup code goes here ❶
  SECTION("MyTestA") { ❷
    // Code for Test A
  }
  SECTION("MyTestB") { ❸
    // Code for Test B
  }
}
```

您可以在 TEST_CASE 開始時執行一次所有的設定 ❶。當 Catch 看到嵌套在測試案例中的 SECTION 巨集時，它（概念上）會將所有設定複製並貼到到每個 SECTION 中 ❷ ❸。每個 SECTION 執行時獨立於其他區段，因此通常不會在 SECTION 巨集之間觀察到測試案例中建立的物件有任何副作用；此外，還可以在另一個 SECTION 巨集中嵌入 SECTION 巨集，如果您有大量用於一組緊密相關的測試的設定程式碼，這可能會很有用（儘管將該套件拆分為自己的 TEST_CASE 可能很合理）。

讓我們看看這種方法如何簡化 AutoBrake 單元測試套件。

重構 AutoBrake 單元測試以使用 Catch

列表 10-36 將所有單元測試重構為 Catch 樣式。

列表 10-36：使用 Catch 框架實作單元測試

```
#define CATCH_CONFIG_MAIN
#include "catch.hpp"
#include <functional>
#include <stdexcept>

struct IServiceBus {
  --snip--
};

struct MockServiceBus : IServiceBus {
  --snip--
};

struct AutoBrake {
  --snip--
};

TEST_CASE("AutoBrake"❶) {
  MockServiceBus bus{}; ❷
  AutoBrake auto_brake{ bus }; ❸

  SECTION❹("initializes speed to zero"❺) {
    REQUIRE(auto_brake.get_speed_mps() == Approx(0));
  }

  SECTION("initializes sensitivity to five") {
    REQUIRE(auto_brake.get_collision_threshold_s() == Approx(5));
  }

  SECTION("throws when sensitivity less than one") {
    REQUIRE_THROWS(auto_brake.set_collision_threshold_s(0.5L));
```

```
}

SECTION("saves speed after update") {
  bus.speed_update_callback(SpeedUpdate{ 100L });
  REQUIRE(100L == auto_brake.get_speed_mps());
  bus.speed_update_callback(SpeedUpdate{ 50L });
  REQUIRE(50L == auto_brake.get_speed_mps());
  bus.speed_update_callback(SpeedUpdate{ 0L });
  REQUIRE(0L == auto_brake.get_speed_mps());
}

SECTION("no alert when not imminent") {
  auto_brake.set_collision_threshold_s(2L);
  bus.speed_update_callback(SpeedUpdate{ 100L });
  bus.car_detected_callback(CarDetected{ 1000L, 50L });
  REQUIRE(bus.commands_published == 0);
}

SECTION("alert when imminent") {
  auto_brake.set_collision_threshold_s(10L);
  bus.speed_update_callback(SpeedUpdate{ 100L });
  bus.car_detected_callback(CarDetected{ 100L, 0L });
  REQUIRE(bus.commands_published == 1);
  REQUIRE(bus.last_command.time_to_collision_s == Approx(1));
}
}
```

===

All tests passed (9 assertions in 1 test case)

這裡，TEST_CASE 被重命名為 AutoBrake，以反映其更廣泛的用途 ❶。接下來，TEST_CASE 的主體以所有 AutoBrake 單元測試共用的設定程式碼開始 ❷ ❸。每個單元測試都已轉換為一個 SECTION 巨集 ❹。您將每個區段命名 ❺，然後將特定於測試的程式碼放在 SECTION 主體中。Catch 將完成所有的工作，將設定程式碼與每個 SECTION 的主體縫合在一起。換言之，每次都會有一個全新的 AutoBrake：SECTIONS 的順序在這裡並不重要，它們是完全獨立的。

Google Test

Google Test 是另一個非常流行的單元測試框架。Google Test 依循了 xUnit 單元測試框架的傳統，因此如果您熟悉 Java 的 junit 或 .NET 的 nunit，那麼 Google Test 使用起來會讓您感到賓至如歸。當您使用 Google Test 時，有一個很好的特性是 Google Mocks 模擬框架是在一段時間前合併的。

設定 Google Test

Google Test 需要一些時間來啟動和執行。和 Catch 不同的是，Google Test 不是一個只有標頭的函式庫。您必須從 *https://github.com/google/Google Test/* 下載，將其編譯到一組函式庫中，並根據需要將這些庫連結到測試專案中。如果您使用流行的桌面建構系統，例如 GNU Make、Mac Xcode 或 Visual Studio，那麼可以使用一些範本來開始建構相關的函式庫。

有關啟動和執行 Google Test 的更多資訊，請參閱儲存庫 doc 目錄中的的 Primer。

> **NOTE**
>
> 在本書出版時，Google Test 的最新版本是 1.8.1。有關將 Google Test 整合到 Cmake 建構中的方法，請參閱本書的配套資料，網址為 *https://ccc.codes*。

在單元測試專案中，必須執行兩項操作來設定 Google Test。首先，必須確保 Google Test 所安裝的目錄，包含在單元測試專案的標頭搜尋路徑中，這允許您在測試中使用 #include "gtest/gtest.h"。其次，必須指示連結器從 Google Test 安裝中納入 gtest 和 gtest_main 靜態程式庫，並確認您連結到正確的電腦架構和環境設定。

在 Visual Studio 中設定 Google Test 的常見方法是，C/C++ > 程式碼產生 > 執行時期函式庫選項必須與專案的選項相符。預設情況下，Google Test 會編譯成靜態執行的版本（即使用 /MT 或 /MTd 選項）。此選項與預設選項不同，後者會編譯成動態執行版本（例如，在 Visual Studio 中使用 /MD 或 /MDd 選項）。

定義入口點

當您將 gtest_main 連結到單元測試專案中時，Google Test 將為您提供 main() 函式，這就好比是 Catch 的 #define CATCH_CONFIG_MAIN；它將找出所有您定義的單元測試，並將它們組合成一個很好的測試導線。

定義測試案例

要定義測試案例，只需把 TEST 巨集提供給單元測試，這與 Catch 的 TEST_CASE 非常類似。列表 10-37 說明了 Google Test 單元測試的基本設定。

列表 10-37：一個 Google Test 單元測試範例

```
#include "gtest/gtest.h" ❶

TEST❷(AutoBrake❸, UnitTestName❹) {
  // Unit test here ❺
}
```

```
Running main() from gtest_main.cc ❻
[==========] Running 1 test from 1 test case.
[----------] Global test environment set-up.
[----------] 1 test from AutoBrake
[ RUN      ] AutoBrake.UnitTestName
[       OK ] AutoBrake.UnitTestName (0 ms)
[----------] 1 test from AutoBrake (0 ms total)
```

```
[----------] Global test environment tear-down
[==========] 1 test from 1 test case ran. (1 ms total)
[  PASSED  ] 1 test. ❼
```

首先，包含 gtest/gtest.h 標頭檔 ❶，這將引入定義單元測試所需
的定義。每個單元測試都以 TEST 巨集開始 ❷。您用兩個標籤定義每
個單元測試：測試案例名稱（本例為 AutoBrake）❸ 和測試名稱（本
例為 UnitTestName）❹。這兩個標籤人致上分別類似於 Catch 中的
TEST_CASE 和 SECTION 名稱。測試案例包含一個或多個測試。通常，
您將共用同一主題的測試放在一起。這個框架將把這些測試組合在
一起，這對於一些更進階的用途很幫助。不同的測試案例可以有相
同的測試名稱。

您可以將單元測試的程式碼放在大括號中 ❺。當您運行所產生的單
元測試二進位檔案時，可以看到 Google Test 為您提供了一個入口點
❻。因為您沒有提供斷言（或可能引發例外的程式碼），因此單元測
試會很順利地通過 ❼。

做出斷言

Google Test 中的斷言並沒有像 Catch 的 REQUIRE 所要求的那麼神
奇。雖然它們也是巨集，但是 Google Test 斷言需要程式設計師做更
多的工作，而 REQUIRE 會解析布林運算式並確定是否要重新測試相等
性、大於關係等，而 Google Test 的斷言不會這樣做，您必須分別傳
入斷言的每個元件。

在 Google Test 中，有許多其他的方法可以用來描述斷言，彙整在表
10-1 中。

表 10-1：Google 測試斷言

斷言	驗證 . . .
ASSERT_TRUE(*condition*)	*condition* 為 true
ASSERT_FALSE(*condition*)	*condition* 為 false

斷言	驗證 . . .
ASSERT_EQ(*val1, val2*)	*val1 == val2* 為 true
ASSERT_FLOAT_EQ(*val1, val2*)	*val1 - val2* 為 true
ASSERT_DOUBLE_EQ(*val1, val2*)	*val1 != val2* 為 true
ASSERT_NE(*val1, val2*)	*val1 < val2* 為 true
ASSERT_LT(*val1, val2*)	*val1 <= val2* 為 true
ASSERT_LE(*val1, val2*)	*val1 > val2* 為 true
ASSERT_GT(*val1, val2*)	*val1 >= val2* 為 true
ASSERT_GE(*val1, val2*)	*val1 >= val2* 為 true
ASSERT_STREQ(*str1, str2*)	兩個 C 樣式的字串 *str1, str2* 內容相同
ASSERT_STRNE(*str1, str2*)	兩個 C 樣式的字串 *str1, str2* 內容不相同
ASSERT_STRCASEEQ(*str1, str2*)	兩個 C 樣式的字串 *str1, str2* 忽略大小寫之後內容相同
ASSERT_STRCASENE(*str1, str2*)	兩個 C 樣式的字串 *str1, str2* 忽略大小寫之後內容不相同
ASSERT_THROW(*statement, ex_type*)	評估 *statement* 引發 *ex_type* 類型的例外
ASSERT_ANY_THROW(*statement*)	評估 *statement* 引發任何類型的例外
ASSERT_NO_THROW(*statement*)	評估 *statement* 不會引發例外
ASSERT_HRESULT_SUCCEEDED(*statement*)	*statement* 所對應的成功會傳回 HRESULT 碼（僅適用 Win32 API）
ASSERT_HRESULT_FAILED(*statement*)	*statement* 所對應的失效會傳回 HRESULT 碼（僅適用 Win32 API）

讓我們將單元測試定義與斷言結合起來，看看 Google Test 的實際運作情形。

重構 initiao_car_speed_is_zero 到 Google Test

對於列表 10-32 中故意損壞的 AutoBrake</>，您可以執行下面的單元測試，看看測試工具的失效訊息是什麼樣子。（回想一下，您註解掉了 speed_mps 的成員初始值設定項）列表 10-38 用 ASSERT_FLOAT_EQ 來斷言車子的初始速度為零。

列表 10-38：*故意註解掉* speed_mps *成員初始化設定項以造成測試失效*（*使用* Google Test）

```
#include "gtest/gtest.h"
#include <functional>

struct IServiceBus {
  --snip--
};

struct MockServiceBus : IServiceBus {
  --snip--
};

struct AutoBrake {
  AutoBrake(IServiceBus& bus)
    : collision_threshold_s{ 5 }/*,
    speed_mps{} */ {
  --snip--
};

TEST❶(AutoBrakeTest❷, InitialCarSpeedIsZero❸) {
  MockServiceBus bus{};
  AutoBrake auto_brake{ bus };
  ASSERT_FLOAT_EQ❹(0❺, auto_brake.get_speed_mps()❻);
}
```
```
Running main() from gtest_main.cc
[==========] Running 1 test from 1 test case.
[----------] Global test environment set-up.
[----------] 1 test from AutoBrakeTest
[ RUN      ] AutoBrakeTest.InitialCarSpeedIsZero
```

```
C:\Users\josh\AutoBrake\gtest.cpp(80): error: Expected equality of
these values:
  0 ❺
  auto_brake.get_speed_mps()❻
    Which is: -inf
[  FAILED  ] AutoBrakeTest❷.InitialCarSpeedIsZero❸ (5 ms)
[----------] 1 test from AutoBrakeTest (5 ms total)

[----------] Global test environment tear-down
[==========] 1 test from 1 test case ran. (7 ms total)
[  PASSED  ] 0 tests.
[  FAILED  ] 1 test, listed below:
[  FAILED  ] AutoBrakeTest.InitialCarSpeedIsZero

 1 FAILED TEST
```

您使用測試案例 ❶ 名稱 AutoBrakeTest ❷ 和測試名稱 InitialCarSpeedIsZero ❸ 宣告一個單元測試 ❶。在測試中，您設定了 auto_brake 並斷言 ❹ 車子的初始速度為零 ❺。請注意，常數值是第一個參數，而您所要測試的數值是第二個參數 ❻。

與列表 10-33 中的 Catch 輸出一樣，列表 10-38 中的 Google Test 輸出非常清楚。它告訴您一個測試失效、指出失效的斷言、並給出了如何修復該問題的良好指示。

測試夾具

Google Test 的方式和 Catch 的 TEST_CASE 和 SECTION 不同的地方，是在涉及到一個公用設定時製定**測試夾具**（*test fixture*）類別，這些夾具繼承自框架所提供的 ::testing::Test 類別。

您打算在測試內部使用的任何成員都應標記為 public 或 protected。如果需要一些設定或拆卸計算，可以將其分別放入（預設）建構子或解構子中。

雖然很少需要這樣做，您也可以將這種設定和拆卸邏輯放在重寫的 Setup() 和 TearDown() 函式中，其中有一種情況是拆卸計算可能引發例外時。因為通常不應允許解構子拋出未捕獲的例外，因此必須將此類程式碼放入 TearDown() 函式中。（回想一下 140 頁的「在解構子中引發例外」中的內容，當另一個例外已經在執行中時，在解構子中拋出一個未捕獲的例外來呼叫 std::terminate。）

如果測試夾具類似於 Catch 的 TEST_CASE，那麼 TEST_F 就像 Catch 的 SECTION。和 TEST 一樣，TEST_F 需要兩個參數。第一個必須是測試夾具類別的確切名稱，第二個是單元測試的名稱。列表 10-39 示範了 Google Test 測試夾具的基本用法。

列表 10-39：Google Test 測試夾具的基本設定

```
#include "gtest/gtest.h"

struct MyTestFixture❶ : ::testing::Test❷ { };

TEST_F(MyTestFixture❸, MyTestA❹) {
  // Test A here
}

TEST_F(MyTestFixture, MyTestB❺) {
  // Test B here
}
```
```
Running main() from gtest_main.cc
[==========] Running 2 tests from 1 test case.
[----------] Global test environment set-up.
[----------] 2 tests from MyTestFixture
[ RUN      ] MyTestFixture.MyTestA
[       OK ] MyTestFixture.MyTestA (0 ms)
[ RUN      ] MyTestFixture.MyTestB
[       OK ] MyTestFixture.MyTestB (0 ms)
[----------] 2 tests from MyTestFixture (1 ms total)

[----------] Global test environment tear-down
```

```
[==========] 2 tests from 1 test case ran. (3 ms total)
[  PASSED  ] 2 tests.
```

您宣告一個 MyTestFixture 類別 ❶，該類別繼承了 Google Test 提供
的 ::testing::Test 類別 ❷。您用類別名稱作為 Test_F 巨集的第一
個參數 ❸，然後單元測試可以存取 MyTestFixture 內任何 public 或
protected 的方法，您可以用 MyTestFixture 的建構子和解構子來執行
任何常見的測試設定／拆卸。第二個參數是單元測試的名稱 ❹ ❺。

接下來，讓我們看看如何使用 Google Test 夾具來重新實作
AutoBrake 單元測試。

使用 Google Test 重構 AutoBrake 單元測試

列表 10-40 將所有 AutoBrake 單元測試重新實作到 Google Test 的
test-fixture 框架中。

列表 10-40：使用 Google Test 實作 AutoBrake 單元測試

```
#include "gtest/gtest.h"
#include <functional>

struct IServiceBus {
  --snip--
};

struct MockServiceBus : IServiceBus {
  --snip--
};

struct AutoBrake {
  --snip--
};

struct AutoBrakeTest : ::testing::Test { ❶
  MockServiceBus bus{};
  AutoBrake auto_brake { bus };
};
```

```
TEST_F❷(AutoBrakeTest❸, InitialCarSpeedIsZero❹) {
  ASSERT_DOUBLE_EQ(0, auto_brake.get_speed_mps()); ❺
}


TEST_F(AutoBrakeTest, InitialSensitivityIsFive) {
  ASSERT_DOUBLE_EQ(5, auto_brake.get_collision_threshold_s());
}


TEST_F(AutoBrakeTest, SensitivityGreaterThanOne) {
  ASSERT_ANY_THROW(auto_brake.set_collision_threshold_s(0.5L)); ❻
}


TEST_F(AutoBrakeTest, SpeedIsSaved) {
  bus.speed_update_callback(SpeedUpdate{ 100L });
  ASSERT_EQ(100, auto_brake.get_speed_mps());
  bus.speed_update_callback(SpeedUpdate{ 50L });
  ASSERT_EQ(50, auto_brake.get_speed_mps());
  bus.speed_update_callback(SpeedUpdate{ 0L });
  ASSERT_DOUBLE_EQ(0, auto_brake.get_speed_mps());
}


TEST_F(AutoBrakeTest, NoAlertWhenNotImminent) {
  auto_brake.set_collision_threshold_s(2L);
  bus.speed_update_callback(SpeedUpdate{ 100L });
  bus.car_detected_callback(CarDetected{ 1000L, 50L });
  ASSERT_EQ(0, bus.commands_published);
}


TEST_F(AutoBrakeTest, AlertWhenImminent) {
  auto_brake.set_collision_threshold_s(10L);
  bus.speed_update_callback(SpeedUpdate{ 100L });
  bus.car_detected_callback(CarDetected{ 100L, 0L });
  ASSERT_EQ(1, bus.commands_published);
  ASSERT_DOUBLE_EQ(1L, bus.last_command.time_to_collision_s);
}
```

```
Running main() from gtest_main.cc
[==========] Running 6 tests from 1 test case.
[----------] Global test environment set-up.
```

```
[----------] 6 tests from AutoBrakeTest
[ RUN      ] AutoBrakeTest.InitialCarSpeedIsZero
[       OK ] AutoBrakeTest.InitialCarSpeedIsZero (0 ms)
[ RUN      ] AutoBrakeTest.InitialSensitivityIsFive
[       OK ] AutoBrakeTest.InitialSensitivityIsFive (0 ms)
[ RUN      ] AutoBrakeTest.SensitivityGreaterThanOne
[       OK ] AutoBrakeTest.SensitivityGreaterThanOne (1 ms)
[ RUN      ] AutoBrakeTest.SpeedIsSaved
[       OK ] AutoBrakeTest.SpeedIsSaved (0 ms)
[ RUN      ] AutoBrakeTest.NoAlertWhenNotImminent
[       OK ] AutoBrakeTest.NoAlertWhenNotImminent (1 ms)
[ RUN      ] AutoBrakeTest.AlertWhenImminent
[       OK ] AutoBrakeTest.AlertWhenImminent (0 ms)
[----------] 6 tests from AutoBrakeTest (3 ms total)

[----------] Global test environment tear-down
[==========] 6 tests from 1 test case ran. (4 ms total)
[  PASSED  ] 6 tests.
```

首先，您實作了測試 AutoBrakeTest 這個 test fixture ❶。這個類別封裝了所有單元測試共用設定的程式碼：以建構 MockServiceBus 並用它來建構 AutoBrake。每個單元測試都以 TEST_F 巨集表示 ❷。這些巨集有兩個參數：測試夾具（如 AutoBrakeTest ❸），和測試的名稱（如 InitialCarSpeedIsZero ❹），並在單元測試的主體中，正確調用每個斷言（例如 ASSERT_DOUBLE_EQ ❺ 和 ASSERT_ANY_THROW ❻）。

比較 Google Test 和 Catch

如您所見，Google Test 和 Catch 之間存在幾個主要差異。最引人注目的初步印象應該是您在安裝 GogleTest 並讓它在您的解決方案中正常運作的投資。Catch 與此相反：作為一個只有標頭檔的函式庫，很容易就能讓它在您的專案中正常運作。

另一個主要區別是斷言。對於新手來說，REQUIRE 比 Google Test 斷言樣式簡單得多。對於另一個 xUnit 框架經驗豐富的使用者而言，

Google Test 似乎更自然。失效訊息也有點不同，這些風格中的哪一種更為明智，完全取決於您自己。

最後是效能的問題。理論上，Google Test 編譯比 Catch 更快，因為 Catch 必須為單元測試套件中的每個單元進行編譯，您必須在使用只有標頭檔的函式庫時做一些取捨；在設定 Google Test 時所做的投資，將在以後以更快的編譯速度回報您。根據單元測試套件的大小，這可能會察覺不到。

Boost 測試

Boost Test 是一個單元測試框架，包含在 *Boost C++ 函式庫*（簡稱 *Boost*）中。Boost 是一個極佳的開源 C++ 函式庫的集合。從過去的歷史看來，有許多 Boost 函式庫的概念最後都被納入到 C++ 標準中，儘管並非所有的 Boost 函式庫都是為了最後要被納入標準而設計。本書的其餘部分將多次提及 Boost 函式庫，Boost Test 是第一個。有關將 Boost 安裝到您的環境中的說明，請參見 Boost 的主頁 *https://www.boost.org* 或查看本書所附的配套程式碼。

> **NOTE**
>
> 在本書出版時，Boost 函式庫最新版本是 1.70.0。

您可以在三種模式下使用 Boost Test：作為只包含標頭的函式庫（比如 Catch）、作為靜態程式庫（比如 Google Test）或者作為共享函式庫（在執行時連結 Boost 測試模組）。如果有多個單元測試的二進位檔案，使用動態函式庫可以節省相當多的磁碟空間。與將單元測試框架烘焙到每個單元測試二進位檔案中不同的是，您可以建構單一共享函式庫（例如 .so 或 .dll）並在執行時將它載入。

正如您在探索 Catch 和 Google Test 時所發現的那樣，每種方法都需要權衡取捨。Boost Test 主要的優點在於，讓您可以選擇一個您認為最適合的模式。如果專案發生變化，切換模式也不難，因此，一種可能的方法是一開始把 Boost Test 當作只包含標頭的函式庫,並隨著需求的變化轉換到另一種模式。

設定 Boost Test

要把 Boost Test 設定成僅包含標頭的模式(Boost 文件稱之為「單一標頭變形」),只需納入 <Boost/Test/included/unit_test.hpp> 標頭。要編譯此標頭檔,您需要用使用者定義的名稱來定義 BOOST_TEST_MODULE。例如:

```
#define BOOST_TEST_MODULE test_module_name
#include <boost/test/included/unit_test.hpp>
```

不幸的是,如果您有一個以上的翻譯單元,就不能採用這種方法。對於這種情況,Boost Test 包含可以使用的預先建構的靜態程式庫。透過將這些連結到程式中,可以避免為每個翻譯單元編譯相同的程式碼。當採用這種方法時,您需要在單元測試套件中每個翻譯單元都納入 boost/test/unit_test.hpp 標頭:

```
#include <boost/test/unit_test.hpp>
```

如果翻譯單元恰好為一個時,您還需定義 BOOST_TEST_MODULE 如下:

```
#define BOOST_TEST_MODULE AutoBrake
#include <boost/test/unit_test.hpp>
```

您還必須將連結器設定為包括 Boost Test 安裝所附帶的適當 Boost Test 靜態程式庫。與所選靜態程式庫對應的編譯器和架構必須與單元測試專案的其餘部分相符合。

設定共享函式庫模式

要在共享函式庫模式下設定 Boost Test,必須在單元測試套件的每個翻譯單元添加以下程式碼:

```
#define BOOST_TEST_DYN_LINK
#include <boost/test/unit_test.hpp>
```

如果翻譯單元恰好為一個時，還必須定義 BOOST_TEST_MODULE：

```
#define BOOST_TEST_MODULE AutoBrake
#define BOOST_TEST_DYN_LINK
#include <boost/test/unit_test.hpp>
```

與靜態程式庫用法一樣，您必須指示連結器要納入 Boost Test。在執行時，單元測試共享函式庫也必須可用。

定義測試案例

您可以在 Boost Test 中使用 BOOST_AUTO_TEST_CASE 巨集在 Boost Test 中定義單元測試，該巨集接受與測試名稱相對應的單一參數。列表 10-41 顯示其基本用法。

列表 10-41：使用 Boost Test 實作 AutoBrake 單元測試

```
#define BOOST_TEST_MODULE TestModuleName ❶
#include <boost/test/unit_test.hpp> ❷

BOOST_AUTO_TEST_CASE❸(TestA❹) {
  // Unit Test A here ❺
}
```
```
Running 1 test case...

*** No errors detected
```

測試模組的名稱是 TestModuleName ❶，您可以將其定義為 BOOST_TEST_MODULE。您將 boost/test/unit_test.hpp 標頭納入 ❷，它為您提供了存取 Boost Test 所需的所有元件的許可權。BOOST_AUTO_TEST_CASE 宣告 ❸ 表示名為 TestA 的單元測試 ❹，而單元測試的主體位於大括號之間 ❺。

做出斷言

Boost 中的斷言與 Catch 中的斷言非常類似，BOOST_TEST 巨集和 Catch 中的 REQUIRE 巨集一樣，只需提供一個運算式，如果斷言通過，則計算結果為 true；如果斷言失效，則計算結果為 false：

```
BOOST_TEST(assertion-expression)
```

若想要求運算式在計算時引發例外，請使用 BOOST_REQUIRE_THROW 巨集，該巨集類似於 Catch 的 REQUIRE_THROWS 巨集，但還必須提供要引發的例外的類型。其用法如下：

```
BOOST_REQUIRE_THROW(expression, desired-exception-type);
```

如果 *expression* 不引發 *desired-exception-type* 類型的例外，則斷言將失效。

讓我們用 Boost Test 檢查 AutoBrake 單元測試套件看起來是什麼樣子。

重構「initial_car_speed_is_zero」測試來提升測試

您將使用列表 10-32 中故意損壞的 AutoBrake 和 speed_mps 缺少的成員初始值設定項。列表 10-42 讓 Boost Test 處理失效的單元測試。

列表 10-42：故意註解 speed_mps 成員初始值設定項以導致測試失效（使用 Boost Test）

```
#define BOOST_TEST_MODULE AutoBrakeTest ❶
#include <boost/test/unit_test.hpp>
#include <functional>

struct IServiceBus {
  --snip--
};

struct MockServiceBus : IServiceBus {
  --snip--
```

```
};

struct AutoBrake {
  AutoBrake(IServiceBus& bus)
    : collision_threshold_s{ 5 }/*,
      speed_mps{} */❷ {
  --snip--
};

BOOST_AUTO_TEST_CASE(InitialCarSpeedIsZero❸) {
  MockServiceBus bus{};
  AutoBrake auto_brake{ bus };
  BOOST_TEST(0 == auto_brake.get_speed_mps()); ❹
}
```
Running 1 test case...
C:/Users/josh/projects/cpp-book/manuscript/part_2/10-testing/samples/
boost/minimal.cpp(80): error: in "InitialCarSpeedIsZero": check 0 ==
auto_brake.get_speed_mps() has failed [0 != -9.2559631349317831e+61] ❺
*** 1 failure is detected in the test module "AutoBrakeTest"

測試模組的名稱是 AutoBrakeTest ❶。在註解掉 speed_mps 成員初始
值設定項之後 ❷，就得到了 InitialCarSpeedIsZero 測試 ❸。BOOST_
TEST 斷言測試 speed_mps 是否為 0 ❹。與 Catch 和 Google Test 一
樣，您會看到一條詳盡的錯誤訊息，告訴您出了什麼問題 ❺。

測試夾具

就像 Google Test 一樣，Boost Test 使用測試夾具的概念來處理常見
的設定程式碼，使用它們就像宣告一個 RAII 物件一樣簡單，其中
測試的設定邏輯包含在類別的建構子中，而拆卸邏輯包含在解構子
中。與 Google Test 不同的是，您不必從測試設備中的父類別衍生。
測試夾具可用於任何使用者定義的結構。

要在單元測試中使用測試夾具，可以使用 BOOST_FIXTURE_TEST_CASE
巨集，它接受兩個參數，第一個參數是單元測試的名稱，第二個參
數是 test fixture 類別。

在巨集的主體中，您實作一個單元測試，就好像它是 test fixture 類別的一個 method 一樣，如列表 10-43 所示。

列表 10-43：示範 Boost 的 test fixture 用法

```
#define BOOST_TEST_MODULE TestModuleName
#include <boost/test/unit_test.hpp>

struct MyTestFixture { }; ❶

BOOST_FIXTURE_TEST_CASE❷(MyTestA❸, MyTestFixture) {
  // Test A here
}

BOOST_FIXTURE_TEST_CASE(MyTestB❹, MyTestFixture) {
  // Test B here
}
```
```
Running 2 test cases...

*** No errors detected
```

在這裡，您定義了一個 **MyTestFixture** 類別 ❶，並把它當作 **BOOST_FIXTURE_TEST_CASE** 每個實例的第二個參數 ❷。您宣告了兩個單元測試：**MyTestA** ❸ 和 **MyTestB** ❹。在 **MyTestFixture** 中執行的任何設定都會影響每一個 **BOOST_FIXTURE_TEST_CASE**。

接下來，您將用 Boost Test 夾具重新實作 AutoBrake 測試套件。

使用 Boost Test 重構 AutoBrake 單元測試

列表 10-44 使用 Boost Test 的 test fixture 實作了 AutoBrake 單元測試套件。

列表 10-44：使用 Boost Test 實作單元測試

```
#define BOOST_TEST_MODULE AutoBrakeTest
#include <boost/test/unit_test.hpp>
#include <functional>
```

```
struct IServiceBus {
  --snip--
};

struct MockServiceBus : IServiceBus {
  --snip--
};

struct AutoBrakeTest { ❶
  MockServiceBus bus{};
  AutoBrake auto_brake{ bus };
};

BOOST_FIXTURE_TEST_CASE❷(InitialCarSpeedIsZero, AutoBrakeTest) {
  BOOST_TEST(0 == auto_brake.get_speed_mps());
}

BOOST_FIXTURE_TEST_CASE(InitialSensitivityIsFive, AutoBrakeTest) {
  BOOST_TEST(5 == auto_brake.get_collision_threshold_s());
}

BOOST_FIXTURE_TEST_CASE(SensitivityGreaterThanOne, AutoBrakeTest) {
  BOOST_REQUIRE_THROW(auto_brake.set_collision_threshold_s(0.5L),
                      std::exception);
}

BOOST_FIXTURE_TEST_CASE(SpeedIsSaved, AutoBrakeTest) {
  bus.speed_update_callback(SpeedUpdate{ 100L });
  BOOST_TEST(100 == auto_brake.get_speed_mps());
  bus.speed_update_callback(SpeedUpdate{ 50L });
  BOOST_TEST(50 == auto_brake.get_speed_mps());
  bus.speed_update_callback(SpeedUpdate{ 0L });
  BOOST_TEST(0 == auto_brake.get_speed_mps());
}

BOOST_FIXTURE_TEST_CASE(NoAlertWhenNotImminent, AutoBrakeTest) {
  auto_brake.set_collision_threshold_s(2L);
```

```
  bus.speed_update_callback(SpeedUpdate{ 100L });
  bus.car_detected_callback(CarDetected{ 1000L, 50L });
  BOOST_TEST(0 == bus.commands_published);
}

BOOST_FIXTURE_TEST_CASE(AlertWhenImminent, AutoBrakeTest) {
  auto_brake.set_collision_threshold_s(10L);
  bus.speed_update_callback(SpeedUpdate{ 100L });
  bus.car_detected_callback(CarDetected{ 100L, 0L });
  BOOST_TEST(1 == bus.commands_published);
  BOOST_TEST(1L == bus.last_command.time_to_collision_s);
}
```

```
Running 6 test cases...

*** No errors detected
```

您 定 義 了 test fixture 類 別 AutoBrakeTest 來 執 行 AutoBrake 和 MockServiceBus 的 設 定 ❶。它 與 Google Test 的 test fixture 相同，但不需要繼承自任何框架所發佈的父類別。您用 BOOST_FIXTURE_ TEST_CASE 巨集來表示每個單元測試。其餘的測試使用 BOOST_TEST 和 BOOST_REQUIRED_THROW 斷言巨集；否則，測試看起來與 Catch 測試非常相似，您用的不是 TEST_CASE 和 SECTION 元素，而是一個 test fixture 類別和 BOOST_FIXTURE_TEST_CASE。

總結：測試框架

雖然本節介紹了三種不同的單元測試框架，但是還有許多優質的選項。他們之中沒有一個是在各方面都優於其他框架，大多數框架都支持相同的基本功能集，而一些更進階的特性則具有異構支援。您主要應該根據讓您感到舒適和高效的樣式，來選擇單元測試框架。

模擬框架

您剛剛探討的單元測試框架可以在各種設定下工作。例如，使用 Google Test 構建整合測試、驗收測試、單元測試甚至性能測試都是完全可行的。測試框架支援廣泛的程式設計風格，它們的創建者對如何設計軟體，以使其具有可測試性只能抱持著謙卑的態度。

模擬框架比單元測試框架更為主觀，根據模擬框架的不同，您必須依遵守某些關於類別如何相互依賴的設計準則。AutoBrake 類別使用了一種稱為依賴注入的現代設計模式。AutoBrake 類別依賴於一個 IServiceBus，它是使用 AutoBrake 的建構子注入的，您還讓 IServiceBus 成為一個介面。實作多型特性的還有其他方法（例如範本），每種方法都涉及一些取捨。

本節討論的所有模擬框架都非常適合於依賴注入；在不同程度上，模擬框架消除了定義您自己的模擬的需要。回想一下，您實作了一個 MockServiceBus 以允許對 AutoBrake 進行單元測試，如列表 10-45 所示。

列表 10-45：手動 MockServiceBus

```cpp
struct MockServiceBus : IServiceBus {
  void publish(const BrakeCommand& cmd) override {
    commands_published++;
    last_command = cmd;
  };
  void subscribe(SpeedUpdateCallback callback) override {
    speed_update_callback = callback;
  };
  void subscribe(CarDetectedCallback callback) override {
    car_detected_callback = callback;
  };
  BrakeCommand last_command{};
  int commands_published{};
  SpeedUpdateCallback speed_update_callback{};
  CarDetectedCallback car_detected_callback{};
};
```

每次您想添加一個涉及與 IServiceBus 進行某種新互動的單元測試時，您可能需要更新 MockServiceBus 類別。這很乏味，而且容易出錯。此外，還不清楚您是否可以與其他團隊共用這個模擬類別：您已經在其中實作了許多自己的邏輯，而這些邏輯對於胎壓感測器團隊來說並不是非常有用。另外，每個測試可能有不同的需求。模擬框架使您能夠定義 mock 類別，通常使用巨集或範本魔法。在每個單元測試中，您可以專門為該測試定做模擬。這對於一個單一的模擬定義是非常困難的。

模擬宣告與特定模擬測試的定義分離非常有幫助，原因有二：首先，可以為每個單元測試定義不同類型的行為。例如，這允許您為某些單元測試模擬異常條件，而不為其他單元測試模擬異常條件。其次，它讓單元測試更加具體，透過將自訂模擬的行為放在單元測試中而不是單獨的原始檔案中，開發人員可以更清楚地瞭解測試要實作的目標。

使用模擬框架的最終效果是，它讓模擬的問題小得多。當模擬很容易實作時，就可以進行良好的單元測試（和 TDD）。少了模擬，單元測試可能非常困難；由於緩慢或容易出錯的依賴關係，測試可能會很慢、不可靠和脆弱；例如，在您嘗試使用 TDD 將新功能實作到類中時，最好是用模擬資料庫連接而不是完整的生產實例。

本節提供了 Google Mock 和 HippoMocks 兩個模擬框架的導覽，並納入 FakeIt 和 Trompeloeil 的簡介。由於缺乏編譯時產生程式碼的技術上原因，在 C++ 中建立模擬框架比大多數其他語言更難，特別是那些能自識型別（type reflection）的語言，這是一種允許程式碼以程式設計方式推理型別資訊的語言特徵。因此，有很多高品質的模擬框架，每個框架都有自己的取捨，這些結果來自與模擬 C++ 相關的基本困難。

Google Mock

Google C++ 模擬框架（簡稱 Google Mock）是最流行的模擬框架，它被納入為 Google Test 的一部分。它是最古老、功能最豐富的模擬框架之一。如果您已經安裝了 Google Test，那麼合併 Google Mock 很容易。首先，確保在連結器中包含 gmock 靜態程式庫，就像對 gtest 和 gtest_main 所做的那樣。接下來，加上 #include "gmock/gmock.h"。

如果您以 Google Test 當作單元測試框架，那麼這就是您需要做的所有設定。Google Mock 將與它的姊妹函式庫無縫協作。如果您使用的是另一個單元測試框架，則需要在二進位檔案的入口點提供初始化程式碼，如列表 10-46 所示。

列表 10-46：在第三方單元測試框架添加 Google Mock

```
#include "gmock/gmock.h"

int main(int argc, char** argv) {
  ::testing::GTEST_FLAG(throw_on_failure) = true; ❶
  ::testing::InitGoogleMock(&argc, argv); ❷
  // Unit test as usual, Google Mock is initialized
}
```

當一些與 Mock 相關的斷言失效時，GTEST_FLAG throw_on_failure ❶ 會導致 Google Mock 引發例外。對 InitGoogleMock ❷ 的調用以命令列引數來進行任何必要的客製化（有關更多詳細資訊，請參閱 Google Mock 文件）。

模擬介面

對於每個需要模擬的介面，都有一些不幸的儀式；您需要獲取介面的每個 virtual 函式並將其轉換為巨集。對於 non-const method，使用 MOCK_METHOD*，對於 const method，則使用 MOCK_CONST_METHOD*，將 * 替換為函式接受的參數個數。MOCK_METHOD 的第一個參數是 virtual 函式的名稱，第二個參數是函式雛型。例如，要建立一個模擬 IServiceBus，您需要建構如列表 10-47 所示的定義。

列表 10-47:Google Mock `MockServiceBus`

```
struct MockServiceBus : IServiceBus { ❶
  MOCK_METHOD1❷(publish❸, void(const BrakeCommand& cmd)❹);
  MOCK_METHOD1(subscribe, void(SpeedUpdateCallback callback));
  MOCK_METHOD1(subscribe, void(CarDetectedCallback callback));
};
```

`MockServiceBus` 定義的開頭與任何其他 `IServiceBus` 實作的定義相
同 ❶。接下來，用 `MOCK_METHOD` 三次 ❷，第一個參數 ❸ 是虛擬函式
的名稱，第二個參數 ❹ 是函式的雛型。

必須自己產生這些定義有點乏味，`MockServiceBus` 定義中沒有
`IServiceBus` 尚未提供的其他資訊。不管好壞，這是使用 Google
Mock 的成本之一。您可以使用包含在 Google Mock 發行版本的
`scripts/generator` 資料夾中的 `gmock_gen.py` 工具，消除產生這個樣
板檔的麻煩。您需要安裝 Python 2，但它並不能保證在所有情況下
都能正常工作。有關更多資訊，請參閱 Google Mock 文件。

定義了 `MockServiceBus`，您就可以在單元測試中使用它。與您自己
定義的模擬不同，您可以為每個單元測試專門設定 Google Mock。
您在這個設定中有著難以置信的靈活性，成功模擬設定的關鍵是使
用適當的期望值。

期望

期望（*expectation*）是類似於模擬物作的斷言；它表示模擬預期會被
呼叫的環境及其應對措施。「環境」是用匹配器（*matcher*）物件來指
定的，而「應對措施」部分則稱為動作（*action*），以下各節將介紹
這些概念。

期望是用 `EXPECT_CALL` 巨集來宣告的。這個巨集的第一個參數是
mock 物件，第二個參數是預期的 method 呼叫。此 method 呼叫可以
選擇包含每個參數的匹配器。這些匹配器幫助 Google Mock 決定某
個特定的 method 調用是否符合預期調用的條件。格式如下：

```
EXPECT_CALL(mock_object, method(matchers))
```

有幾種方法可以表達關於期望的斷言，您選擇哪種方法取決於您對被測試單元如何與 mock 互動的要求有多嚴格。您是否關心程式碼所呼叫的模擬函式不是您想要的？這取決於應用程式。這就是為什麼有三個選項：冗長（naggy）、友好（nice）和嚴格（strict）。

冗長模擬（*naggy mock*）是預設值，如果一個冗長模擬的函式被呼叫而且沒有與其匹配的 EXPECT_CALL，那麼 Google Mock 會列印「無意義呼叫」的警告訊息，不過測試不會僅僅因為無意義呼叫而失效。您只需在測試中加上 EXPECT_CALL 來快速抑制無意義呼叫的警告，如此一來就不會再有未期待的呼叫。

在某些情況下，可能會有太多無意義的呼叫。在這種情況下，您應該使用友好模擬（*nice mock*）。友好模擬不會產生關於無意義呼叫的警告。

如果您非常關心與未交代的模擬的任何互動，則可以使用嚴格模擬（*strick mock*）。如果對沒有相對應 EXPECT_ALL 的模擬進行任何呼叫，則嚴格模擬將無法透過測試。

每種類型的模擬都是一個類別範本，實體化這些類別的方法很簡單，如列表 10-48 所示。

列表 10-48：Google Mock 的三種不同風格

```
MockServiceBus naggy_mock❶;
::testing::NiceMock<MockServiceBus> nice_mock❷;
::testing::StrictMock<MockServiceBus> strict_mock❸;
```

冗長模擬 ❶ 是預設值，每一個 ::testing::NiceMock ❷ 和 ::testing::StrictMock ❸ 接受一個範本參數，即底層模擬的類別，這三個選項都是 EXPECT_CALL 的第一個完全有效的參數。

一般來說，您應該使用友好模擬。使用冗長和嚴格的模擬會導致非常脆弱的測試，當您使用嚴格的模擬時，請考慮是否確實有必要對被測單元與模擬協作的方式，進行如此嚴格的限制。

EXPECT_CALL 的第二個參數是您希望呼叫的 method 名稱，後面跟著您希望呼叫該 method 的參數。有時候這很簡單。不過在其他情況下，需要表達更複雜的條件，例如哪些調用匹配，哪些調用不匹配。此時可使用匹配器。

匹配器

當模擬的方法接受引數時，您對調用是否符合預期有很大的自由裁量權。在簡單的情況下，可以使用字面值。如果用完全指定的字面值調用了模擬方法，則該調用符合預期；否則就不符合預期。另一方面，您可以使用 Google Mock 的 ::testing::_object 來告訴 Google Mock 任何值都匹配。

例如，假設您要調用 publish，而不關心參數是什麼。列表 10-49 中的 EXPECT_CALL 就很適合。

列表 10-49：在預期中使用 ::testing::_matcher

```
--snip--
using ::testing::_; ❶

TEST(AutoBrakeTest, PublishIsCalled) {
  MockServiceBus bus;
  EXPECT_CALL(bus, publish(_❷));
  --snip--
}
```

您使用了 using ::testing::_ ❶ 來讓單元測試更為簡潔，底線（_）是告訴 Google Mock，呼叫任何帶一個參數的 publish 都適用 ❷。

一個稍具選擇性的匹配器是類別範本 `::testing::A`，它只有在使用特定型別的參數調用方法時才會匹配。此型別是以 A 的範本參數來表示，因此 A<MyType> 將只匹配 MyType 型別的參數。在列表 10-50 中，對列表 10-49 的修改說明了一個更嚴格的期望，它需要以一個 BrakeCommand 當作參數來發佈。

列表 10-50：在預期中使用 `::testing::A` 匹配器

```
--snip--
using ::testing::A; ❶

TEST(AutoBrakeTest, PublishIsCalled) {
  MockServiceBus bus;
  EXPECT_CALL(bus, publish(A<BrakeCommand>❷));
  --snip--
}
```

您再次使用 using ❶ 和 A<BrakeCommand> 來指定只有一個 BrakeCommand 將這個期望相符合。

另一個匹配器 `::testing::Field` 允許您檢查傳遞給 mock 的參數的欄位。欄位匹配器接受兩個參數：一個指向所需欄位的指標，然後另一個匹配器來表示指向的欄位是否符合條件。假設您想對 publish 的呼叫更加具體 ❷：您希望指定 time_to_collision_s 等於 1 秒，您可以重構列表 10-49 來完成這個任務，如列表 10-51 所示。

列表 10-51：在 expectation 中使用 Field Matcher

```
--snip--
using ::testing::Field; ❶
using ::testing::DoubleEq; ❷

TEST(AutoBrakeTest, PublishIsCalled) {
  MockServiceBus bus;
  EXPECT_CALL(bus, publish(Field(&BrakeCommand::time_to_collision_s❸,
                                 DoubleEq(1L)❹)));
  --snip--
}
```

您利用 using ::testing::Field ❶ 和 DoubleEq ❷ 來稍微清理一下期望程式碼。Field 匹配器將指標指向您對 time_to_collision_s ❸ 的欄位，以及確定欄位是否滿足 DoubleEq 條件的匹配器 ❹。

還有許多其他匹配器可用，它們彙整於表 10-2 中，但是請參考 Google Mock 文件來瞭解它們的用法。

表 10-2：Google Mock 匹配器

匹配器	符合的引數為…
_	任何正確型別的值
A<*type*>)()	所給定的 *type*
An<*type*>)()	所給定的 *type*
Ge(*value*)	大於或等於 *value*
Gt(*value*)	大於 *value*
Le(*value*)	小於或等於 *value*
Lt(*value*)	小於 *value*
Ne(*value*)	不等於 *value*
IsNull()	空值
NotNull()	非空值
Ref(*variable*)	*variable* 的參照
DoubleEq(*variable*)	等於 *variable* 的適當 double
FloatEq(*variable*)	等於 *variable* 的適當 float
EndsWith(*str*)	以 *str* 結束的字串
HasSubstr(*str*)	包含子字串 *str* 的字串
StartsWith(*str*)	以 *str* 開始的字串
StrCaseEq(*str*)	等於 *str* 的字串（忽略大小寫）
StrCaseNe(*str*)	不等於 *str* 的字串（忽略大小寫）
StrEq(*str*)	等於 *str* 的字串
StrNeq(*str*)	不等於 *str* 的字串

匹配器有一個好處是，您可以將它們當作單元測試的另一種斷言，備用巨集可以是 EXPECT_THAT(value, matcher) 或 ASSERT_THAT(value, matcher) 之一。例如，可以將斷言

```
ASSERT_GT(power_level, 9000);
```

改成在語法上更為討喜的

```
ASSERT_THAT(power_level, Gt(9000));
```

您可以將 EXPECT_CALL 與 StrictMock 一起使用，以強制被測單元如何與 mock 互動。但是您可能還需要指定 mock 應該回應呼叫的次數。這就是所謂的期望**基數**（*cardinality*）。

基數

也許最常用的指定基數的方法是 Times，它指定 mock 應該被呼叫的次數。Times method 接受一個參數，它可以是整數字面值或表 10-3 中列出的函式之一。

表 10-3：Google Mock 中的基數指示符列表

基數	指定當被呼叫時要使用的方法……
AnyNumber()	任何次數
AtLeast(*n*)	至少 *n* 次
AtMost(*n*)	最多 *n* 次
Between(*m*, *n*)	在 *m* 次和 *n* 次之間
Exactly(*n*)	恰好 *n* 次

列表 10-52 詳細說明了列表 10-51，並指出 publish 只能呼叫一次。

列表 10-52：在期望中使用 Times 基數說明符

```
--snip--
using ::testing::Field;
using ::testing::DoubleEq;

TEST(AutoBrakeTest, PublishIsCalled) {
  MockServiceBus bus;
  EXPECT_CALL(bus, publish(Field(&BrakeCommand::time_to_collision_s,
                                 DoubleEq(1L)))).Times(1)❶;
  --snip--
}
```

呼叫 Times 以確保 publish 只被呼叫一次（不管您使用的是友好的、嚴格的還是冗長的 mock）。

NOTE

同樣地，您可以指定時間 Times(Exactly(1))。

現在您已經有了一些工具來指定預期調用的條件和基數，您可以定製 mock 如何回應期望。為此，您需要採取一些動作。

動作

與基數一樣，所有動作都與 EXPECT_CALL 敘述相關聯。這些敘述有助於澄清 mock 預期被呼叫的次數，每次呼叫它時傳回的值以及它應該執行的任何副作用（如引發例外）。WillOnce 和 WillRepeatedly 動作指定 mock 在回應查詢時應該做什麼。這些動作可能會非常複雜，但為了簡潔起見，本節將介紹兩種用法。首先，可以使用 Return 架構將值傳回給呼叫者：

```
EXPECT_CALL(jenny_mock, get_your_number()) ❶
  .WillOnce(Return(8675309)) ❷
  .WillRepeatedly(Return(911))❸;
```

您按照通常的方式設定一個 EXPECT_CALL，然後標記一些動作，這些動作指定 jenny_mock 在每次 get_your_number 被呼叫時將傳回的值 ❶。這些值是從左到右順序讀取的，因此第一個動作 WillOnce ❷ 指定第一次呼叫 get_your_number 時，jenny_mock 將傳回值 8675309。下一個動作 WillRepeatedly ❸ 指定對於所有後續呼叫，將傳回值 911。

由於 IServiceBus 不傳回任何值，所以您需要更多地參與該動作。對於高度可客製化的動作，您可以用 Invoke 架構，它使您能夠傳遞一個 Invocable，它將使用傳入 mock 方法的確切參數進行呼叫。假設您希望保存對 AutoBrake 透過 subscribe 註冊的回呼函式的參照，可以用 Invoke 很輕鬆地做到這一點，如列表 10-53 所示。

列表 10-53：使用 Invoke 儲存在 AutoBrake 註冊的 subscribe 回呼的參照

```
CarDetectedCallback callback; ❶
EXPECT_CALL(bus, subscribe(A<CarDetectedCallback>()))
    .Times(1)
    .WillOnce(Invoke([&callback❷](const auto& callback_in❸) {
      callback = callback_in; ❹
    }));
```

第一次（也是唯一一次）使用 CarDetectedCallback 呼叫 subscribe 時，WillOnce(Invoke(…)) 動作將呼叫當作參數傳入的 lambda。此 lambda 捕獲由參照 ❷ 宣告的 CarDetectedCallback ❶。根據定義，lambda 與 subscribe 函式具有相同的函式雛型，因此可以使用自動型別推斷來確定 callback_in（即 CarDetectedCallback）的正確型別。最後，將 callback_in 指派給 callback ❹。現在，只需調用回呼，就可以將事件傳遞給 subscribe 者。Invoke 架構是動作的瑞士軍刀，因為您可以使用關於調用參數的完整資訊來執行任意程式碼。調用參數（*invocation parameter*）是模擬方法在執行時所接收到的參數。

把它們放在一起

重新考慮我們的 AutoBrake 測試套件，您可以重新實作 Google Test 單元測試二進位碼，以使用 Google Mock，而不是手動模擬，如列表 10-54 所示。

列表 10-54：使用 Google Mock 而不是自己動手模擬重新實作單元
　　　　　測試

```
#include "gtest/gtest.h"
#include "gmock/gmock.h"
#include <functional>

using ::testing::_;
using ::testing::A;
using ::testing::Field;
using ::testing::DoubleEq;
using ::testing::NiceMock;
using ::testing::StrictMock;
using ::testing::Invoke;

struct NiceAutoBrakeTest : ::testing::Test { ❶
  NiceMock<MockServiceBus> bus;
  AutoBrake auto_brake{ bus };
};

struct StrictAutoBrakeTest : ::testing::Test { ❷
  StrictAutoBrakeTest() {
    EXPECT_CALL(bus, subscribe(A<CarDetectedCallback>())) ❸
      .Times(1)
      .WillOnce(Invoke([this](const auto& x) {
        car_detected_callback = x;
      }));
    EXPECT_CALL(bus, subscribe(A<SpeedUpdateCallback>())) ❹
      .Times(1)
      .WillOnce(Invoke([this](const auto& x) {
        speed_update_callback = x;
      }));;
  }
  CarDetectedCallback car_detected_callback;
```

```
      SpeedUpdateCallback speed_update_callback;
      StrictMock<MockServiceBus> bus;
    };


    TEST_F(NiceAutoBrakeTest, InitialCarSpeedIsZero) {
      ASSERT_DOUBLE_EQ(0, auto_brake.get_speed_mps());
    }


    TEST_F(NiceAutoBrakeTest, InitialSensitivityIsFive) {
      ASSERT_DOUBLE_EQ(5, auto_brake.get_collision_threshold_s());
    }


    TEST_F(NiceAutoBrakeTest, SensitivityGreaterThanOne) {
      ASSERT_ANY_THROW(auto_brake.set_collision_threshold_s(0.5L));
    }


    TEST_F(StrictAutoBrakeTest, NoAlertWhenNotImminent) {
      AutoBrake auto_brake{ bus };

      auto_brake.set_collision_threshold_s(2L);
      speed_update_callback(SpeedUpdate{ 100L });
      car_detected_callback(CarDetected{ 1000L, 50L });
    }


    TEST_F(StrictAutoBrakeTest, AlertWhenImminent) {
      EXPECT_CALL(bus, publish(
                          Field(&BrakeCommand::time_to_collision_s,
    DoubleEq{ 1L }))
                      ).Times(1);
      AutoBrake auto_brake{ bus };

      auto_brake.set_collision_threshold_s(10L);
      speed_update_callback(SpeedUpdate{ 100L });
      car_detected_callback(CarDetected{ 100L, 0L });
    }
```

在這裡，您有兩個不同的 test fixtures：NiceAutoBrakeTest ❶ 和
StrictAutoBrakeTest ❷。NiceAutoBrakeTest 測試會實例化 NiceMock，
這 對 於 InitialCarSpeedIsZero、InitialSensitivityIsFive 和

SensitivityGreateThanOne 是有用的。您不想測試與模擬的任何有意義的互動；因為它不是這些測試的重點，但您確實想要把注意力集中在 AlertWhenImminent 和 NoAlertWhenNotImminent 上。每次發佈事件或訂閱類型時，它都可能對您的系統產生重大影響。這裡關於 StrickMock 的妄想症是有道理的。

在 StrictAutoBrakeTest 定義中，您可以看到 WillOnce ／ Invoke 方法來儲存每個訂閱的回呼 ❸ ❹。它們在 AlertWhenImminent 和 NoAlertWhenNotIminent 中用於模擬服務匯流排上的事件。它給了單元測試一個好的、乾淨的、簡潔的感覺，儘管在幕後有很多模擬的邏輯。請記住，您甚至不需要能正常運作的服務匯流排來執行所有這些測試！

HippoMocks

Google Mock 是一種原始的 C++ 模擬框架，它仍然是當今主流的選擇。HippoMocks 是由 Peter Bindels 所創建的另一個模擬框架。作為一個只有標頭的函式庫，HippoMocks 安裝起來很簡單。只需從 GitHub（*https://github.com/dascandy/hippomocks/*）下載最新版本即可。您必須在測試中納入 "hippomocks.h" 標題。任何測試框架都可以使用 HippoMocks。

> **NOTE**
>
> 在本書出版，最新版本的 HippoMocks 是 v5.0。

要使用 HippoMocks 來建立模擬，首先要實體化一個 MockRepository 物件。預設情況下，從這個 MockRepository 衍生的所有模擬，都需要*嚴格依序*的期望值。如果沒有按照您指定的順序調用每個期望，則嚴格依序的期望會導致測試失效。通常，這不是您想要的。要修改此預設行為，請將 MockRepository 上的 autoExpect 欄位設定為 false：

```
MockRepository mocks;
mocks.autoExpect = false;
```

現在您可以使用 MockRepository 來產生 IServiceBus 的模擬。這是透過（成員）函式範本 Mock 完成的，此函式將傳回指向新生成的模擬的指標：

```
auto* bus = mocks.Mock<IServiceBus>();
```

這裡展示了 HippoMocks 的一個主要賣點：請注意，您不需要像為 Google Mock 那樣為模擬 IServiceBus 產生任何增益集的樣板文件。這個框架可以處理普通的介面，而無需您做任何進一步的工作。

設定期望值也非常簡單。為此，請在 MockRespository 上使用 ExpectCall 巨集。ExpectCall 巨集接受兩個參數：一個指向模擬的指標，另一個指向您期望的 method 的指標：

```
mocks.ExpectCall(bus, IServiceBus::subscribe_to_speed)
```

這個例子增加了一個期望 bus.subscribe_to_speed 將被調用。如表 10-4 所示，您可以將幾個匹配項添加到該期望值中。

表 10-4：HippoMocks 匹配器

匹配器	指定符合期待的條件…
With(*args*)	當 *args* 符合調用時的參數
Match(*predicate*)	當調用參數調用傳回 true 時調用 *predicate*
After(*expectation*)	已到滿足 *expectation*（當參照到先前註冊過的呼叫時很有用）

您可以定義回應 ExpectCall 執行的動作，如表 10-5 所示。

表 10-5：HippoMocks 動作

動作	在調用時執行以下動作：
Return(*value*)	把 *value* 傳回給呼叫者
Throw(*exception*)	引發 *exception* 錯誤
Do(*callable*)	以調用時的參數執行 *callable*

預設情況下，HippoMocks 要求一個期望值正好滿足一次（類以 Google Mock 的 .Times(1) 基數）。

例如，您可以透過以下方式表示使用 BrakeCommand 呼叫 publish 的期望，該命令的時間為 1.0 的 time_to_collision_s 為：

```
mocks.ExpectCall❶(bus, IServiceBus::publish)
  .Match❷([](const BrakeCommand& cmd) {
    return cmd.time_to_collision_s == Approx(1); ❸
  });
```

您使用 ExpectCall 指定應該使用 publish method 呼叫 bus ❶。您用 Match 匹配器來優化此期望 ❷，Match 匹配器接受與 publish method 相同參數的謂詞：單一 const BrakeCommand 參照。如果 BrakeCommand 的 time_to_collision_s 欄位為 1.0，則傳回 true；否則，傳回 false ❸，該欄位完全相容。

> **NOTE**
>
> 從 v5.0 開始，HippoMocks 不支援近似匹配器，而是使用 Catch 的 Approx ❸。

HippoMocks 支援函式多載來實作自由函式，它還支援方法的多載，但語法卻不太令人滿意。如果您使用的是 HippoMocks，最好避免介面中的方法多載，因此最好像以下幾行這樣重構 IServiceBus：

```
struct IServiceBus {
  virtual ~IServiceBus() = default;
```

```
  virtual void publish(const BrakeCommand&) = 0;
  virtual void subscribe_to_speed(SpeedUpdateCallback) = 0;
  virtual void subscribe_to_car_detected(CarDetectedCallback) = 0;
};
```

> **NOTE**
>
> 一種設計哲學宣稱,在介面中使用多載方法是不可取的,因此如果
> 您贊同這種理念,那麼在 HippoMocks 中缺乏支援是一個不可取
> 的點。

現在 subscribe 不再多載,而且它可以使用 HippoMocks。列表
10-55 重構了測試套件,以便使用帶有 Catch 的 HippoMocks。

列表 10-55:重新實作列表 10-54,以使用 HippoMocks 和 Catch,
        而不是 Google Mock 和 Google Test

```
#include "hippomocks.h"
--snip--
TEST_CASE("AutoBrake") {
  MockRepository mocks; ❶
  mocks.autoExpect = false;
  CarDetectedCallback car_detected_callback;
  SpeedUpdateCallback speed_update_callback;
  auto* bus = mocks.Mock<IServiceBus>();
  mocks.ExpectCall(bus, IServiceBus::subscribe_to_speed) ❷
    .Do([&](const auto& x) {
      speed_update_callback = x;
    });
  mocks.ExpectCall(bus, IServiceBus::subscribe_to_car_detected) ❸
    .Do([&](const auto& x) {
    car_detected_callback = x;
  });
  AutoBrake auto_brake{ *bus };

  SECTION("initializes speed to zero") {
    REQUIRE(auto_brake.get_speed_mps() == Approx(0));
  }
```

```cpp
  SECTION("initializes sensitivity to five") {
    REQUIRE(auto_brake.get_collision_threshold_s() == Approx(5));
  }

  SECTION("throws when sensitivity less than one") {
    REQUIRE_THROWS(auto_brake.set_collision_threshold_s(0.5L));
  }

  SECTION("saves speed after update") {
    speed_update_callback(SpeedUpdate{ 100L }); ❹
    REQUIRE(100L == auto_brake.get_speed_mps());
    speed_update_callback(SpeedUpdate{ 50L });
    REQUIRE(50L == auto_brake.get_speed_mps());
    speed_update_callback(SpeedUpdate{ 0L });
    REQUIRE(0L == auto_brake.get_speed_mps());
  }

  SECTION("no alert when not imminent") {
    auto_brake.set_collision_threshold_s(2L);
    speed_update_callback(SpeedUpdate{ 100L }); ❺
    car_detected_callback(CarDetected{ 1000L, 50L });
  }

  SECTION("alert when imminent") {
    mocks.ExpectCall(bus, IServiceBus::publish) ❻
      .Match([](const auto& cmd) {
        return cmd.time_to_collision_s == Approx(1);
      });

    auto_brake.set_collision_threshold_s(10L);
    speed_update_callback(SpeedUpdate{ 100L });
    car_detected_callback(CarDetected{ 100L, 0L });
  }
}
```

您建立 MockRepository ❶，並透過將 autoExpect 設定為 false 來放鬆嚴格的排序需求。宣告兩個回呼之後，您建立了一個 iServiceBusMock 模擬（無需定義模擬類別！），然後設定期望值 ❷ ❸，它將連接您的回呼函式和 AutoBrake。最後，用模擬匯流排的參照來建立 auto_brake。

initializes speed to zero、initializes sensitivity to five、和 throws when sensitivity less than one 測試不需要與模擬進行進一步互動。事實上，作為一個嚴格的模擬，bus 不會讓任何進一步的互動發生而不抱怨。因為 Hippomocks 不允許像 Google Mock 這樣的友好模擬，所以這實際上是列表 10-54 和列表 10-55 之間的一個根本區別。

在 saves speed after update 測試中 ❹，您發出一系列 speed_update 回呼，並斷言速度與以前一樣被正確儲存。因為 bus 是一個嚴格模擬，所以也隱含斷言這裡不會與服務匯流排發生進一步的互動。

在 no alert when not imminent 測試中，不需要修改 speed_update_callback ❺。因為模擬是嚴格的（並且您不希望發佈 BrakeCommand），因此不需要進一步的期望。

> **NOTE**
>
> HippoMocks 在其模擬上提供了 NeverCall method，如果呼叫它，將提高測試和錯誤的清晰度。

但是，在 alert when imminent 測試中，您希望程式將在 BrakeCommand 上調用 publish，因此您設定了這個期望 ❻。您用 Match 匹配器提供一個謂詞，用於檢查 time_to_collision_s 大約等於 1。其餘的測試與前面一樣：您對 AutoBrake 發送了一個 SpeedUpdate 事件和隨後的 CarDetected 事件，該事件應導致碰撞被檢測到。

HippoMocks 是一個比 Google Mock 更精簡的模擬框架。它需要的儀式要少得多，但它的靈活性稍差一些。

> **NOTE**
>
> 在模擬自由函式方面，HippoMocks 比 Google Mock 更靈活。HippoMocks 可以直接模擬自由函式和靜態類別函式，而 Google Mock 要求您重寫程式碼以使用介面。

關於其他模擬選項的注意事項：FakeIt 和 Trompeloeil

還有一些其他優秀的模擬框架可用，但是為了讓一個已經漫長的章節不至於變得更長，讓我們簡要地看看另外兩個框架：FakeIt（由 Eran Pe'er 提供，可於 *https://github.com/eranpeer/FakeIt/* 取得）和 Trompeloeil（Björn Fahller 提供，可於 *https://github.com/rollbar/trompeloil/* 取得）。

FakeIt 在簡潔的使用模式上與 HippoMocks 相似，它是一個僅包含標頭的函式庫，不同之處在於它建立期望時是依照預設記錄（record-by-default）的模式。FakeIt 沒有預先指定期望值，而是驗證在測試結束時是否正確調用了模擬方法。當然，動作仍然在一開始就指定。

雖然這是一種完全有效的方式，但我更喜歡 Google Mock ／ HippoMocks 的做法，它在一個簡潔的位置上預先指定期望及其相關的動作。

Trompeloeil（來自法語中的「欺騙眼睛」）可以被認為是 Google Mock 的現代替代品。與 Google Mock 一樣，它需要為您想要模擬的每個介面提供一些巨集載入的樣板。以這額外的付出作為交換，您獲得了許多強大的功能，包括動作，例如設定測試變數、基於調用參數傳回值以及禁止特定調用。和 Google Mock 和 HippoMocks 一樣，Trompeloeil 要求您在事先指定您的期望和動作（有關詳細資訊，請參閱 Trompeloeil 的文件）

摘要

本章以一個擴展的車子自動剎車系統為例，探討了 TDD 的基本原理。您滾動了自己的測試和模擬框架，然後瞭解了使用可用測試和模擬框架的許多好處。您瀏覽了 Catch、Google Test 並儘可能地提升測試框架。至於模擬框架，您潛心研究了 Google Mock 和 HippoMocks（簡單地提到 FakeIt 和 Trompeloeil）。這些框架中的每一個都有優勢和弱點，您選擇的標準應該主要是由哪些框架可以讓您獲得最高的效率和生產力。

NOTE

本書的其餘部分，將以單元測試的形式來撰寫範例。因此，我必須為這些例子選擇一個框架。我選擇 Catch 是出於幾個原因：首先，Catch 的語法最簡潔，它很適合於書籍形式。在僅包含標頭的模式下，Catch 編譯速度比 Boost 測試快得多。這可能被認為是對框架的認可（而事實上也是這樣），但我無意阻止使用 Google Test、Boost Test 或任何其他測試框架。您應該在仔細考慮之後做出這樣的決定（希望是經由一些實驗）。

練習

10-1. 您的車子公司已經完成了一項服務，該服務基於其在路邊觀察到的標誌牌來檢測限速。限速檢測小組會定期將以下型別的物件發佈到事件匯流排：

```
struct SpeedLimitDetected {
  unsigned short speed_mps;
}
```

服務匯流排已被擴展，以納入這個新的型別：

```
#include <functional>
--snip--
using SpeedUpdateCallback = std::function<void(const SpeedUpdate&)>;
using CarDetectedCallback = std::function<void(const CarDetected&)>;
using SpeedLimitCallback = std::function<void(const SpeedLimitDetected&)>;

struct IServiceBus {
  virtual ~IServiceBus() = default;
  virtual void publish(const BrakeCommand&) = 0;
  virtual void subscribe(SpeedUpdateCallback) = 0;
  virtual void subscribe(CarDetectedCallback) = 0;
  virtual void subscribe(SpeedLimitCallback) = 0;
};
```

使用新介面更新服務，並確保測試仍然能通過。

10-2. 為最後一個已知速度限制添加專用欄位，並為此欄位實作 getter 方法。

10-3. 產品負責人希望您將最後一個已知速度限制初始化為每秒 39 公尺。執行一個單元測試，檢查最新建造的 AutoBrake，其最新的速度限制為 39。

10-4. 使單元測試通過。

10-5. 實作單元測試，在其中使用與 SpeedUpdate 和 CarDetected 所使用的相同回呼技術，發佈三個不同的 SpeedLimitDetected 物件。調用每個回呼之後，檢查 AutoBrake 物件上最後一個已知的速度限制，以確保其是否吻合。

10-6. 使所有單元測試通過。

10-7. 執行一個單元測試，其中最後一個已知速度限制為每秒 35 公尺，而您以每秒 34 公尺的速度行駛。確認 AutoBrake 未發佈 BrakeCommand。

10-8. 使所有單元測試通過。

10-9. 執行一個單元測試，其中最後一個已知速度限制為每秒 35 公尺，然後以每秒 40 公尺的速度 publish 一個 SpeedUpdate。確認有發出一個 BrakeCommand，而 time_to_collision_s 欄位應該等於 0。

10-10. 使所有單元測試通過。

10-11. 執行新的單元測試，其中最後一個已知速度限制為每秒 35 公尺，然後以每秒 30 公尺的速度 publish 一個 SpeedUpdate。然後發出檢測到的速度限制，速度為每秒 25 公尺。確認有發出一個 BrakeCommand，而 time_to_collision_s 欄位應等於 0。

10-12. 使所有單元測試通過。

延伸閱讀

- 《*Specification by Example*》，Manning，2011，Gojko Adzic 著

- 《*BDD in Action*》，Manning，2014，John Ferguson Smart 著

- 《*優化 C++：提高程式效能的有效技術*》O'Reilly，2016，Kurt Guntheroth 著

- 《*Agile Software Development and Agile Principles, Patterns, and Practices in C#*》，Prentice Hall，2006，Robert C. Martin 著

- 《Test-Driven Development: By Example》Pearson，2021，Kent Beck 著

- 《*Growing Object-Oriented Software, Guided by Tests*》，Addison Wesley，2009，Steve Freeman 與 Nat Pryce 著

- 「Editor war」*https://en.wikipedia.org/wiki/Editor_war*

- 「Tabs verses Spaces: An Eternal Holy War」，Jamie Zawinski 著，*https://www.jwz.org/doc/tabs-vs-spaces.html*

- 「Is TDD dead?」，Martin Fowler 著，*https://martinfowler.com/articles/is-tdd-dead/*

11

智慧指標

如果您想把一些小事做好，就自己去做；如果您想做偉大的事情並產生巨大的影響，就要學會授權。

—— John C. Maxwell

在本章中，您將探索 **stdlib** 和 **Boost** 函式庫。這些函式庫包含了一組智慧指標，它們用您在第 4 章中學到的 **RAII** 範式管理動態物件，也促進了任何程式設計語言中最強大的資源管理模型。由於一些智慧指標將分配器（*allocator*）用於自定義動態記憶體分配，本章還概述了如何提供使用者定義的分配器。

智慧指標

動態物件的生命週期最為靈活。由於靈活性強，也負擔了重大的責任，所以必須確保每個動態物件都被銷毀恰好一次。對於小程式來說，這可能看起來並不可怕，但外觀可能是騙人的，只要仔細思考例外是如何影響動態記憶體管理的就會明白。每次發生錯誤或例外時，您都需要記錄成功執行的分配，並確保以正確的順序釋放它們。

幸運的是，您可以用 RAII 來處理這種無聊的事情。透過在 RAII 物件的建構子中獲取動態儲存空間並在解構子中釋放動態儲存空間，漏失（Leak）（或雙倍釋放）動態記憶體相對比較困難。這使您能夠使用移動和複製語意來管理動態物件生命週期。

您可以自己撰寫這些 RAII 物件，但也可以使用一些優秀的預先撰寫的實作，這些實作稱為*智慧指標*（*smart pointer*）。智慧指標是類別範本，其行為類似於指標並為動態物件實作 RAII。

本節將深入研究 stdlib 和 Boost 中包含的五種可用的選項：範圍型（scoped）指標、唯一（unique）指標、共享（shared）指標、弱（weak）指標和侵入式（intrusive）指標，它們的所有權模型區分了這五種智慧指標。

智慧指標的所有權

每個智慧指標都有一個*所有權*（*ownership*）模型來指定它與動態分配物件的關係。當一個智慧指標擁有一個物件時，它的生命週期保證至少與該物件的生命週期一樣長。換句話說，當您使用智慧指標時，您可以確信所指向的物件是存活的，並且所指向的物件不會漏失。智慧指標管理它所擁有的物件，所以多虧了 RAII，您不會忘記銷毀它。

在考慮使用哪個智慧指標時，所有權要求決定了您的選擇。

範圍型指標

範圍型指標（*scoped pointer*）在單一動態物件上表示不可轉移的獨佔所有權。不可轉移意味著範圍型指標不能從一個作用範圍，移動到另一個作用範圍。獨佔所有權意味著它們不能被複製，所以其他智慧指標都不能擁有範圍型指標動態物件的所有權。（回想一下第 118 頁的「記憶體管理」，物件的作用範圍是程式可以看到的地方。）

boost::scoped_ptr 定義於 <boost/smart_ptr/scoped_ptr.hpp> 標頭檔中。

NOTE

stdlib 沒有範圍型指標。

建構

boost::scoped_ptr 接受與所指向的型別相對應的單一範本參數，例如 boost::scoped_ptr<int> 是「指向 int 型別的範圍型指標」。

所有智慧指標（包括範圍型指標）都有兩種模式：空（*empty*）和全（*full*）。一個空的智慧指標不擁有任何物件，大致上類似於 nullptr。當一個智慧指標被預設建構時，它一開始是空的。

範圍型指標提供了一個接受原始指標的建構子。（被指向的型別必須與範本參數相符合。）這將建立一個完整範圍的指標；通常的習慣用法是用 new 建立一個動態物件，並將結果傳遞給建構子，如下所示：

```
boost::scoped_ptr<PointedToType> my_ptr{ new PointedToType };
```

這行程式動態地分配一個 PointedToType 型別，並將指向該型別的指標傳遞到範圍型指標建構子。

帶進誓言破壞者

為了探索範圍型指標，讓我們建立一個 Catch 單元測試套件和一個 DeadMenOfDunharrow 類別，它記錄了有多少物件是存活的，如列表 11-1 所示。

列表 11-1：以 DeadMenOfDunharrow 類別來設定 Catch 單元測試套件以探究調查範圍型指標

```
#define CATCH_CONFIG_MAIN ❶
#include "catch.hpp" ❷
#include <boost/smart_ptr/scoped_ptr.hpp> ❸

struct DeadMenOfDunharrow { ❹
  DeadMenOfDunharrow(const char* m="") ❺
    : message{ m } {
    oaths_to_fulfill++; ❻
  }
  ~DeadMenOfDunharrow() {
    oaths_to_fulfill--; ❼
  }
  const char* message;
  static int oaths_to_fulfill;
};
int DeadMenOfDunharrow::oaths_to_fulfill{};
using ScopedOathbreakers = boost::scoped_ptr<DeadMenOfDunharrow>; ❽
```

您先宣告一個 CATCH_CONFIG_MAIN，以便 Catch 能夠提供入口點 ❶ 並納入 Catch 標頭 ❷，然後是 Boost 範圍型指標的標頭 ❸。接著宣告 DeadMenOfDunharrow 類別 ❹，該類別接受一個非必須的空值結尾字串，並將其儲存到 message 欄位中 ❺，該 static int 欄位呼叫 oaths_to_fulfill 來記錄已建構了多少 DeadMenOfDunharrow 物件。因此，您在建構子中將 oaths_to_fulfill 遞增 ❻，而在解構子中將其遞減 ❼。最後，為了方便起見，您宣告了 ScopedOathbreakers 型別的別名。

基於所有權的隱式布林轉換

有時您需要確定範圍型指標是否擁有一個物件或它是否為空;方便的是,scoped_ptr 會根據其所有權狀態隱式強制轉換為 bool:如果它擁有一個物件,則為 true;否則為 false。列表 11-2 說明了這種隱式轉換行為如何運作。

列表 11-2:boost::scoped_ptr 隱式轉換為 bool

```
TEST_CASE("ScopedPtr evaluates to") {
  SECTION("true when full") {
    ScopedOathbreakers aragorn{ new DeadMenOfDunharrow{} }; ❶
    REQUIRE(aragorn); ❷
  }
  SECTION("false when empty") {
    ScopedOathbreakers aragorn; ❸
```

```
      REQUIRE_FALSE(aragorn); ❹
  }
}
```

當您使用帶有指標的建構子時 ❿，scoped_ptr 將轉換為 true ❷，而
當您使用預設建構子時 ❸，scoped_ptr 將轉換為 false ❹。

RAII 包裝器

當一個有 scoped_ptr 擁有一個動態物件時，它確保了正確的動態物
件管理。在 scoped_ptr 的解構子中，會檢查它是否擁有一個物件；
如果是，則 scoped_ptr 的解構子將刪除動態物件。

列表 11-3 透過研究範圍型指標初始化之間的靜態 oaths_to_fulfill
變數來說明這種行為。

列表 11-3：boost::scoped_ptr 是一個 RAII 包裝器

```
TEST_CASE("ScopedPtr is an RAII wrapper.") {
  REQUIRE(DeadMenOfDunharrow::oaths_to_fulfill == 0); ❶
  ScopedOathbreakers aragorn{ new DeadMenOfDunharrow{} }; ❷
  REQUIRE(DeadMenOfDunharrow::oaths_to_fulfill == 1); ❸
  {
    ScopedOathbreakers legolas{ new DeadMenOfDunharrow{} }; ❹
    REQUIRE(DeadMenOfDunharrow::oaths_to_fulfill == 2); ❺
  } ❻
  REQUIRE(DeadMenOfDunharrow::oaths_to_fulfill == 1); ❼
}
```

在剛開始測試時，您還沒有建構任何 DeadMenOfDunharrow 物件，
因此 oaths_to_fulfill 為 0 ❶，接著您建構了一個範圍型指標
aragorn，並傳入指到動態物件 DeadMenOfDunharrow 的指標 ❷，然後
在巢狀式的範圍內宣告另一個範圍型指標 legolas ❹。由於 aragorn
還存活著，所以將 oaths_to_fulfill 遞增為 2 ❺。一旦內部作用
範圍結束，legolas 將超出作用範圍並進行銷毀，這會帶走一個
DeadMenOfDunharrow ❻，並將使得 DeadMenOfDunharrow 遞減為 1 ❼。

指標語意

為了方便起見，scoped_ptr 實作瞭解參照運算子 operator* 和成員解參照運算子 operator->，它們只是將呼叫委託給擁有的動態物件，您甚至可以使用 get 方法從 scoped_ptr 中提取原始指標，如列表 11-4 所示。

列表 11-4：boost::scoped_ptr 支援指標語意

```
TEST_CASE("ScopedPtr supports pointer semantics, like") {
  auto message = "The way is shut";
  ScopedOathbreakers aragorn{ new DeadMenOfDunharrow{ message } }; ❶
  SECTION("operator*") {
    REQUIRE((*aragorn).message == message); ❷
  }
  SECTION("operator->") {
    REQUIRE(aragorn->message == message); ❸
  }
  SECTION("get(), which returns a raw pointer") {
    REQUIRE(aragorn.get() != nullptr); ❹
  }
}
```

您用指到「The way is shut」的 message 來建構範圍型指標 aragorn ❶，您可以在三個不同的情境中用它來測試指標語意。首先，可以用 operator* 來解除對底層動態物件的參照。在本例中，您將 aragorn 解參照並提取其中的 message 以驗證它是否與原來的 message 相同 ❷。您還可以用 operator-> 來執行成員解參照 ❸。最後，如果您想要一個指向動態物件的原始指標，可以用 get 方法來提取它 ❹。

與 nullptr 的比較

scoped_ptr 類別範本實作了比較運算子 operator== 和 operator!=，它們只有在將 scoped_ptr 和 nullptr 比較時才有定義。在功能上，這與隱式 bool 轉換基本上是一樣的，如列表 11-5 所示。

列表 11-5：boost::scoped_ptr 支援與 nullptr 比較

```
TEST_CASE("ScopedPtr supports comparison with nullptr") {
  SECTION("operator==") {
    ScopedOathbreakers legolas{};
    REQUIRE(legolas == nullptr); ❶
  }
  SECTION("operator!=") {
    ScopedOathbreakers aragorn{ new DeadMenOfDunharrow{} };
    REQUIRE(aragorn != nullptr); ❷
  }
}
```

空範圍型指標等於（==）nullptr ❶，而全範圍型指標不等於（!=）
nullptr ❷。

交換

有時，您需要將一個 scoped_ptr 所擁有的的動態物件與另一個
scoped_ptr 所擁有的動態物件進行切換，這稱為物件交換（*object
swap*），scoped_ptr 包含一個實作此行為的 swap 方法，如列表 11-6
所示。

列表 11-6：boost::scoped_ptr 支援 swap

```
TEST_CASE("ScopedPtr supports swap") {
  auto message1 = "The way is shut.";
  auto message2 = "Until the time comes.";
  ScopedOathbreakers aragorn {
    new DeadMenOfDunharrow{ message1 } ❶
  };
  ScopedOathbreakers legolas {
    new DeadMenOfDunharrow{ message2 } ❷
  };
  aragorn.swap(legolas); ❸
  REQUIRE(legolas->message == message1); ❹
  REQUIRE(aragorn->message == message2); ❺
}
```

您構建了兩個 scoped_ptr 物件：aragorn ❶ 和 legolas ❷，每個物件都有不同的 message。在 aragorn 和 legolas 之間進行交換之後 ❸，它們的動態物件會彼此交換。當您在交換後取出他們的 message 時，您會發現他們已經交換了 ❹ ❺。

重置和替換 scoped_ptr

您偶爾會希望在 scoped_ptr 失效之前銷毀它所擁有的物件，例如，您可能希望用新的動態物件替換其擁有的物件，此時可用 scoped_ptr 的多載 reset 方法來處理這兩個任務。

如果不提供引數，reset 只會銷毀所擁有的物件。

如果您改為提供一個新的動態物件作為參數，reset 將首先銷毀當前擁有的物件，然後獲得參數的所有權。列表 11-7 用每種情境提供一個測試來說明這種行為。

列表 11-7：boost::scoped_ptr 支援 reset

```
TEST_CASE("ScopedPtr reset") {
  ScopedOathbreakers aragorn{ new DeadMenOfDunharrow{} }; ❶
  SECTION("destructs owned object.") {
    aragorn.reset(); ❷
    REQUIRE(DeadMenOfDunharrow::oaths_to_fulfill == 0); ❸
  }
  SECTION("can replace an owned object.") {
    auto message = "It was made by those who are Dead.";
    auto new_dead_men = new DeadMenOfDunharrow{ message }; ❹
    REQUIRE(DeadMenOfDunharrow::oaths_to_fulfill == 2); ❺
    aragorn.reset(new_dead_men); ❻
    REQUIRE(DeadMenOfDunharrow::oaths_to_fulfill == 1); ❼
    REQUIRE(aragorn->message == new_dead_men->message); ❽
    REQUIRE(aragorn.get() == new_dead_men); ❾
  }
}
```

這兩個測試的第一步都是建構擁有 DeadMenOfDunharrow 的範圍型指標 aragorn ❶。在第一個測試中，您呼叫不帶引數的 reset ❷。這會導致範圍型指標破壞其擁有的物件，而 oaths_to_fulfill 遞減到 0 ❸。

在第二個測試中，您用一個自定義的 message 建立新動態分配的 new_dead_men ❹。由於 aragorn 仍然是在存活的狀態 ❺，這會將 oaths_to_fill 遞增到 2 ❺。接下來，調用 reset 並以 new_dead_men 作為引數 ❻，它做了兩件事：

- 它會導致 aragorn 所擁有的原始 DeadMenOfDunharrow 被摧毀，並且將 oaths_to_fulfill 遞減為 1 ❼。
- 把 new_dead_men 安置為 aragorn 所擁有的動態分配物件。當您解除對 message 欄位的參照時，請注意它與 new_dead_men 所擁有的 message 相符合 ❽。（相當於，aragorn.get() 產生 new_dead_men ❾。）

不可轉移性

您不能移動或複製 scoped_ptr，因其具有不可轉移性。列表 11-8 說明了試圖移動或複製一個 scoped_ptr 如何導致一個無效的程式。

列表 11-8：boost::scoped_ptr 不可轉移（此程式碼無法編譯）

```
void by_ref(const ScopedOathbreakers&) { } ❶
void by_val(ScopedOathbreakers) { } ❷

TEST_CASE("ScopedPtr can") {
  ScopedOathbreakers aragorn{ new DeadMenOfDunharrow };
  SECTION("be passed by reference") {
    by_ref(aragorn); ❸
  }
  SECTION("not be copied") {
    // DOES NOT COMPILE:
    by_val(aragorn); ❹
    auto son_of_arathorn = aragorn; ❺
  }
}
```

```
  SECTION("not be moved") {
    // DOES NOT COMPILE:
    by_val(std::move(aragorn)); ❻
    auto son_of_arathorn = std::move(aragorn); ❼
  }
}
```

首先，您宣告兩個偽函式，分別以傳參照 ❶ 和傳值 ❷ 方式傳遞 scoped_ptr。您仍然可以透過傳參照的方式傳遞 scoped_ptr ❸，但嘗試透過傳值方式傳遞 scoped_ptr 將無法編譯 ❹；此外，嘗試用 scoped_ptr 複製建構子或複製指派運算子 ❺ 也將無法編譯。另外，如果您嘗試用 std::move 來移動 scoped_ptr，那麼您的程式碼將無法編譯 ❻ ❼。

> **NOTE**
>
> 通常使用 boost::scoped_ptr 與使用原始指標相比，並不會產生任何額外開銷。

boost::scoped_array

boost::scoped_array 是動態陣列的範圍型指標，它支援與 boost::scoped_ptr 相同的用法，但是它還實作了 operator[] 運算子，這樣您就可以像處理原始陣列那樣，與作用範圍陣列的元素互動。列表 11-9 說明了這個附加的特性。

列表 11-9：boost::scoped_array 實作 operator[]

```
TEST_CASE("ScopedArray supports operator[]") {
  boost::scoped_array<int❶> squares{
    new int❷[5] { 0, 4, 9, 16, 25 }
  };
  squares[0] = 1; ❸
  REQUIRE(squares[0] == 1); ❹
  REQUIRE(squares[1] == 4);
  REQUIRE(squares[2] == 9);
}
```

透過單一範本參數，您可以像宣告 scoped_ptr 那樣宣告 scoped_array ❶。對於 scoped_array，範本參數是陣列所包含的型別，而不是陣列的型別。將動態陣列傳遞給 squares 的建構子，會讓動態陣列 squares 成為陣列的所有者，您可以用 operator[] 來寫入 ❸ 和讀取 ❹ 元素。

所支援操作的部分列表

到目前為止，您已經瞭解到範圍型指標的主要特性，表 11-1 列舉了我們討論過的所有運算子，以及一些尚未涵蓋的運算子供您參考。在表中，ptr 是一個原始指標，而 s_ptr 是一個範圍型指標。更多相關資訊，請參閱 Boost 檔案。

表 11-1：所有支援的 boost::scoped_ptr 操作說明

操作	註解
scoped_ptr<...>{ } 或 scoped_ptr <...>{ nullptr }	建立一個空的範圍型指標。
scoped_ptr <...>{ ptr }	建一個由 ptr 所指向的範圍型指標，該指標擁有動態物件。
~scoped_ptr<...>()	如果所擁有的物件已滿，則呼叫 delete。
s_ptr1.swap(s_ptr2)	交換 s_ptr1 和 s_ptr2 所擁有的物件。.
swap(s_ptr1, s_ptr2)	跟 swap 方法一樣的自由函式。
s_ptr.reset()	如果已滿，則呼叫 delete 來刪除 ptr 所擁有的物件。
s_ptr.reset(ptr)	刪除目前所擁有的物件，然後以 ptr 所指向的物件取代。
ptr = s_ptr.get()	傳回原始指標 ptr；保留 s_ptr 的所有權。
*s_ptr	傳回指標所參照物件的內容。
s_ptr->	對指標所所指向物件的成員解參照的運算子。
bool{ s_ptr }	將 s_ptr 轉換為 bool：true 表示 s_ptr 是滿的，false 表示 s_ptr 是空指標。

唯一指標

唯一指標（*unique pointer*）對單一動態物件具有可轉移的獨佔所有權。您可以移動唯一指標，這讓它們可以轉移。他們也有獨佔所有權，所以他們不能被複製。stdlib 在 `<memory>` 標頭中有一個 `unique_ptr`。

建構

`std::unique_ptr` 接受與所指向的型別相對應的單一範本參數，就像在 `std::unique_ptr<int>` 中的「指向 `int` 的唯一指標」那樣。

與範圍型指標一樣，唯一指標有一個預設建構子，該建構子將唯一指標初始化為空。它還提供一個建構子，該建構子獲取所指向的動態物件的所有權。一種建構方法是用 `new` 建立一個動態物件並將結果傳遞給建構子，如下所示：

```
std::unique_ptr<int> my_ptr{ new int{ 808 } };
```

另一種方法是使用 `std::make_unique` 函式。`make_unique` 函式是一個範本，它接受所有引數，並將它們轉發給與範本參數相對應的建構子，這樣就不需要 `new` 了。使用 `std::make_unique`，可以將前面的物件初始化重新改寫為：

```
auto my_ptr = make_unique<int>(808);
```

建立 `make_unique` 函式是為了避免在將早期 C++ 版本與 `new` 一起使用時，發生的一些極其微妙的記憶體漏失。然而，在最新版本的 C++ 中，這些記憶體漏失已不再發生，使用哪種建構子主要取決於您的偏好。

支援的操作

std::unique_ptr 函式支援 boost::scoped_ptr 所支援的每個操作。例如，您可以用以下型別的別名，作為列表 11-1 到 11-7 中 ScopedOathbreakers 的侵入式替換：

```
using UniqueOathbreakers = std::unique_ptr<DeadMenOfDunharrow>;
```

唯一指標和範圍型指標之間的主要區別之一是，您可以移動唯一指標，因為它們是**可轉移的**。

可轉移、獨佔所有權

不僅唯一指標是可轉移的，而且它們具有獨佔所有權（您**不能複製**它們）。列表 11-10 示範了如何使用 unique_ptr 的移動語意。

列表 11-10：std::unique_ptr 支援轉移所有權的移動語意

```
TEST_CASE("UniquePtr can be used in move") {
  auto aragorn = std::make_unique<DeadMenOfDunharrow>(); ❶
  SECTION("construction") {
    auto son_of_arathorn{ std::move(aragorn) }; ❷
    REQUIRE(DeadMenOfDunharrow::oaths_to_fulfill == 1); ❸
  }
  SECTION("assignment") {
    auto son_of_arathorn = std::make_unique<DeadMenOfDunharrow>(); ❹
    REQUIRE(DeadMenOfDunharrow::oaths_to_fulfill == 2); ❺
    son_of_arathorn = std::move(aragorn); ❻
    REQUIRE(DeadMenOfDunharrow::oaths_to_fulfill == 1); ❼
  }
}
```

這個列表建立了一個稱為 aragorn 的 unique_ptr ❶，您可以在兩個單獨的測試中使用它。

在第一個測試中，您用 std::move 將 aragorn 移動到 son_of_arathorn 的建構子中 ❷。由於 aragorn 將其 DeadMenOfDunharrow 的

所有權轉移給了 son_of_arathorn，所以 oaths_to_fulfill 物件的值仍然只有 1 ❸。

第二個測試透過 make_unique 建構 son_of_arathorn ❹，它會把 oath_to_fulfill 推進到 2 ❺。接下來，您用移動指派運算子將 aragorn 移動到 son_of_arathorn 中 ❻，aragorn 再次將所有權轉移給 son_of_arathorn。由於 son_of_arathorn 一次只能擁有一個動態物件，所以移動指派運算子在清空 aragorn 的動態物件之前會銷毀當前所擁有的物件，這會導致 oath_to_fulfill 遞減到 1 ❼。

唯一陣列

與 boost::scoped_ptr 不同的是，std::unique_ptr 具有內建的動態陣列支援，您只需用陣列型別作為唯一指標型別中的範本參數，例如 std::unique_ptr<int[]>。

不要用動態陣列 T[] 來初始化 std::unique_ptr<T>，這點非常重要，因為這樣做會造成陣列的 delete（而不是 delete[]），從而導致未定義的行為。編譯器無法也救不了您，因為編譯器無法區分 operator new[] 傳回的指標與 operator new 傳回的指標。

與 scoped_array 一樣，指向陣列型別的 unique_ptr 提供了 operator[] 以存取元素，列表 11-11 示範了這個概念。

列表 11-11：指向陣列型別的 std::unique_ptr 支援 operator[]

```
TEST_CASE("UniquePtr to array supports operator[]") {
  std::unique_ptr<int[]❶> squares{
    new int[5]{ 1, 4, 9, 16, 25 } ❷
  };
  squares[0] = 1; ❸
  REQUIRE(squares[0] == 1); ❹
  REQUIRE(squares[1] == 4);
  REQUIRE(squares[2] == 9);
}
```

範本參數 int[] ❶ 向 std::unique_ptr 指示它擁有一個動態陣列。傳入一個新產生的動態陣列 ❷，接著用 operator[] 設定第一個元素 ❸；然後再用 operator[] 來檢索元素 ❹。

刪除器

unique_ptr 還可附加一個範本參數，稱為其刪除器（deleter）型別。唯一指標的 *deleter* 是在唯一指標需要銷毀其擁有的物件時呼叫的。

unique_ptr 實體化包含以下範本參數：

```
std::unique_ptr<T, Deleter=std::default_delete<T>>
```

兩個範本參數是 T（所擁有的動態物件型別）和 deleter（負責釋放所屬物件的物件型別）。預設情況下，Deleter 是 std::default_delete<T>，負責對動態物件呼叫 delete 或 delete[]。

要撰寫一個自定義的 deleter，您只需要一個類似函式的物件，它可以用 T* 調用。（unique 指標將忽略 deleter 的傳回值）。

列表 11-12：向 unique 指標傳遞一個自定義的 deleter

```
#include <cstdio>

auto my_deleter = [](int* x) { ❶
  printf("Deleting an int at %p.", x);
  delete x;
};
std::unique_ptr<int❷, decltype(my_deleter)❸> my_up{
  new int,
  my_deleter
};
```

擁有的物件型別是 int ❷，因此您宣告了一個 my_deleter 函式物件，該物件接受一個 int* ❶，您用 decltype 來設定 deleter 範本參數 ❸。

自定義刪除器和系統程式設計

只要 delete 沒有提供所需的資源釋放行為，就可以使用自定義的 deleter。在某些設定中，您永遠不需要自定義刪除器。不過在其他方面，例如系統程式設計，您可能會發現它們非常有用。考慮一個簡單的例子，其中使用 `<cstdio>` 標頭中的低階 API fopen、fprintf 和 fclose 來管理檔案。

fopen 函式打開一個檔案並具有以下簽名：

`FILE*`❶ `fopen(const char *filename`❷`, const char *mode`❸`);`

成功時，fopen 會傳回一個非 nullptr 值的 FILE* ❶。失敗時，fopen 會傳回 nullptr 並將靜態 int 變數 errno 設定為錯誤碼，例如拒絕存取（EACCES=13）或找不到這個檔案（ENOENT=2）。

> **NOTE**
>
> 有關所有錯誤條件及其對應的 int 值的清單，請參閱 errno.h 標頭。

FILE* 檔案控制碼是參照到由作業系統所管理的檔，handle 是對作業系統中某些資源的不透明、抽象參照。fopen 函式有兩個引數：filename ❷ 是要打開的檔案路徑，而 mode ❸ 則是如表 11-2 所示的六個選項之一。

表 11-2：fopen 的所有六種模式選項

字串	操作	檔案存在：	檔案不存在：	備註
r	讀取		fopen 失敗	
w	寫入	覆蓋	建立檔案	如果檔案存在的話，所有內容都會被丟棄。
a	加到檔案後面		建立檔案	總是寫到檔案最後面。
r+	讀／寫		fopen 失敗	

字串	操作	檔案存在：	檔案不存在：	備註
w+	讀／寫	覆蓋	建立檔案	如果檔案存在的話，所有內容都會被丟棄。
a+	讀／寫		建立檔案	總是寫到檔案最後面。

使用完檔後，必須使用 fclose 手動關閉該檔，關閉檔案控制碼失敗是資源漏失的常見來源，如下所示：

```
void fclose(FILE* file);
```

您可以用 fprintf 函式來寫入檔案，fprintf 類似於列印到檔案而不是控制台的 printf。fprintf 函式的用法與 printf 相同，只是在格式字串之前提供了一個檔案控制碼作為第一個引數：

```
int❶ fprintf(FILE* file❷, const char* format_string❸, ...❹);
```

成功時，fprintf 會傳回寫入所打開檔案 ❷ 的字元數 ❶，format_string 與 printf 的格式字串相同 ❸，變數引數也是一樣 ❹。

您可以對 FILE 使用 std::unique_ptr。顯然，在準備關閉檔案時，您不能對 FILE* 檔案控制碼呼叫 delete，而是要用 fclose 來關閉結束。因為 fclose 是一個類似於接受 FILE* 物件的函式，所以它是一個合適的刪除器。

列表 11-13 中的程式把字串 "HELLO, DAVE." 寫到檔案 HAL9000 中，並利用 unique 指標對打開的檔案執行資源管理。

列表 11-13：一個使用 std::unique_ptr 和自定義 deleter 來管理
　　　　　　檔案控制碼的程式

```
#include <cstdio>
#include <memory>

using FileGuard = std::unique_ptr<FILE, int(*)(FILE*)>; ❶
```

```
void say_hello(FileGuard file❷) {
  fprintf(file.get(), "HELLO DAVE"); ❸
}

int main() {
  auto file = fopen("HAL9000", "w"); ❹
  if (!file) return errno; ❺
  FileGuard file_guard{ file, fclose }; ❻
  // File open here
  say_hello(std::move(file_guard)); ❼
  // File closed here
  return 0;
}
```

為了簡潔起見，此列表將 FileGuard 型別設定為別名 ❶。（注意 deleter 型別與 fclose 的型別相符。）接下來是 say_hello 函式，它以傳值方式傳遞 FileGuard。在 say_hello 中，您將用 fprint 把 HELLO DAVE 列印到檔案情大白 ❸。因為檔案的生存期被綁定為 say_hello，一旦傳回 say_hello，檔案就會關閉。在 main 中，以 w 模式打開檔案 HAL9000，這將建立或覆蓋該檔，並將原始 FILE* 檔案控制碼儲存到 file 中 ❹。檢查 file 是否為 nullptr，這表示發生了錯誤，如果 HAL9000 無法開啟 ❺，則傳回 errno。下一步，透過傳遞檔案控制碼檔和自定義刪除來建構一個 FileGuard，此時檔案是打開的，並且由於其自定義的 deleter，file_guard 會自動管理檔案的生命週期。

要呼叫 say_hello，您需要將所有權轉移到該函式中（因為它以傳值方式來傳遞 FileGuard）。回想一下第 165 頁的「值類型」，像 file_guard 這樣的變數是 lvalue。這意味著您必須用 std::move 將它移到 say_hello，它將 HELLO DAVE 寫入檔案。如果省略 std::move，編譯器將嘗試將其複製到 say_hello 中。由於 unique_ptr 有一個已刪除的複製建構子，這將產生編譯器錯誤。

當 say_hello 傳回時，它的 FileGuard 引數將被銷毀，自定義刪除程式將以檔案控制碼呼叫 fclose。基本上，不可能會漏失檔案控制碼，因為您已經把它和 FileGuard 的生命期綁在一起了。

所支援操作的部分列表

表 11-3 列舉了所有支援的 `std::unique_ptr` 的操作。在這個表中，`ptr` 是原始指標、`u_ptr` 是唯一指標、而 `del` 是 deleter。

表 11-3：所有支援 `std::unique_ptr` 的操作

操作	備註
`unique_ptr<...>{ }` or `unique_ptr<...>{ nullptr }`	用 `std::default_delete<...>` 當作 deleter，建立空的唯一指標。
`unique_ptr<...>{ ptr }`	用 `std::default_delete<...>` 當作 deleter，建立擁有 **ptr** 所指向的動態物件的唯一指標。
`unique_ptr<...>{ ptr, del }`	用 **del** 當作 deleter，建立擁有 **ptr** 所指向的動能物件的唯一指標。
`unique_ptr<...>{ move(u_ptr) }`	建立擁有唯一指標 **u_ptr** 所指向的動態物件的唯一指標。將所有權從 **u_ptr** 轉移到新建立的唯一指標。同時移動 **u_ptr** 的 deleter。
`~unique_ptr<...>()`	若已滿，則對所擁有物件呼叫 deleter。
`u_ptr1 = move(u_ptr2)`	把 **u_ptr2** 所擁有物件和 deleter 的所有權轉移到 **u_ptr1**。若已滿，則銷毀目前擁有的物件。
`u_ptr1.swap(u_ptr2)`	交換 **u_ptr1** 和 **u_ptr2** 所擁有的物件和 deleter。
`swap(u_ptr1, u_ptr2)`	和 swap method 相同的自由函式。
`u_ptr.reset()`	若已滿，則對 **u_ptr** 所擁有的物件呼叫 deleter。
`u_ptr.reset(ptr)`	刪除目前所擁有的物件；然後取得 **ptr** 的所有權。
`ptr = u_ptr.release()`	傳回原始指標 **ptr** 並清空 **u_ptr**，未呼叫 deleter。

操作	備註
ptr = u_ptr.get()	傳回屬始指標 **ptr**；保留 **u_ptr** 的所有權。
*u_ptr	對所擁有的物件解參照的運算子。
u_ptr->	對所擁有物件的成員解參照的運算子。
u_ptr[index]	參照到第 **index** 個陣列元素。
bool{ u_ptr }	轉換成 bool；若已滿則為 true，若是空的則為 false。
u_ptr1 == u_ptr2 u_ptr1 != u_ptr2 u_ptr1 > u_ptr2 u_ptr1 >= u_ptr2 u_ptr1 < u_ptr2 u_ptr1 <= u_ptr2	比較運算子；等同於評估原始指標的比較運算子。
u_ptr.get_deleter()	傳回 deleter 的參照。

共享指標

共享指標（shared pointer）對單一動態物件具有可轉移、非獨佔的所有權。您可以移動共享指標，這使得它們可以轉移，而且您也可以複製它們，這使得它們的所有權成為非獨佔的。

非獨佔所有權意味著在銷毀物件之前，shared_ptr 會檢查是否有其他共享的物件也擁有該物件。這樣，最後一個所有者就是釋放所擁有物件的所有者。

stdlib 在 <memory> 標頭檔中有一個 std::shared_ptr，Boost 在 <boost/smart_ptr/shared_ptr.hpp> 標頭檔中有一個 boost::shared_ptr，您在這裡將使用的是 stdlib 版本。

> stdlib 和 Boost 的 shared_ptr 基本上是相同的，除了顯著的例外
> 是 Boost 的共享指標不支援陣列，需要使用在 boost/smart_ptr/
> shared_array.hpp 中的 boost::shared_array 類別。Boost 出於傳統
> 原因提供了一個共享指標，但是您應該使用 stdlib 的共享指標。

建構

std::shared_ptr 指標支援與 std::unique_ptr 相同的建構子。預設
建構子會產生一個空的共享指標。要建立對動態物件的所有權，可
以傳遞指向 shared_ptr 建構子的指標，如下所示：

```
std::shared_ptr<int> my_ptr{ new int{ 808 } };
```

您還有一個必然的 std::make_shared 共享範本函式，該函式會把引
數轉發到所指向型別的建構子：

```
auto my_ptr = std::make_shared<int>(808);
```

一般來說，您應該使用 make_shared。共享指標需要一個控制區塊，
它可以記錄有幾個數量，包括共享所有者的個數。當使用 make_
shared 時，可以同時分配控制區塊和擁有的動態物件。如果您先使
用 operator new，然後分配一個共享指標，那麼您將進行兩次分配
而不是一次分配。

> 有時您可能希望避免使用 make_shared，例如若您將使用 weak_ptr，
> 那麼即使可以取消分配物件，您將仍然需要控制區塊。在這種情況
> 下，您可能希望有兩個分配。

因為控制區塊是一個動態物件，所以 shared_ptr 物件有時需要分
配動態物件。如果您想控制 shared_ptr 的分配方式，可以重寫

operator new，但這是用大炮射麻雀，一種更為量身訂做的方法，是提供一個可選的範本參數，稱為分配器型別。

指定分配器

分配器（allocator）負責分配、建立、銷毀和釋放物件。預設的 allocator std::allocator 是在 <memory> 標頭中定義的範本類別，預設的 allocator 從動態儲存空間器中，分配記憶體並接受一個範本參數。（您將在第 477 頁的「分配器」中，學到如何用使用者定義的 allocator 自定義此行為）。

shared_ptr 建構子和 make_shared 都有一個 allocator 型別的範本參數，總共有三個範本參數：指向型別、deleter 型別和 allocator 型別。由於某些複雜的因素，您只需要宣告指向型別（*pointed-to type*）參數。您可以將其他參數型別，看成是從指向的型別推導出來的。

例如，下面是一個完全修飾的 make_shared 調用，包括一個建構子引數、一個自定義的 deleter 和一個顯式的 std::allocator：

```
std::shared_ptr<int❶> sh_ptr{
  new int{ 10 }❷,
  [](int* x) { delete x; } ❸,
  std::allocator<int>{} ❹
};
```

在這裡，您為指向的型別 ❶ 指定一個範本參數 int。在第一個引數中，您分配並初始化一個 int ❷，接下來是一個自定義的 deleter ❸，並傳遞一個 std::allocator 當作第三個引數 ❹。

基於技術上的因素，您不能將自定義 deleter 或自定義 allocator 與 make_shared 一起使用。如果您想要一個定製的 allocator，可以用 make_shared 的姊妹函式 std::allocate_shared，把 allocator 當作第一個引數，並將其餘引數轉發給擁有物件的建構子：

```
auto sh_ptr = std::allocate_shared<int❶>(std::allocator<int>{}❷, 10❸);
```

與 make_shared 一樣，您將擁有的型別指定為範本參數 ❶，但將 allocator 當作第一個引數 ❷ 傳遞給 int 的建構子 ❸。

> **NOTE**
>
> 出於好奇，這裡有兩個理由可以讓您不使用 make_shared 的自定義 deleter。首先，make_shared 利用 new 來所屬物件和控制區塊分配空間。與 new 相對應的 deleter 是 delete，因此通常自定義的 deleter 並不合適。其次，自定義 deleter 通常不知道如何處理控制區塊，只知道如何處理擁有的物件。

make_shared 或 allocate_shared 不能用來指定自定義的 deleter。如果要將自定義 deleter 與共享指標一起使用，則必須直接使用適當的 shared_ptr 建構子之一。

支援的操作

std::shared_ptr 支援 std::unique_ptr 以及 boost::scoped_ptr 支援的每項操作。您可以用以下型別的別名作為列表 11-1 到 11-7 中 ScopedOathbreakers 和列表 11-10 到 11-13 中 UniqueOathbreakers 的替代品：

```
using SharedOathbreakers = std::shared_ptr<DeadMenOfDunharrow>;
```

共享指標和 unique 指標之間的主要功能上的區別在於可以複製共享指標。

可轉移、非獨佔所有權

共享指標是可轉移的（您可以移動它們），並且它們具有非獨佔所有權（您可以複製它們）。列表 11-10 示範了一個 unique 指標的移動語意，若改成共享指標也可以正常運作。列表 11-14 示範了共享指標也支援複製語意。

列表 11-14：std::shared_ptr 支援複製

```
TEST_CASE("SharedPtr can be used in copy") {
  auto aragorn = std::make_shared<DeadMenOfDunharrow>();
  SECTION("construction") {
    auto son_of_arathorn{ aragorn }; ❶
    REQUIRE(DeadMenOfDunharrow::oaths_to_fulfill == 1); ❷
  }
  SECTION("assignment") {
    SharedOathbreakers son_of_arathorn; ❸
    son_of_arathorn = aragorn; ❹
    REQUIRE(DeadMenOfDunharrow::oaths_to_fulfill == 1); ❺
  }
  SECTION("assignment, and original gets discarded") {
    auto son_of_arathorn = std::make_shared<DeadMenOfDunharrow>(); ❻
    REQUIRE(DeadMenOfDunharrow::oaths_to_fulfill == 2);  ❼
    son_of_arathorn = aragorn; ❽
    REQUIRE(DeadMenOfDunharrow::oaths_to_fulfill == 1); ❾
  }
}
```

在建構了共享指標 aragorn 之後，有三個測試。第一個測試說明，您用來構建 son_of_arathorn ❶ 的複製建構子共享同一 DeadMenOfDunharrow 的所有權 ❷。

在第二個測試中，您建構了一個空的共享指標 son_of_arathorn ❸，然後顯示複製指派 ❹ 也不會改變 DeadMenOfDunharrow 的個數 ❺。

第三個測試說明，當您建構完整的共享指標 son_of_arathorn 時 ❻，DeadMenOfDunharrow 的個數增加到 2 ❼。當您複製指派 aragorn 到 son_of_arathorn 時 ❽，son_of_arathorn 會刪除其 DeadMenOfDunharrow，因為它擁有唯一所有權。然後，它增加 aragorn 擁有的 DeadMenOfDunharrow 的參照次數。因為兩個共享指標擁有相同的 DeadMenOfDunharrow，所以 oaths_to_fulfill 從 2 遞減到 1 ❾。

共享陣列

shared array 是擁有動態陣列並支援 operator[] 的共享指標。它的運作方式就像一個唯一的陣列,只是它擁有非獨佔的所有權。

刪除器

Deleter 對共享指標的運作方式與對共享指標的運作方式相同,只是不需要提供具有 deleter 型別的範本參數。只需將 deleter 當作建構子的第二個引數傳遞。例如,要將列表 11-13 轉換為使用共享指標,只需插入以下型別的別名:

```
using FileGuard = std::shared_ptr<FILE>;
```

現在,您正在使用共享所有權管理 FILE* 檔案控制碼。

所支援操作的部分列表

表 11-4 提供了一個基本上完整的 shared_ptr 建構子列表。在這個表中,ptr 是原始指標,sh_ptr 是共享指標,u_ptr 是 unique 指標,del 是 deleter,alc 是 allocator。

表 11-4:所有支援 std::shared_ptr 的建構子

操作	備註
shared_ptr<...>{ } 或 shared_ptr<...>{ nullptr }	用 std::default_delete<T> 和 std::allocator<T> 建立一個空的共享指標。
shared_ptr<...>{ **ptr**, [**del**], [**alc**] }	建立一個由 **ptr** 所指向的動態物件的共享指標。預設是使用 std::default_delete<T> 和 std::allocator<T>; 否則,用 **del** 刪除,而 **alc** 將當作分配器(如果有提供的話)。

操作	備註
shared_ptr<...>{ sh_ptr }	建立一個由共享指標 **sh_ptr** 所指向的動態物件的共享指標。將所有權從 **sh_ptr** 複製到新建立的共享指標,並複製 **sh_ptr** 的刪除器和分配器。
shared_ptr<...>{ sh_ptr , ptr }	別名建構子:所產生的共享指標持有對 **ptr** 的非受控參照,但會參與 **sh_ptr** 參照計數。
shared_ptr<...>{ move(sh_ptr) }	建立一個擁有共享指標 **sh_ptr** 所指向的動態物件的共享指針。將所有權從 **sh_ptr** 轉移到新建立的共享指標。同時移動 **sh_ptr** 的刪除器。
shared_ptr<...>{ move(u_ptr) }	建立擁有由唯一指標 **u_ptr** 所指向的共享指標,該指標擁有動態物件。將所有權從 **u_ptr** 轉移到新建的共享指標,並移動 **u_ptr** 的刪除器。

表 11-5 列出了 `std::shared_ptr` 支援的大多數操作。在這個表中,`ptr` 是原始指標,`sh_ptr` 是共享指標,`u_ptr` 是 unique 指標,`del` 是一個 deleter,`alc` 是 allocator。

表 11-5:支援 `std::shared_ptr` 的大部分操作

操作	備註
~shared_ptr<...>()	如果沒有其他擁有者,則呼叫所在物件上的 deleter。
sh_ptr1 = sh_ptr2	將擁有物件的所有權和 deleter 從 **sh_ptr2** 複製到 **sh_ptr1**,並將擁有者個數加 1。如果沒有其他擁有者,則銷毀當前擁有的物件。
sh_ptr = move(u_ptr)	將擁有物件的所有權和 deleter 從 **u_ptr** 轉移到 **sh_ptr**。如果沒有其他擁有者,則銷毀目前的物件。

操作	備註
sh_ptr1 = move(**sh_ptr2**)	將擁有物件的所有權和 deleter 從 **sh_ptr2** 轉移到 **sh_ptr1**。如果沒有其他擁有者,則銷毀目前的物件。
sh_ptr1.swap(**sh_ptr2**)	把 **sh_ptr1** 和 **sh_ptr2** 所在的物件和 deleter 互換。
swap(**sh_ptr1**, **sh_ptr2**)	與 swap 方法相同的自由函式。
sh_ptr.reset()	如果已滿,則在沒有其他擁有者的情況下,呼叫 **sh_ptr** 所擁有物件的 deleter。
sh_ptr.reset(ptr, [del], [alc])	如果沒有其他擁有者,則刪除目前所擁有的物件;然後取得 **ptr** 的所有權。可以選擇性的提供刪除器 **del** 和分配器 **alc**,其預設值為 std::default_delete<T>和 std::allocator<T>。
ptr = **sh_ptr**.get()	傳回原始指標 ptr;**sh_ptr** 保留所有權。
***sh_ptr**	對擁有的物件解除參照運算子。
sh_ptr->	對擁有物件的成員解除參照的運算子。
sh_ptr.use_count()	參照共享指標所擁有物件的總數;如果是空的,則個數為零。
sh_ptr[index]	傳回陣列索引為 **index** 的元素。
bool{ **sh_ptr** }	bool 轉換:如果已滿則為 true;如果為空則為 false。
sh_ptr1 == **sh_ptr2** **sh_ptr1** != **sh_ptr2** **sh_ptr1** > **sh_ptr2** **sh_ptr1** >= **sh_ptr2** **sh_ptr1** < **sh_ptr2** **sh_ptr1** <= **sh_ptr2**	比較運算子;等同於在原始指標上評估比較運算子。
sh_ptr.get_deleter()	傳回 deleter 的參照。

弱指標

弱指標（*weak pointer*）是一種特殊的智慧指標，它對它所參照的物件沒有所有權。弱指標只有當被追蹤的物件仍然存在時才能允許您記錄物件，並將弱指標轉換為共享指標，這允許您產生物件的臨時所有權。與共享指標一樣，弱指標是可移動和可複製的。

弱指標的常見用法是快取（*cache*）。在軟體工程中，快取是一種臨時儲存資料的資料結構，這樣可以更快地檢索資料；快取可以保留指向物件的弱指標，這樣當所有其他所有者釋放物件時，它們就會銷毀。快取可以定期掃描其儲存的弱指標，並刪除那些沒有其他所有者的指標。

stdlib 有一個 `std::weak_ptr`，Boost 有一個 `boost::weak_ptr`。它們本質上是相同的，只用於它們各自的共享指標 `std::shared_ptr` 和 `boost::shared_ptr`。

建構

弱指標建構子與 scoped、unique 和共享指標完全不同，因為弱指標不直接擁有動態物件，預設建構子會建立一個空的弱指標。要建構所追蹤動態物件的弱指標，必須使用共享指標或其他弱指標來建構它。

例如，以下指令會將共享指標傳遞到弱指標的建構子中：

```
auto sp = std::make_shared<int>(808);
std::weak_ptr<int> wp{ sp };
```

現在弱指標 wp 將會記錄共享指標 sp 所擁有的物件。

獲得臨時所有權

弱指標調用它們的 lock method 來獲得被追蹤物件的臨時所有權，這個 lock method 會一直建立一個共享指標；如果被追蹤物件是存活的，則傳回的是共享指標將擁有的被追蹤物件。如果被追蹤的物件不再存活，則傳回的共享指標為空。考慮列表 11-15 中的例子。

列表 11-15：`std::weak_ptr` 顯示 `lock` 取得臨時所有權的方法

```
TEST_CASE("WeakPtr lock() yields") {
  auto message = "The way is shut.";
  SECTION("a shared pointer when tracked object is alive") {
    auto aragorn = std::make_shared<DeadMenOfDunharrow>(message); ❶
    std::weak_ptr<DeadMenOfDunharrow> legolas{ aragorn }; ❷
    auto sh_ptr = legolas.lock(); ❸
    REQUIRE(sh_ptr->message == message); ❹
    REQUIRE(sh_ptr.use_count() == 2); ❺
  }
  SECTION("empty when shared pointer empty") {
    std::weak_ptr<DeadMenOfDunharrow> legolas;
    {
      auto aragorn = std::make_shared<DeadMenOfDunharrow>(message); ❻
      legolas = aragorn; ❼
    }
    auto sh_ptr = legolas.lock(); ❽
    REQUIRE(nullptr == sh_ptr); ❾
  }
}
```

在第一個測試中，您用一個訊息建立共享指標 aragorn ❶。接下來，用 aragorn ❷ 建構一個弱指標 legolas，這將設定 legolas 來追蹤 aragorn 擁有的動態物件。當您對弱指標呼叫 lock 時 ❸，aragorn 仍然是存活的，因此您獲得了共享指標 sh_ptr，它也擁有相同的 DeadMenOfDunharrow，您可以透過斷言 message 是相同的 ❹ 和使用計數是 2 ❺ 來確認這一點。

在第二個測試中，您還建立了一個 aragorn 共享指標 ❻，但這一次使用指派運算子 ❼，因此以前空的弱指標 legolas 現在追蹤了 aragorn 擁有的動態物件。接下來，aragorn 從離開了區塊範圍並且不再存活，這讓 legolas 追蹤一個已死的物體，當您在此處呼叫 lock 時 ❽，將獲得一個空的共享指標 ❾。

進階樣式

在共享指標的一些進階用法中，您可能需要建立一個類別，該類別允許實例建立參照到自己的共享指標。std::enable_shared_from_this 類別範本實作了這個行為。從使用者的角度來看，只需要從類別定義中的 enable_shared_from_this 繼承。這將公開 shared_from_this 和 weak_from_this method，這些 method 會產生指向當前物件的 shared_ptr 或 weak_ptr。這是一個量身打造的例子，如果您想查看更多詳細資訊，請參閱 [util.smartptr.enab].

所支援的操作

表 11-6 列出了支援弱指標的大部分操作。在這個表中，w_ptr 是弱指標，sh_ptr 是共享指標。

表 11-6：支援 std::shared_ptr 的大部分操作

操作	備註
weak_ptr<...>{ }	建立空的弱指標。
weak_ptr<...>{ w_ptr } 或 weak_ptr<...>{ sh_ptr }	追蹤由弱指針 w_ptr 或共享指針 sh_ptr 所參照的物件。
weak_ptr<...>{ move(w_ptr) }	追蹤 w_ptr 參照的物件；然後清空 w_ptr。
~weak_ptr<...>()	對於所追蹤的物件沒有影響。
w_ptr1 = sh_ptr or w_ptr1 = w_ptr2	把目前所追蹤的物作替換為 sh_ptr 所擁有的物件或 w_ptr2 所追蹤的物件。
w_ptr1 = move(w_ptr2)	用 w_ptr2 所追蹤的物件取代目前所追蹤的物件，並清空 w_ptr2。
sh_ptr = w_ptr.lock()	建立擁有 w_ptr 所追蹤物件的共享指標 sh_ptr。如果所追蹤的物件已過期，則 sh_ptr 為空指標。
w_ptr1.swap(w_ptr2)	交換 w_ptr1 和 w_ptr2 所追蹤的物件。
swap(w_ptr1, w_ptr2)	跟 swap 方法一模一樣的自由函式。
w_ptr.reset()	清空弱指標。

操作	備註
w_ptr.use_count()	傳回擁有被追蹤物件的共享指標個數。
w_ptr.expired()	如果所追蹤物件已過期,則傳回 true;否則傳回 false。
sh_ptr.use_count()	傳回共享指標所擁有的物件總數;如果是空指標則傳回零。

侵入式指標

侵入式指標(*intrusive pointer*)是指向具有嵌入參照計數的物件的共享指標。因為共享指標通常保留參照計數,所以它們不適合擁有這樣的物件。Boost 在 `<boost/smart_ptr/intrusive_ptr.hpp>` 標頭中提供了一個稱為 boost::intrusive_ptr 的實作。

很少有情況需要侵入式指標,但有時您將使用包含嵌入式參照的作業系統或框架。例如,在 Windows COM 程式設計中,侵入式指標非常有用:從 IUnknown 介面繼承的 COM 物件有一個 AddRef 和一個 Release method,它們分別增加和減少一個嵌入的參照計數。

每次建立一個 intrusive_ptr 時,它都會呼叫函式 intrusive_ptr_add_ref。當一個 intrusive_ptr 被銷毀時,它會呼叫 intrusive_ptr_release 來釋放函式。當參照計數降為零時,您負責在 intrusive_ptr_release 中釋放適當的資源。要使用 intrusive_ptr,必須提供這些函式的適當實作。

列表 11-16 示範了使用 DeadMenOfDunharrow 類別的侵入式指標。考慮一下這個列表中的 intrusive_ptr_add_ref 和 intrusive_ptr_release 的實作。

列表 11-16:實作 intrusive_ptr_add_ref 和 intrusive_ptr_release

```
#include <boost/smart_ptr/intrusive_ptr.hpp>

using IntrusivePtr = boost::intrusive_ptr<DeadMenOfDunharrow>; ❶
```

```
size_t ref_count{}; ❷

void intrusive_ptr_add_ref(DeadMenOfDunharrow* d) {
  ref_count++; ❸
}

void intrusive_ptr_release(DeadMenOfDunharrow* d) {
  ref_count--; ❹
  if (ref_count == 0) delete d; ❺
}
```

使用型別的別名 IntrusivePtr 可以在輸入時少打一些字 ❶。接下來，使用靜態儲存持續時間宣告 ref_count ❷。此變數追蹤活動中的入侵指標的數量。在 intrusive_ptr_add_ref 中，增加 ref_count ❸。在 intrusive_ptr_release 中，您減少了 ref_count ❹。當 ref_count 降至零時，刪除 DeadMenOfDunharrow 引數 ❺。

NOTE

使用列表 11-16 中的設定時，僅能使用唯一一個具有侵入式指標的 DeadMenOfDunharrow 動態物件，這點絕對非常重要。ref_count 的方式只能正確追蹤一個物件。如果有多個動態物件由不同的侵入式指標擁有，則 ref_count 會變得無效，而您會得到錯誤的 delete 行為 ❺。

列表 11-17 示範了如何使用列表 11-16 中的設定和侵入式指標。

列表 11-17：使用 boost::intrusive_ptr

```
TEST_CASE("IntrusivePtr uses an embedded reference counter.") {
  REQUIRE(ref_count == 0); ❶
  IntrusivePtr aragorn{ new DeadMenOfDunharrow{} }; ❷
  REQUIRE(ref_count == 1); ❸
  {
    IntrusivePtr legolas{ aragorn }; ❹
    REQUIRE(ref_count == 2); ❺
  }
  REQUIRE(DeadMenOfDunharrow::oaths_to_fulfill == 1); ❻
}
```

此測試首先檢查 ref_count 是否為 0 ❶。接下來，透過傳遞動態分配的 DeadMenOfDunharrow ❷ 來建構一個侵入式指標。這會將 ref_count 增加到 1，因為建立一個侵入式指標會調用 intrusive_ptr_add_ref ❸。在區塊範圍內，您可以建構另一個與 aragorn ❹ 共享所有權的侵入式指標 legolas。這會將 ref_count 增加到 2 ❺，因為建立一個侵入式指標會調用 intrusive_ptr_add_ref。當 legolas 超出區塊範圍時，它會進行破壞，從而導致調用 intrusive_ptr_release。這會將 ref_count 減為 1，但不會導致擁有的物件刪除 ❻。

智慧指標選項總結

表 11-7 總結了 stdlib 和 Boost 中可用的所有智慧指標選項。

表 11-7：stdlib 和 Boost 中的智慧指標

型別名稱	stdlib 標頭	Boost 標頭	可移動／可轉移的所有權	可複製／非專屬的所有權
scoped_ptr		<boost/smart_ptr/scoped_ptr.hpp>		
scoped_array		<boost/smart_ptr/scoped_array.hpp>		
unique_ptr	<memory>		✓	
shared_ptr	<memory>	<boost/smart_ptr/shared_ptr.hpp>	✓	✓
shared_array		<boost/smart_ptr/shared_array.hpp>	✓	✓
weak_ptr	<memory>	<boost/smart_ptr/weak_ptr.hpp>	✓	✓
intrusive_ptr		<boost/smart_ptr/intrusive_ptr.hpp>	✓	✓

分配器

分配器是為記憶體請求提供服務的低階物件。stdlib 和 Boost 函式庫讓您能夠提供分配器來自行定義函式庫如何分配動態記憶體。

在大多數情況下，預設的分配器 std::allocate 已經足夠了。它利用 operator new(size_t) 來分配記憶體，後者從空閒儲存區（也稱為堆積）分配原始記憶體。它利用 operator delete(void*) 來釋放記憶體，該運算子從空閒儲存中釋放原始記憶體。（回想一下第 251 頁的「多載運算子 new」中的內容，operator new 和 operator delete 是在 <new> 標題中定義的。）

在某些設定中，例如遊戲、高頻交易、科學分析和嵌入式應用程式，與預設的免費儲存操作相關的記憶體和計算開銷是不可接受的。在這種情況下，實作自己的分配器相對容易。請注意，除非您進行了一些效能測試，指出預設分配器是一個瓶頸，否則您實際上不應該實作自定義分配器。自定義分配器背後的想法是，與預設分配器模型的設計者相比，您對特定程式的瞭解要多得多，因此您可以進行改進，從而提高分配效能。

您至少需要提供具有以下特徵的範本類別，才能讓分配器正常運作：

- 適當的預設建構子
- 與範本參數相對應的 value_type 成員
- 一個範本建構子，可以在處理 value_type 改變時複製分配器的內部狀態
- 一種 allocate 方法
- 一種 deallocate 方法
- 一個 operator== 和一個 operator!=

列表 11-18 中的 MyAllocator 類別實作了一個簡單的 std::allocate 教學變形，它記錄您進行了多少次分配和釋放。

列表 11-18：A 我的分配器模仿的類 std::分配

```
#include <new>

static size_t n_allocated, n_deallocated;

template <typename T>
struct MyAllocator {
  using value_type = T; ❶
```

```
    MyAllocator() noexcept{ } ❷
    template <typename U>
    MyAllocator(const MyAllocator<U>&) noexcept { } ❸
    T* allocate(size_t n) { ❹
      auto p = operator new(sizeof(T) * n);
      ++n_allocated;
      return static_cast<T*>(p);
    }
    void deallocate(T* p, size_t n) { ❺
      operator delete(p);
      ++n_deallocated;
    }
};

template <typename T1, typename T2>
bool operator==(const MyAllocator<T1>&, const MyAllocator<T2>&) {
  return true; ❻
}
template <typename T1, typename T2>
bool operator!=(const MyAllocator<T1>&, const MyAllocator<T2>&) {
  return false; ❼
}
```

首先，您為 T 宣告 value_type 型別別名，這是實作分配器的要求之
一 ❶。接下來是預設建構子 ❷ 和範本建構子 ❸。這兩個都是空的，
因為分配器沒有狀態可傳遞。

allocate method ❹ 透過利用 operator new 分配所需的位元組數
sizeof(T) * n 來對 std::allocate 進行建模。下一步，它增加分配
的靜態變數 n_allocated，以便您可以記錄分配的個數來進行測試。
然後，allocate method 在將 void* 轉換為相關指標型別後，傳回一
個指向新分配記憶體的指標。

deallocate method ❺ 也是透過呼叫 operator delete 對 std::allocate
進行建模。與 allocate 類似，它增加 n_deallocated 靜態變數以進
行測試和傳回。

最後一個任務是實作 operator== 和 operator!= 並傳入新的類別範本。因為分配器沒有狀態，所以任何實例都與其他實例相同，所以 operator== 傳回 true ❻，而 operator!= 也是傳回 true ❼。

> **NOTE**
>
> 列表 11-18 是一個教學工具，實際上分配的效率並沒有提高。它只是將 new 和 delete 稍微包裝一下而已。

到目前為止，您知道的唯一一個使用分配器的類別是 std::shared_ptr。考慮列表 11-19 如何使用 std::allocate 分享 MyAllocator。

列表 11-19：使用具有 std::shared_ptr 的 MyAllocator

```
TEST_CASE("Allocator") {
  auto message = "The way is shut.";
  MyAllocator<DeadMenOfDunharrow> alloc; ❶
  {
    auto aragorn = std::allocate_shared<DeadMenOfDunharrow>(my_alloc❷,
                                                            message❸);
    REQUIRE(aragorn->message == message); ❹
    REQUIRE(n_allocated == 1); ❺
              REQUIRE(n_deallocated == 0); ❻
  }
  REQUIRE(n_allocated == 1); ❼
  REQUIRE(n_deallocated == 1); ❽
}
```

您建立一個稱為 alloc 的 MyAllocator 實例 ❶。在一個區塊中，將 alloc 作為第一個引數傳遞給 allocate_shared ❷，從而建立包含自定義 message 的共享指標 aragorn ❸。接下來，您確認 aragorn 包含正確的 message ❹，n_allocated 為 1 ❺，n_deallocated 為 0 ❻。

在 aragorn 脫離區塊作用範圍，並進行解構之後，您將驗證 n_allocated 仍然是 1 ❼ 並且 n_deallocated 現在是 1 ❽。

因為分配器處理低階細節，所以在指定它們的行為時，您可以真正深入研究。請參閱 ISO C++ 17 中的 [allocator.requirements] 以進一步徹底的探討。

摘要

智慧指標透過 RAII 管理動態物件，您可以提供分配器來自行定義動態記憶體分配。根據您選擇的智慧指標，您可以將不同的所有權模式編碼到動態物件上。

練習

11-1. 重新實作列表 11-13 以使用 std::shared_ptr 取代 std::unique_ptr。請注意，儘管您已將所有權要求從獨佔放寬到非獨佔，但您仍在將所有權轉移到 say_hello 函式。

11-2. 從呼叫 say_hello 中刪除 std::move。然後再次呼叫 say_hello。注意，file_guard 的所有權不再能轉移到 say_hello，這允許多次呼叫。

11-3. 實作一個 Hal 類別，該類在其建構子中接受 std::shared_ptr<FILE>。在 Hal 的 destructor 中，把短句 Stop, Dave. 寫到指向共享指標所持有的檔案控制碼。實作 write_status 函式，把短句 I'm completely operational. 寫到檔案控制碼。下面是一個類別宣告，您可以從這個宣告開始實作：

```
struct Hal {
  Hal(std::shared_ptr<FILE> file);
  ~Hal();
  void write_status();
  std::shared_ptr<FILE> file;
};
```

11-4. 建立多個 Hal 實例並調用它們的 write_status。請注意，您不需要記錄有多少 Hal 實例處於打開狀態：檔案管理會透過共享指標的共享所有權模型來處理。

延伸閱讀

- 《*ISO International Standard ISO/IEC (2017) -- Programming Language C++*》（ISO 國際標準 ISO/IEC（2017）- 程式語言 C++）（國際標準組織；瑞士，日內瓦：*https://isocpp.org/std/the-standard/*）

- 《*The C++ Programming Language* 國際中文版 第四版》碁峰，2015，Bjarne Stroustrup 著

- 《*The Boost C++ Libraries 2nd Edition*》，XML Press，2014，Boris Schäling 著

- 《*C++* 標準庫：學習教本與參考工具（第二版)》，碁峰，2014，Nicolai M. Josuttis 著

12

公用程式

> 「看吧,世界上充滿了比我們更強大的東西。
> 但如果您知道如何搭便車,您可以去任何地方,」瑞文說。
> 「是的,我完全聽懂您說的話。」
> —— *Neal Stephenson*,《潰雪》

Stdlib 和 **Boost** 函式庫提供了大量滿足常見程式設計所需的型別、類別和函式,把這些工具放在一起稱為公用程式(*utility*)。除了它們小、簡單、專精的特性,公用程式有許多不同的功能。

在本章中,您將學到幾個簡單的資料結構,這些結構可以處理許多需要物件包含其他物件的日常狀況;接下來將討論到的日期和時間,包括對日曆和時鐘進行編碼,以及測量已用時間的若干規定。本章最後介紹了許多可用的數值和數學工具。

NOTE
> 日期/時間和數值/數學的討論會引起某些讀者極大的興趣,而對其他讀者來說則只是稍微感興趣。如果您是屬於後者,可以快速瀏覽這些章節。

資料結構

在 stdlib 和 Boost 函式庫之間，提供了數量很可觀的有用資料結構。資料結構（*data structure*）是一種儲存物件的類型，並允許對這些儲存物件執行一些運算。沒有什麼神奇的編譯器魔法金粉可以讓本節的公用程式資料結構正常運作；您只要花足夠的時間和精力，大可實作自己的版本，但何必多此一舉呢？

tribool

tribool 是一種類似 bool 的型別，它支援了三值邏輯：真（true）、偽（false）和不確定（indeterminate）。Boost 在 `<boost/logic/tribool.hpp>` 中提供了 `boost::logic::tribool`。列表 12-1 示範了如何用 `true`、`false` 和 `boost::logic::indeterminate` 型別來初始化 Boost 中的 `tribool`。

列表 12-1：*初始化 Boost* `tribool`

```
#include <boost/logic/tribool.hpp>

using boost::logic::indeterminate; ❶
boost::logic::tribool t = true❷, f = false❸, i = indeterminate❹;
```

為了方便起見，`using` 宣告從 `boost::logic` 中引入 `indeterminate` ❶，然後初始化 `tribool` `t` 等於 `true` ❷，`f` 等於 `false` ❸，`i` 等於 `indeterminate` ❹。

`tribool` 類別隱式轉換為 `bool`。如果 `tribool` 為 `true`，則 `tribool` 將轉換為 `true`；否則，它將轉換為 `false`。`tribool` 類別還支援了 `operator!`，如果 `tribool` 為 `false`，則傳回 `true`；否則傳回 `false`。最後，`indeterminate` 支援 `operator()`，它接受一個 `tribool` 引數，如果該引數為 `indeterminate`，則傳回 `true`；否則，傳回 `false`。

列表 12-2 示範了這些布林轉換。

列表 12-2：把 `tribool` 轉換為 `bool`

```
TEST_CASE("Boost tribool converts to bool") {
  REQUIRE(t); ❶
  REQUIRE_FALSE(f); ❷
  REQUIRE(!f); ❸
  REQUIRE_FALSE(!t); ❹
  REQUIRE(indeterminate(i)); ❺
  REQUIRE_FALSE(indeterminate(t)); ❻
}
```

這個測試示範了從 bool 轉換的基本結果 ❶ ❷、operator! ❸ ❹ 和 indeterminate ❺ ❻。

布林運算

`tribool` 類別支援所有的布林運算子。當 `tribool` 運算式不包含 indeterminate 值時，其結果與等同於布林運算式。每當涉及到 indeterminate 時，結果可能是 indeterminate，如列表 12-3 所示。

列表 12-3：`boost::tribool` 支援布林運算

```
TEST_CASE("Boost Tribool supports Boolean operations") {
  auto t_or_f = t || f;
  REQUIRE(t_or_f); ❶
  REQUIRE(indeterminate(t && indeterminate)); ❷
  REQUIRE(indeterminate(f || indeterminate)); ❸
  REQUIRE(indeterminate(!i)); ❹
}
```

由於 t 和 f 都不是 indeterminate，t||f 的計算方式與普通的布林運算式一樣，所以 t_or_f 是 true ❶。涉及 indeterminate 的布林運算式可能是 indeterminate。如果沒有足夠的資訊，布林 AND ❷、OR ❸、和 NOT ❹ 的求值結果為 indeterminate。

何時使用 tribool

除了描述薛丁格貓（Schrodinger's cat）的生命狀態外，您還可以在需要較長時間運算的環境中使用 tribool。在這種情況下，tribool 可以描述運算是否成功。一個 indeterminate 的值可能表示運算仍處於待處理狀態。

tribool 類別讓 if 敘述更為簡潔、明瞭，如列表 12-4 所示。

列表 12-4：if 和 tribool 一起使用

```
TEST_CASE("Boost Tribool works nicely with if statements") {
  if (i) FAIL("Indeterminate is true."); ❶
  else if (!i) FAIL("Indeterminate is false."); ❷
  else {} // OK, indeterminate ❸
}
```

第一個運算式 ❶ 僅在 tribool 為 true 時才會執行，第二個運算式 ❷ 僅在 tribool 為 false 時才會執行，第三個運算式僅在 tribool 為 indeterminate ❸ 時才會執行。

> **NOTE**
>
> 一提到 tribool 可能會讓您厭惡地皺起您的臉。您可能會問，為什麼您不用一個 0 為假，1 為真，而其他任何值都代表不確定呢？您可以這麼做，但是要考慮到 tribool 型別除了支援所有常見的布林運算之外，也能正確傳達三值邏輯中的未知（indeterminate）值。

支援運算的部分列表

表 12-1 列出了 boost::tribool 所支援最常見的運算。在本表中，tb 表示 boost::tribool。

表 12-1：boost::tribool 所支援最常見的運算

運算	備註
tribool{} tribool{ false }	用 false 值建構 tribool。
tribool{ true }	用 true 值建構 tribool。
tribool{ indeterminate }	用 indeterminate 值建構 tribool。
tb.safe_bool()	若 **tb** 是 true，則評估結果為 true，否則為 false。
indeterminate(**tb**)	若 **tb** 是 indeterminate，則評估結果為 true，否則為 false。
!**tb**	若 **tb** 是 false，則評估結果為 true，否則為 false。
tb1 && **tb2**	若 **tb1** 和 **tb2** 都是 true，則評估結果為 true；若 **tb1** 或 **tb2** 是 false，則評估結果為 false；否則為 indeterminate。
tb1 || **tb2**	若 **tb1** 或 **tb2** 是 true，則評估結果為 true；若 **tb1** 和 **tb2** 都是 false，則評估結果為 false；否則為 indeterminate。
bool{ **tb** }	若 **tb** 是 true，則評估結果為 true，否則為 false。

optional

optional 是一個類別範本，其中包含可能存在也可能不存在的值。optional 的主要使用案例是可能失敗的函式的傳回型別。與引發異常或傳回多個值不同的是，函式可以傳回一個 optional 值，而如果函式成功的話該 optional 將包含一個值。

stdlib 在 <optional> 標頭中有 std::optional，而 Boost 在 <boost/optional.hpp> 標頭中有 boost::optional。

考慮列表 12-5 中的設定。函式 take 只想在服用 Pill::Blue 時傳回 TheMatrix 的實例；否則，take 傳回 std::nullopt，這是 stdlib 提供的具有未初始化狀態的常數 std::optional 型別。

列表 12-5：傳回 std::optional 的 take 函式

```
#include <optional>

struct TheMatrix { ❶
  TheMatrix(int x) : iteration { x } { }
  const int iteration;
};

enum Pill { Red, Blue }; ❷

std::optional<TheMatrix>❸ take(Pill pill❹) {
  if(pill == Pill::Blue) return TheMatrix{ 6 }; ❺
  return std::nullopt; ❻
}
```

TheMatrix 型別接受一個 int 建構子引數並將其儲存到 iteration 成員中 ❶。Pill 為具有兩個值 Red 和 Blue 的 enum 型別 ❷。take 函式傳回 std::optional<TheMatrix> ❸ 並接受一個 Pill 引數 ❹。如果將 Pill::Blue 傳遞給 take 函式，它將傳回 TheMatrix 實例 ❺；否則，它將傳回 std::nullopt ❻。

首先，考慮列表 12-6，其中您服用了藍色藥丸。

列表 12-6：用 Pill::Blue 探索 std::optional 型別的測試

```
TEST_CASE("std::optional contains types") {
  if (auto matrix_opt = take(Pill::Blue)) { ❶
    REQUIRE(matrix_opt->iteration == 6); ❷
    auto& matrix = matrix_opt.value();
    REQUIRE(matrix.iteration == 6); ❸
  } else {
    FAIL("The optional evaluated to false.");
  }
}
```

您服用了藍色的藥丸,這會導致 std::optional 結果包含一個已初始化的 TheMatrix,因此 if 敘述的條件運算式評估結果為 true ❶。列表 12-6 還示範如何用 operator-> ❷ 和 value() ❸ 存取底層的值。

那麼吃了紅色藥丸又會怎麼樣?請考慮列表 12-7。

列表 12-7: 用 Pill::Red 探索 std::optional 型別的測試

```
TEST_CASE("std::optional can be empty") {
  auto matrix_opt = take(Pill::Red); ❶
  if (matrix_opt) FAIL("The Matrix is not empty."); ❷
  REQUIRE_FALSE(matrix_opt.has_value()); ❸
}
```

您服用了紅色藥丸 ❶,得到的 matrix_opt 是空的。這意味著 matrix_opt 轉換為 false ❷,而 has_value() 也傳回了 false ❸。

支援運算的部分列表

表 12-2 列出了支援 std::optional 最常見的運算。在這個表中,opt 是 std::optional<T>,而 t 是型別 T 的物件。

表 12-2: 最常見的 std::optional 運算

運算	備註
optional<T>{} optional<T>{std::nullopt}	建構一個空的 optional。
optional<T>{ opt }	從 opt 複製建構 optional。
optional<T>{ move(opt) }	從 opt 移動建構 optional,建構子執行完成後 opt 為空值。
optional<T>{ t } opt = t	把 t 複製到 optional。
optional<T>{ move(t) } opt = move(t)	把 t 移動到 optional。
opt->mbr	成員解參照;存取包含在 opt 物件內的成員 mbr。

運算	備註
*opt opt.value()	傳回由 **opt** 所包含物作的參照；若 value() 檢查出為 **opt** 為空值，則會引發 bad_optional_access。
opt.value_or(T{ ... })	如果 **opt** 包含了物件，則傳回其副本；否則傳回引數。
bool{ opt } opt.has_value()	如果 **opt** 包含了物件，則傳回 true，否則傳回 false。
opt1.swap(opt2) swap(opt1, opt2)	交換 **opt1** 和 **opt2** 所包含的物件。
opt.reset()	銷毀 **opt** 包含的物件，reset 之後該物件為空值。
opt.emplace(...)	就地建構一個型別，將所有引數轉發給相對應的建構子。
make_optional<T>(...)	方便用來建構 optional1 的函式；將引數轉發給相對應的建構子。
opt1 == opt2 opt1 != opt2 opt1 > opt2 opt1 >= opt2 opt1 < opt2 opt1 <= opt2	在評估兩個 optional 物件是否相等時，如果兩個物件都是空的或者都包含了物件而且這些物件相等，則為 true；否則為 false。如果要比較的話，空的 optional 總是小於包含值的 optional。否則，結果是所包含型別的比較。

pair

pair 是一個類別範本，在一個物件中包含兩個不同類型的物件。這些物件是有序的，您可以透過第一個和第二個成員存取它們。**pair** 支援比較運算子，具有預設的複製／移動建構子，並使用結構化綁定語法。

stdlib 在 <utility> 標頭中有 std::pair，而 Boost 在 <boost/compressed_pair.hpp> 標頭中有 boost::pair。

> **NOTE**
>
> Boost 在 <boost/compressed_pair.hpp> 標頭之中，也有 boost::compressed_pair，當其中一個成員為空時，效率會稍微提高。

首先，您建立一些簡單的型別來組成一個 pair，例如列表 12-8 中的簡單 Socialite 和 Valet 類別。

列表 12-8：Socialite 和 Valet 類別

```
#include <utility>

struct Socialite { const char* birthname; };
struct Valet { const char* surname; };
Socialite bertie{ "Wilberforce" };
Valet reginald{ "Jeeves" };
```

現在您有了一個 Socialite 型別的 bertie 和一個 Valet 型別的 reginald，您可以建構 std::pair 並嘗試提取元素。列表 12-9 利用 first 和 second 成員來存取所包含的型別。

列表 12-9：std::pair 支援了成員提取

```
TEST_CASE("std::pair permits access to members") {
  std::pair<Socialite, Valet> inimitable_duo{ bertie, reginald }; ❶
  REQUIRE(inimitable_duo.first.birthname == bertie.birthname); ❷
  REQUIRE(inimitable_duo.second.surname == reginald.surname); ❸
}
```

您藉由傳入您想要複製的物件建構了一個 std::pair ❶，接著用 std::pair 的 first 和 second 成員從 inimitable_duo 中提取 Socialite ❷ 和 Valet ❸，然後就將可以將 birthname 和 surname 與其原來的值進行比較。

列表 12-10 顯示了 std::pair 成員提取和結構化綁定語法。

列表 12-10：std::pair 支援結構化綁定語法

```
TEST_CASE("std::pair works with structured binding") {
  std::pair<Socialite, Valet> inimitable_duo{ bertie, reginald };
  auto& [idle_rich, butler] = inimitable_duo; ❶
  REQUIRE(idle_rich.birthname == bertie.birthname); ❷
  REQUIRE(butler.surname == reginald.surname); ❸
}
```

在這裡，您用結構化綁定語法 ❶ 來提取參照到 inimitable_duo 的 first 和 second 成員到 idle_rich 和 butler，並且就像列表 12-9 那樣，確保其 birthname ❷ 和 surname ❸ 與原來的相符。

支援運算的部分列表

表 12-3 列出了最常見的 std::pair 運算列表。在表中，pr 是 std::pair<A, B>，a 是型別為 A 的物件，而 b 則是型別為 B 的物件。

表 12-3：最常見的 std::pair 運算

運算	備註
pair<...>{}	建構一個空的 pair。
pair<...>{ pr }	從 **pr** 複製建構。
pair<...>{ move(pr) }	從 **pr** 移動建構。
pair<...>{ a, b }	複製 **a** 和 **b** 來建構一個 pair。
pair<...>{ move(a), move(b) }	複製 **a** 和 **b** 來建構一個 pair。
pr1 = pr2	從 **pr2** 複製指派。
pr1 = move(pr2)	從 **pr2** 移動指派。
pr.first get<0>(pr)	傳回元素 first 的參照。
pr.second get<1>(pr)	傳回元素 second 的參照。
get<T>(pr)	若 first 和 second 的型別不同，則傳回型別為 T 的元素的參照。
pr1.swap(pr2) swap(pr1, pr2)	交換 **pr1** 和 **pr2** 所包含的物件。
make_pair<...>(a, b)	方便建構 pair 的函式。
pr1 == pr2 pr1 != pr2 pr1 > pr2 pr1 >= pr2 pr1 < pr2 pr1 <= pr2	若 first 和 second 相等則此式成立。從 first 開始近行大於／小於的比較。若成員 first 相等，則比較成員 second。

tuple

tuple 是一個類別範本,它接受任意數量的異構元素,可以視為一個泛化的 pair,但是 tuple 不會像 pair 一樣將其成員公開為 first、second 等,而是利用非成員函式範本 get 來提取元素。

stdlib 在 <tuple> 標頭之中有 std::tuple 和 std::get,而 Boost 在 <boost/tuple/tuple.hpp> 標頭中有 boost::tuple 和 boost::get。

讓我們增加第三個類別 Acquaintance 來測試 tuple:

```
struct Acquaintance { const char* nickname; };
Acquaintance hildebrand{ "Tuppy" };
```

要提取這些元素,有兩種 get 模式可以使用。在主要情況下,您可以總是提供與要提取的元素的從零開始的索引相對應的範本參數。如果 tuple 不包含具有相同型別的元素,您也可以提供與要提取的元素型別相對應的範本參數,如列表 12-11 所示。

列表 12-11:std::tuple 支援成員提取和結構化綁定語法

```
TEST_CASE("std::tuple permits access to members with std::get") {
  using Trio = std::tuple<Socialite, Valet, Acquaintance>;
  Trio truculent_trio{ bertie, reginald, hildebrand };
  auto& bertie_ref = std::get<0>(truculent_trio); ❶
  REQUIRE(bertie_ref.birthname == bertie.birthname);

  auto& tuppy_ref = std::get<Acquaintance>(truculent_trio); ❷
  REQUIRE(tuppy_ref.nickname == hildebrand.nickname);
}
```

您可以用類似於建構 std::pair 的方式來建構 std::tuple。首先,使用 get<0> 提取 Socialite 成員 ❶。因為 Socialite 是第一個範本參數,所以用 0 當作 std::get 範本參數。然後利用 std::get<Acquaintance> 提取 Acquaintance 成員 ❷。因為只有一型別為 Acquaintance 的元素,所以允許您使用這種 get 模式來存取。

和 pair 一樣,tuple 也允許結構化綁定語法。

支援運算的部分列表

表 12-4 列出了最常見的 std::tuple 運算。在這個表中，tp 是 std::tuple<A, B>，a 是型別為 A 的物件，而 b 是型別為 B 的物件。

表 12-4：最常見的 std::tuple 運算

運算	備註
tuple<...>{ [alc] }	用 std::allocate 當作預設分配器 alc 建構一個空的 tuple。
tuple<...>{ [alc], tp }	用 std::allocate 當作預設分配器 alc，從 tp 複製建構一個 tuple。
tuple<...>{ [alc],move(tp) }	用 std::allocate 當作預設分配器 alc，從 tp 移動建構一個 tuple。
tuple<...>{ [alc], a, b }	用 std::allocate 當作預設分配器 alc，把 a 複製到 b 來建構一個 tuple。
tuple<...>{ [alc], move(a), move(b) }	用 std::allocate 當作預設分配器 alc，把 a 移動到 b 來建構一個 tuple。
tp1 = tp2	從 tp2 複製指派到 tp1。
tp1 = move(tp2)	從 tp2 移動指派到 tp1。
get<i>(tp)	傳回第 i 個元素的參照（從 0 開始算起）
get<T>(tp)	傳回型別為 T 的元素的參照。如果有多個元素共享此型別，將無法編譯。
tp1.swap(tp2) swap(tp1, tp2)	把物件 tp1 和 tp2 的內容交換。
make_tuple<...>(a, b)	建構 tuple 的便利函式。
tuple_cat<...>(tp1, tp2)	把當作引數傳入的所有 tuples 連接起來。
tp1 == tp2 tp1 != tp2 tp1 > tp2 tp1 >= tp2 tp1 < tp2 tp1 <= tp2	如果所有元素都相等，則 tp1 等於 tp2。 從第一個元素到最後一個元素進行大於／小於的比較。

any

any 是儲存任何型別的單一值的類別。它是一個類別範本，要將 any 轉換為具體型別，可以用 *any cast*，這是一個非成員函式範本。任何類型轉換都是型別安全的；如果嘗試強制轉換 any 而型別不符合，則會出現異常。使用 any，您可以在沒有範本的情況下執行某些類型的泛型程式設計。

stdlib 在 `<any>` 標頭中有 `std::any`，Boost 在 `<boost/any.hpp>` 中有 `boost::any`。

要將值儲存到 any 中，可以用 emplace 方法範本。它接受與要儲存到 any（儲存型別（*storage type*））中的型別相對應的單一範本參數。傳到 emplace 中的任何引數都會轉發給給定儲存型別的適當建構子。要提取該值，可以用 any_cast，它接受與目前儲存空間型別 any 相對應的範本參數（稱為 any 的狀態（*state*））。將 any 當作唯一的參數傳遞給 any_cast。只要 any 的狀態與範本參數相匹配，就可以得到所需的型別輸出。如果狀態不匹配，則會出現 bad_any_cast 異常。

列表 12-12 示範了這些與 std::any 的基本互動。

列表 12-12：`std::any` 和 `std::any_cast` 允許您提取具體型別

```
#include <any>

struct EscapeCapsule {
  EscapeCapsule(int x) : weight_kg{ x } { }
  int weight_kg;
}; ❶

TEST_CASE("std::any allows us to std::any_cast into a type") {
  std::any hagunemnon; ❷
  hagunemnon.emplace<EscapeCapsule>(600); ❸
  auto capsule = std::any_cast<EscapeCapsule>(hagunemnon); ❹
  REQUIRE(capsule.weight_kg == 600);
  REQUIRE_THROWS_AS(std::any_cast<float>(hagunemnon), std::bad_any_cast); ❺
}
```

您宣告了 EscapeCapsule 類別 ❶。在測試中，您建構一個空的 std::any 稱為 hagunemnon ❷。接下來，用 emplace 儲存一個 weight_kg=600 ❸ 的 EscapeCapsule。您可以用 std::any_cast ❹ 將 EscapeCapsule 提取回來，並將其儲存到一個名為 capsule 的新 EscapeCapsule 中。最後，您展示了試圖調用 any_cast 來將 hagunemnon 轉換為 float 會導致 std::bad_any_cast 異常 ❺。

支援運算的部分列表

表 12-5 列出了支援 std::any 最常見的運算。在這個表中，ay 是 std::any，t 是型別為 T 的物作。

表 12-5：最常見的 std::any 運算

運算	備註
any{}	建構一個空的 **any** 物件。
any{ ay }	從 **ay** 複製建構。
any{ move(ay) }	從 **ay** 移動建構。
any{ move(t) }	從 **t** 建構一個包含就地建構物件的 **any** 物件。
ay = **t**	銷毀目前 **ay** 所包含的物件並將 **t** 複製到 **ay**。
ay = move(t)	解構目前 **ay** 所包含的物件並將 **t** 移動到 **ay**。
ay1 = **ay2**	從 **ay2** 複製指派。
ay1 = move(ay2)	從 **ay2** 移動指派。
ay.emplace<T>(...)	解構目前 **ay** 所包含的物件；就地建構一個 **T**，將引數 ... 轉發給適當的建構子。
ay.reset()	破壞目前 **ay** 所包含的物件。
ay1.swap(ay2) swap(**ay1**, **ay2**)	交換 **ay1** 和 **ay2** 所包含的物件。
make_any<T>(...)	用來建構 **any** 的便利函式，就地建構 **T**，並將引數 ... 轉發給適當的建構子。
t = any_cast<T>(ay)	將 **ay** 轉換為型別 **T**。若型別 **T** 與所包含物件的型別無法匹配，則引發 std::bad_any_cast。

variant

variant 是一個類別範本，可以儲存單個值，其型別僅限於當作範本參數提供的使用者定義列表。variant 為型別安全的 union（參見第 71 頁的 "Union"）。它和 any 型別共用很多功能，但 variant 要求您明確地列舉出要儲存的所有型別。

stdlib 在 <variant> 標頭中有 std::variant，而 Boost 在 <boost/variant.hpp> 中有 boost::variant。

列表 12-13 示範了如何為 variant 建立另一個名為 BugblatterBeast 的型別，以便與 EscapeCapsule 一起被呼叫。

列表 12-13：std::variant 可以保存預先定義型別列表中的某個物件

```
#include <variant>

struct BugblatterBeast {
  BugblatterBeast() : is_ravenous{ true }, weight_kg{ 20000 } { }
  bool is_ravenous;
  int weight_kg; ❶
};
```

除了還包含一個 weight_kg 的成員 ❶，BugblatterBeast 完全獨立於 EscapeCapsule。

建構 variant

只有滿足以下兩個條件之一時，variant 才能由預設建構子來創建：

- 第一個範本參數是可預設建構的。
- 它是 monostate，一種用來傳達 variant 可以有空狀態的型別。

由於 BugblatterBeast 可預設建構（意味著它有一個預設的建構子），所以將它作為範本參數列表中的第一個型別，這樣您的 variant 也是可預設建構的，如下所示：

```
std::variant<BugblatterBeast, EscapeCapsule> hagunemnon;
```

要將值儲存到 variant 中,可以用 emplace 方法範本。與 any 型別一樣,variant 接受與要儲存的型別相對應的單一範本參數。此範本參數必須包含在 variant 的範本參數列表中,若要提取值,請使用非成員函式範本 get 或 get_if。它們接受所需型別或與所需型別對應的範本參數列表中的索引。如果 get 失敗,它將引發一個 bad_variant_access 異常,而 get_If 則傳回 nullptr。

您可以用 index() 成員來決定哪個型別對應於 variant 目前的狀態,該成員傳回範本參數列表中目前物件型別的索引。

列表 12-14 示範了如何用 emplace 更改 variant 和 index 的狀態,以決定所包含物件的型別。

列表 12-14:std::get 允許您從 std::variant 中提取具體型別

```
TEST_CASE("std::variant") {
  std::variant<BugblatterBeast, EscapeCapsule> hagunemnon;
  REQUIRE(hagunemnon.index() == 0); ❶

  hagunemnon.emplace<EscapeCapsule>(600); ❷
  REQUIRE(hagunemnon.index() == 1); ❸

  REQUIRE(std::get<EscapeCapsule>(hagunemnon).weight_kg == 600); ❹
  REQUIRE(std::get<1>(hagunemnon).weight_kg == 600); ❺
  REQUIRE_THROWS_AS(std::get<0>(hagunemnon), std::bad_variant_access); ❻
}
```

在預設建構 hagunemnon 之後,調用 index 會得到 0,因為這是正確的範本參數的索引 ❶。接下來,您放置一個 EscapeCapsule ❷,這將導致 index 傳回 1 ❸。std::get<EscapeCapsule> ❹ 和 std::get<1> ❺ 都說明了提取包含類型的相同方法。最後,嘗試調用 std::get 獲取無法與 variant 目前狀態對應的型別會導致 bad_variant_access ❻。

您可以用非成員函式 std::visit 將可呼叫物件應用來 variant,這樣做的好處是,可以分派正確的函式來處理所包含的物件,而不必用 std::get 明確地指定它。列表 12-15 說明了這個基本用法。

列表 12-15：`std::visit` 允許您將可呼叫物件應用來所包含的
　　　　　　`std::variant` 型別

```
TEST_CASE("std::variant") {
  std::variant<BugblatterBeast, EscapeCapsule> hagunemnon;
  hagunemnon.emplace<EscapeCapsule>(600); ❶
  auto lbs = std::visit([](auto& x) { return 2.2*x.weight_kg; },
hagunemnon); ❷
  REQUIRE(lbs == 1320); ❸
}
```

首先，調用 emplace 將值 600 儲存到 hagunemnon 中 ❶。由於
BugblatterBeast 和 EscapeCapsule 都有一個 weight_kg 成員，您可
以在 hagunemnon 上使用 std::visit，該 lambda 將執行正確的轉換
（每公斤 2.2 磅）到 weight_kg 欄位 ❷ 並傳回結果 ❸（請注意，您
不必包含任何型別資訊）。

比較 variant 和 any

宇宙足夠大，可以容納 any 和 variant。一般來說，不可能推薦使用
其中一種而不推薦另一種，因為每種方法都有其優點和缺點。

any 比較靈活；它可以接受任何型別，而 variant 只允許包含預定型別
的物件。它也基本上避免了範本，因此通常程式寫起來會比較容易。

variant 的靈活性較差，但也因此更安全。使用 visit 函式，您可以
在編譯時檢查運算的安全性。如果使用 any 的話，將需要自行建構
類似 visit 的功能，並且需要在執行時做檢查（例如，any_cast 的
結果）。

最後，variant 可以比 any 更有效率。但是如果所包含的型別太大，
則 any 可以執行動態分配，而 variant 則不行。

支援運算的部分列表

表 12-6 列出了支援 std::variant 最常見的運算。在這個表中，vt
是 std::variant，t 是型別為 T 的物件。

表 12-6：支援 std::variant 最常見的運算

運算	備註
variant<...>{}	建構一個空的 variant 物件，第一個範本參數必須可預設建構。
variant<...>{ vt }	從 **vt** 複製建構
variant<...>{ move(vt) }	從 **vt** 移動建構。
variant<...>{ move(t) }	建構一個 variant 物件，包含原地建構的物件。
vt = t	解構目前 **vt** 所包含的物件；並將 **t** 複製到 **vt**。
vt = move(t)	解構 **vt** 目前所包含的物件；並將 **t** 移動到 **vt**。
vt1 = vt2	從 **vt2** 複製指派。
vt1 = move(vt2)	從 **vt2** 移動指派。
vt.emplace<**T**>(...)	解構 **vt** 目前所包含的物件；在原地建構一個 **T**，將引數 … 轉發給適當的建構子。
vt.reset()	破壞目前所包含的物件。
vt.index()	傳回目前所包含物件的型別的索引（從 0 開始），順序由 std::variant 的範本參數決定。
vt1.swap(**vt2**) swap(**vt1**, **vt2**)	交換 **vt1** 和 **vt2** 所包含的物件。
make_variant<**T**>(...)	建構 tuple 的便利函式；在原地建構一個 **T**，並將引數 … 轉發給適當的建構子。
std::visit(**vt**, **callable**)	以所包含的物件調用 **callable**。
std::holds_alternative<**T**>(**vt**)	若所包含物件的型別為 **T**，則傳回 true。
std::get<**I**>(**vt**) std::get<**T**>(**vt**)	如果型別為 **T** 或第 **i** 個型別，則傳回所包含的物件，否則將引發 **std::bad_variant_access** 例外。
std::get_if<**I**>(&**vt**) std::get_if<**T**>(&**vt**)	若型別為 **T** 或第 **i** 個型別，則傳回指向所包含物件的指標，否則傳回 nullptr。
vt1 == vt2 vt1 != vt2 vt1 > vt2 vt1 >= vt2 vt1 < vt2 vt1 <= vt2	比較 **vt1** 和 **vt2** 所包含的物件。

日期和時間

在 stdlib 和 Boost 之間，有許多處理日期和時間的函式庫可以使用。在處理日曆日期和時間時，請查看 Boost 的 DateTime 函式庫。當您試圖獲取目前時間或測量已用時間時，請查看 Boost 或 stdlib 的 Chrono 函式庫和 Boost 的 Timer 函式庫。

Boost DateTime

Boost DateTime 函式庫支援以陽曆為基礎的豐富系統日期程式設計，陽曆是國際上使用最廣泛的民用日曆。日曆比乍看起來要複雜得多。例如，考慮以下摘自美國海軍天文臺的曆法導論，其中描述了閏年的基本知識：

> 除了那些完全可以被 100 整除的年份，每年完全可以被 4 整除的年份都是閏年，但是如果這些百年完全可以被 400 整除，那麼這些百年就是閏年。例如，1700 年、1800 年和 1900 年不是閏年，而 2000 年是閏年。

無需嘗試建構自己的陽曆函式，只需使用以下標頭來納入 DateTime 的日期程式設計工具：

```
#include <boost/date_time/gregorian/gregorian.hpp>
```

您將使用的主要型別是 `boost::gregorian::date`，它是日期程式設計的主要介面。

建構日期

有幾個選項可用來建構 date，您可以預設建構一個 date，其值將設定為特殊的日期 `boost::gregorian::not_a_date_time`。要使用有效日期建構 date，可以用接受三個引數的建構子：年、月、和日。以下的敘述用 1986 年 9 月 15 日建構 date `d`：

```
boost::gregorian::date d{ 1986, 9, 15 };
```

或者，您可以用 boost::gregorian::from_string 公用程式函式從字串建構日期，如下所示：

```
auto d = boost::gregorian::from_string("1986/9/15");
```

如果您傳遞了一個無效的日期，日期建構子將引發例外，例如 bad_year、bad_day_of_month 或 bad_month。例如，列表 12-16 試圖建構一個日期為 1986 年 9 月 32 日。

列表 12-16：boost::gregorian::date 建構子因錯誤日期而引發例外

```
TEST_CASE("Invalid boost::Gregorian::dates throw exceptions") {
  using boost::gregorian::date;
  using boost::gregorian::bad_day_of_month;

  REQUIRE_THROWS_AS(date(1986, 9, 32), bad_day_of_month); ❶
}
```

因為 9 月 32 日不是一個有效的日期，date 建構子會引發一個 bad_day_of_month 例外 ❶。

NOTE

由於 Catch 中的限制，在 REQUIRE_THROWS_AS 巨集中不能對 date 使用大括號初始化 ❶。

您可以用非成員函式 boost::gregorian::day_clock::local_day 或 boost::gregorian::day_clock::universal_day 分別基於系統的時區設定和 UTC 日期來從環境中獲取目前日期：

```
auto d_local = boost::gregorian::day_clock::local_day();
auto d_univ = boost::gregorian::day_clock::universal_day();
```

一旦您建構了一個日期，就不能改變它的值（它是不可變的）。但是，日期支援了複製建構和複製指派。

存取日期成員

您可以透過 date 的許多 const methods 檢查其特性。表 12-7 提供了部分列表，在這個表中，d 是 date。

表 12-7：支援 boost::gregorian::date 最常見的存取器

存取器	備註
d.year()	傳回 date 的年份。
d.month()	傳回 date 的月份。
d.day()	傳回 date 的日期。
d.day_of_week()	傳回一週中的第幾天，其型別為 greg_day_of_week 的 enum。
d.day_of_year()	傳回一年中的第幾天（從 1 到 366）
d.end_of_month()	傳回設定為 d 月份最後一天的日期物件。
d.is_not_a_date()	若 d 不是日期，則傳回 true。
d.week_number()	傳回 ISO 8601 格式的週數。

列表 12-17 示範了如何建構日期並使用表 12-7 中的存取器。

列表 12-17：boost::gregorian::date 支援基本日曆函式

```
TEST_CASE("boost::gregorian::date supports basic calendar functions") {
  boost::gregorian::date d{ 1986, 9, 15 }; ❶
  REQUIRE(d.year() == 1986); ❷
  REQUIRE(d.month() == 9); ❸
  REQUIRE(d.day() == 15); ❹
  REQUIRE(d.day_of_year() == 258); ❺
  REQUIRE(d.day_of_week() == boost::date_time::Monday); ❻
}
```

在這裡，您建構了一個從 1986 年 9 月 15 日開始的 date ❶，並從中提取年 ❷、月 ❸、日 ❹、每年的第幾天 ❺、和星期幾 ❻。

日曆數學

您可以對日期進行簡單的日曆運算。當您從一個日期減去另一個日期時，您將得到一個 boost::gregorian::date_duration。date_duration 的主要作用把天數儲存為整數，並可以用 **days** method 提取。列表 12-18 示範了如何計算兩個 date 物件之間經過的天數。

列表 12-18：boost::gregorian::date 物件相減會產生
　　　　　　boost::gregorian::date_duration

```
TEST_CASE("boost::gregorian::date supports calendar arithmetic") {
  boost::gregorian::date d1{ 1986, 9, 15 }; ❶
  boost::gregorian::date d2{ 2019, 8, 1 }; ❷
  auto duration = d2 - d1; ❸
  REQUIRE(duration.days() == 12008); ❹
}
```

在這裡，您為 1986 年 9 月 15 日 ❶ 和 2019 年 8 月 1 日 ❷ 建構了一個 **date**。把這兩個日期相減，就得到了一個 date_duration ❸。使用 **days** method，您就可以提取兩個日期之間的天數 ❹。

您也可以用與天數相對應的 **long** 引數來建構 date_duration。您可以將 date_duration 加到一個日期以獲得另一個日期，如列表 12-19 所示。

列表 12-19：把 date 加上 date_duration 產生另一個 date

```
TEST_CASE("date and date_duration support addition") {
  boost::gregorian::date d1{ 1986, 9, 15 }; ❶
  boost::gregorian::date_duration dur{ 12008 }; ❷
  auto d2 = d1 + dur; ❸
  REQUIRE(d2 == boost::gregorian::from_string("2019/8/1")); ❹
}
```

您建構了日期為 1986 年 9 月 15 日的 **date** ❶ 和天數為 12,008 天的 **duration** ❷。從列表 12-18 中可以看出，這一天加上 12,008 將變成 2019 年 8 月 1 日。所以在相加之後 ❸，得到的結果就是您所期望的 ❹。

日期期間

日期期間（*date period*）代表兩個日期之間的間隔。DateTime 提供了一個 boost::gregorian::date_period 類別，它有三個建構子，如表 12-8 所示。在這個表中，建構子 d1 和 d2 是 date 引數，dp 是 date_period。

表 12-8：支援 boost::gregorian::date_period 的建構子

存取器	備註
date_period{ d1, d2 }	建立一個包含 **d1** 但不包含 **d2** 的時段；若 **d2** <= **d2** 則會產生語法錯誤。
date_period{ d, n_days }	傳回 date 的月份。
date_period{ dp }	複製建構。

date_period 類別支援了許多運算，例如 contains method，該 method 接受一個 date 引數，如果該引數包含在 period 中，則傳回 true。列表 12-20 示範了這個運算。

列表 12-20：在 boost::gregorian::date_period 上使用 contains method 來決定 date 是否在特定時間區間內

```
TEST_CASE("boost::gregorian::date supports periods") {
  boost::gregorian::date d1{ 1986, 9, 15 }; ❶
  boost::gregorian::date d2{ 2019, 8, 1 }; ❷
  boost::gregorian::date_period p{ d1, d2 }; ❸
  REQUIRE(p.contains(boost::gregorian::date{ 1987, 10, 27 })); ❹
}
```

在這裡，您建構了兩個日期，1986 年 9 月 15 日 ❶ 和 2019 年 8 月 1 日 ❷，這兩個日期用來建構 date_period ❸。使用 contains 方法，您可以決定 date_period 是否包含日期 1987 年 10 月 27 日 ❹。

表 12-9 包含其他 date_period 運算的部分列表。在這個表中，p、p1 和 p2 是 date_period 類別，d 是 date。

表 12-9：支援 boost::gregorian::date_period 的運算

存取器	備註
p.begin()	傳回第一天。
p.last()	傳回最後一天。
p.length()	傳回所包含的天數。
p.is_null()	若該時段無效，則傳回 true（例如結束時間比開始時間早）。
p.contains(d)	若 d 在 p 時段內，則傳回 true。
p1.contains(p2)	若所有 p2 時段都在 p1 內，則傳回 true。
p1.intersects(p2)	若 p2 的任何時段在 p1 內，則傳回 true。
p.is_after(d)	若 p 在 d 之後，則傳回 true。
p.is_before(d)	若 p 在 d 之前，則傳回 true。

其他 DateTime 功能

Boost DateTime 函式庫包含三大程式設計類型：

日期　日期程式設計是您剛看過以日曆為基礎的的程式設計。

時間　時間程式設計允許您使用微秒解析度的時鐘，可在 <boost/date_time/posix_time/posix_time.hpp> 標題中找到。這些機制類似於日期程式設計，但是您使用的是時鐘而不是陽曆。

當地時間　本地時間程式設計只是能感知時區的時間程式設計，它是定義在 <boost/date_time/time_zone.hpp> 標題裡面。

NOTE

為了簡潔起見，本章將不會詳細介紹時間和本地時間程式設計。相關資訊和範例，請參閱 Boost 文件。

Chrono

stdlib 的 Chrono 函式庫在 `<chrono>` 標頭中提供了各種時鐘。通常，當您需要編寫依賴於時間的程式或計時程式碼時，通常會用到這些工具。

> **NOTE**
>
> 在 Boost 的 `<boost/chrono.hpp>` 標頭中也提供了一個 Chrono 函式庫。它是 stdlib Chrono 函式庫的超集合（superset），其中包括特定於程序和執行緒的時鐘以及使用者定義的時間輸出格式。

時鐘

Chrono 函式庫中提供了三種時鐘；每一種都提供了不同的保證，並且都位於 `std::chrono` 命名空間中：

- `std::chrono::system_clock` 是整個系統範圍皆適用的的即時時鐘，有時也稱為**牆上掛鐘**（*wall clock*），其經過的即時時間是自特定於實作的日期開始計算。大多數實作都將 Unix 的開始日期指定為 1970 年 1 月 1 日午夜。

- `std::chrono::steady_clock` 保證其值不會減少。這可能看起來很荒謬，但測量時間比看起來更複雜。例如，一個系統可能需要處理閏秒或不準確的時鐘。

- `std::chrono::high_resolution_clock` 可用的 *tick* 週期最短：tick 是時鐘能夠測量的最小變化單位。

這三種時鐘都支援靜態函式 now，該函式傳回與時鐘目前的值相對應的時間點。

時間點

時間點（*time point*）表示某個特定的時刻，Chrono 用 `std::chrono::time_point` 型別對時間點進行編碼。從使用者的角度來看，時間點物件非常簡單。它們提供一個 `time_since_epoch` method，傳回時間點和時鐘的曆元（epoch）之間經過了多少時間，這個經過的時間稱為持續時間（*duration*）。

epoch 是一個由實作定義的參考時間點，表示時鐘的開始。Unix Epoch（或 POSIX 時間）始於 1970 年 1 月 1 日，而 Windows Epoch 始於 1601 年 1 月 1 日（相當於 400 年陽曆週期的開始）。

`time_since_epoch` method 不是從 `time_point` 獲得持續時間的唯一方法。您可以透過將兩個 `time_point` 物件相減，來獲得它們之間的持續時間。

持續時間

`std::chrono::duration` 表示兩個 `time_point` 物件之間的時間，持續時間（Duration）公開一個 `count` method，該 method 傳回持續時間中的時鐘刻度數。

列表 12-21 顯示了如何從三個可用時鐘中獲取目前時間，從每個時鐘的曆元開始提取時間作為持續時間，然後將它們轉換為 tick。

列表 12-21：`std::chrono` 支援多種時鐘

```
TEST_CASE("std::chrono supports several clocks") {
  auto sys_now = std::chrono::system_clock::now(); ❶
  auto hires_now = std::chrono::high_resolution_clock::now(); ❷
  auto steady_now = std::chrono::steady_clock::now(); ❸


  REQUIRE(sys_now.time_since_epoch().count() > 0); ❹
  REQUIRE(hires_now.time_since_epoch().count() > 0); ❺
  REQUIRE(steady_now.time_since_epoch().count() > 0); ❻
}
```

您可以從 `system_clock` ❶、`high_resolution_clock` ❷、和 `steady_clock` ❸ 中獲取目前時間。對於每個時鐘，您可以用 `time_since_epoch` method 將時間點轉換為自時鐘曆元以來的 duration，接著立

即對這個結果的持續時間呼叫 count，以產生一個 tick 計數，該計數應大於零 ❹ ❺ ❻。

除 了 從 時 間 點 衍 生 出 持 續 時 間 外，還 可 以 直 接 建 構 它 們。std::chrono 命名空間包含用來產生持續時間的 helper 函式。為了方便起見，Chrono 在 std::literals::chrono_literals 命名空間中提供了許多使用者定義的持續時間字面值。它們提供一些語法糖（讓開發人員的工作更輕鬆方便的語法），用來定義持續時間字面值。

表 12-10 顯示了 helper 函式及其等效的字面值，其中每個運算式對應一個小時的持續時間。

表 12-10：std::chrono helper 函式和用來建立持續時間的使用者定義字面值

輔助函式	等效的字面值
nanoseconds(3600000000000)	3600000000000ns
microseconds(3600000000)	3600000000us
milliseconds(3600000)	3600000ms
seconds(3600)	3600s
minutes(60)	60m
hours(1)	1h

例如，列表 12-22 說明了如何用 std::chrono::seconds 建構 1 秒的持續時間，還有用 ms 持續時間字面值建構另一個 1,000 毫秒的持續時間。

列表 12-22：std::chrono 支援多種可比較的測量單位

```
#include <chrono>
TEST_CASE("std::chrono supports several units of measurement") {
  using namespace std::literals::chrono_literals; ❶
  auto one_s = std::chrono::seconds(1); ❷
  auto thousand_ms = 1000ms; ❸
  REQUIRE(one_s == thousand_ms); ❹
}
```

在這裡，您引入了 std::literals::chrono_literals 命名空間，以便可以存取持續時間字面值 ❶。您可以從 second shelper 函式建構一個稱為 one_s 的持續時間 ❷，另一個從 ms 持續時間字面值建構出一個叫做 thousand_ms 的持續時間 ❸。由於一秒鐘恰好包含了 1,000 毫秒，因此這兩個值是等效的 ❹。

Chrono 提供了函式範本 std::chrono::duration_cast 來將持續時間從一個單位轉換到另一個單位。與其他與轉換相關的函式範本（例如 static_cast）一樣，duration_cast 接受與目標持續時間相對應的單一範本參數，和與要轉換的持續時間相對應的單一引數。

列表 12-23 示範了如何將 nanosecond 持續時間轉換為 second 持續時間。

列表 12-23：std::chrono 支援了 std::chrono::duration_cast

```
TEST_CASE("std::chrono supports duration_cast") {
  using namespace std::chrono; ❶
  auto billion_ns_as_s = duration_cast<seconds❷>(1'000'000'000ns❸);
  REQUIRE(billion_ns_as_s.count() == 1); ❹
}
```

首先，引入 std::chrono 命名空間，以便輕鬆存取 duration_cast、持續時間 helper 函式、和持續時間字面值 ❶。接下來，用 ns 持續時間字面值指定十億奈秒的持續時間 ❸，作為傳遞給 duration_cast 的引數。您將 duration_cast 的範本參數指定為秒 ❷，因此產生的持續時間為 billion_ns_as_s，相當於 1 秒 ❹。

等待

有時，您會用持續時間來指定程式要等待多久。stdlib 在 <thread> 標頭中提供了並行原式，它包含非成員函式 std::this_thread::sleep_for。sleep_for 函式接受一個 duration 引數，該引數對應於您希望目前的執行緒等待多長時間或「休眠」

列表 12-24 顯示了如何使用 sleep_for。

列表 12-24：std::chrono 和 <thread> 一起運作讓目前執行緒進入
　　　　　休眠

```
#include <thread>
#include <chrono>

TEST_CASE("std::chrono used to sleep") {
  using namespace std::literals::chrono_literals; ❶
  auto start = std::chrono::system_clock::now(); ❷
  std::this_thread::sleep_for(100ms); ❸
  auto end = std::chrono::system_clock::now(); ❹
  REQUIRE(end - start >= 100ms); ❺
}
```

如前所述，您引入 chrono_literals 命名空間，以便可以存取持
續時間字面值 ❶。您根據 system_clock 記錄目前時間，將產生
的 time_point 保存到 start 變數中 ❷。接下來，以 100 毫秒的
持續時間（十分之一秒）調用 sleep_for ❸。然後再次記錄目前
時間，並將所得到的 time_point 儲存到 end ❹。由於程式在呼叫
std::chrono::system_clock 之間休眠了 100 毫秒，因此從 end 減去
start 得到的持續時間應至少為 100ms ❺。

定時

為了將程式碼最佳化，您絕對需要精確的度量。您可以用 Chrono 來
測量一系列運算所需的時間。這使您能夠決定特定的程式碼路徑實
際上負責觀察到的效能問題。它還使您能夠為最佳化工作的進度建
立一個客觀的度量。

Boost 的 Timer 函式庫在 <boost/timer/timer.hpp> 標頭中包含了
boost::timer::auto_cpu_timer 類別，這是一個 RAII 物件，它在建
構子中開始計時，並在解構子中停止計時。

您可以只用 stdlib Chrono 函式庫來建構自己的臨時 Stopwatch 類
別。Stopwatch 類別可以保留對 duration 物件的參照。在 Stopwatch
解構子中，可透過其參照設定持續時間。列表 12-25 提供一個實作。

列表 12-25：一個簡單的 Stopwatch 類別計算其生存期的持續時間

```
#include <chrono>

struct Stopwatch {
  Stopwatch(std::chrono::nanoseconds& result❶)
    : result{ result }, ❷
    start{ std::chrono::high_resolution_clock::now() } { } ❸
  ~Stopwatch() {
    result = std::chrono::high_resolution_clock::now() - start; ❹
  }
private:
  std::chrono::nanoseconds& result;
  const std::chrono::time_point<std::chrono::high_resolution_clock> start;
};
```

Stopwatch 建構子需要一個 nanoseconds 的參照 ❶，您可以用成員
初始值設定項將其儲存到 result 欄位中 ❷。您還可以透過將 start
欄位設定為 now() 的結果來保存目前的 high_resolution_clock 時
間 ❸。在 Stopwatch 解構子中，再次對 high_resolution_clock 調用
now() 並減去 start 以獲得 Stopwatch 的生存期，再用 result 參照寫
入 duration ❹。

列表 12-26 顯示了正在運行中的 Stopwatch，在一個迴圈中執行一百
萬個浮點除法，並計算每次反覆運算所用的平均時間。

列表 12-26：使用 Stopwatch 估計 double 除法所花費的時間

```
#include <cstdio>
#include <cstdint>
#include <chrono>

struct Stopwatch {
--snip--
};

int main() {
  const size_t n = 1'000'000; ❶
```

```
    std::chrono::nanoseconds elapsed; ❷
    {
      Stopwatch stopwatch{ elapsed }; ❸
      volatile double result{ 1.23e45 }; ❹
      for (double i = 1; i < n; i++) {
        result /= i; ❺
      }
    }
    auto time_per_division = elapsed.count() / double{ n }; ❻
    printf("Took %gns per division.", time_per_division); ❼
}
```

```
Took 6.49622ns per division. ❼
```

首先，將變數 n 初始化為一百萬，它儲存程式將進行的反覆運算總數 ❶。您宣告 elapsed 變數，該變數將儲存所有反覆運算的時間 ❷。在一個程式區塊中，您宣告一個 Stopwatch，並將經過的參照傳遞給建構子 ❸。下一步，宣告一個叫做 result 的 double 並初始化為一個任意數 ❹。您將這個變數宣告為 volatile，這樣編譯器就不會試圖將迴圈最佳化。在迴圈中，您可以執行任意的浮點除法 ❺。

一旦程式區塊完成，stopwatch 就會銷毀。這會將碼錶的持續時間寫入已用時間，您可以用它來計算每次迴圈反覆運算的平均奈秒數，並將其儲存到 time_per_division 變數中 ❻，最後再透過 printf 將 time_per_division 列印出來 ❼。

數值

本節討論如何處理數字，重點在於討論常見的數學函式和常數；處理複數；產生亂數、數值限制和轉換；以及計算比率。

數值函式

stdlib Numerics 和 Boost Math 函式庫提供了豐富的數值和數學函式。為了簡潔起見，本章僅提供快速參考。至於更多細節，請參見 ISO C++ 17 標準和 Boost Math 文件中的 [數值] 一節。

表 12-11 提供了 stdlib 的數學函式庫中，許多常見的非成員數學函式
的部分列表。

表 12-11：stdlib 中常見數學函式的部分列表

函式	計算…	整數	浮點數	標頭檔
abs(x)	x 的絕對值。	✓		<cstdlib>
div(x, y)	x 除以 y 的商和餘數。	✓		<cstdlib>
abs(x)	x 的絕對值。		✓	<cmath>
fmod(x, y)	浮點數 x 除以 y 的餘數。		✓	<cmath>
remainder(x, y)	x 除以 y 的正或負的餘數。	✓	✓	<cmath>
fma(x, y, z)	將前兩個引數相乘，並將其乘積加到第三個引數中；又稱為融合乘法加法；即 x * y + z。	✓	✓	<cmath>
max(x, y)	x 和 y 的最大值。	✓	✓	<algorithm>
min(x, y)	x 和 y 的最小值。	✓	✓	<algorithm>
exp(x)	e^x。	✓	✓	<cmath>
exp2(x)	2^x。	✓	✓	<cmath>
log(x)	以自然對數為底的 x；即 ln x。	✓	✓	<cmath>
log10(x)	一般的 x 取 log；即 log10 x。	✓	✓	<cmath>
log2(x)	以 2 為底的 log；即 log2 x	✓	✓	<cmath>
gcd(x, y)	x 的 y 的最大公因數。	✓		<numeric>
lcm(x, y)	x 和 y 的最小公倍數。	✓		<numeric>
erf(x)	x 的高斯誤差函數。	✓	✓	<cmath>
pow(x, y)	x^y 的值。	✓	✓	<cmath>
sqrt(x)	x 的平方根。	✓	✓	<cmath>
cbrt(x)	x 的立方根。	✓	✓	<cmath>
hypot(x, y)	x^2 + y^2 的平方根。	✓	✓	<cmath>

函式	計算…	整數	浮點數	標頭檔
sin(x) cos(x) tan(x) asin(x) acos(x) atan(x)	相關的三角函數值。	✓	✓	`<cmath>`
sinh(x) cosh(x) tanh(x) asinh(x) acosh(x) atanh(x)	相關的雙曲函數值。	✓	✓	`<cmath>`
ceil(x)	大於或等於 x 的最小整數。	✓	✓	`<cmath>`
floor(x)	小於或等於 x 的最大整數。	✓	✓	`<cmath>`
round(x)	x 取四捨五入後的整數。	✓	✓	`<cmath>`
isfinite(x)	若 x 是一個有限的數，則其值為 true。	✓	✓	`<cmath>`
isinf(x)	若 x 是一個無限的數，則其值為 true。	✓	✓	`<cmath>`

NOTE

其他專門的數學函式是在 `<cmath>` 標頭中。例如，計算 Laguerre 和 Hermite 多項式的函式、橢圓積分、柱面 Bessel 和 Neumann 函式以及 Riemann zeta 函式都在這個標頭中。

複數

複數的形式是 a+bi，其中 i 是一個虛數，當與自身相乘時，等於負一；也就是說，i*i=-1。虛數在控制理論、流體力學、電氣工程、信號分析、數論和量子物理等領域有著廣泛的應用。複數的 a 部分稱為**實部**，b 部分稱為**虛部**。

stdlib 在 `<complex>` 標頭中提供了 `std::complex` 類別範本，它接受實部和虛部底層型別的範本參數，此範本參數必須是基本浮點型別之一。

要建構一個 `complex`，可以傳入兩個引數：實部和虛部。`complex` 類別還支援複製建構和複製指派。

非成員函式 `std::real` 和 `std::imag` 可以分別從 `complex` 中提取實部和虛部的分量，如列表 12-27 所示。

列表 12-27：建構一個 `std::complex` 並提取其分量

```
#include <complex>

TEST_CASE("std::complex has a real and imaginary component") {
  std::complex<double> a{0.5, 14.13}; ❶
  REQUIRE(std::real(a) == Approx(0.5)); ❷
  REQUIRE(std::imag(a) == Approx(14.13)); ❸
}
```

您建構了一個實部為 0.5、虛部為 14.13 的 `std::complex` ❶，再用 `std::real` 提取實部 ❷，用 `std::imag` 提取虛部 ❸。

表 12-12 包含部分 `std::complex` 所支援的運算列表。

表 12-12：std::complex 運算的部分列表

運算	備註
c1+c2 c1-c2 c1*c2 c1/c2	進行加、減、乘、除。
c+s c-s c*s c/s	將純量 s 轉換為複數，其實數分量等於純量值，而虛數分量等於零。此轉換支援上一列中相應的複雜運算（加、減、乘、除）。
real(c)	擷取實數分量。

運算	備註
imag(c)	擷取虛數分量。
abs(c)	複數平面中從原點到 c 的距離。
arg(c)	計算相位角度。
norm(c)	計算平方的大小。
conj(c)	計算複數的共軛。
proj(c)	計算黎曼球面投影。
sin(c)	計算正弦。
cos(c)	計算餘弦。
tan(c)	計算正切。
asin(c)	計算反正弦。
acos(c)	計算反餘弦。
atan(c)	計算反正切。
c = polar(m, a)	用 對值 m 和角度 a 來決定該複數。

數學常數

Boost 在 <Boost/math/constants.hpp> 標頭中提供了一套常用的數學常數。有 70 多個常數可用，您可以透過分別從 boost::math::float_constants、boost::math::double_constants 和 boost::math::long_double_constants 中獲取相關全域變數，從而獲得 float、double 或 long double 形式的常數。

four_third_pi 是許多可用常數之一，用來求算 $4\pi/3$ 的進似值。計算半徑為 r 的球體體積的公式是 $4\pi r^3/3$，所以您可以利這個常數輕易地計算出球的體積。列表 12-28 示範了如何計算半徑為 10 的球體的體積。

列表 12-28：boost::math 命名空間提供常數

```
#include <cmath>
#include <boost/math/constants/constants.hpp>

TEST_CASE("boost::math offers constants") {
  using namespace boost::math::double_constants; ❶
  auto sphere_volume = four_thirds_pi * std::pow(10, 3); ❷
  REQUIRE(sphere_volume == Approx(4188.7902047));
}
```

在這裡，您引入了名稱空間 boost::math::double_constants，這帶進了所有 Booth Math 常數的 double 版本 ❶，接著透過計算 four_third_pi 乘以 10^3 來計算 sphere_volume ❷。

表 12-13 提供了 Boost Math 中較常用的一些常數。

表 12-13：一些最常見的 Boost 數學常數

常數	值	近似值	備註
half	1/2	0.5	
third	1/3	0.333333	
two_thirds	2/3	0.66667	
three_quarters	3/4	0.75	
root_two	$\sqrt{2}$	1.41421	
root_three	$\sqrt{3}$	1.73205	
half_root_two	$\sqrt{2}\,/\,2$	0.707106	
ln_two	ln(2)	0.693147	
ln_ten	ln(10)	2.30258	
pi	π	3.14159	阿基米德常數
two_pi	2π	6.28318	單位圓的周長
four_thirds_pi	4π/3	4.18879	單位球的體積
one_div_two_pi	1/(2π)	1.59155	高斯積分

常數	值	近似值	備註
root_pi	$\sqrt{\pi}$	1.77245	
e	e	2.71828	尤拉常數 e
e_pow_pi	e^{π}	23.14069	Gelfond 常數
root_e	$\sqrt{e}$	1.64872	
log10_e	log10(e)	0.434294	
degree	π / 180	0.017453	每度弧度數
radian	180 / π	57.2957	每弧度的度數
sin_one	sin(1)	0.84147	
cos_one	cos(1)	0.5403	
phi	(1 + $\sqrt{5}$) / 2	1.61803	菲迪亞斯黃金比例 φ
ln_phi	ln(φ)	0.48121	

亂數

在某些情況下,通常需要產生亂數。在科學計算中,您可能需要執行大量以亂數為基礎的模擬。這些數字需要模擬抽取具有某些特徵的隨機過程,例如來自 Poisson 分佈或常態分佈。此外,您通常希望這些模擬是可重複的,因此負責產生隨機性的程式碼(**亂數引擎**)應該在相同的輸入下產生相同的輸出,這種亂數引擎有時被稱為**偽亂數引擎**。

在密碼學中,您可能需要亂數來代替安全資訊。在這種情況下,幾乎不可能有人獲得類似的亂數串流;因此,意外地使用偽亂數引擎通常會嚴重損害原本安全的密碼系統。

出於這些原因和其他原因,**您不應該嘗試建立自己的亂數產生器**。建構一個正確的亂數產生器是非常困難的。在您的亂數產生器中太容易造成固定的模式,這可能會對使用亂數作為輸入的系統,產生嚴重且難以診斷的副作用。

如果您正在尋找亂數，那麼只需看看 stdlib 中 <random> 標頭中提供的隨機函式庫，或者 Boost 中的 <boost/math/...> 標頭中的隨機函式庫就夠了。

亂數引擎

亂數引擎產生隨機位元。在 Boost 和 stdlib 之間，有一系列令人眼花瞭亂的亂數引擎可供選擇。這裡有一個一般性的原則：如果您需要可重複的偽亂數，請考慮使用 Mersenne Twister 引擎 std::mtt19937_64。如果您需要密碼學中安全的亂數，請考慮使用 std::random_device。

Mersenne Twister 有一些理想的統計特性可用於模擬，您提供一個整數種子值給其建構子，該值完全決定了亂數的序列。所有隨機引擎都是函式物件；要獲取亂數，請使用函式呼叫 operator()。列表 12-29 示範了如何使用種子 91586 建構一個 Mersenne Twister 引擎，並調用產生的引擎三次。

列表 12-29：mt19937_64 是一個偽亂數引擎

```
#include <random>
TEST_CASE("mt19937_64 is pseudorandom") {
  std::mt19937_64 mt_engine{ 91586 }; ❶
  REQUIRE(mt_engine() == 8346843996631475880); ❷
  REQUIRE(mt_engine() == 2237671392849523263); ❸
  REQUIRE(mt_engine() == 7333164488732543658); ❹
}
```

在這裡，您用種子 91586 建構了一個 mt19937_64 Mersenne Twister
引擎 ❶。因為它是一個偽隨機引擎，所以每次您都可以得到相同的
亂數序列 ❷ ❸ ❹。這個序列完全由種子決定。

列表 12-30 示範了如何建構一個 random_device，並調用它來獲得密
碼學上安全的隨機值。

列表 12-30：random_device 是一個函式物件

```
TEST_CASE("std::random_device is invocable") {
  std::random_device rd_engine{}; ❶
  REQUIRE_NOTHROW(rd_engine()); ❷
}
```

您可以用預設建構子來建構一個 random_device ❶，所產生的物件
rd_engine ❷ 是可調用的，但是您應該將該物件視為不透明。與列表
12-29 中的 Mersenne Twister 不同的是，random_device 被設計成不
可預測的隨機值。

> **NOTE**
>
> 由於電腦被設計成具有確定性，std::random_device 無法對密碼學
> 上的安全性做出任何有力的保證。

亂數分佈

亂數分佈是一個數學函式，它將一個數對應到一個機率密度。這個
概念大致上是，如果您從一個具有特定分佈的隨機變數中抽取無限
個樣本，並繪製出樣本值的相對頻率，那麼這個圖看起來會像是某
種分佈。

分佈可分為兩大類：**離散**和**連續**。一個簡單的類比是：離散分佈對
應到整數值，而連續分佈則對應到浮點值。

大部分分佈可接受客製化參數，例如，常態分佈是一個連續分佈，
它接受兩個參數：平均值和變異數。它的密度有一個以平均值為中

心的鐘形，如圖 12-1 所示。離散均勻分佈是一種亂數分佈，它給某個最小值和最大值之間的數賦予相等的機率，其密度從最小值到最大值看起來非常平坦，如圖 12-2 所示。

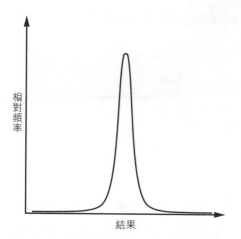

圖 12-1：常態分佈的機率密度函數圖形表示法

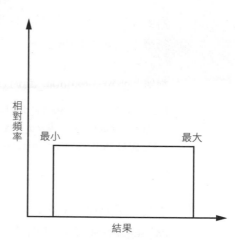

圖 12-2：均勻分佈的機率密度函數圖形表示法

您可以用相同的 stdlib Random 函式庫，從常見的統計分佈（如均勻分佈和常態分佈）輕鬆產生亂數。每種分佈在其建構子中接受一些參數，與底層分佈的參數相對應。要從分佈中提取隨機變數，可以用函式呼叫 operator() 並傳入一個亂數引擎的實例（例如 Mersenne Twister）。

std::uniform_int_distribution 是在 <random> 標頭中的類別範本，它接受單一範本參數，對應於您希望從分佈中得出的型別（例如 int）。若要指定均勻分佈的最小值和最大值，可將它們當作參數傳入建構子，範圍內的每個數值都有相同的機率，這可能是一般軟體工程環境中最常見的分佈。

列表 12-31 說明了如何從最小值為 1，最大值為 10 的均勻分佈中提取一百萬次，並計算樣本平均值。

列表 12-31：uniform_int_distribution 模擬離散均勻分佈的亂數
　　　　　提取

```
TEST_CASE("std::uniform_int_distribution produces uniform ints") {
  std::mt19937_64 mt_engine{ 102787 }; ❶
  std::uniform_int_distribution<int> int_d{ 0, 10 }; ❷
  const size_t n{ 1'000'000 }; ❸
  int sum{}; ❹
  for (size_t i{}; i < n; i++)
    sum += int_d(mt_engine); ❺
  const auto sample_mean = sum / double{ n }; ❻
  REQUIRE(sample_mean == Approx(5).epsilon(.1)); ❼
}
```

您用種子 102787 ❶ 建構一個 Mersenne Twister，接著再建構一個最小值為 0，最大值為 10 的 uniform_int_distribution ❷。然後初始化一個變數 n 以保存反覆運算次數 ❸，並初始化一個變數以保存所有均勻隨機變數的 sum ❹。在迴圈中，用 operator() 從均勻分佈中提取隨機變數，傳入 Mersenne Twister 實例。

離散均勻分佈的平均數是最小值加上最大值除以 2，這裡的 int_d 平均值是 5。您可以用 sum 除以樣本數 n 來計算一個樣本平均數，您可以有很大的信心斷言，這個樣本的平均數大約是 5 ❼。

亂數分佈的部分列表

表 12-14 包含了 <random> 中的亂數分佈、它們的預設範本參數和建構子參數的部分列表。

表 12-14：<Random> 中的亂數分佈

分佈	說明
uniform_int_distribution<int>{ min, max }	最小為 min 和最大為 max 的離散均勻分佈。
uniform_real_distribution<double>{ min, max }	最小為 min 和最大為 max 的連續均勻分佈。

分佈	說明
normal_distribution<double>{ m, s }	平均值為 m，標準差為 s 的常態分佈。通常用來為許多獨立隨機變數的加法乘積建模。又稱為**高斯分佈**。
lognormal_distribution<double>{ m, s }	平均值為 m、標準差為 s 的對數常態分佈，通常用來為許多獨立隨機變數的乘積建模。又稱為 **Galton 分佈**。
chi_squared_distribution<double>{ n }	自由度為 n 的卡方分佈，常用於推論統計。
cauchy_distribution<double>{ a, b }	位置參數為 a、比例參數為 b 的柯西分佈，用於物理學。又稱為**洛倫茲分佈**。
fisher_f_distribution<double>{ m, n }	自由度為 m 和 n 的 F 分佈，常用於推論統計，又稱為 **Snedecor 分佈**。
student_t_distribution<double>{ n }	自由度為 n 的 T 分佈，常用於推論統計，又稱為學生 T 分佈。
bernoulli_distribution{ p }	n 次試驗成功機率為 p 的二項式分佈，通常用來為一系列 Bernoulli 試驗中用替換樣本進行抽樣時的成功次數進行建模。
binomial_distribution<int>{ n, p }	成功機率為 p 的幾何分佈，通常用來為一系列白努利試驗中第一次成功之前發生的失敗次數建模。
geometric_distribution<int>{ p }	成功機率為 p 的幾何分佈，通常用來為一系列白努利試驗中第一次成功之前發生的失敗次數建模。
poisson_distribution<int>{ m }	平均值為 m 的 Poisson 分佈，通常用來模擬在固定時間區間內發生的事件次數。
exponential_distribution<double>{ l }	平均值為 1/l 的指數分佈，其中 l 稱為 lambda 參數，通常用來為 Poisson 過程中事件之間的時間長短建模。
gamma_distribution<double>{ a, b }	形狀參數為 a 和比例參數為 b 的 Gamma 分佈，為指數分佈和卡方分佈的一般化。

分佈	說明
weibull_distribution<double>{ k, l }	形狀參數為 **k**、比例參數為 **l** 的威伯分佈，通常用來建立失效時間模型。
extreme_value_distribution<double>{ a, b }	位置參數為 **a**、比例參數為 **b** 的極值分佈，常用來建立獨立隨機變數的極大值模型，又稱為**甘貝爾 I 型分佈**。

> **NOTE**
>
> Boost Math 在 <boost/math/…> 系列標題中提供了更多的亂數分佈，例如 beta 分佈、超幾何（hypergeometric）分佈、羅吉斯（logistic）分佈和逆常態（inverse normal）分佈。

數值限制

stdlib 在 <limits> 標頭中提供類別範本 std::numeric_limits，為您提供有關算術類型在編譯時的各種屬性資訊。例如，如果想要知道給定型別 T 的最小值，可以用靜態成員函式 std::numeric_limits<T>::min() 來取得。

列表 12-32 示範了如何用 min 來造成下溢的情況。

列表 12-32：用 std::numeric_limits<T>::min() 來造成 int 下溢的情況。雖然本書出版時，主要的編譯器所產生的程式碼會通過這個測試，但這個程式含有未定義的行為

```
#include <limits>
TEST_CASE("std::numeric_limits::min provides the smallest finite
value.") {
  auto my_cup = std::numeric_limits<int>::min(); ❶
  auto underfloweth = my_cup - 1; ❷
  REQUIRE(my_cup < underfloweth); ❸
}
```

首先，透過 std::numeric_limits<int>::min() ❶，將 my_cup 變數
設定為最小可能的 int 值 ❶。接下來，透過從 my_cup 中減去 1，故
意導致下溢 ❷。因為 my_cup 是 int 可以接受的最小值，套句老話：
「my_cup 以下皆為下溢」。underfloweth 大於 my_cup 會導致錯亂的
情況 ❸，即使您透過從 my_cup 減 1 來初始化 underfloweth。

> **NOTE**
>
> 這種無聲無息的下溢是造成無數軟體安全性漏洞的原因，不要依賴
> 這種未定義的行為！

在 std::numeric_limits 上有許多靜態成員函式和成員常數可用，表
12-15 列出了一些最常見的。

表 12-15：std::numeric_limits 中的一些常見成員常數

運算	備註
numeric_limits<T>::is_signed	若 T 有正負號則為 true。
numeric_limits<T>::is_integer	若 T 為整數則為 true。
numeric_limits<T>::has_infinity	指出 T 是否可以對無限值進行編碼。（通常所有浮點型別都有一個無窮大的值，而整數型別則沒有。）
numeric_limits<T>::digits10	指出 T 可以表示的位數。
numeric_limits<T>::min()	傳回 T 的最小值。
numeric_limits<T>::max()	傳回 T 的最大值。

> **NOTE**
>
> Boost Integer 為內省（introspecting）整數型別提供一些額外的功
> 能，例如決定最快或最小的整數，或至少有 N 個位元的最小整數。

Boost 數值轉換

Boost 提供了數值轉換（Numeric Conversion）函式庫，其中包含一組工具，用來在數值物件之間進行轉換。<boost/numeric/conversion/converter.hpp> 標頭中的 boost::converter 類別範本封裝了能夠執行從一種型別轉換到另一種型別的特定數值轉換程式碼。您必須提供兩個範本參數：目標型別 T 和來源型別 S。您可以指定一個數值轉換器，例如使用型別別名 double_to_int 轉換器將 double 轉換為 int：

```
#include <boost/numeric/conversion/converter.hpp>
using double_to_int = boost::numeric::converter<int❶, double❷>;
```

要用新的型別別名 double_to_int 進行轉換，您有幾個選項。首先，您可以用它的靜態方法 convert，它接受一個 double ❷ 並傳回一個 int ❶，如列表 12-33 所示。

列表 12-33：boost::numeric::converter 提供了靜態方法 convert

```
TEST_CASE("boost::numeric::converter offers the static method convert") {
  REQUIRE(double_to_int::convert(3.14159) == 3);
}
```

這裡，您只需用值 3.14159 調用 convert method，boost::numeric::convert 會轉換為 3。

由於 boost::numeric::convert 提供了函式呼叫 operator()，因此可以建構一個函式物件 double_to_int 並用它進行轉換，如列表 12-34 所示。

列表 12-34：boost::numeric::converter 實作 operator()

```
TEST_CASE("boost::numeric::converter implements operator()") {
  double_to_int dti; ❶
  REQUIRE(dti(3.14159) == 3); ❷
  REQUIRE(double_to_int{}(3.14159) == 3); ❸
}
```

您建構了一個叫做 dti 的 double_to_int 函式物件 ❶，您用相同的引數 3.14159 調用該物件 ❷，結果是一樣的，如列表 12-33 所示。您還可以選擇建構一個臨時函式物件並直接使用 operator()，這將產生相同的結果 ❸。

使用 boost::numeric::converter 而不是用 static_cast 等替代方法的主要優點是執行時邊界檢查。如果轉換會導致溢位，boost::numeric::converter 將引發 boost::numeric::positive_overflow 或 boost::numeric::negative_overflow 例外，列表 12-35 示範了這種試圖將一個非常大的 double 轉換為 int 的行為。

列表 12-35：boost::numeric::converter 檢查溢位

```
#include <limits>
TEST_CASE("boost::numeric::converter checks for overflow") {
  auto yuge = std::numeric_limits<double>::max(); ❶
  double_to_int dti; ❷
  REQUIRE_THROWS_AS(dti(yuge)❸, boost::numeric::positive_overflow❹);
}
```

您利用 numeric_limits 來獲得 yuge 值 ❶，您建構了一個 double_to_int 轉換器 ❷，用來嘗試將 yuge 轉換為 int ❸。這會引發 positive_overfow 例外，因為該值太大而無法儲存 ❹。

使用範本參數可以客製化 boost::numeric::converter 的轉換行為。例如，可以自訂溢位處理以引發自訂例外或執行其他運算。您還可以客製化四捨五入的行為，以便執行自訂的四捨五入，而不是從浮點值中截斷小數。有關詳細資訊，請參閱 Boost 數位轉換（Numeric Conversion）文件。

如果您對預設的 boost::numeric::converter 行為感到滿意，可以把 boost::numeric_cast 函式範本當作捷徑，這個函式範本接受與轉換的目標型別對應的單一範本參數和對應於來源數值的單一引數。列表 12-36 將列表 12-35 改成使用 boost::numeric_cast。

列表 12-36：boost::numeric_cast 函式範本還進行了執行時期的
　　　　　邊界檢查

```
#include <limits>
#include <boost/numeric/conversion/cast.hpp>

TEST_CASE("boost::boost::numeric_cast checks overflow") {
  auto yuge = std::numeric_limits<double>::max(); ❶
  REQUIRE_THROWS_AS(boost::numeric_cast<int>(yuge), ❷
                    boost::numeric::positive_overflow ❸);
}
```

如前所述，您用 numeric_limits 來獲得 yuge 值 ❶。當您嘗試用
numeric_cast 將 yuge 轉換成 int 時 ❷，由於該值太大而無法儲存，
會出現 positive_overflow 例外 ❸。

NOTE

> boost::numeric_cast 函式範本很適合用來取代您在 204 頁的列表
> 6-6 中自己動手撰寫的 narrow_cast。

編譯階段有理數算術

<ratio> 標頭中的 stdlib std::ratio 是一個類別範本，允許您在編譯
時計算有理數算術。您要提供兩個範本參數給 std::ratio：分子和
分母，這定義了一個新的型別，可以用來計算有理運算式。

使用 std::ratio 進行編譯階段計算的方法是利用範本中繼程式設
計技術。例如，要將兩個 ratio 型別相乘，可以使用 std::ratio_
multiply 型別，並將這兩個 ratio 型別當作範本參數。您可以用結
果型別上的靜態成員變數提取結果的分子和分母。

列表 12-37 示範了如何在編譯階段將 10 乘以 2/3。

列表 12-37：使用 `std::ratio` 進行編譯階段有理數算術

```
#include <ratio>

TEST_CASE("std::ratio") {
  using ten = std::ratio<10, 1>; ❶
  using two_thirds = std::ratio<2, 3>; ❷
  using result = std::ratio_multiply<ten, two_thirds>; ❸
  REQUIRE(result::num == 20); ❹
  REQUIRE(result::den == 3); ❺
}
```

您將 `std::ratio` 型別 ten ❶ 和 two_thirds ❷ 宣告為型別別名。要計算 ten ❶ 和 two_thirds 的乘積，可利用 `std::ratio_multiply` 範本再次宣告另一個型別 result ❸。使用靜態成員 num 和 den，就能提取 20/3 的結果 ❹ ❺。

當然，最好是儘可能在編譯階段就進行計算，而不是等到執行時才進行計算，您的程式將具有更高的效能，因為它們在執行時只需進行較少的計算。

亂數分佈的部分列表

表 12-16 包含一部分 stdlib 的 `<ratio>` 函式庫所提供的運算列表。

表 12-16：一部分在 `<ratio>` 中可用的運算列表

運算	備註
`ratio_add<r1, r2>`	把 **r1** 和 **r2** 相加
`ratio_subtract<r1, r2>`	**r1** 減 **r2**
`ratio_multiply<r1, r2>`	**r1** 和 **r2** 相乘
`ratio_divide<r1, r2>`	**r1** 除以 **r2**
`ratio_equal<r1, r2>`	測試 **r1** 是否等於 **r2**
`ratio_not_equal<r1, r2>`	測試 **r1** 是否不等於 **r2**

運算	備註
ratio_less<**r1**, **r2**>	測試 **r1** 是否小等 **r2**
ratio_greater<**r1**, **r2**>	測試 **r1** 是否大於 **r2**
ratio_less_equal<**r1**, **r2**>	測試 **r1** 是否小於或等於 **r2**
ratio_greater_equal<**r1**, **r2**>	測試 **r1** 是否大於或等於 **r2**
micro	字面值 ratio<1, 1000000>
milli	字面值 ratio<1, 1000>
centi	字面值 ratio<1, 100>
deci	字面值 ratio<1, 10>
deca	字面值 ratio<10, 1>
hecto	字面值 ratio<100, 1>
kilo	字面值 ratio<1000, 1>
mega	字面值 ratio<1000000, 1>
giga	字面值 ratio<1000000000, 1>

摘要

在本章中,您研究了一系列小型、簡單、有針對性的公用程式,這些公用程式可以滿足常見的程式設計需求。tribool、optional、pair、tuple、any 和 variant 等資料結構可處理許多常見的場景,在這些場景中,您需要在一個共同結構中包含物件。在接下來的章節中,一部分這些資料結構將在 stdlib 中重複出現。您還學習了日期/時間和數值/數學函式庫。這些函式庫實作了非常具體的功能,一但您有這樣的需求時,這些函式庫可說是無價之寶。

練習

12-1. 重新實作列表 6-6 中的 narrow_cast 以傳回 std::optional。如果強制轉換將導致範圍縮小的轉換，則傳回空的可選值，而不是引發例外。撰寫一個單元測試來確保您的解決方案有效。

12-2. 實作一個產生隨機字母數字密碼並將其寫入控制台的程式。您可以將可能字元的字母表儲存到 char[] 中，並使用離散均勻分佈，最小值為零，最大值為字母表陣列的最後一個索引，並使用密碼學上安全的亂數引擎。

延伸閱讀

- 《*ISO International Standard ISO/IEC (2017) -- Programming Language C++*》（ISO 國際標準 ISO/IEC（2017）-- 程式語言 C++）（國際標準組織；日內瓦，瑞士；*https://isocpp.org/std/the-standard/*）

- 《*The Boost C++ Libraries 2nd Edition*》，XML Press，2014，Boris Schäling 著

- 《*C++ 標準庫：學習教本與參考工具（第二版）*》，碁峰，2014，Nicolai M. Josuttis 著

13

容器

修復 std::vector 中的錯誤同時令人感到高興（這是最好的
資料結構）和害怕（如果我搞砸了，世界就會爆炸）。

—— *Stephan T. Lavavej*（VisualC++ 函式庫首席開發工程師），
推特日期：2016 年 8 月 22 日早上 3:11。

標 準範本函式庫（*standard template library,*
STL）是 **stdlib** 的一部分，它提供容器和
如何操縱這些容器的演算法，並且用疊代器充當兩
者之間的介面。在接下來的三章中，您將進一步瞭解這些
元件。

容器（*container*）是一種特殊的資料結構，它按照特定的存取規則
以有組織的方式儲存物件。容器可分為下列三種：

- 循序式容器所儲存的元素是連續的，例如陣列。
- 關聯式容器儲存已排序的元素。
- 無序關聯式容器儲存雜湊的物件。

關聯和無序關聯式容器可對單一元素進行快速搜尋，所有容器都是其所包含物件包裝起來的 RAII 包裝器，因此它們自行管理其元素的儲存持續時間和生命週期。此外，每個容器都提供了一些成員函式，這些函式可對物件 set 進行各種操作。

現代 C++ 程式一直使用容器。為特定應用程式選擇哪個容器取決於所需的操作、所包含物件的特性以及特定存取模式下的效率。本章介紹許多 STL 和 Boost 之間所涵蓋的容器外貌，由於這些函式庫中的容器太多，所以我們將只會探索最常用的容器。

循序式容器

循序式容器（*sequence container*）是允許依照順序存取成員的 STL 容器，也就是說，您可以從容器的一端開始，反覆運算到另一端。但除了這種共同特性，循序式容器是由多樣化和混雜的份子所組成。一些容器有固定的長度；另一些容器可以根據程式需要收縮和增長。有些允許直接索引到容器中，另一些容器只能循序存取。此外，每個循序式容器都具有獨特的效能特徵，使其適合於某些情況，而不適合於其他情況。

使用循序式容器應該感覺很直觀，因為從第 55 頁的「陣列」開始，您就已經熟悉了一個基本的循序式容器，在這裡您看到了內建的或「C 風格」的陣列 T[]。您將透過檢視內建陣列中更複雜、更酷的弟弟 std::array 來開始探討循序式容器。

陣列

STL 在 <array> 標頭中提供了 std::array。陣列是一個連續的容器，它包含一系列固定大小的連續元素。它將內建陣列純粹的性能和效率，與支援最新的複製／移動建構／指派功能、知道本身大小、提供邊界檢查成員存取，和其他進階功能的現代便利性結合起來。

實際上，在所有情況下都應該使用 array 而不是內建陣列，它支援幾乎所有與 operator[] 相同的使用樣式來存取元素，因此沒有多少情況需要用到內建陣列。

在 Boost Array 的 <boost/array.hpp> 中還提供了 boost::array，除非您有一個非常古老的 C++ 工具鏈，不然您應該不需要用到 Boost 版本。

建構

array<T, S> 類別範本接受兩個範本參數：

- 容器型別 T
- 固定的陣列大小 S

您可以用相同的規則來建構 array 和內建陣列。從第 55 頁的「陣列」中總結這些規則，最好的方法是用大括號初始化來建構陣列。大括號初始化用大括號中包含的值來填充陣列，並用零填滿其餘元素。如果省略初始化大括號，則陣列將根據其儲存持續時間包含未初始化的值。列表 13-1 用幾個陣列宣告示範了帶括號的初始化。

列表 13-1：初始化 <std::array>，由於 local_array 有未初始化的元素，您可能會收到來自的編譯器警告 REQUIRE(local_array[0] != 0); ❹

```
#include <array>

std::array<int, 10> static_array; ❶

TEST_CASE("std::array") {
  REQUIRE(static_array[0] == 0); ❷

  SECTION("uninitialized without braced initializers") {
    std::array<int, 10> local_array; ❸
    REQUIRE(local_array[0] != 0); ❹
  }

  SECTION("initialized with braced initializers") {
```

```
        std::array<int, 10> local_array{ 1, 1, 2, 3 }; ❺
        REQUIRE(local_array[0] == 1);
        REQUIRE(local_array[1] == 1);
        REQUIRE(local_array[2] == 2);
        REQUIRE(local_array[3] == 3);
        REQUIRE(local_array[4] == 0); ❻
    }
}
```

您宣告一個包含 10 個具有靜態儲存持續時間的 int 物件的 array，取名為 static_array ❶，您並沒有用大括號初始化，但由於第 55 頁的「陣列」中所介紹的初始化規則，它的元素會初始化為零 ❷。

接下來，您試著宣告另一個包含 10 個 int 物件的 array，這次是自動儲存持續時間 ❸。因為您沒有用大括號初始化，所以 local_array 包含未初始化的元素（其等於零的機率極低 ❹）。

最後，您用大括號初始化來宣告另一個 array 並填入前四個元素 ❺，所有其餘的元素都設為零 ❻。

元素存取

存取任意 array 元素的三種主要方法是：

- operator[]
- at
- get

operator[] 和 at 方法接受與所需元素的索引相對應的單一 size_t 引數，這兩者之間的區別在於邊界檢查：如果索引的引數超出邊界，at 將引發 std::out_of_range 例外，而 operator[] 將導致未定義的行為。函式範本 get 接受相同規格的範本參數。因為它是一個範本，所以索引必須在編譯時就已經知道。

回想一下第 53 頁的「size_t 型別」，size_t 物件保證其最大值足以
表示所有物件的最大位元組大小。正是因為這個原因，operator[]
和 at 接受一個 size_t 而不是 int，因為 int 無法作此保證。

使用 get 的主要好處之一是可以進行編譯時邊界檢查，如列表 13-2
所示。

列表 13-2：存取 array 的元素。取消註解 // fib[4]= 5; ❹ 將導
　　　　　致未定義的行為，而取消註解 // std::get<4>(fib)；
　　　　　❿ 將導致編譯失敗

```
TEST_CASE("std::array access") {
  std::array<int, 4> fib{ 1, 1, 0, 3}; ❶

  SECTION("operator[] can get and set elements") {
    fib[2] = 2; ❷
    REQUIRE(fib[2] == 2); ❸
    // fib[4] = 5; ❹
  }

  SECTION("at() can get and set elements") {
    fib.at(2) = 2; ❺
    REQUIRE(fib.at(2) == 2); ❻
    REQUIRE_THROWS_AS(fib.at(4), std::out_of_range); ❼
  }
  SECTION("get can get and set elements") {
    std::get<2>(fib) = 2; ❽
    REQUIRE(std::get<2>(fib) == 2); ❾
    // std::get<4>(fib); ❿
  }
}
```

您宣告一個名為 fib、長度為 4 的陣列。使用 [] ❷ 可以設定元素並
檢索它們 ❸。註解掉的越界寫入將導致未定義的行為；這裡並未使
用 operator[] ❹ 進行邊界檢查。

您可以將 at 用於相同的讀 ❺ 和寫 ❻ 操作，並且因為有了邊界檢查 ❼，您可以安全地執行越界操作。

最後，您可以用 std::get 來對元素進行 set ❽ 和 get ❾ 操作。get 元素也執行了邊界檢查，因此若去掉 //std::get<4>(fib); ❿ 的註解，將無法編譯。

您還有一個 front 和 back 方法，傳回對陣列的第一個和最後一個元素的參照，如列表 13-3 所示。如果陣列長度為零，則呼叫其中一個方法將得到未定義的行為。

列表 13-3：在 std::array 上使用方便方法 front 和 back

```
TEST_CASE("std::array has convenience methods") {
  std::array<int, 4> fib{ 0, 1, 2, 0 };

  SECTION("front") {
    fib.front() = 1; ❶
    REQUIRE(fib.front() == 1); ❷
    REQUIRE(fib.front() == fib[0]); ❸
  }

  SECTION("back") {
    fib.back() = 3; ❹
    REQUIRE(fib.back() == 3); ❺
    REQUIRE(fib.back() == fib[3]); ❻
  }
}
```

您可以用 front 和 back 方法來設定 ❶ ❹ 和獲取 ❷ ❺ array 的第一個和最後一個元素。當然，fib[0] 就等同於 fib.front() ❸，而 fib[3] 就等同於 fib.back() ❻，front() 和 back() 都只是方便的 methods。另外，如果您有在寫泛型程式碼，有些容器將提供 front 和 back，而不是 operator[]，因此最好是使用 front 和 back 方法。

儲存模型

array 不進行分配；相反，與內建陣列一樣，它包含其所有元素。這意味著複製通常是昂貴的，因為每個組成元素都需要複製。移動可能很昂貴，這取決於陣列的底層型別是否也具有相對便宜的移動建構和移動指派。

每個 array 底層都是一個內建陣列。實際上，您可以用四種不同的方法提取指向陣列第一個元素的指標：

- 最直接的方法是用 data method。正如其所宣稱的，這將傳回指向第一個元素的指標。

- 其他三種方法需要對第一個元素使用 address-of 運運算元 &，而第一個元素可用 operator[]、at 和 front 取得。

您應該儘量使用 data。如果 array 為空，則以位址為基礎的方法將傳回未定義的行為。

列表 13-4 示範了如何使用這四種方法獲取指標。

列表 13-4：取得指向 std::array 第一個元素的指標

```
TEST_CASE("We can obtain a pointer to the first element using") {
  std::array<char, 9> color{ 'o', 'c', 't', 'a', 'r', 'i', 'n', 'e' };

  const auto* color_ptr = color.data(); ❶

  SECTION("data") {
    REQUIRE(*color_ptr == 'o'); ❷
  }
  SECTION("address-of front") {
    REQUIRE(&color.front() == color_ptr); ❸
  }
  SECTION("address-of at(0)") {
    REQUIRE(&color.at(0) == color_ptr); ❹
  }
  SECTION("address-of [0]") {
    REQUIRE(&color[0] == color_ptr); ❺
  }
}
```

初始化 array color 之後，用 data method 取得指向第一個元素（字母 o）的指標 ❶。當去掉對結果 color_ptr 的參照時，將獲得所預期的字母 o ❷，這個指標與從 address-of- 加上 -front ❸、-at ❹ 和 -operator[] ❺ 獲得的指標是一樣的。

要斷定 array 的大小，可以用 size 或 max_size method 來查詢（這兩個 method 所獲得的結果是一樣的），因為陣列的大小是固定的，所以這些方法的值是靜態的，並且在編譯時是已知的。

疊代器速成課程

容器和演算法之間的介面是疊代器。疊代器是一種型別，它知道容器的內部結構，並向容器的元素公開簡單的指標式操作。第 14 章完全是關於疊代器的內容，但是在這裡您需要瞭解其基礎知識，這樣就可以探索如何使用疊代器來操作容器，以及容器如何向使用者公開疊代器。

疊代器有多種風格，但它們都至少支援以下操作：

1. 取得當前元素（operator*）

2. 指向下一個元素（operator++）

3. 指派一個疊代器到另一個疊代器（operator=）

您可以用 begin 和 endm ethod 從所有 STL 容器（包括 array）中提取疊代器。begin method 傳回指向第一個元素的疊代器，end method 則傳回指向緊接在最後一個元素之後的指標。圖 13-1 說明了 begin 疊代器和 end 疊代器在由三個元素組成的陣列中的位置。

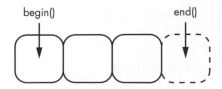

圖 13-1：由三個元素的陣列所組成的半開放式範圍

圖 13-1 中 end() 位於最後一個元素之後的安排稱為半開放式範圍。
一開始似乎有悖常理，為什麼 end() 不是指向最後一個元素的封閉
範圍內，不過半開放範圍有一些優點。例如，如果容器是空的，
begin() 將傳回與 end() 相同的值。這會讓您知道，無論容器是否為
空，如果疊代器等於 end()，表示您已經遍歷了整個容器。

列表 13-5 說明瞭半開放式範圍的疊代器和空容器的情況。

列表 13-5：當 array 是空的時，begin 疊代器等於 end 疊代器

```
TEST_CASE("std::array begin/end form a half-open range") {
  std::array<int, 0> e{}; ❶
  REQUIRE(e.begin()❷ == e.end()❸);
}
```

在這裡，您建構了一個空陣列 e ❶，而且 begin ❷ 和 end ❸ 疊代器
相等。

列表 13-6 審視了如何使用疊代器在非空陣列上執行類似指標的
操作。

列表 13-6：基本 array 疊代器操作

```
TEST_CASE("std::array iterators are pointer-like") {
  std::array<int, 3> easy_as{ 1, 2, 3 }; ❶
  auto iter = easy_as.begin(); ❷
  REQUIRE(*iter == 1); ❸
  ++iter; ❹
  REQUIRE(*iter == 2);
  ++iter;
  REQUIRE(*iter == 3); ❺
  ++iter; ❻
  REQUIRE(iter == easy_as.end()); ❼
}
```

array easy_as 包含元素 1、2 和 3 ❶。您在 easy_as 上調用 begin 可得到指向第一個元素的疊代器 iter ❷。解除參照運算元生成第一個元素 1，因為這是 array 中的第一個元素 ❸。接下來，您將 iter 遞增 1，使它指向下一個元素 ❹。您繼續以這種方式，直到您到達最後一個元素 ❺。最後一次將指標遞增，會讓您超過最後一個元素 ❻，所以 iter 等於 easy_as.end()，表示已遍歷陣列。

同想一下第 314 頁的「範圍表達式」，您可以透過公開 begin 和 end 方法來建構自己的型別，以便在範圍表達式中使用，如列表 8-29 中的 FibonacciIterator 所實作的那樣。容器已經為您完成了所有這些工作，這意味著您可以用任何 STL 容器作為範圍表達式，列表 13-7 透過對一個 array 進行疊代來說明。

列表 13-7：以範圍為基礎的 for 迴圈和陣列

```
TEST_CASE("std::array can be used as a range expression") {
  std::array<int, 5> fib{ 1, 1, 2, 3, 5 }; ❶
  int sum{}; ❷
  for (const auto element : fib) ❸
    sum += element; ❹
  REQUIRE(sum == 12);
}
```

您初始化 array ❶ 和變數 sum ❷。由於 array 是有效的範圍，因此可以用於以範圍為基礎的 for 迴圈中 ❸，這使您能夠把每個 element 累加到 sum 中。

一部分所支援的操作列表

表 13-1 提供了 array 操作的部分列表。在這個表中，a、a1 和 a2 是 std::array<T, S> 型別，t 的型別是 T，S 是固定的陣列長度，i 的型別是 size_t。

表 13-1：`std::array` 操作的部分列表

操作	備註
`array<T, S>{ ... }`	對新建構的陣列執行帶大括號的初始化。
`~array`	解構陣列中所有的元素。
`a1 = a2`	將 **a2** 中所有成員複製指派到 **a1**。
`a.at(i)`	傳回 **a** 中第 **i** 個元素的參照，若超出邊界則引發 `std::out_of_range`。
`a[i]`	傳回 **a** 中第 **i** 個元素的參照，若超出邊界則產生未定義行為錯誤。
`get<i>(a)`	傳回 **a** 中第 **i** 個元素的參照，若超出邊界則無法編譯。
`a.front()`	傳回第一個元素的參照。
`a.back()`	傳回最後一個元素的參照。
`a.data()`	若陣列非空，則傳回指向第一個元素的原始指標。對於空陣列，則傳回一個有效但不可解參照的指標。
`a.empty()`	若陣列的大小為 0 則傳回 `true`，否則傳回 `false`。
`a.size()`	傳回陣列大小。
`a.max_size()`	同 `a.size()`。
`a.fill(t)`	把 **t** 複製指派到 **a** 的每一個元素。
`a1.swap(a2)` `swap(a1, a2)`	把 **a1** 和 **a2** 中的每一個元素交換。
`a.begin()`	傳回指向第一個元素的疊代器。
`a.cbegin()`	傳回指向第一個元素的常數（`const`）疊代器。
`a.end()`	傳回指向最後一個元素的下一個位置的疊代器。
`a.cend()`	傳回指向最後一個元素的下一個位置的 `const` 疊代器。

`a1 == a2`
`a1 != a2`
`a1 > a2`
`a1 >= a2`
`a1 < a2`
`a1 <= a2`
	若 **a1** 和 **a2** 所有成員皆相等，則 **a1** 等於 **a2**。
	從第一個元素到最後一個元素比較 **a1** 是否大於或小於 **a2**。

向量

STL 的 `<vector>` 標頭中的 `std::vector` 是一個循序式容器，它保存
了動態大小的連續元素序列。`vector` 動態地管理它的儲存，不需要
程式設計師的另外撰寫。

`vector` 是循序資料結構穩定的主力。只需花費非常小的開銷，就
可以獲得比 `array` 更大的靈活性。另外，`vector` 支援幾乎所有與
`array` 相同的操作，並增加了大量其他操作。如果您手頭上有固定
數量的元素，那麼應該強烈考慮使用 `array`，因為與 `vector` 相比，
開銷會稍微少一點，而所有其他情況，應首先考慮使用循序式容器
`vector`。

建構

類別範本 `std::vector<T, Allocator>` 接受兩個範本參數。第一個是
容器的型別 `T`，第二個是分配器型別 `Allocator`，這是一個非必需的
參數，預設為 `std::allocator<T>`。

與陣列相比，建構 `vector` 要靈活得多。由於 `vector` 需要分配動態記
憶體，`vector` 支援了使用者定義的分配器。您可以建構一個預設的

vector，其中不包含任何元素。您也可能需要建構一個空 vector，
以便根據執行時發生的情況，用可變個數的元素來填入。列表 13-8
示範了如何建構一個 vector 並檢查它是否不包含任何元素。

列表 13-8：一個支援預設建構的 vector

```
#include <vector>
TEST_CASE("std::vector supports default construction") {
  std::vector<const char*❶> vec; ❷
  REQUIRE(vec.empty()); ❸
}
```

您宣告一個 vector 的 vec 物件，該物件元素型別為 const char* ❶。
因為它是預設建構的 ❷，所以 vector 不包含任何元素，並且 empty
method 會傳回 true ❸。

您可以用跟初始化陣列一樣的方式，將大括號初始化應用於
vector，這會以指定的元素填入 vector，如列表 13-9 所示。

列表 13-9：一個支援大括號初始化的 vector

```
TEST_CASE("std::vector supports braced initialization ") {
    std::vector<int> fib{ 1, 1, 2, 3, 5 }; ❶
    REQUIRE(fib[4] == 5); ❷
}
```

在這裡，您建構了一個名為 fib 的 vector，並且使用大括號來初始
化 ❶。初始化之後，該 vector 包含五個元素 1、1、2、3 和 5 ❷。

如果您想要用許多相同的值來填入 vector，可以使用**填入建構子**
（*fill constructor*）。要填入建構一個 vector，首先要傳遞與要填充的
元素個數相對應的大小 size_t，另一種做法是將常數參照傳給要複
製的物件。有時需要將所有元素初始化為相同的值，例如，記錄與
特定索引相關的計數。您可能還有一個使用者定義型別的 vector 來
記錄程式狀態，您可能需要透過索引來記錄這樣的狀態。

不幸的是，使用大括號初始化來建構物件的一般規則在這裡被打破了。對於 vector 而言，必須用括號來調用這些建構子；對於編譯器而言，std::vector<int>{99, 100} 指定了一個包含元素 99 和 100 的初始化列表，它將以元素 99 和 100 建構一個 vector。如果您想要一個有 99 個 100 的 vector 呢？

一般來說，編譯器會非常努力地將初始值設定項列表作為元素來填入 vector。您可以嘗試記住規則（請參閱 Scott Meyers 所著的《*Effective Modern C++ 中文版*》中的第 7 項），或者只承諾對 stdlib 容器建構子使用括號。

列表 13-10 突顯了 STL 容器的初始值設定項列表和大括號初始化的一般規則。

列表 13-10：一個支援帶括號的初始值設定項和填入建構子的 vector

```
TEST_CASE("std::vector supports") {
  SECTION("braced initialization") {
    std::vector<int> five_nine{ 5, 9 }; ❶
    REQUIRE(five_nine[0] == 5); ❷
    REQUIRE(five_nine[1] == 9); ❸
  }
  SECTION("fill constructor") {
    std::vector<int> five_nines(5, 9); ❹
    REQUIRE(five_nines[0] == 9); ❺
    REQUIRE(five_nines[4] == 9); ❻
  }
}
```

第一個範例使用大括號初始化來建構一個包含兩個元素的 vector ❶：索引 0 處的 5 ❷ 和索引 1 處的 9 ❸。第二個例範使用括號來調用填入建構子 ❹，它用 5 個數字 9 填入 vector，因此第一個 ❺ 和最後一個 ❻ 元素都是 9。

您還可以透過傳入要複製的範圍的 begin 疊代器和 end 疊代器,以半開放式範圍建構 vector。在各種程式設計環境中,您可能希望拼接出某個範圍的子集,並將其複製到 vector 中做進一步的處理。例如,您可以建構一個 vector 來複製陣列中的所有元素,如列表 13-11 所示。

列表 13-11:從一個範圍建立 vectort

```
TEST_CASE("std::vector supports construction from iterators") {
  std::array<int, 5> fib_arr{ 1, 1, 2, 3, 5 }; ❶
  std::vector<int> fib_vec(fib_arr.begin(), fib_arr.end()); ❷
  REQUIRE(fib_vec[4] == 5); ❸
  REQUIRE(fib_vec.size() == fib_arr.size()); ❹
}
```

您用了五個元素來建構陣列 fib_arr ❶。要用 fib_arr 中的元素建構 vectorfib_vec,可調用 fib_arr 上的 begin 和 end method ❷。所產生的 vector 具有陣列元素的副本 ❸,並且具有相同的 size ❹。

在高的層次上,可以將此建構子視為指向某個目標序列的開始和結束的指標,然後它將複製目標序列。

移動和複製語意

使用 vectors,您可以獲得完整的複製/移動建構/分配支援。任何 vector 的複製操作都可能非常昂貴,因為它們是元素級或深度複製;另一方面,移動操作通常非常快,因為所包含的元素駐留在動態記憶體中,而且從中移動的來源 vector,可以簡單地將所有權傳遞給移動的目標 vector;不需要移動所包含的元素。

元素存取

vector 支援大多數與 array 相同的元素存取操作：at、operator[]、front、back 和 data。

和 array 一樣，可以用 size method 查詢 vector 中所包含的元素個數，這個方法的傳回值在執行時可能會有所不同。另外還可以用 empty method 確定 vector 是否包含任何元素，如果 vector 中沒有任何元素，empty method 將傳回 true；否則，將傳回 false。

添加元素

您可以用各種方法將元素插入到 vector 中，如果要替換 vector 中的所有元素，可以用 assign method，該方法接受初始化列表並替換所有目前的元素。如果需要的話，vector 會調整大小以容納更大的元素列表，如列表 13-12 所示。

列表 13-12：vector 的 assign method

```
TEST_CASE("std::vector assign replaces existing elements") {
  std::vector<int> message{ 13, 80, 110, 114, 102, 110, 101 }; ❶
  REQUIRE(message.size() == 7); ❷
  message.assign({ 67, 97, 101, 115, 97, 114 }); ❸
  REQUIRE(message[5] == 114); ❹
  REQUIRE(message.size() == 6); ❺
}
```

在這裡，您用了七個元素 ❷ 來建構一個 vector ❶。當您指派一個新的、較小的初始值設定項列表時 ❸，所有元素都會被替換 ❹，而且 vector 的 size 會更新以反映新的內容 ❺。

如果要將一個新的元素插入向量中，可以使用 insert method，該方法需要兩個引數：疊代器和要插入的元素，它會把給定元素的副本插入到疊代器所指的現有元素之前，如列表 13-13 所示。

列表 13-13：vector 的 insert method

```
TEST_CASE("std::vector insert places new elements") {
  std::vector<int> zeros(3, 0); ❶
  auto third_element = zeros.begin() + 2; ❷
  zeros.insert(third_element, 10); ❸
  REQUIRE(zeros[2] == 10); ❹
  REQUIRE(zeros.size() == 4); ❺
}
```

您用三個零 ❶ 初始化一個向量，並產生一個指到向量 zeros 第三個元素的疊代器 ❷。接下來，透過傳遞疊代器和值 10 ❸，在第三個元素的前面插入 10 這個值。第三個零元素現在變成了 10 ❹，而 zeros 向量現在包含了四個元素 ❺。

任何時候使用 insert，現有的疊代器都將無效。例如，在列表 13-13 中不能重複使用 third_element：向量的大小可能會改變，並存放到記憶體中新的位址，以致於原來的疊代器指向了無法使用的記憶體。

要將元素插入到 vector 的尾端，可以利用 push_back method。 跟 insert 不同的是，push_back 不需要疊代器引數。只需提供要複製到 vector 中的元素，如列表 13-14 所示。

列表 13-14：vector 的 push_back method

```
TEST_CASE("std::vector push_back places new elements") {
  std::vector<int> zeros(3, 0); ❶
  zeros.push_back(10); ❷
  REQUIRE(zeros[3] == 10); ❸
}
```

同樣地，您用三個零初始化了一個 vector ❶，但是這次是用 push_back method 將元素 10 插入到 vector 的後面 ❷，vector 現在包含四個元素，最後一個元素等於 10 ❸。

您 可 以 用 emplace 和 emplace_back method 就 地 建 構 新 的 元 素。
emplace method 是 一 個 可 變 範 本，與 insert 一 樣，它 接 受 疊 代 器 作
為 第 一 個 參 數。剩 下 的 參 數 被 轉 發 到 相 對 應 的 建 構 子。emplace_back
method 也 是 一 個 可 變 範 本，但 與 push_back 一 樣，它 不 需 要 疊 代
器，而 是 接 受 任 意 個 數 的 引 數，並 將 這 些 引 數 轉 發 給 相 對 應 的 建 構
子。列 表 13-15 示 範 了 這 兩 種 方 法，將 幾 個 pairs 放 到 一 個 vector
中。

列表 13-15：vector 的 emplace_back 和 emplace method

```
#include <utility>

TEST_CASE("std::vector emplace methods forward arguments") {
  std::vector<std::pair<int, int>> factors; ❶
  factors.emplace_back(2, 30); ❷
  factors.emplace_back(3, 20); ❸
  factors.emplace_back(4, 15); ❹
  factors.emplace(factors.begin()❺, 1, 60);
  REQUIRE(factors[0].first == 1); ❻
  REQUIRE(factors[0].second == 60); ❼
}
```

在 這 裡，您 預 設 建 構 了 一 個 由 pair 所 組 成 的 vector，而 每 個 pair
都 是 由 兩 個 int 所 組 成 ❶。您 利 用 emplace_back method 將 三 個
pair 推 送 到 vector 上：2, 30 ❷；3, 20 ❸；和 4, 15 ❹。這 些 值
直 接 轉 發 給 pair 的 建 構 子，就 地 建 構 出 這 些 pairs。接 下 來，用
emplace 透 過 把 factors.begin() 當 作 第 一 個 引 數 來 傳 遞 ❺。這 將 導
致 vector 中 的 所 有 元 素 下 移，以 便 為 新 的 pair(1 ❻，60 ❼) 騰 出
空 間。

NOTE

std::vector<std::pair<int，int>> 完 完 全 全 沒 有 什 麼 特 別，它 就
像 其 他 vector 一 樣，而 這 個 循 序 式 容 器 中 的 每 個 元 素 恰 好 是 一 個
pair。因 為 pair 有 一 個 接 受 兩 個 引 數 的 建 構 子，一 個 用 於 first，
另 一 個 用 於 second，emplace_back 只 需 將 要 寫 入 的 兩 個 值 傳 遞 給 新
創 建 的 pair 即 可 添 加 新 的 元 素。

由於安置（emplacement）方法可以就地建構元素，所以它們似乎比插入方法更有效。這種直覺通常是正確的，但由於複雜和無法令人滿意的原因，它並不總是更快。一般來說，應儘量使用安置方法。如果確定了效能瓶頸，也可以嘗試插入方法。相關細節，請參閱 Scott Meyers 的《*Effective Modern C++ 中文版*》第 42 項。

儲存模型

儘管 vector 就像 array 一樣，元素在記憶體中是連續的，但相似之處僅限於此。vector 具有動態大小，因此必須能夠調整大小；vector 的分配器管理支援 vector 的動態記憶體。

由於分配空間必須花費許多時間成本，vector 會要求比它需要包含當前的元素個數還要更多的記憶體；一旦無法再添加更多的元素，它將請求額外的記憶體。vector 的記憶體總是連續的，因此如果現有 vector 的尾端沒有足夠的空間，它將分配一個全新的記憶體區域，並將 vector 的所有元素移到新的區域中。vector 包含的元素個數稱為其**大小**（*size*），理論上在調整大小之前可以包含的元素個數稱為其**容量**（*capacity*）。圖 13-2 顯示了一個包含三個元素的 vector，該 vector 具有另外三個元素的額外容量。

圖 13-2：vector 儲存模型

如圖 13-2 所示，vector 繼續會超過最後一個元素，容量決定了 vector 在這個空間中可以容納多少個元素。在這個圖中，大小是三，容量是六。您可以把一個 vector 中的記憶體想像成一個禮堂：它的容量可能是 500，但人群規模只有 250。

這種設計的結果是，在 vector 尾端插入會非常快（除非 vector 需要調整大小），然而在其他地方插入會產生額外的成本，因為 vector 需要移動元素來騰出空間。您可以透過 capacity method 取得 vector 目前的容量，也可以透過 max_size method，取得 vector 可以調整大小的絕對最大容量。

如果您提前知道需要一定的容量，可以用 reserve 方法，該方法接受一個 size_t 引數，該引數對應於您想要的容量元素個數；另一方面，如果您剛剛刪除了幾個元素，並且希望將記憶體傳回給分配器，則可以用 shrink_to_fit method，該方法宣稱有多餘的容量。分配器可以決定是否減少容量（這是一個非綁定的呼叫）。

此外，可以刪除 vector 中的所有元素，並且用 clear method 將其大小設為零。

列表 13-16 示範了一個在內聚的情境中所有這些與儲存相關的方法：創建一個空的 vector，保留一堆空間，添加一些元素，釋放多餘的容量，最後清空 vector。

列表 13-16：vector 的儲存空間管理函式（嚴格來說，並不保證 kb_store.capacity() >= 3 ❻ ❽，因為呼叫是非綁定的）

```
#include <cstdint>
#include <array>

TEST_CASE("std::vector exposes size management methods") {
  std::vector<std::array<uint8_t, 1024>> kb_store; ❶
  REQUIRE(kb_store.max_size() > 0);
  REQUIRE(kb_store.empty()); ❷

  size_t elements{ 1024 };
  kb_store.reserve(elements); ❸
  REQUIRE(kb_store.empty());
  REQUIRE(kb_store.capacity() == elements); ❹

  kb_store.emplace_back();
  kb_store.emplace_back();
```

```
    kb_store.emplace_back();
    REQUIRE(kb_store.size() == 3); ❺

    kb_store.shrink_to_fit();
    REQUIRE(kb_store.capacity() >= 3); ❻

    kb_store.clear(); ❼
    REQUIRE(kb_store.empty());
    REQUIRE(kb_store.capacity() >= 3); ❽
}
```

您建構了一個由 array 物件所組成的 vector，叫做 kb_store。它儲存 1 KiB 的記憶體區塊 ❶。除非您用的是一台無法動態分配記憶體的電腦，kb_store.max_size() 會大於零；因為您預設初始化了 vector，所以它是空的 ❷。

接下來，您保留了 1,024 個元素 ❸，這不會改變 vector 為空的狀態，但會增加其容量以符合要求 ❹。現在，vector 保留了 1,024 × 1 KiB=1 MiB 的連續空間。保留空間後，安置三個陣列並檢查 kb_store.size() 是否也相對應地增加 ❺。

您為 1,024 個元素保留了空間。要將沒有用到的 1,024–3=1,021 個元素釋放回分配器，您可以呼叫 shrink_to_fit，這會將容量減少到 3 ❻。

最後，在 vector 上調用 clear ❼，這將清除所有元素並將 vector 大小減為零。但是，因為您沒有再次呼叫 shrink_to_fit ❽，容量仍然保持不變。這很重要，因為如果要再次添加元素，向量不想做額外的工作。

一部分所支援操作的列表

表 13-2 提供了 vector 運算的部分列表。在這個表中，v、v1 和 v2 的型別為 std::vector<T>，t 的型別是 T，alc 是適當的分配器，itr 是疊代器。星號（*）表示此操作至少在某些情況下，會使得指向 v 的元素的原始指標和疊代器無效。

表 13-2：std::vector 操作的部分列表

操作	備註
vector<T>{ ..., [alc]}	對新建構的向量執行大括號初始化，預設 alc=std::allocator<T>。
vector<T>(s,[t], [alc])	用 t 的 s 個副本填入新建構的向量。如果沒有提供 t，則預設為建構 T 個實例。
vector<T>(v)	v 的深層複製；分配新的記憶體。
vector<T>(move(v))	取得 v 中記憶體和元素的所有權，沒有分配新記憶體。
~vector	將向量中所有的元素解構，並釋放動態記憶體。
v.begin()	傳回指向第一個元素的疊代器。
v.cbegin()	傳回指向第一個元素的 const 疊代器。
v.end()	傳回指向最後一個元素的下一個位置的疊代器。
v.cend()	傳回指向最後一個元素的下一個位置的 const 疊代器。
v1 = v2	解構 v1 的元素；複製每個 v2 元素到 v1。只有在需要調整大小以適應 v2 的元素時才會分配記憶體。*
v1 = move(v2)	解構 v1 的元素；移動每個 v2 元素到 v1。只有在需要調整大小以適應 v2 的元素時才會分配記憶體。*
v.at(0)	存取 v 的第 0 個元素，若超出邊界則會引發 std::out_of_range。
v[0]	存取 v 的第 0 個元素，若超出邊界則會產笁未定義行為錯誤。
v.front()	存取第一個元素。
v.back()	存取最後一個元素。
v.data()	若陣列不是空的，則傳回指向第一個元素的原始指標。至於空陣列，則傳回一個有效但無法參照的指標。
v.assign({ ... })	用元素 ... 取代 v 的內容。*
v.assign(s, t)	用 s 個 t 取代 v 的內容。*
v.empty()	若向量大小為零則傳回 true；否則傳回 false。
v.size()	傳回 vector 中的元素個數。

操作	備註
`v.capacity()`	傳回 vector 在無需調整大小的情況下可以容納的最多元素個數。
`v.shrink_to_fit()`	可能會減少 vector 的儲存空間,讓 capacity() 等於 size()。*
`v.resize(s, [t])`	調整 **v** 的大小以容納 **s** 個元素。如果會縮小 **v**,則銷毀後面的元素。如果會增大到 **v**,則插入預設建構的 **T** 或 **t** 的副本(如果有的話)。*
`v.reserve(s)`	增加向量的儲存空間以容納至少 **s** 個元素。*
`v.max_size()`	傳回向量可以調整的最大可能大小。
`v.clear()`	移除 **v** 中所有元素,但仍然保留其容量。*
`v.insert(itr, t)`	在 **itr** 所指向的元素之前插入一個 **t** 的副本;**v** 的範圍必須包含 **itr**。*
`v.push_back(t)`	在 **v** 的最後面插入 t。
`v.emplace(itr, ...)`	透過轉發 ... 引數給適當的建構子在原位置建構 **T**。在 **itr** 所指向的元素之前插入元素。*
`v.emplace_back(...)`	透過轉發 ... 引數給適當的建構子在原位置建構 **T**,在 **v** 的後面插入元素。*
`v1.swap(v2)` `swap(v1, v2)`	把 **v1** 和 **v2** 的所有元素交換。

`v1 == v2`
`v1 != v2`
`v1 > v2`
`v1 >= v2`
`v1 < v2`
`v1 <= v2`
	如果所有元素皆相等,則 **v1** 等於 **v2**。
	比較 **v1** 和 **v2** 從第一個元素到最後一個元素的大小。

特殊用途循序式容器

在大多數需要循序資料結構的情況下,`vector` 和 `array` 容器是明確的選擇,如果您提前知道需要的元素個數,請使用 `array`。如果沒有,就用 `vector`。

您可能會發現自己處於一個特殊的情況，此時 vector 和 array 沒有您想要的效能特徵。本節重點介紹了在這種情況下可能提供優異效能特性的一些替代循序式容器。

Deque

deque（讀作「deck」）是一個循序式容器，能夠從前面和後面進行快速插入和刪除操作。Deque 是「**double-ended queue**」的混成字，STL 的 std::deque 實作是在 <deque> 標頭中。

> **NOTE**
>
> Boost 容器函式庫的 <boost/container/deque.hpp> 標頭中也包含了 boost::container::deque。

vector 和 deque 的介面非常類似，但在內部它們的儲存模型是完全不同的。vector 保證所有元素在記憶體中都是順序的，而 deque 的記憶體通常是分散的，就像 vector 和 list 之間的混合體。這使得大尺寸調整操作更加有效，並支援在容器前面快速插入／刪除元素。

vector 的建構和存取成員操作和 deque 是一樣的。

因為 deque 的內部結構很複雜，所以它不公開 data method，而是以 push_front 和 emplace_front 替代之，這和您所熟悉的 vector 中的 push_back 和 emplace_back 是相同的。列表 13-17 示範了如何利用 push_back 和 push_front 將值插入到由 chars 所組成的 deque 中。

列表 13-17：一個支援 push_front 和 push_back 的 deque

```
#include <deque>

TEST_CASE("std::deque supports front insertion") {
  std::deque<char> deckard;
  deckard.push_front('a'); ❶ //  a
  deckard.push_back('i'); ❷ //  ai
  deckard.push_front('c');    // cai
```

```
deckard.push_back('n');    // cain
REQUIRE(deckard[0] == 'c'); ❸
REQUIRE(deckard[1] == 'a');
REQUIRE(deckard[2] == 'i');
REQUIRE(deckard[3] == 'n');
}
```

在建構了一個空的 deque 之後，您將交替地將字母推送到 deque 的前面 ❶ 和後面 ❷，這樣它就包含了元素 c、a、i 和 n ❸。

> **NOTE**
>
> 由於 deque 並不保證內部的格局，在這裡嘗試提取字串（例如 &deckard[0]）是一個非常糟糕的想法。

基於以下的原因，deque 並未實作 vector method：

capacity, reserve　由於內部結構複雜，計算容量可能效率不高。此外，deque 分配。速度相對較快，因為 deque 不會移動現有元素，因此不需要提前保留記憶體。

data　deque 的元素為非連續。

表 13-3 總結了 deque 有提供但 vector 沒有提供的額外運運算元。在這個表中，d 的型別是 std::deque<T>，t 的型別是 T，星號（*）表示這個操作至少在某些情況下使得指向 v 的元素的疊代器無效。（指向現有元素的指標仍然有效。）

表 13-3：std::deque 操作的部分列表

操作	備註
d.emplace_front(...)	透過將所有引數轉發給適當的建構子，在 **d** 的前面建構原地一個元素 *
d.push_front(t)	透過複製 **t** 在 **d** 前面原地建構一個元素。*
d.pop_front()	移除 **d** 前面的元素。*

List

list 是一個循序式容器，任何位置都可以進行快速插入／刪除操作，但無法隨機存取元素。STL 在 `<list>` 標頭中實作了 `std::list`。

> **NOTE**
>
> Boost 容器函式庫的 `<boost/container/list.hpp>` 標頭中也包含了 `boost::container::list`。

列表（list）是以雙向鏈結列表來實作，這是一個以節點（*node*）所組成的資料結構。每個節點包含一個元素、一個前向鏈結（"flink"）和一個後向鏈結（"blink"）。這與 vector 完全不同，vector 的元素是儲存在連續的記憶體中。因此，不能使用 `operator[]` 或 `at` 來存取 list 中的任意元素，因為這樣的操作效率非常低。（這些方法由於其效能極差的緣故，在 list 中根本不可用。）不過換來的是在 list 中插入和刪除元素要快得多。您所需要更新的只是元素鄰居的前向鏈結和後向鏈結，而不需要搬動可能會很大的、連續的元素範圍。

list 容器支援與 vector 相同的建構子樣式。

您可以對列表執行特殊操作，例如以 `splice` method 將一個列表中的元素拼接到另一個列表中、以 `unique` method 刪除連續的重複元素，甚至以 `sort` method 對容器的元素進行排序。例如，考慮 `remove_if` method。`remove_if` method 接受一個函式物件當作參數，並遍歷 list 時在每個元素上調用函式物件。如果結果為 `true`，則 `remove_if` 會移除元素。列表 13-18 示範了如何用 `remove_if` method 移除帶有 lambda 謂詞的列表中的所有偶數。

列表 13-18：一個支援 `remove_if` 的 list

```
#include <list>

TEST_CASE("std::list supports front insertion") {
```

```
    std::list<int> odds{ 11, 22, 33, 44, 55 }; ❶
    odds.remove_if([](int x) { return x % 2 == 0; }); ❷
    auto odds_iter = odds.begin(); ❸
    REQUIRE(*odds_iter == 11); ❹
    ++odds_iter; ❺
    REQUIRE(*odds_iter == 33);
    ++odds_iter;
    REQUIRE(*odds_iter == 55);
    ++odds_iter;
    REQUIRE(odds_iter == odds.end()); ❻
}
```

在這裡，您用大括號初始化填入由 int 物件所組成的 list ❷。接下來，用 remove_if method 移除所有偶數 ❷。由於只有偶數除以 2 的餘數為零，所以這個 lambda 是用來測試一個數是否為偶數。為了確定 remove_if 是否移除了偶數元素 22 和 44，您可以創建一個指向列表開頭的疊代器 ❸，檢查其值 ❹，並遞增該疊代器 ❺，直到抵達列表的尾端 ❻。

list 中未實作的所有 vector 方法及其缺失的解釋如下：

capacity, reserve, shrink_to_fit 由於列表以遞增方式取得記憶體，所以不需要定期調整大小。

operator[], at 隨機元素存取在列表中非常昂貴。

data 不需要，因為 list 元素為非連續。

表 13-4 總結了 list 有提供而 vector 沒有提供的額外運運算元。在此表中，lst、lst1 和 lst2 的型別為 std::list<T>，而 t 的型別為 T。引數 itr1、itr2a 和 itr2b 為 list 疊代器。星號（*）表示該操作至少在某些情況下使 v 的元素的疊代器無效。（指向現有元素的指標仍然有效。）

表 13-4：std::list 操作的部分列表

操作	備註
lst.emplace_front(...)	將所有引數轉發給相對應的建構子，在 lst 的前面建構一個元素。
lst.push_front(t)	把 t 複製到 lst 前面來建構一個元素。
lst.pop_front()	移除 lst 最前面的元素。
lst.push_back(t)	把 t 複製到 lst 的後面，在原地建構一個元素。
lst.pop_back()	移除 lst 最後面的元素。
lst1.splice(itr1,lst2, [itr2a], [itr2b])	在 itr1 位置將項目從 lst2 轉移到 lst1。亦或只把在 itr2a 處的元素轉移或只轉移半開範圍 (itr2a, itr2b) 內的元素。
lst.remove(t)	移除 lst 中所有等於 t 的元素。
lst.remove_if(pred)	清除 lst 中 pred 傳回 true 的元素；pred 接收單一引數 T。
lst.unique(pred)	根據函式物件 pred 清除 lst 中重複的連續元素，該物件接收兩個引數 T 並傳回 t1 == t2。
lst1.merge(lst2, comp)	根據函式物件 comp 合併 lst1 和 lst2，而 comp 接收兩個引數 T 並傳回 t1 < t2。
lst.sort(comp)	根據函式物件 comp 將 lst 排序。
lst.reverse()	把 lst 的元素順序反轉（把 lst 變種）。

NOTE

STL 的 <forward_list> 標頭也提供了 std::forward_list，這是一個單鏈結列表，只允許在一個方向上進行反覆運算。forward_list 的效率略高於 list，而且針對需要儲存很少（或沒有）元素的情況做了最佳化。

Stack

STL 提供了三種容器轉接器（*container adapter*）來封裝其他 STL 容器，並為訂製的情況提供了特殊介面。這些轉接器是堆疊（stack）、佇列（queue）和優先權佇列（priority queue）。

stack 是一種具有 push 和 pop 兩種基本操作的資料結構。當您將元素插入 stack 時，元素即為 stack 的尾端。從 stack 中刪除元素時，將從 stack 的尾端刪除該元素。這種排列稱為後進先出（*last-in, first-out*）：最後一個被推到 stack 上的元素是第一個被**彈出**的元素。

STL 在 <stack> 標頭中提供了 std::stack。stack 類別範本接受兩個範本參數，第一個是容器所包覆的底層型別（例如 int），第二個是容器本身的型別（例如 deque 或 vector）。第二個參數是非必需的選項，預設為 deque。

要建構 stack，可以傳入要封裝的 deque、vector 或 list 的參照，stack 會將其操作（例如 push 和 pop）轉換為像是 push_back 和 pop_back 這些底層容器可以理解的方法。如果不提供建構子參數，則預設情況下 stack 會使用 deque。第二個範本參數必須與此容器的型別相符合。

要取得 stack 頂部元素的參照，可以利用 top method。

列表 13-19 示範了如何用 stack 來包覆 vector。

列表 13-19：用 stack 來包覆 vector

```
#include <stack>

TEST_CASE("std::stack supports push/pop/top operations") {
  std::vector<int> vec{ 1, 3 };  ❶  // 1 3
  std::stack<int, decltype(vec)> easy_as(vec);  ❷

  REQUIRE(easy_as.top() == 3);  ❸
  easy_as.pop();  ❹                 // 1
  easy_as.push(2);  ❺               // 1 2
  REQUIRE(easy_as.top() == 2);  ❻
  easy_as.pop();                    // 1
  REQUIRE(easy_as.top() == 1);
  easy_as.pop();                    //
  REQUIRE(easy_as.empty());  ❼
}
```

您建構一個由 int 所組成的 vector，叫做 vec，內有元素 1 和 3 ❶。接著將 vec 傳給新建 stack 的建構子，並確保有提供第二個範本參數 decltype(vec) ❷。現在 stack 中的頂部元素為 3，因為這是 vec 中的最後一個元素 ❸。在第一個 pop ❹ 之後，您將新元素 2 推送到 stack 上 ❺。現在，top 元素是 2 ❻。在經過一系列的 pop-top-pop 操作之後，stack 變成空的 ❼。

表 13-5 總結了 stack 的操作。在該表中，s、s1 和 s2 的型別為 std::stack<T>；t 的型別為 T；而 ctr 的型別為 ctr_type<T>。

表 13-5：std::stack 操作總結

操作	備註
stack<T, [ctr_type<T>]>([ctr])	用 **ctr** 當作其內部容器參照來建構 **T** 的堆疊。若沒有提供容器，則建構一個空的 **deque**。
s.empty()	若容器為空則傳回 true。
s.size()	傳回容器中有多少個元素。
s.top()	傳回 stack 最上面元素的參照。
s.push(t)	把 **t** 複製到容器的最後面。
s.emplace(...)	把 **...** 傳遞給適當的建構子，在原地建構一個 **T**。
s.pop()	移除容器的最上面的元素。
s1.swap(s2) swap(s1, s2)	把 **s1** 和 **s2** 的內容交換。

Queue

佇列（*queue*）是一種資料結構，和 stack 一樣，它的基本操作是 push 和 pop。和 stack 不同的是，queue 是**先進先出**（*first-in, first-out*）。當您將一個元素推入 queue 時，您將插入到 queue 的尾端。當您從 queue 中彈出一個元素時，您將從 queue 的開頭刪除它。這樣，queue 中待的最久的元素就是被彈出的元素。

STL 在 <queue> 標頭中提供了 std::queue。和 stack 一樣，queue 接受兩個範本參數。第一個參數是容器所要包覆的底層型別，可選的第二個參數是容器本身的型別，預設也是 deque。

在 STL 容器之中，您只能用 deque 或 list 當作 queue 的底層容器，因為從 vector 的前端推送和彈出的效率非常低。

您可以用 front 和 back method 存取佇列前端或後端的元素。

列表 13-20 示範了如何使用 queue 包覆 deque。

列表 13-20：用 queue 包覆 deque

```
#include <queue>

TEST_CASE("std::queue supports push/pop/front/back") {
  std::deque<int> deq{ 1, 2 }; ❶
  std::queue<int> easy_as(deq); ❷ // 1 2

  REQUIRE(easy_as.front() == 1); ❸
  REQUIRE(easy_as.back() == 2); ❹
  easy_as.pop(); ❺                    // 2
  easy_as.push(3); ❻                  // 2 3
  REQUIRE(easy_as.front() == 2); ❼
  REQUIRE(easy_as.back() == 3); ❽
  easy_as.pop();                      // 3
  REQUIRE(easy_as.front() == 3);
  easy_as.pop();                      //
  REQUIRE(easy_as.empty()); ❾
}
```

您從含有元素 1 和 2 的 deque 開始 ❶，將其傳遞到一個名為 easy_as 的佇列中 ❷。利用 front 和 back method，可以驗證佇列是以 1 開始 ❸，並以 2 結束 ❹。當 pop 第一個元素 1 時，佇列中只剩下一個元素 2 ❺。然後您 push 3 到佇列 ❻，此時呼叫 front method 會得到 2 ❼，而 back method 會得到 3 ❽。再經過兩次 pop-front 反覆運算之後，剩下的是一個空的 queue。

表 13-6 總結了 queue 的操作。在該表中，q、q1 和 q2 的型別為 std::queue<T>；t 的型別為 T；而 ctr 的型別為 ctr_type<T>。

表 13-6：std::queue 操作摘要

操作	備註
queue<T, [ctr_type<T>]>([ctr])	用 ctr 當作內部容器建構一個型別為 T 的 queue。如果沒有提供容器，則建構一個空的 deque。
q.empty()	若容器是空的則傳回 true。
q.size()	傳回容器中的元素個數。
q.front()	傳回 queue 最前面元素的參照。
q.back()	傳回 queue 最後面元素的參照。
q.push(t)	把 t 複製到容器的最後面。
q.emplace(...)	轉傳 ... 給適當的建構子，並在原地建構一個 T。
q.pop()	移除容器最前面的元素。
q1.swap(q2) swap(q1, q2)	把 q1 和 q2 的內容交換。

優先權佇列（堆積）

優先權佇列（*priority queue*）（又稱為堆積（heap））是一種資料結構，它支援 push 和 pop 操作，並根據使用者指定的比較器物件（*comparator object*）對元素進行排序。呼叫比較器物件時需用到兩個參數，如果第一個引數小於第二個引數，則傳回 true。根據比較器物件，當您從優先權佇列中 pop 出一個元素時，會刪除最大的元素。

在 STL 的 <queue> 標頭中提供了 std::priority_queue。priority_queue 有三個範本參數：

* 容器所要包覆的底層型別
* 要用來包覆的容器型別
* 比較器物件的型別

只有底層型別是必需的，包覆容器型別預設為 vector（可能是因為它是最廣泛使用的循序式容器），而比較器物件型別預設為 std::less。

> **NOTE**
>
> std::less 類別範本是定義於 <functional> 標頭中，如果第一個引數小於第二個引數會傳回 true。

priority_queue 具有與 stack 相同的介面。唯一的區別是，堆疊是根據後進先出的規則來 pop 元素，而優先權佇列是根據比較器物件的比較結果來決定要 pop 哪一個元素。

列表 13-21 說明了 priority_queue 的基本用法。

列表 13-21：基本 priority_queue 用法

```
#include <queue>

TEST_CASE("std::priority_queue supports push/pop") {
  std::priority_queue<double> prique; ❶
  prique.push(1.0); // 1.0
  prique.push(2.0); // 2.0 1.0
  prique.push(1.5); // 2.0 1.5 1.0

  REQUIRE(prique.top() == Approx(2.0)); ❷
  prique.pop();      // 1.5 1.0
  prique.push(1.0); // 1.5 1.0 1.0
  REQUIRE(prique.top() == Approx(1.5)); ❸
  prique.pop();      // 1.0 1.0
  REQUIRE(prique.top() == Approx(1.0)); ❹
  prique.pop();      // 1.0
  REQUIRE(prique.top() == Approx(1.0)); ❺
  prique.pop();      //
  REQUIRE(prique.empty()); ❻
}
```

在這裡，您預設建構了一個 priority_queue ❶，它在內部初始化一個空 vector 來保存它的元素。將元素 1.0、2.0 和 1.5 推入 priority_queue 中，並按照由大到小依次排列元素，以便容器以 2.0 1.5 1.0 的順序表示它們。

您斷言 top 會產生 2.0 ❷，將這個元素從 priority_queue 中彈出，然後調用 push 將新元素 1.0 推入容器。容器現在以 1.5 ❸ 1.0 ❹ 1.0 ❺ 的順序來表示它們，您可以透過一系列 top-pop 操作來驗證，直到容器變成空的為止 ❻。

> **NOTE**
>
> priority_queue 將它的元素保存在樹狀結構中，因此如果您查看它的底層容器，記憶體順序與列表 13-21 所示的順序會不一樣。

表 13-7 總結了 priority_queue 的操作。在該表中，pq、pq1 和 pq2 的型別為 std::priority_queue<T>；t 的型別是 T；ctr 是由 ctr_type<T> 型別所組成的容器；而 srt 是由 srt_type<T> 型別所組的容器。

表 13-7：std::priority_queue 操作摘要

操作	備註
priority_queue <T, [ctr_type<T>], [cmp_type]>([cmp], [ctr])	用 ctr 當作內部容器和 srt 當作比較物件，來建構型別為 T 的 priority_queue。如果沒有提供容器，則建構一個空的 deque。預設排序方式為 std::less。
pq.empty()	若容器是空的則傳回 true。
pq.size()	傳回容器中有多少個元素。
pq.top()	傳回容器中最大元素的參照。
pq.push(t)	把 t 複製到容器的最後面。
pq.emplace(...)	把 ... 轉傳到適當的建構子，並在原地建構一個 T。
pq.pop()	移除容器最後面的元素。

操作	備註
pq1.swap(**pq2**) swap(**pq1, pq2**)	把 **s1** 和 **s2** 的內容交換。

Bitset

位元集（*bitset*）是儲存固定大小位元序列的資料結構，您可以操縱每一個位元。

在 STL 的 `<bitset>` 標頭中提供了 `std::bitset`。類別範本 `bitset` 接受單一範本參數以指定所需大小。您可以用 `bool array` 實作類似的功能，但 `bitset` 將空間效率最佳化，並提供了一些特殊的方便操作。

> **NOTE**
>
> STL 將 `std::vector<bool>` 專門化，使其能受益於與 `bitset` 相同的空間效率。（在第 236 頁的「範本專門化」說明範本專門化是使某些型別的範本在產生實例時，更為有效率的過程。）Boost 提供了 `boost::dynamic_bitset`，可在執行時提供動態大小調整。

預設建構的 `bitset` 所有位元皆為零（false）。要用其他內容初始化位元集，可以提供 `unsigned long long` 的值。此整數的個別位元表示法可用來設定 `bitset` 的值。您可以用 `operator[]` 存取 `bitset` 中的各個位元。列表 13-22 示範了如何用整數字面值來初始化 `bitset` 並提取其元素。

列表 13-22：用整數初始化 *bitset*

```
#include <bitset>

TEST_CASE("std::bitset supports integer initialization") {
  std::bitset<4> bs(0b0101); ❶
  REQUIRE_FALSE(bs[0]); ❷
  REQUIRE(bs[1]); ❸
```

```
    REQUIRE_FALSE(bs[2]); ❹
    REQUIRE(bs[3]); ❺
}
```

您用 4 位元的半位元組（*nybble*）0101 初始化一個 bitset ❶。因此，第一個 ❷ 和第三個 ❹ 元素為零，第二個 ❸ 和第四個 ❺ 元素為 1。（譯註：operator[] 存取位元的順序為從右到左）

您也可以用字串表示法來提供 bitset 所需的位元樣式，如列表 13-23 所示。

列表 13-23：用字串初始化 bitset

```
TEST_CASE("std::bitset supports string initialization") {
    std::bitset<4> bs1(0b0110); ❶
    std::bitset<4> bs2("0110"); ❷
    REQUIRE(bs1 == bs2); ❸
}
```

這裡，您用相同的整數半位元組 0b0110 ❶ 建構一個名為 bs1 的 bitset，並用字串字面值 0110 建構另一個名為 bs2 的 bitset ❷。這兩種初始化方法都產生相同的 bitset 物件 ❸。

表 13-8 總結了 bitset 的操作。在該表中，bs、bs1 和 bs2 的型別是 std::bitset<N>，i 的型別是 size_t。

表 13-8：std::bitset 操作摘要

操作	備註
bitset<N>([val])	建構初始值為 **val** 的 bitset，該值可以是 **0** 和 **1** 的字串，也可以是 unsigned long long。預設建構子會將所有位元初始化為零。
bs[i]	傳回第 **i** 個位元的值：1 傳回 true；0 傳回 false。
bs.test(i)	傳回第 **i** 個位元的值：1 傳回 true；0 傳回 false。進行邊界檢查並引發 std::out_of_range。
bs.set()	把所有位元設成 1。

操作	備註
bs.set(**i, val**)	把第 **i** 個位元設為 **val**，進行邊界檢查；引發 std::out_of_range。
bs.reset()	把所有位元設成 0。
bs.reset(**i**)	把第 **i** 個位元設為零，進行邊界檢查；傳回 std::out_of_range。
bs.flip()	翻轉所有位元：（0 變成 1；1 變成 0）。
bs.flip(**i**)	把第 **i** 個位元翻轉為零。進行邊界檢查；引發 std::out_of_range。
bs.count()	傳回 1 的位元有幾個。
bs.size()	傳回 bitset 的大小 **N**。
bs.any()	若有任何位元為 1 則傳回 true。
bs.none()	若所有位元皆為 0 則傳回 true。
bs.all()	若所有位元皆為 1 則傳回 true。
bs.to_string()	傳回用 **string** 表示的 **bitset**。
bs.to_ulong()	傳回用 **unsigned long** 表示的 **bitset**。
bs.to_ullong()	傳回用 **unsigned long long** 表示的 **bitset**。

特殊序列式 Boost 容器

Boost 提供了大量的特殊容器，這裡沒有足夠的空間來探索它們的所有特性；表 13-9 提供了其中一些項目的名稱、標題和簡要說明。

> **NOTE**
>
> 有關詳細資訊，請參閱 Boost 容器說明文件。

表 13-9：特殊 Boost 容器

類別／標頭檔	描述
boost::intrusive::* <boost/intrusive/*.hpp>	侵入式容器對其包含的元素施加要求（例如從特定基礎類別繼承），它們提供了可觀的效能益處作為交換條件。

類別／標頭檔	描述
`boost::container::stable_vector` `<boost/container/stable_vector.hpp>`	一個沒有連續元素的向量，但保證只要元素沒有被刪除（如 list）的話，疊代器和對元素的參照會保持其有效性。
`boost::container::slist` `<boost/container/slist.hpp>`	具有快速 size 方法的 forward_list。
`boost::container::static_vector` `<boost/container/static_vector.hpp>`	一種陣列和向量的混合體，可儲存動態的元素個數直到某個固定的大小。元素像陣列一樣儲存在 `stable_vector` 的記憶體中。
`boost::container::small_vector` `<boost/container/small_vector.hpp>`	為容納少量元素而最佳化的類似 vector 的容器。包含一些預先分配的空間，以避免動態分配記憶體。
`boost::circular_buffer` `<boost/circular_buffer.hpp>`	固定容量，類似佇列的容器，以循環方式填入元素；一旦達到容量，新元素將覆蓋最舊的元素。
`boost::multi_array` `<boost/multi_array.hpp>`	接受多個維度的類似陣列的容器。例如，您可以直接指定存取三維 `multi_array` x 的元素，例如 x[5][1][2]，而不需要指定陣列的陣列的陣列。

`boost::ptr_vector`
`boost::ptr_list`
`<boost/ptr_container/*.hpp>`
	有一組可能是部分最佳化的智慧指標。指標向量以更高效和使用者友善的方式管理動態物件的集合。

> **NOTE**
>
> Boost Intrusive 還包含一些專用容器，在某些情況下提供效能優勢，它們主要是用於函式庫的實作。

關聯式容器

關聯式容器（*associative container*）允許非常快速的元素搜尋。循序式容器有一些自然的順序，允許您按照指定的順序從容器的開始到結束進行反覆運算；關聯式容器有點不同，此容器沿著三個主軸拆分成三個族群：

- 元素是否包含鍵（set）或鍵值對（map）
- 元素是否有先後次序
- 鍵是否唯一

set

STL 的 `<set>` 標頭中的 `std::set` 是一個關聯式容器，它包含了已排序而且唯一的元素稱為**鍵**（*key*）。由於 set 儲存已排序的元素，因此可以高效率地插入、刪除和搜尋；此外，set 支援對其元素進行排序反覆運算，並且您可以完全控制如何使用比較器物件對鍵進行排序。

> **NOTE**
>
> Boost 在 `<boost/container/set.hpp>` 標頭中也提供了 `boost::container::set`。

建構

類別範本 `set<T, Comparator, Allocator>` 接受三個範本參數：

- 鍵的型別 T 預設為 `std::less` 的比較器型別
- 預設為 `std::allocator<T>` 的分配器型別

建構 set 時有很大的靈活性。以下每個建構子都接受非必需的 comparator 和 allocator（其型別必須與其對應的範本參數相符合）：

- 初始化空的 set 的預設建構子
- 具有一般的行為移動和複製建構子
- 將元素從範圍複製到集合的範圍建構子
- 帶有大括號的初始值設定項

列表 13-24 示範了每個建構子。

列表 13-24：set 的建構子

```
#include <set>

TEST_CASE("std::set supports") {
  std::set<int> emp; ❶
  std::set<int> fib{ 1, 1, 2, 3, 5 }; ❷
  SECTION("default construction") {
    REQUIRE(emp.empty()); ❸
  }
  SECTION("braced initialization") {
    REQUIRE(fib.size() == 4); ❹
  }
  SECTION("copy construction") {
    auto fib_copy(fib);
    REQUIRE(fib.size() == 4); ❺
    REQUIRE(fib_copy.size() == 4); ❻
  }
  SECTION("move construction") {
    auto fib_moved(std::move(fib));
    REQUIRE(fib.empty()); ❼
    REQUIRE(fib_moved.size() == 4); ❽
  }
  SECTION("range construction") {
    std::array<int, 5> fib_array{ 1, 1, 2, 3, 5 };
    std::set<int> fib_set(fib_array.cbegin(), fib_array.cend());
    REQUIRE(fib_set.size() == 4); ❾
  }
}
```

您預設建構 ❶ 和用大括號初始化 ❷ 了兩個不同的 set：預設建構的 set 是空的，取名為 emp ❸，大括號初始化的 set 有四個元素，取名為 fib ❹。您在大括號初始化時包含了五個元素，為什麼只剩四個元素？回想一下，set 元素是唯一的，因此 1 只輸入一次。

接下來，複製建構 fib，結果得到兩個大小為 4 的 set ❺ ❻。另一方面，移動建構子清空了當作來源的 set ❼，並將元素轉移到新的 set ❽。

接下來您可以從一個範圍初始化一個 set。建構一個包含五個元素的
array，然後用 cbegin 和 cend method 當作範圍傳給 set 建構子。與
前面程式碼中帶括號的初始化一樣，set 只包含四個元素，因為重複
項會被丟棄 ❾。

移動和複製語意

除了移動和複製建構子之外，還有移動和複製指派運算子可以使
用。與其他容器複製操作一樣，複製 set 可能會非常慢，因為每個
元素都需要複製，而移動操作通常很快，因為元素是駐留在動態記
憶體中。一個 set 可以簡單地轉移所有權而不會干擾到元素。

元素存取

從 set 中提取元素有幾個選項：基本方法是 find，它接受對鍵的
const 參照並傳回疊代器。如果 set 包含能找到對應元素的鍵，find
將傳回指向找到的元素的疊代器。如果找不到的話，find 將傳回一
個指向 end 的疊代器。lower_bound method 傳回指向第一個不小於
鍵的元素的疊代器，而 upper_bound method 傳回指向第一個大於給
定鍵的元素的疊代器。

set 類別支援兩個額外的查找方法，主要用於非唯一關聯式容器的相
容性：

- count method 傳回與鍵匹配的元素個數，由於 set 的元素是唯一
  的，count 只會傳回 0 或 1。

- equal_range method 傳回一個半開放式範圍，其中包含與給
  定鍵匹配的所有元素。範圍傳回一對 std::pair 疊代器，其中
  first 疊代器指向匹配的元素，second 疊代器指向 first 疊代器
  之後的元素。如果 equal_range 沒有找到匹配的元素，則 first
  和 second 元素都會指向大於給定鍵的第一個元素，也就是說，
  equal_range 所傳回的一對值等同於以 lower_bound 為 first、以
  upper_bound 為 second 的一個 pair。

列表 13-25 示範了這兩種存取方法。

列表 13-25：set 成員存取

```
TEST_CASE("std::set allows access") {
  std::set<int> fib{ 1, 1, 2, 3, 5 }; ❶
  SECTION("with find") { ❷
    REQUIRE(*fib.find(3) == 3);
    REQUIRE(fib.find(100) == fib.end());
  }
  SECTION("with count") { ❸
    REQUIRE(fib.count(3) == 1);
    REQUIRE(fib.count(100) == 0);
  }
  SECTION("with lower_bound") { ❹
    auto itr = fib.lower_bound(3);
    REQUIRE(*itr == 3);
  }
  SECTION("with upper_bound") { ❺
    auto itr = fib.upper_bound(3);
    REQUIRE(*itr == 5);
  }
  SECTION("with equal_range") { ❻
    auto pair_itr = fib.equal_range(3);
    REQUIRE(*pair_itr.first == 3);
    REQUIRE(*pair_itr.second == 5);
  }
}
```

首先，用四個元素 1 2 3 5 建構一個 set ❶，您可以利用 find 提取元素 3 的疊代器，另外由於 find 傳回指向 end 的疊代器，可以確定 100 不在 set 中 ❷。您可以利用 count 確定類似的資訊，當您傳給 count 的鍵是 3 時會傳回 1，而當您傳給 count 的鍵是 100 時會傳回 0 ❸。當您將 3 傳給 lower_bound method 時，它會傳回一個指向 3 的疊代器，因為這是不小於引數的第一個元素 ❹。另一方面，當您將 3 傳給 upper_bound 時，將得到指向元素 5 的指標，因為這是大於引數的第一個元素 ❺。最後，當您將 3 傳給 equal_range method 時，將

得到一個疊代器的 pair，其中 first 疊代器指向 3，second 疊代器
指向 5，也就是緊接著 3 之後的下一個元素 ❻。

set 還透過 begin 和 end method 將其疊代器公開，因此可以使用以
範圍為基礎的 for 迴圈從最小元素到最大元素遍歷 set。

加入元素

要把元素加入 set 中有三種途徑：

- insert 將現有元素複製到 set 中

- emplace 就地建構新元素到 set 中

- emplace_hint 就地建構新元素，就像 emplace 一樣（因為加入元
  素需要排序）。區別在於 emplace_hint method 把疊代器當作第
  一個引數，這個疊代器是搜尋的起點（也就是 hint）。如果疊代器
  接近新插入元素的正確位置，可以很讓插入的速度快很多。

列表 13-26 示範了將元素插入到 set 中的幾種方法。

列表 13-26：插入 set

```
TEST_CASE("std::set allows insertion") {
  std::set<int> fib{ 1, 1, 2, 3, 5 };
  SECTION("with insert") { ❶
    fib.insert(8);
    REQUIRE(fib.find(8) != fib.end());
  }
  SECTION("with emplace") { ❷
    fib.emplace(8);
    REQUIRE(fib.find(8) != fib.end());
  }
  SECTION("with emplace_hint") { ❸
    fib.emplace_hint(fib.end(), 8);
    REQUIRE(fib.find(8) != fib.end());
  }
}
```

insert ❶ 和 emplace ❷ 都會把元素 8 加到 fib 中,因此當您調用 find 以 8 當作參數時,會得到一個指向新元素的疊代器。用 emplace_hint 可以更有效地實現相同的效果 ❸。因為您提前知道新元素 8 大於 set 中的所有其他元素,所以可以用 end 當作 hint。

如果您試圖將已存在的鍵 insert、emplace 或 emplace_hint 到 set 中,則該操作不會有任何作用。這三個方法都傳回一個 std::pair<Iterator, bool>,其中 second 元素指出插入是否成功 (true)或失敗(false)。疊代器 first 會指向新插入的元素或阻止插入的現有元素。

移除元素

您可以用 erase 從 set 中移除元素,多載的 erase 可以接受鍵、疊代器或半開放式範圍,如列表 13-27 所示。

列表 13-27:從 set 中移除

```
TEST_CASE("std::set allows removal") {
  std::set<int> fib{ 1, 1, 2, 3, 5 };
  SECTION("with erase") { ❶
    fib.erase(3);
    REQUIRE(fib.find(3) == fib.end());
  }
  SECTION("with clear") { ❷
    fib.clear();
    REQUIRE(fib.empty());
  }
}
```

在第一個測試中,您把鍵 3 傳給 erase,這會從 set 中移除相對應的元素。當您把 3 傳給 find 時,會得到一個指向 end 的疊代器,這表示沒有找到匹配的元素 ❶。在第二個測試中,您調用了 clear,這會清除 set 中的所有元素 ❷。

儲存模型

set 通常用紅黑樹（*red-black tree*）來實作，因此運算的速度很快。這些結構將每個元素視為一個節點。每個節點都有一個父節點和最多兩個子節點，即左腿和右腿。每個節點都按照所有左邊子節點都小於其右邊子節點的方式排序。這樣，只要樹的左右分支大致平衡（長度相等），就可以比線性反覆運算更快地執行搜尋。紅黑樹在插入和刪除後，會執行額外的函式來重新平衡左右分枝。

> **NOTE**
>
> 有關紅黑樹的詳細資訊，請參閱 Adam Drozdek 所著的《Data Structures and Algorithms in C++》。

一部分支援的操作列表

表 13-10 總結了 set 的操作。操作 s、s1 和 s2 的型別為 std::set<T, [cmp_type<T>]>。T 是組成 set 的元素／鍵的型別，itr、beg 和 end 是 set 疊代器。變數 t 的型別是 T。匕首符號（†）表示傳回 std::pair<Iterator, bool> 的 method，其中疊代器指向運算結果的元素，如果該 method 插入了元素，則 bool 會等於 true；如果元素已經存在，則 bool 會是 false。

表 13-10：std::set 匯總

操作	備註
set<T>{ ..., [cmp], [alc] }	對新建構的集合進行大括號初始化，預設為使用 cmp=std::less<T> 和 alc=std::allocator<T>。
set<T>{ beg, end, [cmp], [alc] }	範圍建構子將元素從半開放範圍 (beg, end) 複製到 set，預設為使用 cmp=std::less<T> 和 alc=std::allocator<T>。
set<T>(s)	深層複製 s；分配新的記憶體。
set<T>(move(s))	取得 s 元素記憶體的所有權；不會分配新的記憶體。
~set	解構所有 set 所包含的元素，並釋放動態記憶體。

操作	備註
s1 = s2	解構 s1 的元素；複製 s2 的每一個元素。只有在需要時才會分配記憶體以容納 s2 的元素。
s1 = move(s2)	解構 s1 的元素；移動 s2 的每一個元素。只有在需要時才會分配記憶體以容納 s2 的元素。
s.begin()	傳回指向第一個元素的疊代器。
s.chegin()	傳回指向第一個元素的 const 疊代器。
s.end()	傳回指向最後一個元素的下一個位置的疊代器。
s.cend()	傳回指向最後一個元素的下一個位置的 const 疊代器。
s.find(t)	傳回疊代器指向符合指定值 t 的元素，如果找不到的話就傳回 s.end()。
s.count(t)	若集合中包含 t 則傳回 1；否則傳回 0。
s.equal_range(t)	傳回一對疊代器的 pair，對應於符合指定值 t 的半開放範圍的元素。
s.lower_bound(t)	傳回疊代器指向第一個不小於 t 的元素，若該元素不存在則傳回 s.end()。
s.upper_bound(t)	傳回疊代器指向第一個大於 t 的元素，若該元素不存在則傳回 s.end()。
s.clear()	移除集合中所有的元素。
s.erase(t)	移除所有等於 t 的元素
s.erase(itr)	移除所有 itr 所指向的元素。
s.erase(beg, end)	移除半開放範圍 (beg, end) 內所有的元素。
s.insert(t)	複製 t 並插入到集合中。
s.emplace(...)	轉傳 ... 引數並在原地建構 T。
s.emplace_hint(itr, ...)	轉傳 ... 引數並在原地建構 T，在 itr 所提示的位置插入新的元素。
s.empty()	若集合的大小為零則傳回 true，否則傳回 false。
s.size()	傳回集合中有多少個元素。
s.max_size()	傳回集合中最多可以有多少個元素。

操作	備註
s.extract(t) s.extract(itr)	取得一個節點控制碼，該控制碼擁有與 t 相同的元素或由 itr 所指向的元素。（這是刪除「只能移動」的元素的唯一方法。）
s1.merge(s2) s1.merge(move(s2))	將 s2 的每個元素拼接到 s1 中。如果引數為右值，則將元素移到 s1 中。
s1.swap(s2) swap(s1, s2)	交換 s1 和 s2 的每一個元素。

多重集

STL 的 `<set>` 標頭中的 `std::multiset` 是一個包含了鍵值已排序但卻非唯一的關聯式容器。多重集（multiset）支援與 set 相同的操作，不過它會儲存冗餘元素。這對兩個 method 有重大影響：

- count method 可傳回 0 或 1 以外的值。multiset 的 count method 將告訴您符合給定鍵的元素個數。
- equal_range 可傳回包含多個元素的半開放區間。multiset 的 equal_range method 將傳回一個包含與給定鍵匹配的所有元素的範圍。

如果用同一個鍵儲存多個元素很重要的話，那麼可能需要使用 multiset 而不是 set。例如，您可以將地址視為一個鍵，將房子的每個成員視為一個元素，來儲存所有住在同一個地址的人。如果用 set 的話，一個地址只能住一個人。

列表 13-28 示範了如何使用 multiset。

列表 13-28：存取 multiset 的元素

```
TEST_CASE("std::multiset handles non-unique elements") {
  std::multiset<int> fib{ 1, 1, 2, 3, 5 };
  SECTION("as reflected by size") {
    REQUIRE(fib.size() == 5); ❶
  }
```

```
SECTION("and count returns values greater than 1") {
  REQUIRE(fib.count(1) == 2); ❷
}
SECTION("and equal_range returns non-trivial ranges") {
  auto [begin, end] = fib.equal_range(1); ❸
  REQUIRE(*begin == 1); ❹
  ++begin;
  REQUIRE(*begin == 1); ❺
  ++begin;
  REQUIRE(begin == end); ❻
}
}
```

與列表 13-24 中的 set 不同的是，multiset 允許多個 1，因此 size
傳回 5，也就是在大括號初始值設定項中所提供的元素個數 ❶。當您
計算 1 的個數時，會得到 2 ❷。您可以用 equal_range 對這些元素進
行反覆運算。使用結構化綁定語法，您將得到一個 begin 和 end 疊代
器 ❸，用來遍歷兩個 1 ❹ ❺ 並到達半開放式範圍的尾端 ❻。

表 13-10 中的每一個操作都適用於 multiset。

NOTE

Boost 在 <boost/container/set.hp> 標頭中也提供了
boost::container::multiset。

無序集 set

STL 的 <unordered_set> 標頭中的 std::unordered_set 是一個包
含了*未排序唯一鍵*的關聯式容器。unordered_set 支援與 set 和
multiset 相同的大多數操作，但其內部儲存模型完全不同。

NOTE

Boost 的 <boost/unordered_set.hpp> 標頭也提供了
boost::unordered_set。

與使用比較器將元素排序到紅黑樹中不同，unordered_set 通常實作成雜湊表。如果鍵之間沒有自然順序，並且不需要依序遍歷 set，那麼您可能會需要用到 unordered_set。您可能會發現有許多情況可以使用 set 或 unordered_set。儘管它們看起來非常相似，但它們的內部表示形式卻有本質的不同，因此它們將具有不同的效能特徵。如果效能是一個問題，請衡量兩者的效能並使用更合適的方法。

儲存模型：雜湊表

雜湊函式（hash function）是接受一個鍵並傳回唯一 size_t 值（稱為雜湊碼）的函式，unordered_set 將其元素組成一個雜湊表，雜湊表將雜湊碼與一個或多個元素的集合（稱為儲存桶（*bucket*））相關聯。為了找到一個元素，unordered_set 會計算它的雜湊碼，然後在雜湊表中搜尋相對應的 bucket。

如果您以前從未見過雜湊表，那麼這些資訊可能很難理解，所以讓我們看一個例子。想像一下，您有一大群人，您需要把他們分成一些合理的群組，以便很容易找到一個人。您可以按照生日分組，這會給您 365 個群組（如果您把 2 月 29 日算閏年的話，是 366 個）。生日就像一個雜湊函式，為每個人傳回 365 個值中的一個。每個值組成一個儲存桶，同一個儲存桶裡的所有人都有相同的生日。在這個例子中，要找到一個人，您首先要確定他的生日，這會給您一個正確的儲存桶，然後您可以在這個儲存桶裡搜尋您要找的人。

只要雜湊函式是快速的，而且每個儲存桶沒有太多的元素，unordered_sets 就比已排序的容器有更不同凡響的效能：所包含的元素計數不會增加插入、搜尋和刪除時間。當兩個不同的鍵有相同的雜湊碼時，稱為**雜湊衝突**（*hash collision*）。當發生雜湊衝突時，意味著這兩個鍵將駐留在同一個 bucket 中。在前述的生日例子中，許多人的生日相同，因此會發生大量雜湊衝突。雜湊衝突越多，bucket 就越大，在 bucket 中搜尋正確元素的時間也就越多。

雜湊函式有幾個要求：

- 它接受一個 key 並傳回一個型別為 size_t 的雜湊碼。
- 它不會引發例外。
- 相同的鍵會產生相同的雜湊碼。
- 不相同的鍵有很大的機率會產生不相同的雜湊碼。（雜湊衝突的可能性很低。）

STL 在 <functional> 標頭中提供了雜湊類別範本 std::hash<T>，其中包含了專門針對基本型別、列舉型別、指標型別、optional、variant、智慧指標等的雜湊函式。例如，列表 13-29 說明了 std::hash<long> 如何滿足等價標準。

列表 13-29：給定相同的鍵，std::hash<long> 會傳回相同的雜湊碼，對於不相同的鍵則傳回不相同的雜湊碼

```
#include <functional>
TEST_CASE("std::hash<long> returns") {
  std::hash<long> hasher; ❶
  auto hash_code_42 = hasher(42); ❷
  SECTION("equal hash codes for equal keys") {
    REQUIRE(hash_code_42 == hasher(42)); ❸
  }
  SECTION("unequal hash codes for unequal keys") {
    REQUIRE(hash_code_42 != hasher(43)); ❹
  }
}
```

您建構了一個 std::hash<long> 型別的 hasher，並用它來計算 42 的雜湊碼，將結果儲存到 size_t hash_code_42 ❷ 中。再次用 42 調用 hasher 時，會得到相同的值 ❸。用 43 調用 hasher 時，會得到不同的值 ❹。

一旦 unordered_set 對一個鍵進行了雜湊，就能得到 bucket。因為 bucket 內包含了可能會匹配這個鍵的元素列表，所以需要一個函式物件來確定鍵和 bucket 內的元素之間的相等性。STL 的

<functional> 標頭中提供了類別範本 std::equal_to<T>，只要以其引數調用 operator== 即可，如列表 13-30 所示。

列表 13-30：std::equal_to<long> 用它的引數呼叫 operator==
　　　　　　來決定兩個鍵是否相等

```
#include <functional>
TEST_CASE("std::equal_to<long> returns") {
  std::equal_to<long> long_equal_to; ❶
  SECTION("true when arguments equal") {
    REQUIRE(long_equal_to(42, 42)); ❷
  }
  SECTION("false when arguments unequal") {
    REQUIRE_FALSE(long_equal_to(42, 43)); ❸
  }
}
```

在這裡，您初始化了一個型別為 <equal_to<long> 的 long_equal_to ❶。當您用相同的引數調用 long_equal_to 時，會傳回 true ❷。當您用不一樣的引數調用 long_equal_to 時，則會傳回 false ❸。

> **NOTE**
>
> 簡而言之，這一章不會討論如何實作您自己的雜湊和等價函式，如果您想為特定的使用者定義鍵的型別建構無序容器，將會需要實作這些函式，請參閱 Nicolai Josuttis 所著的《C++ 標準庫：學習教本與參考工具（第二版）》第 7 章。

建構

類別範本 std::unordered_set<T, Hash, KeyEqual, Allocator> 授受四個範本參數：

- 鍵的型別 T
- 雜湊函式型別 Hash，預設為 std::Hash<T>
- 等價函式型別 KeyEqual，預設為 std::equal_to<T>
- 分配器型別 Allocator，預設為 std::Allocator<T>

unordered_set 支援 set 的等價建構子，不過範本參數有點不一樣
（set 需要的是 Comparator，而 unordered_set 則需要一個 Hash 和
一個 KeyEqual）。例如，您可以用 unordered_set 代替列表 13-24 中
的 set，因為 unordered_set 有範圍建構子和複製 / 移動建構子，並
且支援大括號初始化。

所支援的 set 操作

unordered_set 支援表 13-10 中除了 lower_bound 和 upper_bound 之
外的所有 set 操作，因為 unordered_set 不會對其元素進行排序。

儲存桶管理

一般來說，您選擇 unordered_set 的原因是它的高效能。不幸的是，
這種效能是有代價的：unordered_set 物件的內部結構有些複雜，您
可以用各種旋鈕和刻度盤，在執行時檢查和修改此內部結構。

第一個控制度量是客製化 unordered_set 的 bucket 計數（即 bucket
的個數，而不是特定 bucket 中元素的個數）。每個 unordered_set 建
構子的第一個參數都是 size_t bucket_count，該參數預設為某個實
作所定義的值。表 13-11 列出了主要的 unordered_set 建構子。

表 13-11：unordered_set 建構子

操作	備註
unordered_set<T>([bck], [hsh], [keq], [alc])	儲存桶大小 bck 的預設值依實作而定，預設為使用 hsh=std::hash<T>、keq=std::equal_to<T> 和 alc=std::allocator<T>。
unordered_set<T>(..., [bck], [hsh], [keq], [alc])	對新建構的無序集進行括號初始化。
unordered_set<T>(beg, end [bck], [hsh], [keq], [alc])	用半開放範圍 (beg, end) 中的元素建構一個無序集。
unordered_set<T>(s)	深層複製 s；分配新的記憶體。
unordered_set<T>(move(s))	取得 s 中元素記憶體的所有權；不會分配新的記憶體。

您可以用 bucket_count method 來檢查一個 unordered_set 中有幾個 bucket。您還可以用 max_bucket_count method 取得 bucket 最多可以有幾個。

unordered_set 執行時效能中的一個重要概念是其負載因數（load factor），即每個 bucket 的平均元素個數。您可以用 load_factor method 取 得 unordered_set 的 負 載 因 數，這 個 method 相 當 於 把 size() 除以 bucket_count()。每個 unordered_set 都有一個最大負載因數，它會觸發 bucket 計數的增加，並可能導致對容器內所有的元素進行代價高昂的重新雜湊。重新雜湊（rehashing）是一種將元素重新組織到新儲存桶中的操作。這需要為每個元素產生新的雜湊值，這可能是一個計算成本相對較高的操作。

您可以用多載的 max_load_factor 取得最大負載因數，因此可以設定新的最大負載因數（預設值為 1.0）。

為了避免在不合適的時間進行代價高昂的重新雜湊，可以用 rehash method 手動觸發重新雜湊，該方法接受所需儲存桶計數的 size_t 引數。也可以用 reserve method，該方法接受所需元素計數的 size_t 引數。

列表 13-31 示範了一些基本的 bucket 管理操作。

列表 13-31：unordered_set 的 bucket 管理

```
#include <unordered_set>
TEST_CASE("std::unordered_set") {
  std::unordered_set<unsigned long> sheep(100); ❶
  SECTION("allows bucket count specification on construction") {
    REQUIRE(sheep.bucket_count() >= 100); ❷
    REQUIRE(sheep.bucket_count() <= sheep.max_bucket_count()); ❸
    REQUIRE(sheep.max_load_factor() == Approx(1.0)); ❹
  }
  SECTION("allows us to reserve space for elements") {
    sheep.reserve(100'000); ❺
    sheep.insert(0);
    REQUIRE(sheep.load_factor() <= 0.00001); ❻
```

```
    while(sheep.size() < 100'000)
      sheep.insert(sheep.size()); ❼
    REQUIRE(sheep.load_factor() <= 1.0); ❽
  }
}
```

您建構了一個 unordered_set 並指定儲存桶的數目為 100 ❶，這會限定 bucket_count 不但必須小於或等於 max_bucket_count ❸，而且至少為 100 ❷，max_load_factor 的預設值為 1.0 ❹。

在下一個測試中，您調用 reserve 時指定它有足夠的空間容納十萬個元素 ❺。插入元素後，負載係數應小於或等於十萬分之一（0.00001）❻，因為您已經為十萬個元素預留了足夠的空間。只要您保持在這個臨界值以下，您就不需要重新進行雜湊了。在插入十萬個元素之後 ❼，負載係數仍應小於或等於 1 ❽。本例說明了多虧有了 reserve 您才不需要進行重新雜湊。

無序多重集

STL 的 <unordered_set> 標頭中的 std::unordered_multiset 是一個鍵值未排序而且非唯一的關聯式容器。unordered_multiset 支援與 unordered_set 相同的所有建構子和操作，但它將儲存冗餘元素。這種關係類似於 unordered_set 和 set：equal_range 和 count 的行為會略有不同，以反映鍵的非唯一性。

> **NOTE**
>
> Boost 在 <boost/unordered_set.hpp> 標頭中也提供了 boost::unordered_multiset。

Map

STL 的 <map> 標頭中的 std::map 是一個包含鍵－值對的關聯式容器。map 的鍵是排序和唯一的，並且 map 支援與 set 相同的所有操作。實際上，可以將 set 看作一種特殊的 map，其中包含鍵和空值。因此，map 支援有效率的插入、刪除和搜尋，並且您可以自行控制用比較物件進行排序。

使用 map 而不使用一對 set 的主要優點是 map 可以是一個關聯式陣列（*associative array*），關聯式陣列的鍵並不限於整數索引值。考慮一下如何利用 at 和 operator[] method 存取循序式容器中的索引。因為循序式容器中的元素天生就有順序，所以可以用整數來參照它們。關聯式陣列允許用整數以外的型別來參照元素，例如，可以用字串或浮點數來當作鍵。

為了要啟用關聯式陣列操作，map 支援許多有用的操作；例如，允許您透過關聯鍵插入、修改和檢索值。

建構

類別範本 map<Key, Value, Comparator, Allocator> 接受四個範本參數。第一個是鍵的型別 Key。第二個是數值型別 Value。第三個是比較器型別 Comparator，預設為 std::less。第四個參數是分配器型別 Allocator，預設為 std::allocator<T>。

map 建構子與 set 的建構子有直接的相似性：初始化空 map 的預設建構子；具有一般行為的移動和複製建構子；將元素從範圍複製到 map 的範圍建構子；以及帶有大括號的初始化器。主要區別在於大括號初始值設定項，因為您需要初始化鍵－值對，而不僅僅是鍵。要實現這種巢狀初始化，可以用巢狀初始化列表，如列表 13-32 所示。

列表 13-32：std::map 支援預設建構和大括號初始化

```
#include <map>

auto colour_of_magic = "Colour of Magic";
auto the_light_fantastic = "The Light Fantastic";
auto equal_rites = "Equal Rites";
auto mort = "Mort";
```

```
TEST_CASE("std::map supports") {
  SECTION("default construction") {
    std::map<const char*, int> emp; ❶
    REQUIRE(emp.empty()); ❷
  }
  SECTION("braced initialization") {
    std::map<const char*, int> pub_year { ❸
      { colour_of_magic, 1983 }, ❹
      { the_light_fantastic, 1986 },
      { equal_rites, 1987 },
      { mort, 1987 },
    };
    REQUIRE(pub_year.size() == 4); ❺
  }
}
```

在這裡，您用型別為 const char* 的鍵和型別為 int 的值來建構一個
map ❶，這會建構出一個空的 map ❷。在第二個測試中，您再用型別
為 const char* 的鍵和型別為 int 的值來建構一個 map，但是這次您
用大括號初始化 ❹ 將四個元素打包到 map 中 ❺。

移動和複製語意

map 的移動和複製語意與 set 相同。

儲存模型

map 和 set 都使用相同的紅黑樹內部結構。

元素存取

使用 map 而不是用 pair 所組成的 set 物件的主要好處，是 map 提供
了兩個關聯式陣列操作：operator[] 和 at。與支援這些操作的循
序式容器（例如 vector 和 array）接受型別為 size_t 的索引參數
不同，map 接受型別為 Key 的索引參數，並傳回與其相對應值的參
照。與循序式容器一樣，如果給定的 key 在 map 中不存在，at 將引
發 std::out_of_range 例外。與循序式容器不同的是，如果 key 不存

在，operator[] 不會導致未定義的行為；相反地，它將（默默地）
預設建構一個 Value 並將相對應的鍵－值對插入到 map 中，即使您只
打算執行讀取也是一樣，如列表 13-33 所示。

列表 13-33：std::map 是一個具有多種存取方法的關聯式陣列

```
TEST_CASE("std::map is an associative array with") {
  std::map<const char*, int> pub_year { ❶
    { colour_of_magic, 1983 },
    { the_light_fantastic, 1986 },
  };
  SECTION("operator[]") {
    REQUIRE(pub_year[colour_of_magic] == 1983); ❷

    pub_year[equal_rites] = 1987; ❸
    REQUIRE(pub_year[equal_rites] == 1987); ❹

    REQUIRE(pub_year[mort] == 0); ❺
  }
  SECTION("an at method") {
    REQUIRE(pub_year.at(colour_of_magic) == 1983); ❻

    REQUIRE_THROWS_AS(pub_year.at(equal_rites), std::out_of_range); ❼
  }
}
```

您建構了一個名為 pub_year 的 map，其中包含兩個元素 ❶，接下
來，用 operator[] 提取與鍵 colour_of_magic 相對應的值 ❷。您也
可以用 operator[] 插入新的鍵－值對 equal_rites, 1987 ❸，然後檢
索它 ❹。請注意，當嘗試以 mort 作為鍵來檢索時（對應的元素不存
在），地圖已經默默為您初始化了一個 int ❺。

使用 at，您仍然可以設定和檢索元素 ❻，但是如果您嘗試存取不存
在的鍵，則會出現 std::out_of_range 例外 ❼。

map 支援所有跟 set 類以的元素檢索操作。例如，map 支援 find，它
接受一個引數 key 並傳回一個疊代器，該疊代器指向鍵－值 pair，

如果沒有找到匹配的鍵，則傳回 map 的最末端。同樣支援的還有 count、equal_range、lower_bound 和 upper_bound。

添加元素

除了存取元素的 operator[] 和 at method 之外，您還可以用 set 中所有的 insert 和 emplace method，只需將每個鍵－值對視為 std::pair<Key, Value> 即可。和 set 一樣，insert 傳回一個含有疊代器和 bool 的 pair。疊代器指向插入的元素，bool 表示 insert 是否成功地添加了新的元素（true）或沒有添加新元素（false），如列表 13-34 所示。

列表 13-34：std::map 支援用 insert 來添加新元素

```
TEST_CASE("std::map supports insert") {
  std::map<const char*, int> pub_year; ❶
  pub_year.insert({ colour_of_magic, 1983 }); ❷
  REQUIRE(pub_year.size() == 1); ❸

  std::pair<const char*, int> tlfp{ the_light_fantastic, 1986 }; ❹
  pub_year.insert(tlfp); ❺
  REQUIRE(pub_year.size() == 2); ❻

  auto [itr, is_new] = pub_year.insert({ the_light_fantastic, 9999 });
❼
  REQUIRE(itr->first == the_light_fantastic);
  REQUIRE(itr->second == 1986); ❽
  REQUIRE_FALSE(is_new); ❾
  REQUIRE(pub_year.size() == 2); ❿
}
```

您預設建構了一個 map ❶，並一個 pair 使用具有大括號初始值設定項的 insert method ❷，這個建構大致相當於以下內容：

```
pub_year.insert(std::pair<const char*, int>{ colour_of_magic, 1983 });
```

插入之後，map 現在有了一個元素 ❸。接下來，創建一個獨立的 pair，然後把它當作參數傳給 insert ❹，這會在 map 中插入一個副本，所以這個 map 它現在有兩個元素 ❻。

當您嘗試用一個有相同 the_light_fantastic 鍵的新元素調用 insert 時 ❼，您會得到一個疊代器，指向您已經插入的元素 ❺，鍵（first）和值（second）相符 ❽。傳回值為 is_new 是 false 表示沒有插入新元素 ❾，而現在的元素個數仍然是 2 個 ❿，而這正反映了 set 的 insert 所應有的表現。

map 還提供了 insert_or_assign method，與 insert 不同的是，這個 method 將會蓋掉現有的值，而且 insert_or_assign 也接受單獨的鍵和值的引數，如列表 13-35 所示。

列表 13-35：std::map 支援 insert_or_assign 來蓋掉現有元素

```
TEST_CASE("std::map supports insert_or_assign") {
  std::map<const char*, int> pub_year{ ❶
    { the_light_fantastic, 9999 }
  };
  auto [itr, is_new] = pub_year.insert_or_assign(the_light_fantastic,
1986); ❷
  REQUIRE(itr->second == 1986); ❸
  REQUIRE_FALSE(is_new); ❹
}
```

您建構了具有一個元素的 map ❶，然後呼叫 insert_or_assign 指派與鍵 the_light_fantastic 相關聯的值為 1986 ❷。疊代器指向現有的元素，當您用 second 查詢相應的值時，您會看到值更新為 1986 ❸。is_new 的傳回值也表示您已經更新一個現有的元素，而不是插入一個新的 ❹。

刪除元素

就像 set 一樣，map 也支援 erase 和 clear 來移除元素，如列表 13-36 所示。

列表 13-36：`std::map` 支援元素移除

```
TEST_CASE("We can remove std::map elements using") {
    std::map<const char*, int> pub_year {
      { colour_of_magic, 1983 },
      { mort, 1987 },
    }; ❶
  SECTION("erase") {
    pub_year.erase(mort); ❷
    REQUIRE(pub_year.find(mort) == pub_year.end()); ❸
  }
  SECTION("clear") {
    pub_year.clear(); ❹
    REQUIRE(pub_year.empty()); ❺
  }
}
```

您建構了有兩個元素的 map ❶。在第一個測試中，您調用 erase 來移除鍵為 mort 的元素，因此當您試圖用 find 找到它時，所得到的回應是 end ❸。在第二個測試中，您清除了 map ❹，這會讓 empty 傳回 true ❺。

所支援的操作列表

表 13-12 總結了 map 所支援的操作。鍵 k 的型別為 K、值 v 的型別為 V、P 的型別為 pair<K, V>、p 的型別為 P、m 的型別為 map<K, V>。匕首（†）表示傳回 std::pair<Iterator, bool> 的 method，其中疊代器指向結果的元素，如果這個 method 插入了元素，bool 等於 true；如果元素已經存在，bool 會等於 false。

表 13-12：一部分 map 所支援的操作

操作	備註
map<T>{ ..., [cmp], [alc] }	對新建構的 map 進行大括號初始化，預設為使用 cmp=std::less<T> 和 alc=std::allocator<T>。
map<T>{ beg, end, [cmp], [alc] }	範圍建構子會複製半開放範圍 (beg, end) 的元素，預設為使用 cmp=std::less<T> 和 alc=std::allocator<T>。

操作	備註
map<T>(m)	深層複製 m；分配新的記憶體。
map<T>(move(m))	取得 m 中元素記憶體的所有權，不會分配新的記憶體。
~map	解構 map 包含的所有元素並釋放動態記憶體。
m1 = m2	解構 m1 的元素；複製每個 m2 的元素。只有在需要調整大小以容納應 m2 的元素時才會進行記憶體分配。
m1 = move(m2)	解構 m1 的元素；移動每個 m2 的元素。只有在需要調整大小以容納應 m2 的元素時才會進行記憶體分配。
m.at(k)	存取與鍵 k 對應的值。如果找不到鍵，則引發 std::out_of_bounds。
m[k]	存取與鍵 k 對應的值。如果找不到指定的鍵，則把 k 和預設初始值當作新的鍵值對插入 map 中。
m.begin()	傳回指向第一個元素的疊代器。
m.cbegin()	傳回指向第一個元素的 const 疊代器。
m.end()	傳回指向最後一個元素下一個位置的疊代器。
m.cend()	傳回指向最後一個元素下一個位置的 const 疊代器。
m.find(k)	傳回指向符合 k 值的元素的疊代器，如果找不到則傳回 m.end()。
m.count(k)	若 map 包含 k 則傳回 1；否則傳回 0。
m.equal_range(k)	傳回一對疊代器的 pair，對應於符合 k 的元素的半開放範圍。
m.lower_bound(k)	傳回指向第一個大於 k 的元素的疊代器，如果找不到則傳回 m.end()。
m.upper_bound(k)	傳回指向第一個大於 k 的元素的疊代器，如果找不到則傳回 m.end()。
m.clear()	清除 map 中所有的元素。
m.erase(k)	移除所有鍵為 k 的元素。
m.erase(itr)	移除 itr 所指向的元素。
m.erase(beg, end)	移除所有半開放範圍 (beg, end) 範圍中所有的元素。
m.insert(p)	複製 pair p 並插入到 map 中。†

操作	備註
m.insert_or_assign(k, v)	如果 k 存在，則用 v 覆蓋相對應的值。如果 k 不存在，則將鍵值對（k，v）插入到 map 中。†
m.emplace(...)	轉傳引數 ... 並在原地建構 P。†
m.emplace_hint(k, ...)	轉傳引數 ... 並在原位置建構一個 P，在 itr 作提示的位置插入新的元素。†
m.try_emplace(itr, ...)	若鍵 k 存在，則什麼也不做。若 k 不存在，則轉傳引數 ... 來建構一個 V。
m.empty()	若 map 的大小為零則傳回 true；否則傳回 false。
m.size()	傳回 map 中有多少個元素。
m.max_size()	傳回 map 中最多可以容納多少個元素。
m.extract(k) m.extract(itr)	取得一個節點控制碼，該控制碼擁有與 k 相符的元素或由 itr 所指向的元素。（這是刪除「只能移動」元素的唯一方法。）
m1.merge(m2) m1.merge(move(m2))	將 m2 的每個元素拼接到 m1 中。如果引數是右值，則將元素移到 m1 中。
m1.swap(m2) swap(m1, m2)	把 m1 和 m2 中所有元素交換。

Multimap

STL 的 <map> 標頭中的 std::multimap 是一個關聯式容器，它包含了帶有非唯一鍵的鍵—值對。因為鍵不是唯一的，所以 multimap 不支援 map 的關聯式陣列功能，也就是不支援 operator[] 和 at。和 multiset 一樣，multimap 主要透過 equal_range method 提供元素存取，如列表 13-37 所示。

列表 13-37：std::multimap 支援非唯一鍵

```
TEST_CASE("std::multimap supports non-unique keys") {
  std::array<char, 64> far_out {
    "Far out in the uncharted backwaters of the unfashionable end..."
  }; ❶
  std::multimap<char, size_t> indices; ❷
```

```
  for(size_t index{}; index<far_out.size(); index++)
    indices.emplace(far_out[index], index); ❸

  REQUIRE(indices.count('a') == 6); ❹

  auto [itr, end] = indices.equal_range('d'); ❺
  REQUIRE(itr->second == 23); ❻
  itr++;
  REQUIRE(itr->second == 59); ❼
  itr++;
  REQUIRE(itr == end);
}
```

您建構了含有一個訊息的 array，您還預設建構了一個稱為 indices 的 multimap<char, size_t>，用來儲存訊息中每個字元的索引 ❷。透過遍歷這個陣列，您可以將訊息中的每個字元及其索引，當作新的元素儲存在 multimap 中 ❸。由於允許您有非唯一鍵，因此可以用 count method 顯示您用鍵 a 插入了多少個索引 ❹。您還可以用 equal_range method 得知在半開放式範圍中鍵為 d 的索引 ❺。最後在 begin 和 end 疊代器中，您可以看到此訊息在索引 23 ❻ 和 59 ❼ 處有字母 d。

除了 operator[] 和 at 之外，表 13-12 中的每個操作也適用於 multimap。（請注意，count method 可以接受 0 和 1 以外的值。）

無序 map 和無序 multimap

無序 map 和無序 multimap 完全類似於無序集和無序多重集。STL 的 unordered_map 標頭中提供了 std::unordered_map 和 std::unordered_multimap。這些關聯式容器通常像它們所對應的 set 一樣使用紅黑樹，也需要一個雜湊函式和一個等效函式，而且也支援儲存桶介面。

NOTE

Boost 在 <boost/unordered_map.hpp> 標頭中提供 boost::unordered_map 和 boost::unordered_multimap。

特殊用途關聯式容器

當需要關聯式資料結構時，請以 set、map 及其相對應的關聯式非唯一和無序容器當作預設的選項。如果有特殊的需要時，Boost 函式庫提供了許多專門化的關聯式容器，如表 13-13 所示。

表 13-13：特殊 Boost 容器

類別／標頭檔	描述
boost::container::flat_map `<boost/container/flat_map.hpp>`	跟 STL map 類似，但其實作則類似於有序向量，這樣可以快速隨機存取元素。
boost::container::flat_set `<boost/container/flat_set.hpp>`	跟 STL set 類似，但其實作則類似於有序向量，這樣可以快速隨機存取元素。
boost::intrusive::* `<boost/intrusive/*.hpp>`	侵入式容器對其包含的元素施加要求（例如繼承自特定基礎類別），它們則提供了可觀的效能利益作為交換。
boost::multi_index_container `<boost/multi_index_container.hpp>`	讓您得以建立接收多個索引（例如 map）的關聯式陣列。
boost::ptr_map boost::ptr_set boost::ptr_unordered_map boost::ptr_unordered_set `<boost/ptr_container/*.hpp>`	擁有一組可能是部分最佳化的智慧指標。指標向量以更高效和使用者友善的方式管理動態物件的集合。
boost::bimap `< boost/bimap.hpp>`	bimap 是一個關聯式容器，允許兩個型別都當作鍵。
boost::heap::binomial_heap boost::heap::d_ary_heap boost::heap::fibonacci_heap boost::heap::pairing_heap boost::heap::priority_queue boost::heap::skew_heap `<boost/heap/*.hpp>`	Boost Heap 容器實作了更高階、功能更強大版本的 priority_queue。

圖形和屬性樹

本節討論兩個專門化的 Boost 函式庫，它們服務於特定但有價值的用途：圖形建模和屬性樹。圖形（*graph*）是一組物件，其中某些物件具有成對關係。這些物件稱為頂點（*vertex*），而它們的關係則稱為邊（*edge*）。圖 13-3 顯示了一個包含四個頂點和五條邊的圖。

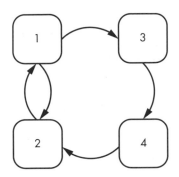

圖 13-3：包含四個頂點和五條邊的圖

每個正方形代表一個頂點，而每個箭頭代表一條邊。

屬性樹是儲存巢狀鍵—值對的樹狀結構，由於屬性樹的鍵—值對具有階層的特性使它成為 map 和 graph 之間的混合體；每個鍵—值對都與其他鍵—值對有關係。圖 13-4 為一個含有巢狀鍵—值對屬性樹的例子。

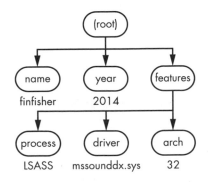

圖 13-4：屬性樹範例

圖 13-4 中的根有三個子元素：name、year 和 features。name 有一個
值 finfisher、year 有一個值 2014、features 有三個子級：process 的
值為 LSASS、driver 的值為 mssounddx.sys、而 arch 的值為 32。

Boost 圖形函式庫

Boost 圖形函式庫（*Boost Graph Library, BGL*）是一組用於儲存和操縱
圖形的工具和演算法。BGL 提供了三個表示圖形的容器：

- 在 <boost/graph/adjacency_list.hpp> 標頭中的
  boost::adjacency_list
- 在 <boost/graph/adjacency_matrix.hpp> 標頭中的
  boost::adjacency_matrix
- 在 <boost/graph/edge_list.hpp> 標頭中的 boost::edge_list

您 用 兩 個 非 成 員 函 式 來 建 構 圖 形：boost::add_vertex 和
boost::add_edge。若要將頂點添加到其中一個 BGL 圖形容器中，請
將圖形物件傳遞給 add_vertex，這會傳回新頂點物件的的參照。要
添加邊，我們要傳遞來源頂點、目標頂點、和圖形給 add_edge。

BGL 包含了許多專門用於圖形的演算法。透過將圖形物件傳遞給非
成員函式 boost::num_vertices，可以計算圖形物件中有幾個頂點，
而 boost::num_edges 則可計算出有幾個邊。您也可以查詢圖形中的
相鄰頂點。如果兩個頂點共用一條邊，則它們是*相鄰的*（*adjacent*）。
若要獲取與特定頂點相鄰的頂點，可以將其和圖形物件傳遞給非成
員函式 boost::appendant_vertices，這個傳回指向 std::pair 的疊
代器，代表一個開放的範圍。

列表 13-38 示範了如何建構圖 13-3 所表示的圖形、計算其頂點和
邊、並計算相鄰頂點。

列表 13-38：`boost::adjacency_list` 儲存圖形資料

```cpp
#include <set>
#include <boost/graph/adjacency_list.hpp>

TEST_CASE("boost::adjacency_list stores graph data") {
  boost::adjacency_list<> graph{}; ❶
  auto vertex_1 = boost::add_vertex(graph);
  auto vertex_2 = boost::add_vertex(graph);
  auto vertex_3 = boost::add_vertex(graph);
  auto vertex_4 = boost::add_vertex(graph); ❷
  auto edge_12 = boost::add_edge(vertex_1, vertex_2, graph);
  auto edge_13 = boost::add_edge(vertex_1, vertex_3, graph);
  auto edge_21 = boost::add_edge(vertex_2, vertex_1, graph);
  auto edge_24 = boost::add_edge(vertex_2, vertex_4, graph);
  auto edge_43 = boost::add_edge(vertex_4, vertex_3, graph); ❸

  REQUIRE(boost::num_vertices(graph) == 4); ❹
  REQUIRE(boost::num_edges(graph) == 5); ❺

  auto [begin, end] = boost::adjacent_vertices(vertex_1, graph); ❻
  std::set<decltype(vertex_1)> neighboors_1 { begin, end }; ❼
  REQUIRE(neighboors_1.count(vertex_2) == 1); ❽
  REQUIRE(neighboors_1.count(vertex_3) == 1); ❾
  REQUIRE(neighboors_1.count(vertex_4) == 0); ❿
}
```

在這裡，您建構了一個名為 **graph** 的鄰接列表 adjacency_list ❶，然後用 **add_vertex** 添加了四個頂點 ❷。接下來，用 **add_edge** 添加了圖 13-3 中表示的所有邊 ❸。然後用 num_vertices 顯示您添加了四個頂點 ❹，並且用 num_edges 顯示您添加了五個邊 ❺。

最後，您確定了與 **vertex_1** 的相鄰頂點 adjacent_vertices，並將其解壓縮到疊代器 begin 和 end 中 ❻。您用這些疊代器來建構 std::set ❼，以顯示 vertex_2 ❽ 和 vertex_3 ❾ 是相鄰的，但是和 vertex_4 則不相鄰 ❿。

Boost 屬性樹

Boost 在 `<boost/property_tree/ptree.hpp>` 標頭中提供了 `boost::property_tree::ptree`，這是一個允許我們建構和查詢的屬性樹，並可將一些有限的序列轉換為各種格式。

`ptree` 是可預設建構的，而預設建構的結果會產生一個空的 `ptree`。

您可以用 `ptree` 的 `put` 方法將元素插入到 `ptree` 中，該方法接受的引數為一個路徑和一個值。路徑（*path*）是一個或多個巢狀的鍵所組成的序列，並以句點（`.`）作為分隔，值（*value*）則為任意型別的物件。

您可以用 `get_child` method 從 `ptree` 中移除子樹，該方法接受所需子樹的路徑。如果該子樹沒有任何子樹（即所謂的葉節點（*leaf node*）），也可以用方法範本 `get_value` 從鍵一值對中提取相對應的值；`get_value` 接受與所需輸出型別相對應的單一範本參數。

最後，`ptree` 支援序列化和反序列化為多種格式，包括 Javascript 物件表示法（JSON）、Windows 初始化設定檔（INI）格式、可延伸標記語言（XML）、和自訂的 `ptree` 特定格式 INFO。例如，要將 `ptree` 寫入 JSON 格式的檔案，可以使用 `<boost/property_tree/json_parser.hpp>` 中的 `boost::property_tree::write_json` 函式，函式 `write_json` 接受兩個引數：所要輸出的檔案路徑和 `ptree` 的參照。

列表 13-39 透過建構一個表示圖 13-4 中的屬性樹的 `ptree`，將 `ptree` 以 JSON 格式寫入檔案並讀回，以示範這些基本的 `ptree` 函式。

列表 13-39：`boost::property_tree::ptree` method 儲存樹的資料，輸出顯示了 `rootkit.json` 的內容

```
#include <boost/property_tree/ptree.hpp>
#include <boost/property_tree/json_parser.hpp>

TEST_CASE("boost::property_tree::ptree stores tree data") {
  using namespace boost::property_tree;
```

```
    ptree p; ❶
    p.put("name", "finfisher");
    p.put("year", 2014);
    p.put("features.process", "LSASS");
    p.put("features.driver", "mssounddx.sys");
    p.put("features.arch", 32); ❷

    REQUIRE(p.get_child("year").get_value<int>() == 2014); ❸

    const auto file_name = "rootkit.json";
    write_json(file_name, p); ❹

    ptree p_copy;
    read_json(file_name, p_copy); ❺
    REQUIRE(p_copy == p); ❻
}
```

```
{
    "name": "finfisher",
    "year": "2014",
    "features": {
        "process": "LSASS",
        "driver": "mssounddx.sys",
        "arch": "32"
    }
} ❹
```

在這裡，您預設建構了一個 ptree ❶，以圖 13-4 中所示的鍵值填入它。具有父級的鍵（例如 arch ❷）用句點（.）來顯示適當的路徑。用 get_child 來提取鍵 year 的子樹。因為它是一個葉節點（沒有子節點），所以您還可以調用 get_value，將指定輸出型別為 int ❸。

接下來，您將 ptree 的 JSON 表示法寫入檔案 rootkit.json ❹。為了確保傳回相同的屬性樹，您預設建構了另一個名為 p_copy 的 ptree 並將其傳遞到 read_json 中 ❺。此副本相當於原始的 ptree ❻，說明序列化和反序列化操作是成功的。

初始值設定項列表

透過合併 STL 的 `<initializer_list>` 標頭中的 `std::initializer_list` 容器，可以在使用者定義型別中接受初始值設定項列表。`initializer_list` 是一個類別範本，它接受與初始值設定項列表中所包含的基礎型別相對應的單一範本參數。此範本是用來存取初始值設定項列表中元素的簡單代理。

`initializer_list` 是不可變的，並支援三種操作：

- `size` method 傳回 `initializer_list` 中的元素個數。
- `begin` 和 `end` method 傳回一般的半開放式範圍疊代器。

一般來說，您應該設計函式來接受按照值列出的 `initializer_list`。

列表 13-40 實作了一個 SquareMatrix 類別，它儲存一個行數和列數相等的矩陣。在內部，該類別的元素型別為 vector 中的 vector。

列表 13-40：SquareMatrix 的實作

```
#include <cmath>
#include <stdexcept>
#include <initializer_list>
#include <vector>

size_t square_root(size_t x) { ❶
  const auto result = static_cast<size_t>(sqrt(x));
  if (result * result != x) throw std::logic_error{ "Not a perfect
square." };
  return result;
}

template <typename T>
struct SquareMatrix {
  SquareMatrix(std::initializer_list<T> val) ❷
    : dim{ square_root(val.size()) }, ❸
      data(dim, std::vector<T>{}) { ❹
```

```
      auto itr = val.begin(); ❺
      for(size_t row{}; row<dim; row++){
        data[row].assign(itr, itr+dim); ❻
        itr += dim; ❼
      }
    }
    T& at(size_t row, size_t col) {
      if (row >= dim || col >= dim)
        throw std::out_of_range{ "Index invalid." }; ❽
      return data[row][col]; ❾
    }
    const size_t dim;
private:
    std::vector<std::vector<T>> data;
};
```

在這裡,您宣告了一個方便的 square_root 函式,用來查找引數 size_t x 的平方根,如果引數不是完全平方數,則引發例外 ❶。 SquareMatrix 類別範本定義了一個建構子,該建構子接受名為 val 的 std::initializer ❷,這允許大括號初始化。

首先,需要確定 SquareMatrix 的維數。使用 square_root 函式可計算 val.size() 的平方根 ❸ 並將其儲存到變數 dim 中,該變數表示 SquareMatrix 實例的行數和列數。然後,您可以用 dim 的填入建構子來初始化 data 這個由矩陣所組成的矩陣 ❹,其中每一個 vector 都將對應於 SquareMatrix 中的一列。接下來,提取一個疊代器,指向 initializer_list 中的第一個元素 ❺。對 SquareMatrix 中的每一列進行反覆運算,將相對應的 vector 指派適當的半開放式範圍 ❻。在每次反覆運算中遞增疊代器,以指向下一列 ❼。

最後,您實作一個 at method 以允許元素存取。您執行邊界檢查 ❽ 然後透過提取適當的 vector 和元素傳回對所需元素的參照 ❾。

列表 13-41 示範如何使用大括號初始化來產生 SquareMatrix 物件。

列表 13-41：使用 SquareMatrix 的大括號初始值設定項

```
TEST_CASE("SquareMatrix and std::initializer_list") {
  SquareMatrix<int> mat { ❶
     1,  2,  3,  4,
     5,  0,  7,  8,
     9, 10, 11, 12,
    13, 14, 15, 16
  };
  REQUIRE(mat.dim == 4); ❷
  mat.at(1, 1) = 6; ❸
  REQUIRE(mat.at(1, 1) == 6); ❹
  REQUIRE(mat.at(0, 2) ==  3); ❺
}
```

您用大括號初始值設定項來設定 SquareMatrix ❶。由於初始值設定
項列表含有 16 個元素，因此最終的 dim 為 4 ❷。您可以用 at 取得對
任何元素的參照，這意味著您可以設定 ❸ 並取得 ❹ ❺ 元素。

摘要

本章首先討論了兩個最常用的循序式容器 array 和 vector，這兩個
容器在廣泛的應用程式中，為您提供了效能和特性之間的良好平衡。
接下來，您學習了幾個循序式容器：deque、list、stack、queue、
priority_queue 和 bitset，它們可以在 vector 不滿足特定應用程式
的需求時使用。然後您研究了主要的關聯式容器：set 和 map，以及
它們的無序／多重的置換。您還瞭解了兩個特殊用途的 Boost 容器：
graph 和 ptree。本章最後簡要討論了如何將 initializer_list 合併
到使用者定義的型別中。

練習

13-1. 撰寫一個程式，預設建構一個由 unsigned long 所組成的 std::vector。列印 vector 的容量，然後保留 10 個元素。接下來，將費波那契級數的前 20 個元素附加到 vector。再次列印容量。容量是否與 vector 中的元素個數相符？為什麼或為什麼不相符？使用以範圍為基礎的 for 迴圈列印 vector 的元素。

13-2. 用 std::array 重寫第 2 章中的列表 2-9、2-10、和 2-11。

13-3. 撰寫一個程式，接受任意個數的命令列引數，並按照字母 A-Z 和數字 0-9 順序列印它們。使用 std::set<const char*> 儲存元素，然後遍歷該集合以獲得排序結果。您需要實作一個客製化的比較器來比較兩個 C 語言寫法的字串。

13-4. 撰寫一個程式，預設建構一個由 unsigned long 所組成的 std::vector。列印 vector 的容量，然後保留 10 個元素。接下來，將費波那契級數的前 20 個元素附加到 vector。再次列印容量。容量是否與 vector 中的元素個數相符？為什麼或為什麼不？使用以範圍為基礎的 for 迴圈列印 vector 的元素。

13-5. 請考慮以下的程式，它描述了對費波那契級數求和的函式的效能：

```
#include <chrono>
#include <cstdio>
#include <random>

long fib_sum(size_t n) { ❶
  // TODO: Adapt code from Exercise 12.1
  return 0;
}

long random() { ❷
  static std::mt19937_64 mt_engine{ 102787 };
  static std::uniform_int_distribution<long> int_d{ 1000, 2000 };
  return int_d(mt_engine);
}
```

```
struct Stopwatch { ❸
  Stopwatch(std::chrono::nanoseconds& result)
    : result{ result },
      start{ std::chrono::system_clock::now() } { }
  ~Stopwatch() {
    result = std::chrono::system_clock::now() - start;
  }
private:
  std::chrono::nanoseconds& result;
  const std::chrono::time_point<std::chrono::system_clock> start;
};

long cached_fib_sum(const size_t& n) { ❹
  static std::map<long, long> cache;
  // TODO: Implement me
  return 0;
}

int main() {

  size_t samples{ 1'000'000 };
  std::chrono::nanoseconds elapsed;
  {
    Stopwatch stopwatch{elapsed};
    volatile double answer;
    while(samples--) {
      answer = fib_sum(random()); ❺
      //answer = cached_fib_sum(random()); ❻
    }
  }
  printf("Elapsed: %g s.\n", elapsed.count() /
1'000'000'000.); ❼
}
```

這個程式含有一個計算密集型函式 fib_sum ❶，負責計算給定長度的費波那契級數的和。修改練習 13-1 中的程式碼如下：（a）產生適當的 vector，並（b）使用以範圍為基礎的 for 迴圈對結果求和。random 函式 ❷ 傳回一個介於 1,000 和 2,000 之間的亂數，採用第 12 章列表 12-25 中的 Stopwatch 類別 ❸ 有助於決定經過了多少時間。在主程式 main 中，以隨機方式輸入並執行一百萬次 fib_sum 函式來求值 ❺。計算這需要多久的時間，並在程式結束之前將結果列印出來 ❼。編譯並執行幾次，以瞭解程式執行所需的時間。（這稱為基線（baseline））

13-6. 接下來，把 ❺ 加上註解並取消 ❻ 的註解。實作 cached_fib_sum 函式 ❹，以便先檢查是否已計算給定長度的 fib_sum。（將長度 n 視為快取中的鍵。）如果該鍵存在於快取中，只需傳回結果。如果鍵不存在，則用 fib_sum 計算正確答案、將新的鍵─值項儲存到快取中，並傳回結果。再次執行程式，速度有變快嗎？嘗試以 unordered_map 取代 map。您能用 vector 代替嗎？您能以多快的速度執行這個程式？

13-7. 實作一個像列表 13-38 中的 SquareMatrix 那樣的 Matrix 類別。您的 Matrix 應該允許行數和列數不一樣，並以矩陣的列數當作建構子的第一個引數。

延伸閱讀

- 《*ISO International Standard ISO/IEC (2017) -- Programming Language C++*》（ISO 國際標準 ISO/IEC（2017）- 程式語言 C++）（國際標準組織；瑞士日內瓦；*https://isocpp.org/std/the-standard/*）

- 《*The Boost C++ Libraries 2nd Edition*》，*XML Press*，*2014*，Boris Schäling 著

- 《*C++ 標準庫：學習教本與參考工具（第二版）*》，碁峰，2014，Nicolai M. Josuttis 著

14

疊代器

說「朋友」並進入。

——*J·R·R·托爾金，《魔戒》*

疊代器是提供容器和演算法之間操縱介面的容器，也是型別的介面，它知道如何遍歷特定的序列，並可對元素進行簡單的指標式操作。

每個疊代器至少支援以下操作：

- 存取目前元素（operator*）進行讀取和／或寫入
- 轉到下一個元素（operator++）
- 複製建構

疊代器是根據其支援的額外操作進行類型的，這些類型決定了哪些演算法可用，以及在泛型程式碼中可以使用疊代器做什麼。在本章中，您將瞭解這些疊代器類型、方便函式和轉接器。

疊代器類型

疊代器的類型決定了它所支援的操作。這些操作包括讀取和寫入元素、向前和向後反覆運算、多次讀取和存取隨機元素。

因為接受疊代器的程式碼通常是泛型的,所以疊代器的類型通常是一個範本參數,您可以用概念進行編碼,這是您在第 216 頁的「概念」中所學到的。儘管您可能不必直接與疊代器交互(除非您正在撰寫一個庫),但是您仍然需要知道疊代器類型,這樣您就不會要把演算法應用於不合適的疊代器。如果您這樣做,很可能會得到神秘的編譯器錯誤。回想一下 214 頁的「範本中的型別檢查」,由於範本產生實例的方式比較特殊,由不適當的型別引數所產生的錯誤訊息通常難以理解。

輸出疊代器

輸出疊代器只能用來寫入和遞增,而不能使用其他方法,您可以將輸出疊代器看作是能將資料丟進去的無底洞。

使用輸出疊代器時,您必須先寫入,然後遞增,再寫入,然後再遞增,非常討厭。一旦寫入到輸出疊代器,必須要遞增一次,才能再寫入。同樣地,一旦遞增了輸出疊代器,就必須再寫入一次才能遞增。

要寫入輸出疊代器,請使用解參照運算子(*)取消對疊代器的參照,並指派值給所得出的參照。要遞增輸出疊代器,請使用 operator++ 或 operator++(int)。

同樣地,除非您正在撰寫 C++ 函式庫,否則您不可能必須實作自己的輸出疊代器型別,但是您有很多時候會用到輸出疊代器。

一個明顯的用法是將容器當作輸出疊代器來寫入。這個情況下,您用的是插入疊代器。

插入疊代器

插入疊代器（*insert iterator*）（或插入器（*inserter*））是一個輸出疊代器，它將容器加以包裝並將寫入（指派）轉換為插入。STL 的 <iterator> 標頭中有三個當作類別範本的插入疊代器：

- std::back_insert_iterator
- std::front_insert_iterator
- std::insert_iterator

STL 還提供了三個方便的函式來建構這些疊代器：

- std::back_inserter
- std::front_inserter
- std::inserter

back_insert_iterator 將寫入疊代器轉換為呼叫容器的 push_back，而 front_insert_iterator 則是呼叫了 push_front。這兩個插入疊代器都公開了一個接受容器參照的建構子，與它們相對應的便利函式接受單一參數。顯然，這包裝好的容器必須實作適當的 method。例如，vector 不能與 front_insert_iterator 一起使用，set 也不能與它們一起使用。

insert_iterator 接受兩個建構子參數：一個要包裝的容器和一個指向該容器中某個位置的疊代器。然後，insert_iterator 將寫入的操作轉換為呼叫容器的 insert method，它將傳入您在建構時提供的位置當作第一個引數。例如，您可以用 insert_iterator 插入到循序式容器的中間，或者利用提示將元素添加到 set 中。

> **NOTE**
>
> 在內部，所有插入疊代器都完全忽略 operator++、operator++(int) 和 operator*，容器不需要插入之間的中間步驟，但通常需要輸出疊代器。

列表 14-1 透過向 deque 添加元素說明三種插入疊代器的基本用法。

列表 14-1：插入疊代器將寫入操作轉換為容器插入

```
#include <deque>
#include <iterator>

TEST_CASE("Insert iterators convert writes into container
insertions.") {
  std::deque<int> dq;
  auto back_instr = std::back_inserter(dq); ❶
  *back_instr = 2; ❷ // 2
  ++back_instr; ❸
  *back_instr = 4; ❹ // 2 4
  ++back_instr;

  auto front_instr = std::front_inserter(dq); ❺
  *front_instr = 1; ❻ // 1 2 4
  ++front_instr;

  auto instr = std::inserter(dq, dq.begin()+2); ❼
  *instr = 3; ❽ // 1 2 3 4
  instr++;

  REQUIRE(dq[0] == 1);
  REQUIRE(dq[1] == 2);
  REQUIRE(dq[2] == 3);
  REQUIRE(dq[3] == 4); ❾
}
```

首先，用 back_inserter 建構 back_inserter_iterator 來包裝一個名為 dq 的 deque ❶。當您寫入 back_insert_iterator 時，它會將寫入轉換為 push_back，因此 deque 會包含一個元素 2 ❷。因為輸出疊代器需要先遞增，然後才能再次寫入，所以接下來是遞增 ❸。當您將 4 寫入 back_insert_iterator 時，它會再次將寫入轉換為 push_back，使得 deque 包含元素 2 4 ❹。

接下來，用 front_insert 建構一個 front_insert_iterator 來包裝 dq ❺。將 1 寫入這個新建構的插入器會造成呼叫 push_front，使得 deque 包含元素 1 2 4 ❻。

最後，透過傳遞 dq 和指向其第三個元素 (4) 的疊代器，用 inserter 建構一個 insert_iterator。當您將 3 寫入這個插入器時 ❽，它正好插入在建構時傳入的疊代器所指向的元素之前，這個讓 dq 包含元素 1 2 3 4 ❾。

表 14-1 總結了插入疊代器。

表 14-1：插入疊代器摘要

類別	便利函式	委派函式	範例容器
back_insert_iterator	back_inserter	push_back	向量、雙向佇列、列表
front_insert_iterator	front_inserter	push_front	雙向佇列、列表
insert_iterator	inserter	insert	向量、雙向佇列、列表、集合

支援的輸出疊代器操作列表

表 14-2 總結了輸出疊代器支援的操作。

表 14-2：輸出疊代器支援的操作

操作	備註
*itr=t	寫入輸出疊代器。在操作之後，疊代器可遞增，但是不一定可以解參照。
++itr itr++	把疊代器遞增。在操作之後，疊代器要麼是可以解參照，不然就是已經耗盡（超過尾端），但不一定是可遞增的。
iterator-type{ itr }	從 itr 複製建構一個疊代器。

輸入疊代器

輸入疊代器（*input iterator*）可以用來讀取、遞增和檢查相等性。它是輸出疊代器的陪襯。只能對輸入疊代器反覆運算一次。

當從輸入疊代器讀取時，通常的模式是用一個和一個疊代器取得一個半開放範圍。要讀取整個範圍，可以用 operator* 讀取 begin 疊代器，後面跟著遞增操作 operator++。接下來，計算疊代器是否等於 end。如果是的話，您已經讀完這個範圍了。如果沒有，您可以繼續讀取／遞增。

> **NOTE**
>
> 輸入疊代器是讓第 313 頁的「以範圍為基礎的 for 迴圈」中所討論的範圍表達式起作用的關鍵。

輸入疊代器的一個正式用法，是包裝程式的標準輸入（通常是鍵盤）。一旦您從標準輸入中讀取了一個值，它就消失了，您不能回到開頭重播。這種行為與輸入疊代器支援的操作非常匹配。

在第 552 頁的「疊代器速成課程」中，您瞭解到每個容器都利用 begin/cbegin/end/cend method 公開疊代器。所有這些方法至少都是輸入疊代器（它們可能支援其他功能）。例如，列表 14-2 示範如何從 forward_list 中提取一個範圍，並手動操作疊代器進行讀取。

列表 14-2：與來自 forward_list 的輸入疊代器互動

```
#include <forward_list>

TEST_CASE("std::forward_list begin and end provide input iterators") {
  const std::forward_list<int> easy_as{ 1, 2, 3 }; ❶
  auto itr = easy_as.begin(); ❷
  REQUIRE(*itr == 1); ❸
  itr++; ❹
  REQUIRE(*itr == 2);
  itr++;
  REQUIRE(*itr == 3);
```

```
    itr++;
    REQUIRE(itr == easy_as.end());  ❺
}
```

您建立一個包含三個元素的 forward_list ❶。容器的常數表示元素是不可變的，因此疊代器只支援讀取操作。您以 forward_list 的 begin method 提取疊代器 ❷，以 operator* 提取 itr 所指向的元素 ❸，然後執行強制遞增 ❹。一旦藉由讀取／遞增讀完整個範圍，itr 將等於 forward_list 的 end。

表 14-3 總結了輸入疊代器支援的操作。

表 14-3：：輸入疊代器支援的操作

操作	備註
*itr	解除指向成員的參照。可能是也可能不是唯讀的。
itr->mbr	解除 itr 所指向物件成員 mbr 的參照。
++itr itr++	把疊代器遞增。在操作之後，疊代器要嘛是可解參照，要不然就是已耗盡（超過尾端）。
itr1 == itr2 itr1 != itr2	比較疊代器是否相等（指向同一個元素）。
iterator-type{ itr }	從 itr 複製建構一個疊代器。

前向疊代器

前向疊代器（*forward iterator*）是一個具有其他特性的輸入疊代器：前向疊代器還可以遍歷多次、預設建構和複製指派。在所有情況下都可以使用前向疊代器來代替輸入疊代器。

所有 STL 容器都提供前向疊代器。因此，列表 14-2 中使用的 forward_list 實際上提供一個前向疊代器（也是一個輸入疊代器）。

列表 14-3 更新了列表 14-2，對 forward_list 進行多次反覆運算。

列表 14-3：遍歷前向疊代器兩次

```
TEST_CASE("std::forward_list' s begin and end provide forward
iterators") {
  const std::forward_list<int> easy_as{ 1, 2, 3 }; ❶
  auto itr1 = easy_as.begin(); ❷
  auto itr2{ itr1 }; ❸
  int double_sum{};
  while (itr1 != easy_as.cnd()) ❹
    double_sum += *(itr1++);
  while (itr2 != easy_as.end()) ❺
    double_sum += *(itr2++);
  REQUIRE(double_sum == 12); ❻
}
```

您再次建立一個包含三個元素的 forward_list ❶，利用 forward_
list 的 begin 法提取一個名為 itr1 的疊代器 ❷，然後建立一個名為
itr2 的副本 ❸。讓 itr1 ❹ 和 itr2 ❺ 在該範圍內反覆運算兩次，同
時對兩次進行求和，所求得的 double_sum 等於 12 ❻。

表 14-4 總結了前向疊代器支援的操作。

表 14-4：前向疊代器支援的操作

操作	備註
*itr	解參照所指向的成員，可能是也可能不是唯讀的。
itr->mbr	解參照 itr 所指向物件的成員 mbr。
++itr itr++	把疊代器遞增以指向下一個元素。
itr1 == itr2 itr1 != itr2	比較疊代器是否相等（指向同一個元素）。
iterator-type{}	預設建構一個疊代器。
iterator-type{ itr }	從 itr 複製建構一個疊代器。
itr1 = itr2	把疊代器 itr2 指派給 itr1。

雙向疊代器

雙向疊代器（*bidirectional iterator*）是一個前向疊代器，也可以向後反覆運算。在所有情況下，都可以使用雙向疊代器代替前向疊代器或輸入疊代器。

雙向疊代器允許使用 operator-- 和 operator—(int) 進行向後反覆運算。提供雙向疊代器的 STL 容器有 array、list、deque、vector 和所有已排序的關聯式容器。

列表 14-4 示範了如何使用 list 的雙向疊代器進行雙向反覆運算。

列表 14-4：std::list 的 begin 和 end 提供雙向疊代器

```
#include <list>

TEST_CASE("std::list begin and end provide bidirectional iterators") {
  const std::list<int> easy_as{ 1, 2, 3 }; ❶
  auto itr = easy_as.begin(); ❷
  REQUIRE(*itr == 1); ❸
  itr++; ❹
  REQUIRE(*itr == 2);
  itr--; ❺
  REQUIRE(*itr == 1); ❻
  REQUIRE(itr == easy_as.cbegin());
}
```

在這裡，您建立了一個包含三個元素的 list ❶，您用 list 的 begin 方法提取一個名為 itr 的疊代器 ❷。與輸入疊代器和前向疊代器一樣，您可以取消對 ❸ 的參照並將疊代器遞增 ❹。此外，您可以將疊代器遞減 ❺，這樣就可以回到已經反覆運算過的元素 ❻。

表 14-5 總結了雙向疊代器支援的操作。

表 14-5：雙向疊代器支援的操作

操作	備註
`*itr`	解參照所指向的成員，可能是也可能不是唯讀的。
`itr->mbr`	解參照 `itr` 所指向物件的成員 `mbr`。
`++itr` `itr++`	把疊代器遞增以指向下一個元素。
`--itr` `itr--`	把疊代器遞減以指向前一個元素。
`itr1 == itr2` `itr1 != itr2`	比較疊代器是否相等（指向同一個元素）。
iterator-type`{}`	預設建構一個疊代器。
iterator-type`{ itr }`	從 `itr` 複製建構一個疊代器。
`itr1 = itr2`	把疊代器 `itr2` 指派給 `itr1`。

隨機存取疊代器

隨機存取疊代器（*random-access iterator*）是支援隨機元素存取的雙向疊代器。在所有情況下，都可以用隨機存取疊代器來代替雙向疊代器、前向疊代器和輸入疊代器。

隨機存取疊代器允許使用 operator[] 和疊代器算術進行隨機存取，例如對整數值進行加法或減法，也可以減去其他疊代器以找出兩個疊代器的距離。提供隨機存取疊代器的 STL 容器有 array、vector 和 deque。列表 14-5 示範了如何用向量中的隨機存取疊代器存取任意元素。

列表 14-5：與隨機存取疊代器互動

```
#include <vector>

TEST_CASE("std::vector begin and end provide random-access iterators")
{
  const std::vector<int> easy_as{ 1, 2, 3 }; ❶
```

```
    auto itr = easy_as.begin(); ❷
    REQUIRE(itr[0] == 1); ❸
    itr++; ❹
    REQUIRE(*(easy_as.cbegin() + 2) == 3); ❺
    REQUIRE(easy_as.cend() - itr == 2); ❻
}
```

您建立一個包含三個元素的 vector ❶，利用 vector 的 begin method
提取一個名為 itr 的疊代器 ❷。因為這是一個隨機存取疊代器，所
以可以利用 operator[] 取消對任意元素的參照 ❸。當然，您仍然可
以用 operator++ 來遞增疊代器 ❹，您也可以對疊代器進行加法或減
法運算，以存取給定偏移量的元素 ❺ ❻。

支援的隨機存取疊代器操作列表

表 14-6 總結了隨機存取疊代器支援的操作。

表 14-6：隨機存取疊代器支援的操作

操作	備註
`itr[n]`	解參照索引為 n 的元素。
`itr+n` `itr-n`	傳回與 itr 偏離 n 個位置的疊代器。
`itr2-itr1`	計算 itr1 和 itr2 之間的距離。
`*itr`	解參照所指向的成員，可能是也可能不是唯讀的。
`itr->mbr`	解參照 itr 所指向物件的成員 mbr。
`++itr` `itr++`	把疊代器遞增以指向下一個元素。
`--itr` `itr--`	把疊代器遞減以指向前一個元素。
`itr1 == itr2` `itr1 != itr2`	比較疊代器是否相等（指向同一個元素）。
iterator-type`{}`	預設建構一個疊代器。

操作	備註
iterator-type{ itr }	從 **itr** 複製建構一個疊代器。
itr1 < itr2 itr1 > itr2 itr1 <= itr2 itr1 >= itr2	比較疊代器所對應的位置。

連續疊代器

連續疊代器（*contiguous iterator*）是一個隨機存取疊代器，其元素在記憶體中相鄰。對於連續疊代器 **itr**，所有元素 itr[n] 和 itr[n+i] 滿足以下關係：

&itr[n] + i == &itr[n+i]

其中索引 n 和偏移量 i 皆位於有效的範圍內。

vector 和 **array** 容器提供連續的疊代器，但 **list** 和 **deque** 則不提供。

可變疊代器

所有前向疊代器、雙向疊代器、隨機存取疊代器和連續疊代器都可以支援唯讀或讀寫模式。如果疊代器支援讀寫，則可以將值指派給透過解參照疊代器所傳回的參照。這種疊代器稱為**可變疊代器**（*mutable iterator*）。例如，支援讀寫的雙向疊代器稱為可變雙向疊代器。

到目前為止，在每個範例中，用來支撐疊代器的容器都是 const。這將產生常數物件的疊代器，這些物件當然是不可寫的。列表 14-6 從（非 const）**deque** 中提取了一個可變的隨機存取疊代器，允許您寫入容器的任意元素。

列表 14-6：可變隨機存取疊代器允許寫入

```cpp
#include <deque>

TEST_CASE("Mutable random-access iterators support writing.") {
  std::deque<int> easy_as{ 1, 0, 3 }; ❶
  auto itr = easy_as.begin(); ❷
  itr[1] = 2; ❸
  itr++; ❹
  REQUIRE(*itr == 2); ❺
}
```

您建構了一個包含三個元素的 deque ❶，然後取得一個指向第一個元素的疊代器 ❷。接下來，將值 2 寫入第二個元素 ❸。然後遞增疊代器，使其指向剛修改的元素 ❹。當解參照所指向的元素時，將傳回在 ❺ 中所寫入的值。

圖 14-1 說明了輸入疊代器與其所有更具特徵的子代之間的關係。

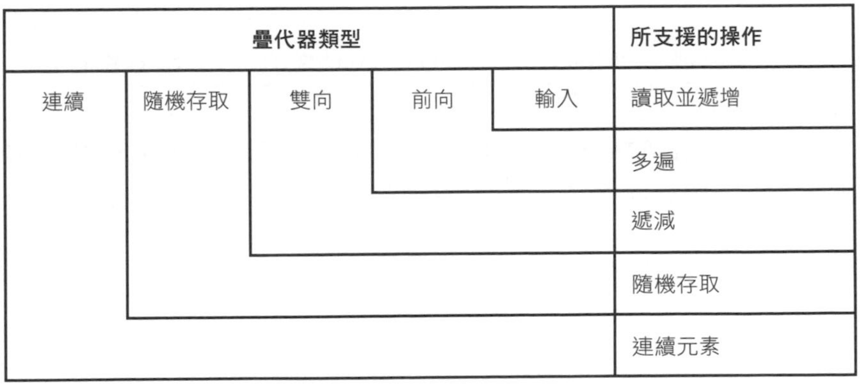

疊代器類型					所支援的操作
連續	隨機存取	雙向	前向	輸入	讀取並遞增
					多遍
					遞減
					隨機存取
					連續元素

圖 14-1：輸入疊代器類型及其巢狀關係

總之，輸入疊代器只支援讀取和遞增。前向疊代器也是輸入疊代器，因此它們也支援讀取和遞增，但還允許您在其範圍內多次反覆運算（「多次處理」）。雙向疊代器也是前向疊代器，但它們還允許遞減操作。隨機存取疊代器也是雙向疊代器，但是您可以直接存取序列中的任意元素。最後，連續疊代器是保證其元素在記憶體中連續的隨機存取疊代器。

輔助疊代器函式

如果您撰寫處理疊代器的泛型程式碼，應該使用 `<iterator>` 標頭中的**輔助疊代器函式**（*auxiliary iterator function*）來操作疊代器，而不是直接使用所支援的操作。這些疊代器函式執行遍歷、交換和計算疊代器之間距離的常見任務。使用輔助函式代替直接的疊代器操作的主要優點是，輔助函式會檢查疊代器的型別特徵，並確定執行所需操作最有效率的方法；此外，輔助疊代器函式使泛型程式碼更加泛型，因為它將使用範圍最廣的疊代器。

std::advance

`std::advance` 輔助疊代器函式允許您按所需的量遞增或遞減，此函式範本接受疊代器參照和與要移動疊代器的距離相對應的整數值：

```
void std::advance(InputIterator&❶ itr, Distance❷ d);
```

`InputIerator` 範本參數必須至少是一個輸入疊代器 ❶，範本參數 `Distance` 通常是一個整數 ❷。

`advance` 函式不會執行邊界檢查，因此必須確保沒有超出疊代器位置的有效範圍。

根據疊代器的類型，`advance` 將執行最有效率的操作，以達到所需的效果：

輸入疊代器　`advance` 函式將調用 `itr++` 正確的次數；`dist` 不能為負。

雙向疊代器　這個函式將以正確的次數調用 `itr++` 或 `itr--`。

隨機存取疊代器　它將調用 `itr+=dist`；`dist` 可以是負數。

隨機存取疊代器會比用 advance 進行較少次反覆運算更有效率，
所以如果您想禁止最壞情況（線性時間）的表現，可能需要使用
operator+= 而不是 advance。

列表 14-7 示範了如何用 advance 來操縱隨機存取疊代器。

列表 14-7：使用 advance 操縱連續疊代器

```
#include <iterator>

TEST_CASE("advance modifies input iterators") {
  std::vector<unsigned char> mission{ ❶
    0x9e, 0xc4, 0xc1, 0x29,
    0x49, 0xa4, 0xf3, 0x14,
    0x74, 0xf2, 0x99, 0x05,
    0x8c, 0xe2, 0xb2, 0x2a
  };
  auto itr = mission.begin(); ❷
  std::advance(itr, 4); ❸
  REQUIRE(*itr == 0x49);
  std::advance(itr, 4); ❹
  REQUIRE(*itr == 0x74);
  std::advance(itr, -8); ❺
  REQUIRE(*itr == 0x9e);
}
```

在這裡，您用 16 個 unsigned char 物件初始化一個名為 mission 的
vector。接下來，用 mission 的 begin method 提取一個名為 itr 的
疊代器 ❷，並以 itr 當作參數調用 advance 來向前推進四個元素，使
其指向第四個元素（值 0x49）❸，接下來您再次將 4 個元素推進到
第 8 個元素（值 0x74）❹。最後，您用 −8 調用 advance 以後退 8 個
值，因此疊代器再次指向第一個元素（值為 0x9e）❺。

std::next 和 std::prev

std::next 和 std::prev 輔助疊代器函式是計算給定疊代器偏移量的函式範本。

它們傳回一個指向所需元素的新疊代器，而不修改原始疊代器，如下所示：

```
ForwardIterator std::next(ForwardIterator& itr❶, Distance d=1❷);
BidirectionalIterator std::prev(BidirectionalIterator& itr❸, Distance d=1❹);
```

函式 next 至少接受一個前向疊代器 ❶ 和一個可選的距離 ❷，並傳回一個指向相對應偏移量的疊代器。如果 itr 是雙向的，那麼這個偏移量可以是負的。prev 函式範本的工作方式與 next 相反：它至少接受一個雙向疊代器 ❸ 和一個可選的距離 ❹（可以是負數）。

next 和 prev 都不會執行邊界檢查。這表示您必須確保您的數學是正確的，並且讓您保持在序列中；否則，您將得到未定義的行為。

NOTE

> 進行了 next 和 prev 之後，itr 皆保持不變，除非是右值，在這種情況下會改用 advance 以提高效率。

列表 14-8 示範了如何用 next 取得一個指向給定偏移量處元素的新疊代器。

列表 14-8：使用 next 從疊代器取得偏移量

```
#include <iterator>

TEST_CASE("next returns iterators at given offsets") {
  std::vector<unsigned char> mission{
    0x9e, 0xc4, 0xc1, 0x29,
    0x49, 0xa4, 0xf3, 0x14,
    0x74, 0xf2, 0x99, 0x05,
    0x8c, 0xe2, 0xb2, 0x2a
```

```
};
auto itr1 = mission.begin(); ❶
std::advance(itr1, 4); ❷
REQUIRE(*itr1 == 0x49); ❸

auto itr2 = std::next(itr1); ❹
REQUIRE(*itr2 == 0xa4); ❺

auto itr3 = std::next(itr1, 4); ❻
REQUIRE(*itr3 == 0x74); ❼

REQUIRE(*itr1 == 0x49); ❽
}
```

如列表 14-7 所示，初始化一個包含 16 個 unsigned char 的向量，並提取一個指向第一個元素的疊代器 itr1 ❶。您用 advance 將疊代器遞增四個元素 ❷，使其指向值為 0x49 的元素 ❸。第一次使用 next 時省略了一個距離引數，預設值為 1 ❹，這將產生一個新的疊代器 itr2，指向 itr1 的下一個元素 ❺。

第二次調用時距離引數為 4 ❻，這將產生另一個新的疊代器 itr3，指向 itr1 所指元素之後的第 4 個元素，這些調用都不會影響原始疊代器 itr1。

std::distance

std::distance 函式允許您計算兩個輸入疊代器 itr1 和 itr2 之間的距離：

```
Distance std::distance(InputIterator itr1, InputIterator itr2);
```

如果疊代器不是隨機存取的，那麼 itr2 必須參照到 itr1 之後的元素。您最好確認一下 itr2 是在 itr1 之後，因為如果不小心違反了這個要求，而疊代器不是隨機存取的，那麼您將得到未定義的行為。

列表 14-9 示範了如何計算兩個隨機存取疊代器之間的距離。

列表 14-9：利用距離取得疊代器之間的距離

```
#include <iterator>

TEST_CASE("distance returns the number of elements between iterators") {
  std::vector<unsigned char> mission{ ❶
    0x9e, 0xc4, 0xc1, 0x29,
    0x49, 0xa4, 0xf3, 0x14,
    0x74, 0xf2, 0x99, 0x05,
    0x8c, 0xe2, 0xb2, 0x2a
  };
  auto eighth = std::next(mission.begin(), 8); ❷
  auto fifth = std::prev(eighth, 3); ❸
  REQUIRE(std::distance(fifth, eighth) == 3); ❹
}
```

初始化 vector 之後 ❶，以 std::next ❷ 建立指向 eighth 元素的疊代器。在元素 eighth 上用 std::prev 並透過傳遞 3 作為第二個引數來取得指向元素 fifth 的疊代器 ❸。當傳遞 fifth 和 eighth 作為距離的引參數時，會得到 3 ❹。

std::iter_swap

std::iter_swap 輔助疊代器函式允許您交換兩個前向疊代器 itr1 和 itr2 所指向的值：

```
Distance std::iter_swap(ForwardIterator itr1, ForwardIterator itr2);
```

疊代器不需要具有相同的類型，只要它們指向的型別彼此可指派。列表 14-10 示範了如何使用 iter_swap 來交換兩個 vector 元素。

列表 14-10：使用 iter_swap 交換所指向的元素

```
#include <iterator>

TEST_CASE("iter_swap swaps pointed-to elements") {
  std::vector<long> easy_as{ 3, 2, 1 }; ❶
```

```
  std::iter_swap(easy_as.begin()❷, std::next(easy_as.begin(), 2)❸);
  REQUIRE(easy_as[0] == 1); ❹
  REQUIRE(easy_as[1] == 2);
  REQUIRE(easy_as[2] == 3);
}
```

用元素 3 2 1 建構一個 vector 後，對第一個元素 ❷ 和最後一個元素
❸ 調用 iter_swap ❸。交換之後，vector 包含元素 1 2 3 ❹。

其他疊代轉接器

除了插入疊代器之外，STL 還提供移動疊代轉接器和反向疊代轉接
器來修改疊代器的行為。

> **NOTE**
>
> STL 還提供了串流疊代轉接器，我們將在第 16 章串流時再討論。

移動疊代轉接器

移 動 疊 代 轉 接 器（*move iterator adapter*）是 將 所 有 疊 代 器 存 取 轉
換為移動操作的類別範本。<iterator> 標 頭 中 的 方 便 函 式 範 本
std::make_move_iterator 接受一個 iterator 引數並傳回一個移動疊
代轉接器。

移動疊代轉接器的正式用法是將一系列物件移動到新容器中。考慮
列表 14-11 中的 toy 類別 Movable，它儲存了一個名為 id 的 int 值。

列表 14-11：Movable 類別儲存 int

```
struct Movable{
  Movable(int id) : id{ id } { } ❶
  Movable(Movable&& m) {
    id = m.id; ❷
    m.id = -1; ❸
```

```
  }
  int id;
};
```

Movable 建構子接受一個 int 並將其儲存到 id 欄位中 ❶。Movable
也可以進行移動建構；它會從移動建構子引數中竊取 id ❷，並將其
替換為 -1 ❸。

列表 14-12 建構了一個稱為 donor 的 Movable 物件 vector，並將它們
移動到一個稱為 recipient 的 vector 中。

列表 14-12：用移動疊代轉接器將疊代器操作轉換為移動操作

```
#include <iterator>

TEST_CASE("move iterators convert accesses into move operations") {
  std::vector<Movable> donor; ❶
  donor.emplace_back(1); ❷
  donor.emplace_back(2);
  donor.emplace_back(3);
  std::vector<Movable> recipient{
    std::make_move_iterator(donor.begin()), ❸
    std::make_move_iterator(donor.end()),
  };
  REQUIRE(donor[0].id == -1); ❹
  REQUIRE(donor[1].id == -1);
  REQUIRE(donor[2].id == -1);
  REQUIRE(recipient[0].id == 1); ❺
  REQUIRE(recipient[1].id == 2);
  REQUIRE(recipient[2].id == 3);
}
```

在這裡，您預設建構一個名為 donor 的 vector ❶，用於將三個 id 欄
位為 1、2 和 3 的 Movable 物件 emplace_back ❷。然後把 donor 的
begin 和 end 疊代器分別傳給 make_move_iterator 來當作 vector 範
圍建構子的參數以建立 recipient 物件 ❸。這會將所有疊代器操作轉
換為移動操作，因此 Movable 的移動建構子會被呼叫。結果是，所有

donor 的元素都處於 move-from 狀態 ❹，而所有 recipient 的元素都
會與 donor 先前的元素相符 ❺。

反向疊代轉接器

反向疊代轉接器（*reverse iterator adapter*）是一個類別範本，將疊代
器的遞增運算子和遞減運算子調換。最終的效果是，您可以透過應
用反向疊代轉接器來反轉演算法的輸入，您可能會用到反向疊代器
的一個常見情況是從容器尾端向前搜索。例如，您可能一直在將日
誌推送到 deque 的末端，並希望找到符合某些條件的最新項目。

第 13 章中幾乎所有容器都公開了帶有 rbegin/rend/crbegin/crend
method 的反向疊代器。例如，您可以用另一個容器的相反順序來創
建一個容器，如列表 14-13 所示。

列表 14-13：創建一個與另一個容器元素順序相反的容器

```
TEST_CASE("reverse iterators can initialize containers") {
  std::list<int> original{ 3, 2, 1 }; ❶
  std::vector<int> easy_as{ original.crbegin(), original.crend() }; ❷
  REQUIRE(easy_as[0] == 1); ❸
  REQUIRE(easy_as[1] == 2);
  REQUIRE(easy_as[2] == 3);
}
```

在這裡，您創建了一個包含元素 3 2 1 的 list ❶。接下來，利用
crbegin 和 crend method 建構一個順序相反的 vector ❷。該向量包
含 1 2 3，與列表的元素順序剛好相反。

儘管容器通常直接公開反向疊代器，但也可以手動將普通疊代器轉
換為反向疊代器。<iterator> 標頭中的方便函式範本 std::make_
reverse_iterator 接受一個 iterator 引數並傳回一個反向疊代轉接器。

反向疊代器被設計用來處理與正常半開放範圍順序正好相反的半開
放範圍。在內部，**反向半開放範圍**（*reverse half-open range*）有一個

rbegin 疊代器，表示半開放範圍的 end，還有一個 rend 疊代器，表示半開放範圍的 begin，如圖 14-2 所示。

rend()　　　　　　　　rbegin()

圖 14-2：反向半開放範圍

但是，這些實作細節對使用者來說都是無法察覺的。疊代器會像您預期的那樣解參照。只要範圍不為空，就可以取消對反向 begin 疊代器的參照，它將傳回第一個元素。但是您**不能**解參照反向 end 疊代器。

為什麼要增加這種表示法上的複雜性？透過這種設計，您可以輕鬆地交換半開放範圍的開始疊代器和結束疊代器，以產生反向半開放範圍。例如，列表 14-14 用 std::make_reverse_iterator 將普通疊代器轉換為反向疊代器，完成與列表 14-13 相同的任務。

列表 14-14：make_reverse_iterator 函式將普通疊代器轉換為
　　　　　　反向疊代器

```
TEST_CASE("make_reverse_iterator converts a normal iterator") {
  std::list<int> original{ 3, 2, 1 };
  auto begin = std::make_reverse_iterator(original.cend()); ❶
  auto end = std::make_reverse_iterator(original.cbegin()); ❷
  std::vector<int> easy_as{ begin, end }; ❸
  REQUIRE(easy_as[0] == 1);
  REQUIRE(easy_as[1] == 2);
  REQUIRE(easy_as[2] == 3);
}
```

請特別注意從 original 中提取的疊代器。要創建 begin 疊代器，您需要從 original 中提取一個 end 疊代器，並將其傳給 make_reverse_iterator ❶。反向疊代轉接器會將遞增和遞減運算子調換，但它需要在正確的位置開始。同樣地，您需要在原來的開始處終止，因此您需要傳遞 cbegin 的結果給 make_reverse_iterator 以產生正確的 end ❷。將這些結果傳給 easy_as 的範圍建構子將產生與列表 14-13 相同的結果。

摘要

在這短短的一章中，您學到了所有疊代器的類型：輸出、輸入、轉發、雙向、隨機存取和連續。瞭解每個類型的基本屬性為您提供了一個瞭解容器如何與演算法連接的框架。本章還介紹了疊代轉接器（它讓您能夠自訂疊代器的行為）和輔助疊代器函式（它可幫助您用疊代器撰寫泛型程式碼）。

練習

14-1. 用 std::prev 取代 std::next 來改寫列表 14-8。

14-2. 撰寫一個名為 sum 的函式範本，該範本接受 int 物件的半開放範圍並傳回序列的和。

14-3. 撰寫一個程式，利用列表 12-25 中的 Stopwatch 類別來判斷 std::advance 的執行時效能，如果從一個大的 std::forward 目錄和一個大的 std::vector 中給定一個前向疊代器。執行時如何隨容器中元素的個數而變化？（嘗試數十萬或數百萬個元素。）

延伸閱讀

- 《*C++* 標準庫：學習教本與參考工具（第二版）》，
  碁峰，2014，Nicolai M. Josuttis 著

- 《*C++ Templates* 全覽（第二版）》，
  碁峰，2019，David Vandevoorde 等人著

15

STRINGS

如果您用一個人能聽懂的語言和他說話，他會聽進他的頭
腦。如果您用他的語言和他說話，那會進入他的內心。

—— *Nelson Mandela*

STL 為人類語言資料（例如單字、句子和
標記語言）提供了一種特殊的 *string* 容
器（*string container*）。在 `<string>` 標頭中的
`std::basic_string` 是一個類別範本，專門用來處理
string 的底層字元型別。作為一個循序式容器，**basic_
string** 本質上類似於一個向量，但有一些特殊的工具來操
控語言。

STL basic_string 提供了比 C 語言寫法或以空字元結尾的 string
更大的安全性以及功能上的改進，而且由於大多數現代程式中人
類語言資料的氾濫，您可能會發現 basic_string 是不可或缺的。

std::string

STL 在 `<string>` 標頭中提供四種專門化的 `basic_string`，每種專門化都以您在第 2 章中所學到的基本字元型別之一實作一個 string：

- 對應於 char 的 `std::string` 用於 ASCII 字元集。
- 對應於 wchar_t 的 `std::wstring` 大到足以容納任何當地語系最大字元的實作。
- 對應於 char16_t 的 `std::u16string` 用於 UTF-16 字元集。
- 對應於 char32_t 的 `std::u32string` 用於 UTF-32 字元集。

您將對適當的底層型別使用專門化。因為這些專門化具有相同的介面，所以本章中的所有範例都將使用 `std::string`。

建構

`basic_string` 容器接受三個範本參數：

- 底層的字元型別 T
- 底層型別的特性 Traits
- 分配器，Alloc

其中，只有 T 是必要的。STL 的 `<string>` 標頭中的 `std::char_traits` 範本類別將底層字元型別的字元和 string 操作抽象化。另外，除非您打算支援自訂的字元型別，否則您不需要實作自己的型別特性，因為 char_traits 已經有專門化的 char、wchar_t、char16_t 和 char32_t 可用。當 stdlib 已經為型別提供了專門化時，除非您需要某種奇特的行為，否則您不需要自己提供專門化。

總之，`basic_string` 專門化如下所示，其中 T 是字元型別：

```
std::basic_string<T, Traits=std::char_traits<T>, Alloc=std::allocator<T>>
```

在大多數情況下，您將處理一個預先定義好的專門化，尤其是 string 或 wstring。但是，如果需要自訂分配器，則您需要將 basic_string 適當地專門化。

basic_string<T> 容器支援與 vector<T> 相同的建構子，以及用於轉換 C 語言寫法 string 的其他方便建構子。換句話說，string 支援 vector<char> 的建構子，wstring 支援 vector<wchar_t> 的建構子，依此類推。與 vector 一樣，對所有 basic_string 建構子都使用小括號，除非真的需要初始值設定項清單時才需要用到大括號。

您可以預設建構一個空 string，或者如果您想重複使用一個字元來填入 string，您可以透過傳入一個 size_t 和一個 char 來使用 fill 建構子，如列表 15-1 所示。

列表 15-1：string 的預設和 fill 建構子

```
#include <string>
TEST_CASE("std::string supports constructing") {
  SECTION("empty strings") {
    std::string cheese; ❶
    REQUIRE(cheese.empty()); ❷
  }
  SECTION("repeated characters") {
    std::string roadside_assistance(3, 'A'); ❸
    REQUIRE(roadside_assistance == "AAA"); ❹
  }
}
```

預設建構 string 之後 ❶，它並沒有包含任何元素 ❷。如果要用重複字元填入 string，可以透過傳給填充建構子所要填入的元素個數及其值 ❸，本範例將三個 A 字元填入 string 中。

注意稍後您在本章將學到用 operator== 來比較 std::string。因為您通常用原始指標或原始陣列處理 C 語言寫法的 string，operator==

只有當給定同一物件時才傳回 true。但是，對於 std::string，如果內容相同，operator== 就會傳回 true。如列表 15-1 所示，即使其中一個運算元是 C 語言寫法的 string 字面值，也可以進行比較。

string 建構子還提供了兩個以 const char* 為基礎的建構子。如果引數指向以 null 結尾的 string，則 string 建構子可以自行確定輸入的長度。如果指標不是指向以 null 結尾的 string，或者只想使用 string 的前半部，則可以傳遞一個長度引數，通知 string 建構子要複製多少元素，如清單 15-2 所示。

列表 15-2：從 C 語言寫法 string 建構一個 string

```
TEST_CASE("std::string supports constructing substrings ") {
  auto word = "gobbledygook"; ❶
  REQUIRE(std::string(word) == "gobbledygook"); ❷
  REQUIRE(std::string(word, 6) == "gobble"); ❸
}
```

建立一個名為 word 的 const char*，指向 C 語言寫法的 string 字面值 gobbledygook ❶。接下來，透過傳遞 word 來建構一個 string。正如預期的那樣，結果 string 包含 gobbledygook ❷。在下一個測試中，您將數字 6 當作第二個引數傳遞。這將導致 string 只用到 word 的前六個字元，從而導致 string 僅包含 gobble ❸。

此外，您還可以從其他 string 來建構 string。作為 STL 的一個容器，string 完全支援複製和移動語意。您也可以從一個子 *string*（另一個 string 的連續子集）建構一個 string。

列表 15-3 示範了這三種建構子。

列表 15-3：string 物件的複製、移動、和子 string 建構

```
TEST_CASE("std::string supports") {
  std::string word("catawampus"); ❶
  SECTION("copy constructing") {
    REQUIRE(std::string(word) == "catawampus"); ❷
  }
```

```
  SECTION("move constructing") {
    REQUIRE(std::string(move(word)) == "catawampus"); ❸
  }
  SECTION("constructing from substrings") {
    REQUIRE(std::string(word, 0, 3) == "cat"); ❹
    REQUIRE(std::string(word, 4) == "wampus"); ❺
  }
}
```

在列表 15-3 中，word 是移動來源狀態，您會想起第 163 頁的「移動語意」，這意味著它只能被重新分配或銷毀。

在這裡，您建構了一個名為 word 的 string，其中包含字元 catawampus ❶。複製建構會產生另一個包含 word 的字元副本的 string ❷，移動建構會竊取 word 的字元，進而產生一個新的 string 包含了 catawampus ❸。最後，您可以根據子 string 建構一個新的 string。透過傳遞 word，您可建構一個起始位置為 0、長度為 3 的新 stringcat ❹。如果改為傳入 word 並且起始位置是 4（沒有長度），則會得到從原始 string 的第 4 個字元開始到 string 最後的所有字元，結果會是 wampus ❺。

string 類別還支援使用 std::string_literals::operator""s 來建構字面值。主要的好處是符號使用起來很方便，但是您也可以用 operator""s 將空字元輕鬆地嵌入 string 中，如列表 15-4 所示。

列表 15-4：建構 string

```
TEST_CASE("constructing a string with") {
  SECTION("std::string(char*) stops at embedded nulls") {
    std::string str("idioglossia\0ellohay!"); ❶
    REQUIRE(str.length() == 11); ❷
  }
  SECTION("operator\"\"s incorporates embedded nulls") {
    using namespace std::string_literals; ❸
```

```
    auto str_lit = "idioglossia\0ellohay!"s; ❹
    REQUIRE(str_lit.length() == 20); ❺
  }
}
```

在第一個測試中，您用字面值 idioglossia\0ellohay! 建構 string
❶，結果將產生致一個包含 idioglossia 的 string ❷。由於嵌入了
null（\0），字面值的其餘部分不會被複製到 string 中。在第二個測
試中，您引入了 std::string_literals 命名空間 ❸，以便可以使用
operator""s 直接從字面值建構 string ❹。與 std::string 建構子不
同的是，operator""s 會產生一個包含嵌入的空位元組和所有字面值
的 string ❺。

表 15-1 總結了建構 string 的選項。在這個表中，c 是 char，n 和
pos 是 size_t，str 是 string 或 C 語言寫法的 string，c_str 是 C
語言寫法的 string，beg 和 end 是輸入疊代器。

表 15-1：支援的 std::string 建構子

建構子	建構子
string()	沒有字元。
string(n, c)	c 重複了 n 次。
string(str, pos, [n])	半開放範圍 (pos, pos+n) 的字串。如果省略 n，子字串會從 pos 延伸到 str 的末端。
string(c_str, [n])	長度為 n 的 c_str 副本。如果 c_str 以 null 結尾，則 n 預設為以 null 結尾的字串的長度。
string(beg, end)	半開放範圍 (beg, end) 中元素的複本。
string(str)	str 的副本。
string(move(str))	產生 str 的內容，而 str 在建構後會處於移出狀態。
string{ c1, c2, c3 }	字元 c1、c2、c3。
"my string literal"s	包含字元「my string literal」的字串。

string 儲存和小 string 最佳化

string 和 vector 完全一樣,以動態儲存空間來連續儲存其組成元素。因此,vector 和 string 具有非常相似的複製/移動建構/指派語意。例如,其所包含的元素駐留在動態記憶體中,因此複製操作可能比移動操作更為昂貴。

最流行的 STL 實作都有小 string 最佳化(*small string optimization, SSO*)。如果 string 所佔的空間夠小的話,SSO 會將其內容放在物件的儲存空間(而不是動態儲存空間)中。一般來說,小於 24 位元組的 string 是 SSO 方式處理。實作上會進行這種最佳化是因為在許多現代程式中,大多數 string 都很短。(vector 不會進行小向量的最佳化。)

> **NOTE**
>
> 實際上,SSO 以兩種方式影響移動。首先,如果 string 移動的話,任何對 string 元素的參照都將無效。第二,由於 string 需要額外檢查 SSO,因此 string 的移動很可能會比 vector 慢。

string 具有大小(或長度)和容量。大小是 string 中所包含的字元數,容量是 string 在需要調整大小之前可以容納的字元數。

表 15-2 包含讀取和操弄 string 大小和容量的方法。在這個表中,n 的型別是 size_t。星號(*)表示這個操作至少在某些情況下使指向 s 元素的原始指標和疊代器無效。

表 15-2:std::string 所提供的儲存空間和長度的 method

方法	傳回
s.empty()	若 s 沒有任何字元,則傳回 true;否則傳回 false。
s.size()	s 中的字元個數。
s.length()	同 s.size()。
s.max_size()	s 最大可能的大小(由於系統/執行時限制)。

方法	傳回
s.capacity()	在需要調整大小之前可以容納的字元個數。
s.shrink_to_fit()	void; 發出非綁定請求以將 *s*.capacity() 減少到 *s*.size()。*
s.reserve([n])	void; 若 n > s.capacity()，則調整大小讓 s 至少可以容納 n 個元素；否則，發出非綁定請求 *，將 s.capacity() 減少為 n 或 s.size()（以較大者為準）。

> **NOTE**
>
> 在本書出版時，C++20 標準草案改變了當 reserve method 的參數小於 string 大小時的行為樣式，這會比較符合 vector 的行為樣式，也就是不會調用 shrink_to_fit 來縮小儲存空間到合適的大小，而是跟 vector 一樣不會作任何動作。

請注意，string 的大小和容量方法與 vector 的方法非常類似，這是由於他們的儲存模型非常接近的緣故。

元素和疊代器存取

由於 string 提供了對相鄰元素的隨機存取疊代器，所以它相對應地也提供了類似 vector 的元素和疊代器存取方法。

為了與 C 語言寫法的 API 進行互動，string 還提供了一個 c_str method，該方法以 const char* 的形式傳回不可修改、以 null 結尾的 string 版本，如列表 15-5 所示。

列表 15-5：從 string 中擷取以 null 結尾的字串

```
TEST_CASE("string's c_str method makes null-terminated strings") {
  std::string word("horripilation"); ❶
  auto as_cstr = word.c_str(); ❷
  REQUIRE(as_cstr[0] ==  'h'); ❸
  REQUIRE(as_cstr[1] ==  'o');
  REQUIRE(as_cstr[11] == 'o');
  REQUIRE(as_cstr[12] == 'n');
```

```
    REQUIRE(as_cstr[13] == '\0'); ❹
}
```

您建構了一個名為 word 的 string，其中包含字元 horripilation
❶，並用其 c_str method 擷取一個以 null 結尾的 string，稱為 as_
cstr ❷。由於 as_cstr 是 const char*，因此可以用 operator[] 來說
明它包含與 word ❸ 相同的字元，並且是以 null 結束 ❹。

> **NOTE**
>
> std::string 類別也支援 operator[]，其行為與 C 語言寫法的
> string 相同。

一般來說，除了資料傳回的參照可以是非 const 之外，c_str 和 data
會產生相同的結果。每當您操弄 string 時，實作通常會確保支援該
string 的連續記憶體以空字元結束。列表 15-6 中的程式透過將呼叫
data 和 c_str 的結果與其位址一起列印來說明這種行為。

列表 15-6：說明 c_str 和 data 傳回等效位址

```
#include <string>
#include <cstdio>

int main() {
  std::string word("pulchritudinous");
  printf("c_str: %s at 0x%p\n", word.c_str(), word.c_str()); ❶
  printf("data:  %s at 0x%p\n", word.data(), word.data()); ❷
}
```

```
c_str: pulchritudinous at 0x0000002FAE6FF8D0 ❶
data:  pulchritudinous at 0x0000002FAE6FF8D0 ❷
```

由於 c_str 和 data 指向了相同的位址，因而會產生相同的結果。因
為位址是以 null 結束的 string 的開頭，printf 為這兩個調用產生了
相同的輸出。

string 的存取方法如表 15-3 所示。注意，表中的 n 的型別為 size_t。

表 15-3：std::string 所提供的元素和疊代器存取方法

方法	傳回
s.begin()	指向第一個元素的疊代器。
s.cbegin()	指向第一個元素的 const 疊代器。
s.end()	指向最後一個元素的下一個位置的疊代器。
s.cend()	指向最後一個元素的下一個位置的 const 疊代器。
s.at(n)	s 中第 n 個元素的參照。若超出邊界，則引發 std::out_of_range。
s[n]	s 中第 n 元素的參照。若 n > s.size()，則行為未定義。而且 s[s.size()] 必須為 0，因此將非零值寫入此字元是未定義的行為。
s.front()	第一個元素的參照。
s.back()	最後一個元素的參照。
s.data()	若不是空字串，則為指向第一個元素的原始指標。如果是空字串，則傳回指向空字元的指標。
s.c_str()	傳回 s 的內容，但不可修改，並且以 null 結尾。

字串比較

請注意，string 支援使用常用的比較運算元與其他字串和原始 C 語言寫法的 string 進行比較，例如，如果 operator== 左右大小的大小和內容相等，會等式傳回 true，而 operator!= 不等式則傳回相反的結果。其餘的比較運算元會以字典比較法進行操作，也就是它們會按照字母 *A<Z<a<z* 排序，如果所有字母都一樣的話，則較短的單字小於較長的單字（例如，*pal < palindrome*）。列表 15-7 示範了字串的比較。

就技術上而言，字典比較法取決於 string 的編碼。理論上，一個系統可能會使用一種字母順序全然不同的預設編碼方式（例如幾乎過時的 EBCDIC 編碼，它將小寫字母放在大寫字母之前），這將影響 string 比較的結果。對於 ASCII 相容的編碼而言，您不用擔心，因為它們本來就是以預期的字典順序編碼。

列表 15-7：string 類別支援比較運算

```
TEST_CASE("std::string supports comparison with") {
  using namespace std::literals::string_literals; ❶
  std::string word("allusion"); ❷
  SECTION("operator== and !=") {
    REQUIRE(word == "allusion"); ❸
    REQUIRE(word == "allusion"s); ❹
    REQUIRE(word != "Allusion"s); ❺
    REQUIRE(word != "illusion"s); ❻
    REQUIRE_FALSE(word == "illusion"s); ❼
  }
  SECTION("operator<") {
    REQUIRE(word < "illusion"); ❽
    REQUIRE(word < "illusion"s); ❾
    REQUIRE(word > "Illusion"s); ❿
  }
}
```

在這裡，您引入了 std::literals::string_literals 命名空間，這樣就可以輕鬆地用 operator""s 建構一個 string ❶。您還可以建構一個名為 word 的 string，其中包含字元 allusion ❷。在第一組測試中，您檢驗了 operator== 和 operator!=。

您可以看到 word 等於（==）allusion，因為兩者同時是 C 語言寫法的字串 ❸，也是 string ❹，但它不等於（!=）包含 Allusion ❺ 或 illusion ❻ 的 string。通常 operator== 和 operator!= 傳回的結果永遠會相反 ❼。

下一組測試使用 operator< 來表示 allusion 小於 illusion ❽，因為從字典角度來看，*a* 會排在 *i* 的前面。比較運算適用於 C 語言寫法的字串和 string ❾。列表 15-7 還顯示了 Allusion 小於 allusion ❿，因為在字典中 A 排在 *a*。

string 的比較方法如表 15-4 所示。請注意，other 是表中的 string 或 char*C 語言寫法的 string。

表 15-4：支援的 std::string 比較運運算元方法傳回

方法	傳回
s == other	若 s 和 other 的字元和長度相同，則為 true；否則為 false
s != other	與 operator== 相反
s.compare(other)	若 s == other，則傳回 0；若 s < other，則傳回負數；若 s > other，則傳回正數
s < other	按照字典排序進行比較運算的結果
s > other	
s <= other	
s >= other	

操控元素

string 有許多方法來操控其元素。它支援了 vector<char> 的所有方法，以及其他許多對處理人類語言資料有用的方法。

添加元素

要在 string 中添加元素，可以使用 push_back，它在字串的最後面插入一個字元。如果要在 string 的最後面插入多個字元，可以用 operator+= 來附加字元、以 null 結束的 char* 字串、或是 string。您還可以使用 append method，它有三種多載的方式。首先，您可以傳入一個 string 或一個以 null 結束的 char* 字串、一個可選的位移以及一個可選的附加字元數。其次，您可以傳入一個長度和一個 char，這將把指定長度的字元附加到 string 中。第三，您可以附加一個半開放範圍。列表 15-8 示範了所有這些操作。

列表 15-8：附加到 string

```cpp
TEST_CASE("std::string supports appending with") {
  std::string word("butt"); ❶
  SECTION("push_back") {
    word.push_back('e'); ❷
    REQUIRE(word == "butte");
  }
  SECTION("operator+=") {
    word += "erfinger"; ❸
    REQUIRE(word == "butterfinger");
  }
  SECTION("append char") {
    word.append(1, 's'); ❹
    REQUIRE(word == "butts");
  }
  SECTION("append char*") {
    word.append("stockings", 5); ❺
    REQUIRE(word == "buttstock");
  }
  SECTION("append (half-open range)") {
    std::string other("onomatopoeia"); ❻
    word.append(other.begin(), other.begin()+2); ❼
    REQUIRE(word == "button");
  }
}
```

首先，您初始化了一個名為 word 的 string，其中包 butt 字元 ❶。在第一個測試中，您以字母 e 調用 push_back ❷，這將產生 butte。接下來，您用 operator+= 將 erfinger 添加到 word 中 ❸，得到 butterfinger。在第一次調用 append 時，您將附加一個 s ❹ 以產生 butts。（這個設定就像 push_back）第二種 append 的多載允許您提供 char* 和長度。透過提供 stockings 和長度 5，您可以將 stock 添加到 word 中以產生 buttstock ❺。因為 append 使用半開放範圍，所以您還可以建構一個名為 other 的 string，其中包含 onomatopoeia ❻ 的字元，並透過半開放範圍附加前兩個字元而形成 button ❼。

回想一下第 411 頁的「測試案例和區段」，每個 Catch 單元測試的
SECTION 在執行時是相互獨立的，因此對於 word 的修改也是互相獨
立：設定程式碼在每次測試時都會重置 word。

刪除元素

要從 string 中刪除元素有幾個選項，最簡單的方法是用 pop_back，
它 就 像 vector::pop_back 那 樣 會 從 string 中 刪 除 最 後 一 個 字
元。如果要刪除所有字元（以結果變成空的 string），請用 clear
method。當需要更精確地刪除元素時，請用 erase method，該方法
提供幾種多載的形式。您可以提供一個索引和一個長度，刪除相對
應的字元，也可以提供疊代器來刪除單一元素，或者提供半開放範
圍來刪除多個元素。列表 15-9 示範了如何從 string 中刪除元素。

列表 15-9：從 string 中移除元素

```
TEST_CASE("std::string supports removal with") {
  std::string word("therein"); ❶
  SECTION("pop_back") {
    word.pop_back();
    word.pop_back(); ❷
    REQUIRE(word == "there");
  }
  SECTION("clear") {
    word.clear(); ❸
    REQUIRE(word.empty());
  }
  SECTION("erase using half-open range") {
    word.erase(word.begin(), word.begin()+3); ❹
    REQUIRE(word == "rein");
  }
  SECTION("erase using an index and length") {
    word.erase(5, 2);
    REQUIRE(word == "there"); ❺
  }
}
```

您建構了一個名為 word 的 string，其中包含字元 therein ❶。在第一個測試中，您呼叫兩次 pop_back，先移除字母 n，然後再移除字母 i，現在 word 中剩下字元 there ❷。接下來，調用 clear 移除 word 中的所有字元，使得 word 成為空字串 empty。最後兩個測試使用 erase 來刪除 word 中的一些字元子集。在第一種用法中，您移除前三個具有半開放範圍的字元，使得 word 包含了 rein ❹。在第二種用法中，您移除從索引 5（therein 中 i）開始並擴展兩個字元 ❺。與第一種測試一樣，這將產生字元 there。

取代元素

要同時插入和移除元素，請使用 string 公開的 replace 方法，該方法有許多種多載的形式。

首先，您可以提供一個半開放範圍和一個以 null 結尾的 char* 或 string，replace 會同時 erase 半開放範圍內的所有元素，並在原先範圍的位置 insert 所提供的 string。其次，您可以提供兩個半開放範圍，replace 將插入第二個範圍而不是 string。

您可以使用索引或一個疊代器以及長度，而不是取代範圍。您可以提供一個新的半開放範圍、一個字元和一個大小，或是一個 string，replace 將以新的元素取代所暗指範圍內的元素。列表 15-10 示範了其中的一些可能性。

列表 15-10：取代 string 中的元素

```
TEST_CASE("std::string replace works with") {
  std::string word("substitution"); ❶
  SECTION("a range and a char*") {
    word.replace(word.begin()+9, word.end(), "e"); ❷
    REQUIRE(word == "substitute");
  }
  SECTION("two ranges") {
    std::string other("innuendo");
    word.replace(word.begin(), word.begin()+3,
                 other.begin(), other.begin()+2); ❸
```

```
    REQUIRE(word == "institution");
  }
  SECTION("an index/length and a string") {
    std::string other("vers");
    word.replace(3, 6, other); ❹
    REQUIRE(word == "subversion");
  }
}
```

在這裡，您建構了一個名為 word 的 string，其中包含了字串 substitution ❶。在第一個測試中，您將索引 9 到結尾的所有字元取代為字母 e，產生了單字 substitute ❷。接下來，將 word 的前三個字母取代為 string innuendo 的前兩個字母 ❸，產生了 institution。最後，使用另一種指定目標序列的方法，即用索引和長度來把字元 stitut 取代成 vers，從而生成了 subversion ❹。

string 類別提供了一個 resize 方法來手動設定 string 的長度。resize 方法有兩個引數：新長度和可選的 char。如果 string 的新長度較小，resize 將忽略 char。如果 string 的新長度較大，則 resize 會向 char 追加所隱含的次數以達到所需的長度。列表 15-11 示範了 resize method。

列表 15-11：調整 string 的長度

```
TEST_CASE("std::string resize") {
  std::string word("shamp"); ❶
  SECTION("can remove elements") {
    word.resize(4); ❷
    REQUIRE(word == "sham");
  }
  SECTION("can add elements") {
    word.resize(7, 'o'); ❸
    REQUIRE(word == "shampoo");
  }
}
```

您建構了一個名為 word 的 string，其中包含字元 shamp ❶。在第一個測試中，將 word 的大小調整為長度 4，使其包含 sham ❷。在第二個測試中，將 word 的大小調整為長度 7，並提供可選字元 o 當作要擴展 word 的值 ❸，結果在 word 會包含 shampoo。

第 646 頁的「建構」部分，解釋了一個可以擷取連續字元序列以建立新 string 的子字串建構子，您還可以用 substr method 生成產生子字串，該方法接受兩個可選引數：位置引數和長度。位置預設為 0（string 的開頭），長度預設為 string 的其餘部分。列表 15-12 示範了如何使用 substr。

列表 15-12：從 string 擷取子字串

```
TEST_CASE("std::string substr with") {
  std::string word("hobbits"); ❶
  SECTION("no arguments copies the string") {
    REQUIRE(word.substr() == "hobbits"); ❷
  }
  SECTION("position takes the remainder") {
    REQUIRE(word.substr(3) == "bits"); ❸
  }
  SECTION("position/index takes a substring") {
    REQUIRE(word.substr(3, 3) == "bit"); ❹
  }
}
```

您宣告了一個名為 word 的 string，其中包含了 hobbits ❶。如果調用 substr 時不帶任何引數，只需複製 string ❷ 即可。在提供位置引數 3 時，substr 擷取從第 3 個元素開始的子字串，並延伸到 string 的最後，產生了 bits ❸。最後，當您提供位置（3）和長度（3）時，您將得到 bit ❹。

string 操作方法摘要

表 15-5 列出了許多 string 的插入和刪除方法，在此表中，str 是字串或 C 語言寫法的 char* 字串，p 和 n 的型別是 size_t，ind 是指向

s 而且型別為 size_t 的索引或疊代器，n 和 i 的型別為 size_t，c 是 char，beg 和 end 是疊代器。星號（*）表示此操作至少在某些情況下會使 v 元素的原始指標和疊代器無效。

表 15-5：支援 std::string 元素操弄的 method

方法	描述
s.insert(ind, str, [p], [n])	將 str 的 n 個元素從 p 開始插入 ind 之前的 s 中。若沒有提供 n，則插入整個字串或直到 char* 的第一個空值；p 預設為 0。*
s.insert(ind, n, c)	在 ind 的前面插入 n 個 c。*
s.insert(ind, beg, end)	在 ind 的前面插入半開放範圍 (beg, end) 的字串。*
s.append(str, [p], [n])	同 s.insert(s.end(), str, [p], [n])。*
s.append(n, c)	同 s.insert(s.end(), n, c)。*
s.append(beg, end)	把半開放範圍 (beg, end) 的字串附加到 s 後面。*
s += c s += str	把 c 或 str 附加到 s 的後面。*
s.push_back(c)	把 c 附加到 s 後面。*
s.clear()	移除所有 s 的字元。*
s.erase([i], [n])	從第 i 個位置開始移除 n 個字元。i 的預設值為 0，n 的預設值是到 s 的最後還剩多少個字元。*
s.erase(itr)	移除 itr 所指向的元素。*
s.erase(beg, end)	移除半開放範圍 (beg, end) 的元素。*
s.pop_back()	移除 s 的最後一個元素。*
s.resize(n,[c])	調整字串的大小，使其包含 n 個字元。若此操作增加了字串的長度，則會填入 c 的副本，其預設值為 0。*
s.replace(i, n1, str, [p], [n2])	把從索引 i 開始的 n1 個字元替換為 str 中從 p 開始的 n2 個元素。預設的 p 為 0，n2 為 str.length()。*
s.replace(beg, end, str)	用 str 取代半開放範圍 (beg, end)。*
s.replace(p, n, str)	用 str 取代從索引 p 開始的 n 個字元。*

方法	描述
s.replace(beg1, end1, beg2, end2)	用半開放範圍 (beg2, end2) 取代 (beg1, end1)。*
s.replace(ind, c, [n])	用 c 取代從 ind 開始的 n 個元素。*
s.replace(ind, beg, end)	用半開放範圍 (beg, end) 取代從 ind 開始的元素。*
s.substr([p], [c])	傳回從 p 開始長度為 c 的子字串。預設的 p 為 0，c 為字串的其餘部分。
s1.swap(s2) swap(s1, s2)	交換 s1 和 s2 的內容。*

搜尋

除了前面的方法之外，string 還提供了幾個搜尋方法，使您能夠找到感興趣的子字串和字元。每個方法都執行特定型別的搜尋，因此選擇哪種方法，取決於應用程式的具體情況。

find

string 所提供的第一個方法是 find，它接受 string、C 語言寫法的 string 或 char 當作其第一個引數。此引數是您要在 this 中找到的元素。或者，您可以提供第二個 size_t 位置引數，告訴 find 從何處開始查找。如果 find 找不到子字串，它將傳回特殊 size_t 值的 static 成員 std::string::npos 常數。列表 15-13 示範了 find 方法。

列表 15-13：在 string 找出子字串

```
TEST_CASE("std::string find") {
  using namespace std::literals::string_literals;
  std::string word("pizzazz"); ❶
  SECTION("locates substrings from strings") {
    REQUIRE(word.find("zz"s) == 2); // pi(z)zazz ❷
  }
  SECTION("accepts a position argument") {
```

```
    REQUIRE(word.find("zz"s, 3) == 5); // pizza(z)z ❸
  }
  SECTION("locates substrings from char*") {
    REQUIRE(word.find("zaz") == 3); // piz(z)azz ❹
  }
  SECTION("returns npos when not found") {
    REQUIRE(word.find('x') == std::string::npos); ❺
  }
}
```

在這裡，您建構了一個名為 word 包含 pizzazz 的 string ❶。在第一個測試中，您用一個包含 zz 的 string 來調用 find，該 string 傳回 2 ❷，也就是在 pizzazz 中第一個 z 的索引。當您提供一個與 pizzazz 中的第二個 z 相對應的位置引數 3 時，find 將找出第二個 zz 是從索引值 5 開始 ❸。在第三個測試中，您用 C 語言寫法的字串 zaz，而 find 傳回 3，再一次對應於 pizzazz 中的第 2 個 z。最後，您嘗試查找 pizzazz 中沒有出現的字元 x，所以 find 會傳回 std::string::npos ❺。

rfind

rfind method 是另一種 find，它接受相同的參數但進行反向搜尋。例如，如果您從 string 尾端尋找特定的標點符號，可能需要使用此功能，如列表 15-14 所示。

列表 15-14：在 string 中反向找出子字串

```
TEST_CASE("std::string rfind") {
  using namespace std::literals::string_literals;
  std::string word("pizzazz"); ❶
  SECTION("locates substrings from strings") {
    REQUIRE(word.rfind("zz"s) == 5); // pizza(z)z ❷
  }
  SECTION("accepts a position argument") {
    REQUIRE(word.rfind("zz"s, 3) == 2); // pi(z)zazz ❸
  }
  SECTION("locates substrings from char*") {
    REQUIRE(word.rfind("zaz") == 3); // piz(z)azz ❹
```

```
    }
    SECTION("returns npos when not found") {
      REQUIRE(word.rfind('x') == std::string::npos); ❺
    }
  }
```

使用相同的 word ❶，您用與列表 15-13 相同的引數來測試 rfind。
給定 zz，rfind 會傳回 5，也就是在 pizzazz 中的倒數第二個 z。當
您提供位置引數 3 時，rfind 會傳回 pizzazz 中的第一個 z。因為子
字串 zaz 只出現一次，rfind 會傳回與 find 相同的位置 ❹。同樣與
find 類似，當給定 x 時，rfind 會傳回 std::string:npos ❺。

find_*_of

find 和 rfind 會查找 string 中的恰好符合的子序列，而一系列相關
函式查找給定參數中包含的第一個字元。find_first_of 函式接受
一個 string，並找出包含在引數中的 this 的第一個字元。或者，您
可以提供一個 size_t 位置引數來指出 find_first_of 要從字串中哪
一個位置開始找。如果 find_first_of 找不到符合的字元，將傳回
std::string::npos。列表 15-15 示範 find_first_of 函式的用法。

列表 15-15：從 string 找出集合中第 1 個元素

```
TEST_CASE("std::string find_first_of") {
  using namespace std::literals::string_literals;
  std::string sentence("I am a Zizzer-Zazzer-Zuzz as you can plainly
see."); ❶
  SECTION("locates characters within another string") {
    REQUIRE(sentence.find_first_of("Zz"s) == 7); // (Z)izzer ❷
  }
  SECTION("accepts a position argument") {
    REQUIRE(sentence.find_first_of("Zz"s, 11) == 14); // (Z)azzer ❸
  }
  SECTION("returns npos when not found") {
    REQUIRE(sentence.find_first_of("Xx"s) == std::string::npos); ❹
  }
}
```

這個名為 sentence 的 string 的內容為「I am a Zizzer-Zazzer-Zuzz as you can plainly see.」❶。在這裡，您用大小寫的字串 Zz 調用 find_first_of。這將傳回 7，對應於 sentence 中 Zizzer 的第一個 Z。在第二個測試中，您再次提供字串 Zz，但傳遞了位置引數 11，對應於 Zizzer 中的 e。結果是 14，對應於 Zazzer 中的 Z ❸。最後，您用 Xx 調用 find_first_of，結果是 std::string::npos，因為句子中並沒有包含 x（或 X）❹。

string 提供三種不同的 find_first_of：

- find_first_not_of 傳回 string 引數中不包含的第一個字元。不是提供要查找元素的 string，而是提供不要查找的 string。

- find_last_of 執行反向匹配；find_last_of 不是從 string 開頭或位置引數開始往後搜尋，而是從 string 結尾或位置引數由後往前搜尋。

- find_last_not_of 結合了前面兩種變形：傳遞一個包含不想查找元素的 string，並用 find_last_not_of 反向搜尋。

您要選擇哪一個 find 函式要視演算法的需求而定，您需要從 string 的後面開始搜尋，比如說尋找標點符號嗎？如果是，請使用 find_last_of。您在找 string 中的第一個空格嗎？如果是，請先使用 find_first_of。您是否要反向搜尋並查找不是某個集合成員的第一個元素？那就使用 find_first_not_of 和 find_last_not_of 選項，這取決於您是從 string 的開頭還是結尾開始。

列表 15-16 說明了這三種 find_first_of 的變形。

列表 15-16：string 的 find_first_of method 的不同選項

```
TEST_CASE("std::string") {
  using namespace std::literals::string_literals;
  std::string sentence("I am a Zizzer-Zazzer-Zuzz as you can plainly
see."); ❶
  SECTION("find_last_of finds last element within another string") {
    REQUIRE(sentence.find_last_of("Zz"s) == 24); // Zuz(z) ❷
  }
```

```
    SECTION("find_first_not_of finds first element not within another
string") {
        REQUIRE(sentence.find_first_not_of(" -IZaeimrz"s) == 22); // Z(u)
zz ❸
    }
    SECTION("find_last_not_of finds last element not within another
string") {
        REQUIRE(sentence.find_last_not_of(" .es"s) == 43); // plainl(y) ❹
    }
}
```

在這裡，您初始化了列表 15-15 中的同一個 sentence ❶。在第一個
測試中，您用 find_last_of 來找 Zz，它會反向搜尋任何 z 或是 Z
❷，並傳回 24，即句子 Zuzz 中的最後一個 z。接下來，您用 find_
first_not_of 並傳入混雜的字串（不包括字母 u），結果是 22，也就
是在 Zuzz 中的第一個字元 u 的位置 ❸。最後，您用 find_last_not_
of 查找最後一個不是空格、句點、e 或 s 的字元。這次查找的結果是
43，對應於 plainly 中 y 的位置 ❹。

string 搜尋方法摘要

表 15-6 列出了 string 的許多搜尋方法。請注意，表中的 s2 是一個
字串；cstr 是一個 C 語言寫法的 char* 字串；c 是一個 char；n、l
和 pos 是 size_t。

表 15-6：std::string 可用的搜尋演算法

方法	從 p 開始搜尋 s 並傳回 ... 的位置
s.find(s2, [p])	第一個等於 s2 的子字串；p 的預設值為 0。
s.find(cstr, [p], [l])	第一個等於 cstr 的前 l 個字元的子字串；p 預設值為 0；l 預設值為 cstr 到 null 為止的長度。
s.find(c, [p])	第一個等於 c 的字元；p 預設為 0。
s.rfind(s2, [p])	最後一個等於 s2 的子字串；P 預設為 npos。
s.rfind(cstr, [p], [l])	最後一個等於 cstr 前 l 個字元的子字串；p 預設為 npos；l 預設為 cstr 到 null 為止的長度。

方法	從 p 開始搜尋 s 並傳回 ... 的位置
s.rfind(c, [p])	最後一個等於 c 的字元；p 預設為 npos。
s.find_first_of(s2, [p])	s2 的第一個字元；p 預設為 0。
s.find_first_of(cstr, [p], [l])	cstr 前 l 個字元中的第一個字元；p 預設為 0；l 預設為 cstr 到 null 為止的長度。
s.find_first_of(c, [p])	第一個等於 c 的字元；p 預設為 0。
s.find_last_of(s2, [p])	s2 的最後一個字元；p 預設為 0。
s.find_last_of(cstr, [p], [l])	cstr 的前 l 個字元中的最後一個字元；p 預設為 0；l 預設為 cstr 到 null 為止的長度。
s.find_last_of(c, [p])	最後一個等於 c 的字元；p 預設為 0。
s.find_first_not_of(s2, [p])	第一個不包含在 s2 中的字元；p 預設為 0。
s.find_first_not_of(cstr, [p], [l])	第一個不包含於 cstr 前 l 個字元中的字元；p 預設為 0；l 預設為 cstr 到 null 為止的長度。
s.find_first_not_of(c, [p])	第一個不等於 c 的字元；p 預設為 0。
s.find_last_not_of(s2, [p])	最後一個不包含於 s2 的字元；p 預設為 0。
s.find_last_not_of(cstr, [p], [l])	最後一個不包含於 cstr 前 l 個字元中的字元；p 預設為 0；l 預設為 cstr 到 null 為止的長度。
s.find_last_not_of(c, [p])	最後一個不等於 c 的字元；p 預設為 0。

數值轉換

STL 提供了在 string 或 wstring 與基本數值型別之間進行轉換的函式。給定一個數值型別，您可以用 std::to_string 和 std::to_wstring 函式產生其 string 或 wstring 表示法。這兩個函式對所有數值型別都可多載，列表 15-17 示範了 string 和 wstring。

列表 15-17：string 的數值轉換函式

```
TEST_CASE("STL string conversion function") {
  using namespace std::literals::string_literals;
  SECTION("to_string") {
    REQUIRE("8675309"s == std::to_string(8675309)); ❶
```

```
  }
  SECTION("to_wstring") {
    REQUIRE(L"109951.1627776"s == std::to_wstring(109951.1627776)); ❷
  }
}
```

NOTE

由於 double 型別固有的不精確性，您的系統在進行第二個單元測試 ❷ 時可能會失敗。

第一個範例用 to_string 將 int 8675309 轉換為 string ❶；第二個範例用 to_wstring 將 double 109951.1627776 轉換為 wstring ❷。

您也可以進行反方向的轉換，從 string 或 wstring 轉為數值型別。每個數值轉換函式，都接受一個包含以字串編碼數值的 string 或 wstring 當作其第一個參數。接下來，您可以提供指向 size_t 的可選指標。如果提供了這個指標，轉換函式會記錄它能夠轉換的最後一個字元的索引（或者輸入 string 的長度，如果它解碼了所有字元），這個索引引數的預設值是 nullptr，此時轉換函式不會記錄索引；當目標型別是整數時，可以提供第三個引數：與編碼 string 的進位基底相對應的 int，這個基底引數是可選的，預設為 10 進位。

如果無法執行轉換，則每個轉換函式都會引發 std::invalid_argument；如果轉換後的值超出相對應型別的範圍，則每個轉換函式都會引發 std::out_of_range。

表 15-7 列出了每個轉換函式及其目標型別。在這個表中，s 是字串。如果 p 不是 nullptr，轉換函式會將 s 中第一個未轉換字元的位置寫入 p 所指向的記憶體。如果所有字元都已編碼，則傳回 s 的長度。在這裡，b 是以 s 所表示的數字 b 的基底。請注意，p 預設為 nullptr，b 預設為 10。

表 15-7：std::string 和 std::wstring 所支援的數值轉換函式

函式	把 s 轉換為
stoi(s, [p], [b])	int
stol(s, [p], [b])	long
stoll(s, [p], [b])	long long
stoul(s, [p], [b])	unsigned long
stoull(s, [p], [b])	unsigned long long
stof(s, [p])	float
stod(s, [p])	double
stold(s, [p])	long double
to_string(n)	string
to_wstring(n)	wstring

列表 15-18 說明了幾個數值轉換函式。

列表 15-18：string 字串轉換函式

```
TEST_CASE("STL string conversion function") {
  using namespace std::literals::string_literals;
  SECTION("stoi") {
    REQUIRE(std::stoi("8675309"s) == 8675309); ❶
  }
  SECTION("stoi") {
    REQUIRE_THROWS_AS(std::stoi("1099511627776"s), std::out_of_range); ❷
  }
  SECTION("stoul with all valid characters") {
    size_t last_character{};
    const auto result = std::stoul("0xD3C34C3D"s, &last_character, 16); ❸
    REQUIRE(result == 0xD3C34C3D);
    REQUIRE(last_character == 10);
  }
  SECTION("stoul") {
    size_t last_character{};
    const auto result = std::stoul("42six"s, &last_character); ❹
```

```
      REQUIRE(result == 42);
      REQUIRE(last_character == 2);
    }
    SECTION("stod") {
      REQUIRE(std::stod("2.7182818"s) == Approx(2.7182818)); ❺
    }
}
```

首先，您用 stoi 將 8675309 轉換為整數 ❶。在第二個測試中，您嘗
試用 stoi 將 string 1099511627776 轉換為整數，不過這個值超過了
int 所能表示的最大值，因此 stoi 會引發 std::out_of_range ❷。
接下來，用 stoi 轉換 0xD3C34C3D，但提供兩個可選引數：一個指
向稱為 last_character 的 size_t 指標並指定為十六進位 ❸。由於
0xD3C34C3D 的長度為 10，因為 stoi 可以解析每個字元，因此 last_
character 物件是 10。下一個測試中的 string 42six 包含無法解析
的字元 six。這次調用 stoul 時，result 為 42，last_character 等
於 2，即 s 在 six 中的位置。最後，您用 stod 將 string 2.7182818
轉換為 double ❺。

NOTE

Boost 的語法轉換（Lexical Cast）提供了另一種以範本為基礎的數
值轉換法。有關詳細資訊，請參閱 <boost/lexical_cast.hpp> 標頭
中的 boost::lexical_cast 說明。

字串視圖

字串視圖（*string view*）是一個物件，代表一個常數、連續的字元序
列，它非常類似於 const string 參照。實際上，字串視圖類別通常
實作為指向字元序列和長度的指標。

STL 在 <string_view> 標頭中提供類似於 std::basic_string 的類別
範本 std::basic_string_view，來對四種常用字元型別進行專門化：

- char 有 string_view
- wchar_t 有 wstring_view
- char16_t 有 u16string_view
- char32_t 有 u32string_view

本節討論 string_view 專門化以便於示範，但討論將推廣到其他三種專門化。

string_view 類別支援與 string 大致相同的方法；事實上，它被設計成是 const string& 的臨時替代品。

建構

string_view 類別支援預設建構，因此它的長度為零並指向 nullptr。重要的是，string_view 支援 const string& 或 C 語言寫法字串的隱式建構。您可以從 char* 和 size_t 建構 string_view，因此可以手動指定所需的長度，以防需要子字串或嵌入空值。列表 15-19 示範了 string_view 的用法。

列表 15-19：string_view 的建構子

```
TEST_CASE("std::string_view supports") {
  SECTION("default construction") {
    std::string_view view; ❶
    REQUIRE(view.data() == nullptr);
    REQUIRE(view.size() == 0);
    REQUIRE(view.empty());
  }
  SECTION("construction from string") {
    std::string word("sacrosanct");
    std::string_view view(word); ❷
    REQUIRE(view == "sacrosanct");
  }
  SECTION("construction from C-string") {
    auto word = "viewership";
    std::string_view view(word); ❸
```

```
    REQUIRE(view == "viewership");
  }
  SECTION("construction from C-string and length") {
    auto word = "viewership";
    std::string_view view(word, 4); ❹
    REQUIRE(view == "view");
  }
}
```

預設建構的 `string_view` 指向 `nullptr` 而且不含任何元素 ❶。當您
從 string ❷ 或 C 語言寫法的字串 ❸ 建構 `string_view` 時,它會指
向原始的內容。最後一個測試提供了可選的長度引數 4,這意味著
`string_view` 只參照前四個字元 ❹。

儘管 `string_view` 也支援複製建構和複製指派,但它不支援移動建構
或移動指派。這種設計是有意義的,因為 `string_view` 並不擁有它所
指向的序列。

string_view 所支援的操作

`string_view` 類別支援許多與 `const string&` 相同的操作,並具有相
同的語意。以下列出 string 和 `string_view` 所有共用的 method:

疊代器 `begin`、`end`、`rbegin`、`rend`、`cbegin`、`cend`、`crbegin`、
`crend`

元素存取 `operator[]`、`at`、`front`、`back`、`data`

容量 `size`、`length`、`max_size`、`empty`

搜尋 `find`、`rfind`、`find_first_of`、`find_last_of`、
`find_first_not_of`、`find_last_not_of`

擷取 `copy`、`substr`

比較 `fcompare`、`operator==`、`operator!=`、`operator<`、
`operator>`、`operator<=`、`operator>=`

除了這些共用的 method 之外，string_view 還支援 remove_prefix method，從 string_view 的開頭移除給定數目的字元，並支援 remove_suffix method，從結尾移除字元。列表 15-20 示範這兩種方法。

列表 15-20：用 remove_prefix 和 remove_suffix 修改 string_view

```
TEST_CASE("std::string_view is modifiable with") {
  std::string_view view("previewing"); ❶
  SECTION("remove_prefix") {
    view.remove_prefix(3); ❷
    REQUIRE(view == "viewing");
  }
  SECTION("remove_suffix") {
    view.remove_suffix(3); ❸
    REQUIRE(view == "preview");
  }
}
```

在這裡，您宣告了一個 string_view，參照到字串字面值 previewing ❶。第一個測試以 3 為參數調用 remove_prefix ❷，這會從 string_view 的前面移除 3 個字元，因此現在它參照到 viewing。第二個測試以 3 為參數調用 remove_suffix，這會從 string_view 的後面移除 3 個字元，最後剩下 preview。

所有權、用法和效率

因為 string_view 並不擁有它所參照的序列，所以由您來確保 string_view 的生存期，是所參照到的序列生存期的子集。

string_view 最常見的用法可能是當作函式參數。當您需要與不可變的字元序列互動時，它是第一個要考量的呼叫。考慮一下列表 15-21 中的 count_vees 函式，它計算字元序列中字母 v 出現的頻率。

列表 15-21：count_vees 函式

```
#include <string_view>

size_t count_vees(std::string_view my_view❶) {
  size_t result{};
  for(auto letter : my_view) ❷
    if (letter == 'v') result++; ❸
  return result; ❹
}
```

count_vees 函式接受一個名為 my_view 的 string_view ❶，您可以用以範圍為基礎的 for 迴圈對其進行反覆運算 ❷。每當 my_view 中的一個字元等於 v 時，就會把變數 result 增加 1 ❸，在檢查完整個序列後會傳回該 result 變數。

您可以透過簡單地用 const string& 取代 string_view 來重新實作列表 15-21，如列表 15-22 所示。

列表 15-22：用 const string& 取代 string_view 來重新實作
　　　　　count_vees 函式

```
#include <string>

size_t count_vees(const std::string& my_view) {
--snip--
}
```

如果 string_view 只是 const string& 的一個臨時替代品，為什麼還要使用 string_view 呢？如果用 std::string 調用 count_vees，則沒有什麼區別：現代編譯器將產生相同的程式碼。

如果您改為以文字字面值來調用 count_vees，則有一個很大的區別：當您為 const string& 傳遞字串字面值時時，您建構了一個 string。當您為 string_view 傳遞一個字串字面值時，您將建構一個 string_view。建構一個 string 可能會比較昂貴，因為它可能需要分配動態記憶體，而且肯定需要複製字元。string_view 只是一個指標和一個長度（不需要複製或分配）。

正規表達式

正規表達式（*regular expression*），又稱為 *regex*，是定義搜尋樣式的字串。正規表達式在電腦科學中有著悠久的歷史，形成了一種用於搜尋、取代和擷取語言資料的小型語言。STL 在 `<regex>` 標頭中提供了對正規表達式的支援。

如果使用得當，正規表達式可以非常強大、宣告性和簡潔；但是，編寫完全不可理解的正規表達式也很容易，這點在使用正規表達式時要特別注意。

樣式

正規表達式是以字串的*樣式*（*pattern*）來構建。樣式以特定的正規表達式語法表示所需的字串所成的集合，換句話說，樣式定義了您感興趣的所有可能字串的子集。STL 支援少量語法，但這裡的重點將放在預設語法的基礎上，即修改後的 ECMAScript 正規表達式語法（參見 [re.grammer] 的詳細資訊）。

字元類別

在 ECMAScript 語法中，您將字面值字元與特殊標記混合在一起，以描述所需的字串。最常見的標記可能是*字元類別*，它代表一組可能的字元：\d 匹配任何數字，\s 匹配任何空格，\w 匹配任何 word 裡面的字母數值字元。

表 15-8 列出了一些正規表達式範例和可能的解釋。

表 15-8：僅使用字元類別和字面值的正規表達式樣式

正規表達式的樣式	可能是描述
\d\d\d-\d\d\d-\d\d\d\d	美國的電話號碼，例如 202-456-1414

正規表達式的樣式	可能是描述
\d\d:\d\d \wM	HH:MM AM/PM 格式的時間，例如 08:49 PM
\w\w\d\d\d\d\d	美國的郵遞區號，前面包括了州名的縮寫，例如 NJ07932
\w\d-\w\d	航太技工機器人識別碼，例如 R2-D2
c\wt	三個字元的字，第一個字元是 c，最後一個字元是 t，例如 cat 或 cot

您也可以透過大寫字元類別來指定非字元類別，或給出與 *d*、*s* 或 *w* 相反的樣式：\D 匹配任何非數值字元，\S 匹配任何非空白字元，\W 匹配任何不屬於 word 的字元。

此外，您可以透過在方括號 [] 之間明確列舉字元類別來構建自己的字元類別。例如，字元類別 [02468] 包括偶數數值。您還可以用連字號當作包括隱含範圍的快捷方式，因此字元類別 [0-9a-fA-F] 包括任何十六進位數值，無論字母是否大寫。最後，您可以透過在列表前面加上插入 ^ 符號來反轉自訂字元類別。例如，字元類別 [^aeiou] 包含所有非母音字元。

量詞

您可以用量詞（*quantifier*）來節省一些打字的時間，量詞指定直接位於左側的字元應重複若干次，表 15-9 列出了正規表達式量詞。

表 15-9：正規表達式量詞

正規表達式量詞	指定數量
*	0 或更多
+	1 或更多
?	0 或 1
{n}	恰好 n 個
{n,m}	在 n 到 m 之間，包括 n 和 m
{n,}	至少 n 個

使用量詞，您可以藉由樣式 c\w*t 指定以 c 開頭和 t 結尾的所有單字，因為 \w* 可以匹配任意個數的單字字元。

群組

群組（*group*）是字元的集合，您可以透過將群組放在括弧中來指定它。分組在幾個方面很有用，包括為最終的擷取和量化指定特定集合。

例如，您可以改進表 15-8 中的郵遞區號樣式，以使用量詞和群組，如下所示：

```
(\w{2})?❶(\d{5})❷(-\d{4})?❸
```

現在您有三個群組：可選的州 ❶、郵遞區號 ❷ 和可選的四位尾碼 ❸。您將在後面看到，這些群組使得從 regex 解析變得更加容易。

其他特殊字元

表 15-10 列出了可用於正規表達式樣式的其他幾個特殊字元。

表 15-10：特殊字元範例

字元	表示
X|Y	字元 X 或 Y
\Y	把特殊字元 Y 當作文字（換句話說，轉義 Y）
\n	換行
\r	回到一行字的起頭
\t	把游標推進到下一個定位點
\0	空字元
\xYY	以 YY 表示的 16 進位字元

basic_regex

<regex> 標頭中 STL 的 std::basic_regex 類別範本表示從樣式建構的正規表達式。basic_regex 類別接受兩個範本參數，一個字元型別和一個可選的特徵類別。您幾乎總是希望用一種方便的專門化：std::regex 用於 std::basic_regex<char> 或 std::wregex 用於 std::basic_regex<wchar_t>。

建構 regex 的主要方法是傳遞一個包含 regex 樣式的字串字面值。因為樣式需要大量轉義字元，尤其是倒斜線（\），所以最好使用原始字串字面值，例如 R "()"。建構子接受第二個可選參數，用於指定語法標誌，例如 regex 語法。

儘管 regex 主要是當作正規表達式演算法的輸入，但它確實提供了一些可以與使用者互動的方法。它支援常見的複製和移動建構、指派套件和 swap、以及下列功能：

- assign(s) 將樣式重新指派給 s
- mark_count() 傳回樣式中的群組個數
- flags() 傳回建構時發佈的語法標誌

列表 15-23 示範了如何建構郵遞區號 regex 並檢查其子群組。

列表 15-23：使用原始字串字面值建構 regex 並擷取其群組個數

```
#include <regex>

TEST_CASE("std::basic_regex constructs from a string literal") {
  std::regex zip_regex{ R"((\w{2})?(\d{5})(-\d{4})?)" }; ❶
  REQUIRE(zip_regex.mark_count() == 3); ❷
}
```

在這裡，您用樣式 (\w{2})?(\d{5})(-\d{4})? 建構了一個名為 zip_regex 的 regex ❶，用 mark_count 方法，可以看到 zip_regex 包含了三個群組 ❷。

演算法

<regex> 類別包含三種將 std::basic_regex 應用於目標字串的演算法：匹配、搜尋、或取代。您要選擇哪一個取決於手頭的任務。

匹配

匹配（*matching*）嘗試將正規表達式與整個 string 結合。STL 提供 std::regex_match 函式進行匹配，該函式有四種多載的方式。

首先，可以提供 regex_match 來匹配 string、C 語言寫法的字串或形成半開放範圍的 begin 和 end 疊代器。下一個參數是對 std::match_results 物件的可選參照，該物件接收有關匹配的詳細資訊。下一個參數是定義匹配的 std::basic_regex，最後一個參數是可選的 std::regex_constants::match_flag_type，它為進階使用案例指定其他匹配選項。regex_match 函式傳回一個 bool，如果找到匹配，則傳回 true；否則傳回 false。

總之，可以透過以下方式調用 regex_match：

```
regex_match(beg, end, [mr], rgx, [flg])
regex_match(str, [mr], rgx, [flg])
```

提供從 beg 到 end 的半開放範圍或 string ／ C 語言字串 str 進行搜尋。或者，您可以提供一個名為 mr 的 match_result 來儲存找到的任何匹配的所有詳細資訊。顯然，您必須提供 regex rgx。最後，標誌 flg 很少用到。

> **NOTE**
>
> 有關匹配標誌 flg 的詳細資訊，請參考 [reg.alg.match]。

子匹配（*submatch*）是與群組相對應的匹配子串的子序列。匹配正規表達式 (\w{2})(\d{5})(-\d{4})? 的郵遞區號可以根據子串產生兩個或三個子匹配。例如，TX78209 包含 TX 和 78209 兩個子匹配，NJ07936-3173 包含 NJ、07936 和 -3173 三個子匹配。

match_results 類別儲存零個或多個 std::sub_match 實例。sub_match 是一個簡單的類別範本，它公開了一個 length method 來傳回子匹配的長度，並公開了一個 str method 來從 sub_match 構建一個 string。

有點令人困惑的是，如果 regex_match 成功地匹配了一個字串，match_result 將整個匹配的字串儲存為其第一個元素，然後將任何子匹配儲存為後續元素。

match_results 類別提供了表 15-11 中列出的操作。

表 15-11：支援 match_results 的操作

操作	描述
mr.empty()	檢查匹配是否成功。
mr.size()	傳回子匹配的個數。
mr.max_size()	傳回最大子匹配的個數。
mr.length([i])	傳回子匹配 i 的長度，預設為 0。
mr.position([i])	傳回子匹配 i 第一個位置的字元，預設為 0。
mr.str([i])	傳回代表字匹配 i 的字串，預設為 0。
mr[i]	傳回與子匹配 i 對應的 std::sub_match 類別的參照，預設值為 0。
mr.prefix()	傳回與匹配前的序列對應的 std::sub_match 類別的參照。
mr.suffix()	傳回對匹配後序列對應的 std::sub_match 類別的參照。
mr.format(str)	傳回包含格式字串 str 內容的 string。有三個特殊序列：$' 表示匹配前的字元，$' 表示匹配後的字元，$& 表示匹配的字元。
mr.begin() mr.end() mr.cbegin() mr.cend()	傳回子匹配序列所對應的疊代器。

std::sub_match 類別範本具有預先定義的專門化，可以處理常見的字串型別：

- std::csub_match 用於 const char*
- *std::wcsub_match 用於 const wchar_t*
- *std::ssub_match 用於 std::string
- std::wssub_match 用於 std::wstring

不幸的是，由於 std::regex_match 的設計，您必須手動追蹤所有這些專門化。這種設計通常會讓新手感到困惑，所以讓我們看一個例子。列表 15-24 用郵遞區號正規表達式 \w{2})(\d{5})(-\d{4})? 與 NJ07936-3173 和 Iomega Zip 100 的字串進行匹配。

列表 15-24：regex_match 嘗試將正規表達式與字串進行匹配

```
#include <regex>
#include <string>

TEST_CASE("std::sub_match") {
  std::regex regex{ R"((\w{2})(\d{5})(-\d{4})?)" }; ❶
  std::smatch results; ❷
  SECTION("returns true given matching string") {
    std::string zip("NJ07936-3173");
    const auto matched = std::regex_match(zip, results, regex); ❸
    REQUIRE(matched); ❹
    REQUIRE(results[0] == "NJ07936-3173"); ❺
    REQUIRE(results[1] == "NJ"); ❻
    REQUIRE(results[2] == "07936");
    REQUIRE(results[3] == "-3173");
  }
  SECTION("returns false given non-matching string") {
    std::string zip("Iomega Zip 100");
    const auto matched = std::regex_match(zip, results, regex); ❼
    REQUIRE_FALSE(matched); ❽
    }
}
```

您建構了一個原始字面值為 R"((\w{2})(\d{5})(-\d{4})?)" 的 regex ❶，並預設建構一個 smatch ❷。在第一個測試中，regex_match 匹配到有效的郵遞區號 NJ07936-3173 ❸，並傳回 matched 的值為 true 以指出成功 ❹。因為您向 regex_match 提供 smatch，所以它包含有效的郵遞區號當作第一個元素 ❺，後面跟著三個子群組 ❻。

在第二個測試中，您將 regex_match 與無效的郵遞區號 Iomega ZIP 100 進行匹配 ❼，它將會失敗並傳回 false ❽。

搜尋

搜尋（*searching*）嘗試將正規表達式與部分字串的值進行匹配。STL 提供了 std::regex_search 函式用於搜尋，它本質上可以替代 regex_match，即使只有字串的一部分與 regex 匹配也會成功。

例如，string NJ07936-3173 is a ZIP code 包含了郵遞區號，但是用 std::regex_match 將 ZIP 正規表達式應用於這個字串將傳回 false，因為 regex 與整個字串並不匹配。但是，應用 std::regex_search 將產生 true，因為字串嵌入了有效的郵遞區號。列表 15-25 示範了 regex_match 和 regex_search。

列表 15-25：比較 regex_match 和 regex_search

```
TEST_CASE("when only part of a string matches a regex, std::regex_ ")
{
  std::regex regex{ R"((\w{2})(\d{5})(-\d{4})?)" }; ❶
  std::string sentence("The string NJ07936-3173 is a ZIP Code."); ❷
  SECTION("match returns false") {
    REQUIRE_FALSE(std::regex_match(sentence, regex)); ❸
  }
  SECTION("search returns true") {
    REQUIRE(std::regex_search(sentence, regex)); ❹
  }
}
```

和之前一樣，您建構了郵遞區號 regex ❶。還建構了範例字串 sentence，其中嵌入了有效的郵遞區號 ❷。第一個測試用 sentence

和 regex 當作參數呼叫 regex_match 並傳回 false ❸，第二個測試用相同的參數呼叫 regex_search，結果傳回 true ❹。

取代

取代（*replacing*）是以要替換的文字來取代正規表達式。STL 提供 std::regex_replace 函式來進行取代。在最基本的用法中，您傳給 regex_replace 三個引數：

- 要搜尋的來源 string ／ C 語言字串／半開放範圍
- 正規表達式
- 要替換的字串

例如，列表 15-26 將短句 queueing and cooeeing in eutopia 中所有的母音替換為底線（_）。

列表 15-26：使用 std::regex_replace 以底線取代字串中的母音

```
TEST_CASE("std::regex_replace") {
  std::regex regex{ "[aeoiu]" }; ❶
  std::string phrase("queueing and cooeeing in eutopia"); ❷
  const auto result = std::regex_replace(phrase, regex, "_"); ❸
  REQUIRE(result == "q_____ng _nd c_____ng _n __t_p__"); ❹
}
```

您建構了一個 std::regex，其中包含所有母音 ❶ 的集合和一個名為 phrase 的 string，其內容為 queueing and cooeeing in eutopia ❷。接下來，您用 phrase、regex、和字串字面值 _ ❸ 調用 std::regex_replace 來取代所有母音 ❹。

> **NOTE**
> Boost Regex 在 <boost/regex.hpp> 標頭中提供了支援 STL 鏡像的正規表達式。另一個 Boost 函式庫 XPressive 提供了另一種寫法，可以直接用 C++ 程式碼表示。它有一些主要的優點，例如良好的表達性和編譯時語法檢查，但語法必然與標準正規表達式語法（如 POSIX、Perl 和 ECMAScript）不同。

Boost 字串演算法

Boost 字串演算法函式庫提供了大量的 string 操弄函式，包含用於與 string 相關的常見任務的函式，例如修剪、大小寫轉換、查找 / 取代和評估特徵。您可以存取 boost::algorithm 命名空間和 <boost/algorithm/string.hpp> 標頭中所有的 Boost 字串演算法函式。

Boost 範圍

範圍（*range*）是一個概念（在第 6 章編譯階段的多型這個詞的意義上），它有一個開始和一個結束，允許您反覆運算組成元素。範圍旨在改進實務上將半開放範圍當作一對疊代器傳遞的作法，透過用單一物件取代成對物件，可以將一個演算法範圍的結果當成另一個演算法的輸入，從而將這些演算法組合在一起。例如，如果要將一個範圍的字串轉換為全部大寫並對其排序，可以將一個操作的結果直接傳遞給另一個操作，這通常不可能單獨用疊代器來完成。

範圍目前並不是 C++ 標準的一部分，但是有幾個實驗性質的實作，其中一個實作是 Boost Range，由於 Boost 字串演算法廣泛使用到 Boost Range，現在讓我們來看看它。

Boost Range 的概念類似於 STL 容器，提供了經常會用到的 begin/end method，以便在範圍內的元素上進行反覆運算。每個範圍都有一個遍歷範疇（*traversal category*），表示該範圍所支援的操作：

- 單通範圍（*single-pass range*）允許一次性的正向反覆運算。
- 前向範圍（*forward range*）允許（無限次）正向反覆運算，滿足單通範圍。
- 雙向範圍（*bidirectional range*）允許向前和向後反覆運算，滿足前向範圍。
- 隨機存取範圍（*random-access range*）允許任意元素存取，滿足雙向範圍。

Boost 字串演算法是為 std::string 而設計，滿足隨機存取範圍的概念。在很大程度上，Boost 字串演算法接受 Boost 範圍而不是 std::string 這一事實對使用者來說是完全透明的抽象化。在閱讀說明文件時，可以用 string 代替 Range。

述詞

Boost 字串演算法廣泛地結合了述詞，您可以透過引入 <boost/algorithm/string/predicate.hpp> 標頭來直接使用它們。此標頭中包含的大多數述詞都接受兩個範圍 r1 和 r2，並根據它們的關係傳回 bool。以 starts_with 為例，如果 r1 以 r2 開頭，則述詞傳回 true。

每個述詞都有一個不區分大小寫的版本，您可以透過在 method 名稱前面加上字母 i 來使用該版本，例如 istarts_with。列表 15-27 示範了如何使用 starts_with 和 istarts_with。

列表 15-27：starts_with 和 istarts_with 兩者都會檢查範圍的開頭字元

```
#include <string>
#include <boost/algorithm/string/predicate.hpp>

TEST_CASE("boost::algorithm") {
  using namespace boost::algorithm;
  using namespace std::literals::string_literals;
  std::string word("cymotrichous"); ❶
  SECTION("starts_with tests a string's beginning") {
    REQUIRE(starts_with(word, "cymo"s)); ❷
  }
  SECTION("istarts_with is case insensitive") {
    REQUIRE(istarts_with(word, "cYmO"s)); ❸
  }
}
```

您初始化了一個包含 cymotrichous 的 string ❶。第一個測試顯示，當以 word 和 cymo 作為參數時，starts_with 會傳回 true ❷。當以

word 和 cYmO 作為參數時，不區分大小寫的 istarts_with 版本也會傳回 true ❸。

注意 <boost/algorithm/string/predicate.hpp> 還包含一個 all 述詞，它接受一個範圍 r 和一個述詞 p。如果 p 對 r 的所有元素評估結果都是 true，則傳回 true，如列表 15-28 所示。

列表 15-28：述詞 all 評估是否範圍內的所有元素都滿足述詞

```
TEST_CASE("boost::algorithm::all evaluates a predicate for all elements") {
  using namespace boost::algorithm;
  std::string word("juju"); ❶
  REQUIRE(all(word❷, [](auto c) { return c == 'j' || c =='u'; }❸));
}
```

您初始化了包含 juju 的字串 ❶，將其當作範圍傳給了 all ❷。您傳了一個 lambda 述詞，該述詞對字母 j 和 u 傳回 true ❸。因為 juju 只包含這些字母，所以 all 傳回 true。

表 15-12 列出 <boost/algorithm/string/predicate.hpp> 中的可供使用的述詞。在此表中，r、r1 和 r2 是字串範圍，p 是元素比較述詞。

表 15-12：Boost 字串演算法函式庫中的述詞

述詞	若以下條件成立則傳回 true
starts_with(r1, r2, [p]) istarts_with(r1, r2)	r1 以 r2 開頭；p 用於字元比較。
ends_with(r1, r2, [p]) iends_with(r1, r2)	r1 以 r2 結束；p 用於字元比較。
contains(r1, r2, [p]) icontains(r1, r2)	r1 包含了 r2；p 用於字元比較。
equals(r1, r2, [p]) iequals(r1, r2)	r1 等於 r2；p 用於字元比較。
lexicographical_compare(r1, r2, [p]) ilexicographical_compare(r1, r2)	r1 以字典順序而言小於 r2；p 用於字元比較。
all(r, [p])	對於 p 而言，r 的所有元素都傳回 true。

以 i 開頭的函式名稱不區分大小寫。

分類器

分類器（*classifier*）是用來評估字元某些特徵的述詞。<boost/algorithm/string/classification.hpp> 標頭提供了用於建立分類器的產生器。產生器是一個非成員函式，其作用類似於建構子，有些產生器可接受自訂分類器的參數。

> **NOTE**
>
> 當然，您可以使用自己的函式物件（例如 lambda）輕鬆建立自己的述詞，但是為了方便起見，Boost 提供了各種可供選擇的預製分類器。

例如，is_alnum 產生器會建立一個分類器，用來判斷字元是否為字母數值。列表 15-29 示範了如何獨立使用這個分類器，或者與 all 結合使用。

列表 15-29：is_alum 產生器用來判斷字元是否為字母數值

```
#include <boost/algorithm/string/classification.hpp>

TEST_CASE("boost::algorithm::is_alnum") {
  using namespace boost::algorithm;
  const auto classifier = is_alnum(); ❶
  SECTION("evaluates alphanumeric characters") {
    REQUIRE(classifier('a')); ❷
    REQUIRE_FALSE(classifier('$')); ❸
  }
  SECTION("works with all") {
    REQUIRE(all("nostarch", classifier)); ❹
    REQUIRE_FALSE(all("@nostarch", classifier)); ❺
  }
}
```

在這裡，您從 is_alnum 產生器建構了一個 classifier ❶。第一個測試用分類器來評估 a 是字母數值 ❷，而 $ 不是 ❸。因為所有分類器都是對字元進行操作的述詞，您可以將它們與上一節中討論的 all 述詞結合使用，以判定 notarch 的所有字元皆為字母數值 ❹，而 @notarch 則不是 ❺。

表 15-13 列出了 <boost/algorithm/string/classification.hpp> 中可用的字元分類。在這個表中，r 是由字元所定義的範圍，beg 和 end 是元素比較述詞。

表 15-13：Boost 字串演算法函式庫中的字元述詞

述詞	若元素符合以下條件則傳回 true
is_space	空格
is_alnum	英文字母或數字
is_alpha	英文字母
is_cntrl	控制字元
is_digit	0 到 9 的數字
is_graph	圖形字元
is_lower	小寫字元
is_print	可列印字元
is_punct	標點符號字元
is_upper	大寫字元
is_xdigit	16 進位數字
is_any_of(r)	包含在 r 中
is_from_range(beg, end)	包含在 (beg, end) 的半開放範圍內

查找器

查找器（*finder*）是一個概念，它決定了範圍中的一個位置，該範圍對應於某些特定的條件，通常是述詞或正規表達式。Boost 字串演算法提供了一些產生器,用來在 <boost/algorithm/string/finder.hpp> 標頭中產生查找器。

例如,`nth_finder` 產生器接受一個範圍 r 和一個索引 n,它會建立查找器來搜尋一個範圍(在 begin 疊代器和 end 疊代器之間)中出現的第 n 個 r,如列表 15-30 所示。

列表 15-30:`nth_finder` 產生器建立一個查找器來找出序列中第 n 次出現的字串

```
#include <boost/algorithm/string/finder.hpp>

TEST_CASE("boost::algorithm::nth_finder finds the nth occurrence") {
  const auto finder = boost::algorithm::nth_finder("na", 1); ❶
  std::string name("Carl Brutananadilewski"); ❷
  const auto result = finder(name.begin(), name.end()); ❸
  REQUIRE(result.begin() == name.begin() + 12); ❹ // Brutana(n)adilewski
  REQUIRE(result.end() == name.begin() + 14); ❺ // Brutanana(d)ilewski
}
```

您用 `nth_finder` 產生器來建立 `finder`,它將在一個範圍(n 是從零開始計算)中找出第二次出現 na 的位置 ❶。接下來,建構包含 Carl Brutananadilewski 的 name ❷,並用 name 的 begin 和 end 疊代器調用 `finder`。所得到的 `result` 是一個範圍,其 begin 指向 Brutana**n**adilewski 中的第二個 n ❹,而 end 指向 Brutanana**d**inewski 中的第一個 d ❺。

表 15-14 列出了 <boost/algorithm/string/finder.hpp> 中可用的查找器。在這個表中,s 是字串,p 是元素比較述詞,n 是整數值,beg 和 end 是疊代器,rgx 是正規表達式,r 是字串範圍。

表 15-14:Boost 字串演算法函式庫中的查找器

產生器	建立一個查找器,在調用時會傳回…
`first_finder(s, p)`	以 p 為條件與 s 匹配的第一個元素
`last_finder(s, p)`	以 p 為條件與 s 匹配的最後一個元素

產生器	建立一個查找器，在調用時會傳回…
nth_finder(s, p, n)	以 p 為條件與 s 匹配的第 n 個元素
head_finder(n)	最前面 n 個元素
tail_finder(n)	最後面 n 個元素
token_finder(p)	符合條件 p 的字元
range_finder(r) range_finder(beg, end)	不管輸入是什麼都傳回 r
regex_finder(rgx)	第一個符合 rgx 的子字串

NOTE

Boost 字串演算法指定了格式化程式的概念，它將查找程式的結果呈現給取代演算法。只有進階使用者才需要這些演算法，請參閱在 <boost/algorithm/string/find_format.hpp> 標頭中的 find_format 演算法文件以獲取更多資訊。

修改演算法

Boost 包含許多用於修改 string（範圍）的演算法。在 <boost/algorithm/string/case_conv.hpp>，<boost/algorithm/string/trim.hpp>，和 <boost/algorithm/string/replace.hpp> 標頭之間，有著許多轉換大小寫、修剪、取代和刪除的不同演算法。

例如，to_upper 函式將字串的所有字母轉換為大寫。如果要保持原始物件不變，可以用 to_upper_copy 函式，該函式將傳回一個新的物件。列表 15-31 示範了 to_upper 和 to_upper_copy。

列表 15-31：轉換字串大小寫的 to_upper 和 to_upper_copy

```
#include <boost/algorithm/string/case_conv.hpp>

TEST_CASE("boost::algorithm::to_upper") {
  std::string powers("difficulty controlling the volume of my voice"); ❶
```

```
SECTION("upper-cases a string") {
  boost::algorithm::to_upper(powers); ❷
  REQUIRE(powers == "DIFFICULTY CONTROLLING THE VOLUME OF MY VOICE"); ❸
}
SECTION("_copy leaves the original unmodified") {
  auto result = boost::algorithm::to_upper_copy(powers); ❹
  REQUIRE(powers == "difficulty controlling the volume of my voice"); ❺
  REQUIRE(result == "DIFFICULTY CONTROLLING THE VOLUME OF MY VOICE"); ❻
}
}
```

您建立了一個名為 powers 的 string ❶。第一個測試以 powers 當作
參數調用 to_upper ❷，該測試將就地將 powers 修改所有字母皆為大
寫的字串 ❸。第二個測試使用 _copy 變形建立一個名為 result 的新
string ❹。powers 字串不會受到影響 ❺，而 result 所有字母都會改
成大寫 ❻。

有些 Boost 字串演算法（例如 replace_first），也有不區分大小寫
的版本。只需在函式名稱前面加上一個 i，就會以不區分大小寫的
方式進行匹配。對於像 replace_first 這樣的演算法，也可以加上
_copy，這些都可以正常運作（replace_first、ireplace_first、
replace_first_copy 和 ireplace_first_copy）。

replace_first 演算法及其變形接受輸入範圍 s、匹配範圍 m 和
取代範圍 r，並用 r 取代 s 中第一次出現的 m。列表 15-32 說明了
replace_first 和 i_replace_first。

列表 15-32：replace_first 和 i_replace_first 會將匹配的字串
　　　　　　序列替換掉

```
#include <boost/algorithm/string/replace.hpp>

TEST_CASE("boost::algorithm::replace_first") {
  using namespace boost::algorithm;
  std::string publisher("No Starch Press"); ❶
  SECTION("replaces the first occurrence of a string") {
    replace_first(publisher, "No", "Medium"); ❷
```

```
        REQUIRE(publisher == "Medium Starch Press"); ❸
    }
    SECTION("has a case-insensitive variant") {
        auto result = ireplace_first_copy(publisher, "NO", "MEDIUM"); ❹
        REQUIRE(publisher == "No Starch Press"); ❺
        REQUIRE(result == "MEDIUM Starch Press"); ❻
}}
```

在這裡，您建構了一個名為 publisher 的 string，其中包含 No
Starch Press ❶。第一個測試首先以 publisher 當作輸入字串，No
當作匹配字串，Medium 當作取代字串來調用 replace_first。執行
後，publisher 內容變成 Medium Starch Press ❸。第二個測試使用
ireplace_first_copy 變形，該變形不區分大小寫並執行複製。將 NO
和 MEDIUM 分別當作匹配字串和取代字串來傳遞 ❹，執行後 result 的
內容為 MEDIUM Starch Press ❻，而 publisher 並沒有受到影響 ❺。

表 15-15 列出了 Boost 字串演算法中可用的許多修改演算法。在這個
表中，r、s、s1 和 s2 是字串；p 是元素比較述詞；n 是整數值；rgx
是正規表達式。

表 15-15：Boost 字串演算法函式庫中的修改演算法

演算法	描述
to_upper(s) to_upper_copy(s)	把 s 轉換成全部大寫
to_lower(s) to_lower_copy(s)	把 s 轉換成全部小寫
trim_left_copy_if(s, [p]) trim_left_if(s, [p]) trim_left_copy(s) trim_left(s)	移除 s 前面的所有空格
trim_right_copy_if(s, [p]) trim_right_if(s, [p]) trim_right_copy(s) trim_right(s)	移除 s 後面的所有空格

演算法	描述

`trim_copy_if(s, [p])`
`trim_if(s, [p])`
`trim_copy(s)`
`trim(s)`
	移除 **s** 前後的所有空格

`replace_first(s1, s2, r)`
`replace_first_copy(s1, s2, r)`
`ireplace_first(s1, s2, r)`
`ireplace_first_copy(s1, s2, r)`
	用 **r** 取代在 **s1** 中第一次出現的 **s2**

`erase_first(s1, s2)`
`erase_first_copy(s1, s2)`
`ierase_first(s1, s2)`
`ierase_first_copy(s1, s2)`
	抹除 **s1** 中第一次出現的 **s2**

`replace_last(s1, s2, r)`
`replace_last_copy(s1, s2, r)`
`ireplace_last(s1, s2, r)`
`ireplace_last_copy(s1, s2, r)`
	用 **r** 取代 **s1** 中最後一次出現的 **s2**

`erase_last(s1, s2)`
`erase_last_copy(s1, s2)`
`ierase_last(s1, s2)`
`ierase_last_copy(s1, s2)`
	抹除 **s1** 中最後一次出現的 **s2**

`replace_nth(s1, s2, n, r)`
`replace_nth_copy(s1, s2, n, r)`
`ireplace_nth(s1, s2, n, r)`
`ireplace_nth_copy(s1, s2, n, r)`
	用 **r** 取代 **s1** 中第 **n** 次出現的 **s2**

`erase_nth(s1, s2, n)`
`erase_nth_copy(s1, s2, n)`
`ierase_nth(s1, s2, n)`
`ierase_nth_copy(s1, s2, n)`
	抹除 **s1** 中第 **n** 次出現的 **s2**

`replace_all(s1, s2, r)`
`replace_all_copy(s1, s2, r)`
`ireplace_all(s1, s2, r)`
`ireplace_all_copy(s1, s2, r)`
	用 **r** 取代 **s1** 中所有出現的 **s2**

演算法	描述
erase_all(**s1**, **s2**) erase_all_copy(**s1**, **s2**) ierase_all(**s1**, **s2**) ierase_all_copy(**s1**, **s2**)	抹除所有出現在 **s1** 中的 **s2**
replace_head(**s**, **n**, **r**) replace_head_copy(**s**, **n**, **r**)	用 **r** 取代 **s** 的前 **n** 個字元
erase_head(**s**, **n**) erase_head_copy(**s**, **n**)	抹除 **s** 的前 **n** 個字元
replace_tail(**s**, **n**, **r**) replace_tail_copy(**s**, **n**, **r**)	用 **r** 取代 **s** 的最後 **n** 個字元
erase_tail(**s**, **n**) erase_tail_copy(**s**, **n**)	抹除 **s** 的最後 **n** 個字元
replace_regex(**s**, **rgx**, **r**) replace_regex_copy(**s**, **rgx**, **r**)	用 **r** 取代 **s** 中第一次出現的 **rgx**
erase_regex(**s**, **rgx**) erase_regex_copy(**s**, **rgx**)	抹除 **s** 中第一次出現的 **rgx**
replace_all_regex(**s**, **rgx**, **r**) replace_all_regex_copy(**s**, **rgx**, **r**)	用 **r** 取代所有出現在 **s** 中的 **rgx**
erase_all_regex(**s**, **rgx**) erase_all_regex_copy(**s**, **rgx**)	抹除所有出現在 **s** 中的 **rgx**

拆分與合併

<boost/algorithm/string/split.hpp> 和 <boost/algorithm/string/join.hpp> 標題中包含了用於拆分與合併字串的 Boost 字串演算法。

要拆分 string，請為 split 函式提供一個 STL 容器 res、一個範圍 s 和一個述詞 p。它將使用述詞 p 對範圍 s 進行斷詞（tokenize），以確定分隔符號並將結果插入 res。列表 15-33 示範了 split 函式。

列表 15-33：split 函式對一個字串進行斷詞

```
#include <vector>
#include <boost/algorithm/string/split.hpp>
#include <boost/algorithm/string/classification.hpp>

TEST_CASE("boost::algorithm::split splits a range based on a predicate") {
  using namespace boost::algorithm;
  std::string publisher("No Starch Press"); ❶
  std::vector<std::string> tokens; ❷
  split(tokens, publisher, is_space()); ❸
  REQUIRE(tokens[0] == "No"); ❹
  REQUIRE(tokens[1] == "Starch");
  REQUIRE(tokens[2] == "Press");
}
```

再次使用 publisher ❶，建立一個名為 tokens 的向量來儲存結果
❷。調用 split 時，以 tokens 當作結果容器，publisher 當作範圍，
is_space 當作述詞 ❸。這會按空格將 publisher 拆分為多個片段。
之後，tokens 將一如預期的含有 No，Starch，和 Press ❹。

您可以用 join 執行反向操作，它接受 STL 容器 seq 和分隔字串
sep。join 函式會將 seq 中的每個元素與 sep 綁定在一起。

列表 15-34 說明了 join 的實用性和牛津逗號的必要性。

列表 15-34：join 函式將斷詞的字串與分隔符號綁定在一起

```
#include <vector>
#include <boost/algorithm/string/join.hpp>

TEST_CASE("boost::algorithm::join staples tokens together") {
  std::vector<std::string> tokens{ "We invited the strippers",
                                   "JFK", "and Stalin." }; ❶
  auto result = boost::algorithm::join(tokens, ", "); ❷
  REQUIRE(result == "We invited the strippers, JFK, and Stalin."); ❸
}
```

您用三個 string 物件產生一個名為 tokens 的 vector 實例 ❶。接下來，用 join 將 token 的組成元素和逗號後跟一個空格綁定在一起 ❷，執行的結果是一個單一的字串，包含用逗號和空格綁定在一起的組成元素 ❸。

表 15-16 列出了 <boost/algorithm/string/split.hpp> 和 <boost/algorithm/string/join.hpp> 中可用的許多拆分／合併演算法。在此表中，res、s、s1、s2 和 sep 是字串；seq 是字串的範圍；p 是元素比較述詞；而 rgx 是正規表達式。

表 15-16：Boost 字串演算法函式庫中的拆分和合併演算法

函式	描述
find_all(res, s1, s2) ifind_all(res, s1, s2) find_all_regex(res, s1, rgx) iter_find(res, s1, s2)	找出 s1 中 s2 或 rgx 的所有實例，並將每個實例寫入 res
split(res, s, p) split_regex(res, s, rgx) iter_split(res, s, s2)	用 p、rgx 或 s2 將 s 拆分，並將拆分後的字節寫入 res
join(seq, sep)	用 sep 當作分隔符號，傳回連接 seq 的 string
join_if(seq, sep, p)	傳回一個 string，用 sep 當作分隔符號連接與 p 匹配的 seq 的所有元素

搜尋

在 <boost/algorithm/string/find.hpp> 標題中的 Boost 字串演算法提供了一些有用的搜尋範圍函式。這些基本上是在表 15-8 的查找器外面再包上一層方便使用的介面。

例如，find_head 函式接受一個範圍 s 和一個長度 n，並傳回一個包含 s 的前 n 個元素的範圍。列表 15-35 說明了 find_head 函式。

列表 15-35：`find_head` 函式從字串的開頭建立一個範圍

```
#include <boost/algorithm/string/find.hpp>

TEST_CASE("boost::algorithm::find_head computes the head") {
  std::string word("blandishment"); ❶
  const auto result = boost::algorithm::find_head(word, 5); ❷
  REQUIRE(result.begin() == word.begin()); ❸ // (b)landishment
  REQUIRE(result.end() == word.begin()+5); ❹ // bland(i)shment
}
```

您建構了一個名為 word 的 `string`，其中包含 blandishment ❶，並將其與長度引數 5 一起傳給 find_head ❷。result 的 begin 指向 word 的開頭 ❸，而 end 指向第五個元素後的 1 ❹。

表 15-17 列出了 `<boost/algorithm/string/find.hpp>` 中可用的許多查找演算法。在這個表中，s、s1 和 s2 是字串；p 是元素比較述詞；rgx 是正規表達式；n 是整數值；fnd 是查找器。

表 15-17：在 Boost 字串演算法函式庫中的查找演算法

述詞	查找 ...
find_first(**s1**, **s2**) ifind_first(**s1**, **s2**)	在 **s1** 中第一次出現的 **s2**
find_last(**s1**, **s2**) ifind_last(**s1**, **s2**)	在 **s1** 中第一次出現的 **s2**
find_nth(**s1**, **s2**, **n**) ifind_nth(**s1**, **s2**, **n**)	在 **s1** 中第 **n** 次出現的 **s2**
find_head(**s**, **n**)	**s** 中第 **n** 個字元
find_tail(**s**, **n**)	**s** 中最後 **n** 個字元
find_token(**s**, **p**)	在 **s** 中與 **p** 相符的第一個字元
find_regex(**s**, **rgx**)	在 **s** 中與 **rgx** 相符的第一個子字串
find(**s**, **fnd**)	將 **fnd** 應用於 **s** 的結果

Boost 分詞器

Boost 分詞器（tokenizer）的 boost::tokenizer 是一個類別範本，提供了 string 中包含的一系列單詞的視圖。tokenizer 接受三個可選的範本參數：分詞器函式、疊代器型別、和字串型別。

分詞器函式（*tokenizer funcion*）是一個述詞，用於確定字元是（傳回 true）或不是（傳回 false）分隔符號。預設的分詞器功能將空格和標點符號解釋為分隔符號。如果要明確指定分隔符號，則可以使用 boost::char_separator<char> 類別，該類接受包含所有分隔符號的 C 語言字串。例如，boost::char_separator<char>（";|,"）將在分號（;），豎線（|）和逗號（,）上斷開。

疊代器型別和字串型別與您要拆分的字串型別相對應。預設情況下，它們分別是 std::string::const_iterator 和 std::string。

由於 tokenizer 不會分配記憶體，而 boost::algorithm::split 會分配記憶體，因此，如果您只需要遍歷 string 的 token 一次，就應該強烈考慮使用前者。

tokenizer 公開傳回輸入疊代器的 begin 和 end 方法，因此您可以將其視為與底層 token 序列相對應值的範圍。

列表 15-36 用逗號對象徵性的回文 A man, a plan, a canal, Panama! 進行斷詞。

列表 15-36：boost::tokenizer 按指定的分隔符號拆分字串

```
#include<boost/tokenizer.hpp>
#include<string>

TEST_CASE("boost::tokenizer splits token-delimited strings") {
  std::string palindrome("A man, a plan, a canal, Panama!"); ❶
  boost::char_separator<char> comma{ "," }; ❷
  boost::tokenizer<boost::char_separator<char>> tokens{ palindrome,
comma }; ❸
```

```
auto itr = tokens.begin(); ❹
REQUIRE(*itr == "A man"); ❺
itr++; ❻
REQUIRE(*itr == " a plan");
itr++;
REQUIRE(*itr == " a canal");
itr++;
REQUIRE(*itr == " Panama!");
}
```

這 裡 ， 您 建 構 了 palindrome ❶、char_separator ❷ 和 相 對 應 的 tokenizer ❸。接下來，用其 begin method 從分詞器中擷取一個疊代器 ❹。您可以像往常一樣處理所生成的疊代器，取消對其值的參照 ❺ 並遞增疊代器使其指到下一個元素 ❻。

當地語系化

地域設定（*locale*）是一個編碼文化偏好的類別。地域設定概念通常在應用程式運行的任何作業環境中進行編碼。它還控制了許多首選項，例如字串比較、日期和時間、貨幣和數值格式、郵遞區號以及電話號碼。

STL 在 `<locale>` 標頭中提供了 std::locale 類別和許多輔助函式和類別。

主要是為了簡潔起見，本章將不再進一步探討地域設定。

摘要

本 章 詳 細 介 紹 了 std::string 及 其 生 態 系 統。在 探 索 了 它 與 std::vector 的相似之處後，您學到了它處理人類語言資料的內建方法，例如比較、添加、移除、取代和搜尋。您研究了數值轉換函式如何允許您在數值和字串之間進行轉換，並研究了 std::string_view 在程式中傳遞字串時所起的作用。您還學習了如何使用正規表達式根據潛在的複雜樣式執行複雜的匹配、搜尋和取代。最後，您瀏覽了 Boost 字串演算法函式庫，它補充和擴展了 std::string 的內建方法，並提供了用於搜尋、取代、修剪、擦除、拆分以及合併的其他方法。

練習

15-1. 使用 std::string 重構列表 9-30 和 9-31 中的長條圖計算機。從程式的輸入建構一個字串，並修改 AlphaHistogram 使其 ingest method 接受 string_view 或 const string& 參數。使用以範圍為基礎的 for 迴圈來反覆運算字串的攝取元素。用關聯式容器取代 counts 欄位的型別。

15-2. 實作一個程式來判定使用者的輸入是否為回文。

15-3. 實作一個計算使用者輸入的母音個數的程式。

15-4. 實作一個計算機程式，支援任何兩個數字的加、減、乘、除。考慮使用 std::string 的 find method 和數值轉換函式。

15-5. 透過以下方式擴充計算機程式：允許多個運算或模數運算元，並接受浮點數或括號。

15-6. 可選：請閱讀 [localization] 中有關地域設定的更多資訊。

延伸閱讀

- 《*ISO 國際標準 ISO/IEC（2017）程式語言 C++*》
  （國際標準組織；瑞士日內瓦；*https://isocpp.org/std/the-standard/*）

- 《*The C++ Programming Language 國際中文版 第四版*》，
  碁峰，2015，Bjarne Stroustrup 著

- 《*The Boost C++ Libraries 2nd Edition*》，XML Press，2014，Boris Schäling 著

- 《*C++* 標準庫：學習教本與參考工具（第二版）》，碁峰，2014，Nicolai M. Josuttis 著

16

串流

寫一些值得一讀的東西，
要不然就做一些值得一寫的事情。
—— 班傑明·佛蘭克林（*Benjamin Franklin*）

本章介紹串流，它是一個主要概念，使您能夠使用一個通用框架，將來自任何型別的來源連接到輸入，並且把輸出連接到任何型別的目標。您將瞭解構成此通用框架基本元素的類別、幾個內建工具，以及如何將串流合併到使用者定義的型別中。

串流

串流（*stream*）為資料流建立了模型。在串流中，資料在物件之間流竄，這些物件可以對資料執行任意處理。在處理串流時，輸出是進入串流的資料，而輸入是從串流中出來的資料。這些術語反映了從使用者的角度來看的串流。

在 C++ 中，串流是執行輸入和輸出（I/O）的主要機制，無論來源或
目標是什麼，都可以以串流作為共同語言來連接輸入和輸出。STL
用類別繼承來編碼各種串流型別之間的關係。此階層結構中的主要
型別有：

- 表示輸出設備的 `<ostream>` 標頭中的 `std::basic_ostream` 類別
  範本
- 表示輸入裝置的 `<istream>` 標頭中的 `std::basic_istream` 類別
  範本
- 輸入和輸出設備的 `<iostream>` 標頭中的 `std::basic_iostream` 類
  別範本

這三種串流型別都需要兩個範本參數。第一個對應於串流的底層資
料型別，第二個對應於 traits 型別。

本節從使用者的角度而不是從函式庫實作者的角度討論串流。您將
瞭解串流介面，並瞭解如何使用 STL 的內建串流支援與標準 I/O、檔
案和字串互動。如果您必須實作一種新的串流（例如，對於一個新
的函式庫或框架），您需要一份 ISO C++17 標準的拷貝，一些工作實
例，以及充足的咖啡供應。I/O 是複雜的，您將看到這個困難反映在
串流實作的內部複雜性中。幸運的是，設計良好的串流類別，對使
用者隱藏了很多這種複雜性。

串流類別

與使用者互動的所有 STL 串流類別，都是衍生自 `basic_istream`、
`basic_ostream` 或 `basic_iostream`。宣告每種型別的標頭，還為這些
範本提供 `char` 和 `wchar_t` 專門化，如表 16-1 所示。在處理人類語言
資料輸入和輸出時，這些大量使用的專門化特別有用。

表 16-1：專門化的主要串流範本

範本	參數	專門化	標頭檔
basic_istream	char	istream	`<istream>`
basic_ostream	char	ostream	`<ostream>`
basic_iostream	char	iostream	`<iostream>`
basic_istream	wchar_t	wistream	`<istream>`
basic_ostream	wchar_t	wostream	`<ostream>`
basic_iostream	wchar_t	wiostream	`<iostream>`

表 16-1 中的物件，是可以在程式中用來撰寫通用程式碼的抽象化概念。您是否要撰寫一個將輸出記錄到任意來源的函式？如果是的話，您可以接受 ostream 傳參數的參照，而不必處理所有討厭的實作細節。（稍後在第 729 頁的「輸出檔案串流」中，您將學習如何執行此操作。）

通常，您需要由使用者（或程式環境）執行 I/O。全域串流物件為您提供了一個方便的、以串流為基礎的包裝器。

全域串流物件

STL 在 `<iostream>` 標頭中提供了幾個全域串流物件，用來包裝輸入、輸出和錯誤串流 stdin、stdout 和 stderr。這些由實作定義的標準串流，是程式與其執行環境之間的預設連接通道。例如，在桌面環境中，stdin 通常綁定到鍵盤，stdout 和 stderr 綁定到控制台。

> **NOTE**
>
> 回想一下，在第 1 部分您看到用 printf 寫到標準輸出的各種寫法。

表 16-2 列出了所有駐留在 std 命名空間中的全域串流物件。

表 16-2：全域串流物件

物件	型別	目的
cout	ostream	輸出，例如螢幕
wcout	wostream	
cin	istream	輸入，例如鍵盤
wcin	wistream	
cerr	ostream	錯誤輸出（無緩衝）
wcerr	wostream	
clog	ostream	錯誤輸出（有緩衝）
wclog	wostream	

那麼您如何使用這些物件呢？串流類別支援的操作可以分為兩類：

格式化操作 可能在執行 I/O 之前對其輸入參數執行一些預處理

無格式操作 直接執行 I/O

以下各節依次解釋這些類型。

格式化操作

所有格式化的 I/O 都透過兩個函式：標準串流運算子 operator<< 和 operator>>，您在第 243 頁的「邏輯運算子」中將其視為左移位運算子和右移位運算子。有點令人困惑的是，串流重載了左、右移位運算子，而其功能完全不相關。運算式 i<<5 的語意完全取決於 i 的型別。如果 i 是整數型別，則表示*將 i 向左移五位二進位數字*。如果 i 不是整數型別，它的意思是*將 5 寫到 i*。雖然這種符號衝突是不幸的，但在實務上並不會造成太多麻煩。只要注意您正在使用的型別，並測試好您的程式碼即可。

輸出串流重載了 operator<<，稱為輸出運算子或插入器（*inserter*）。basic_ostream 類別範本為所有基本型別（void 和 nullptr_t 除外）和一些 STL 容器（例如 basic_string、complex 和 bitset）重載輸

出運算子。作為 ostream 使用者，您不必擔心這些重載如何將物件轉換為可讀的輸出。

列表 16-1 示範了如何使用輸出運算子將各種型別寫入 cout。

列表 16-1：使用 cout 和 operator<< 寫入標準輸出

```
#include <iostream>
#include <string>
#include <bitset>

using namespace std;

int main() {
  bitset<8> s{ "01110011" };
  string str("Crying zeros and I'm hearing ");
  size_t num{ 111 };
  cout << s; ❶
  cout << '\n'; ❷
  cout << str; ❸
  cout << num; ❹
  cout << "s\n"; ❺
}
```

```
01110011 ❶❷
Crying zeros and I'm hearing 111s ❸❹❺
```

您可以用輸出 operator<< 透過 cout 將 bitset ❶、char ❷、string ❸、size_t ❹ 和以 null 結尾的字串字面值 ❺ 寫到標準輸出。即使您在控制台中撰寫了五種不同的型別，也從未處理序列化問題。（想想為了讓 printf 為這些型別產生類似的輸出所必須跳脫的框架。）

標準串流運算子的一個非常好的特性是，它們通常傳回對串流的參照。從概念上講，重載通常定義如下：

```
ostream& operator<<(ostream&, char);
```

這意味著您可以將輸出運算子連結在一起。利用這種技術，可以重構列表 16-1，這樣 cout 只會出現一次，如列表 16-2 所示。

列表 16-2：透過將輸出運算子連結在一起重構列表 16-1

```
#include <iostream>
#include <string>
#include <bitset>

using namespace std;

int main() {
  bitset<8> s{ "01110011" };
  string str("Crying zeros and I'm hearing ");
  size_t num{ 111 };
  cout << s << '\n' << str << num << "s\n"; ❶
}
```

```
01110011
Crying zeros and I'm hearing 111s ❶
```

因為每次調用 operator<< 都會傳回對輸出串流的參照（這裡是 cout），所以只需將呼叫連結在一起即可獲得相同的輸出 ❶。

輸入串流重載 operator>>，稱為輸入運算子或提取器。對於與 basic_ostream 相同的所有型別，basic_istream 類別的輸入運算子都有相對應的重載，同樣作為使用者，您可以在很大程度上忽略反序列化細節。

列表 16-3 示範了如何使用輸入運算子從 cin 中讀取兩個雙精度物件和一個字串，然後將隱含的數學運算結果列印到 stdout。

列表 16-3：使用 cin 和 operator<< 收集輸入的簡單計算機程式

```
#include <iostream>
#include <string>

using namespace std;
```

```
int main() {
  double x, y;
  cout << "X: ";
  cin >> x; ❶
  cout << "Y: ";
  cin >> y; ❷

  string op;
  cout << "Operation: ";
  cin >> op; ❸
  if (op == "+") {
    cout << x + y; ❹
  } else if (op == "-") {
    cout << x - y; ❺
  } else if (op == "*") {
    cout << x * y; ❻
  } else if (op == "/") {
    cout << x / y; ❼
  } else {
    cout << "Unknown operation " << op; ❽
  }
}
```

在這裡您收集兩個 double，x ❶ 和 y ❷，後面跟著字串 op ❸，對所需的操作進行編碼。使用 if 敘述，您可以為加法 ❹、減法 ❺、乘法 ❻ 和除法 ❼ 輸出指定操作的結果，或者向使用者指出 op 未知 ❽。

要使用該程式，請在出現提示時將請求的值鍵入控制台。分行符號將輸入（作為 stdin）發送到 cin，如列表 16-4 所示。

列表 16-4：列表 16-3 中的程式執行例，它以英里為單位計算地球的周長

```
X: 3959 ❶
Y: 6.283185 ❷
Operation: * ❸
24875.1 ❹
```

您輸入了兩個 double 物件：以英里為單位的地球半徑 **3959** ❶ 和 2π **6.283185** ❷，然後指定乘法 * ❸。結果是以英里為單位的地球周長 ❹。請注意，整數值不需要輸入小數點 ❶ ；串流夠聰明，可以知道有一個隱含的小數點。

> **NOTE**
>
> 您可能會想知道如果輸入的 X ❶ 或 Y ❷ 為非數字字串，表 16-4 中會發生什麼。此時串流會進入錯誤狀態，這點將在本章稍後第 712 頁的「串流狀態」部分再來瞭解。在錯誤狀態下，串流會停止接受輸入，程式也將不再接受任何輸入。

無格式操作

使用以文字為基礎的串流時，通常需要用到格式化運算子；但是，如果使用的是二進位資料或者撰寫需要對串流進行低階存取的程式碼，則需要瞭解未格式化的操作。無格式 I/O 涉及很多細節，為簡潔起見，本節提供了相關方法的摘要，因此如果需要使用無格式操作，請參閱 [input.output]。

istream 類別有許多未格式化的輸入方法。這些方法在位元組層級操作串流，總結在表 16-3 中。在該表中，is 的型別為 std::istream<T>，s 是 char*，n 是串流大小，pos 是位置型別，d 是型別為 T 的分隔符號。

表 16-3：istream 的未格式化讀取操作

方法	描述
is.get([c])	傳回下一個字元或把字元寫入 c 所參照的位置（如果有提供的話）。
is.get(s, n, [d]) is.getline(s, n, [d])	get 操作最多可以將 n 個字元讀入緩衝區 s，如果遇到換行符號則停止，若提供了 d 則遇到 d 就停止。getline 除了要讀到換行符號才停止之外，和 get 是相同的。兩者都會把一個終止的空字元寫到 s，您必須確保 s 有足夠的空間。

方法	描述
`is.read(s, n)` `is.readsome(s, n)`	read 操作最多可將 n 個字元讀入緩衝區 s；遇到檔案結尾算是一個錯誤。readsome 操作是相同的，只是它不會把檔案結尾當成是錯誤。
`is.gcount()`	傳回 **is** 上次未格式化讀取操作所讀到的字元數。
`is.ignore()`	取出並捨棄單一字元。
`is.ignore(n, [d])`	取出並捨棄最多 n 個字元。如果提供了 d，則遇到 d 會停止 ignore。
`is.peek()`	傳回要讀取的下一個字元而不會取出。
`is.unget()`	把上一次取出的字元再放回字串中。
`is.putback(c)`	如果 c 是最後取出的字元，則執行 unget。否則，設定 badbit。在「串流狀態」一節中已說明。

如表 16-4 所示，輸出串流必然會有非格式化寫入操作，以非常低階的層級操弄串流。在這個表中，os 的型別是 std::ostream<T>，s 是 char*，n 是串流大小。

表 16-4：ostream 的未格式化寫入操作

方法	描述
`os.put(c)`	把 c 寫到串流
`os.write(s, n)`	把 s 中的 n 個字元寫到串流
`os.flush()`	將所有緩衝區的資料寫到底層設備

基本型別的特殊格式

除了 void 和 nullptr 之外，所有基本型別的輸入和輸出運算子都可以重載，但有些型別有特殊規則：

char 和 wchar_t　　　　　　　輸入運算子在指定字元型別時跳過空白。

char* 和 wchar_t*　輸入運算子先跳過空白，然後讀取字串，直到遇到另一個空白或檔案結尾（EOF）。您必須為輸入保留足夠的空間。

void*　位址格式依輸入和輸出運算子的實作方式而有所不同。在桌面系統上，位址採用十六進位字面值形式，例如 `0x01234567` 表示 32 位元或 `0x0123456789abcdef` 表示 64 位元。

bool　輸入和輸出運算子將布林值視為數字：1 表示 `true`，0 表示 `false`。

數值型別　輸入運算子要求輸入至少以一個數字開頭，格式錯誤的輸入數字會產生一個零值結果。

這些規則一開始可能看起來有點奇怪，但是一旦您習慣了它們，就會覺得相當簡單了。

> **NOTE**
>
> 避免讀入 C 語言寫法的字串，因為它由您來確保為輸入資料分配了足夠的空間。若未執行充分的檢查，將導致未定義的行為和可能的重大安全性漏洞，儘可能使用 `std::string`。

串流狀態

串流的狀態指出 I/O 是否失敗。每個串流型別都公開統稱為 *bit* 的常數靜態成員，這些成員表示可能的串流狀態：`goodbit`、`badbit`、`eofbit` 和 `failbit`。要確定串流是否處於特定狀態，可以調用傳回 `bool` 的成員函式，該 `bool` 指出串流是否處於相對應的狀態。表 16-5 列出這些成員函式、與真實結果相對應的串流狀態以及狀態的含義。

表 16-5：可能的串流狀態、它們的存取器方法及其含義

方法	狀態	意義
`good()`	`goodbit`	串流處於良好的運作狀態。
`eof()`	`eofbit`	串流遇到 EOF。

方法	狀態	意義
fail()	failbit	輸入或輸出操作失敗，但串流可能仍處於良好的運作狀態。
bad()	badbit	發生災難性錯誤，串流狀態不佳。

NOTE

您可以調用 clear() method 來重置串流的狀態來指出良好的工作狀態。

串流實作了隱含的 bool 轉換（operator bool），因此您可以簡單直接地檢查串流是否處於良好的工作狀態。例如，您可以用簡單的 while 迴圈逐字讀取 stdin 中的輸入，直到它遇到 EOF（或其他失敗條件）。列表 16-5 示範了一個簡單的程式，利用這種技術從 stdin 產生字數。

列表 16-5：從 stdin 計算字數的程式

```
#include <iostream>
#include <string>

int main() {
  std::string word; ❶
  size_t count{}; ❷
  while (std::cin >> word) ❸
    count++; ❹
  std::cout << "Discovered " << count << " words.\n"; ❺
}
```

宣告一個名為 word 的 string 以接收來自 stdin 的字 ❶，並將 count 變數初始化為零 ❷。在 while 迴圈的布林運算式中，嘗試將新的輸入指派 word ❷。如果成功，則把 count 遞增 ❹。一旦失敗（例如，由於遇到 EOF），則停止遞增並列印最終計數 ❺。

您可以嘗試用兩種方法來測試列表 16-5。首先,您可以簡單地調用程式,輸入一些值,並提供一個 EOF。如何發送 EOF 取決於您的作業系統。在 Windows 命令列中,可以透過按 Ctrl-Z 並按 enter 鍵來輸入 EOF。在 Linux bash 或 OS X shell 中,則是按 Ctrl-D。列表 16-6 示範了如何從 Windows 命令列調用列表 16-5。

列表 16-6:透過在控制台中輸入 input 調用列表 16-5 中的程式

```
$ listing_16_5.exe ❶
Size matters not. Look at me. Judge me by my size, do you? Hmm? Hmm.
And well you should not. For my ally is the Force, and a powerful
ally it is. Life creates it, makes it grow. Its energy surrounds us
and binds us. Luminous beings are we, not this crude matter. You must
feel the Force around you; here, between you, me, the tree, the rock,
everywhere, yes. ❷
^Z ❸
Discovered 70 words. ❹
```

首先,執行您的程式 ❶,接著任意輸入幾行文字 ❷,然後輸入 EOF。在 Windows 命令列上為按下 **^Z** 後,必須按 ENTER 鍵。這會讓 std::cin 進入 eofbit 狀態,結束列表 16-5 中的 while 迴圈 ❸。

在 Linux、Mac 和 Windows PowerShell 中,您還有另一個選擇。例如,您可以將文字儲存到檔案中,而不是直接從控制台輸入,訣竅是用 cat 讀取文字檔,然後用管道運算子 | 將內容傳給程式。管道運算子將程式左側的 stdout 像輸送管那樣傳送到右側程式的 stdin 中。以下命令說明了這個過程:

```
$ cat yoda.txt❶ |❷ ./listing_15_4❸
Discovered 70 words.
```

cat 命令讀取 *yoda.txt* 的內容 ❶。管道運算子 ❷ 將 cat 的 stdout 透過輸送管傳給 listing_15_4 的 stdin ❸。因為 cat 在遇到 *yoda.txt* 檔案結尾時會發送 EOF,所以不需要手動輸入。

有時您希望串流在某些 failbit 發生時引發例外。使用串流的
exceptions method 可以很輕易地做到這一點，該方法接受與要引發
例外的 bit 相對應的單一引數。如果需要多個 bits，可以用布林 OR
（|）將它們連接在一起。

列表 16-7 示範了如何重構列表 16-5，以便它處理帶有例外的 badbit
和帶有預設處理的 eofbit/failbit。

列表 16-7：重構列表 16-5 以處理 badbit 例外

```
#include <iostream>
#include <string>

using namespace std;

int main() {
  cin.exceptions(istream::badbit); ❶
  string word;
  size_t count{};
  try { ❷
    while(cin >> word) ❸
      count++;
    cout << "Discovered " << count << " words.\n"; ❹
  } catch (const std::exception& e) { ❺
    cerr << "Error occurred reading from stdin: " << e.what(); ❻
  }
}
```

您透過調用 std::cin 上的 exceptions method 來啟動程式 ❶。因為
cin 是一個 istream，所以將 istream::badbit 當作 exceptions 的參
數，表示您希望 cin 在任何時候進入災難性狀態時引發例外。為瞭
解釋可能的例外，您將現有程式碼包裝在 try-catch 區塊中 ❷，因此
如果 cin 在讀取輸入時設定了 badbit ❸，則使用者永遠不會收到有
關字數的訊息 ❹。相反地，程式會捕獲所產生的例外 ❺ 並列印錯誤
訊息 ❻。

緩衝和清除

許多 ostream 類別範本都涉及到隱藏的作業系統呼叫，例如，寫入控制台、檔案或網路通訊端。相對於其他函式呼叫，系統調用通常比較慢。應用程式可以等待多個元素，然後將它們全部一起發送，以提高效能，而不是為每個輸出元素調用系統呼叫。

這種佇列的行為稱為緩衝（*huffering*）。當串流清空緩衝輸出時，稱為清除（*flushing*）。通常這種行為對使用者是完全透明的，但有時您需要手動刷新 ostream，對於這樣的任務（以及其他任務），可以使用操縱器。

操縱器

操縱器（*manipulator*）是修改串流如何解釋輸入或格式化輸出的特殊物件。操縱器的存在是為了執行多種串流變換，例如，std::ws 修改 istream 以跳過空白。以下是其他一些在 ostream 上運作的操縱器：

- std::flush 將所有緩衝輸出直接清空到 ostream。
- std::ends 發送 null 位元組。
- std::endl 與 std::flush 類似，只是它在 flush 之前發送一個分行符號。

表 16-6 總結了在 <istream> 和 <ostream> 標題中的操縱器。

表 16-6：在 <istream> 和 <ostream> 標頭中有四個操縱器

操縱器	類別	行為
ws	istream	略過所有空白
flush	ostream	調用串流的 flush 方法將任何緩衝區資料寫入串流
ends	ostream	送出一個 null 位元組
endl	ostream	送出換行符號並輸出緩衝區中所有資料

例如，您可以將列表 16-7 中的 ❹ 替換為以下內容：

```
cout << "Discovered " << count << " words." << endl;
```

這將列印分行符號並刷新輸出。

> **NOTE**
>
> 一般來說，當程式將文字輸出到串流中一段時間之後應使用 std::endl；當您知道您的程式將很快輸出更多文字時應使用 \n。

stdlib 在 `<ios>` 標頭中提供了許多其他操縱器。例如，您可以判斷 ostream 是以文字形式（`boolalpha`）還是以數字形式（`noboolalpha`）表示布林值；將整數值表示為八進位（`oct`）、十進位（`dec`）或十六進位（`hex`）；將浮點數表示為十進位小數點表示法（`fixed`）還是科學表示法（`scientific`）。只需使用 operator<< 將上述其中一個操縱器傳給 ostream，後續插入的所有相對應型別將會被操縱（而不僅僅是前面一個運算元）。

您也可以用 setw 操縱器設定串流的寬度參數。根據串流的不同，串流的寬度參數具有不同的效果。例如，對於 std::cout，setw 將分配固定的輸出字元數給下一個輸出物件。此外，對於浮點輸出，setprecision 將設定緊跟其後的數字精確度。

列表 16-8 示範了這些操縱器如何執行與各種 printf 格式指示符類似的功能。

列表 16-8：一個示範 `<iomanip>` 標題中操縱器的程式

```
#include <iostream>
#include <iomanip>

using namespace std;

int main() {
  cout << "Gotham needs its " << boolalpha << true << " hero."; ❶
```

```
    cout << "\nMark it " << noboolalpha << false << "!"; ❷
    cout << "\nThere are " << 69 << "," << oct << 105 << " leaves in
here."; ❸
    cout << "\nYabba " << hex << 3669732608 << "!"; ❹
    cout << "\nAvogadro's number: " << scientific << 6.0221415e-23; ❺
    cout << "\nthe Hogwarts platform: " << fixed << setprecision(2) <<
9.750123; ❻
    cout << "\nAlways eliminate " << 3735929054; ❼
    cout << setw(4) << "\n"
        << 0x1 << "\n"
        << 0x10 << "\n"
        << 0x100 << "\n"
        << 0x1000 << endl; ❽
}
```

```
Gotham needs its true hero. ❶
Mark it 0! ❷
There are 69,151 leaves in here. ❸
Yabba dabbad00! ❹
Avogadro's Number: 6.022142e-23 ❺
the Hogwarts platform: 9.75  ❻
Always eliminate deadc0de ❼
1
10
100
1000 ❽
```

第一行中的 boolalpha 操縱器，該布林值以文字形式列印為 true
和 false ❶，而 noboolalpha 讓它們列印為 1 和 0 ❷。對於整數值，
可以用 oct 以八進位列印 ❸，也可以用 hex 列印為十六進位 ❹。
對於浮點值，可以用 scientific 指定科學表示法 ❺，並且可以
用 setprecision 設定要列印的位數，並用 fixed 指定小數點表示
法 ❻。由於操縱器應用於您插入到串流中的所有後續物件，因此當
您在程式末尾列印另一個整數值時，將應用最後一個整數值操縱器
（hex），所以您將以十六進位表示法列印 ❼。最後，您用 setw 將輸
出的欄位寬度設定為 4，然後列印一些整數值 ❽。

表 16-7 總結了幾個常用的操縱器。

表 16-7：`<iomanip>` 標題中提供的許多操縱器

操縱器	行為
boolalpha	以文字形式表示布林值。
noboolalpha	以數字形式表示布林值。
oct	以八進位表示整數。
dec	以十進位表示整數。
hex	以十六進位表示整數。
setw(n)	將串流的寬度參數設為 **n**，確切效果取決於串流。
setprecision(p)	指定浮點數精確度為 **p**。
fixed	以小數點表示浮點數。
scientific	以科學記法表示浮點數。

> **NOTE**
>
> 參見 Nicolai M. Josuttis 所著的《C++ 標準庫：學習教本與參考工具（第二版）》第 15 章或 [iostream.format]。

使用者定義型別

透過實作某些非成員函式，可以讓使用者定義型別與串流一起運作。要實作 YourType 型別的輸出運算子，以下函式宣告可適用於大多數情況：

```
ostream&❶ operator<<(ostream&❷ s, const YourType& m ❸);
```

在大多數情況下，您只需傳回 ❶ 與從 ostream 所接收到的即可 ❷。如何將輸出傳到 ostream 取決於您。但通常這需要存取 YourType 型別上的欄位 ❸，您可以選擇執行一些格式化和轉換，然後再使用輸出運算子。例如，列表 16-9 示範了如何為 std::vector 實作輸出運算子，以列印其大小、容量和元素。

列表 16-9：一個說明如何實作向量輸出運算子的程式

```cpp
#include <iostream>
#include <vector>
#include <string>

using namespace std;

template <typename T>
ostream& operator<<(ostream& s, vector<T> v) { ❶
  s << "Size: " << v.size()
    << "\nCapacity: " << v.capacity()
    << "\nElements:\n"; ❷
  for (const auto& element : v)
    s << "\t" << element << "\n"; ❸
  return s; ❹
}

int main() {
  const vector<string> characters {
    "Bobby Shaftoe",
    "Lawrence Waterhouse",
    "Gunter Bischoff",
    "Earl Comstock"
  }; ❺
  cout << characters << endl; ❻

  const vector<bool> bits { true, false, true, false }; ❼
  cout << boolalpha << bits << endl; ❽
}
```

```
Size: 4
Capacity: 4
Elements: ❷
        Bobby Shaftoe ❸
        Lawrence Waterhouse ❸
        Gunter Bischoff ❸
        Earl Comstock ❸

Size: 4
```

```
Capacity: 32
Elements: ❷
        true ❸
        false ❸
        true ❸
        false ❸
```

首先，您用範本參數當作 std::vector 的範本參數 ❶，將自訂輸出運算子定義為範本。這允許對多種向量使用輸出運算子（只要型別 T 也支援輸出運算子），輸出的前三行列印了 vector 的大小和容量，以及表示隨後將要列印 vector 元素標題 Elements ❷。接下來的 for 迴圈對 vector 中的每個元素進行反覆運算，以每個元素一行的方式傳給 ostream ❸。最後，傳回串流參照 s ❹。

在 main 中，您初始化一個名為 characters 的 vector，其中包含四個 string ❺。由於採用了使用者定義的輸出運算子，您可以簡單地將字元發送到 cout，就好像它是基本型別一樣 ❻。第二個例子使用一個名為 bits 的 vector<bool>，您也是用四個元素初始化 ❼ 並列印到 stdout ❽。注意，您使用的是 boolalpha 操縱器，因此當使用者定義的輸出運算子執行時，bool 元素是以文字方式列印 ❸。

您還可以提供使用者定義的輸入運算子，它們的運作方式與輸出運算子類似。一個簡單的推論如下：

```
istream&❶ operator>>(istream&❷ s, YourType& m ❸);
```

與輸出運算子一樣，輸入運算子通常傳回 ❶ 它接收到的相同串流 ❷；但是，與輸出運算子不同的是，YourType 參照通常不是 const，因為您需要使用來自串流的輸入修改相對應的物件 ❸。

列表 16-10 示範了如何為 deque 指定一個輸入運算子，以便將元素推入容器，直到插入失敗為止（例如，由於 EOF 字元）。

列表 16-10：一個說明如何實作 deque 的輸入運算子的程式

```cpp
#include <iostream>
#include <deque>

using namespace std;

template <typename T>
istream& operator>>(istream& s, deque<T>& t) { ❶
  T element; ❷
  while (s >> element) ❸
    t.emplace_back(move(element)); ❹
  return s; ❺
}

int main() {
  cout << "Give me numbers: "; ❻
  deque<int> numbers;
  cin >> numbers; ❼
  int sum{};
  cout << "Cumulative sum:\n";
  for(const auto& element : numbers) {
    sum += element;
    cout << sum << "\n"; ❽
  }
}
```

```
Give me numbers: ❻ 1 2 3 4 5 ❼
Cumulative sum:
1  ❽
3  ❽
6  ❽
10 ❽
15 ❽
```

使用者定義的輸入運算子是一個函式範本，因此可以接受任何包含支援輸入運算子型別的 deque ❶。首先，建構一個型別為 T 的元素，以便可以儲存來自 istream 的輸入 ❷。接下來，您可以用熟悉的 while 迴圈來接受來自 istream 的輸入，直到輸入操作失敗為止 ❸

（回想一下「串流狀態」一節，串流可能以多種方式進入失敗狀態，包括達到 EOF 或遇到 I/O 錯誤），您將結果 move 到 deque 上的 emplace_back 中，以避免不必要的複製 ❹。一旦插入完畢，您只需傳回 istream 參照即可 ❺。

在 main 中，您提示使用者輸入數字 ❻，然後在剛初始化的 deque 上使用插入運算子插入 stdin 中的元素。在這個範例程式執行時，輸入數字 1 到 5 ❼。為了增加一點趣味性，您可以保留一個變數 sum 來對每個元素進行反覆運算以計算累積的總和，並列印反覆運算的結果 ❽。

> **NOTE**
>
> 前面的範例是簡單的使用者定義的輸入和輸出運算子的實作，您可能需要在正式環境的程式碼中，詳細說明這些實作，例如，這些實作只適用於 ostream 類別，這意味著他們無法應用於任何非 char 的序列。

字串串流

字串串流類別提供讀取和寫入字元序列的功能，這些類別在幾種情況下都很有用。如果要將字串資料解析為型別，則輸入字串特別有用，因為您可以利用輸入運算子，因此所有標準操縱器工具都可以使用，輸出字串則非常適合從可變長度的輸入構建字串。

輸出字串串流

輸出字串串流為字元序列提供輸出串流語意，它們都衍生自 <sstream> 標頭中的類別範本 std::basic_ostringstream，它提供了以下專門化：

```
using ostringstream = basic_ostringstream<char>;
using wostringstream = basic_ostringstream<wchar_t>;
```

輸出字串串流支援與 ostream 相同的所有特性，無論何時將輸入傳給字串串流，該串流都會將該輸入儲存到內部緩衝區中，您可以認為這在功能上等同於 string 的 append 操作（不過字串串流可能更有效率）。

輸出字串串流還支援 str() method，該方法有兩種操作模式。如果沒有參數，str 將傳回內部緩衝區的副本作為 basic_string（因此 ostringstream 傳回 string；wostringstream 傳回 wstring）。給定一個 basic_string 引數，字串串流將用該引數的內容替換其緩衝區目前的內容。列表 16-11 示範了如何使用 ostringstream、向其傳送字元資料、構建 string、重置其內容以及重複操作。

列表 16-11：用 ostringstream 生成字串

```
#include <string>
#include <sstream>

TEST_CASE("ostringstream produces strings with str") {
  std::ostringstream ss; ❶
  ss << "By Grabthar's hammer, ";
  ss << "by the suns of Worvan. ";
  ss << "You shall be avenged."; ❷
  const auto lazarus = ss.str(); ❸

  ss.str("I am Groot."); ❹
  const auto groot = ss.str(); ❺

  REQUIRE(lazarus == "By Grabthar's hammer, by the suns"
                     " of Worvan. You shall be avenged.");
  REQUIRE(groot == "I am Groot.");
}
```

宣告一個 ostringstream 之後 ❶，您可以像對待任何其他 ostream 一樣對待它，並用輸出運算子向它傳送三個獨立的字元序列 ❷。接下來，您不帶引數地調用 str，它會產生一個名為 lazarus 的字串 ❸。然後您用字串字面值 I am Groot 調用 str ❹ 來替換 ostringstream 的內容 ❺。

輸入字串串流

輸入字串串流為字元序列提供輸入串流語意，它們都衍生自 `<sstream>` 標頭中的類別範本 `std::basic_istringstream`，它提供以下專門化：

```
using istringstream = basic_istringstream<char>;
using wistringstream = basic_istringstream<wchar_t>;
```

這些和 `basic_ostringstream` 專門化有點類似，您可以透過傳遞具有適當專門化的 `basic_string`（`istringstream` 用 `string`，`wistringstream` 用 `wstring`）來建構輸入字串串流。列表 16-12 示範了如何用一個包含三個數字的字串建構一個輸入字串串流，並使用輸入運算子來提取它們。（回想一下第 706 頁的「格式化操作」，空白是適當的字串資料分隔符號。）

列表 16-12：使用 `string` 建立 `istringstream` 物件並提取數值型別

```
TEST_CASE("istringstream supports construction from a string") {
  std::string numbers("1 2.23606 2"); ❶
  std::istringstream ss{ numbers }; ❷
  int a;
  float b, c, d;
  ss >> a; ❸
  ss >> b; ❹
  ss >> c;
  REQUIRE(a == 1);
  REQUIRE(h == Approx(2.23606));
  REQUIRE(c == Approx(2));
  REQUIRE_FALSE(ss >> d); ❺
}
```

從字面值 1 2.23606 2 建構一個 string ❶，將其傳遞到名為 ss 的 istringstream 的建構子中。這允許您使用輸入運算子解析 int 物件 ❸ 和 float 物件 ❹，就像解析任何其他輸入串流一樣。一旦耗盡串流並且輸出運算子失敗，ss 將轉換為 false ❺。

支援輸入和輸出的字串串流

此外，如果需要支援輸入和輸出操作的字串串流，可以使用 basic_ stringstream，它具有以下專門化：

```
using stringstream = basic_stringstream<char>;
using wstringstream = basic_stringstream<wchar_t>;
```

這個類別支援輸入和輸出運算子、str method 和從字串建構。列表 16-13 示範了如何結合使用輸入和輸出運算子從字串中提取 token。

列表 16-13：用 stringstream 來進行輸入和輸出

```
TEST_CASE("stringstream supports all string stream operations") {
  std::stringstream ss;
  ss << "Zed's DEAD"; ❶

  std::string who;
  ss >> who; ❷
  int what;
  ss >> std::hex >> what; ❸

  REQUIRE(who == "Zed's");
  REQUIRE(what == 0xdead);
}
```

您建立了一個 stringstream 並用輸出運算子把 Zed's DEAD 傳送給 ss ❶。接下來，用輸入運算子從 stringstream 解析出 Zed's ❷。因為 DEAD 是一個有效的十六進位整數，所以使用輸入運算子和 std::hex 操縱器將其提取為 int ❸。

字串串流操作摘要

表 16-8 提供基本串流操作的部分列表。在該表中 ss、ss1 和 ss2 的型別為 std::basic_stringstream<T>；s 是 std::basic_string<T>；obj 是格式化物件；pos 是位置型別；dir 是 std::ios_base::seekdir；flg 是 std::ios_base::iostate。

表 16-8:std::basic_stringstream 操作的部分列表

操作	備註
basic_stringstream<T> { [s], [om] }	對新建構的字串串流執行大括號初始化。預設為空字串 s 和 in | out 開啟模式 om。
basic_stringstream<T> { move(ss) }	取得 ss 內部緩衝區的所有權。
~basic_stringstream	解構內部緩衝區。
ss.rdbuf()	傳回原始字串設備物件。
ss.str()	取得字串設備物件的內容。
ss.str(s)	將字串設備物件的內容設定為 s。
ss >> obj	從字串串流中取出格式化資料。
ss << obj	將格式化資料插入字串串流。
ss.tellg()	傳回輸入位置的索引。
ss.seekg(pos) ss.seekg(pos, dir)	設定輸入位置指示器。
ss.flush()	與底層設備同步。
ss.good() ss.eof() ss.bad() !ss	檢查字串串流的位元。

操作	備註
ss.exceptions(**flg**)	將字串串流設定為每當 **flg** 中的位元變為 1 的時候就引發例外。
ss1.swap(**ss2**) swap(**ss1, ss2**)	把 **ss1** 和 **ss2** 的每個元素交換。

檔案串流

檔案串流提供了讀取和寫入字元序列的功能。檔案串流類別結構跟字串串流類別的結構一樣,檔案串流類別範本可用於輸入、輸出和兩者。

與使用本機系統呼叫來和檔案內容互動相比,檔案串流類別提供了以下主要好處:

- 您可以獲得常見的串流介面,它為格式化和操作輸出提供了豐富的功能集。

- 檔案串流類別是圍繞檔案的 RAII 包裝器,這意味著不可能洩漏檔案等資源。

- 檔案串流類別支持移動語意,因此您可以嚴格控制檔案在作用範圍中的位置。

用串流開啟檔案

有兩個選項可以開啟包含任何檔案串流的檔案。第一個選項是 open method,它接受 const char* filename 和可選的 std::ios_base::openmode 位元遮罩引數。openmode 引數可以是表 16-9 中列出的許多可能的組合之一。

表 16-9:可能的串流狀態、它們的存取器方法及其含義

標誌 (in std::ios)	檔案	含義
in	必須存在	讀取
out	若不存在則建立	抹除檔案;然後寫入

標誌 (in std::ios)	檔案	含義
app	若不存在則建立	附加
in|out	必需存在	從一開始讀寫
in|app	若不存在則建立	在最後更新
out|app	若不存在則建立	附加
out|trunc	若不存在則建立	抹除檔案；然後讀寫
in|out|app	若不存在則建立	在最後更新
in|out|trunc	若不存在則建立	抹除檔案；然後讀寫

此外，您可以將 binary 標誌加到這些組合中的任何一個以將檔案設為二進位模式。在二進位模式下，串流不會轉換特殊的字元序列，比如說像換行符號（例如，在 Windows 上是回車加分行符號）或 EOF。

指定要打開檔案的第二個選項是使用串流建構子。每個檔案串流都提供了一個建構子，其引數與 open method 相同。所有的檔案串流類別，都是圍繞它們所擁有的檔案控制程式碼的 RAII 包裝器，因此當檔案串流被破壞時，檔案將被自動清理。您也可以手動調用 close method，該方法不帶參數。如果您知道您已經處理完檔案，但是以您的程式碼撰寫方式，檔案串流類別物件短期內不會被破壞，那麼您可能需要手動關閉檔案。

檔案串流也有預設的建構子，它們不會開啟任何檔案。要檢查檔案是否已開啟，請調用 is_open，該方法不接受任何參數並傳回布林值。

輸出檔案串流

輸出檔案串流為字元序列提供輸出串流語意，它們都衍生自 <fstream> 標頭中的類別範本 std::basic_ofstream，並提供以下專門化：

```
using ofstream = basic_ofstream<char>;
using wofstream = basic_ofstream<wchar_t>;
```

預設的 basic_ofstream 建構子不會開啟檔案，非預設建構子的第二個可選參數預設為 ios::out。

無論何時將輸入送到檔案串流，都會將資料寫入相對應的檔案。列表 16-14 示範了如何用 ofstream 將簡單訊息寫入文字檔。

列表 16-14：打開檔案 lunchtime.txt 並將一條訊息附加到該檔的程式
　　　　　　（輸出為執行程式一次後檔案 lunchtime.txt 的內容）

```
#include <fstream>

using namespace std;

int main() {
  ofstream file{ "lunchtime.txt", ios::out|ios::app };  ❶
  file << "Time is an illusion." << endl;  ❷
  file << "Lunch time, " << 2 << "x so." << endl;  ❸
}
```
```
lunchtime.txt:
Time is an illusion.  ❷
Lunch time, 2x so.  ❸
```

您用路徑 lunchtime.txt 初始化名為 file 的 ofstream，並標記為 out 而且是 app ❶。因為這些標記的組合會將輸出附加到檔案的後面，所以透過輸出運算子發送到這個檔案串流的任何資料，都會附加到檔案的最後。正如預期的那樣，該檔案包含傳遞給輸出運算子的訊息 ❷ ❸。

因為 ios::app 標記的關係，如果 *lunchtime.txt* 存在的話，程式將輸出附加到檔案。例如，如果再次執行該程式，將得到以下輸出：

```
Time is an illusion.
Lunch time, 2x so.
```

```
Time is an illusion.
Lunch time, 2x so.
```

程式的第二次反覆運算在檔案後面又添加了相同的短句。

輸入檔案串流

輸入檔案串流為字元序列提供輸入串流語意,它們都衍生自 `<fstream>` 標頭中的類別範本 `std::basic_ifstream`,並提供以下專門化:

```
using ifstream = basic_ifstream<char>;
using wifstream = basic_ifstream<wchar_t>;
```

預設的 `basic_ifstream` 建構子不會開啟檔案,非預設建構子的第二個可選參數預設為 `ios::in`。

無論何時從檔案串流中讀取資料,該串流都會從相對應的檔案中讀取資料。考慮以下範例檔 *number.txt*:

```
-54
203
9000
0
99
-789
400
```

列表 16-15 包含一個用 `ifstream` 讀取包含整數的文字檔並傳回最大值的程式,輸出對應於以檔案路徑 *number.txt* 當作輸入來調用程式的結果。

列表 16-15:讀取文字檔 `numbers.txt` 並列印其最大整數的程式

```
#include <iostream>
#include <fstream>
#include <limits>
```

```
using namespace std;

int main() {
  ifstream file{ "numbers.txt" }; ❶
  auto maximum = numeric_limits<int>::min(); ❷
  int value;
  while (file >> value) ❸
    maximum = maximum < value ? value : maximum; ❹
  cout << "Maximum found was " << maximum << endl; ❺
}
```

```
Maximum found was 9000 ❺
```

首先初始化一個 istream 以打開文字檔 *numbers.txt* ❶。然後，用最小的 int 值初始化變數 maximum ❷。使用慣用的輸入串流和 while 迴圈的組合 ❸ 遍歷檔案中的每個整數，當您發現較大的值時就更新 maximum ❹。一旦檔案串流不能解析更多的整數，就把結果列印到 stdout ❺。

處理失敗情況

與其他串流一樣，檔案串流失敗時並不會顯示任何訊息。如果用檔案串流建構子開啟檔案，則必須檢查 is_open method 以確定串流是否成功開啟檔案。這種設計與大多數其他 stdlib 物件不同，在 stdlib 物件中，不變量是由例外強制執行的。很難說函式庫實作者為什麼選擇這種方法，但事實是，您可以很容易地選擇以例外基礎的方法。

您可以建立自己的工廠函式來處理例外情況下的檔開啟失敗。列表 16-16 示範了如何實作名為 open 的 ifstream 工廠。

列表 16-16：用於產生 ifstream 處理帶有例外的錯誤而不是靜默失敗的工廠函式

```
#include <fstream>
#include <string>

using namespace std;
```

```
ifstream❶ open(const char* path❷, ios_base::openmode mode = ios_
base::in❸) {
  ifstream file{ path, mode }; ❹
  if(!file.is_open()) { ❺
    string err{ "Unable to open file " };
    err.append(path);
    throw runtime_error{ err }; ❻
  }
  file.exceptions(ifstream::badbit);
  return file; ❼
}
```

工廠函式傳回一個 ifstream ❶ 並接受與檔案串流建構子（和 open
方法）相同的引數：檔案路徑 path ❷ 和 openmode ❸。將這兩個引
數傳給 ifstream 的建構子 ❹，然後確定檔是否成功開啟 ❺。如果沒
有，則引發 runtime_error ❻。如果有，則告訴所產生的 ifstream
在將來 badbit 被設定時引發例外 ❼。

檔案串流操作摘要

表 16-10 提供了 basic_fstream 操作的部分列表。在該表中，fs、
fs1 和 fs2 的型別為 std::basic_fstream<T>；p 是 C 語言寫法的
字串、std::string 或者 std::filesystem::path；om 是 std::ios_
base::openmode；s 是 std::basic_string<T>；obj 是格式化物件；
pos 是位置型別；dir 是 std::ios_base::seekdir；flg 是 std::ios_
base::iostate。

表 16-10：std::basic_fstream 操作的部分列表

操作	備註
basic_fstream<T> { [p], [om] }	對新建構的檔案串流執行大括號初始化。若有提供 p，則嘗試在路徑 p 處開啟檔案。預設為「未開啟」和「in | out 開啟」模式。
basic_fstream<T> { move(fs) }	取得 fs 內部緩衝區的所有權。
~basic_fstream	解構內部緩衝區。

操作	備註
fs.rdbuf()	傳回原始字串設備物件。
fs.str()	取得檔案設備物件的內容。
fs.str(s)	把檔案設備物件的內容放入 **s**。
fs >> obj	從檔案串流中取出格式化資料。
fs << obj	將格式化資料插入檔案串流。
fs.tellg()	傳回輸入位置的索引。
fs.seekg(pos) **fs.seekg(pos, dir)**	設定輸入位置指示器。
fs.flush()	與底層設備同步。
fs.good() **fs.eof()** **fs.bad()** **!fs**	檢查檔案串流的位元。
fs.exceptions(flg)	將檔案串流設定成每當 **flg** 中的位元變為 1 時就引發例外。
fs1.swap(fs2) swap(**fs1, fs2**)	將 **fs1** 和 **fs2** 的每個元素交換。

串流緩衝區

串流不直接讀寫。在幕後,它們使用串流緩衝區類別。在較高的層級上,**串流緩衝區類別**是發送或提取字元的範本。除非您打算實作自己的串流函式庫,否則實作細節並不重要,但重要的是要知道它們存在於多個上下文中。獲取串流緩衝區的方法是使用串流的 **rdbuf** method,所有串流都提供該方法。

將檔案寫到 stdout

有時您只想將輸入檔案串流的內容直接寫到輸出串流,為此,可以從檔案串流中提取串流緩衝區指標,並將其傳遞給輸出運算子。例如,可以透過以下方式用 **cout** 將檔案的內容轉存到 stdout:

```
cout << my_ifstream.rdbuf()
```

就這麼簡單。

輸出串流緩衝區疊代器

輸出串流緩衝區疊代器是公開輸出疊代器介面的範本類別，該介面
將寫入操作，轉換為底層串流緩衝區上的輸出操作；換句話說，這
些轉換器允許您像使用輸出疊代器一樣使用輸出串流。

要建構輸出串流緩衝區疊代器，請使用 <iterator> 標頭中的
ostreambuf_iterator 範本類別。它的建構子接受一個輸出串流引數
和一個與建構子引數的範本參數（字元型別）相對應的範本參數。
列表 16-17 示範了如何從 cout 建構輸出串流緩衝區疊代器。

列表 16-17：利用 ostreambuf_iterator 類別把訊息 Hi 寫到 stdout

```
#include <iostream>
#include <iterator>

using namespace std;

int main() {
  ostreambuf_iterator<char> itr{ cout }; ❶
  *itr = 'H'; ❷
  ++itr; ❸
  *itr = 'i'; ❹
}
```

H❷i❹

這裡，您從 cout 建構一個輸出串流緩衝區疊代器 ❶，您可以用輸出
運算子慣用的方式寫入它：指派 ❷、遞增 ❸、指派 ❹ 依此類推。結
果是逐字輸出到標準輸出。（回想一下第 622 頁「輸出疊代器」中處
理輸出運算子的過程。）

輸入串流緩衝區疊代器

輸入串流緩衝區疊代器是範本類別，它公開了一個輸入疊代器介面，該介面將讀取轉換為底層串流緩衝區上的讀取操作。它們完全類別似於輸出串流緩衝區疊代器。

要建構輸入串流緩衝區疊代器，請使用 `<iterator>` 標頭中的 `istreambuf_iterator` 範本類別。與 `ostreambuf_iterator` 不同，它採用串流緩衝區引數，因此必須對要調整的輸入串流呼叫 `rdbuf()`。這個引數是可選的：`istreambuf_iterator` 的預設建構子對應於輸入疊代器的範圍結束疊代器。例如，列表 16-18 示範了如何使用 `string` 的以範圍為基礎的建構子從 `std::cin` 建構字串。

列表 16-18：從 `cin` 使用輸入串流緩衝區疊代器建構字串

```
#include <iostream>
#include <iterator>
#include <string>

using namespace std;

int main() {
  istreambuf_iterator<char> cin_itr{ cin.rdbuf() } ❶, end{} ❷;
  cout << "What is your name? "; ❸
  const string name{ cin_itr, end }; ❹
  cout << "\nGoodbye, " << name; ❺
}
```
```
What is your name? ❸josh ❹
Goodbye, josh❺
```

您從 `cin` 的串流緩衝區 ❶ 以及範圍結束疊代器 ❷ 建構一個 `istreambuf_iterator`。在向程式的使用者發送提示後 ❸，您用其以範圍為基礎的建構子建構 `string name` ❹。當使用者發送輸入（以 EOF 終止）時，字串的建構子會複製它。然後以使用者的 `name` 向使用者告別 ❺（回想一下第 712 頁的「串流狀態」，向控制台發送 EOF 的方法因作業系統而異）。

隨機存取

有時您需要隨機存取串流（尤其是檔案串流）。輸入和輸出運算子顯然不支援這種用法，因此 basic_istream 和 basic_ostream 為隨機存取提供了單獨的方法。這些方法會追蹤游標或位置，即串流目前字元的索引。該位置指出輸入串流將讀取或輸出串流將寫入的下一個位元組。

對於輸入串流，可以用 tellg 和 seekg 這兩種方法。tellg 方法不接受任何參數並傳回位置。seekg 方法允許您設定游標位置，而且 seekg 還有兩個重載的形式：第一個選項是提供 pos_type 位置引數，用來設定讀取位置；第二個是提供 off_type 位移引數和 ios_base::seekdir 方向引數。pos_type 和 off_type 由 basic_istream 或 basic_ostream 的範本引數所決定，但通常它們會轉換為整數型別。seekdir 型別接受以下三個值之一：

- ios_base::beg 指定位置引數相對於 begin。
- ios_base::cur 指定位置引數相對於目前位置。
- ios_base::end 指定位置引數相對於 end。

對於輸出串流，您可以使用 tellp 和 seekp 這兩種方法。這些方法大致類似於輸入串流的 tellg 和 seekg 方法：p 表示 put，g 表示 get。

請考慮包含以下內容的檔案 *introspection.txt*：

The problem with introspection is that it has no end.

列表 16-19 示範了如何使用隨機存取方法重置檔案游標。

列表 16-19：使用隨機存取方法讀取文字檔中任意字元的程式

```
#include <fstream>
#include <exception>
#include <iostream>

using namespace std;
```

```
ifstream open(const char* path, ios_base::openmode mode = ios_base::in) { ❶
--snip--
}

int main() {
  try {
    auto intro = open("introspection.txt"); ❷
    cout << "Contents: " << intro.rdbuf() << endl; ❸
    intro.seekg(0); ❹
    cout << "Contents after seekg(0): " << intro.rdbuf() << endl; ❺
    intro.seekg(-4, ios_base::end); ❻
    cout << "tellg() after seekg(-4, ios_base::end): "
                                             << intro.tellg() << endl; ❼
    cout << "Contents after seekg(-4, ios_base::end): "
                                             << intro.rdbuf() << endl; ❽
  }
  catch (const exception& e) {
    cerr << e.what();
  }
}
```

```
Contents: The problem with introspection is that it has no end. ❸
Contents after seekg(0): The problem with introspection is that it has no end. ❺
tellg() after seekg(-4, ios_base::end): 49 ❼
Contents after seekg(-4, ios_base::end): end. ❽
```

用列表 16-16 中的工廠函式 ❶ 打開文字檔 *introspection.txt* ❷。接下來，用 rdbuf method 將內容列印到 stdout ❸，將游標倒帶到第一個字元 ❹，然後再次列印內容。請注意，這些會產生相同的輸出（因為檔案內容沒有改變）❺。然後用 seekg 的相對偏移量重載引導到從結束算起的倒數第四個字元 ❻。使用 tellg，您將得知這是第 49 個字元（從零開始的索引）❼。將輸入檔列印到 stdout 時，輸出僅為 end.，因為這是檔案中的最後四個字元。

Boost 提供了一個 IOStream 函式庫，其中包含 stdlib 所沒有的豐富的額外功能集，包括用於記憶體映射檔案 I/O、壓縮和篩選的功能。

摘要

在本章中，您瞭解到串流的用法，它是為執行 I/O 提供通用抽象化的主要概念。您還學習了以檔案作為 I/O 的主要來源和目的。您首先學到了 stdlib 中的基本串流類別，以及如何執行格式化和非格式化操作、檢查串流狀態和處理串流發生錯誤時的例外。您瞭解操縱器以及如何將串流合併到使用者定義的型別、字串串流和檔案串流中。本章以串流緩衝區疊代器結束，它允許您將串流轉接到疊代器。

練習

16-1. 實作一個輸出運算子，該運算子可列印第 377 頁的「稍微複雜一點的例子：踩剎車」中有關 AutoBrake 的資訊，包括車輛目前的碰撞閾值和速度。

16-2. 撰寫一個程式，從 stdin 取得輸出，將其轉換為大寫，並將結果寫入 stdout。

16-3. 閱讀 Boost IOStream 的介紹文件。

16-4. 撰寫一個程式，接受檔案路徑，開啟該檔案，並列印其內容的摘要資訊，包括字數、平均字長和字元出現次數的長條圖。

> **延伸閱讀**
>
> - 《*Standard C++ Iostreams and Locales: Advanced Programmer's Guide and Reference*》，Addison-Wesley Professional，2000，Angelika 著
>
> - 《*ISO 國際標準 ISO/IEC（2017）程式語言 C++*》（國際標準組織；瑞士日內瓦；*https://isocpp.org/std/the-standard/*）
>
> - 《*The Boost C++ Libraries 2nd Edition*》，XML Press，2014，Boris Schäling 著

17

檔案系統

> 「那麼，您就是 UNIX 大師了。」
> 當時，蘭迪還蠢到被這種關注而受寵若驚，
> 而他本應該把這些話視為是令人毛骨悚然的話。
>
> ——尼爾·史蒂文森（*Neal Stephenson*），
> 《密碼寶典》（*Cryptonomicon*）

本章將教您如何用 **stdlib** 的檔案系統函式庫在檔案系統上進行操作，例如操弄和檢查檔案、列舉目錄以及與檔案串流進行互動操作。

stdlib 和 Boost 包含檔案系統函式庫。stdlib 的檔案系統函式庫源自於 Boost，因此它們基本上可以互換。本章重點在於介紹 stdlib 的實作，如果您有興趣瞭解有關 Boost 的更多資訊，請參閱 Boost 檔案系統文件。Boost 和 stdlib 的實作基本上是一樣的。

> **NOTE**
>
> C++ 標準發展史上往往離不開 Boost 函式庫，這讓 C++ 社群在經歷將功能納入 C++ 標準的更嚴格的過程之前，在 Boost 中率先體驗新的功能。

檔案系統概念

檔案系統為幾個重要的概念建模,主要的實體是檔案。檔案是支援輸入和輸出並保存資料的檔案系統物件,檔案存在於名為目錄(*directories*)的容器中,可以巢狀式的套用在其他目錄中。為簡單起見,目錄被視為檔案。包含檔案的目錄稱為該檔案的父目錄。

路徑是標識特定檔案的字串。路徑以一個可選的根目錄名稱開頭,這個字串依實作而有所不同,例如 Windows 上的 *C:* 或 *//localhost*,後面跟著一個可選的根目錄,這是另一個依實作而定的字串,例如 Unix 系統上的 */*。路徑的其餘部分,是由實作所定義的分隔符號分開的目錄序列,或者以檔案名稱結束。路徑可以包含特殊名稱「.」和「..」,分別表示目前的目錄和上一層目錄。

硬連結(*hard link*)是一個目錄項目,為現有檔案指定一個名稱和符號連結(*symbolic link*),(或 *symlink*)為路徑(可能存在也可能不存在)指派名稱。相對於另一個路徑(通常是目前的目錄)指定位置的路徑稱為相對路徑(*relative path*),而典型路徑(*canonical path*)則明確標識檔案的位置,不包含特殊名稱「.」和「..」,也不包含任何符號連結。絕對路徑(*absolute path*)是明確標識檔案位置的任何路徑。典型路徑和絕對路徑之間的主要區別在於,典型路徑不能包含特殊名稱「.」和「..」。

> **WARNING**
>
> 如果目標平臺不提供階層式檔案系統,stdlib 檔案系統可能無法使用。

std::filesystem::path

std::filesystem::path 是檔案系統函式庫的類別,用來對路徑進行建模,您可以用許多選項來建構路徑,最常見的兩個建構子應該是預設建構子和帶字串參數的建構子:預設建構子會建立一個空路徑,而帶字串參數的建構子,則會建立由字串中的字元所指出的路徑。path 類別與所有其他檔案系統類別和函式一樣，都是位於 <filesystem> 標頭中。

在本節中，您將學習如何從 string 表示法來建構路徑，將其分解為組成份子，並對其進行修改。在許多常見的系統和應用程式環境中，您需要與檔案進行互動。因為每個作業系統都有唯一的檔案系統表示方式，stdlib 的檔案系統函式庫是一個受歡迎的抽象化，該您輕鬆地撰寫跨平臺程式碼。

建構路徑

path 類別支援使用 operator== 與其他 path 物件和字串物件進行比較，但是如果您只想檢查路徑是否為空的，它提供了一個傳回布林值的 empty method。列表 17-1 示範了如何建構兩條路徑（一條空路徑和一條非空路徑）並對其進行測試。

列表 17-1：建構 std::filesystem::path

```
#include <string>
#include <filesystem>

TEST_CASE("std::filesystem::path supports == and .empty()") {
  std::filesystem::path empty_path; ❶
  std::filesystem::path shadow_path{ "/etc/shadow" }; ❷
  REQUIRE(empty_path.empty()); ❸
  REQUIRE(shadow_path == std::string{ "/etc/shadow" }); ❹
}
```

建構兩條路徑：一個使用預設建構子 ❶，另一個是 /etc/shadow ❷。由於預設建構了路徑，因此 empty_path 的 empty method 會傳回 true ❸。shadow_path 等於字串 /etc/shadow，因為建構它時包含相同的內容 ❹。

分解路徑

path 類別包含一些分解的方法，這些方法實際上是專門化的字串操弄器，讓您可以擷取路徑的元件，例如：

- root_name() 傳回根目錄的名稱。

- root_directory() 傳回根目錄。

- root_path() 傳回根目錄的路徑。

- relative_path() 傳回相對路徑。

- parent_path() 傳回父目錄路徑。

- filename() 傳回檔案名稱組件。

- stem() 傳回去掉副檔案名的檔案名稱。

- extension() 傳回副檔名。

列表 17-2 提供了每種方法的傳回值，它們指向一個 Windows 系統中非常重要的函式庫 kernel32.dll 的路徑。

列表 17-2：列印路徑的各種分解方式的程式

```
#include <iostream>
#include <filesystem>

using namespace std;

int main() {
  const filesystem::path kernel32{ R"(C:\Windows\System32\kernel32.
dll)" }; ❶
  cout << "Root name: " << kernel32.root_name() ❷
    << "\nRoot directory: " << kernel32.root_directory() ❸
    << "\nRoot path: " << kernel32.root_path() ❹
    << "\nRelative path: " << kernel32.relative_path() ❺
    << "\nParent path: " << kernel32.parent_path() ❻
    << "\nFilename: " << kernel32.filename() ❼
    << "\nStem: " << kernel32.stem() ❽
    << "\nExtension: " << kernel32.extension() ❾
    << endl;
}
```

```
Root name: "C:" ❷
Root directory: "\\" ❸
Root path: "C:\\" ❹
Relative path: "Windows\\System32\\kernel32.dll" ❺
```

```
Parent path: "C:\\Windows\\System32" ❻
Filename: "kernel32.dll" ❼
Stem: "kernel32" ❽
Extension: ".dll" ❾
```

您可以用原始字串字面值建構 kernel32 的路徑，以免還要對反斜線做額外的轉義 ❶。您可以擷取 kernel32 的根名稱 ❷、根目錄 ❸ 和根路徑 ❹，並將它們輸出到 stdout。接下來，擷取相對路徑，以顯示相對於根 C:\ 的路徑 ❺。父路徑是包含 kernel32.dll 的目錄 ❻。最後，擷取檔案名稱 ❼，主檔名 ❽，和副檔名 ❾。

注意，您不需要在任何特定的作業系統上執行列表 17-2。沒有任何分解方法要求路徑實際指向現有檔案，只需擷取路徑內容的元件，而不是指向的檔案。當然，不同的作業系統會產生不同的結果，尤其是對於分隔符號（例如，Linux 上的正斜線（/））。

NOTE

> 列表 17-2 說明了 std::filesystem::path 有一個 operator<< 在路徑的開始和結束列印引號。在內部，它是用 <iomanip> 中的類別範本 std::quoted，而 <iomanip> 是協助插入和擷取參照字串的標頭。另外，請記住，必須在字串字面值中將反斜線進行轉義，這就是為什麼在原始程式碼中嵌入的路徑中看到兩個反斜線而不是一個反斜線的原因。

修改路徑

除了分解方法外，path 還提供幾種修改器方法（*modifier method*），讓您可以修改路徑的各種特性：

- clear() 清空 path。
- make_preferred() 將所有目錄分隔符號轉換為實作首選目錄分隔符號。例如，在 Windows 上，這會將通用分隔符號 / 轉換為系統首選分隔符號 \。
- remove_filename() 刪除路徑的檔案名稱部分。

- replace_filename(p) 將 path 的檔案名稱替換為另一個 path p 的檔案名稱。

- replace_extension(p) 將 path 的副檔名替換為另一條 path p 的副檔名。

- remove_extension() 刪除路徑中的副檔名部分。

列表 17-3 示範了如何用幾個修改器來操弄路徑。

列表 17-3：使用修改器操弄路徑（輸出是由 Windows10 x64 系統所產生）

```
#include <iostream>
#include <filesystem>

using namespace std;

int main() {
  filesystem::path path{ R"(C:/Windows/System32/kernel32.dll)" };
  cout << path << endl; ❶

  path.make_preferred();
  cout << path << endl; ❷

  path.replace_filename("win32kfull.sys");
  cout << path << endl; ❸

  path.remove_filename();
  cout << path << endl; ❹

  path.clear();
  cout << "Is empty: " << boolalpha << path.empty() << endl; ❺
}
```

```
"C:/Windows/System32/kernel32.dll" ❶
"C:\\Windows\\System32\\kernel32.dll" ❷
"C:\\Windows\\System32\\win32kfull.sys" ❸
"C:\\Windows\\System32\\" ❹
Is empty: true ❺
```

如列表 17-2 所示，您建構了一個到 kernel32 的 path，不過這個路徑不是 const，因為您等一下會修改它 ❶。接下來，您將用 make_preferred 把所有目錄分隔符號轉換為系統的首選目錄分隔符號。列表 17-3 顯示了 Windows10x64 系統的輸出，因此它已從斜線（/）轉換為反斜線（\）❷。使用 replace_filename 將 kernel32.dll 中的檔案名稱替換為 win32kfull.sys ❸。請再次注意，此路徑所描述的檔案不需要存在於您的系統中；您只是在操弄路徑。最後，用 remove_filename method 刪除檔名 ❹，然後用 clear 完全清空路徑的內容 ❺。

檔案系統路徑方法摘要

表 17-1 部分列出了可用的 path 方法。注意，p、p1 和 p2 是 path 物件，s 是表中的 stream。

表 17-1：std::filestystem::path 操作摘要

操作	備註
path{}	建構一個空的路徑。
Path{ s, [f] }	從字串型別 s 建構路徑；f 是可選的 path::format 型別，預設的路徑名稱格式因為實作而定。
Path{ p } p1 = p2	複製建構／指派。
Path{ move(p) } p1 = move(p2)	移動建構／指派。
p.assign(s)	把 p 指派給 s，捨棄目前內容。
p.append(s) p / s	把 s 附加到 p，包括適當的分隔符號 path::preferred_separator。
p.concat(s) p + s	把 s 附加到 p 而不包括分隔符號。
p.clear()	抹除內容。
p.empty()	若 p 是空的則傳回 true。
p.make_preferred()	將所有目錄分隔符號轉換為實作所偏好的目錄分隔符號。

操作	備註
`p.remove_filename()`	移除檔案名稱。
`p1.replace_filename(p2)`	用 **p2** 取代 **p1** 的檔名。
`p1.replace_extension(p2)`	用 **p2** 取代 **p1** 的副檔名。
`p.root_name()`	傳回根的名稱。
`p.root_directory()`	傳回根目錄。
`p.root_path()`	傳回根路徑。
`p.relative_path()`	傳回相對路徑。
`p.parent_path()`	傳回上一層目錄的路徑。
`p.filename()`	傳回檔案名稱。
`p.stem()`	傳回從檔名開頭到最後一個句點（.）之前的子字串。
`p.extension()`	傳回副檔名。
`p.has_root_name()`	若 **p** 有根名稱，則傳回 true。
`p.has_root_directory()`	若 **p** 有根目錄，則傳回 true。
`p.has_root_path()`	若 **p** 有根路徑，則傳回 true。
`p.has_relative_path()`	若 **p** 有相對路徑，則傳回 true。
`p.has_parent_path()`	若 **p** 有上一層的父路徑，傳回 true。
`p.has_filename()`	若 **p** 有檔名，則傳回 true。
`p.has_stem()`	若 **p** 的句點前有路徑名稱，則傳回 true。
`p.has_extension()`	若 **p** 有副檔名，則傳回 true。
`p.c_str()` `p.native()`	傳回把 **p** 轉換成 C 語言形式的字串。
`p.begin()` `p.end()`	在半開放範圍內依次存取路徑的元素。
`s << p`	把 **p** 寫到 **s**。
`s >> p`	從 **s** 讀入 **p**。
`p1.swap(p2)` `swap(p1, p2)`	把 **p1** 和 **p2** 的所有元素交換。

操作	備註
p1 == p2	按照字典順序比較兩條路徑 **p1** 和 **p2**。
p1 != p2	
p1 > p2	
p1 >= p2	
p1 < p2	
p1 <= p2	

檔案和目錄

path 類別是檔案系統函式庫的中心元素，但它的任何方法實際上都沒有與檔案系統互動，而是藉由 `<filesystem>` 標頭內的非成員函式來完成。把 path 物件視為宣告要與哪些檔案系統元件互動的方式，並且把 `<filesystem>` 標頭視為包含在這些元件上執行操作的函式。

這些函式具有友好的錯誤處理介面，允許您將路徑分為目錄名、檔名和副檔名。使用這些函式，您可以利用許多工具與環境中的檔案進行互動，而不必使用特定於操作的應用程式介面。

錯誤處理

與環境的檔案系統互動可能會出現錯誤，例如找不到檔案、權限不足或不支援某些操作。因此，檔案系統函式庫中，與檔案系統互動的每個非成員函式，都必須向呼叫者傳遞錯誤情況。這些非成員函式提供兩個選項：引發例外或設定錯誤變數。

每個函式都有兩個重載：一個允許您傳遞對 `std::system_error` 的參照，另一個則忽略此參數。如果您提供了參照，函式會將 `system_error` 設定為某個錯誤情況（如果發生的話）。如果不提供此參照，函式將引發 `std::filesystem::filesystem_error`（繼承自 `std::system_error` 的例外型別）。

路徑合成函式

作為使用 path 建構子的替代方法，您可以建構各種類型的路徑：

- absolute（**p**，[**ec**]）傳回一個絕對路徑，該路徑參照與 **p** 相同的位置，但 is_absolute() 為真。
- canonical（**p**，[**ec**]）傳回一個參照與 **p** 相同位置的規範路徑。
- current_path（[**ec**]）傳回目前路徑。
- relative（**p**，[**base**]，[**ec**]）傳回一個路徑，其中 **p** 相對於路徑 **base**。
- temp_directory_path（[**ec**]）傳回暫存檔的目錄，結果保證是一個現有目錄。

請注意，current_path 支援重載，因此可以設定目前的目錄（例如在 Posix 上的 **cd** 或 **chdir**）。只需提供一個路徑引數，例如在 current_path（**p**，[**ec**]）。

列表 17-4 示範了幾個函式執行的情形。

列表 17-4：使用多個路徑組合函式的程式（輸出是由 Windows10 x64 系統所產生）

```
#include <filesystem>
#include <iostream>

using namespace std;

int main() {
  try {
    const auto temp_path = filesystem::temp_directory_path(); ❶
    const auto relative = filesystem::relative(temp_path); ❷
    cout << boolalpha
      << "Temporary directory path: " << temp_path ❸
      << "\nTemporary directory absolute: " << temp_path.is_absolute() ❹
      << "\nCurrent path: " << filesystem::current_path() ❺
      << "\nTemporary directory's relative path: " << relative ❻
      << "\nRelative directory absolute: " << relative.is_absolute() ❼
```

```
        << "\nChanging current directory to temp.";

    filesystem::current_path(temp_path); ❽
    cout << "\nCurrent directory: " << filesystem::current_path(); ❾
  } catch(const exception& e) {
    cerr << "Error: " << e.what(); ❿
  }
}
```

```
Temporary directory path: "C:\\Users\\lospi\\AppData\\Local\\Temp\\" ❸
Temporary directory absolute: true ❹
Current path: "c:\\Users\\lospi\\Desktop" ❺
Temporary directory's relative path: "..\\AppData\\Local\\Temp" ❻
Relative directory absolute: false ❼
Changing current directory to temp. ❽
Current directory: "C:\\Users\\lospi\\AppData\\Local\\Temp" ❾
```

您用 temp_directory_path 建構路徑，並傳回暫存檔的系統目錄
❶，然後用 relative 確定其相對路徑 ❷。列印臨時路徑後 ❸，is_
absolute 說明此為絕對路徑 ❹。接下來，列印目前路徑 ❺ 和相對
於目前路徑的臨時目錄路徑 ❻。由於這個路徑是相對的，所以 is_
absolute 傳回 false ❼。一旦將路徑更改為臨時路徑 ❽，就可以列印
目前的目錄 ❾。當然，您的輸出看起來與列表 17-4 中的輸出不同，
如果您的系統不支援某些操作，甚至可能會出現 exception ❿。（請
回憶本章開頭的警告：C++ 標準允許某些環境不支援某些或全部檔
案系統函式庫。）

檢查檔案型別

您可以用以下函式檢查給定路徑的檔案屬性：

- is_block_file（**p**，[**ec**]）確定 **p** 是否為區塊檔（*block file*），這
  是某些作業系統中的一個特殊檔案（例如，Linux 中的區塊設備
  允許您以固定大小的區塊傳輸可隨機存取的資料）。

- is_character_file（**p**，[**ec**]）確定 **p** 是否為字元檔（*character
  file*），這是某些作業系統中的特殊檔案（例如，Linux 中允許發
  送和接收單一字元的字元設備）。

- is_regular_file（**p**，[**ec**]）確定 **p** 是否為一般檔案。

- is_symlink（**p**，[**ec**]）確定 **p** 是否為參照到另一個檔案或目錄符號連結。

- is_empty（**p**，[**ec**]）確定 **p** 是否空檔案或是空目錄。

- is_directory（**p**，[**ec**]）確定 **p** 是否為目錄。

- is_fifo（**p**，[**ec**]）確定 **p** 是否為**具名管道**（*named pipe*），這是在許多作業系統中的一種特殊程序間通訊機制。

- is_socket（**p**，[**ec**]）確定 **p** 是否為**插座**（*socket*），這是許多作業系統中另一種特殊的程序間通訊機制。

- is_other（**p**，[**ec**]）確定 **p** 是一般檔案、目錄、符號連結以外的某種檔案。

列表 17-5 用 is_directory 和 is_regular_file 檢查四個不同的路徑。

列表 17-5：一個用 is_directory 和 is_regular_file 來檢查四個具有代表性的 Windows 和 Linux 路徑

```
#include <iostream>
#include <filesystem>

using namespace std;

void describe(const filesystem::path& p) { ❶
  cout << boolalpha << "Path: " << p << endl;
  try {
    cout << "Is directory: " << filesystem::is_directory(p) << endl; ❷
    cout << "Is regular file: " << filesystem::is_regular_file(p) <<
endl; ❸
  } catch (const exception& e) {
    cerr << "Exception: " << e.what() << endl;
  }
}

int main() {
  filesystem::path win_path{ R"(C:/Windows/System32/kernel32.dll)" };
  describe(win_path); ❹
```

```
    win_path.remove_filename();
    describe(win_path); ❺

    filesystem::path nix_path{ R"(/bin/bash)" };
    describe(nix_path); ❻
    nix_path.remove_filename();
    describe(nix_path); ❼
}
```

在 Windows10 x64 機器上，執行列表 17-5 中的程式會產生以下
輸出：

```
Path: "C:/Windows/System32/kernel32.dll" ❹
Is directory: false ❹
Is regular file: true ❹
Path: "C:/Windows/System32/" ❺
Is directory: true ❺
Is regular file: false ❺
Path: "/bin/bash" ❻
Is directory: false ❻
Is regular file: false ❻
Path: "/bin/" ❼
Is directory: false ❼
Is regular file: false ❼
```

在 Ubuntu 18.04 x64 機器上，執行列表 17-5 中的程式會產生以下
輸出：

```
Path: "C:/Windows/System32/kernel32.dll" ❹
Is directory: false ❹
Is regular file: false ❹
Path: "C:/Windows/System32/" ❺
Is directory: false ❺
Is regular file: false ❺
Path: "/bin/bash" ❻
Is directory: false ❻
Is regular file: true ❻
Path: "/bin/" ❼
```

```
Is directory: true ❼
Is regular file: false ❼
```

首先，定義 descripe 函式，該函式接受單一 path ❶。列印路徑後，
還可以列印路徑是目錄 ❷ 還是一般檔案 ❸。在 main 中，可傳遞四個
不同的路徑來 describe：

- C:/Windows/System32/kernel32.dll ❹
- C:/Windows/System32/ ❺
- /bin/bash ❻
- /bin/ ❼

請注意，結果依作業系統而有所不同。

檢查檔案和目錄

您可以用以下函式檢查各種檔案系統屬性：

- current_path([p], [ec])，如果有提供 p 的話，則將程式的目前
  路徑設為 p；否則傳回程式目前的路徑。
- exists(p, [ec]) 傳回檔案或目錄是否存在於 p。
- equivalent(p1, p2, [ec]) 傳回 p1 和 p2 是否參照到同一個檔案或
  目錄。
- file_size(p, [ec]) 傳回位於 p 的一般檔案的位元組大小。
- hard_link_count(p, [ec]) 傳回 p 的硬連結數。
- last_write_time(p, [t][ec])，如果有提供 t 的話，則將 p 上
  次修改的時間設為 t；否則傳回上次修改的時間。（t 是一個
  std::chrono::time_point。）
- permissions(p, prm, [ec]) 設定 p 的權限。prm 的型別為
  std::filesystem::perms，這是一個以 POSIX 權限位元為模型的
  enum 列舉類別。（參見 [fs.enum.perms] 文件。）
- read_symlink(p, [ec]) 傳回符號連結 p 的目標。

- space(**p**, [**ec**]) 以 std::filesystem::space_info 的形式傳回檔案系統佔 **p** 用的空間資訊。這個 POD 包含三個欄位：capacity（總大小）、free（可用空間）和 available（非特權程序的可用空間）。它們都是以位元組為單位的不帶正負號的整數型別。

- status(**p**, [**ec**]) 以 std::filesystem::file_status 的形式傳回檔案或目錄 **p** 的型別和屬性。此類別包含不接受任何參數的 type method，並傳回型別為 std::filesystem::file_type 的物件，這是一個 enum class，接受描述檔案類型的值，例如 not_found、regular、directory。symlink file_status 類別還提供了一個不接受任何參數並傳回 std::filesystem::perms 型別物件的 permissions method。（詳細相關資訊請參見 [fs.class.file_status]。）

- symlink_status(**p**, [**ec**]) 一種不會跟隨符號連結的 status。

如果您熟悉類似 Unix 的作業系統，那麼您無疑已經多次使用 ls（list 的縮寫）程式來列舉檔案和目錄。在類似 DOS 的作業系統（包括 Windows）上，可以用類似的 dir 命令。在本章後面（列表 17-7），您將使用其中的幾個函式，來建構自己的簡單列表程式。

既然您知道了如何檢查檔案和目錄，那麼讓我們來看看如何操弄路徑所參照的檔案和目錄。

操弄檔案和目錄

此外，檔案系統函式庫還包含許多用來操弄檔案和目錄的方法：

- copy(**p1**, **p2**, [**opt**], [**ec**]) 將檔案或目錄從 **p1** 複製到 **p2**。您可以提供 std::filesystem::copy_options **opt** 來客製化 copy_file 的行為。這個 enum class 可以接受多個值，包括 none（如果目標已存在，則報告錯誤）、skip_existing（保留現有）、overwrite_existing（覆蓋）和 update_existing（如果 **p1** 較新，則覆蓋舊檔）。（參見 [fs.enum.copy.opts] 文件以獲取更詳細資訊。）

- copy_file(**p1, p2, [opt], [ec]**) 與 copy 類似，如果 **p1** 不是一般檔案，就會產生錯誤。

- create_directory(**p, [ec]**) 建立目錄 **p**。

- create_directories(**p, [ec]**) 類似於遞迴呼叫 create_directory，因此如果巢狀路徑包含不存在的父路徑，請使用此形式。

- create_hard_link(**tgt, lnk, [ec]**) 建立 **lnk** 為指向 **tgt** 的硬連結。

- create_symlink(**tgt, lnk, [ec]**) 建立 **lnk** 為指向 **tgt** 的符號連結。

- create_directory_symlink(**tgt, lnk, [ec]**) 若為目錄應使用 create_directory_symlink 而不是 create_symlink。

- remove(**p, [ec]**) 刪除一個檔案或空目錄 **p**（不包括符號連結）。

- remove_all(**p, [ec]**) 遞迴地刪除檔案或目錄 **p**（不包括符號連結）。

- rename(**p1, p2, [ec]**) 將 **p1** 重命名為 **p2**。

- resize_file(**p, new_size, [ec]**) 將 **p**（如果是一般檔案）的大小變更為 new_size。如果此操作增大檔案，則把零填入新的空間。否則，操作將從檔案最後開始刪剪。

您可以利用以下幾種方法建立一個複製、改變大小和刪除檔案的程式。列表 17-6 透過定義一個列印檔案大小和修改時間的函式來說明這一點。程式主要建立和修改兩個 path 物件，並在每次修改後調用該函式。

列表 17-6：說明與檔案系統互動的幾種方法的程式（輸出是由
　　　　　　Windows10 x64 系統所產生）

```
#include <iostream>
#include <filesystem>

using namespace std;
using namespace std::filesystem;
using namespace std::chrono;

void write_info(const path& p) {
```

```
  if (!exists(p)) { ❶
    cout << p << " does not exist." << endl;
    return;
  }
  const auto last_write = last_write_time(p).time_since_epoch();
  const auto in_hours = duration_cast<hours>(last_write).count();
  cout << p << "\t" << in_hours << "\t" << file_size(p) << "\n"; ❷
}

int main() {
  const path win_path{ R"(C:/Windows/System32/kernel32.dll)" }; ❸
  const auto reamde_path = temp_directory_path() / "REAMDE"; ❹
  try {
    write_info(win_path); ❺
    write_info(reamde_path); ❻

    cout << "Copying " << win_path.filename()
         << " to " << reamde_path.filename() << "\n";
    copy_file(win_path, reamde_path);
    write_info(reamde_path); ❼

    cout << "Resizing " << reamde_path.filename() << "\n";
    resize_file(reamde_path, 1024);
    write_info(reamde_path); ❽

    cout << "Removing " << reamde_path.filename() << "\n";
    remove(reamde_path);
    write_info(reamde_path); ❾
  } catch(const exception& e) {
    cerr << "Exception: " << e.what() << endl;
  }
}
```

```
"C:/Windows/System32/kernel32.dll"      3657767 720632 ❺
"C:\\Users\\lospi\\AppData\\Local\\Temp\\REAMDE" does not exist. ❻
Copying "kernel32.dll" to "REAMDE"
"C:\\Users\\lospi\\AppData\\Local\\Temp\\REAMDE"      3657767 720632 ❼
Resizing "REAMDE"
"C:\\Users\\lospi\\AppData\\Local\\Temp\\REAMDE"      3659294 1024 ❽
Removing "REAMDE"
```

"C:\\Users\\lospi\\AppData\\Local\\Temp\\REAMDE" does not exist. ❾

write_info 函式接受單一 path 參數。檢查此路徑是否存在 ❿，列印一條錯誤訊息，如果不存在則立即傳回。如果路徑存在，則列印一條訊息，指示其上次修改時間（以 epoch 之後的小時為單位）及其檔案大小 ❷。

在 main 中，您可以建立一個指向 kernel32.dll 的路徑 win_path ❸ 和一個指向檔案系統暫存檔案目錄中名為 REAMDE 的不存在檔案的路徑 readme_path ❹。從表 17-1 中可以回憶一下，您可以用 operator/ 連接兩個路徑物件）。在 try-catch 區塊中，在兩個路徑上調用 write_info ❺ ❻（如果您使用的是非 Windows 系統，則會得到不同的輸出。您可以修改系統上現有檔案的 win_path，以利於後續操作）。

接下來，將 win_path 處的檔案複製到 reamde_path，並在其上調用 write_info ❼。請注意，與之前不同的是，reamde_path 路徑中的檔案是存在的，它具有與 kernel32.dll 相同的上次寫入時間和檔案大小。

然後將 reamde_path 處的檔案大小調整為 1024 位元組，並調用 write_info ❽。注意，最後一次寫入時間從 3657767 增加到 3659294，檔案大小從 720632 減少到 1024。

最後，刪除 reamde_path 處的檔案並調用 write_info ❾，這會再次告訴您該檔案已經不復存在。

NOTE

> 檔案系統在底層調整檔案大小的方式因作業系統而異，這點超出了本書的範圍，但概念上調整大小的運作，就如同 resize 改變 std::vector 的大小那樣，檔案尾端所有無法存入檔案的新大小的資料將被作業系統丟棄。

目錄疊代器

檔案系統函式庫提供兩個類別來反覆運算目錄的元素：std::filesystem::directory_iterator 和 std::filesystem::recursive_directory_iterator。directory_iterator 不會進入子目錄，但 recursive_directory_iterator 會。本節介紹 directory_iterator，但可以隨時替換為 recursive_directory_iterator，並支援以下所有操作。

建構

directory_iterator 的預設建構子產生結束疊代器。（回想一下，輸入端疊代器指出輸入範圍何時用盡。）另一個建構子接受 path，它指出要列舉的目錄。或者，您也可以提供 std::filesystem::directory_options，這是一個 enum class 位元遮罩，具有以下常數：

- none 指示疊代器跳過目錄符號連結。如果疊代器遇到權限被拒絕，會產生一個錯誤。

- follow_directory_symlink 會列出符號連結目錄的內容。

- skip_permission_denied 如果疊代器遇到權限被拒絕，則跳過目錄。

此外，還可以提供 std::error_code，與接受 error_code 的所有其他檔案系統函式庫的函式一樣，如果在建構過程中發生錯誤，它將設定此參數而不是引發例外。

表 17-2 總結了建構 directory_iterator 的這些選項。請注意，p 是 path、d 是 directory、op 是 directory_options，ec 是表中的 error_code。

表 17-2：std::filesystem::directory_iterator 摘要

操作	備註
directory_iterator{}	建構結束疊代器。

操作	備註
directory_iterator{ **p, [op], [ec]** }	建構一個參照到目錄 **p** 的目錄疊代器。引數 **op** 預設為 **none**。如果有提供 **ec** 的話，**ec** 會接收錯誤情況，而不是引發例外。
directory_iterator { **d** } **d1 = d2**	複製建構／指派。
directory_iterator { move(**d**) } **d1 = move(d2)**	移動建構／指派。

目錄項目

輸入疊代器 directory_iterator 和 recursive_directory_iterator 為它們遇到的每個項目產生一個 std::filesystem::directory_entry 元素。directory_entry 類別儲存一個 path，以及當作方法公開的有關該路徑的屬性。表 17-3 列出了這些方法。請注意，de 是表中的 directory_entry。

表 17-3：std::filesystem::directory_entry 操作摘要

操作	描述
de.path()	傳回所參照的路徑。
de.exists()	若檔案系統上存在所參照的路徑，則傳回 true。
de.is_block_file()	若所參照的路徑是區塊設備，則返回 true。
de.is_character_file()	若所參照的路徑是字元設備，則傳回 true。
de.is_directory()	若所參照的路徑為一個目錄，則傳回 true。
de.is_fifo()	若所參照的路徑是一個具名管道，則傳回 true。
de.is_regular_file()	若所參照的路徑是普通檔案名稱，則傳回 true。
de.is_socket()	若所參照的路徑是一個具名管道，則傳回 true。
de.is_symlink()	若所參照的路徑是一個符號連結，則傳回 true。
de.is_other()	若所參照的路徑是其他形式，則傳回 true。
de.file_size()	傳回所參照路徑的檔案大小。

操作	描述
de.hard_link_count()	傳回所參照路徑硬連結的個數。
de.last_write_time([t])	若提供了 **t**，則設定所參照路徑的上次修改時間；否則傳回上次修改時間。
de.status() de.symlink_status()	傳回所參照路徑的 std::filesystem::file_status。

您可以用 directory_iterator 和表 17-3 中的一些操作來建立一個簡單的目錄列表程式，如列表 17-7 所示。

列表 17-7：一個用 std::filesystem::directory_iterator 列舉給定目錄的程式（輸出是由 Windows10 x64 系統所產生）

```
#include <iostream>
#include <filesystem>
#include <iomanip>

using namespace std;
using namespace std::filesystem;
using namespace std::chrono;

void describe(const directory_entry& entry) { ❶
  try {
    if (entry.is_directory()) { ❷
      cout << "           *";
    } else {
      cout << setw(12) << entry.file_size();
    }
    const auto lw_time =
      duration_cast<seconds>(entry.last_write_time().time_since_
epoch());
    cout << setw(12) << lw_time.count()
      << " " << entry.path().filename().string()
      << "\n"; ❸
  } catch (const exception& e) {
    cout << "Error accessing " << entry.path().string()
         << ": " << e.what() << endl; ❹
```

```
    }
  }

  int main(int argc, const char** argv) {
    if (argc != 2) {
      cerr << "Usage: listdir PATH";
      return -1; ❺
    }
    const path sys_path{ argv[1] }; ❻
    cout << "Size          Last Write   Name\n";
    cout << "------------ ----------- ------------\n"; ❼
    for (const auto& entry : directory_iterator{ sys_path }) ❽
      describe(entry); ❾
  }
```

```
> listdir c:\Windows
Size          Last Write   Name
------------ ----------- ------------
           * 13177963504 addins
           * 13171360979 appcompat
--snip--
           * 13173551028 WinSxS
      316640 13167963236 WMSysPr9.prx
       11264 13167963259 write.exe
```

NOTE

您應該把程式名稱 listdir 改成您自己的程式名稱。

首先定義一個 describe 函式，該函式接受 path 參照 ❶，並檢查路徑是否為目錄 ❷，並列印目錄的星號和檔案的相對應大小。接下來，以秒為單位確定該項目自 epoch 以來的最後一次修改，並將其與項目的關聯檔案名稱一起列印 ❸。如果發生任何例外，則列印一條錯誤訊息並結束 ❹。

在 main 中，首先檢查使用者在調用程式時是不用了一個參數，如果不是，則傳回一個負數 ❺。接著用該單一參數建構一個路徑 ❻，列印一些好看的標題 ❼，遍歷目錄中的每個 entry ❽，並將其傳給 describe ❾。

遞迴目錄反覆運算

directory_iterator 可 以 隨 時 替 換 為 recursive_directory_iterator，因為它支援所有相同的操作，但還會列舉子目錄。您可以結合這些疊代器來建構一個程式，用於計算給定目錄的檔案和子目錄的大小和數量。列表 17-8 示範了如何實作。

列表 17-8：一個用 std::filesystem::recursive_directory_iterator 列出給定路徑的檔案個數和子目錄總共大小的程（輸出是由 Windows10 x64 系統所產生）

```
#include <iostream>
#include <filesystem>

using namespace std;
using namespace std::filesystem;

struct Attributes {
  Attributes& operator+=(const Attributes& other) {
    this->size_bytes += other.size_bytes;
    this->n_directories += other.n_directories;
    this->n_files += other.n_files;
    return *this;
  }
  size_t size_bytes;
  size_t n_directories;
  size_t n_files;
}; ❶

void print_line(const Attributes& attributes, string_view path) {
  cout << setw(14) << attributes.size_bytes
       << setw(7) << attributes.n_files
       << setw(7) << attributes.n_directories
       << " " << path << "\n"; ❷
}
```

```
Attributes explore(const directory_entry& directory) {
  Attributes attributes{};
  for(const auto& entry : recursive_directory_iterator{ directory.
path() }) { ❸
      if (entry.is_directory()) {
        attributes.n_directories++; ❹
      } else {
        attributes.n_files++;
        attributes.size_bytes += entry.file_size(); ❺
      }
  }
  return attributes;
}

int main(int argc, const char** argv) {
  if (argc != 2) {
    cerr << "Usage: treedir PATH";
    return -1; ❻
  }
  const path sys_path{ argv[1] };
  cout << "Size            Files  Dirs   Name\n";
  cout << "-------------- ------ ------ -----------\n";
  Attributes root_attributes{};
  for (const auto& entry : directory_iterator{ sys_path }) { ❼
    try {
      if (entry.is_directory()) {
        const auto attributes = explore(entry); ❽
        root_attributes += attributes;
        print_line(attributes, entry.path().string());
        root_attributes.n_directories++;
      } else {
        root_attributes.n_files++;
        error_code ec;
        root_attributes.size_bytes += entry.file_size(ec); ❾
        if (ec) cerr << "Error reading file size: "
                     << entry.path().string() << endl;
      }
    } catch(const exception&) {
```

```
    }
  }
  print_line(root_attributes, argv[1]); ❿
}
```

```
> treedir C:\Windows
Size         Files Dirs Name
------------ ----- ----- ------------
        802     1     0 C:\Windows\addins
    8267330     9     5 C:\Windows\apppatch
--snip--
   11396916465 73383 20480 C:\Windows\WinSxS
   21038460348 110950 26513 C:\Windows ❿
```

> **NOTE**
>
> 您應將程式名稱 `treedir` 改成您自己的編譯器所產生的程式名稱。

在宣告用於儲存記帳資料的 `Attributes` 類別之後 ❶，可以定義一個 `print_line` 函式，以使用者友好的方式在路徑字串旁邊顯示 `Attributes` 實例 ❷。接下來，定義一個 `explore` 函式，該函式接受一個 `directory_entry` 的參照並遞迴地遍歷它 ❸。如果得出的 entry 是一個目錄，則增加目錄計數 ❹ ；否則，增加檔案計數和總大小 ❺。

在 `main` 中，檢查調用程式時是否用了兩個參數。如果不是，傳回錯誤碼 -1 ❻。您以（非遞迴）`directory_iterator` 列舉 `sys_path` 參照的目標路徑的內容 ❼。如果項目是目錄，則調用 `explore` 來確定其屬性 ❽，然後將其列印到控制台。您還可以增加 `root_attribute` 的 `n_directories` 成員以保留記錄。如果項目不是一個目錄，那麼您可以將相對應的 `root_attributes` 加到 `n_files` 和 `size_bytes` 成員。

一旦完成對所有 `sys_path` 子元素的反覆運算後，在最後一行印出 `root_attributes`。例如，列表 17-8 中的最後一行輸出顯示，這個特定的 Windows 目錄包含 110,950 個檔案，佔用了 21,038,460,348 位元組（約 21GB）和 26,513 個子目錄。

fstream 協同操作

除了字串型別之外,您還可以用 std::filesystem::path 或 std::filesystem::directory_entry 來建構檔案串流(basic_ifstream、basic_ofstream 或 basic_fstream)。

例如,您可以遍歷一個目錄並建構一個 ifstream 來讀取所遇到的每個檔案。列表 17-9 示範了如何檢查每個 Windows 可攜式可執行檔(*.sys*、*.dll*、*.exe* 等)開頭的神奇 MZ 位元組,並報告任何違反此規則的檔案。

列表 17-9:在 Windows System32 目錄中搜尋 Windows 可攜式可執行檔

```
#include <iostream>
#include <fstream>
#include <filesystem>
#include <unordered_set>

using namespace std;
using namespace std::filesystem;

int main(int argc, const char** argv) {
  if (argc != 2) {
    cerr << "Usage: pecheck PATH";
    return -1; ❶
  }
  const unordered_set<string> pe_extensions{
    ".acm", ".ax",  ".cpl", ".dll", ".drv",
    ".efi", ".exe", ".mui", ".ocx", ".scr",
    ".sys", ".tsp"
  }; ❷
  const path sys_path{ argv[1] };
  cout << "Searching " << sys_path << " recursively.\n";
  size_t n_searched{};
  auto iterator = recursive_directory_iterator{ sys_path,
                            directory_options::skip_permission_denied }; ❸
  for (const auto& entry : iterator) { ❹
    try {
      if (!entry.is_regular_file()) continue;
```

```
    const auto& extension = entry.path().extension().string();
    const auto is_pe = pe_extensions.find(extension) != pe_extensions.end();
    if (!is_pe) continue; ❺
    ifstream file{ entry.path() }; ❻
    char first{}, second{};
    if (file) file >> first;
    if (file) file >> second; ❼
    if (first != 'M' || second != 'Z')
      cout << "Invalid PE found: " << entry.path().string() << "\n"; ❽
    ++n_searched;
  } catch(const exception& e) {
    cerr << "Error reading " << entry.path().string()
         << ": " << e.what() << endl;
  }
 }
 cout << "Searched " << n_searched << " PEs for magic bytes." << endl; ❾
}
```

```
listing_17_9.exe c:\Windows\System32
Searching "c:\\Windows\\System32" recursively.
Searched 8231 PEs for magic bytes.
```

在 main 中，您檢查了兩個參數，並根據需要傳回錯誤碼 ❶。您建構了一個 unordered_set，其中包含與可攜式可執行檔案關聯的所有副檔名 ❷，您將用它來檢查檔案副檔名。用 recursive_directory_iterator 和 directory_options::skip_permission_denied 選項來列舉指定路徑中的所有檔案 ❸。您遍歷每個項目 ❹，跳過任何非一般檔案，並透過嘗試在 pe_extensions 中 find 該項目來確定它是否為可攜式可執行檔案。如果項目沒有這樣的副檔名，就跳過該檔案 ❺。

要開啟檔案，只需將 entry 的路徑傳到 ifstream 的建構子中，然後用產生的輸入檔案串流將檔案的前兩個位元組讀入 first 和 second ❼。如果前兩個字元不是 MZ，則將訊息列印到控制台 ❽。無論哪種方式，您都將名為 n_searched 的計數器遞增。目錄疊代器完成所有的反覆運算之後，您將在 main 結束前向使用者列印 n_searched 內容的訊息。

摘要

在本章中，您學到了 stdlib 檔案系統的工具，包括路徑、檔案、目錄和錯誤處理。這些工具使您能夠撰寫與環境中的檔案互動的跨平臺程式碼。本章最後則介紹了一些重要的操作、目錄疊代器以及與檔案串流的協同操作。

練習

17-1. 實作一個接受兩個引數的程式：路徑和副檔名。程式應該遞迴地搜尋給定的路徑，並列印具有指定副檔名的所有檔案。

17-2. 改進列表 17-8 中的程式，讓它可以接受可選的第二個引數。如果第一個引數以連字號（-）開頭，程式將讀取緊跟在連字號後面的所有連續字母，並將每個字母作為一個選項進行解析。第二個引數就會成為搜尋路徑。如果選項列表中有 *R*，則對該目錄進行遞迴。否則就不要使用遞迴目錄疊代器。

17-3. 請參閱 *dir* 或 *ls* 命令的說明文件，並在列表 17-8 的新改進版本中實作儘可能多的選項。

延伸閱讀

- 《*Windows NT File System Internals: A Developer's Guide*》，O'Reilly，1997，Rajeev Nagar 著

- 《*The Boost C++ Libraries 2nd Edition*》，XML Press，2014，Boris Schäling 著

- 《*The Linux Programming Interface 國際中文版*》，碁峰，2016，MichaelKerrisk 著

18

演算法

而這才是程式設計的本質。

當您把一個複雜的想法整理成連一台愚蠢的

機器都能處理的小步驟時,您自己也學到了一些東西。

—— 道格拉斯·亞當斯(*Douglas Adams*),

《德克的全方位偵探事務所》

(*Dirk Gently's Holistic Detective Agency*)

演算法(*algorithm*)是解決某一類問題的步驟。**stdlib** 和 **Boost** 函式庫內含了許多可以在程式中使用的演算法。因為許多非常聰明的人花了很多時間來確保這些演算法是正確和有效的,所以通常不應該嘗試自行撰寫演算法(例如排序演算法)。

因為本章幾乎涵蓋了整個 stdlib 演算法套件,所以篇幅很長;但是,每個演算法的介紹都很簡潔。在第一次閱讀時,您應該瀏覽每一小節,以便瞭解您可以使用的各種演算法。不要試圖記住它們,而是把注意力放在深入瞭解將來您在寫程式時可以用它們解決的各種問題上面。這樣一來,當您需要使用一個演算法時,您可以說,「等一下,這個輪子不是已經有人發明了嗎?」

在開始使用這些演算法之前，您需要瞭解複雜度和平行性，這兩個演算法特性，是程式碼執行方式背後的主要驅動因素。

演算法複雜度

演算法複雜度描述了計算任務的難度，量化這種複雜度的方法是用貝克曼-藍道（*Backmann-Landau*）或 *Big-O* 表示法。Big-O 表示法是根據計算量如何隨輸入的大小而增長來描述函數。這種表示法只考慮複雜度函數次方最高的首項，而「首項（*leading term*）」是多項式中隨著輸入大小的增加會增長最快的項。

例如，每增加一個額外的輸入元素，其複雜度會增加大約一個固定數量的演算法可用 Big-O 表示為 **O(N)**，而在給定額外輸入時，其複雜度不會改變的演算法以 Big-O 表示為 **O(1)**。

本章描述了 stdlib 的演算法，這些演算法可分為五種不同等級的複雜度，如下表所示。為了讓您瞭解這些演算法是如何量測的，我們列出了每種類型的 Big-O 表示法，以及當輸入從 1,000 個元素增加到 10,000 個元素時，可用首項估算出大概需要多少額外的操作。每個等級的複雜度的類別都提供了一個屬於該等級複雜度的例子，其中 *N* 是操作中所涉及的元素個數：

常數時間 O(1)　無需額外計算。例如，決定 `std::vector` 的大小。

對數時間 O(log *N*)　大約一次額外的計算。例如，查找 `std::set` 中的元素。

線性時間 O(*N*)　大約 9,000 次額外的計算。例如，求算集合中的所有元素的總和。

線性對數時間 O(*N* log *N*)　大約 37,000 次額外的計算。例如，常用的快速排序（quicksort）演算法的平均計算次數。

多項式（平方）時間 O(*N*²)　大約 99,000,000 次額外的計算。例如，將一個集合中所有的元素與另一個集合中所有的元素進行比較。

電腦科學的整個領域都在致力於根據計算問題的難易程度，對其進行分類，因此這是一個複雜的主題。本章根據目標序列的大小如何影響所需的工作量，來說明每個演算法的複雜度。在實務上，您應該分析效能，以用來判斷該演算法的特性，是否適合用來解決某一類的問題，不過這些複雜度的分類，可以讓您預先知道一個特定的演算法大約需要花費多少計算成本。

執行策略

平行演算法（*parallel algorithm*）可以將一個演算法加以劃分，以便獨立的實體可以同時處理問題的不同部分。許多 stdlib 演算法允許您指定平行演算法的**執行策略**，而執行策略則指出演算法所能允許的平行性。從 stdlib 的角度來看，演算法可以按照循序方式執行或者是以平行方式執行。循序演算法同一時間只能有一個實體在處理問題；而平行算法則可以有多個實體協同處理問題。

此外，平行算法可以是 *vector* 化（*vectorized*）或是非 *vector* 化（*non-vectorized*）。vector 化演算法允許實體按照未指定的順序來執行，甚至允許單一實體同時處理問題的多個部分。例如，需要實體間同步的演算法通常是不可 vector 化的，因為同一實體可能多次嘗試取得鎖，因而導致死結（deadlock）。

在 <execution> 標頭中有三種執行策略：

- std::execution::seq 指定循序（非平行）執行。
- std::execution::par 指定平行執行。
- std::execution::par_unseq 指定平行且 vector 化執行。

支援執行策略的演算法，其預設值為 seq，這意味著您必須自行決定是否要選擇平行策略及其所伴隨而來的效能優勢。請注意，C++ 標準沒有指定這些執行策略的確切含義，因為不同的平台的平行處理方式各不相同。當您提供非循序執行策略時，您只需宣告「此演算法可以安全地進行平行處理」。

在第 19 章中，您將更詳細地探討執行策略。現在，請注意一些允許平行處理的演算法。

如何使用本章

本章內含了 50 多種可供快速參考的演算法，所涵蓋的每個演算法都儘量以簡單扼要為原則。每種演算法都從簡潔的描述開始，再搭配演算法函式宣告的簡短表示法以及每個引數的解釋，宣告中可選的引數則寫在括號內。接下來的列表顯示了演算法的複雜度。列表最後給出了一個使用該演算法範例，雖然不是十分詳盡，但有助於說明該演算法的實際用法。本章中幾乎所有的範例都是單元測試，並隱含地內含了以下的內容：

```
#include "catch.hpp"
#include <vector>
#include <string>

using namespace std;
```

如果您需要更多演算法的詳細資訊，請參閱 [演算法] 一節。

非變動序列操作

非變動序列操作（*non-modifying sequence operation*）是對序列執行計算，但不會對序列做任何變更的演算法，您可以把它們看作是 const 演算法，本節所介紹的演算法，都可以在 `<algorithm>` 標題中找到。

all_of

`all_of` 演算法是用來判斷序列中的每個元素是否都滿足使用者所指定的標準。

如果目標序列是空的或者對序列中的所有元素而言 pred 皆為 true，則該演算法會傳回 true；否則就傳回 false。

```
bool all_of([ep], ipt_begin, ipt_end, pred);
```

引數

- 可選的 `std::execution` 執行策略 ep（預設值：`std::execution::seq`）
- 一對 InputIterator 物件，`ipt_begin` 和 `ipt_end`，表示目標序列
- 一元述詞 pred，從目標序列中接受一個元素

複雜度

線性 該演算法調用 pred 最多 `distance(ipt_begin, ipt_end)` 次。

範例

```cpp
#include <algorithm>

TEST_CASE("all_of") {
  vector<string> words{ "Auntie", "Anne's", "alligator" }; ❶
  const auto starts_with_a =
    [](const auto& word❷) {
      if (word.empty()) return false; ❸
```

```
      return word[0] == 'A' || word[0] == 'a'; ❹
    };
  REQUIRE(all_of(words.cbegin(), words.cend(), starts_with_a)); ❺
  const auto has_length_six = [](const auto& word) {
    return word.length() == 6; ❻
  };
  REQUIRE_FALSE(all_of(words.cbegin(), words.cend(), has_length_six)); ❼
}
```

在建構了一個內含名為 words 的 string 物件的 vector 之後 ❶，您可以建構 lambda 述詞 starts_with_a，它接受一個名為 word 的物件 ❷。如果 word 為空字串，則以 starts_with_a 會傳回 false ❸；否則，如果 word 以 a 或 A 開頭，則傳回 true ❹。由於所有 word 元素都以 a 或 A 開頭，因此把 starts_with_a 當作 all_of 的 pred 參數時會傳回 true ❺。

在第二個例子中，您建構了述詞 has_length_six，它只會在 word 的長度為六時傳回 true ❻。因為 alligator 的長度不是六，所以把 has_length_six 當作 all_of 的 pred 參數時會傳回 false ❼。

any_of

any_of 演算法是用來判斷序列中的是否有任何元素滿足使用者所指定的標準。

如果目標序列是空的或者序列中有任何元素可以讓 pred 為 true，則演算法傳回 true；否則，傳回 false。

```
bool any_of([ep], ipt_begin, ipt_end, pred);
```

引數

- 可選的 std::execution 執行策略 ep（預設值：std::execution ::seq）
- 一對 InputIterator 物件，ipt_begin 和 ipt_end，表示目標序列
- 一元述詞 pred，從目標序列中接受一個元素

複雜度

線性 該演算法調用 pred 最多 distance(ipt_begin, ipt_end) 次。

範例

```
#include <algorithm>

TEST_CASE("any_of") {
  vector<string> words{ "Barber", "baby", "bubbles" }; ❶
  const auto contains_bar = [](const auto& word) {
    return word.find("Bar") != string::npos;
  }; ❷
  REQUIRE(any_of(words.cbegin(), words.cend(), contains_bar)); ❸

  const auto is_empty = [](const auto& word) { return word.empty(); }; ❹
  REQUIRE_FALSE(any_of(words.cbegin(), words.cend(), is_empty)); ❺
}
```

在建構了一個內含 string 物件的 vector words 之後 ❶，您建構了 lambda 述詞 contains_bar，它接受一個叫做 word 的物件 ❷。如果 word 內含子字串 Bar，將傳回 true；否則就傳回 false。因為 Barber 內含了 Bar，所以把 contains_bar 當作 any_of 的 pred 參數時會傳回 true ❸。

在第二個例子 中，您建構了述詞 is_empty，它只會在 word 為空時才會傳回 true ❹。因為沒有單字是空的，所以當把 is_empty 應用於 words 時會傳回 false ❺。

non_of

none-of 演算法是用來判斷序列中是否沒有任何元素滿足使用者指定的條件。

如果目標序列是空的或者序列中**沒有**元素滿足 pred 的話，則該演算法會傳回 true；否則傳回 false。

```
bool none_of([ep], ipt_begin, ipt_end, pred);
```

引數

- 可選的 std::execution 執行策略 ep（預設值：std::execution
  ::seq）
- 一對 InputIterator 物件，ipt_begin 和 ipt_end，表示目標序列
- 一元述詞 pred，從目標序列中接受一個元素

複雜度

線性　該演算法調用 pred 最多 distance(ipt_begin, ipt_end) 次。

範例

```
#include <algorithm>

TEST_CASE("none_of") {
  vector<string> words{ "Camel", "on", "the", "ceiling" }; ❶
  const auto is_hump_day = [](const auto& word) {
    return word == "hump day";
  }; ❷
  REQUIRE(none_of(words.cbegin(), words.cend(), is_hump_day)); ❸

  const auto is_definite_article = [](const auto& word) {
    return word == "the" || word == "ye";
  }; ❹
  REQUIRE_FALSE(none_of(words.cbegin(), words.cend(), is_definite_
article)); ❺
}
```

在建構一個內含 string 物件的 vector words 之後 ❶，您建構了
lambda 述詞 is_hump_day，它接受一個名為 word 的物件 ❷。如果
word 等於 hump day，它將傳回 true；否則傳回 false。因為單字不
內含 hump day，所以當把 is_hump_day 當作 pred 時，none_of 會傳
回 true ❸。

在第二個例子中，您建構了述詞 is_definite_article，只有當單字
是定冠詞時，它才會傳回 true ❹。因為 the 是定冠詞，所以當把 word
當作參數傳給 is_definite_article 時，none_of 會傳回 false ❺。

for_each

for_each 演算法將一些使用者定義的函式應用於序列中的每個元素。

該演算法將 fn 應用於目標序列的每個元素。雖然 for_each 被認為是非變動序列操作，但如果 ipt_begin 是可變疊代器，fn 可以接受非 const 引數。fn 所傳回的任何值都將被忽略。

如果省略 ep，則 for_each 將傳回 fn。否則，for_each 會傳回 void。

```
for_each([ep], ipt_begin, ipt_end, fn);
```

引數

- 可選的 std::execution 執行策略 ep（預設值：std::execution ::seq）
- 一對 InputIterator 物件，ipt_begin 和 ipt_end，表示目標序列
- 一元函式 fn，接受目標序列中的一個元素

複雜度

線性 該演算法調用 fn 恰好 distance(ipt_begin, ipt_end) 次。

額外要求

- 如果省略 ep，fn 必須為可移動。
- 如果有提供 ep，fn 必須為可複製。

範例

```
#include <algorithm>

TEST_CASE("for_each") {
  vector<string> words{ "David", "Donald", "Doo" }; ❶
```

```
  size_t number_of_Ds{}; ❷
  const auto count_Ds = [&number_of_Ds❸](const auto& word❹) {
    if (word.empty()) return; ❺
    if (word[0] == 'D') ++number_of_Ds; ❻
  };
  for_each(words.cbegin(), words.cend(), count_Ds); ❼
  REQUIRE(3 == number_of_Ds); ❽
}
```

在建構了一個內含 string 物件的 vector words ❶ 和計數器變數
number_of_Ds 之後 ❷，您建構了 lambda 述詞 count_Ds，該述詞捕獲
對 number_of_Ds 的參照 ❸，並接受一個物件 word 參數。如果 word
是空的，就結束並返回 ❺ ；否則，如果 word 的第一個字母為 D，則
遞增 number_of_Ds ❻。

接下來，用 for_each 遍歷每個單字，將每個單字傳給 count_ds ❼。
執行結果 number_of_Ds 為三個 ❽。

for_each_n

for_each_n 演算法將一些使用者定義的函式應用於序列中的每個
元素。

該演算法將 fn 應用於目標序列的每個元素。雖然 for_each_n 被認
為是非變動序列操作，但如果 ipt_begin 是可變疊代器，fn 可以接
受非 const 引數。fn 傳回的任何值都將被忽略，它傳回的是 ipt_
begin+n。

```
InputIterator for_each_n([ep], ipt_begin, n, fn);
```

引數

- 可選的 std::execution 執行策略 ep（預設值：std::execution
  ::seq）

- InputIterator ipt_begin 表示目標序列的第一個元素

- 整數 n 表示所需反覆運算次數,因此表示目標序列的半開放範圍是從 ipt_begin 到 ipt_begin+n(Size 是 n 的範本型別)
- 一元函式 fn,從目標序列中接受一個元素

複雜度

線性 該演算法調用 fn 恰好 n 次。

額外要求

- 如果省略 ep,fn 必須為可移動。
- 如果有提供 ep,fn 必須可複製。
- n 必須是非負數的。

範例

```
#include <algorithm>

TEST_CASE("for_each_n") {
  vector<string> words{ "ear", "egg", "elephant" }; ❶
  size_t characters{}; ❷
  const auto count_characters = [&characters❸](const auto& word❹) {
    characters += word.size(); ❺
  };
  for_each_n(words.cbegin(), words.size(), count_characters); ❻
  REQUIRE(14 == characters); ❼
}}
```

在建構了一個內含 string 物件的 vector words ❶ 和一個計數器變數 characters ❷ 之後,您建構了 lambda 述詞 count_characters,該述詞捕獲 characters 的參照 ❸,並接受一個物件 word 參數 ❹。lambda 將 word 的長度加到 characters 中 ❺。

接下來,用 for_each 對每個單字進行反覆運算,將每個單字傳給 count_characters ❻。執行結果 characters 為 14 ❼。

find, find_if, find_if_not

find、find_if 和 find_if_not 演算法是用來查找序列中與某些使用者定義的條件能夠匹配的第一個元素。

這些演算法傳回指向與目標序列第一個元素匹配 value（find）的 InputIerator，當使用 pred 調用時，結果為 true（find_if），或者當使用 pred 調用時，結果為 false（find_if_not）。

如果演算法沒有找到匹配項，則傳回 ipt_end。

```
InputIterator find([ep], ipt_begin, ipt_end, value);
InputIterator find_if([ep], ipt_begin, ipt_end, pred);
InputIterator find_if_not([ep], ipt_begin, ipt_end, pred);
```

引數

- 可選的 std::execution 執行策略 ep（預設值：std::execution::seq）
- 一對 InputIterator 物件，ipt_begin 和 ipt_end，表示目標序列
- 可與目標序列的底層型別比較而且相等的 const 參照 value（find），或接受具有目標序列底層型別的單一引數的述詞（find_if 和 find_if_not）

複雜度

線性 該演算法最多進行 distance(ipt_begin, ipt_end) 次比較（find）或 pred 的調用（find_if，find_if_not）。

範例

```
#include <algorithm>

TEST_CASE("find find_if find_if_not") {
  vector<string> words{ "fiffer", "feffer", "feff" }; ❶
  const auto find_result = find(words.cbegin(), words.cend(), "feff"); ❷
```

```
  REQUIRE(*find_result == words.back()); ❸

  const auto defends_digital_privacy = [](const auto& word) {
    return string::npos != word.find("eff"); ❹
  };
  const auto find_if_result = find_if(words.cbegin(), words.cend(),
                                      defends_digital_privacy); ❺
  REQUIRE(*find_if_result == "feffer"); ❻

  const auto find_if_not_result = find_if_not(words.cbegin(), words.cend(),
                                              defends_digital_privacy); ❼
  REQUIRE(*find_if_not_result == words.front()); ❽
}
```

在建構了一個內含 string 物件的 vector words 之後 ❶，您用 find
來找出位於 words 最尾端的字串 ❸ feff ❷。接下來，您建構述詞
defends_digital_privacy，如果 word 內含字串 eff ❹，它將傳回
true。然後用 find_if 來找出 words 中第一次出現的 eff ❺、feffer
❻。最後，您可以用 find_if_not 將 defends_digital_privacy 應用
於 words ❼，它會傳回第一個元素 fifer（因為它沒有包含 eff）❽。

find_end

find_end 演算法是用來查找最後一個出現的子序列。

如果演算法沒有找到這樣的序列，則傳回 fwd_end1。如果 find_
end 有找到子序列，將傳回指向最後一個匹配子序列的第一個元素的
ForwardIterator。

```
InputIterator find_end([ep], fwd_begin1, fwd_end1,
                       fwd_begin2, fwd_end2, [pred]);
```

引數

- 可選的 std::execution 執行策略 ep（預設值：std::execution
  ::seq）

- 兩對 ForwardIterator，fwd_begin1 ╱ fwd_end1 和 fwd_begin2 ╱ fwd_end2，代表目標序列 1 和 2
- 一個可選的二元述詞 pred，用於比較兩個元素是否相等

複雜度

平方　這個演算法最多對 pred 進行以下次數的比較或調用：

```
distance(fwd_begin2, fwd_end2) * (distance(fwd_begin1, fwd_end1) -
                            distance(fwd_begin2, fwd_end2) + 1)
```

範例

```
#include <algorithm>

TEST_CASE("find_end") {
  vector<string> words1{ "Goat", "girl", "googoo", "goggles" }; ❶
  vector<string> words2{ "girl", "googoo" }; ❷
  const auto find_end_result1 = find_end(words1.cbegin(), words1.cend(),
                                    words2.cbegin(), words2.cend()); ❸
  REQUIRE(*find_end_result1 == words1[1]); ❹

  const auto has_length = [](const auto& word, const auto& len) {
    return word.length() == len; ❺
  };
  vector<size_t> sizes{ 4, 6 }; ❻
  const auto find_end_result2 = find_end(words1.cbegin(), words1.cend(),
                                    sizes.cbegin(), sizes.cend(),
                                    has_length); ❼
  REQUIRE(*find_end_result2 == words1[1]); ❽
}
```

在建構了一個內含 string 物件的 vector words1 ❶ 和另一個 string 物件 vector words2 ❷ 之後，調用 find_end 以判斷 words1 中從哪個元素開始的子序列等於 words2 ❸。本例執行結果 find_end_result1 等於元素 girl ❹。

接下來，您建構了 lambda has_length，它接受兩個引數 word 和 len，如果 word.length() 等於 len ❺ 則傳回 true。您建構了一個稱為 sizez 的 vector size_t 物件 ❻，並且用 words1、sizes 和 has_length 調用 find_end ❼。結果 find_end_result2，指向 words1 中長度為 4 的第一個元素，後面的單字長度為 6。因為 girl 的長度是 4，googoo 的長度是 6，所以 find_end_result2 會指向 girl ❽。

find_first_of

find_first_of 演算法用來找出序列 1 中的第一個等於序列 2 中某個元素的匹配項。

如果您提供了 pred，則演算法將在序列 1 中找出第一個匹配項 i，對於序列 2 中的某些匹配項 j，執行 pred(i, j) 的結果為 true。

如果 find_first_of 沒有找到這樣的序列，則傳回 ipt_end1。如果 find_first_of 有找到這樣的子序列，則傳回指向第一個匹配子序列中第一個元素的 InputIerator。（請注意，如果 ipt_begin1 也是一個 ForwardIterator，那麼 find_first_of 將傳回一個 ForwardIterator。）

```
InputIterator find_first_of([ep], ipt_begin1, ipt_end1,
                            fwd_begin2, fwd_end2, [pred]);
```

引數

- 可選的 std::execution 執行策略 ep（預設值：std::execution ::seq）
- 一對 InputIterator 物件，ipt_begin1／ipt_end1，表示目標序列 1
- 一對 ForwardIterators，fwd_begin2／fwd_end2，表示目標序列 2
- 一個可選的二元述詞 pred，用來比較兩個元素是否相等

複雜度

平方　該演算法最多對 pred 進行以下次數的比較或調用：

```
distance(ipt_begin1, ipt_end1) * distance(fwd_begin2, fwd_end2)
```

範例

```
#include <algorithm>

TEST_CASE("find_first_of") {
  vector<string> words{ "Hen", "in", "a", "hat" }; ❶
  vector<string> indefinite_articles{ "a", "an" }; ❷
  const auto find_first_of_result = find_first_of(words.cbegin(),
                                                  words.cend(),
                                                  indefinite_articles.cbegin(),
                                                  indefinite_articles.cend()); ❸
  REQUIRE(*find_first_of_result == words[2]); ❹
}
```

在建構了一個內含 string 物件的 vector words ❶ 和另一個 string 物件（稱為 unfinite_articles ❷）的 vector 後，調用 find_first_of，以是用來判斷 words 中哪個元素開始的子序列等於 unfinite_articles ❸。結果是 find_first_of_result，它等於元素 a ❹。

adjacent_find

adjacent_find 演算法是用來找出序列中的第一個重複的項目。

該演算法在兩個相鄰元素相等的目標序列中找出第一個出現的元素，或者如果有提供 pred 的話，則該演算法在 pred(i, i+1) 為 true 的序列中查找第一個出現的元素 i。

如果 adjacent_find 找不到這樣的元素，則傳回 fwd_end。如果 adjacent_find 有找到這樣的元素，會傳回一個指向它的 ForwardIterator。

```
ForwardIterator adjacent_find([ep], fwd_begin, fwd_end, [pred]);
```

引數

- 可選的 std::execution 執行策略 ep（預設值：std::execution ::seq）
- 一對 ForwardIterator，fwd_begin ／ fwd_end，代表目標序列
- 一個可選的二元述詞 pred，用於比較兩個元素是否相等

複雜度

線性　在沒有給定執行策略的情況下，演算法最多對 pred 進行以下次數的比較或調用：

```
min(distance(fwd_begin, i)+1, distance(fwd_begin, fwd_end)-1)
```

其中 i 是傳回值的索引。

範例

```cpp
#include <algorithm>
TEST_CASE("adjacent_find") {
  vector<string> words{ "Icabod", "is", "itchy" }; ❶
  const auto first_letters_match = [](const auto& word1, const auto& word2) { ❷
    if (word1.empty() || word2.empty()) return false;
    return word1.front() == word2.front();
  };
  const auto adjacent_find_result = adjacent_find(words.cbegin(), words.cend(),
                                         first_letters_match); ❸
  REQUIRE(*adjacent_find_result == words[1]); ❹
}
```

在建構了一個內含 string 物件的 vector words 之後 ❶，您建構一個名為 first_letters_match 的 lambda，它將取得兩個單字並評估它們是否以第一個字母開頭 ❷。您調用 adjacent_find 來判斷哪個元素

的第一個字母與後面的字母相同 ❸。結果的 adjacent_find_result ❹ 會是 is 因為它和 itchy 的第一個字母是相同的 ❹。

count

count 演算法用來計算序列中與某些使用者定義的條件匹配的元素個數。

該演算法傳回目標序列中 pred (i) 為 true 或 value == i 的元素個數。通常，DifferenceType 的型別為 size_t，但它取決於 InputIterator 的實作。當您要計算某個特定值的出現次數時，應使用 count；當您要以更複雜的述詞進行比較時，應使用 count_if。

```
DifferenceType count([ep], ipt_begin, ipt_end, value);
DifferenceType count_if([ep], ipt_begin, ipt_end, pred);
```

引數

- 可選的 std::execution 執行策略 ep（預設值：std::execution ::seq）
- 一對 InputIterator 物件，ipt_begin ／ ipt_end，表示目標序列
- 一個 value 或一元述詞 pred，用於計算目標序列中的元素 x 是否應該納入計數

複雜度

線性　當沒有指定執行策略時，演算法對 pred 進行 distance(ipt_ begin, ipt_end) 次的比較或調用。

範例

```
#include <algorithm>
TEST_CASE("count") {
  vector<string> words{ "jelly", "jar", "and", "jam" }; ❶
  const auto n_ands = count(words.cbegin(), words.cend(), "and"); ❷
  REQUIRE(n_ands == 1); ❸
```

```
const auto contains_a = [](const auto& word) { ❹
  return word.find('a') != string::npos;
};
const auto count_if_result = count_if(words.cbegin(), words.cend(),
                                      contains_a); ❺
REQUIRE(count_if_result == 3); ❻
}
```

在建構了一個內含 string 物件的 vector words 之後 ❶，您以值 and
調用 count，這會傳回 1 ❸，因為單一元素等於 and ❷。接下來，您
建構一個名稱為 contains_a 的 lambda，它會取得一個單字並計算它
是否包含 a ❹。接下來您調用 count_if 來判斷有多少單字包含了 a
❺。結果等於 3，因為有三個元素包含了 a ❻。

mismatch

mismatch 演算法會在兩個序列中發現第一個不匹配的元素。

該演算法從序列 1 和序列 2 中找出第一組不匹配的元素對 i, j。具
體地說，它會找出第一個索引 n，使得 i = (ipt_begin1 + n)；j =
(ipt_begin2 + n)；而且 i !=j 或 pred(i, j) == false。

所傳回的 pair 中疊代器的型別等於 ipt_begin1 和 ipt_begin2 的
型別。

```
pair<Itr, Itr> mismatch([ep], ipt_begin1, ipt_end1,
                        ipt_begin2, [ipt_end2], [pred]);
```

引數

- 可選的 std::execution 執行策略 ep（預設值：std::execution
  ::seq）。

- 兩 對 InputIterator，ipt_begin1 ／ ipt_end1 和 ipt_begin2 ／
  ipt_end2，表示目標序列 1 和 2。如果不提供 ipt_end2，則序列
  2 的長度比照序列 1 的長度。

- 一個可選的二元述詞 pred，用於比較兩個元素是否相等。

複雜度

線性 當沒有給出執行策略時，最壞情況下，演算法會對 pred 進行以下次數的比較或調用：

min(distance(ipt_begin1, ipt_end1), distance(ipt_begin2, ipt_end2))

範例

```
#include <algorithm>

TEST_CASE("mismatch") {
  vector<string> words1{ "Kitten", "Kangaroo", "Kick" }; ❶
  vector<string> words2{ "Kitten", "bandicoot", "roundhouse" }; ❷
  const auto mismatch_result1 = mismatch(words1.cbegin(), words1.cend(),
                                         words2.cbegin()); ❸
  REQUIRE(*mismatch_result1.first == "Kangaroo"); ❹
  REQUIRE(*mismatch_result1.second == "bandicoot"); ❺

  const auto second_letter_matches = [](const auto& word1,
                                        const auto& word2) { ❻
    if (word1.size() < 2) return false;
    if (word2.size() < 2) return false;
    return word1[1] == word2[1];
  };
  const auto mismatch_result2 = mismatch(words1.cbegin(), words1.cend(),
                                         words2.cbegin(), second_letter_matches); ❼
  REQUIRE(*mismatch_result2.first == "Kick"); ❽
  REQUIRE(*mismatch_result2.second == "roundhouse"); ❾
}
```

建構了兩個 string 型別的 vector words1 ❶ 和 words2 ❷ 之後，把它們當作 mismatch ❸ 的目標序列。這將傳回一個指向元素 Kangaroo 和 bandicoot 的 pair ❹ ❺。接下來，您建構了一個名為 second_letter_matches 的 lambda，它接受兩個單字並計算它們的第二個字

母是否匹配 ❻。您調用了 mismatch 來判斷第一對是否具有不匹配第二個字母的元素 ❼。執行結果是 Kick ❽ 和 roundhouse ❾。

equal

equal 演算法用來判斷兩個序列是否相等。

以下演算法可以判斷序列 1 的元素是否等於序列 2 的元素。

```
bool equal([ep], ipt_begin1, ipt_end1, ipt_begin2, [ipt_end2], [pred]);
```

引數

- 可選的 std::execution 執行策略 ep（預設值：std::execution ::seq）。
- 兩 對 InputIterator，ipt_begin1 ／ ipt_end1 和 ipt_begin2 ／ ipt_end2，表示目標序列 1 和 2。如果不提供 ipt_end2，則序列 2 的長度會比照序列 1 的長度。
- 可選的二元述詞 pred，用於比較兩個元素是否相等。

複雜度

線性 　當沒有指定執行策略時，最壞情況下，演算法會對 pred 進行以下次數的比較或調用：

```
min(distance(ipt_begin1, ipt_end1), distance(ipt_begin2, ipt_end2))
```

範例

```
#include <algorithm>

TEST_CASE("equal") {
  vector<string> words1{ "Lazy", "lion", "licks" }; ❶
  vector<string> words2{ "Lazy", "lion", "kicks" }; ❷
  const auto equal_result1 = equal(words1.cbegin(), words1.cend(),
                                   words2.cbegin()); ❸
```

```
REQUIRE_FALSE(equal_result1); ❹

words2[2] = words1[2]; ❺
const auto equal_result2 = equal(words1.cbegin(), words1.cend(),
                                 words2.cbegin()); ❻
REQUIRE(equal_result2); ❼
}
```

在建構了兩個字串 vector words1 和 words2 之後 ❶ ❷，將它們用作相等的目標序列 ❸。因為它們的最後一個元素 lick 和 kick 不相等，因此相等結果 1 為 false ❹。將 words2 的第三個元素設定為 words1 的第三個元素之後 ❺，再次使用相同的引數調用 equal ❻。由於序列現在相同，equal_result2 為 true ❼。

is_permutation

is_permutation 演算法是用來判斷兩個序列是否為置換，也就是它們包含相同的元素，但可能以不同的順序排列。

這個演算法可判斷序列 2 是否存在某種置換，使得序列 1 的元素等於置換的元素。

```
bool is_permutation([ep], fwd_begin1, fwd_end1, fwd_begin2, [fwd_
end2], [pred]);
```

引數

- 可選的 std::execution 執行策略 ep（預設值：std::execution
  ::seq）。

- 兩對 ForwardIterator，fwd_begin1／fwd_end1 和 fwd_begin2／
  fwd_end2，代表目標序列 1 和 2。如果不提供 fwd_end2，則序列
  2 的長度會比照序列 1 的長度。

- 一個可選的二元述詞 pred，用於比較兩個元素是否相等。

複雜度

平方 當沒有指定執行策略時，最壞情況下，演算法會對 pred 進行以下次數的比較或調用：

---

distance(fwd_begin1, fwd_end1) * distance(fwd_begin2, fwd_end2)

範例

```
#include <algorithm>

TEST_CASE("is_permutation") {
  vector<string> words1{ "moonlight", "mighty", "nice" }; ❶
  vector<string> words2{ "nice", "moonlight", "mighty" }; ❷
  const auto result = is_permutation(words1.cbegin(), words1.cend(),
                                     words2.cbegin()); ❸
  REQUIRE(result); ❹
}
```

在建構了兩個 string 的 vector words1 和 words2 之後 ❶ ❷，將它們當作 is_permutation 的目標序列 ❸。由於 words2 是 words1 的置換，is_permutation 會傳回 true ❹。

> **NOTE**
>
> <algorithm> 標題還包含了用來操弄在某個範圍內元素的 next_permutation 和 prev_permutation，以便產生置換，請參閱 C++ 文件的 [alg.permutation.generators] 一節。

search

search 演算法可用來找出子序列。

該演算法可找出在序列 1 中是否包含序列 2。換句話說，它會傳回序列 1 中的第一個疊代器 i，使得對於每個非負整數 n 而言，*(i + n) 會等於 *(fwd_begin2 + n)，或者如果有提供述詞的話，pred(*(i +

n), *(fwd_begin2 + n))為 true。如果序列 2 為空序列，search 演算法會傳回 fwd_begin1；如果沒有找到子序列，則傳回 fwd_begin2。這跟 find 不太一樣，因為它所找到的是子序列而不是單一元素。

```
ForwardIterator search([ep], fwd_begin1, fwd_end1,
                            fwd_begin2, fwd_end2, [pred]);
```

引數

- 可選的 std::execution 執行策略 ep（預設值：std::execution ::seq）

- 兩對 ForwardIterator，fwd_begin1 ／ fwd_end1 和 fwd_begin2 ／ fwd_end2，表示目標序列 1 和 2

- 一個可選的二元述詞 pred，用來比較兩個元素是否相等

複雜度

平方 當沒有指定執行策略時，最壞情況下，演算法會對 pred 進行以下次數的比較或調用：

```
distance(fwd_begin1, fwd_end1) * distance(fwd_begin2, fwd_end2)
```

範例

```
#include <algorithm>

TEST_CASE("search") {
  vector<string> words1{ "Nine", "new", "neckties", "and",
                         "a", "nightshirt" }; ❶
  vector<string> words2{ "and", "a", "nightshirt" }; ❷
  const auto search_result_1 = search(words1.cbegin(), words1.cend(),
                                      words2.cbegin(), words2.cend()); ❸
  REQUIRE(*search_result_1 == "and"); ❹
```

```
    vector<string> words3{ "and", "a", "nightpant" }; ❺
    const auto search_result_2 = search(words1.cbegin(), words1.cend(),
                                    words3.cbegin(), words3.cend()); ❻
    REQUIRE(search_result_2 == words1.cend()); ❼
}
```

在建構了兩個 string 的 vector words1 ❶ 和 words2 ❷ 之後，將它們當作 search 的目標序列 ❸。由於 words2 是 words1 的子序列，search 會傳回一個指向 and 的疊代器 ❹。由 string 物件所組成的 vector words3 ❺ 包含了單字 nightpant 而不是 nightshirt，因此用 words3 調用 search ❻ 會產生 words1 的結束疊代器 ❼。

search_n

search_n 演算法會找出內含相同連續值的子序列。

該演算法在序列中搜尋 count 個連續值，並傳回指向第一個值的疊代器，如果沒有找到這樣的子序列，則傳回 fwd_end。這與 adjacent_find 的查找不同，因為它找到的是子序列而不是單一元素。

```
ForwardIterator search_n([ep], fwd_begin, fwd_end, count, value, [pred]);
```

引數

- 可選的 std::execution 執行策略 ep（預設值：std::execution::seq）
- 一對 ForwardIterator，fwd_begin／fwd_end，表示目標序列
- 整數值 count 表示要查找的連續匹配的的個數
- value 表示要查找的元素的值
- 一個可選的二元述詞 pred，用來比較兩個元素是否相等

複雜度

線性 在沒有指定執行策略的情況下，最壞的情況演算法會執行 distance(fwd_begin, fwd_end) 次比較或調用 pred。

範例

```
#include <algorithm>

TEST_CASE("search_n") {
  vector<string> words{ "an", "orange", "owl", "owl", "owl", "today" }; ❶
  const auto result = search_n(words.cbegin(), words.cend(), 3, "owl"); ❷
  REQUIRE(result == words.cbegin() + 2); ❸
}
```

在建構了一個名為由 string 所組成的 vector words ❶ 之後,您將其當作 search_n 的目標序列 ❷。因為 words 包含了三個單字 owl,所以它會傳回一個指向第一個實例的疊代器 ❸。

變動序列操作

變動序列操作(*mutating sequence operation*)是一種演算法,它會對一個序列執行計算,並允許以某種方式修改序列。本節中介紹的每個演算法都可以在 <algorithm> 標題中找到。

copy

copy 演算法會把一個序列複製到另一個序列。

該演算法將目標序列複製到 result 中,並傳回接收序列的結束疊代器。您有責任確保 result 具有足夠的空間來儲存目標序列。

```
OutputIterator copy([ep], ipt_begin, ipt_end, result);
```

引數

- 可選的 std::execution 執行策略 ep(預設值:std::execution::seq)
- 一對 InputIterator 物件,ipt_begin 和 ipt_end,表示目標序列
- 接收複製序列的 OutputIterator、result

複雜度

線性 該演算法從目標序列複製元素恰好 distance(ipt_begin, ipt_end) 次。

額外要求

除非操作是*複製到序列 1 之前*，否則序列 1 和序列 2 不得重疊。例如，對於含有 10 個元素的 vector v，std::copy(v.begin()+3, v.end(), v.begin()) 是符合規定的，但 std::copy(v.begin(), v.begin()+7, v.begin()+3）則不行。

> **NOTE**
>
> 回想一下第 623 頁「插入疊代器」的 back_inserter，它會傳回一個輸出疊代器，並將寫入操作轉換為底層容器上的插入操作。

範例

```
#include <algorithm>

TEST_CASE("copy") {
  vector<string> words1{ "and", "prosper" }; ❶
  vector<string> words2{ "Live", "long" }; ❷
  copy(words1.cbegin(), words1.cend(), ❸
      back_inserter(words2)❹);
  REQUIRE(words2 == vector<string>{ "Live", "long", "and", "prosper"
}); ❺
}
```

在建構了兩個由 string 所組成的 vector 物件之後 ❶ ❷，您調用了 copy，並以 words1 當作要複製的序列 ❸，而 words2 則是目標序列 ❹。執行結果是把 words1 附加到 words2 後面的內容 ❺。

copy_n

copy_n 演算法會把一個序列複製到另一個序列。

該演算法將目標序列複製到 result 中,並傳回接收序列的結束疊代器。您有責任確保 result 具有足夠的空間來儲存目標序列,而且 n 表示目標序列的正確長度。

```
OutputIterator copy_n([ep], ipt_begin, n, result);
```

引數

- 可選的 std::execution 執行策略 ep(預設值:std::execution ::seq)
- 開始疊代器 ipt_begin,表示目標序列的開始
- 目標序列的大小 n
- 接收到複製序列的 OutputIterator result

複雜度

線性 該演算法從目標序列複製元素恰好 distance(ipt_begin, ipt_end) 次。

額外要求

除非操作是複製到序列 1 之前,否則序列 1 和序列 2 不能包含相同的物件。

範例

```
#include <algorithm>

TEST_CASE("copy_n") {
  vector<string> words1{ "on", "the", "wind" }; ❶
  vector<string> words2{ "I'm", "a", "leaf" }; ❷
  copy_n(words1.cbegin(), words1.size(), ❸
```

```
        back_inserter(words2)); ❹
  REQUIRE(words2 == vector<string>{ "I'm", "a", "leaf",
                                    "on", "the", "wind" }); ❺
}
```

在建構了兩個 string 物件的 vector 之後 ❶ ❷，您調用了 copy_n，
其中 words1 為要複製的序列 ❸，而 words2 為目標序列 ❹。執行結果
是 words2 是原先的內容後面再加上 words1 的內容 ❺。

copy_backward

copy_backward 演算法會將一個序列的反向複製到另一個序列。

該演算法將序列 1 複製到序列 2 中，並傳回接收序列的結束疊代
器。元素是由後往前複製，但將以原始順序出現在目標序列中。您
有責任確保序列 1 有足夠的空間來儲存序列 2 的內容。

```
OutputIterator copy_backward([ep], ipt_begin1, ipt_end1, ipt_end2);
```

引數

- 可選的 std::execution 執行策略 ep（預設值：std::execution
  ::seq）
- 一對 InputIterator 物件，ipt_begin1 和 ipt_end1，表示序列 1
- 一個 InputIterator ipt_end2，指向序列 2 最後一個元素的下一
  個位置

複雜度

線性　該演算法執行目標序列的元素複製恰好 distance(ipt_
begin1, ipt_end1) 次。

額外要求

序列 1 和 2 不得重疊。

範例

```
#include <algorithm>

TEST_CASE("copy_backward") {
  vector<string> words1{ "A", "man", "a", "plan", "a", "bran", "muffin" }; ❶
  vector<string> words2{ "a", "canal", "Panama" }; ❷
  const auto result = copy_backward(words2.cbegin(), words2.cend(), ❸
                                    words1.end()); ❹
  REQUIRE(words1 == vector<string>{ "A", "man", "a", "plan",
                                    "a", "canal", "Panama" }); ❺
}
```

在建構了兩個 strings 的 vector 之後 ❶ ❷，調用 copy_backward，以 words2 當作要複製的序列 ❸，而 words1 當作目標序列 ❹。執行結果為 word1 的最後三個單字會替換成 word2 的內容 ❺。

move

move 演算法會將一個序列移動到另一個序列中。

該演算法會移動目標序列並傳回接收序列的結束疊代器，您的責任是確保接收序列至少與來源序列具有相同數量的元素。

```
OutputIterator move([ep], ipt_begin, ipt_end, result);
```

引數

- 可選的 std::execution 執行策略 ep（預設值：std::execution ::seq）
- 一對 InputIterator 物件，ipt_begin 和 ipt_end，表示目標序列
- InputIterator result，指向想要移入的序列開始位置

複雜度

線性 該演算法將元素從目標序列中移動恰好 distance(ipt_begin, ipt_end) 次。

額外要求

- 序列不得重疊，除非要移到來源序列之前的位置。
- 必須是可移動型別，但不一定為可複製。

範例

```
#include <algorithm>

struct MoveDetector { ❶
  MoveDetector() : owner{ true } {} ❷
  MoveDetector(const MoveDetector&) = delete;
  MoveDetector& operator=(const MoveDetector&) = delete;
  MoveDetector(MoveDetector&& o) = delete;
  MoveDetector& operator=(MoveDetector&&) { ❸
    o.owner = false;
    owner = true;
    return *this;
  }
  bool owner;
};

TEST_CASE("move") {
  vector<MoveDetector> detectors1(2); ❹
  vector<MoveDetector> detectors2(2); ❺
  move(detectors1.begin(), detectors1.end(), detectors2.begin()); ❻
  REQUIRE_FALSE(detectors1[0].owner); ❼
  REQUIRE_FALSE(detectors1[1].owner); ❽
  REQUIRE(detectors2[0].owner); ❾
  REQUIRE(detectors2[1].owner); ❿
}
```

首先，您宣告 MoveDetector 的類別 ❶，它定義了一個預設建構子，
將其唯一的成員 owner 設為 true ❷，它刪除了複製和移動建構子以
及複製指派運算子，但定義了一個移動指派運算子，該運算子會將
owner 置換 ❸。

在建構了兩個 MoveDetector 物件的 vector 之後 ❹ ❺，您調用了 move，並以 detectors1 當作要移動的序列，而 detectors2 則當作目標序列 ❻。執行的結果為 detectors1 的元素處於移出狀態 ❼ ❽，而 detectors1 的元素則被移動到 detectors2 ❾ ❿。

move_backward

move_backward 演算法會將一個序列由後往前的移到另一個序列中。

該演算法將序列 1 移動到序列 2 中，並傳回指向最後被移動元素的疊代器。元素是由後往前移動，但在目標序列中仍然會以原來的順序出現。您的責任是確保目標序列至少與來源序列具有相同數量的元素。

```
OutputIterator move_backward([ep], ipt_begin, ipt_end, result);
```

引數

- 可選的 std::execution 執行策略 ep（預設值：std::execution ::seq）
- 一對 InputIterator 物件，ipt_begin 和 ipt_end，表示目標序列
- InputIterator result，表示要移動的接收序列

複雜度

線性 該演算法將元素從目標序列中移動恰好 distance(ipt_begin, ipt_end) 次。

額外要求

- 序列不能重疊。
- 必須是可移動型別，但不一定為可複製。

範例

```
#include <algorithm>

struct MoveDetector { ❶
--snip--
};

TEST_CASE("move_backward") {
  vector<MoveDetector> detectors1(2); ❷
  vector<MoveDetector> detectors2(2); ❸
  move_backward(detectors1.begin(), detectors1.end(), detectors2.
end()); ❹
  REQUIRE_FALSE(detectors1[0].owner); ❺
  REQUIRE_FALSE(detectors1[1].owner); ❻
  REQUIRE(detectors2[0].owner); ❼
  REQUIRE(detectors2[1].owner); ❽
}
```

首先,您宣告了 MoveDetector 類別 ❶(有關 move 的實作,請參見第 798 頁)。

建構兩個 MoveDetector 物件的 vector 之後 ❷ ❸,您調用了 move,並以 detectors1 當作要移動的序列,detectors2 當作目標序列 ❹。執行的結果為 detectors1 的元素處於**移出**狀態 ❺ ❻,detectors2 的元素為**移入**狀態 ❼ ❽。

swap_ranges

swap_ranges 演算法會將兩個序列的元素交換。

該演算法對序列 1 和序列 2 的每個元素呼叫 swap,並傳回接收序列的結束疊代器。您的責任是確保目標序列至少跟來源序列具有相同數量的元素。

```
OutputIterator swap_ranges([ep], ipt_begin1, ipt_end1, ipt_begin2);
```

引數

- 可選的 std::execution 執行策略 ep（預設值：std::execution ::seq）
- 一對 ForwardIterator，ipt_begin1 和 ipt_end1，表示序列 1
- 一個 ForwardIterator，ipt_begin2，指向序列 2 開始的位置

複雜度

線性 該演算法會呼叫 swap 恰好 distance(ipt_begin1, ipt_end1) 次。

額外要求

每個序列中的元素必須是可交換的。

範例

```
#include <algorithm>

TEST_CASE("swap_ranges") {
  vector<string> words1{ "The", "king", "is", "dead." }; ❶
  vector<string> words2{ "Long", "live", "the", "king." }; ❷
  swap_ranges(words1.begin(), words1.end(), words2.begin()); ❸
  REQUIRE(words1 == vector<string>{ "Long", "live", "the", "king." }); ❹
  REQUIRE(words2 == vector<string>{ "The", "king", "is", "dead." }); ❺
}
```

在建構了兩個 string 的 vector 之後 ❶ ❷，您用 words1 和 words2 調用 swap 作為要交換的序列 ❸。執行結果為 words1 和 words2 的內容被交換 ❹ ❺。

transform

transform 演算法會修改一個序列的元素並將它們寫入另一個序列。

該演算法對目標序列的每個元素調用 unary_op 並將其寫到輸出序列，或者對每個目標序列所對應的元素調用 binary_op。

```
OutputIterator transform([ep], ipt_begin1, ipt_end1, result, unary_op);
OutputIterator transform([ep], ipt_begin1, ipt_end1, ipt_begin2,
                         result, binary_op);
```

引數

- 可選的 std::execution 執行策略 ep（預設值：std::execution::seq）。
- 一對 InputIterator 物件，ipt_begin1 和 ipt_end1 表示目標序列。
- 可選的 InputIterator ipt_begin2，表示第二個目標序列。您必須確保第二個目標序列的元素個數至少與第一個目標序列的元素個數相同。
- 一個 OutputIterator result，指向輸出序列的開始位置。
- 一元運算 unary_op，將目標序列的元素轉換成輸出序列的元素。如果您提供了兩個目標序列，則提供二元運算 binary_op，接收每個目標序列的元素，並將每個元素轉換為輸出序列的元素。

複雜度

線性　該演算法調用 unary_op 或 binary)op 恰好 distance(ipt_begin1, ipt_end1) 次。

範例

```
#include <algorithm>
#include <boost/algorithm/string/case_conv.hpp>

TEST_CASE("transform") {
  vector<string> words1{ "farewell", "hello", "farewell", "hello" }; ❶
  vector<string> result1;
  auto upper = [](string x) { ❷
```

```
    boost::algorithm::to_upper(x);
    return x;
  };
  transform(words1.begin(), words1.end(), back_inserter(result1), upper); ❸
  REQUIRE(result1 == vector<string>{ "FAREWELL", "HELLO",
                                     "FAREWELL", "HELLO" }); ❹

  vector<string> words2{ "light", "human", "bro", "quantum" }; ❺
  vector<string> words3{ "radar", "robot", "pony", "bit" }; ❻
  vector<string> result2;
  auto portmantize = [](const auto &x, const auto &y) { ❼
    const auto x_letters = min(size_t{ 2 }, x.size());
    string result{ x.begin(), x.begin() + x_letters };
    const auto y_letters = min(size_t{ 3 }, y.size());
    result.insert(result.end(), y.end() - y_letters, y.end() );
    return result;
  };
  transform(words2.begin(), words2.end(), words3.begin(),
            back_inserter(result2), portmantize); ❽
  REQUIRE(result2 == vector<string>{ "lidar", "hubot", "brony", "qubit" }); ❾
}
```

在建構了一個內含 string 物件的 vector 之後 ❶，您建構了一個名為 upper 的 lambda，它以傳值方式取得一個 string，並且用第 15 章所討論的 Boost to_upper 演算法將其轉換為大寫 ❷。您以 words1 當作目標序列來調用 transform，還有一個 back_inserter 用來寫入空的 results1 向量。transform 之後，results1 的內容為把 words1 改成大寫的版本 ❹。

在第二個例子中，您建構了兩個 string 的 vector 物件 ❺ ❻，您還建構了一個名為 portmantize 的 lambda，它可接受兩個 string 物件 ❼。lambda 會傳回一個新 string，其中包含了從第一個引數開頭算起最多兩個字母，以及從第二個引數最後面算起最多三個字母。您傳遞了兩個目標序列，以及一個用來插入到空 vector results2 和 portmantize 的 back_inserter ❽，最後 result2 會是包含 words1 和 words2 內容的混成字 ❾。

replace

replace 演算法會用一些新元素來替換序列中的某些元素。

該演算法會尋找目標序列元素 x，其中 x == old_ref 或者 pred(x) == true，並將它們指派給 new_ref。

```
void replace([ep], fwd_begin, fwd_end, old_ref, new_ref);
void replace_if([ep], fwd_begin, fwd_end, pred, new_ref);
void replace_copy([ep], fwd_begin, fwd_end, result, old_ref, new_ref);
void replace_copy_if([ep], fwd_begin, fwd_end, result, pred, new_ref);
```

引數

- 可選的 std::execution 執行策略 ep（預設值：std::execution::seq）
- 一對 ForwardIterator，fwd_begin 和 fwd_end，代表目標序列
- 一個 OutputIterator result，指向輸出序列開始的位置
- 表示要查找的元素的 old_ref const 參照
- 一元述詞 pred，決定一個元素是否符合替換標準
- 表示要替換的元素的 new_ref const 參照

複雜度

線性 該演算法會調用 pred 恰好 distance(fwd_begin, fwd_end) 次。

額外要求

每個序列中的元素必須能夠與 old_ref 相比較，並且可指派給 new_ref。

範例

```
#include <algorithm>
#include <string_view>
```

```
TEST_CASE("replace") {
  using namespace std::literals; ❶
  vector<string> words1{ "There", "is", "no", "try" }; ❷
  replace(words1.begin(), words1.end(), "try"sv, "spoon"sv); ❸
  REQUIRE(words1 == vector<string>{ "There", "is", "no", "spoon" }); ❹

  const vector<string> words2{ "There", "is", "no", "spoon" }; ❺
  vector<string> words3{ "There", "is", "no", "spoon" }; ❻
  auto has_two_os = [](const auto& x) { ❼
    return count(x.begin(), x.end(), 'o') == 2;
  };
  replace_copy_if(words2.begin(), words2.end(), words3.begin(), ❽
                  has_two_os, "try"sv);
  REQUIRE(words3 == vector<string>{ "There", "is", "no", "try" }); ❾
}
```

首先帶入 std::literals 命名空間 ❶，以便稍後可以使用 string_
view 字面值。建構了一個由 string 所組成的 vector 物件之後 ❷，
您以該 vector 調用 replace ❸，將所有 try 的實例替換為 spoon ❹。

在第二個例子中，您建構了兩個 string 的 vector 物件 ❺ ❻ 和一個
名為 has_two_os 的 lambda，該 lambda 接受一個字串，如果它剛好
含有兩個 o ❼，則傳回 true。然後以 words2 當作來源序列和 words3
當作目的序列來呼叫 replace_copy_if，利用 has_two_os 將 words2
中 true 的元素都替換成 try ❽。執行的結果是 words2 不受影響，而
words3 會把元素 spoon 替換為 try ❾。

fill

fill 演算法用來把一些值填入序列中。

這個演算法會把一個值寫入目標序列的每個元素。fill_n 函式則傳
回 opt_begin+n。

```
void fill([ep], fwd_begin, fwd_end, value);
OutputIterator fill_n([ep], opt_begin, n, value);
```

引數

- 可選的 std::execution 執行策略 ep（預設值：std::execution
  ::seq）
- 一個 ForwardIterator fwd_begin，表示目標序列的開始位置
- 一個 ForwardIterator fwd_end，表示序列最後一個元素的下一個
  位置
- 表示元素個數的 Size n
- 要寫入目標序列每個元素的 value

複雜度

線性 該演算法指派 value 恰好 distance(fwd_begin, fwd_end) 或
n 次。

額外要求

- value 參數必須可寫入序列。
- 型別為 Size 的物件必須能轉換為整數型別。

範例

```cpp
#include <algorithm>

// If police police police police, who polices the police police?
TEST_CASE("fill") {
  vector<string> answer1(6); ❶
  fill(answer1.begin(), answer1.end(), "police"); ❷
  REQUIRE(answer1 == vector<string>{ "police", "police", "police",
                                     "police", "police", "police" }); ❸

  vector<string> answer2; ❹
  fill_n(back_inserter(answer2), 6, "police"); ❺
  REQUIRE(answer2 == vector<string>{ "police", "police", "police",
                                     "police", "police", "police" }); ❻
}
```

首先初始化一個由 string 所組成的 vector 物件 ❶，其內容為六個空的元素 ❶。然後用該 vector 當作目標序列和 police 當作值來調用 fill ❷。執行的結果為 vector 內有六個 police ❸。

在第二個例子中，您初始化了一個由 string 所組成的空 vector ❹，然後用指向空向量的 back_inserter 調用 fill_n，其長度為 6，並以 police 為值 ❺。結果與之前相同：vector 也是包含六個 police ❻。

generate

generate 演算法透過調用函式物件來填入序列中。

該演算法會調用 generator 並將結果指派到目標序列中。generate_n 函式則會傳回 opt_begin+n。

```
void generate([ep], fwd_begin, fwd_end, generator);
OutputIterator generate_n([ep], opt_begin, n, generator);
```

引數

- 可選的 std::execution 執行策略 ep（預設值：std::execution::seq）
- 一個 ForwardIterator fwd_begin，表示目標序列的開始位置
- 一個 ForwardIterator fwd_end，表示序列結束後的下一個位置
- Size n 表示元素個數
- 一個 generator，在沒有引數的情況下調用時，會產生一個要寫入目標序列的元素

複雜度

線性　該演算法調用 generator 恰好 distance(fwd_begin, fwd_end) 或 n 次。

額外要求

- 參數 value 必須可寫入序列。
- 型別為 Size 的物件必須能轉換為整數型別。

範例

```cpp
#include <algorithm>

TEST_CASE("generate") {
  auto i{ 1 }; ❶
  auto pow_of_2 = [&i]() { ❷
    const auto tmp = i;
    i *= 2;
    return tmp;
  };
  vector<int> series1(6); ❸
  generate(series1.begin(), series1.end(), pow_of_2); ❹
  REQUIRE(series1 == vector<int>{ 1, 2, 4, 8, 16, 32 }); ❺

  vector<int> series2; ❻
  generate_n(back_inserter(series2), 6, pow_of_2); ❼
  REQUIRE(series2 == vector<int>{ 64, 128, 256, 512, 1024, 2048 }); ❽
}
```

首先將一個名為 i 的 int 初始化為 1 ❶。接下來，創建一個名為 pow_of_2 的 lambda，它會透過傳參照方式取得 i ❷。每次調用 pow_of_2 時，它都會把 i 加倍，並在加倍之前傳回其值。接下來，用六個元素初始化由 int 所組成的 vector 物件，然後調用 generate，並以 vector 當作目標序列和 pow_of_2 當作生成器 ❹，執行結果為 vector 包含了初始值的前 6 個（從 2 的 0 次方到 2 的 5 次方）❺。

第二個例子先初始化由 int 所組成的空 vector ❻。接下來，用空 vector 的 back_inserter 調用 generate_n，大小為 6，並以 pow_of_2 為生成器 ❼。result 是接下來的 6 個（從 2 的 6 次方到 2 的 11 次方）❽。注意，由於 pow_of_2 是以傳參照的方式取得 i，所以會保留之前的狀態。

remove

remove 演算法會從序列中移除某些元素。

該演算法會移動 pred 求值為 true 或元素等於 value 的所有元素、保持其餘元素的順序、並傳回指向第一個被移動元素的疊代器。這個疊代器稱為結果序列的**邏輯結束**位置。序列的實體大小保持不變，呼叫 remove 之後通常還會呼叫容器的 erase 方法。

```
ForwardIterator remove([ep], fwd_begin, fwd_end, value);
ForwardIterator remove_if([ep], fwd_begin, fwd_end, pred);
ForwardIterator remove_copy([ep], fwd_begin, fwd_end, result, value);
ForwardIterator remove_copy_if([ep], fwd_begin, fwd_end, result, pred);
```

引數

- 可選的 std::execution 執行策略 ep（預設值：std::execution ::seq）
- 一對 ForwardIterator，fwd_begin 和 fwd_end，代表目標序列
- 一個 OutputIterator result，表示目標序列（如果複製的話）
- value 表示要刪除的元素的值
- 一元述詞 pred，決定一個元素是否符合要被移除的標準

複雜度

線性 該演算法調用 pred 或與 value 比較恰好 distance(fwd_begin, fwd_end) 次。

額外要求

- 目標序列的元素必須為可移動。
- 如果複製的話，元素必須為可複製，來源和目的序列不得重疊。

範例

```
#include <algorithm>

TEST_CASE("remove") {
  auto is_vowel = [](char x) { ❶
    const static string vowels{ "aeiouAEIOU" };
    return vowels.find(x) != string::npos;
  };
  string pilgrim = "Among the things Billy Pilgrim could not change "
                   "were the past, the present, and the future."; ❷
  const auto new_end = remove_if(pilgrim.begin(), pilgrim.end(), is_
vowel); ❸

  REQUIRE(pilgrim == "mng th thngs Blly Plgrm cld nt chng wr th pst, "
                     "th prsnt, nd th ftr.present, and the future."); ❹

  pilgrim.erase(new_end, pilgrim.end()); ❺
  REQUIRE(pilgrim == "mng th thngs Blly Plgrm cld nt chng wr th "
                     "pst, th prsnt, nd th ftr."); ❻
}
```

首先創建一個名為 is_vowel 的 lambda，如果給定的 char 是母音，則傳回 true ❶。接下來，建構一個名為 pilgrim 的 string，其內容為一個句子 ❷。然後以 pilgrim 當作目標句子調用 remove_if，並以 is_vowel 當作述詞 ❸。每次 remove_if 遇到母音時，都會將剩餘字元向左移動，最終會消除句子中的所有母音。執行的結果是 pilgrim 的內容為去掉母音的原句，再加上短句 present, and the future. ❹。這個短句內含 24 個字元，正好是 remove_if 從原句中刪除的母音個數。短句 present, and the future. 是移除過程中移動剩餘字串而產生的殘留物。

為了消除這些殘留物，您需要保存 remove_if 所傳回的疊代器 new_end。這指向新目標序列中最後一個字元下一個位置，也就是 present, and the future. 中的 p。要消除這種情況，只需在 pilgrim 上使用 erase 方法，它有一個接受半開範圍的重載。

將 remove_if 傳回的邏輯結束位置 new_end 當作開始疊代器，以及 pilgrim.end() 當作結束疊代器來傳遞 ❺。執行的結果是 pilgrim 現在等於刪除了母音的原始句子 ❻。

remove（或 remove_if）和 erase 方法的這種組合被廣泛使用，人稱 *erase-remove* 慣用法。

unique

unique 演算法會從序列中刪除冗餘元素。

該演算法將所有重複元素移動到 pred 評估為 true 或元素相等的位置，以使剩餘元素與其相鄰元素成為唯一，並保留原始順序。它會傳回一個指向新邏輯結束位置的疊代器。和 std::remove 一樣，實體儲存空間並不會改變。

```
ForwardIterator unique([ep], fwd_begin, fwd_end, [pred]);
ForwardIterator unique_copy([ep], fwd_begin, fwd_end, result, [pred]);
```

引數

- 可選的 std::execution 執行策略 ep（預設值：std::execution::seq）
- 一對 ForwardIterator，fwd_begin 和 fwd_end，代表目標序列
- 一個 outputierator result，表示目標序列（如果複製的話）
- 判斷兩個元素是否相等的二元述詞 pred

複雜度

線性 該演算法調用 pred 恰好 distance(fwd_begin, fwd_end) - 1 次。

額外要求

- 目標序列的元素必須為可移動。
- 如果複製的話，目標序列的元素必須為可複製，而且目標和目的地的範圍不能重疊。

範例

```
#include <algorithm>

TEST_CASE("unique") {
  string without_walls = "Wallless"; ❶
  const auto new_end = unique(without_walls.begin(), without_walls.
end()); ❷
  without_walls.erase(new_end, without_walls.end()); ❸
  REQUIRE(without_walls == "Wales"); ❹
}
```

首先建構一個內含多個重複字元的單字的 string ❶，然後用 string 當作目標序列調用 unique ❷。這將傳回邏輯結束位置，並將其指派給 new_end。接下來，刪除以 new_end 開始並以 without_wall.end() 結束的範圍 ❸。這是 erase-remove 慣用法的必然結果：剩下的內容為 Wales，其中包含連續唯一的字元 ❹。

reverse

reverse 演算法會將序列的前後順序反轉。

該演算法透過交換其元素或將其複製到目標序列來反轉序列。

```
void reverse([ep], bi_begin, bi_end);
OutputIterator reverse_copy([ep], bi_begin, bi_end, result);
```

引數

- 可選的 std::execution 執行策略 ep（預設值：std::execution::seq）
- 一對 BidirectionalIterator，bi_begin 和 bi_end，代表目標序列
- 一個 OutputIterator result，表示目標序列（如果複製的話）

複雜度

線性　該演算法調用 swap 恰好 distance(bi_begin, bi_end) / 2 次。

額外要求

* 目標序列的元素必須是可交換的。
* 如果複製的話，目標序列的元素必須為可複製，而且目標和目的地的範圍不能重疊。

範例

```
#include <algorithm>

TEST_CASE("reverse") {
  string stinky = "diaper"; ❶
  reverse(stinky.begin(), stinky.end()); ❷
  REQUIRE(stinky == "repaid"); ❸
}
```

您首先建構了一個內含單字 diaper 的 string ❶，然後用這個 string 當作目標序列調用 reverse ❷，執行的結果為單字 repaid ❸。

sample

sample 演算法會產生隨機而穩定的子序列。

該演算法從總體序列中抽取 min(pop_end - pop_begin, n) 個元素。有點違反直覺的是，若且唯若 ipt_begin 是前向疊代器時，樣本才會是已排好序的。sample 會傳回所生的目標序列的結束位置。

```
OutputIterator sample([ep], ipt_begin, ipt_end, result, n, urb_generator);
```

引數

- 可選的 std::execution 執行策略 ep（預設值：std::execution ::seq）
- 一對 InputIterator 物件，ipt_begin 和 ipt_end，表示總體序列（要從中取樣的序列）
- 表示目的地序列的 OutputIterator result
- 表示要取樣元素個數的 Distance n
- UniformRandomBitGenerator urb_generator，如第 12 章所介紹的 Mersenne Twister std::mt19937_64

複雜度

線性　演算法的複雜度隨 distance(ipt_begin, ipt_end) 而變。

範例

```cpp
#include <algorithm>
#include <map>
#include <string>
#include <iostream>
#include <iomanip>
#include <random>

using namespace std;

const string population = "ABCD"; ❶
const size_t n_samples{ 1'000'000 }; ❷
mt19937_64 urbg; ❸

void sample_length(size_t n) { ❹
  cout << "-- Length " << n << " --\n";
  map<string, size_t> counts; ❺
  for (size_t i{}; i < n_samples; i++) {
    string result;
    sample(population.begin(), population.end(),
```

```
        back_inserter(counts), n, urbg);  ❻
      counts[result]++;
    }
    for (const auto[sample, n] : counts) {  ❼
      const auto percentage = 100 * n / static_cast<double>(n_samples);
      cout << percentage << " '" << sample << "'\n";  ❽
    }
  }

  int main() {
    cout << fixed << setprecision(1);  ❾
    sample_length(0);  ❿
    sample_length(1);
    sample_length(2);
    sample_length(3);
    sample_length(4);
  }
```

```
-- Length 0 --
100.0 ''
-- Length 1 --
25.1 'A'
25.0 'B'
25.0 'C'
24.9 'D'
-- Length 2 --
16.7 'AB'
16.7 'AC'
16.6 'AD'
16.6 'BC'
16.7 'BD'
16.7 'CD'
-- Length 3 --
25.0 'ABC'
25.0 'ABD'
25.0 'ACD'
25.0 'BCD'
-- Length 4 --
100.0 'ABCD'
```

首先建構一個名為 population 的 const string，其內容為字母 ABCD ❶，您還初始化了一個名為 n_samples（等於一百萬）的 const size_t 和一個名為 urbg 的 Mersene Twister ❸。所有這些物件都具有靜態儲存持續時間。

此外，您初始化了函式 sample_length，它接受一個 size_t 的引數 n ❹。在函式中，您建構了一個 string 到 size_t 物件的 map ❺，該映射將計算每個 sample 調用的頻率。在 for 迴圈中，您用 population 當作參數來調用 sample 當作要填入的序列、指向 result 字串的 back_inserter 當作目的序列、n 為樣本長度、urbg 為隨機位元生成器 ❻。

在一百萬次反覆運算之後，您反覆運算 counts 的每個元素 ❼，並列印給定長度為 n 的每個樣本的機率分佈 ❽。

在 main 中，可以用 fixed 和 setprecision 來設定浮點格式 ❾。最後，調用 sample_length，每個值從 0 到 4（包含 4）。

由於 string 提供了隨機存取疊代器，sample 提供穩定的（已排序）樣本。

WARNING

請注意，輸出不會含有任何未排序的樣本（例如 DC 或 CAB），這種排序的做法從演算法名稱上來看不一定很明顯，所以要小心！

shuffle

shuffle 演算法會產生隨機排列。

該演算法會將目標序列隨機化，使得這些元素的每個可能的排列都具有相同的出現機率。

```
void shuffle(rnd_begin, rnd_end, urb_generator);
```

引數

- 一對 RandomAccessIterator，rnd_begin 和 rnd_end 表示目標序列
- UniformRandomBitGenerator urb_generator，如第 12 章所介紹的 Mersenne Twister std::mt19937_64

複雜度

線性 該演算法會執行交換恰好 distance(rnd_begin, rnd_end) - 1 次。

額外要求

目標序列的元素必須是可交換的。

範例

```
#include <algorithm>
#include <map>
#include <string>
#include <iostream>
#include <random>
#include <iomanip>

using namespace std;

int main() {
  const string population = "ABCD"; ❶
  const size_t n_samples{ 1'000'000 }; ❷
  mt19937_64 urbg; ❸
  map<string, size_t> samples; ❹
  cout << fixed << setprecision(1); ❺
  for (size_t i{}; i < n_samples; i++) {
    string result{ population }; ❻
    shuffle(result.begin(), result.end(), urbg); ❼
    samples[result]++; ❽
  }
  for (const auto[sample, n] : samples) { ❾
    const auto percentage = 100 * n / static_cast<double>(n_samples);
```

```
    cout << percentage << " '" << sample << "'\n"; ❿
  }
}
```

```
4.2 'ABCD'
4.2 'ABDC'
4.1 'ACBD'
4.2 'ACDB'
4.2 'ADBC'
4.2 'ADCB'
4.2 'BACD'
4.2 'BADC'
4.1 'BCAD'
4.2 'BCDA'
4.1 'BDAC'
4.2 'BDCA'
4.2 'CABD'
4.2 'CADB'
4.1 'CBAD'
4.1 'CBDA'
4.2 'CDAB'
4.1 'CDBA'
4.2 'DABC'
4.2 'DACB'
4.2 'DBAC'
4.1 'DBCA'
4.2 'DCAB'
4.2 'DCBA'
```

您首先建構了一個名為 population 的 const string，其內容為字母 ABCD ❶，您還初始化了一個名為 n_samples 的 const size_t 等於一百萬 ❷、一個名為 urbg 的 Mersene Twister ❸、以及一個從 string 到 size_t 的 map 物件 ❹，這個 map 會計算每個隨機樣本的頻率。此外，還可以用 fixed 和 setprecision 來設定浮點格式 ❺。

因為 shuffle 會修改目標序列，在 for 迴圈中，您將 population 複製到名為 sample 的新字串中 ❻，然後調用 shuffle，並以 result 當作目標序列，urbg 當作隨機位元生成器 ❼，再把結果記錄到 samples ❽。

最後，反覆運算 samples 中的每個元素，並列印每個樣本的機率分佈。

注意，跟 sample 不同的是，shuffle 總是會產生無序的元素分佈。

排序和相關操作

排序操作是以某種所需方式將序列的順序重新排列的演算法。

每種排序演算法都有兩種版本：一種是使用叫做比較運算子的函式物件，另一種是使用 operator<。比較運算子是一個函式物件，可以用兩個要比較的物件來調用它。如果第一個引數小於第二個引數，則傳回 true；否則傳回 false。x<y 在排序上的解讀是 x 排在 y 之前。本節中所有的演算法都在 <algorithm> 標題中。

> **NOTE**
>
> 注意 operator< 是有效的比較運算子。

比較運算子必須具有遞移性，這表示對於任何元素 a、b 和 c，比較運算子 comp 必須保持以下關係：若 comp(a, b) 而且 comp(b, c)，則 comp(a, c)。這應該很合理：如果 a 在 b 之前，而 b 又在 c 之前，那麼 a 必然在 c 之前。

sort

sort 演算法會對序列進行排序（不穩定）。

> **NOTE**
>
> 穩定排序法會保留相等元素在排序前的相對順序，而不穩定排序法可能會將它們的順序重新排列。

該演算法會將目標序列就地進行排序。

```
void sort([ep], rnd_begin, rnd_end, [comp]);
```

引數

- 可選的 std::execution 執行策略 ep（預設值：std::execution ::seq）
- 一對 RandomAccessIterator，rnd_begin 和 rnd_end，表示目標序列
- 可選的比較運算子 comp

複雜度

準線性　O(N log　N)，其中 N = distance(rnd_begin, rnd_end)

額外要求

目標序列的元素必須是可交換、可移動建構、可移動指派。

範例

```
#include <algorithm>

TEST_CASE("sort") {
  string goat_grass{ "spoilage" }; ❶
  sort(goat_grass.begin(), goat_grass.end()); ❷
  REQUIRE(goat_grass == "aegilops"); ❸
}
```

您先建構一個 string，內含單字 displage ❶，然後這個 string 當作目標序列調用 sort ❷。執行的結果是 goat_grass 的內容為 aegilops（一種侵入性的雜草）❸。

stable_sort

stable_sort 演算法會對序列進行穩定排序。

該演算法會對目標序列進行排序，並保留相等元素在排序前的
順序。

```
void stable_sort([ep], rnd_begin, rnd_end, [comp]);
```

引數

- 可選的 std::execution 執行策略 ep（預設值：std::execution
  ::seq）
- 一對 RandomAccessIterator，rnd_begin 和 rnd_end 表示目標序列
- 可選的比較運算子 comp

複雜度

多項式線性 多項式 $O(N \log^2 N)$，其中 N = distance(rnd_begin,
rnd_end)。如果有額外的記憶體可用，複雜度可降低為線性對數
時間。

額外要求

目標序列的元素必須是可交換、可移動建構、可移動指派。

範例

```
#include <algorithm>

enum class CharCategory { ❶
  Ascender,
  Normal,
  Descender
};

CharCategory categorize(char x) { ❷
  switch (x) {
    case 'g':
    case 'j':
```

```
      case 'p':
      case 'q':
      case 'y':
        return CharCategory::Descender;
      case 'b':
      case 'd':
      case 'f':
      case 'h':
      case 'k':
      case 'l':
      case 't':
        return CharCategory::Ascender;
    }
    return CharCategory::Normal;
}

bool ascension_compare(char x, char y) { ❸
    return categorize(x) < categorize(y);
}

TEST_CASE("stable_sort") {
    string word{ "outgrin" }; ❹
    stable_sort(word.begin(), word.end(), ascension_compare); ❺
    REQUIRE(word == "touring"); ❻
}
```

本例利用上伸和下伸對 string 進行排序。在印刷術中，上伸是一個
字母的一部分延伸到字體的平均線之上；下伸字母是一個字母的一
部分延伸到基線之下。常用的下伸字母有 *g, j, p, q, y*，常用的上伸字
母有 *b, d, f, h, k, l, t*。這個例子要尋求一個 stable_sort，使得所有上
伸的字母都會出現在其他字母之前，而下伸的字母都會出現在所有
其他字母之後，既無上伸也無下伸的字母則位於序列的中間。作為
一個 stable_sort，具有共同上伸／下伸類型的字母的相對順序不能
改變。

首先定義一個名為 CharCategory 的 enum class，它有三個可能的
值：Ascender、Normal 或 Descender ❶。接下來，定義一個函式，將

給定的字元分類為 CharCategory ❷。（回想一下第 66 頁的「Switch 敘述」，如果沒有使用 break 的話，即使遇到 case 標記也不會停止執行。）您還定義了一個 ascension_compare 函式，將兩個給定的 char 物件轉換為 CharCategory 物件，並且用 operator< 來比較它們的順序 ❸。因為 enum class 物件會默默地轉換為 int 物件，而且因為您定義 CharCategory 時將其值按預期順序排列，所以這會先將上伸字母排序，然後對普通字母進行排序，最後才會對下伸字母進行排序。

在測試案例中，您初始化一個包含了單字 outgrin 的 string ❹。接下來，用這個字串當作目標序列調用 stable_sort，其且用 assension_compare 當作比較運算子 ❺。執行的結果會把 word 變成 touring ❻。注意，唯一的上伸字母 t，會出現在所有一般字母之前（與 outgrin 中出現的順序相同），而唯一的下伸字母 g 則出現在所有一般字母之後。

partial_sort

partial_sort 演算法會將序列分為兩組。

如果是修改的話，該演算法將對目標序列中前面的 (rnd_middle-rnd_begin) 個元素進行排序，使得從第 rnd_begin 到第 rnd_middle 個元素都小於其餘的元素。如果是複製的話，演算法將前面第 min(distance(ipt_begin, ipt_end), distance(rnd_begin, rnd_end)) 個排好序的元素放入目標序列，並傳回指向目標序列最後的疊代器。

基本上，部分排序允許您查找已排序序列的前幾個元素，而不必對整個序列進行排序。例如，如果您有一個序列 DCBA，可以對前兩個元素進行部分排序並獲得結果 ABDC。前兩個元素與您對整個序列進行排序的結果相同，但其餘元素則不同。

```
void partial_sort([ep], rnd_begin, rnd_middle, rnd_end, [comp]);
RandomAccessIterator partial_sort_copy([ep], ipt_begin, ipt_end,
                                       rnd_begin, rnd_end, [comp]);
```

引數

- 可選的 std::execution 執行策略 ep（預設值：std::execution ::seq）
- 如果是修改的話，有三個 RandomAccessIterator，rnd_begin、rnd_middle 和 rnd_end，代表目標序列
- 如果是複製的話，ipt_begin 和 ipt_end 代表目標序列，而 rnd_begin 和 rnd_end 則代表目的地序列
- 可選的比較運算子 comp

複雜度

準線性 O（N log N），其中 N = distance(rnd_begin, rnd_end) * log(distance(rnd_begin, rnd_middle)。如果是複製的話，則 N = distance(rnd_begin, rnd_end) * log(min(distance(rnd_begin, rnd_end), distance(ipt_begin, ipt_end))。

額外要求

目標序列的元素必須是可交換、可移動建構、可移動指派。

範例

```
#include <algorithm>

bool ascension_compare(char x, char y) {
--snip--
}

TEST_CASE("partial_sort") {
  string word1{ "nectarous" }; ❶
  partial_sort(word1.begin(), word1.begin() + 4, word1.end()); ❷
  REQUIRE(word1 == "acentrous"); ❸

  string word2{ "pretanning" }; ❹
  partial_sort(word2.begin(), word2.begin() + 3, ❺
               word2.end(), ascension_compare);
```

```
    REQUIRE(word2 == "trepanning"); ❻
}
```

您首先初始化一個包含單字 nectarous 的 string ❶，然後在調用 partial_sort 時，將此 string 當作目標序列，並將第五個字母（a）當作 partial_sort 的第二個引數 ❷。執行後該序列的內容為單字 acentrous ❸。請注意，acentrous 的前四個字母已排序，而且它們小於序列中其餘的字元。

在第二個例子中，您初始化了一個包含單字 pretanning 的 string ❹，將其用作 partial_sort 的目標序列 ❺。在本例中，您指定第四個字元（t）當作 partial_sort 的第二個引數，並用 stable_sort 範例中的 ascension_compare 函式當作比較運算子。執行的結果是序列現在的內容變成單字 trepanning ❻。請注意，前三個字母是根據 ascension_compare 排序的，而 partial_sort 的第二個引數中的剩餘字元都不會小於前三個字元。

> **NOTE**
>
> 就技術上而言，前面範例中的 REQUIRE 敘述在某些版本的標準函式庫中可能會失敗。因為 std::partial_sort 不能保證是穩定排序，因此結果可能會有所不同。

is_sorted

is_sorted 演算法可以用來判斷序列是否已排序。

如果目標序列已經用 operator< 或 comp 排序（如果有提供的話），則演算法傳回 true。is_sorted_until 演算法會傳回指向第一個未排序元素的疊代器，如果目標序列已排序，則傳回 rnd_end。

```
bool is_sorted([ep], rnd_begin, rnd_end, [comp]);
ForwardIterator is_sorted_until([ep], rnd_begin, rnd_end, [comp]);
```

引數

- 可選的 std::execution 執行策略 ep（預設值：std::execution ::seq）
- 一對 RandomAccessIterators，rnd_begin 和 rnd_end，表示目標 序列
- 可選的比較運算子 comp

複雜度

線性 該演算法會比較 distance(rnd_begin, rnd_end) 次。

範例

```
#include <algorithm>

bool ascension_compare(char x, char y) {
--snip--
}

TEST_CASE("is_sorted") {
  string word1{ "billowy" }; ❶
  REQUIRE(is_sorted(word1.begin(), word1.end())); ❷

  string word2{ "floppy" }; ❸
  REQUIRE(word2.end() == is_sorted_until(word2.begin(), ❹
                                         word2.end(), ascension_compare));
}
```

您先建構了一個含有單字 billowy 的 string ❶，然後調用 is_ sorted，並將該字串當作目標序列，傳回 true ❷。

在第二個例子中，您建構了一個內含單字 floppy 的 string ❸，然後 調用 is_sorted_until，並將此 string 當作目標序列，由於序列已 經排好序，因此傳回 rnd_end ❹。

nth_element

nth_element 演算法會把序列中的特定元素放到正確的排序位置。

這個部分排序演算法透過以下方式修改目標序列：rnd_nth 所指向的元素位於該位置，就好像整個範圍都已經排好序一樣。從 rnd_begin 到 rnd_nth-1 的所有元素都會小於 rnd_nth。如果 rnd_nth == rnd_end，則該函式不會執行任何動作。

```
bool nth_element([ep], rnd_begin, rnd_nth, rnd_end, [comp]);
```

引數

- 可選的 std::execution 執行策略 ep（預設值：std::execution::seq）
- 三個 RandomAccessIterators，rnd_begin、rnd_nth 和 rnd_end，代表目標序列
- 可選的比較運算子 comp

複雜度

線性 該演算法會進行 distance(rnd_begin, rnd_end) 次比較。

額外要求

目標序列的元素必須是可交換、可移動建構、可移動指派。

範例

```
#include <algorithm>

TEST_CASE("nth_element") {
  vector<int> numbers{ 1, 9, 2, 8, 3, 7, 4, 6, 5 }; ❶
  nth_element(numbers.begin(), numbers.begin() + 5, numbers.end()); ❷
  auto less_than_6th_elem = [&elem=numbers[5]](int x) { ❸
    return x < elem;
```

```
};
REQUIRE(all_of(numbers.begin(), numbers.begin() + 5, less_than_6th_
elem)); ❹
REQUIRE(numbers[5] == 6 ); ❺
}
```

首先您建構了一個內含 int 數字序列 1 到 10 的 vector 物件 ❶，接
下來用這個 vector 當作目標序列調用 nth_element ❷，然後初始化
一個名為 less_than_6th_elem 的 lambda，用 operator< 將 int 與
numbers 的第六個元素進行比較 ❸，這讓您檢查第六個元素之前的所
有元素是否小於第六個元素 ❹，檢查的結果第六個元素是 6 ❺。

二元搜尋

二元搜尋演算法（*binary search algorithm*）假設目標序列已經排序，
與非特定序列上的泛型搜尋相比，這些演算法具有理想的複雜度特
徵。本節中介紹的每個演算法都在 <algorithm> 標題中。

lower_bound

lower_bound 演算法在已排序的序列中查找分割。

該演算法傳回一個與元素 result 相對應的疊代器，該疊代器對序列
進行劃分，使 result 之前的元素小於 value，而 result 及其之後的
所有元素都不小於 value。

```
ForwardIterator lower_bound(fwd_begin, fwd_end, value, [comp]);
```

引數

- 一對 ForwardIterator，fwd_begin 和 fwd_end，代表目標序列
- 用於分割目標序列的 value
- 可選的比較運算子 comp

複雜度

對數如果提供了隨機疊代器，則執行時間複雜度為 O(log N)，其中
N = distance(fwd_begin, fwd_end)；否則為 O(N)。

額外要求

目標序列必須根據 operator< 或 comp 排序（如果有提供的話）。

範例

```
#include <algorithm>

TEST_CASE("lower_bound") {
  vector<int> numbers{ 2, 4, 5, 6, 6, 9 }; ❶
  const auto result = lower_bound(numbers.begin(), numbers.end(), 5); ❷
  REQUIRE(result == numbers.begin() + 2); ❸
}
```

您首先建構了 int 物件的 vector ❶，然後用 vector 當作目標系列
來調用 lower_bound，分割目標序列的值為 5 ❷。結果為第三個元素
（5）❸。元素 2 和 4 小於 5，而元素 5, 6, 6, 9 則不小於 5。

upper_bound

upper_bound 演算法可在已排序的序列中查找分割。

演算法會傳回與元素 result 相對應的疊代器，指向目標序列中的第
一個大於 value 的元素。

```
ForwardIterator upper_bound(fwd_begin, fwd_end, value, [comp]);
```

引數

- 一對 ForwardIterator，fwd_begin 和 fwd_end，代表目標序列
- 用來分割目標序列的 value
- 可選的比較運算子 comp

複雜度

對數 如果有提供隨機疊代器，時間複雜度為 O(log N)，其中 N=distance(fwd_begin, fwd_end)；否則為 O(N)。

額外要求

目標序列必須按照 operator< 或 comp 排序（如果有提供的話）。

範例

```
#include <algorithm>

TEST_CASE("upper_bound") {
  vector<int> numbers{ 2, 4, 5, 6, 6, 9 }; ❶
  const auto result = upper_bound(numbers.begin(), numbers.end(), 5); ❷
  REQUIRE(result == numbers.begin() + 3); ❸
}
```

首先建構一個 int 物件的 vector ❶，然後用這個 vector 當作目標序列來調用 upper_bound，分割目標序列的值為 5 ❷。執行結果為第四個元素（6），這是目標序列中大於 value 的第一個元素 ❸。

equal_range

equal_range 演算法會在已排序的序列中查找特定元素的範圍。

該演算法傳回一個 std::pair 疊代器，對應於等於 value 的半開範圍。

```
ForwardIteratorPair equal_range(fwd_begin, fwd_end, value, [comp]);
```

引數

- 一對 ForwardIterator，fwd_begin 和 fwd_end，代表目標序列
- 要尋找的 value
- 可選的比較運算子 comp

複雜度

對數 如果有提供隨機疊代器，時間複雜度為 O(log　N)，其中 N = distance(fwd_begin, fwd_end)；否則為 O(N)。

額外要求

目標序列必須按照 operator< 或 comp 排序（如果有提供的話）。

範例

```
#include <algorithm>

TEST_CASE("equal_range") {
  vector<int> numbers{ 2, 4, 5, 6, 6, 9 }; ❶
  const auto[rbeg, rend] = equal_range(numbers.begin(), numbers.end(),
6); ❷
  REQUIRE(rbeg == numbers.begin() + 3); ❸
  REQUIRE(rend == numbers.begin() + 5); ❹
}
```

首先建構 int 物件的 vector ❶，然後用這個 vector 當作目標序列調用 equal_range，要尋找的值為 6 ❷。結果是一對表示匹配範圍的疊代器。開始疊代器指向第四個元素 ❸，第二個疊代器指向第六個元素 ❹。

binary_search

binary_search 演算法會在已排序的序列中查找特定元素。

如果範圍內包含了 value，演算法會傳回 true。尤其是如果目標序列內包含了元素 x，能夠讓 x < value 或 value < x 皆不成立，則傳回 true。如果提供了 comp，則如果目標序列內包含了元素 x，能夠讓 comp(x, value) 或 comp(value, x) 皆不成立，則傳回 true。

```
bool binary_search(fwd_begin, fwd_end, value, [comp]);
```

引數

- 一對 ForwardIterator，fwd_begin 和 fwd_end，代表目標序列
- 所要尋找的 value
- 可選的比較運算子 comp

複雜度

對數　如果有提供隨機疊代器，則時間複雜度為 O(log N) O，其中 N = distance(fwd_begin, fwd_end)；否則為 O(N)。

額外要求

目標序列必須按照 operator< 或 comp 排序（如果有提供的話）。

範例

```
#include <algorithm>

TEST_CASE("binary_search") {
  vector<int> numbers{ 2, 4, 5, 6, 6, 9 }; ❶
  REQUIRE(binary_search(numbers.begin(), numbers.end(), 6)); ❷
  REQUIRE_FALSE(binary_search(numbers.begin(), numbers.end(), 7)); ❸
}
```

首先建構一個 int 物件的 vector ❶，然後用這個 vector 當作目標序列來調用 binary_search，要尋找的值為 6。因為序列內包含了 6，所以 binary_search 會傳回 true ❷。當用 7 來調用 binary_search 時，因為目標序列不內含 7，它會傳回 false ❸。

分割演算法

分割演算法包含兩個連續、不同的元素群組。兩個群組不能互相混合，第二個群組的第一個元素稱為**分割點**（*partition point*）。stdlib 包含了對序列進行分割、判斷序列是否已分割、以及查找分割點的演算法。本節中介紹的每個演算法都包含在 <algorithm> 標題中。

is_partitioned

is_partitioned 演算法可用來判斷序列是否已分割。

> **NOTE**
>
> 如果具有某個屬性的所有元素都出現在不具有某個屬性的元素之前，表示這個序列已經分割。

如果 pred 評估為 true 的目標序列中的每個元素都出現在其他元素之前，則該演算法會傳回 true。

```
bool is_partitioned([ep], ipt_begin, ipt_end, pred);
```

引數

- 可選的 std::execution 執行策略 ep（預設值：std::execution ::seq）
- 一對 InputIterator 物件，ipt_begin 和 ipt_end，表示目標序列
- 判斷群組成員資格的述詞 pred

複雜度

線性　最多評估 distance(ipt_begin、ipt_end) 次 pred。

範例

```
#include <algorithm>

TEST_CASE("is_partitioned") {
  auto is_odd = [](auto x) { return x % 2 == 1; }; ❶

  vector<int> numbers1{ 9, 5, 9, 6, 4, 2 }; ❷
  REQUIRE(is_partitioned(numbers1.begin(), numbers1.end(), is_odd)); ❸

  vector<int> numbers2{ 9, 4, 9, 6, 4, 2 }; ❹
```

```
    REQUIRE_FALSE(is_partitioned(numbers2.begin(), numbers2.end(), is_
odd)); ❺
}
```

首先建構一個名為 is_odd 的 lambda，如果給定的數字是奇數，則傳
回 true ❶。接下來，建構一個 int 物件的 vector ❷，以該 vector 當
作目標序列來調用 is_partitioned，並且用 is_odd 當作述詞。因為
序列中所有奇數都放在偶數之前，所以 is_partitioned 會傳回 true
❸。

接下來建構另一個 int 物件的 vector ❹，並再次以該 vector 當作目
標序列調用 is_partitioned，同時也是用 is_odd 當作述詞。因為序
列中不不是所有奇數都在偶數之前（4 是偶數，在第二個 9 之前），
因此 is_partitioned 會傳回 false ❺。

partition

partition 演算法會把序列進行分割。

該演算法會改變目標序列，並根據 pred 進行分割。它會傳回分割
點，元素的原始順序不一定會被保留。

```
ForwardIterator partition([ep], fwd_begin, fwd_end, pred);
```

引數

- 可選的 std::execution 執行策略 ep（預設值：std::execution
  ::seq）
- 一對 ForwardIterator，fwd_begin 和 fwd_end，代表目標序列
- 判斷群組成員資格的述詞 pred

複雜度

線性　最多評估 distance(fwd_begin, fwd_end) 次 pred。

額外要求

目標序列的元素必須是可交換的。

範例

```cpp
#include <algorithm>

TEST_CASE("partition") {
  auto is_odd = [](auto x) { return x % 2 == 1; }; ❶
  vector<int> numbers{ 1, 2, 3, 4, 5 }; ❷
  const auto partition_point = partition(numbers.begin(),
                                         numbers.end(), is_odd); ❸
  REQUIRE(is_partitioned(numbers.begin(), numbers.end(), is_odd)); ❹
  REQUIRE(partition_point == numbers.begin() + 3); ❺
}
```

首先建構一個名為 is_odd 的 lambda，如果給定的數字是 odd，則傳回 true ❶。接下來建構 int 物件的 vector 並以此為目標序列調用 partition，同時用 is_odd 當作述詞，再把所產生的分割點指派到 partition_point 中 ❸。

當您在目標序列上調用 is_partitioned 並且用 is_odd 當作述詞時，它會傳回 true ❹。根據演算法的規範，您不能依賴群組內的順序，但是 partition_point 將始終是第四個元素，因為目標序列包含了三個奇數 ❺。

partition_copy

partition_copy 演算法會對序列進行分割。

該演算法透過計算每個元素的 pred 來分割目標序列。所有為 true 的元素會複製到 opt_true，而所有為 false 元素則複製到 opt_false。

```cpp
ForwardIteratorPair partition_copy([ep], ipt_begin, ipt_end,
                                   opt_true, opt_false, pred);
```

引數

- 可選的 std::execution 執行策略 ep（預設值：std::execution ::seq）
- 一對 InputIterator 物件，ipt_begin 和 ipt_end，表示目標序列
- OutputIterator opt_true，用來接收 true 元素的副本
- OutputIterator opt_false，用來接收 false 元素的副本
- 判斷組成員資格的述詞 pred

複雜度

線性　恰好評估 distance(ipt_begin, ipt_end) 次 pred。

額外要求

- 目標序列的元素必須是可複製指派的。
- 輸入和輸出範圍不得重疊。

範例

```
#include <algorithm>

TEST_CASE("partition_copy") {
  auto is_odd = [](auto x) { return x % 2 == 1; }; ❶
  vector<int> numbers{ 1, 2, 3, 4, 5 }, odds, evens; ❷
  partition_copy(numbers.begin(), numbers.end(),
                back_inserter(odds), back_inserter(evens), is_odd); ❸
  REQUIRE(all_of(odds.begin(), odds.end(), is_odd)); ❹
  REQUIRE(none_of(evens.begin(), evens.end(), is_odd)); ❺
}
```

首先建構一個名為 is_odd 的 lambda，如果給定的數字是 odd，則傳回 true ❶。接下來建構一個 int 物件的 vector，其內容為從 1 到 5 的 numbers 和兩個空的 vector 物件，取名為 oddss 和 evens ❷。然後用 numbers 當作目標序列調用 partition_copy，還有一個指向 odds 的 back_inserter 當作 true 元素的輸出、另一個指向 evens 的 back_ inserter 當作 false 元素的輸出、is_odd 當作述詞 ❸。執行後的結果是所有在 odd 中的元素都是奇數 ❹，而在 evens 中的元素都不是奇數 ❺。

stable_partition

stable_partition 演算法會對一個序列進行穩定的分割。

> **NOTE**
>
> 穩定分割可能比不穩定分割需要更多的計算，使用者可以看情況自行選擇。

該演算法會改變目標序列，並根據 pred 進行分割。它會傳回分割點，而且會保留元素的原始順序。

```
BidirectionalIterator partition([ep], bid_begin, bid_end, pred);
```

引數

- 可選的 std::execution 執行策略 ep（預設值：std::execution::seq）
- 一對 BidirectionalIterators，bid_begin 和 bid_end，代表目標序列
- 判斷群組成員資格的述詞 pred

複雜度

準線性 頂多進行 O(N log N) 次交換，其中 N = distance(bid_begin，bid_end)，如果有足夠的可用記憶體的話，只需進行 O(N) 次交換。

額外要求

目標序列的元素必須是可交換、可移動建構、可移動指派。

範例

```
#include <algorithm>

TEST_CASE("stable_partition") {
  auto is_odd = [](auto x) { return x % 2 == 1; }; ❶
  vector<int> numbers{ 1, 2, 3, 4, 5 }; ❷
  stable_partition(numbers.begin(), numbers.end(), is_odd); ❸
  REQUIRE(numbers == vector<int>{ 1, 3, 5, 2, 4 }); ❹
}
```

首先建構一個名為 is_odd 的 lambda，如果給定的數字是奇數，則傳回 true ❶。接著建構一個 int 物件的 vector ❷，並以此 vector 為目標序列調用 stable_partition，同時用 is_odd 當作述詞 ❸。執行結果是該 vector 包含元素 1、3、5、2、4，因為這是唯一一種劃分這些數字，同時又能保留它們在群組中原始順序的方法 ❹。

合併演算法

合併演算法會合併兩個已排序的目標序列，使得所生成的序列包含兩個目標序列的副本，並且也已排序。本節中介紹的每個演算法都在 <algorithm> 標題中。

merge

merge 演算法會合併兩個已排序的序列。

該演算法會把兩個目標序列複製到目的地序列中，而目的地序列會根據 operator< 或 comp 排序。（如果有提供的話）

```
OutputIterator merge([ep], ipt_begin1, ipt_end1,
                     ipt_begin2, ipt_end2, opt_result, [comp]);
```

引數

- 可選的 std::execution 執行策略 ep（預設值：std::execution ::seq）
- 兩對 InputIterators（ipt_begin1，ipt_end1）和（ipt_begin2，ipt_end2），代表目標序列
- 一個 OutputIterator opt_result，表示目標序列
- 判斷群組成員資格的述詞 pred

複雜度

線性 最多 N-1 次比較，其中 N = distance(ipt_begin1，ipt_end1) + distance(ipt_begin2，ipt_end2)。

額外要求

必須根據 operator< 或 comp 對目標序列進行排序。（如果有提供的話）

範例

```
#include <algorithm>

TEST_CASE("merge") {
  vector<int> numbers1{ 1, 4, 5 }, numbers2{ 2, 3, 3, 6 }, result; ❶
  merge(numbers1.begin(), numbers1.end(),
        numbers2.begin(), numbers2.end(),
        back_inserter(result)); ❷
  REQUIRE(result == vector<int>{ 1, 2, 3, 3, 4, 5, 6 }); ❸
}
```

您建構了三個 vector 物件：兩個包含已排序的 int 物件，另一個是空的 ❶。接下來，合併非空 vector，並透過 back_inserter 把空的 vector 當作目標序列 ❷。執行後 result 的內容包含原始序列中所有元素的副本，並且也已排好序 ❸。

極值演算法

有幾種演算法，稱為**極值演算法**，是用來判斷元素的最小值和最大值，或對元素的最小值或最大值進行限制。本節中介紹的每個演算法都在 `<algorithm>` 標題中。

min 和 max

min 或 max 演算法可用來判斷序列的極值。

演算法使用 operator< 或 comp 並傳回最小（`min`）或最大（`max`）物件。`minmax` 演算法則以 `std::pair` 的形式回傳，其中 `first` 為最小值，`second` 為最大值。

```
T min(obj1, obj2, [comp]);
T min(init_list, [comp]);
T max(obj1, obj2, [comp]);
T max(init_list, [comp]);
Pair minmax(obj1, obj2, [comp]);
Pair minmax(init_list, [comp]);
```

引數

- 兩個物件 obj1 和 obj2，或
- 一個初始值設定項列表 init_list，表示要比較的物件
- 可選的比較函式 comp

複雜度

常數或線性 對於接受 obj1 和 obj2 的重載函式，只有比較一次。對於初始值設定項列表，最多進行 N-1 次比較，其中 N 是初始值設定項列表的長度。如果是 minmax 的的話，則給定一個初始值設定項列表，它會增長到 3/2 N。

額外要求

元素必須可複製建構，並且可以用給定的方式進行比較。

範例

```cpp
#include <algorithm>

TEST_CASE("max and min") {
  using namespace std::literals;
  auto length_compare = [](const auto& x1, const auto& x2) { ❶
    return x1.length() < x2.length();
  };

  REQUIRE(min("undiscriminativeness"s, "vermin"s,
              length_compare) == "vermin"); ❷

  REQUIRE(max("maxim"s, "ultramaximal"s,
              length_compare) == "ultramaximal"); ❸

  const auto result = minmax("minimaxes"s, "maximin"s, length_compare); ❹
  REQUIRE(result.first == "maximin"); ❺
  REQUIRE(result.second == "minimaxes"); ❻
}
```

您首先初始化一個名為 length_compare 的 lambda，它會利用 operator< 來比較兩個輸入的長度 ❶。接下來，用 min 來判斷 *undiscriminativeness* 和 *vermin* 哪一個比較短 ❷，並且用 max 來判斷 *maxim* 和 *ultramaximal* 哪一個比較長 ❸。最後，您可以用 minmax 來判斷 *minimaxes* 和 *mamimin* 中哪一個比較短、哪一個比較長 ❹，這個結果是一個名為 result 的 pair ❺ ❻。

min_element 和 max_element

min_element 或 max_element 演算法是用來判斷序列的極值。

這些演算法利用 operator< 或 comp 來進行比較，並傳回指向最小（min_element）或最大（max_element）的物件。minmax_element 演算法以 std::pair 的形式傳回這兩個值，其中 first 為最小值，而 second 為最大值。

```
ForwardIterator min_element([ep], fwd_begin, fwd_end, [comp]);
ForwardIterator max_element([ep], fwd_begin, fwd_end, [comp]);
Pair minmax_element([ep], fwd_begin, fwd_end, [comp]);
```

引數

- 可選的 std::execution 執行策略 ep（預設值：std::execution::seq）
- 一對 ForwardIterator，fwd_begin 和 fwd_end，代表目標序列
- 可選的比較函式 comp

複雜度

線性 max 和 min 最多比較 N-1 次，其中 N = distance(fwd_begin, fwd_end)；而 minmax 最多會比較 3/2 N 次。

額外要求

元素必須以給定的操作進行比較。

範例

```
#include <algorithm>

TEST_CASE("min and max element") {
  auto length_compare = [](const auto& x1, const auto& x2) { ❶
    return x1.length() < x2.length();
  };

  vector<string> words{ "civic", "deed", "kayak",  "malayalam" }; ❷
```

```
REQUIRE(*min_element(words.begin(), words.end(),
                      length_compare) == "deed"); ❸
REQUIRE(*max_element(words.begin(), words.end(),
                      length_compare) == "malayalam"); ❹

const auto result = minmax_element(words.begin(), words.end(),
                                   length_compare); ❺
REQUIRE(*result.first == "deed"); ❻
REQUIRE(*result.second == "malayalam"); ❼
}
```

首先初始化一個名為 length_compare 的 lambda，它用 operator< 來
比較兩個輸入的長度 ❶，接下來初始化一個含有四個單字的 words，
這是由 string 物件所組成的 vector ❷。您用 min_element 判斷這些
單字中哪一個最小，方法是將其當作目標序列來傳遞，並以 length_
compare 為比較函式（deed）❸，然後用 max_element 判斷哪一個最
大（malayalam）❹。最後，呼叫 minmax_element 並以 std::pair 形
式傳回兩個值 ❺，其中 first 表示最短的 word ❻、second 表示最長
的單字 ❼。

clamp

clamp 演算法可判斷一個值的範圍。

該演算法用 operator< 或 comp 判斷 obj 是否在從 low 到 high 的範圍
內。如果是的話，演算法就單純地傳回 obj；否則，如果 obj 小於
low 則傳回 low；如果 obj 大於 high 則傳回 high。

```
T& clamp(obj, low, high, [comp]);
```

引數

- 物件 obj
- 表示高低範圍的物件 high 和 low
- 可選的比較函式 comp

複雜度

常數　最多比較兩次。

額外要求

物件必須可用給定的操作進行比較。

範例

```
#include <algorithm>

TEST_CASE("clamp") {
  REQUIRE(clamp(9000, 0, 100) == 100); ❶
  REQUIRE(clamp(-123, 0, 100) == 0); ❷
  REQUIRE(clamp(3.14, 0., 100.) == Approx(3.14)); ❸
}
```

在第一個例子中，您要判斷 9000 是否位於為 0 到 100（包括 0 和 100）的區間。因為 9,000 > 100，所以結果是 100 ❶。在第二個例子中，您要判斷 -123 是否位於相同的區間。因為 -123 < 0，結果會是 0 ❷。最後，判斷 3.14 否位於相同的區間，因為它位於區間內，所以結果是 3.14 ❸。

數值運算

<numeric> 標題在第 12 章討論過，當時您瞭解了它的數學型別和函式。它還提供了許多非常適合數值運算的演算法，將在本節加以介紹，本節中所介紹的演算法都在 <numeric> 標題中。

有用的運算子

某些 stdlib 數值運算允許您傳遞一個運算子來客製化其行為。為了方便起見，<functional> 標頭提供了以下類別範本，這些範本透過 operator(T x, T y) 來處理各種二元算術運算：

- plus<T> 實作加法 x + y。

- minux<T> 實作減法 x - y。

- multiplies<T> 實作乘法 x * y。

- divides<T> 實作除法 x / y。

- modulus<T> 實作模數運算 x % y。

例如，您可以用 plus 範本把兩個數相加，如下所示：

```
#include <functional>

TEST_CASE("plus") {
  plus<short> adder; ❶
  REQUIRE(3 == adder(1, 2)); ❷
  REQUIRE(3 == plus<short>{}(1,2)); ❸
}
```

您先實例化一個名為 adder 的 plus ❶，然後用值 1 和 2 調用它，這會得出 3 ❷。您也可以完全不使用變數 adder，而是直接用新建構的 plus 來得出相同的結果 ❸。

> **NOTE**
>
> 除非您是使用需要這些運算子型別的泛型程式，否則通常您不會使用這樣的運算子型別，。

iota

iota 演算法利用遞增的值填入序列。

該演算法會指派從 start 開始算起的遞增值到目標序列中。

```
void iota(fwd_begin, fwd_end, start);
```

引數

- 一對疊代器，fwd_begin 和 fwd_end，代表目標序列
- 起始值 start

複雜度

線增量 並指派 N 次，其中 N = distance(fwd_begin, fwd_end)。

額外要求

物件必須可指派 start。

範例

```cpp
#include <numeric>
#include <array>

TEST_CASE("iota") {
  array<int, 3> easy_as; ❶
  iota(easy_as.begin(), easy_as.end(), 1); ❷
  REQUIRE(easy_as == array<int, 3>{ 1, 2, 3 }); ❸
}
```

您先初始化一個長度為 3 的 int 物件的 array ❶。然後，調用 iota，把 array 當作目標序列，並且令 start 的值為 1 ❷。結果是 array 的內容為 1、2 和 3 ❸。

accumulate

accumulate 演算法會（按照順序）合併一個序列。

> **NOTE**
>
> 合併一個序列的意思是對序列的元素應用特定的操作，同時將累積的結果傳到下一個運算。

該演算法將 op 應用在 start 和目標序列的第一個元素，所得到的結果會再次應用 op 到目標序列的下一個元素，接下來持續以這種方式存取目標序列中的每個元素。簡單的講，這個演算法會把 start 和目標序列的元素總和相加，並將結果傳回。

```
T accumulate(ipt_begin, ipt_end, start, [op]);
```

引數

- 一對疊代器，`ipt_begin` 和 `ipt_end`，表示目標序列
- 起始值 start
- 可選的二元運算子 op，預設為 plus

複雜度

線性 應用 N 次 op，其中 N = distance(ipt_begin, ipt_end)。

額外要求

目標序列的元素必須為可複製。

範例

```
#include <numeric>

TEST_CASE("accumulate") {
  vector<int> nums{ 1, 2, 3 }; ❶
  const auto result1 = accumulate(nums.begin(), nums.end(), -1); ❷
  REQUIRE(result1 == 5); ❸

  const auto result2 = accumulate(nums.begin(), nums.end(),
                                  2, multiplies<>()); ❹
  REQUIRE(result2 == 12); ❺
}
```

首先初始化長度為 3 的 int 物件 vector ❶。然後調用 accumulate，把 vector 當成目標序列，令 start 的值為 -1 ❷。執行結果為 -1+1+2+3=5 ❸。

在第二個例子中，使用相同的目標序列，但起始值為 2，並改用 multiplies 運算子 ❹。結果為 2*1*2*3=12 ❺。

reduce

reduce 演算法會將一個序列合併（但不一定會按照順序）。

該演算法與 accumulate 演算法相同，只是它接受可選的 execution，而且並不保證應用運算子的順序。

```
T reduce([ep], ipt_begin, ipt_end, start, [op]);
```

引數

- 可選的 std::execution 執行策略 ep（預設值：std::execution::seq）
- 一對疊代器，ipt_begin 和 ipt_end，表示目標序列
- 起始值 start
- 可選的二元運算子 op，預設為 plus

複雜度

線性應用 op 恰好 N，其中 N = distance(ipt_begin, ipt_end)。

額外要求

- 如果省略 ep，元素必須為可移動。
- 如果提供 ep，元素必須可複製的。

範例

```
#include <numeric>

TEST_CASE("reduce") {
  vector<int> nums{ 1, 2, 3 }; ❶
  const auto result1 = reduce(nums.begin(), nums.end(), -1); ❷
  REQUIRE(result1 == 5); ❸

  const auto result2 = reduce(nums.begin(), nums.end(),
                                  2, multiplies<>()); ❹
  REQUIRE(result2 == 12); ❺
}
```

首先初始化長度為 3 的 int 物件 vector ❶。然後把 vector 當作調用 reduce 時的目標序列、vector 當作目標序列、-1 當作起始值 ❷。執行的結果為 1+1+2+3=5 ❸。

在第二個例子中,使用了相同的目標序列,但起始值為 2,並改用 multiplies 運算子 ❹。值的結果為 2*1*2*3=12 ❺。

inner_product

inner_produce 演算法用來計算兩個序列的內積。

> **NOTE**
>
> 內積(或點積)是與一對序列相關聯的純量。

該演算法將 op2 應用於目標序列中的每一對相對應元素,然後用 op1 將它們相加。

```
T inner_product([ep], ipt_begin1, ipt_end1, ipt_begin2, start, [op1], [op2]);
```

引數

- 一對疊代器，`ipt_begin1` 和 `ipt_end1`，表示目標序列 1
- 一個疊代器，`ipt_begin2`，表示目標序列 2
- 起始值 start 兩個可選的二元運算子 op1 和 op2，預設為加和乘

複雜度

線性應用 op1 和 op2 恰好 N，其中 N = distance(ipt_begin1，ipt_end1)。

額外要求

元素必須為可複製。

範例

```cpp
#include <numeric>

TEST_CASE("inner_product") {
  vector<int> nums1{ 1, 2, 3, 4, 5 }; ❶
  vector<int> nums2{ 1, 0,-1, 0, 1 }; ❷
  const auto result = inner_product(nums1.begin(), nums1.end(),
                                    nums2.begin(), 10); ❸
  REQUIRE(result == 13); ❹
}
```

首先初始化兩個 int 物件的 vector ❶ ❷。接下來，這兩個 vector 物件當作目標序列調用 inner_product，並以令 start 的值為 10 ❸。執行結果為 10+1*1+2*0+3*1+4*0+4*1=13 ❹。

adjacent_difference

adjacent_difference 演算法會產生相鄰差分。

相鄰差異是將每一對相鄰元素應用某些運算的結果。

該演算法將目的地序列的第一個元素設為目標序列的第一個元素。對於每個後續元素,它會把 op 應用於前一個元素和目前元素,並將傳回值寫入 result。演算法會傳回目的地序列最後的值。

```
OutputIterator adjacent_difference([ep], ipt_begin, ipt_end, result, [op]);
```

引數

- 一對疊代器,ipt_begin 和 ipt_end,表示目標序列
- result 表示目的地序列的疊代器
- 一個可選的二元運算子 op,預設為 minus

複雜度

線性 應用 op 恰好 N-1 次,其中 N = distance(ipt_begin, ipt_end)。

額外要求

- 如果省略 ep,元素必須為可移動。
- 如果提供 ep,元素必須為可複製。

範例

```cpp
#include <numeric>

TEST_CASE("adjacent_difference") {
  vector<int> fib{ 1, 1, 2, 3, 5, 8 }, fib_diff; ❶
  adjacent_difference(fib.begin(), fib.end(), back_inserter(fib_diff)); ❷
  REQUIRE(fib_diff == vector<int>{ 1, 0, 1, 1, 2, 3 }); ❸
}
```

首先初始化兩個 int 物件的 vector，一個內含費波那契數列的前
六個數字，另一個為空序列 ❶。接下來，以這兩個 vector 物件當
作目標序列來調用 adjacent_difference ❷。結果與預期一樣：第
一個元素等於費波那契數列的第一個元素，而後續元素為相鄰差
（1–1=0）、（2–1=1）、（3–2=1）、（5–3=2）、（8–5=3）❸。

partial_sum

partial_sum 演算法會產生部分和。

該演算法將累加器設為目標序列的第一個元素。對於目標序列的每
個後續元素，演算法會將該元素加到累加器，然後將累加器寫入目
的地序列。演算法會傳回指向目的地序列最後元素的疊代器。

OutputIterator partial_sum(ipt_begin, ipt_end, result, [op]);

引數

- 一對疊代器，ipt_begin 和 ipt_end 表示目標序列
- result 表示目的地序列的疊代器
- 可選的二元運算子 op，預設為 plus

複雜度

線性　應用 op 恰好 N-1 次，其中 N = distance(ipt_begin，ipt_end)。

範例

```
#include <numeric>

TEST_CASE("partial_sum") {
  vector<int> num{ 1, 2, 3, 4 }, result; ❶
  partial_sum(num.begin(), num.end(), back_inserter(result)); ❷
  REQUIRE(result == vector<int>{ 1, 3, 6, 10 }); ❸
}
```

首先初始化兩個 int 物件的 vectors，其中一個為前四個計數的 num，另一個為空序列 result ❶。接下來，調用 partial_sum，以 num 當作目標序列，而 result 為目的地 ❷。第一個元素等於目標序列的第一個元素，後續的元素為部分和（1+2=3），（3+3=6），（6+4=10）❸。

其他演算法

為了避免一個已經很長的章節變得更長，因此省略了許多演算法，本節將簡短介紹這些演算法。

（最大）堆積操作

如果在一個長度為 N 的堆積中，對於所有的第 i 個元素，其中 $0<i<N$，第 $\frac{i-1}{2}$ 個元素（四捨五入）都不小於第 i 個元素，那麼這個堆積就是最大堆積。當要查找最大元素和插入速度必須很快時，這些結構具有很強的效能。

<algorithm> 標頭包含了處理這些範圍的有用函式，如表 18-1 所示，詳情請參見 [alg.heap.operations]。

表 18-1：在 <algorithm> 標頭中的堆積相關演算法

演算法	描述
is_heap	檢查一個範圍是否為 max heap
is_heap_until	找出為 max heap 的最大子範圍
make_heap	建立 max heap
push_heap	加入一個元素
pop_heap	移除最大元素
sort_heap	移除最大元素

對已排序範圍的集合運算

<algorithm> 標頭包含對已排序範圍進行集合運算的函式，如表 18-2 所示，詳情請參見 [alg.set.operation]。

表 18-2：在 <algorithm> 標題中的集合相關演算法

演算法	描述
includes	若一個範圍是另一個範圍的子集，則傳回 true
set_difference	計算兩個集合的差集
set_intersection	計算兩個集合的交集
set_symmetric_difference	計算兩個集合的對稱差集
set_union	計算兩個集合的聯集

其他數值演算法

除了在「數值運算」一節中介紹的函式外，<numeric> 標題還包含了一些其他的函式，如表 18-3 所示，詳情請參見 [numeric.ops]。

表 18-3：更多 <numeric> 標題中的數值演算法

演算法	描述
exclusive_scan	類似 partial_sum，但在第 i 個 sum 中不包含第 i 個元素
inclusive_scan	類似 partial_sum，但是並不按照順序執行，並且需要相關聯的操作
transform_reduce	應用函式物件；然後合併不按照順序排列者
transform_exclusive_scan	應用函式物件；然後計算 exclusive scan
transform_inclusive_scan	應用函式物件；然後計算 inclusive scan

記憶體操作

`<memory>` 標頭包含許多用於處理未初始化記憶體的低階函式，如表 18-4 所示，詳情請見 [memory.syn]。

表 18-4：`<memory>` 標題中處理未初始化記憶體的操作

演算法	描述

`uninitialized_copy`
`uninitialized_copy_n`
`uninitialized_fill`
`uninitialized_fill_n`
	把物件複製到未初始化的記憶體

`uninitialized_move` `uninitialized_move_n`	把物件移動到未初始化的記憶體

`uninitialized_default_construct`
`uninitialized_default_construct_n`
`uninitialized_value_construct`
`uninitialized_value_construct_n`
	在未初始化的記憶體中建構物件

`destroy_at`
`destroy`
`destroy_n`
	解構物件

Boost 演算法

Boost 演算法是一個與標準函式庫部分重疊的大型演算法函式庫，由於篇幅有限，表 18-5 僅列出了標準函式庫中尚未包含的演算法供快速參考。有關更多資訊，請參閱 Boost 演算法文件。

表 18-5：Boost 演算法函式庫中可用的其他演算法

演算法	描述

`boyer_moore`
`boyer_moore_horspool`
`knuth_morris_pratt`
	搜尋一系列值的快速演算法

演算法	描述
hex unhex	讀寫 16 進位字元
gather	接受一個序列並將滿足述詞的元表移動到指定位置
find_not	找到序列中第一個不等於某個值的元素
find_backward	類似 find 但由後往前找
is_partitioned_until	傳回以目標序列的第一個元素開頭的最大分割子序列的 end 迭代器
apply_permutation apply_reverse_permutation	接受一個項目序列和排序序列,然後根據排序序列重新排列項目序列
is_palindrome	若一個序列正讀反讀都一樣,則傳回 true

關於範圍的說明

第 8 章介紹了部分以範圍為基礎的 for 迴圈的範圍表達式。回想一下,範圍是一個概念,它公開了傳回疊代器的 begin 和 end 方法。由於您可以將需求放在疊代器上以支援特定的操作,因此您可以把可遞移的需求放在範圍上,以便它們提供特定的疊代器。每個演算法都有特定的操作需求,這些需求反映在所需的疊代器的種類上。而且由於您可以用範圍來封裝演算法輸入序列的需求,所以必須瞭解各種範圍的型別才能瞭解每個演算法的限制。

就像概念一樣,範圍還沒有正式屬於 C++。雖然您仍然可以從瞭解範圍、疊代器和演算法之間的關係中得到非常大的好處,但是有兩個缺點:首先,演算法仍然需要疊代器當作輸入引數,因此即使有一個範圍,也需要手動擷取疊代器(例如,使用 begin 和 end)。其次,與其他函式範本一樣,當違反演算法的操作要求時,有時會得出非常糟糕的錯誤訊息。

正式將範圍引入語言的工作正在進行中。事實上，概念和範圍可能會同時進入 C++ 標準，因為它們非常吻合。

如果您想嘗試一種可能的範圍實作，請參閱 Boost Range。

延伸閱讀

- 《*ISO International Standard ISO/IEC (2017) -- Programming Language C++*》（ISO 國際標準 ISO/IEC（2017）- 程式語言 C++）（國際標準組織；瑞士日內瓦；*https://isocpp.org/std/the-standard/*）

- 《*C++ 標準庫：學習教本與參考工具（第二版）*》，碁峰，2014，Nicolai Josuttis 著

- 《*Algorithmic Complexity*》，(*https://www.cs.cmu.edu/~adamchik/15-121/teachments/Algorithmic%20Complexity/complexity.html*)，Victor Adamchik 著

- 《*The Boost C++ Libraries 2nd Edition*》，*XML Press*，*2014*，Boris Schäling 著

19

併發與並行

Senior Watchdog 有自己的口號：
「給我看一個完全平穩的操作，
我就給您看一個掩飾錯誤的人。真正的船會搖晃。」

—— 弗蘭克·赫伯特（*Frank Herbert*），《沙丘魔堡》

在程式設計中，併發（*concurrency*）指的是在給定時段內執行的兩個以上的任務。

並行（*parallelism*）指的是同時執行兩個以上的任務。通常，這些術語可以互換使用而不會產生負面影響，因為它們非常密切相關。本章介紹這兩個概念的基礎知識。因為併發和並行程式設計是一個龐大而複雜的課題，徹底的瞭解需要一整本書。您可以在本章最後的「延伸閱讀」找到相關的書籍。

在本章中，您將學習使用 future 的併發和並行程式設計。接下來，您將學習如何使用互斥（mutexe）、條件變數和不可分割的概念（atomic）安全地共用資料。然後，本章會說明執行策略如何幫助加快程式碼的速度，但也包含了隱藏的危機。

併發程式設計

併發程式有多個同時運行的執行緒（或簡單地說執行緒（*thread*）），每個執行緒都是由指令所組成的序列。在大多數執行時環境中，作業系統會充當調度程式，來確定執行緒何時執行其下一條指令。每個程序可以有一個或多個執行緒，它們通常會彼此共用資源（例如記憶體）。因為調度程式決定執行緒何時執行，程式設計師通常不能依賴它們的順序。當作交換，程式可以在同一時間段（或同時）執行多個任務，這通常會大幅度的加快執行速度。要觀察從循序到併發版本的任何加速，您的系統將需要併發硬體，例如，多核心處理器。

本節從非同步任務開始，這是一種讓程式併發的高階方法。接下來，您將學習在處理共用可變狀態時協調這些任務的一些基本方法。然後，您將探討 stdlib 中提供給您的一些低階工具，以瞭解高階工具不具備所需性能特徵的特殊情況。

非同步任務

將併發引入程式的一種方法是建立非同步任務（*asynthronous task*）。非同步任務不需要立即得到結果，要啟動非同步任務，可以用 <future> 標頭中的 std::async 函式範本。

async

調用 std::async 時，第一個引數是啟動策略 std::launch，它接受兩個值之一：std::launch::async 或 std::launch::deferred。如果傳的是 launch::async，執行時將建立一個新執行緒來啟動任務。如果傳的是 deferred，將等到您需要任務的結果才會執行（有時稱為延遲執行（*lazy evaluation*）模式）。第一個引數是可選的，預設為 async|deferred，這意味著要接受哪種策略取決於實作。std::async 的第二個引數是代表要執行任務的函式物件。函式物件接受的引數個數或型別沒有限制，它可能傳回任何型別。非同步函式是一個帶

有函式引數包的可變範本。當非同步任務啟動時，傳遞到函式物件之外的任何附加引數都將用於調用函式物件。另外，std::async 會傳回一個名為 std::future 的物件。

以下簡化的 async 宣告有助於總結以上說明：

```
std::future<FuncReturnType> std::async([policy], func, Args&&... args);
```

既然您知道了如何調用 async，那麼讓我們看看如何與它的傳回值互動。

回到未來

future 是保存非同步任務值的類別範本。它有一個與非同步任務傳回值的型別相對應的範本參數。例如，如果傳遞一個傳回字串的函式物件，async 將傳回一個 future<string>。給定 future，您可以透過三種方式與非同步任務互動。

首先，可以用 valid 方法查詢 future 的有效性。有效的 future 具有與其關聯的共用狀態。非同步任務有一個共用狀態，因此它們可以傳遞結果。在檢索非同步任務的傳回值之前，async 傳回的任何 future 都是有效的，此時共用狀態的生存期結束，如列表 19-1 所示。

列表 19-1：async 函式傳回一個 valid future

```
#include <future>
#include <string>

using namespace std;

TEST_CASE("async returns valid future") {
  using namespace literals::string_literals;
  auto the_future = async([] { return "female"s; }); ❶
  REQUIRE(the_future.valid()); ❷
}
```

您啟動了一個非同步任務，它只是很單純地傳回一個 string ❶。因為 async 總是傳回一個有效的 future，因此 valid 會傳回 true ❷。

如果您預設建構一個 future，而它與共用狀態無關，那麼 valid 將傳回 false，如列表 19-2 所示。

列表 19-2：預設建構的 future 為 invalid

```
TEST_CASE("future invalid by default") {
  future<bool> default_future; ❶
  REQUIRE_FALSE(default_future.valid()); ❷
}
```

您預設建構了一個 future ❶，valid 傳回 false ❷。

其次，可以用 get 方法從有效的 future 取得值。如果非同步任務尚未完成，則呼叫 get 將暫停目前執行的執行緒，直到結果可用為止。列表 19-3 示範了如何利用 get 來取得傳回值：

列表 19-3：async 函式傳回一個有效的 future

```
TEST_CASE("async returns the return value of the function object") {
  using namespace literals::string_literals;
  auto the_future = async([] { return "female"s; }); ❶
  REQUIRE(the_future.get() == "female"); ❷
}
```

您可以用 async 啟動非同步任務 ❶，然後以所產生的 future 調用 get 方法。正如預期的那樣，結果是傳給 async 的函式物件的傳回值 ❷。

如果非同步任務引發一個例外，future 將收集該例外並在調用 get 時引發該例外，如列表 19-4 所示。

列表 19-4：get method 將引發非同步任務所引發的例外

```
TEST_CASE("get may throw ") {
  auto ghostrider = async(
```

```
                 [] { throw runtime_error{ "The pattern is full." }; }); ❶
    REQUIRE_THROWS_AS(ghostrider.get(), runtime_error); ❷
}
```

您將 lambda 傳給 async，async 會引發 runtime_error ❶。當您調用 get 時，它將引發該例外 ❷。

第三，您可以用 std::wait_for 或 std::wait_until 來檢查非同步任務是否已完成。要選擇哪一個取決於您想要傳遞的 chrono 物件的種類。如果有 duration 物件，則使用 wait_for。如果您有一個 time_point 物件，則使用 wait_until。兩者都會傳回一個 std::future_status，可接受以下三個值之一：

- future_status::deferred 表示非同步任務將被延遲評估，因此該任務在呼叫 get 時才會執行。
- future_status::ready 表示任務已經完成，結果已經準備好。
- future_status::timeout 表示任務沒有準備好。

如果任務在指定的等待期之前完成，async 將提前回傳。

列表 19-5 示範了如何用 wait_for 檢查非同步任務的狀態。

列表 19-5：用 wait_for 檢查非同步任務的狀態

```
TEST_CASE("wait_for indicates whether a task is ready") {
  using namespace literals::chrono_literals;
  auto sleepy = async(launch::async, [] { this_thread::sleep_for(100ms); }); ❶
  const auto not_ready_yet = sleepy.wait_for(25ms); ❷
  REQUIRE(not_ready_yet == future_status::timeout); ❸
  const auto totally_ready = sleepy.wait_for(100ms); ❹
  REQUIRE(totally_ready == future_status::ready); ❺
}
```

首先用 async 啟動一個非同步任務，它只是單純地等待 100 毫秒，然後結束 ❶。接下來，呼叫 wait_for 等待 25 毫秒 ❷，由於任務仍處於睡眠狀態（25<100），wait_for 傳回 future_status::timeout ❸。再

次呼叫 wait_for，最多再等待 100 毫秒 ❹。由於第二次 wait_for 將在 async 任務完成後完成，所以最後一次 wait_for 將傳回 future_status::read ❺。

> **NOTE**
>
> 就技術上而言，列表 19-5 中的斷言不一定能通過。第 522 頁的「等待」引入了 this_thread::sleep_for，這並不確切。操作環境負責調度執行緒，它可能會在等得指定的時間之後調度休眠的執行緒。

非同步任務範例

列表 19-6 內容為 factorize 函式，它會查找整數的所有因數。

> **NOTE**
>
> 列表 19-6 中的因式分解演算法效率非常低，但對於本例來說已經足夠了。有關高效率的整數因數分解演算法，請參閱 Dixon's 演算法、連續分數分解演算法或二次篩檢法。

列表 19-6：一個非常簡單的整數因數分解演算法

```
#include <set>

template <typename T>
std::set<T> factorize(T x) {
  std::set<T> result{ 1 }; ❶
  for(T candidate{ 2 }; candidate <= x; candidate++) { ❷
    if (x % candidate == 0) { ❸
      result.insert(candidate); ❹
      x /= candidate; ❺
      candidate = 1; ❻
    }
  }
  return result;
}
```

該演算法接受一個引數 x，首先初始化一個內容為 1 的 set ❶。然後，它從 2 反覆運算到 x ❷，檢查用 candidate 進行模除是否得到 0 ❸。如果是，candidate 是一個因數，於是您把它加到因子集 set ❹，接下來您把 x 除以您剛找到的因數 ❺，然後把 candidate 重置為 1 再重新開始搜尋 ❻。

由於整數分解是一個困難的問題（而且列表 19-6 效率很低），所以相對於您在本書中遇到的大多數函式，呼叫 factorize 可能需要很長時間。這使它成為非同步任務的主要候選物件。列表 19-7 中的 factor_task 函式使用第 12 章列表 12-25 中可靠的 Stopwatch 來包裝 factorize 並傳回良好格式的訊息。

列表 19-7：factor_task 函式包裝 factorize 的呼叫並傳回良好格式的訊息

```
#include <set>
#include <chrono>
#include <sstream>
#include <string>

using namespace std;

struct Stopwatch {
--snip--
};

template <typename T>
set<T> factorize(T x) {
--snip--
}

string factor_task(unsigned long x) { ❶
  chrono::nanoseconds elapsed_ns;
  set<unsigned long long> factors;
  {
    Stopwatch stopwatch{ elapsed_ns }; ❷
    factors = factorize(x); ❸
  }
```

```
    const auto elapsed_ms =
            chrono::duration_cast<chrono::milliseconds>(elapsed_ns).
count(); ❹
    stringstream ss;
    ss << elapsed_ms << " ms: Factoring " << x << " ( "; ❺
    for(auto factor : factors) ss << factor << " "; ❻
    ss << ")\n";
    return ss.str(); ❼
}
```

與 factorize 類似，factor_task 接受單一引數 x 來進行因數分解
❶（為簡單起見，factor_task 接受 unsigned long 而不是範本參
數）。接下來，在巢狀的作用範圍中初始化 Stopwatch ❷，然後用 x
調用 factorize ❸。結果是，elapsed_ns 內容為執行 factorize 時經
過的奈秒數，factors 的內容為 x 的所有因數。

接下來，透過首先將經過的時間轉換為以毫秒為單位的計數來建構
一個良好格式的字串 ❹。將此資訊寫入名為 ss 的 stringstream 物件
❺，後面跟著 x 的因數 ❻。然後傳回結果 string ❼。

列表 19-8 利用 factor_task 將六個不同的數字分解為因數，並記錄
程式執行的總時間。

列表 19-8：利用 factor_task 將六個不同的數字分解

```
#include <set>
#include <array>
#include <vector>
#include <iostream>
#include <limits>
#include <chrono>
#include <sstream>
#include <string>

using namespace std;

struct Stopwatch {
--snip--
```

```
};

template <typename T>
set<T> factorize(T x) {
--snip--
}

string factor_task(unsigned long long x) {
--snip--
}

array<unsigned long long, 6> numbers{ ❶
        9'699'690,
        179'426'549,
        1'000'000'007,
        4'294'967'291,
        4'294'967'296,
        1'307'674'368'000
};

int main() {
  chrono::nanoseconds elapsed_ns;
  {
    Stopwatch stopwatch{ elapsed_ns }; ❷
    for(auto number : numbers) ❸
      cout << factor_task(number); ❹
  }
  const auto elapsed_ms =
            chrono::duration_cast<chrono::milliseconds>(elapsed_ns).
count(); ❺
  cout << elapsed_ms << "ms: total program time\n"; ❻
}
```

```
0 ms: Factoring 9699690 ( 1 2 3 5 7 11 13 17 19 )
1274 ms: Factoring 179426549 ( 1 179426549 )
6804 ms: Factoring 1000000007 ( 1 1000000007 )
29035 ms: Factoring 4294967291 ( 1 4294967291 )
0 ms: Factoring 4294967296 ( 1 2 )
0 ms: Factoring 1307674368000 ( 1 2 3 5 7 11 13 )
37115ms: total program time
```

您建構了一個內容為六個大小不同的數值陣列 numbers ❶。接下來，初始化 Stopwatch ❷，用 numbers 反覆運算每個元素 ❸，並用它們調用 factor_task ❹。然後以毫秒為單位 ❺ 決定程式的執行時間並列印它 ❻。

輸出結果顯示，一些數字例如 9,699,690、4,294,967,296 和 1,307,674,368,000 幾乎可立即因數分解，因為它們包含小因數。然而，質數需要相當長的時間。注意，因為程式是單執行緒，所以整個程式的執行時間大致等於分解每個數字所花費的時間之和。

如果您將每個 factor_task 視為一個非同步任務呢？列表 19-9 示範了如何用 async 實作這一點。

列表 19-9：利用 factor_task 非同步分解六個不同的數字

```
#include <set>
#include <vector>
#include <array>
#include <iostream>
#include <limits>
#include <chrono>
#include <future>
#include <sstream>
#include <string>

using namespace std;

struct Stopwatch {
--snip--
};

template <typename T>
set<T> factorize(T x) {
--snip--
}

string factor_task(unsigned long long x) {
--snip--
```

```
}

array<unsigned long long, 6> numbers{
--snip--
};

int main() {
  chrono::nanoseconds elapsed_ns;
  {
    Stopwatch stopwatch{ elapsed_ns }; ❶
    vector<future<string>> factor_tasks; ❷
    for(auto number : numbers) ❸
      factor_tasks.emplace_back(async(launch::async, factor_task,
number)); ❹
    for(auto& task : factor_tasks) ❺
      cout << task.get(); ❻
  }
  const auto elapsed_ms =
              chrono::duration_cast<chrono::milliseconds>(elapsed_ns).
count(); ❼
  cout << elapsed_ms << " ms: total program time\n"; ❽
}
```

```
0 ms: Factoring 9699690 ( 1 2 3 5 7 11 13 17 19 )
1252 ms: Factoring 179426549 ( 1 179426549 )
6816 ms: Factoring 1000000007 ( 1 1000000007 )
28988 ms: Factoring 4294967291 ( 1 4294967291 )
0 ms: Factoring 4294967296 ( 1 2 )
0 ms: Factoring 1307674368000 ( 1 2 3 5 7 11 13 )
28989 ms: total program time
```

如列表 19-8 所示，初始化 Stopwatch 以記錄程式的執行時間 ❶。接下來，初始化一個名為 factor_tasks 的向量，該向量內容為 future<string> 型別的物件 ❷。您遍歷 numbers ❸，以 launch::async 策略調用 async，將 factor_task 指定為 function 物件，傳遞一個數字當作任務的引數。在每個產生的 future 調用 emplace_back 到 factor_tasks 中 ❹。現在 async 已經啟動了每個任務，您反覆運算 factor_tasks 的每個元素 ❺，在每個 task 上調用

get，並將其寫入 cout ❻。一旦從所有的 future 接收到值，就可以決定執行所有任務 ❼，並將其所用的毫秒數寫入 cout ❽。

由於併發性，列表 19-9 中的程式總時間，大致等於最大任務執行時間（28,988 毫秒），而不是任務執行時間的總和，如列表 19-8 所示（37,115 毫秒）。

> **NOTE**
>
> 每次執行列表 19-8 和列表 19-9 程式的時間可能會有不同。

共享與協調

非同步任務的併發程式設計很簡單，只要這些任務不需要同步，也不涉及共用可變資料。例如，考慮兩個執行緒存取同一個整數的簡單情況。一個執行緒將遞增整數，而另一個執行緒將遞減整數。要修改變數，每個執行緒必須讀取變數的目前值，執行加法或減法運算，然後將變數寫入記憶體。如果沒有同步，兩個執行緒將以未定義的交錯循序執行這些操作。這種情況有時稱為 **競用情況**（*race condition*），因為結果取決於哪個執行緒首先執行。列表 19-10 說明了發生這種情況會有怎樣的災難。

列表 19-10：不同步、可變、共享資料存取的災難性後果說明

```
#include <future>
#include <iostream>

using namespace std;

void goat_rodeo() {
  const size_t iterations{ 1'000'000 };
  int tin_cans_available{}; ❶
  auto eat_cans = async(launch::async, [&] { ❷
    for(size_t i{}; i<iterations; i++)
```

```
      tin_cans_available--; ❸
  });
  auto deposit_cans = async(launch::async, [&] { ❹
    for(size_t i{}; i<iterations; i++)
      tin_cans_available++; ❺
  });
  eat_cans.get(); ❻
  deposit_cans.get(); ❼
  cout << "Tin cans: " << tin_cans_available << "\n"; ❽
}

int main() {
  goat_rodeo();
  goat_rodeo();
  goat_rodeo();
}
```

```
Tin cans: -609780
Tin cans: 185380
Tin cans: 993137
```

> **NOTE**
>
> 列表 19-10 中的程式每次執行都會得到不同的結果，因為程式有未
> 定義的行為。

列表 19-10 涉及到定義一個名為 goat_rodeo 的函式，該函式涉及一
個災難性的競爭條件，以及一個調用 goat_rodeo 三次的 main。在
goat_rodeo 中，初始化共用資料 tin_cans_available ❶。接下來，
啟動一個名為 eat_cans 的非同步任務 ❷，其中一次山羊旅行將共用
變數 tin_cans_available 遞減一百萬次 ❸。接下來，啟動另一個名
為 deposit_cans ❹ 的非同步任務，該任務會將 tin_cans_available
遞增 ❺。對於這兩個任務，您可以透過呼叫 get（順序無關緊要）
❻ ❼ 來等待它們完成。任務完成後，列印 tin_cans_available 變
數 ❽。

直覺上，在每個任務完成後，您可能預期 `tin_cans_available` 會等於零。畢竟，無論您如何排列遞增和遞減，如果您以相等的數目執行它們，它們都將抵消。您調用了三次 `goat_rodeo`，每次調用都會產生完全不同的結果。

表 19-1 說明了列表 19-10 中的非同步存取出錯的許多方式之一。

表 19-1：一個可能的 eat_cans 和 deposit_cans 排程

eat_cans	deposit_cans	cans_available
讀取 cans_available (0)		0
	讀取 cans_available (0) ❶	0
計算 cans_available+1 (1)		0
	計算 cans_available-1 (-1) ❸	0
寫出 cans_available+1 (1) ❷		1
	寫出 ans_available-1 (-1) ❹	-1

表 19-1 顯示了交錯讀寫是如何引發災難的。在這個特定的情況中，deposit_cans 的讀取 ❶ 是在 eat_cans 寫入之前 ❷，因此 deposit_cans 計算的是一個過時的結果 ❸。如果這還不夠糟糕，那麼它在寫入時會把 eat_cans 的寫入吞噬掉。

這種資料競爭的根本問題是**對可變共用資料的非同步存取**。您可能想知道，當執行緒計算 cans_available+1 或 cans_available-1 時，為什麼 cans_available 不會立即更新。答案在於，表 19-1 中的每一行都表示某個指令完成執行的時刻，用於加、減、讀和寫記憶體的指令都是獨立的。由於 cans_available 變數是共用的，並且兩個執行緒都在不同步它們的操作的情況下對其進行寫入，所以指令在執行時會以未定義的方式交錯進行（導致災難性的結果）。在下面的小節中，您將學習處理這種情況的三種工具：互斥鎖、條件變數和不可分割性。

互斥鎖

互斥演算法（*mutex*）是一種防止多個執行緒同時存取資源的機制。互斥鎖是支援兩種操作的同步原式（*synchronization primitive*）：鎖定和解鎖。當執行緒需要存取共用資料時，它會鎖定互斥鎖。此操作可能會受阻，具體取決於互斥鎖的性質以及另一個執行緒是否將資源所定。當執行緒不再需要存取時，它會將互斥鎖解鎖。

`<mutex>` 標頭公開了幾個 mutex 選項：

- `std::mutex` 提供基本互斥。
- `std::timed_mutex` 提供超時的互斥。
- `std::recursive_mutex` 提供允許同一執行緒進行遞迴鎖定的互斥。
- `std::recursive_timed_mutex` 提供允許同一執行緒遞迴鎖定和超時的互斥。

`<shared_mutex>` 標頭提供了兩個附加選項：

- `std::shared_mutex` 提供共用互斥機制，即多個執行緒可以同時擁有互斥。此選項通常用於多個讀卡器可以存取共用資料，但寫入程式需要獨佔存取的情況。
- `std::shared_timed_mutex` 提供共用互斥功能，實作超時鎖定。

> **NOTE**
>
> 為簡單起見，本章僅涵蓋 mutex，有關其他選項的詳細資訊請參見 [thread.mutex]。

mutex 類別只定義一個預設建構子。當您想要取得互斥時，可以在 mutex 物件上呼叫兩個方法之一：`lock` 或 `try_lock`。如果呼叫 `lock`，則不接受任何引數並且會傳回 `void`，呼叫的執行緒將會暫停，直到 mutex 的狀態變為成用才會繼續執行。如果呼叫 `try_lock`，也不接受任何引數但會立即傳回 `bool`。如果 `try_lock` 成功地獲得互斥，它將傳回 `true`，並且呼叫目前擁有該鎖執行緒。如果 `try_lock` 失敗，則傳回 `false`，並且呼叫不擁有該鎖執行緒。要釋放

互斥鎖，只需呼叫 unlock method，該方法無需任何引數並且會傳回
void。

列表 19-11 示範一種基於鎖的方法來解決列表 19-10 中的競爭條件。

列表 19-11：利用互斥解決列表 19-10 中的競爭條件

```
#include <future>
#include <iostream>
#include <mutex>

using namespace std;

void goat_rodeo() {
  const size_t iterations{ 1'000'000 };
  int tin_cans_available{};
  mutex tin_can_mutex; ❶
  auto eat_cans = async(launch::async, [&] {
    for(size_t i{}; i<iterations; i++) {
      tin_can_mutex.lock(); ❷
      tin_cans_available--;
      tin_can_mutex.unlock(); ❸
    }
  });
  auto deposit_cans = async(launch::async, [&] {
    for(size_t i{}; i<iterations; i++) {
      tin_can_mutex.lock(); ❹
      tin_cans_available++;
      tin_can_mutex.unlock(); ❺
    }
  });
  eat_cans.get();
  deposit_cans.get();
  cout << "Tin cans: " << tin_cans_available << "\n";
}

int main() {
  goat_rodeo(); ❻
  goat_rodeo(); ❼
```

```
    goat_rodeo(); ❽
}
```

```
Tin cans: 0 ❻
Tin cans: 0 ❼
Tin cans: 0 ❽
```

您在 `goat_rodeo` 中添加了一個名為 `tin_can_mutex` 的 mutex ❶，該互斥鎖在 `tin_cans_available` 上提供了互斥的功能。在每個非同步任務中，一個執行緒在修改 `tin_cans_available` 之前需先取得一個鎖 ❷ ❹。一旦執行緒修改完成，就會解鎖 ❸ ❺。請注意，在每次執行結束時得到的可用錫罐數為零 ❻ ❼ ❽，這反映出您已經改善了競用情況。

互斥實作

實務上，互斥鎖有多種實作方式。最簡單的互斥鎖可能是執行緒執行迴圈直到把鎖釋放掉的自旋鎖（*spin lock*）。這種鎖通常會將一個執行緒釋放鎖和另一個執行緒取得鎖之間的時間量減到最小。但是它的計算代價很高，因為當其他執行緒可能正在執行有效率的工作時，CPU 會花費所有的時間來檢查鎖的可用性。通常，互斥鎖需要不可分割的指令，例如 `compare-and-swap`、`fetch-and-add`、`test-and-set`，因此它們可以在一個操作中檢查並取得鎖。

像 Windows 這樣的現代作業系統提供了更有效的方案來替代自旋鎖。例如，基於非同步程序呼叫的 mutex 允許執行緒等待一個 mutex 並進入一個程序。一旦互斥變為可用，作業系統就會喚醒等待的執行緒並放棄互斥鎖的所有權。這使得其他執行緒可以在一個 CPU 上做一些有效率的工作，否則這些工作將被自旋鎖佔用。

一般來說，您不需要擔心作業系統如何實作互斥的細節，除非它們成為程式中的瓶頸。

如果您認為處理互斥鎖對於 RAII 物件來說是一項完美的工作，那麼您是對的。假設您忘記對互斥鎖調用 unlock，比如說因為它引發了一個例外。當下一個執行緒出現並試圖用 lock 取得互斥鎖時，您的程式將突然停止。因此，stdlib 提供 RAII 類別來處理 <mutex> 標頭中的 mutex。在這裡可以找到幾個類別範本，所有這些範本都接受 mutex 當作建構子引數，並且一個範本參數對應於 mutex 的類別：

- std::lock_guard 是一個不可複製、不可移動的 RAII 包裝器，它在建構子中接受 mutex 物件，並在其中呼叫 lock，然後在解構子中呼叫 unlock。
- std::scoped_lock 是一個避免鎖死的 RAII 包裝器，用於多個互斥鎖。
- std::unique_lock 實作一個可移動的 mutex 所有權包裝器。
- std::shared_lock 實作一個可移動的共用互斥物件所有權包裝器。

為簡潔起見，本節重點在於介紹 lock_guard。列表 19-12 示範了如何重構列表 19-11 以使用 lock_guard 來代替手動 mutex 操作。

列表 19-12：用 lock_guard 重構列表 19-11

```
#include <future>
#include <iostream>
#include <mutex>

using namespace std;

void goat_rodeo() {
  const size_t iterations{ 1'000'000 };
  int tin_cans_available{};
  mutex tin_can_mutex;
  auto eat_cans = async(launch::async, [&] {
    for(size_t i{}; i<iterations; i++) {
      lock_guard<mutex> guard{ tin_can_mutex }; ❶
      tin_cans_available--;
    }
  });
  auto deposit_cans = async(launch::async, [&] {
```

```
      for(size_t i{}; i<iterations; i++) {
        lock_guard<mutex> guard{ tin_can_mutex }; ❷
        tin_cans_available++;
      }
    });
    eat_cans.get();
    deposit_cans.get();
    cout << "Tin cans: " << tin_cans_available << "\n";
}

int main() {
  goat_rodeo();
  goat_rodeo();
  goat_rodeo();
}
```

```
Tin cans: 0
Tin cans: 0
Tin cans: 0
```

與使用 lock 和 unlock 來管理互斥不同，您可以在需要同步的每個作
用範圍的開頭建構一個 lock_guard ❶ ❷。因為互斥機制是 mutex，
所以可以將它指定為 lock_guard 範本參數。列表 19-11 和列表 19-12
具有等效的執行時行為，包括程式執行所需的時間。RAII 物件與手
動程式釋放和取得鎖相比，不會有任何額外的執行時成本。

不幸的是，互斥鎖會需要執行時的額外開銷。您可能還注意到，執
行列表 19-11 和 19-12 比執行列表 19-10 花費的時間要長得多。原因
是取得和釋放鎖是一個相對昂貴的操作。在列表 19-11 和 19-12 中，
tin_can_mutex 被取得然後釋放了兩百萬次。相對於增加或減少一個
整數，取得或釋放鎖需要更多的時間，因此使用互斥來同步非同步
任務是次優的。在某些情況下，您可以透過使用不可分割的指令來
採取可能更有效的方法。

NOTE

有關非同步任務和 future 的更多資訊，請參閱 [futures.async]。

不可分割的指令

Atomic 一詞來自希臘語 *atomos*，意思是「不可分割的」，也就是一個操作以一個不可分割的單位來進行。另一個執行緒無法在中途觀察到該操作。當您在列表 19-10 中引入鎖以產生列表 19-11 時，您將增量和減量操作設置為不可分割操作，因為非同步任務無法在 `tin_cans_vailable` 上交錯執行讀寫操作。在執行這個基於鎖的解決方案時，這種方法非常慢，因為取得鎖非常昂貴。

另一種方法是使用在 `<atomic>` 標頭中的 `std::atomic` 類別範本，它提供了在**無鎖併發程式設計**中經常使用的原式。無鎖併發程式設計在不涉及鎖的情況下，解決了資料競爭問題。在許多現代架構中，CPU 支援了不可分割的指令。使用不可分割的指令，您可以透過依賴不可分割硬體指令來避免鎖定。

本章不會詳細討論 `std::atomic` 或如何設計您自己的無鎖解決方案，因為要正確地實作這一點非常困難，最好留給專家來解決。但是，在簡單的情況下，如列表 19-10 中所示，可以用 `std::atomic` 來確保遞增或遞減操作不能被分割。這巧妙地解決了資料競爭問題。

`std::atomic` 範本為所有基本型別提供了專門化，如表 19-2 所示。

表 19-2：基本型別的 `std::atomic` 範本專門化

範本專門化	別名
std::atomic<bool>	std::atomic_bool
std::atomic<char>	std::atomic_char
std::atomic<unsigned char>	std::atomic_uchar
std::atomic<short>	std::atomic_short
std::atomic<unsigned short>	std::atomic_ushort
std::atomic<int>	std::atomic_int
std::atomic<unsigned int>	std::atomic_uint
std::atomic<long>	std::atomic_long

範本專門化	別名
std::atomic<unsigned long>	std::atomic_ulong
std::atomic<long long>	std::atomic_llong
std::atomic<unsigned long long>	std::atomic_ullong
std::atomic<char16_t>	std::atomic_char16_t
std::atomic<char32_t>	std::atomic_char32_t
std::atomic<wchar_t>	std::atomic_wchar_t

表 19-3 列出了 std::atomic 所支援的一些操作。std::atomic 範本沒有複製建構子。

表 19-3：std::atomic 操作支援的操作說明

操作	描述
a{} a{ 123 }	預設建構子。 初始值設為 123。
a.is_lock_free()	若 **a** 是 lock-free，則傳回 true。（依 CPU 而定）
a.store(123)	把值 123 存入 **a**。
a.load() a()	傳回所儲存的值。
a.exchange(123)	把目前的值替換為 123 並傳回舊的值。這是一個「讀取 - 修改 - 寫入」操作。
a.compare_exchange_weak(10, 20) a.compare_exchange_strong(10, 20)	若目前的值為 10，則替換為 20。若值被替換，則傳回 true。有關弱與　的詳細資訊，請參見 [atomic] 文件。

NOTE

<cstdint> 也提供了型別的專門化，詳細資訊請參閱 [atomics.syn]。

對於數字型別，專門化提供了額外的操作，如表 19-4 所示。

表 19-4：`std::atomic a` 支援的數字型別專門化。

操作	描述
`a.fetch_add(123)` `a+=123`	用引數加上目前值的結果替換目前的值，並傳回修改前的值。這是一個「讀取 - 修改 - 寫入」操作。
`a.fetch_sub(123)` `a-=123`	用目前值減去引數的結果替換目前的值，並傳回修改前的值。這是一個「讀取 - 修改 - 寫入」操作。
`a.fetch_and(123)` `a&=123`	用目前值與引數以位元為單位進行 AND 運算的結果替換目前的值，並傳回修改前的值。這是一個「讀取 - 修改 - 寫入」操作。
`a.fetch_or(123)` `a|=123`	用目前值與引數以位元為單位進行 OR 運算的結果替換目前的值，並傳回修改前的值。這是一個「讀取 - 修改 - 寫入」操作。
`a.fetch_xor(123)` `a^=123`	用目前值與引數以位元為單位進行 XOR 運算的結果替換目前的值，並傳回修改前的值。這是一個「讀取 - 修改 - 寫入」操作。
`a++` `a--`	把 **a** 遞增或遞減。

因為列表 19-12 是無鎖解決方案的主要選項，所以可以用 `atomic_int` 替換 `tin_cans_available` 型別，並刪除互斥鎖。這防止了表 19-1 中所示的競用情況。列表 19-13 實作了這個重構。

列表 19-13：使用 `atomic_int` 而不是 `mutex` 解決競用情況

```
#include <future>
#include <iostream>
#include <atomic>

using namespace std;

void goat_rodeo() {
  const size_t iterations{ 1'000'000 };
  atomic_int❶ tin_cans_available{};
  auto eat_cans = async(launch::async, [&] {
    for(size_t i{}; i<iterations; i++)
      tin_cans_available--; ❷
```

```
  });
  auto deposit_cans = async(launch::async, [&] {
    for(size_t i{}; i<iterations; i++)
      tin_cans_available++; ❸
  });
  eat_cans.get();
  deposit_cans.get();
  cout << "Tin cans: " << tin_cans_available << "\n";
}

int main() {
  goat_rodeo();
  goat_rodeo();
  goat_rodeo();
}
```

```
Tin cans: 0
Tin cans: 0
Tin cans: 0
```

您將 int 替換為 atomic_int ❶，並刪除 mutex。由於遞減 ❷ 運算元
和遞增 ❷ 運算元是不可分割的，所以競用情況仍然是可解的。

> **NOTE**
>
> 有關 atomic 的更多資訊，請參閱 [atomics]。

您可能還注意到從列表 19-12 到列表 19-13 的效能有了相當大的提
升。一般來說，使用 atomic 操作比取得 mutex 要快得多。

> **WARNING**
>
> 除非您有一個如同本節中非常簡單的併發存取問題，否則您真的不
> 應該試圖自己實作無鎖解決方案。請參閱 Boost Lockfree 函式庫，
> 以取得經過全面測試的高品質免鎖容器。一如既往，您必須決定基
> 於鎖還是無鎖的實作是最佳的選項。

條件變數

條件變數（*condition variable*）是一個同步原式，在收到通知之前阻止一個或多個執行緒。另一個執行緒可以通知條件變數。在發出通知之後，條件變數可以解除阻止一個或多個執行緒，以便它們能夠繼續執行。一個非常流行的條件變數樣式涉及執行以下操作的執行緒：

1. 取得一些與等待中的執行緒共用的互斥。

2. 修改共用狀態。

3. 通知條件變數。

4. 釋放 mutex。

任何等待條件變數的執行緒都將執行以下操作：

1. 取得 mutex。

2. 等待條件變數（這將釋放 mutex）。

3. 當另一個執行緒通知條件變數時，該執行緒將被喚醒並可以執行一些工作（這將自動重新取得 mutex）。

4. 釋放 mutex。

由於現代作業系統帶來的複雜性，有時執行緒會錯誤地喚醒。因此，重要的是要驗證一個條件變數在等待的執行緒被喚醒時實際上是被通知的。

stdlib 在 `<condition_variable>` 標頭中提供了 `std::condition_variable`，它支援多種操作，包括表 19-5 中的操作。`condition_varable` 只支援預設建構，複製建構子將被刪除。

表 19-5：`std::condition_varable` **cv** 支援的操作

操作	描述
`cv.notify_one()`	若有任何執行緒正在等待 **cv**，此操作將通知其中一個執行緒。

操作	描述
cv.notify_all()	若有任何執行緒正在等待 cv，此操作將通知所有執行緒。
cv.wait(lock, [pred])	在通知程式所擁有的互斥鎖上給定一個 lock，當被喚醒時傳回。如果提供 pred 的話，pred 將決定該通知是虛假的（傳回 false）還是真實的（傳回 true）。
cv.wait_for(lock, [durn], [pred])	除了只等待 durn 時間之外，wait_for 跟 cv.wait 一樣。如果發生超時而且沒有提供 pred，則傳回 std::cv_status::timeout；否則傳回 std::cv_status::no_timeout。
cv.wait_until(lock, [time], [pred])	除了等待時間把 std::chrono::duration 改成使用 std::chrono::time_point 之外，跟 wait_for 一樣。

例如，您可以重構列表 19-12，以便利用條件變數在 deposit_cans 任務完成之前完成 *eat cans* 任務，如列表 19-14 所示。

列表 19-14：使用條件變數來確保所有的罐頭都在被吃掉之前存放好

```cpp
#include <future>
#include <iostream>
#include <mutex>
#include <condition_variable>

using namespace std;

void goat_rodeo() {
  mutex m; ❶
  condition_variable cv; ❷
  const size_t iterations{ 1'000'000 };
  int tin_cans_available{};

  auto eat_cans = async(launch::async, [&] {
    unique_lock<mutex> lock{ m }; ❸
    cv.wait(lock, [&] { return tin_cans_available == 1'000'000; }); ❹
```

```
    for(size_t i{}; i<iterations; i++)
      tin_cans_available--;
  });

  auto deposit_cans = async(launch::async, [&] {
    scoped_lock<mutex> lock{ m }; ❺
    for(size_t i{}; i<iterations; i++)
      tin_cans_available++;
    cv.notify_all(); ❻
  });
  eat_cans.get();
  deposit_cans.get();
  cout << "Tin cans: " << tin_cans_available << "\n";
}

int main() {
  goat_rodeo();
  goat_rodeo();
  goat_rodeo();
}
```

```
Tin cans: 0
Tin cans: 0
Tin cans: 0
```

宣告一個 mutex ❶ 和一個 condition_variable ❷，用來協調非同步
任務。在 eat_cans 任務中，您將獲得一個唯一的 mutex，它與一個
述詞一起傳入 wait，如果有可用的罐頭，該述詞將傳回 true ❸。此
方法將釋放 mutex，然後暫緩執行，直到滿足兩個條件：condition_
variable 喚醒此執行緒而且有一百萬個罐頭存量 ❹（請記住，由於
虛假喚醒，您必須檢查所有罐頭是否可用）。在 deposit_cans 任務
中，取得 mutex 上的鎖，存入罐頭，然後通知 condition_variable
上暫停執行的所有執行緒。

請注意，與前面的所有方法不同，tin_cans_uavailable 不可能是負
數，因為存入罐頭和吃罐頭的前後順序是固定的。

低階併發功能

stdlib 的 `<thread>` 函式庫包含了用於併發程式設計的低階工具。例如，`std::thread` 類別為作業系統執行緒建模。但是，最好不要直接使用 thread，而是將併發性設計到具有更高階抽象化（如任務）的程式中。如果您需要低階執行緒存取，[thread] 提供了更多資訊。

但是 `<thread>` 函式庫的確包容幾個有用的函式來操作目前執行緒：

- `std::this_thread::yield` 函式無需任何引數並傳回 `void`。`yield` 的確切行為取決於環境，但通常它提供了一個提示，即作業系統應該給其他執行緒一個執行的機會。例如，當特定資源上存在高度爭用互斥鎖的情況，並且您希望幫助所有執行緒都有機會存取時，這非常有用。

- `std::this_thread::get_id` 函式無需任何引數，並傳回 `std::thread::id` 型別的物件，這是一個羽量級執行緒，支援比較運算子和 `operator<<`。通常，它在關聯式容器中被當作鍵來使用。

- `std::this_thread::sleep_for` 函式接受 `std::chrono::duration` 引數，阻止目前執行緒繼續執行，直到至少經過指定的持續時間，並傳回 `void`。

- `std::this_thread::sleep_until` 接受 `std::chrono::time_point` 並傳回 `void`。它完全類別似於 `sleep_for`，只不過它至少會將執行緒暫停直到指定的 `time_point`。

當您需要這些功能時，它們是不可或缺的。否則，您真的不需要與 `<thread>` 標頭進行互動。

並行演算法

第 18 章介紹了 stdlib 的演算法，其中許多演算法接受了可選的第一個引數，稱為由 std::execution 值編碼的執行策略。在受支援的環境中，有三個可能的值：seq、par 和 par_unseq，其中後兩個選項表示要執行並行演算法。

一個例子：並行排序

列表 19-15 示範了如何將一個引數從 seq 改為 par，透過對十億個數字進行雙向排序，從而對程式的執行時間產生巨大影響。

列表 19-15：用 std::execution::seq 和 std::execution::par 當作引數呼叫 std::sort 的比較（結果是由帶有兩個 Intel Xeon E5-2620 v3 處理器的 Windows10 x64 電腦所輸出）

```cpp
#include <algorithm>
#include <vector>
#include <numeric>
#include <random>
#include <chrono>
#include <iostream>
#include <execution>

using namespace std;

// From Listing 12-25:
struct Stopwatch {
--snip--
};

vector<long> make_random_vector() { ❶
  vector<long> numbers(1'000'000'000);
  iota(numbers.begin(), numbers.end(), 0);
  mt19937_64 urng{ 121216 };
  shuffle(numbers.begin(), numbers.end(), urng);
```

```
    return numbers;
}

int main() {
  cout << "Constructing random vectors...";
  auto numbers_a = make_random_vector(); ❷
  auto numbers_b{ numbers_a }; ❸
  chrono::nanoseconds time_to_sort;
  cout << " " << numbers_a.size() << " elements.\n";
  cout << "Sorting with execution::seq...";
  {
    Stopwatch stopwatch{ time_to_sort };
    sort(execution::seq, numbers_a.begin(), numbers_a.end()); ❹
  }
  cout << " took " << time_to_sort.count() / 1.0E9 << " sec.\n";

  cout << "Sorting with execution::par...";
  {
    Stopwatch stopwatch{ time_to_sort };
    sort(execution::par, numbers_b.begin(), numbers_b.end()); ❺
  }
  cout << " took " << time_to_sort.count() / 1.0E9 << " sec.\n";
}
```
```
Constructing random vectors... 1000000000 elements.
Sorting with execution::seq... took 150.489 sec.
Sorting with execution::par... took 17.7305 sec.
```

make_random_vector 函式 ❶ 產生一個內容為十億個唯一數字的向
量。您建立了兩個副本，numbers_a ❷ 和 numbers_b ❸。您分別對
每個向量排序。在第一種情況下，使用循序執行策略進行排序 ❹，
Stopwatch 指出這項操作花費了大約兩分半（大約 150 秒）。在第二
種情況下，您用並行執行策略進行排序 ❺。相反地，Stopwatch 指
出這項操作花費了大約 18 秒，循序執行的時間大約是並行執行的
8.5 倍。

並行演算法不是魔法

不幸的是，並行算法並不是神奇的魔法，儘管它們在簡單的情況下工作得非常出色，比如列表 19-15 中的 sort，但在使用它們時必須小心。任何時候一個演算法產生的副作用超出了目標序列，您必須認真考慮競用情況。將函式物件傳給演算法的任何演算法尤須特別注意，如果函式物件具有共享的可變狀態，則執行執行緒將具有共用存取權限，並且可能存在競用情況。例如，考慮列表 19-16 中的並行 transform 調用。

列表 19-16：一個包含由於非不可分割存取 n_transfomred 競用情況的程式

```
#include <algorithm>
#include <vector>
#include <iostream>
#include <numeric>
#include <execution>

int main() {
  std::vector<long> numbers{ 1'000'000 }, squares{ 1'000'000 }; ❶
  std::iota(numbers.begin(), numbers.end(), 0); ❷
  size_t n_transformed{}; ❸
  std::transform(std::execution::par, numbers.begin(), numbers.end(), ❹
                 squares.begin(), [&n_transformed] (const auto x) {
                   ++n_transformed; ❺
                   return x * x; ❻
                 });
  std::cout << "n_transformed: " << n_transformed << std::endl; ❼
}
```
```
n_transformed: 187215 ❼
```

首先初始化兩個 vector 物件，numbers 和 squares，其中內容為一百萬個元素 ❶。接下來，用 iota 將其中一個填入數字 ❷，並將變數 n_transfomred 初始化為 0 ❸。然後用並存執行策略調用 transform，以 numbers 當作目標序列，squares 當作結果序列，和一個簡單的

lambda ❹。lambda 將 n_transformed 遞增 ❺ 並傳回引數 x 的平方 ❻。由於多個執行緒執行這個 lambda，所以對 n_transformed 的存取必須同步 ❼。

上一節介紹瞭解決這個問題的兩種方法，鎖和不可分割指令。在這種情況下，最好只用 std::atomic_size_t 來取代 size_t。

摘要

本章從一個非常高階的層次上探討了併發和並行。此外，您還學習了如何啟動非同步任務，這使您可以輕鬆地在程式碼中引入多執行緒程式設計概念。儘管在程式中引入並行和併發概念可以顯著提高效能，但必須小心避免引起未定義行為的爭用情況。您還學習幾種同步存取可變共享狀態的機制：互斥、條件變數和不可分割指令。

練習

19-1. 撰寫自己的基於自旋鎖的互斥鎖，稱為 SpinLock。公開一個鎖、一個 try_lock 和一個 unlock method。您的類別應該刪除複製建構子。嘗試將類別的實例與 std::lock_guard<SpinLock> 一起使用。

19-2. 瞭解惡名昭彰的雙重檢查鎖定樣式（double-checked locking pattern, DCLP）以及為什麼不應該使用它。（請參閱以下「延伸閱讀」中提到的 Scott Meyers 和 Andrei Alexandrescu 的文章。）然後閱讀確保使用 [thread.once.callonce] 中的 std::call_once 調用可呼叫物件一次的適當方法.

19-3. 建立執行緒安全佇列類別。這個類別必須公開一個類似 std::queue 的介面（請參閱 [queue.defn])。在內部使用 std::queue 來儲存元素，用 std::mutex 同步存取此內部 std::queue。

19-4. 將 `wait_and_pop` 方法以及 `std::condition_variable` 成員添加到執行緒安全佇列中。當使用者調用 `wait_and_pop` 而且佇列內容為元素時，它應該將元素從佇列中彈出並傳回它。如果佇列是空的，執行緒應該暫停執行，直到佇列中有某個元素，再繼續彈出元素。

19-5. （可選）閱讀 Boost Coroutine2 文件，尤其是「概述」、「簡介」和「動機」部分。

延伸閱讀

- 「C++ and the Perils of Double-Checked Locking：Part I」，（*http://www.drdobbs.com/cpp/c-and-the-periors-of-double-checked-locki/184405726/*）Scott Meyers 和 Andrei Alexandrescu 著

- 《*ISO 國際標準 ISO/IEC（2017）：程式語言 C++*》，（國際標準組織；瑞士日內瓦；*https://isocpp.org/std/the-standard/*）

- 《*C++ Concurrency in Action, 2/e*》，Manning，2018，Anthony Williams 著

- 《*Know When to Use an Active Object Instead of a Mutex*》，（*https://herbsutter.com/2010/09/24/effective-concurrency-know-when-to-use-an-active-object-instead-of-a-mutex/*）Herb Sutter 著

- 《*Effective Modern C++ 中文版：提昇 C++11 與 C++14 技術的 42 個具體作法*》，碁峰，2016，Scott Meyers 著

- 「A Survey of Modern Integer Factorization Algorithms」CWI Quarterly 7.4(1994): 337-365，Peter L. Montgomery 著

20

BOOST ASIO
網路程式設計

任何在用電腦時忘記時間的人都知道夢想的傾向、
實現夢想的渴望、以及錯過午餐的傾向。

——蒂姆·伯納斯·李（*Tim Berners-Lee*）

Boost Asio 是一個用於低階 I/O 程式設計的
函式庫。在本章中，您將瞭解 Boost Asio
的基本網路功能，這些功能讓程式能夠輕鬆地與
網路資源進行高效率的互動。可惜的是，**stdlib** 不包含
C++17 的網路程式設計函式庫。因此，**Boost Asio** 在許多
具有網路元件的 **C++** 程式中扮演著重要的角色。

雖然 Boost Asio 是 C++ 開發人員的首選，他們希望將跨平臺、
高性能的 I/O 整合到程式中，但這是一個眾所周知的複雜的函式
庫。這種複雜性加上對低階網路程式設計的不熟悉，對新手來說
可能太難應付了。如果您覺得本章很晦澀或者您不需要關於網路
程式設計的資訊，您可以跳過本章。

Boost Asio 程式設計模型

在 Boost 程式設計模型中，*I/O 上下文物件*將處理非同步資料的作業系統介面抽象化。此物件是 *I/O 物件*的註冊表，用來啟動非同步作業。每個物件都知道其相對應的服務，而上下文物件則充當連線的仲介。

Boost Asio 定義了一個服務物件 **boost::Asio::io_context**。它的建構子接受一個名為*併發提示*的可選整數引數，該引數是 **io_context** 應允許併發運行的執行緒個數。例如，在一台 8 核心電腦上，您可以按照以下方式建構 **io_context**：

```
boost::asio::io_context io_context{ 8 };
```

您將把同一個 **io_context** 物件傳給 I/O 物件的建構子。設定完所有 I/O 物件後，將在 **io_context** 調用 **run** 方法，該方法將被阻斷，直到所有待處理的 I/O 操作完成。

最簡單的 I/O 物件之一是 **boost::asio::steady_timer**，您可以用它來將任務排程。它的建構子接受 **io_context** 物件和可選的 **std::chrono::time_point** 或 **std::chrono_duration**。例如，以下建構了一個穩定的計時器，它在三秒種之後就會過期：

```
boost::asio::steady_timer timer{
  io_context, std::chrono::steady_clock::now() + std::chrono::seconds{ 3 }
};
```

您可以透過阻斷或非阻斷呼叫等待計時器。要阻斷目前執行緒，可以用計時器的 wait 方法。結果基本上與使用 std::this_thread::sleep_for 類似，您在第 519 頁的「Chrono」中已瞭解到這一點。若要非同步等待，請使用計時器的 async_wait 方法。它接受一個稱為回呼（*callback*）的函式物件。一旦執行緒被喚醒，作業系統將調用函式物件。由於現代作業系統的複雜性，這可能是因為計時器過期，但也可能不是。

一旦計時器過期，如果要執行額外的等待，可以創建另一個計時器。如果您等待一個過期的計時器，它將立即傳回。您應該不會想要這麼做，所以請確保您只等待未過期的計時器。

要檢查計時器是否已過期，函式物件必須接受 boost::system::error_code。error_code 類別是一個簡單的類別，它表示特定於作業系統的錯誤。

它隱式地轉換為 bool（如果表示錯誤情況，則為 true；否則為 false）。如果回呼的 error_code 的評估結果為 false，則表示計時器已過期。

一旦您用 async_wait 將一個非同步作業排隊，您將調用 io_context 物件上的 run 方法，因為這個方法將被阻斷直到所有非同步作業完成。

列表 20-1 示範了如何為阻斷和非阻斷等待建構和使用計時器。

列表 20-1：一個將 boost::asio::steady_timer 用於同步和非同步等待的程式

```
#include <iostream>
#include <boost/asio.hpp>
#include <chrono>
```

```
boost::asio::steady_timer make_timer(boost::asio::io_context& io_
context) { ❶
  return boost::asio::steady_timer{
          io_context,
          std::chrono::steady_clock::now() + std::chrono::seconds{ 3 }
  };
}

int main() {
  boost::asio::io_context io_context; ❷

  auto timer1 = make_timer(io_context); ❸
  std::cout << "entering steady_timer::wait\n";
  timer1.wait(); ❹
  std::cout << "exited steady_timer::wait\n";

  auto timer2 = make_timer(io_context); ❺
  std::cout << "entering steady_timer::async_wait\n";
  timer2.async_wait([] (const boost::system::error_code& error) { ❻
    if (!error) std::cout << "<<callback function>>\n";
  });
  std::cout << "exited steady_timer::async_wait\n";
  std::cout << "entering io_context::run\n";
  io_context.run(); ❼
  std::cout << "exited io_context::run\n";
}
```
```
entering steady_timer::wait
exited steady_timer::wait
entering steady_timer::async_wait
exited steady_timer::async_wait
entering io_context::run
<<callback function>>
exited io_context::run
```

您定義了 make_timer 函式,並用它來建構一個 steady_timer,該計
時器將在三秒內過期 ❶。在 main 中,您初始化了程式的 io_context
❷,並從 make_timer 建構第一個計時器 ❸。當您在該計時器上呼

叫 wait 時 ❹，執行緒將阻斷三秒鐘，然後繼續。接下來，用 make_timer 建構另一個計時器 ❺，然後用 lambda 調用 async_wait ❻，該 lambda 在計時器過期時會列印 <<callback_function>>。最後，調用 io_context 上的 run 開始處理操作 ❼。

用 Asio 設計網路程式

Boost Asio 包含用於在幾個重要的網路通訊協定上執行基於網路的 I/O 的功能。既然您已經瞭解了 io_context 的基本用法以及如何將非同步 I/O 操作排隊，那麼您就可以進一步探索如何執行更複雜的 I/O 操作了。在本節中，您將擴充關於等待計時器的知識，並使用 Boost Asio 的網路 I/O 功能。本章結束時，您將瞭解如何建構透過網路進行通訊的程式。

網際網路協定套件

網際網路協定（Internet Protocol, IP）是跨網路傳遞資料的主要協定。IP 網路中的每個參與者都被稱為**主機**（*host*），每個主機都會獲得一個 IP 位址來標識它。IP 位址有兩種版本：IPv4 和 IPv6。IPv4 地址是 32 位元，IPv6 地址則是 128 位元。

網路設備使用網際網路控制訊息協定（Internet Control Message Protocol, ICMP）來發送支援 IP 網路操作的資訊。ping 和 traceroute 程式使用 ICMP 訊息查詢網路。通常，終端使用者應用程式不需要直接與 ICMP 互動。

要透過 IP 網路發送資料，通常使用傳輸控制協定（Transmission Control Protocol, TCP）或使用者資料包通訊協定（User Datagram Protocol, UDP）。一般來說，當需要確保資料到達目的地時使用 TCP，當需要確保資料快速傳輸時使用 UDP。TCP 是一種連線導向的協定，在該協定中，接收者確認他們已經收到了為他們準備的訊息。UDP 是 種簡單的無連線協定，沒有內建的可靠性機制，

NOTE

您可能無法理解在 TCP/UDP 上下文中的「連線」是代表什麼意思或者認為「無連線」協定似乎很荒謬。在這裡，連線意味著在網路中的兩個參與者之間建立一個通道，以保證訊息的傳遞和順序。這些參與者執行握手來建立連線，他們有一種機制來通知對方他們想要關閉連線。在無連線協定中，一個參與者向另一個參與者發送資料包無需事先建立通道。

有了 TCP 和 UDP，網路設備之間就可以用通訊埠（*ports*）來建立連線。通訊埠是從 0 到 65,535（2 位元組）的整數，用於指定在給定網路設備上執行的特定服務。這樣，單一設備可以執行多個服務，並且每個服務可以單獨定址。當一個客戶端（*client*）的設備啟動與另一個伺服器（*server*）的設備的通訊時，客戶端指定要連線到哪個通訊埠。當您將設備的 IP 位址與通訊埠號配對時，結果稱為通訊端（*socket*）。

例如，IP 位址 10.10.10.100 的設備可以透過將 web 伺服器應用程式綁定到通訊埠 80 來為網頁提供服務。這會在 10.10.10.100:80 創建一個伺服器通訊端。接下來，IP 位址 10.10.10.200 的設備啟動 web 瀏覽器，打開一個「隨機高編號通訊埠」（例如 55123）。這會在客戶端 10.10.10.200:55123 創建一個通訊端。然後，客戶機透過在客戶機通訊端和伺服器通訊端之間建立 TCP 連線來連線到伺服器。許多其他程序可以同時在具有許多其他網路連線的任一或兩個設備上運行。

網際網路分配號碼管理局（Internet Assigned Numbers Authority, IANA）維護一個分配號碼列表，以標準化某些類型服務使用的通訊埠（該列表可從 *http://www.iana.org/* 取得）。表 20-1 提供了該列表中一些常用的協定。

表 20-1：IANA 分配的眾所周知的協定

通訊埠	TCP	UDP	關鍵字	描述
7	✓	✓	echo	回應協定
13	✓	✓	daytime	日期時間協定
21	✓		ftp	檔案傳輸協定
22	✓		ssh	安全外殼協定
23	✓		telnet	telnet 協定
25	✓		smtp	簡單郵件傳輸協定
53	✓	✓	domain	網域名稱系統
80	✓		http	超本文傳輸協定
110	✓		pop3	郵局協定
123		✓	ntp	網路時間協定
143	✓		imap	網際網路訊息存取協定
179	✓		bgp	邊界閘道協定
194	✓		irc	網際網路中繼聊天
443	✓		https	超本文傳輸協定（安全）

Boost Asio 支援透過 ICMP、TCP 和 UDP 進行網路 I/O。為簡潔起見，本章只討論 TCP，因為三個協定中涉及的 Asio 類別非常相似。

NOTE

如果您不熟悉網路通訊協定，可參考權威著作《The TCP ／ IP Guide》，作者：Charles M. Kozierok。

主機名稱解析

當客戶機想要連線到伺服器時，它需要伺服器的 IP 位址。在某些情境中，客戶機可能已經擁有此資訊。在其他情況下，客戶機可能只有一個服務名稱。將服務名稱轉換為 IP 位址的過程稱為**主機名稱**

解析。Boost Asio 內含 boost::asio::ip::tcp::resolver 類別來執行主機名稱解析。若要建構解析器，請傳遞 io_context 實例當作唯一的建構子引數，如下所示：

```
boost::asio::ip::tcp::resolver my_resolver{ my_io_context };
```

要執行主機名稱解析，請使用 resolve 方法，該方法至少接受兩個 string_view 引數：主機名稱和服務。您可以為服務提供關鍵字或通訊埠號（有關一些關鍵字範例，請參閱表 20-1）。resolve 方法傳回一系列 boost::asio::ip::tcp::resolver::basic_resolver_entry 物件，這些物件公開了幾個有用的方法：

- endpoint 取得 IP 位址和通訊埠。
- host_name 取得主機名稱。
- service_name 取得與此通訊埠相關聯的服務名稱。

如果解析失敗，resolve 將引發 boost::system::system_error。或者，您可以傳遞 boost::system::error_code 參照，它接收錯誤而不是引發例外。例如，列表 20-2 用 Boost Asio 來確定 No-Starch Press 網頁伺服器的 IP 位址和通訊埠。

列表 20-2：用 Boost Asio 阻止主機名稱解析

```
#include <iostream>
#include <boost/asio.hpp>

int main() {
  boost::asio::io_context io_context; ❶
  boost::asio::ip::tcp::resolver resolver{ io_context }; ❷
  boost::system::error_code ec;
  for(auto&& result : resolver.resolve("www.nostarch.com", "http", ec)) { ❸
    std::cout << result.service_name() << " " ❹
              << result.host_name() << " " ❺
              << result.endpoint() ❻
              << std::endl;
  }
```

```
    if(ec) std::cout << "Error code: " << ec << std::endl; ❼
}
```

```
http www.nostarch.com 104.20.209.3:80
http www.nostarch.com 104.20.208.3:80
```

NOTE

您的結果可能會因 No Starch Press 網頁伺服器在 IP 空間中的位置
而異。

您 初 始 化 了 io_context ❶ 和 boost::asio::ip::tcp::resolver
❷。在以範圍為基礎的 for 迴圈中，反覆運算每個 result 並提取
service_name ❹、host_name ❺ 和 endpoint ❻。如果 resolve 遇到錯
誤，會將其列印到標準輸出 ❼。

您可以用 async_resolve 方法執行非同步主機名稱解析。與 resolve
一樣，傳遞主機名稱和服務當作前兩個引數。此外，您還提供了一
個回呼函式物件，它接受兩個引數：system_error_code 和一系列
basic_resolver_entry 物件。列表 20-3 示範了如何重構列表 20-2 以
使用非同步主機名稱解析。

列表 20-3：用 async_resolve 重構列表 20-2

```
#include <iostream>
#include <boost/asio.hpp>

int main() {
  boost::asio::io_context io_context;
  boost::asio::ip::tcp::resolver resolver{ io_context };
  resolver.async_resolve("www.nostarch.com", "http", ❶
    [](boost::system::error_code ec, const auto& results) { ❷
      if (ec) { ❸
        std::cerr << "Error:" << ec << std::endl;
        return; ❹
      }
      for (auto&& result : results) { ❺
        std::cout << result.service_name() << " "
```

```
                        << result.host_name() << " "
                        << result.endpoint() << " "
                        << std::endl; ❻
        }
      }
  );
  io_context.run(); ❼
}
```

```
http www.nostarch.com 104.20.209.3:80
http www.nostarch.com 104.20.208.3:80
```

在您的解析程式上調用 async_resolve 之前，設定與列表 20-2 相同。您跟之前一樣傳遞的主機名稱和服務，但增加了一個接受強制參數的回呼引數 ❷。在回呼 lambda 的主體中，檢查錯誤情況 ❸。如果存在，列印一條友好的錯誤訊息然後 return ❹。在無錯誤的情況下，您像以前一樣反覆運算結果 ❺，列印 service_name、host_name、endpoint ❻。與計時器一樣，您需要調用 io_context 上的 run，以便讓非同步作業有機會完成 ❼。

連線

一旦透過主機名稱解析，或自己建構一個端點來獲得了一個端點的範圍，就可以建立連線了。

首先，您需要 boost::asio::ip::tcp::socket，這是一個抽象化底層作業系統的 socket 並將其呈現給 Asio 使用的類別，該 socket 將以 io_context 作為引數。

其次，需要調用 boost::asio::connect 函式，該函式接受一個表示要連線端點的 socket 當作第一個引數，並接受一個 endpoint 範圍當作第二個引數。您可以提供 error_code 參照當作可選的第三個引數；否則，如果發生錯誤，connect 將引發 system_error 例外。如果成功，connect 將傳回一個 endpoint，即它成功連線到的輸入範圍中的 endpoint。在這一點之後，socket 物件表示系統環境中的真正的通訊端。

列表 20-4 示範了如何連線到 No Starch Press 的網頁伺服器。

列表 20-4：連線到 No Starch 網頁伺服器

```
#include <iostream>
#include <boost/asio.hpp>

int main() {
  boost::asio::io_context io_context;
  boost::asio::ip::tcp::resolver resolver{ io_context }; ❶
  boost::asio::ip::tcp::socket socket{ io_context }; ❷
  try {
    auto endpoints = resolver.resolve("www.nostarch.com", "http"); ❸
    const auto connected_endpoint = boost::asio::connect(socket,
endpoints); ❹
    std::cout << connected_endpoint; ❺
  } catch(boost::system::system_error& se) {
    std::cerr << "Error: " << se.what() << std::endl; ❻
  }
}
```

```
104.20.209.3:80 ❺
```

您建構了一個 resolver ❶，如列表 20-3 所示。此外，您用相同的
io_context 初始化 socket ❷。接下來，調用 resolve 方法取得與
www.nostarch.com 的通訊埠 80 相關聯的所有 endpoint ❸。請記住，
每個 endpoint 都是一個 IP 位址和一個與解析的主機對應的通訊埠。
在本例中，resolve 用網域名稱系統來決定 *www.nostarch.com* 的通訊
埠 80 位於 IP 位址 104.20.209.3。然後用通訊端和端點調用 connect
❹，它會傳回 connect 成功的端點 ❺。如果發生錯誤，resolve 或
connect 將引發例外，您會捕獲該例外並將其列印到 stderr ❻。

您還可以用 boost::asio::async_connect 以非同步方式連線，它接
受與 connect: 相同的兩個引數：socket 和 endpoint 範圍。第三個
引數是充當回呼的函式物件，它必須以 error_code 當作第一個引
數、endpoint 當作第二個引數。列表 20-5 示範如何以非同步方式
連線。

列表 20-5：非同步連線到 No Starch 網頁伺服器

```cpp
#include <iostream>
#include <boost/asio.hpp>

int main() {
  boost::asio::io_context io_context;
  boost::asio::ip::tcp::resolver resolver{ io_context };
  boost::asio::ip::tcp::socket socket{ io_context };
  boost::asio::async_connect(socket, ❶
    resolver.resolve("www.nostarch.com", "http"), ❷
    [] (boost::system::error_code ec, const auto& endpoint){ ❸
      std::cout << endpoint; ❹
  });
  io_context.run(); ❺
}
```

```
104.20.209.3:80 ❹
```

這個設定與列表 20-4 完全相同，只是用 async_connect 替換 connect 並傳遞相同的第一個 ❶ 和第二個 ❷ 引數。第三個引數是回呼函式物件 ❸，您在其中將端點列印到 stdout ❹。與所有非同步 Asio 程式一樣，您可以呼叫在 io_context 上的 run ❺。

緩衝區

Boost Asio 提供了幾個緩衝類別。緩衝區（*buffer*）（或資料緩衝區）是記憶體，儲存暫時資料的記憶體。Boost Asio 緩衝區類別構成了所有 I/O 操作的介面。在對您所建立的網路連線執行任何操作之前，您需要一個用於讀寫資料的介面。為此，您只需要三種緩衝區類別型：

- boost::asio::const_buffer 保留一個緩衝區，一旦建構了，就不能修改。

- boost::asio::mutable_buffer 保留一個緩衝區，可以在建構後進行修改。

- boost::asio::streambuf 以 std::streambuf 為基礎保留一個自動調整大小的緩衝區。

這三種緩衝區類別都提供了兩種存取其底層資料的重要方法：data 和 size。

mutable_buffer 和 const_buffer 類別的 data method 傳回指向底層資料序列中第一個元素的指標，它們的 size 方法傳回該序列中元素的個數。元素是連續的，兩個緩衝區都提供了預設建構子，用來初始化空的緩衝區，如列表 20-6 所示。

列表 20-6：預設建構 const_buffer 和 mutable_buffer 產生空緩衝區

```
#include <boost/asio.hpp>

TEST_CASE("const_buffer default constructor") {
  boost::asio::const_buffer cb; ❶
  REQUIRE(cb.size() == 0); ❷
}

TEST_CASE("mutable_buffer default constructor") {
  boost::asio::mutable_buffer mb; ❸
  REQUIRE(mb.size() == 0); ❹
}
```

使用預設建構子 ❶ ❸，可以建構 size 為零的空緩衝區 ❷ ❹。

mutable_buffer 和 const_buffer 都提供了接受 void* 以及跟要包裝的資料相對應的 size_t 的建構子。請注意，這些建構子並不擁有它們所指向記憶體的所有權，因此這是一個設計決策，它為 Boost Asio 使用者提供了最大的靈活性。不幸的是，這也會導致潛在的嚴重錯誤，未能正確管理緩衝區及其指向的物件生存期，將導致未定義的行為。您必須確保該記憶體的儲存持續時間，至少與您所建構的緩衝區的生存時間相同。

列表 20-7 示範了如何用以指標為基礎的建構子來建構緩衝區。

列表 20-7：使用基於指標的建構子建構 const_buffer 和 mutable_buffer

```
#include <boost/asio.hpp>
#include <string>

TEST_CASE("const_buffer constructor") {
  boost::asio::const_buffer cb{ "Blessed are the cheesemakers.", 7 }; ❶

  REQUIRE(cb.size() == 7); ❷
  REQUIRE(*static_cast<const char*>(cb.data()) == 'B'); ❸
}

TEST_CASE("mutable_buffer constructor") {
  std::string proposition{ "Charity for an ex-leper?" };
  boost::asio::mutable_buffer mb{ proposition.data(), proposition.
size() }; ❹

  REQUIRE(mb.data() == proposition.data()); ❺
  REQUIRE(mb.size() == proposition.size()); ❻
}
```

在第一個測試中，您用一個 C 語言寫法、長度固定為 7 的字串來建構一個 const_buffer ❶。這個固定的長度小於字串 Blessed are the cheesemakers. 的長度，因此這個緩衝區指的是 Blessed 而不是整個字串。這說明了您可以選擇陣列的子集（就像您在第 671 頁的「字串視圖」所學到的 std::string_view 一樣）。結果緩衝區的 size 為 7 ❷，如果您將指標從 data 轉換為 const char*，您將看到它會指向 C 語言格式的字串中的字元 B。

在第二個測試中，您透過調用緩衝區建構子中的 data 和 size 成員，用字串建構 mutable_buffer。結果緩衝區的 data ❺ 和 size ❻ 方法將相同的資料傳回給原始的 string。

boost::asio::streambuf 類別接受兩個可選的建構子引數：size_t 最大的大小和分配器。預設情況下，最大的大小是 std::numeric_ limits<std::size_t>，並且分配器類似於 stdlib 容器的預設分配器。streambuf 輸入序列的初始大小始終為零，如列表 20-8 所示。

列表 20-8：預設建構 streambuf

```
#include <boost/asio.hpp>

TEST_CASE("streambuf constructor") {
  boost::asio::streambuf sb; ❶
  REQUIRE(sb.size() == 0); ❷
}
```

您預設建構了一個 streambuf ❶，當您調用它的 size 方法時會傳回 0 ❷。

可以將指向 streambuf 的指標傳給 std::istream 或 std::ostream 建構子。回想一下第 704 頁的「串流類別」，它們是 basic_istream 和 basic_ostream 的專門化，將串流操作公開給底層同步或來源。列表 20-9 示範了如何用這些類別寫入 streambuf 並隨後從中讀取。

列表 20-9：寫入 streambuf 並讀取其內容

```
TEST_CASE("streambuf input/output") {
  boost::asio::streambuf sb; ❶
  std::ostream os{ &sb }; ❷
  os << "Welease Wodger!"; ❸

  std::istream is{ &sb }; ❹
  std::string command; ❺
  is >> command; ❻

  REQUIRE(command == "Welease"); ❼
}
```

您再次建構一個空的 streambuf ❶，並將其位址傳給 ostream 的建構子 ❷。然後將字串 Welease Wodger! 寫到 ostream，ostream 又將字串寫入底層 streambuf。

接下來，用 streambuf 的位址再次創建一個 istream。然後建立一個 string ❺，並將 istream 寫入 string 中 ❻。回想一下第 711 頁的「基本型別的特殊格式」，此操作將跳過任何前導空格，然後讀取接下來的字串，直到下一個空格，這將產生字串的第一個單字 Welease ❼。

Boost Asio 還提供了方便的函式範本 boost::asio::buffer，它接受元素為 POD 的 std::array 或 std::vector 或 std::string。例如，您可以用以下方式建構列表 20-7 中元素型別為 std::string 的 mutable_buffer：

```
std::string proposition{ "Charity for an ex-leper?" };
auto mb = boost::asio::buffer(proposition);
```

buffer 範本是專門化的，因此如果提供 const 引數，它將傳回 const_buffer。換句話說，要用 proposition 建構 const_buffer，只需將其設為 const 即可：

```
const std::string proposition{ "Charity for an ex-leper?" };
auto cb = boost::asio::buffer(proposition);
```

您現在創建了一個 const_buffer cb。

此外，還可以創建動態緩衝區，這是一個由 std::string 或 std::vector 所構成的可動態調整大小的緩衝區。您可以用 boost::asio::dynamic_buffer 函式範本來創建，該範本接受 string 或 vector，並根據需要傳回 boost::asio::dynamic_string_buffer 或 boost::asio::dynamic_vector_buffer。例如，可以用以下方式建構動態緩衝區：

```
std::string proposition{ "Charity for an ex-leper?" };
auto db = boost::asio::dynamic_buffer(proposition);
```

儘管動態緩衝區可以動態調整大小，但請記住，vector 和 string 類別使用分配器，而且該分配可能是一個相對緩慢的操作。因此，如果您知道要將多少資料寫入緩衝區，那麼使用非動態緩衝區可能會有更好的效能。一如既往，測量和實驗將幫助您決定採取哪種方法比較好。

使用緩衝區讀寫資料

有了關於如何使用緩衝區儲存和檢索資料的新知識，您可以學習如何從通訊端中擷取資料。您可以用內建的 Boost Asio 函式將活動中的 socket 物件中的資料讀入緩衝區物件。Boost Asio 提供了三個函式來阻斷讀取：

- boost::asio::read 嘗試讀取固定大小的資料區塊。
- boost::asio::read_at 嘗試從偏移量開始讀取固定大小的資料區塊。
- boost::asio::read_until 嘗試讀取，直到分隔符號、正規表達式或任意述詞匹配為止。

這三種方法都將 socket 當作第一個引數，將緩衝區物件當作第二個引數。其餘引數是可選的，取決於您所使用的函式：

- **竣工條件**是一個函式物件，它接受一個 error_code 和一個 size_t 引數。如果 Asio 函式遇到錯誤，將設定 error_code，並且 size_t 引數與迄今為止傳輸的位元組數相對應。函式物件傳回與要傳輸的剩餘位元組數相對應的 size_t，如果操作完成，則傳回 0。
- **匹配條件**是一個函式物件，它接受由 begin 和 end 疊代器所指定的範圍，而且必須傳回 std::pair，其中第一個元素是一個疊代器，指出下一次嘗試匹配的起點，第二個元素是一個 bool，表示範圍是否包含匹配的內容。
- boost::system::error_code 參照，如果函式遇到錯誤條件時會被設定。

表 20-2 列出了調用其中一個 read 函式的許多方法。

表 20-2：`read`、`read_at` 和 `read_until` 的引數

調用	描述
`read(s, b, [cmp], [ec])`	根據完成條件 **cmp**，從 socket **s** 將一定量的資料讀入可變緩衝區 **b**。若遇到錯誤情況，則設定 error_code **ec**；否則，引發 system_error 系統錯誤。
`read_at(s, off, b, [cmp], [ec])`	根據完成條件 **cmp**，從 socket **s** 起算位移 size_t **off** 之後的資料讀入可變緩衝區 **b**。若遇到錯誤情況，則設定 error_code **ec**；否則，引發 system_error 系統錯誤。
`read_until(s, b, x, [ec])`	從 socket **s** 把資料讀入可變緩衝區 **b**，直到滿足由 **x** 所表示的條件（可以是以下條件之一）：char、**string_view**、**boost::regex** 或匹配條件。若遇到錯誤情況，則設定 error_code **ec**；否則引發 system_error 系統錯誤。

您也可以從緩衝區將資料寫入活動中的 **socket** 物件。Boost Asio 提供兩個函式來阻斷寫入的動作：

- `boost::asio::write` 嘗試寫入固定大小的資料區塊。
- `boost::asio::write_at` 嘗試從偏移量開始寫入固定大小的資料區塊。

表 20-3 顯示了如何調用這兩種方法，他們的引數與讀取方法的引數相似。

表 20-3：`write` 和 `write_at` 的引數

調用	描述
`write(s, b, [cmp], [ec])`	根據完成條件 **cmp**，從 **const** 緩衝區 **b** 向 socket **s** 寫入一定量的資料。若遇到錯誤情況，則設定 error_code **ec**；否則引發 system_error 系統錯誤。

調用	描述
write_at(**s**, **off**, **b**, [**cmp**], [**ec**])	根據完成條件 **cmp**，把 const 緩衝區 **b** 從位移 size_t **off** 開始將一定量的資料寫入 socket **s**。若遇到錯誤情況，則設定 error_code **ec**；否則引發 system_error 系統錯誤。

超本文傳輸協定（HTTP）

HTTP 是一個支撐 web 三十年歷史的通訊協定。雖然作為引入網路之用，這是一個非常複雜的協定，但它的普遍性使得它成為最受歡迎的選項之一。在下一節中，您將用 Boost Asio 產生非常簡單的 HTTP 請求。您並不需要有 HTTP 的堅實基礎，因此可以在第一次閱讀時跳過這一部分。但是，這裡的資訊為下一節的範例增添了一些色彩，並為進一步的研究提供了參考。

HTTP 會話有兩個參與方：客戶端和伺服器。HTTP 客戶端透過 TCP 發送一個明文請求，其中包含一行或多行，由回車符號和分行符號分隔（「CR-LF 分行符號」）。

第一行是請求行，它包含三個 token：HTTP 方法、統一資源定位器（uniform resource locator, URL）和請求的 HTTP 版本。例如，如果客戶端想要一個名為 *index.html* 的檔，則狀態行可能是 *GET/index.html HTTP/1.1*。

緊跟在請求行之後的是一個或多個**標頭**，它們定義了 HTTP 交易的參數，每個標頭包含一個鍵和一個值。鍵必須由字母數字字元和破折號組成，冒號加空格將鍵與值分隔開，CR-LF 分行符號終止標頭。以下標頭在請求中尤其常見：

- Host 指定所請求服務的網域，您也可以再加上一個通訊埠。例如，Host: www.google.com 指定 *www.google.com* 為請求的服務的主機。

- Accept 指定以 MIME 格式為可接受的回應媒體類型。例如，Accept:text/plain 指定請求者可以處理純文字。

- Accept-Language 指定回應可接受的人類語言。例如，Accept-Language: en-US 指定請求者可以處理美式英語。

- Accept-Encoding 指定回應可接受的編碼。例如，Accept-Encoding: identity 指定請求者可以在不使用任何編碼的情況下處理內容。

- Connection 指定目前連線的控制選項。例如，Connection: close 指定回應完成後將關閉連線。

您可以用額外的 CR-LF 分行符號來終止標頭，對於某些類型的 HTTP 請求，還可以在標頭後面包含一個主體。如果這樣做，還將包括 Content-Length 和 Content-Type 標頭。Content-Length 指定請求主體的長度（以位元組為單位），Content-Type 指定主體的 MIME 格式。

HTTP 回應的第一行是狀態行，它包括回應的 HTTP 版本、狀態碼和原因訊息。例如，狀態行 HTTP/1.1 200 OK 表示一個成功的（"OK"）請求。狀態碼永遠是三位數，最前面的數字表示編碼群組的狀態：

1**（資訊性） 已收到請求。

2**（成功） 已收到並接受請求。

3**（重定向） 需要採取進一步行動。

4**（客戶端錯誤） 請求不正確。

5**（伺服器錯誤） 請求似乎正常，但伺服器遇到內部錯誤。

在狀態行之後，回應包含與回應相同格式的任意個數的標頭。許多相同的請求標頭也是常見的回應標頭。例如，如果 HTTP 回應包含主體，則回應標頭將包含 Content-Length 和 Content-Type。

如果您需要撰寫 HTTP 應用程式，那麼絕對要參考 Boost Beast 函式庫，它提供了高效能、低階 HTTP 和 WebSockets 工具。它建構在 Asio 之上，並與之無縫配合。

> **NOTE**
>
> 有關 HTTP 及其房客安全問題的傑出處理方法，請參閱 Michal Zalewski 所著的《The Tangled Web: A Guide to Securing Modern Web Applications》。所有血淋淋的細節，請參閱網際網路工程特別工作組的 RFC 7230、7231、7232、7233、7234 和 7235。

用 Boost Asio 實作簡單的 HTTP 客戶端

本節將實作一個（非常）簡單的 HTTP 客戶端。您將建構一個 HTTP 請求，解析一個端點，連線到網頁伺服器，撰寫請求，並讀取回應。列表 20-10 展示了一個可能的實作。

列表 20-10：完成對美國陸軍網路司令部網頁伺服器的簡單請求

```
#include <boost/asio.hpp>
#include <iostream>
#include <istream>
#include <ostream>
#include <string>

std::string request(std::string host, boost::asio::io_context& io_
context) { ❶
  std::stringstream request_stream;
  request_stream << "GET / HTTP/1.1\r\n"
                    "Host: " << host << "\r\n"
                    "Accept: text/html\r\n"
                    "Accept-Language: en-us\r\n"
```

```
                    "Accept-Encoding: identity\r\n"
                    "Connection: close\r\n\r\n";
  const auto request = request_stream.str(); ❷
  boost::asio::ip::tcp::resolver resolver{ io_context };
  const auto endpoints = resolver.resolve(host, "http"); ❸
  boost::asio::ip::tcp::socket socket{ io_context };
  const auto connected_endpoint = boost::asio::connect(socket,
endpoints); ❹
  boost::asio::write(socket, boost::asio::buffer(request)); ❺
  std::string response;
  boost::system::error_code ec;
  boost::asio::read(socket, boost::asio::dynamic_buffer(response),
ec); ❻
  if (ec && ec.value() != 2) throw boost::system::system_error{ ec };
❼
  return response;
}

int main() {
  boost::asio::io_context io_context;
  try {
    const auto response = request("www.arcyber.army.mil", io_context);
❽
    std::cout << response << "\n"; ❾
  } catch(boost::system::system_error& se) {
    std::cerr << "Error: " << se.what() << std::endl;
  }
}
```

```
HTTP/1.1 200 OK
Pragma: no-cache
Content-Type: text/html; charset=utf-8
X-UA-Compatible: IE=edge
pw_value: 3ce3af822980b849665e8c5400e1b45b
Access-Control-Allow-Origin: *
X-Powered-By:
Server:
X-ASPNET-VERSION:
X-FRAME-OPTIONS: SAMEORIGIN
Content-Length: 76199
```

```
Cache-Control: private, no-cache
Expires: Mon, 22 Oct 2018 14:21:09 GMT
Date: Mon, 22 Oct 2018 14:21:09 GMT
Connection: close

<!DOCTYPE html>
<html  lang="en-US">
<head id="Head">
--snip--
</body>
</html>
```

首先定義一個 request 函式，該函式接受 host 和 io_context 並傳回 HTTP 回應 ❶。首先，用 std::stringstream 建構包含 HTTP 請求的 std::string ❷。接下來，您可以用 boost::asio::ip::tcp::resolver 解析主機 ❸，並將 boost::asio::ip::tcp::socket 連線到所產生的端點範圍 ❹（這與列表 20-4 中的方法相匹配）

然後用 boost::asio::write 將 HTTP 請求寫入已連線的伺服器，傳入已連線的 socket 和 request。因為 write 接受 Asio 緩衝區，所以可以用 boost::asio::buffer 從請求（型別為 std::string）建立 mutable_buffer ❺。

接下來，從伺服器讀取 HTTP 回應，因為您事先不知道回應的長度，所以需要創建一個名為 response 的 std::string 來接收回應。最後，您將用它來支援動態緩衝區。為了簡單起見，HTTP 請求包含一個 Connection: close 標頭，讓伺服器在發送回應後立即終止連線。這將導致 Asio 傳回「檔案結尾」錯誤碼（值為 2）。因為您期望這種行為，所以需要宣告一個 boost::system::error_code 來接收此錯誤。

接下來，利用已連線的 socket、接收回應的動態緩衝區和 error_condition 調用 boost::asio::read ❻。在 read 回傳之後，立即檢查除檔案結尾（由您所引發）❼ 以外的錯誤情況。否則，傳回 response。

在 main 中，用 www.arcyber.army.mil 主機和 io_context 物件調用 request 函式 ❽。最後，列印對回應到 stdout ❾。

非同步讀寫

您還可以用 Boost Asio 進行非同步讀寫，相對應的非同步函式類似於它們的阻斷推論，Boost Asio 提供了三種功能來進行非同步讀取，:

- boost::asio::async_read 嘗試讀取固定大小的資料區塊。
- boost::asio::async_read_at 嘗試從偏移量開始讀取固定大小的資料區塊。
- boost::asio::async_read_until 嘗試讀取，直到分隔符號、正規表達式或任意述詞匹配為止。

Boost Asio 還提供兩種非同步寫入功能：

- boost::asio::async_write 嘗試寫入固定大小的資料區塊。
- boost::asio::async_write_at 嘗試從偏移量開始寫入固定大小的資料區塊。

這五個非同步函式都接受與其對應的阻斷函式相同的引數，只不過它們的最後一個引數始終是一個回呼函式物件，該物件接受兩個引數：boost::system::error_code 表示函式是否遇到錯誤，另一個引數 size_t 表示它傳輸的位元組數。對於非同步寫入函式，您需要確定 Asio 是否寫入了整個有效負載。因為這些調用是非同步的，所以執行緒在等待 I/O 完成時不會阻斷。相反地，只要 I/O 請求的一部分完成，作業系統就會回呼執行緒。

因為回呼的第二個引數是一個與傳輸的位元組數相對應的 size_t，所以您可以透過算術來確定是否還有什麼要寫的。如果存在，則必須透過傳遞剩餘資料來調用另一個非同步寫入函式。

列表 20-11 包含列表 20-10 中簡單 web 客戶端的非同步版本。注意，使用非同步函式比較複雜一點，但是回呼和處理常式的模式在請求的生命週期中是一致的。

列表 20-11：列表 20-9 的非同步重構

```cpp
#include <boost/asio.hpp>
#include <iostream>
#include <string>
#include <sstream>

using ResolveResult = boost::asio::ip::tcp::resolver::results_type;
using Endpoint = boost::asio::ip::tcp::endpoint;

struct Request {
  explicit Request(boost::asio::io_context& io_context, std::string host)
      : resolver{ io_context },
        socket{ io_context },
        host{ std::move(host) } { ❶
    std::stringstream request_stream;
    request_stream << "GET / HTTP/1.1\r\n"
                      "Host: " << this->host << "\r\n"
                      "Accept: text/plain\r\n"
                      "Accept-Language: en-us\r\n"
                      "Accept-Encoding: identity\r\n"
                      "Connection: close\r\n"
                      "User-Agent: C++ Crash Course Client\r\n\r\n";
    request = request_stream.str(); ❷
    resolver.async_resolve(this->host, "http",
        [this] (boost::system::error_code ec, const ResolveResult& results) {
          resolution_handler(ec, results); ❸
        });
  }

  void resolution_handler(boost::system::error_code ec,
                          const ResolveResult& results) {
    if (ec) { ❹
```

```
        std::cerr << "Error resolving " << host << ": " << ec <<
std::endl;
      return;
    }
    boost::asio::async_connect(socket, results,
        [this] (boost::system::error_code ec, const Endpoint&
endpoint){
            connection_handler(ec, endpoint); ❺
        });
  }

  void connection_handler(boost::system::error_code ec,
                      const Endpoint& endpoint) { ❻
    if (ec) {
      std::cerr << "Error connecting to " << host << ": "
              << ec.message() << std::endl;
      return;
    }
    boost::asio::async_write(socket, boost::asio::buffer(request),
        [this] (boost::system::error_code ec, size_t transferred){
          write_handler(ec, transferred);
        });
  }

  void write_handler(boost::system::error_code ec, size_t transferred)
{ ❼
    if (ec) {
      std::cerr << "Error writing to " << host << ": " << ec.message()
              << std::endl;
    } else if (request.size() != transferred) {
      request.erase(0, transferred);
      boost::asio::async_write(socket, boost::asio::buffer(request),
                          [this] (boost::system::error_code ec,
                                  size_t transferred){
                            write_handler(ec, transferred);
                          });
    } else {
      boost::asio::async_read(socket, boost::asio::dynamic_
buffer(response),
                          [this] (boost::system::error_code ec,
```

```
                                    size_t transferred){
                           read_handler(ec, transferred);
                         });
    }
  }

  void read_handler(boost::system::error_code ec, size_t transferred)
{ ❽
    if (ec && ec.value() != 2)
      std::cerr << "Error reading from " << host << ": "
                << ec.message() << std::endl;
  }

  const std::string& get_response() const noexcept {
    return response;
  }
private:
  boost::asio::ip::tcp::resolver resolver;
  boost::asio::ip::tcp::socket socket;
  std::string request, response;
  const std::string host;
};

int main() {
  boost::asio::io_context io_context;
  Request request{ io_context, "www.arcyber.army.mil" }; ❾
  io_context.run(); ❿
  std::cout << request.get_response();
}
```

```
HTTP/1.1 200 OK
Pragma: no-cache
Content-Type: text/html; charset=utf-8
X-UA-Compatible: IE=edge
pw_value: 3ce3af822980b849665e8c5400e1b45b
Access-Control-Allow-Origin: *
X-Powered-By:
Server:
X-ASPNET-VERSION:
X-FRAME-OPTIONS: SAMEORIGIN
```

```
Content-Length: 76199
Cache-Control: private, no-cache
Expires: Mon, 22 Oct 2018 14:21:09 GMT
Date: Mon, 22 Oct 2018 14:21:09 GMT
Connection: close

<!DOCTYPE html>
<html  lang="en-US">
<head id="Head">
--snip--
</body>
</html>
```

首先宣告一個要處理 web 請求的 Request 類別。它有一個建構子，接受一個 io_context 和一個包含要與 ❶ 連線的主機 string。如列表 20-9 所示，用 std::stringstream 創建一個 HTTP GET 請求，並將所創建的 string 保存到 request 欄位中 ❷。接下來，用 async_resolve 取得與所請求的 host 所對應的端點。在回呼中，對目前的 Request 調用 resolution_handler 方法 ❸。

resolution_handler 接收來自 async_resolve 的回呼，它首先檢查錯誤情況，如果發現錯誤的話就列印到 stderr 並回傳 ❹。如果 async_resolve 沒有傳回錯誤，resolution_handler 將用其 results 變數中包含的端點調用 async_connect。它還會傳送目前 Request 的 socket 欄位，該欄位將儲存 async_connect 將要創建的連線。最後，它會傳遞一個連線回呼當作第三個參數。在回呼中，調用目前請求的 connection_handler 方法 ❺。

connection_handler ❻ 跟 resolution_handler 方法的模式非常類似，它會檢查錯誤情況，如果發現錯誤，會列印到 stderr 並回傳；否則，它將透過調用 async_write 繼續處理請求，async_write 接受三個參數：作用中的 socket、包裝 request 的可變緩衝區和回呼函式。回呼函式反過來對目前請求調用 write_handler 方法。

您在這些處理函式中發現了同樣的模式嗎？write_handler ❼ 檢查錯誤並繼續確定是否已發送整個請求；如果沒有，您仍然需要撰寫一些請求，因此需要相對應地調整請求並再次調用 async_write。如果 async_write 已將整個請求寫入 socket，則是讀取回應的時候了。為此，可以用 socket、包裝 response 欄位的動態緩衝區和對目前請求調用 read_handler 方法的回呼函式來調用 async_read。

read_handler 首先檢查錯誤 ❽。因為您的請求用到了 Connection:close 標頭，所以需要一個檔案結束錯誤（值為 2），如列表 20-11 所示，所以忽略它。如果它遇到不同類型的錯誤，則將其列印到 stderr 並回傳，此時您的請求已大功告成。

在 main 中，您可以宣告 io_context 並將 Request 初始化為 *www.arcyber.army.mil* 的 ❾。由於您使用的是非同步函式，所以在 io_context 上調用 run 方法 ❿。在 io_context 回傳後，您知道沒有任何待處理的非同步作業，因此將 Request 物件上的回應內容列印到 stdout。

提供服務

在 Boost Asio 上建構伺服器本質上類別似於建構客戶端。要接受 TCP 連線，請使用 boost::asio::ip::tcp::acceptor 類別，該類別把 boost::asio::io_context 物件當作其唯一的建構子引數。

要使用阻斷方法接受 TCP 連線，請使用 acceptor 物件的 accept 方法，該方法接受一個 boost::asio::ip::TCP::socket 參照（將保存客戶端的 socket）和一個可選的 boost::error_code 參照（將保存出現的任何錯誤條件）。如果您沒有提供 boost::error_code 並且出現錯誤，accept 將引發 boost::system_error。一旦 accept 傳回無誤，就可以使用傳入的 socket 進行讀寫，方法與前面幾節中對客戶端所用的讀寫方法相同。

例如，列表 20-12 示範了如何建構一個 echo 伺服器，該伺服器接收訊息並將其以大寫形式發送回客戶端。

列表 20-12：一個將訊息改為大寫的 echo 伺服器

```
#include <iostream>
#include <string>
#include <boost/asio.hpp>
#include <boost/algorithm/string/case_conv.hpp>

using namespace boost::asio;

void handle(ip::tcp::socket& socket) { ❶
  boost::system::error_code ec;
  std::string message;
  do {
    boost::asio::read_until(socket, dynamic_buffer(message), "\n"); ❷
    boost::algorithm::to_upper(message); ❸
    boost::asio::write(socket, buffer(message), ec); ❹
    if (message == "\n") return; ❺
    message.clear();
  } while(!ec); ❻
}

int main()  {
  try {
    io_context io_context;
    ip::tcp::acceptor acceptor{ io_context,
                                 ip::tcp::endpoint(ip::tcp::v4(), 1895)
}; ❼
    while (true) {
      ip::tcp::socket socket{ io_context };
      acceptor.accept(socket); ❽
      handle(socket); ❾
    }
  } catch (std::exception& e) {
    std::cerr << e.what() << std::endl;
  }
}
```

您宣告的 handle 函式接受與客戶端對應的 socket 參照並處理來自它的訊息 ❶。在 do-while 迴圈中，將客戶端的一行文字讀入一個名為 message 的 string ❷，然後用列表 15-31 中的 to_upper 函式將其轉換為大寫 ❸，如果使用者端發送了一個空的行，則退出並回傳 handle ❺ ；否則，如果沒有出現錯誤情況，則清除訊息的內容並斷續執行迴圈 ❻。

在 main 中，初始化一個 io_context 和一個 acceptor，以便將程式綁定到 localhost:1895 通訊端 ❼。在無限迴圈中，您創建一個 socket，並在 acceptor 上調用 accept ❽。只要不引發例外，socket 就表示一個新的客戶端，您可以將這個 socket 傳給 handle 來為請求提供服務 ❾。

> **NOTE**
>
> 在列表 20-12 中，選擇監聽通訊埠 1895。只要您的電腦上目前沒有執行正在使用該通訊埠的其他程式，這個選擇在技術上是無關緊要的。但是，對於如何決定程式將監聽哪個通訊埠，有一些指導原則。IANA 在 *https://www.iana.org/assignments/service-names-port-numbers/service-names-port-numbers.txt* 維護了已註冊的通訊埠列表，您應避免使用這些通訊埠。此外，現代作業系統通常要求程式具有提升的特權，以綁定到值為 1023 或以下的通訊埠，也就是說，通訊埠 1024 到 49151 通常不需要提升的特權，並被稱為「使用者通訊埠」。通訊埠 49152 到 65535 是「動態／私有通訊埠」，它們通常是安全的，因為它們不會在 IANA 註冊。

要與列表 20-12 中的伺服器互動，可以用一個網路實用程式 *GNU Ncat*，它允許您創建入站和出站 TCP 和 UDP 連線，然後讀取和寫入資料。如果您用的是 Unix 系統，那麼您可能已經安裝了它。如果沒有的話，請參見 *https://nmap.org/ncat/* 的說明。列表 20-13 示範了一個連線到轉換成大寫的 echo 伺服器的通訊內容。

列表 20-13：用 Netcat 與轉換成大寫的 echo 伺服器互動

```
$ ncat localhost 1895 ❶
The 300 ❷
THE 300
```

```
This is Blasphemy! ❷
THIS IS BLASPHEMY!
This is madness! ❷
THIS IS MADNESS!
Madness...? ❷
MADNESS...?
This is Sparta! ❷
THIS IS SPARTA!
❸
Ncat: Broken pipe. ❹
```

Netcat（ncat）接受兩個引數：一個主機和一個通訊埠 ❶。一旦您調用了程式，您輸入的每一行都會從伺服器得到一個大寫的結果。在 stdin 中輸入文字時，Netcat 會將其發送到伺服器 ❷，伺服器會以大寫字母回應。一旦您給它發送了一個空行 ❸，伺服器就會終止通訊端，而您會得到一個 Broken pipe 的訊息 ❹。

要用非同步方法接受連線，請在接受程式上使用 async_accept 方法，該方法只接受一個引數：接受 error_code 和 socket 的回呼物件。如果發生錯誤，error_code 會包含錯誤碼；否則，socket 表示成功連線的客戶端。此後，您就可以像在阻斷方法中那樣使用通訊端。

非同步、連線導向的伺服器的一個常見的樣式是使用 std::enable_shared_from_this 範本（在第 485 頁的「進階樣式」中有討論過）。其想法是為每個連線創建一個指向會話物件的共用指標。在會話物件中註冊用於讀寫的回呼時，將在回呼物件中捕獲一個「來自 this」的共用指標，以便在 I/O 暫停時，會話保持活躍狀態。一旦沒有暫停的 I/O，會話物件和所有共用指標會一起消失。列表 20-14 示範了如何用非同步 I/O 重新實作轉換為大寫的 echo 伺服器。

列表 20-14：列表 20-12 的非同步版本

```
#include <iostream>
#include <string>
#include <boost/asio.hpp>
#include <boost/algorithm/string/case_conv.hpp>
```

```
#include <memory>

using namespace boost::asio;

struct Session : std::enable_shared_from_this<Session> {
  explicit Session(ip::tcp::socket socket) : socket{ std::move(socket)
} { } ❶
  void read() {
    async_read_until(socket, dynamic_buffer(message), '\n', ❷
            [self=shared_from_this()] (boost::system::error_code ec,
                                       std::size_t length) {
              if (ec || self->message == "\n") return; ❸
              boost::algorithm::to_upper(self->message);
              self->write();
            });
  }
  void write() {
    async_write(socket, buffer(message), ❹
                [self=shared_from_this()] (boost::system::error_code ec,
                                           std::size_t length) {
                  if (ec) return; ❺
                  self->message.clear();
                  self->read();
                });
  }
private:
  ip::tcp::socket socket;
  std::string message;
};

void serve(ip::tcp::acceptor& acceptor) {
  acceptor.async_accept([&acceptor](boost::system::error_code ec, ❻
                                    ip::tcp::socket socket) {
    serve(acceptor); ❼
    if (ec) return;
    auto session = std::make_shared<Session>(std::move(socket)); ❽
    session->read();
  });
}
```

```
int main()  {
  try {
    io_context io_context;
    ip::tcp::acceptor acceptor{ io_context,
                                ip::tcp::endpoint(ip::tcp::v4(), 1895)
};
    serve(acceptor);
    io_context.run(); ❾
  } catch (std::exception& e) {
    std::cerr << e.what() << std::endl;
  }
}
```

您首先定義一個 Session 類別來管理連線。在建構子中，您取得與連線客戶端對應的 socket 的所有權，並將其儲存為成員 ❶。

接下來，宣告一個 read 方法，該方法在 socket 上調用 async_read_until，以便讀入一個 dynamic_buffer，將 message 成員 string 包裝到下一個分行符號 \n ❷。回呼物件用 shared_from_this 方法將其捕獲為 shared_ptr。調用時，函式會檢查錯誤條件或空行，在這種情況下會結束執行並回傳 ❸。否則，回呼會將訊息轉換為大寫並調用 write 方法。

write 方法會依照與 read 方法類似的模式，調用 async_read、傳遞 socket、message（現在是大寫）和回呼函式 ❹。在回呼函式中，檢查錯誤情況，如果發現錯誤情況，則立即結束 ❺。否則，您知道 Asio 已成功地將大寫訊息發送到客戶端，因此，您可以對其調用 clear 來準備接收來自客戶端的下一條訊息。然後調用 read 方法，重新開始這個過程。

接下來，定義一個接受接受 acceptor 物件的 serve 函式。在函式中，您在 acceptor 物件上調用 async_accept 並傳遞回呼函式來處理連線 ❻。回呼函式首先用 acceptor 再次調用 serve，這樣您的程式就可以立即處理新的連線 ❼。這就是非同步處理在伺服器端之所以如此強大的秘訣：您可以一次處理多個連線，因為運行的執行緒不需要在處理另一個客戶端之前為一個客戶端提供服務。接下來，您要檢查錯誤情況，如果存在則退出；否則，創建一個 shared_ptr，擁有一個新的 Session 物件 ❽。此 Session 物件將擁有 acceptor 剛剛為您設定的 socket。您調用新的 Session 物件上的 read 方法，這將在 shared_ptr 中創建第二個參照，這要歸功於捕獲的 shared_from_this。現在您都準備好了！一旦 read 和 write 週期因客戶端的空行或某些錯誤情況而結束，shared_ptr 參照將變為零，會話物件也會被銷毀。

最後，您在 main 中建構一個 io_context 和一個 acceptor，如列表 20-12 所示。然後將 acceptor 傳給 serve 函式以開始這個服務迴圈，並在 io_context 上調用 run 以開始服務非同步作業。

多執行緒 Boost Asio

為了讓 Boost Asio 程式成為多執行緒，您可以簡單地衍生在 io_context 物件上調用 run 的任務。當然，這並不能保證程式的安全，第 870 頁「共享與協調」中的所有警告都可以應用在這裡。列表 20-15 示範了如何把列表 20-14 改為多執行緒伺服器。

列表 20-15：將非同步 echo 伺服器改以多執行緒處理

```cpp
#include <iostream>
#include <string>
#include <boost/asio.hpp>
#include <boost/algorithm/string/case_conv.hpp>
#include <memory>
#include <future>

struct Session : std::enable_shared_from_this<Session> {
--snip--
};

void serve(ip::tcp::acceptor& acceptor) {
--snip--
}
```

```
int main() {
  const int n_threads{ 4 };
  boost::asio::io_context io_context{ n_threads };
  ip::tcp::acceptor acceptor{ io_context,
                              ip::tcp::endpoint(ip::tcp::v4(), 1895)
}; ❶
  serve(acceptor); ❷

  std::vector<std::future<void>> futures;
  std::generate_n(std::back_inserter(futures), n_threads, ❸
                  [&io_context] {
                    return std::async(std::launch::async,
                                      [&io_context] { io_context.
run(); }); ❹
                  });

  for(auto& future : futures) { ❺
    try {
      future.get(); ❻
    } catch (const std::exception& e) {
      std::cerr << e.what() << std::endl;
    }
  }
}
```

您的 Session 和 serve 定義跟上一個版本一樣。在 main 中，您宣
告了常數 n_threads，表示將用於服務的執行緒數、io_context
和 acceptor 與列表 12-12 相同 ❶。接下來，您調用 serve 來啟動
async_accept 迴圈 ❷。

main 與列表 12-12 大致相同。不同之處在於，您將使用多個執行
緒來執行 io_context 而不是只使用單一執行緒。首先，初始化一
個 vector，以儲存與要啟動的任務相對應的每個 future。其次，
使用與 std::generate_n 類別似的方法來創建任務 ❸，您傳遞調用
std::async 的 lambda 來當作生成函式物件 ❹。在呼叫 std::async
時，傳遞執行策略 std::launch::async 和調用 io_context 上的函式
物件 run。

Boost Asio 現在已經開始了競賽，您分配了一些任務來執行 `io_context`，並等待所有非同步作業完成，因此在 `futures` 所儲存的每個 future 上呼叫 get ❺。一旦迴圈完成，每個 Request 也就做完了，此時您可以準備列表所產生回應的摘要 ❻。

有時建立額外的執行緒並將它們指派來處理 I/O 是有意義的。通常，一個執行緒就足夠了。您必須衡量最佳化（以及併發程式碼所伴隨而來的困難）是否值得。

摘要

本章介紹 Boost Asio，一個用於低階 I/O 程式設計的函式庫。您學習了非同步任務排隊和在 Asio 中提供執行緒池的基礎知識，以及如何與其基本網路設施互動。您建構了幾個程式，包括一個使用同步和非同步方法的簡單 HTTP 客戶機和一個 echo 伺服器。

練習

20-1. 閱讀 Boost Asio 文件來研究 UDP 類別與您在本章中所學到的 TCP 類別有什麼相似的地方。將列表 20-14 中的大寫 echo 伺服器重寫為 UDP 服務。

20-2. 閱讀 Boost Asio 文件來研究 ICMP 類別。撰寫一個程式，ping 給定子網上的所有主機以執行網路分析。探討 Nmap（*https://nmap.org/*），一個免費的網路映射程式。

20-3. 研究 Boost Beast 文件。用 Beast 重寫列表 20-10 和 20-11。

20-4. 用 Boost Beast 撰寫一個 HTTP 伺服器，為目錄中的檔案提供服務。有關進一步說明，請參閱文件中所提供的 Boost Beast 範例專案。

延伸閱讀

- 《*The TCP/IP Guide*》，No Starch Press，2005，Charles M. Kozierok 著

- 《*The Tangled Web: A Guide to Securing Modern Web Applications*》，No Starch Press，2012，Michal Zalewski 著

- 《*The Boost C++ Libraries 2nd Edition*》，XML Press，2014，Boris Schäling 著

- 《*Boost.Asio C++ Network Programming - Second Edition*》，Packt，2015，Wisnu Anggoro 和 John Torjo 著

21

撰寫應用程式

對於一群無毛猿而言，
我們真的發明了一些不可思議的東西。

—— 歐尼斯特·克萊恩（*Ernest Cline*），《一級玩家》

本章包含了一些重要的主題，透過教您建構真實世界應用的基礎知識，可增加您對於 C++ 實務上的理解。我們首先討論了 C++ 中的程式支援，讓您可以跟應用程式生命週期進行互動。接下來，您將對 **Boost ProgramOptions** 有所瞭解，這是一個用來開發控制台應用程式的優秀函式庫。它包含了接受使用者輸入的功能，而無需多此一舉自行重新設計輪子。此外，您還將學習一些有關前置處理器和編譯器的特殊主題，這些主題在建構原始程式碼超過單個檔案的應用程式時可能會遇到。

程式支援

有時候程式需要與操作環境的應用程式生命週期進行互動，本節涵蓋三大類別這樣的互動：

- 處理常式終止和清理
- 與環境溝通
- 管理作業系統訊號

為了協助說明本節中的各種功能，您將以列表 21-1 當作一個框架。它用到了第 4 章中列表 4-5 的 Tracer 類別的一個經過修飾的模擬，來協助追蹤在各種程式終止情境中哪些物件得以清理。

列表 21-1：調查程式終止和清理功能的框架

```
#include <iostream>
#include <string>

struct Tracer { ❶
  Tracer(std::string name_in)
    : name{ std::move(name_in) } {
    std::cout << name << " constructed.\n";
  }
  ~Tracer() {
    std::cout << name << " destructed.\n";
  }
private:
  const std::string name;
};

Tracer static_tracer{ "static Tracer" }; ❷

void run() { ❸
  std::cout << "Entering run()\n";
  // ...
  std::cout << "Exiting run()\n";
}
```

```
int main() {
  std::cout << "Entering main()\n"; ❹
  Tracer local_tracer{ "local Tracer" }; ❺
  thread_local Tracer thread_local_tracer{ "thread_local Tracer" }; ❻
  const auto* dynamic_tracer = new Tracer{ "dynamic Tracer" }; ❼
  run(); ❽
  delete dynamic_tracer; ❾
  std::cout << "Exiting main()\n"; ❿
}
```

- -

```
static Tracer constructed. ❷
Entering main() ❹
local Tracer constructed. ❺
thread_local Tracer constructed. ❻
dynamic Tracer constructed. ❼
Entering run() ❽
Exiting run() ❽
dynamic Tracer destructed. ❾
Exiting main() ❿
local Tracer destructed. ❺
thread_local Tracer destructed. ❻
static Tracer destructed. ❷
```

首先，宣告一個 Tracer 類別，該類別接受任意 std::string 標記，並在 Tracer 物件被建構和解構時輸出到 stdout ❶。接下來，宣告一個靜態儲存持續時間的 Tracer ❷。run 函式在程式進入和退出時報告 ❸。中間是一個註解，您將用本節所撰寫的其他程式碼來把它替換掉。在 main 中，發佈一個通知 ❹ ；利用本地 ❺、本地執行緒 ❻ 和動態 ❼ 儲存持續時間來初始化 Tracer 物件；並調用 run ❽。然後刪除動態 Tracer 物件 ❾，並宣佈從 main 返回 ❿。

> **WARNING**
>
> 如果列表 21-1 中的任何輸出令人驚訝，請在繼續之前，先複習一下第 117 頁的「物件的儲存持續期間」！

處理程式終止和清理

<cstdlib> 標頭包含幾個用來管理程式終止和資源清理的函式。程式終止函式有兩大類：

- 造成程式終止的函式
- 在即將終止前註冊回呼的函式

用 std::atexit 終止回呼

要註冊在正常程式終止時要呼叫的函式，可以使用 std::atexit 函式。您可以註冊多個函式，它們的呼叫順序與註冊順序相反。回呼函式不接受任何引數並傳回 void。如果 std::atexit 成功註冊一個函式，它將傳回一個非零值；否則，它將傳回零。列表 21-2 說明了您可以註冊一個 atexit 回呼，它將在預期的時刻被調用。

列表 21-2：註冊 atexit 回呼

```
#include <cstdlib>
#include <iostream>
#include <string>

struct Tracer {
--snip--
};

Tracer static_tracer{ "static Tracer" };

void run() {
  std::cout << "Registering a callback\n"; ❶
  std::atexit([] { std::cout << "***std::atexit callback executing***\
n"; }); ❷
  std::cout << "Callback registered\n"; ❸
}

int main() {
--snip--
}
```

```
static Tracer constructed.
Entering main()
local Tracer constructed.
thread_local Tracer constructed.
dynamic Tracer constructed.
Registering a callback
Callback registered ❸
dynamic Tracer destructed.
Exiting main()
local Tracer destructed.
thread_local Tracer destructed.
***std::atexit callback executing*** ❷
static Tracer destructed.
```

在 run 中，您宣佈您將要註冊一個回呼 ❶，然後執行 ❷，接著宣佈您將要從 run 返回 ❸。在輸出中，您可以清楚地看到回呼發生在您從 main 返回並且所有非靜態物件都已解構之後。

在撰寫回呼函式時，要注意以下兩件事：

- 不能從回呼函式中引發未捕獲的例外。這樣做將導致 std::terminate 被調用。

- 在與程式中的非靜態物件互動時，必需非常小心。atexit 回呼函式在 main 返回之後執行，因此所有本地、本地執行緒和動態物件都將在此時被解構，除非您特別注意讓它們保持活躍狀態。

NOTE

您可以用 std::atexit 註冊至少 32 個函式，不過具體限制是依實作而定。

用 std::exit 退出

在整本書中，您一直透過從 main 返回來終止程式。在某些情況下，例如在多執行緒程式中，您可能希望以其他方式優雅地退出程式，儘管您應該避免引入相關的複雜性，不過您可以利用 std::exit 函式來退出程式，它接受與程式的退出碼相對應的 int。std::exit 將執行以下清理步驟：

1. 與目前執行緒相關聯的執行緒本地物件和靜態物件被解構，調用任何 atexit 回呼函式。

2. 所有的 stdin、stdout 和 stderr 都被刷新。

3. 任何暫存檔案都會被移除。

4. 程式向操作環境報告給定的狀態碼，並將控制權交還給操作環境。

列表 21-3 說明了 std::exit 的行為，它註冊了一個 atexit 回呼，並在 run 中調用 exit。

列表 21-3：調用 std::exit

```
#include <cstdlib>
#include <iostream>
#include <string>

struct Tracer {
--snip--
};

Tracer static_tracer{ "static Tracer" };

void run() {
  std::cout << "Registering a callback\n"; ❶
  std::atexit([] { std::cout << "***std::atexit callback executing***\n"; }); ❷
  std::cout << "Callback registered\n"; ❸
  std::exit(0); ❹
}

int main() {
--snip--
}
```

```
static Tracer constructed.
Entering main()
local Tracer constructed.
thread_local Tracer constructed.
dynamic Tracer constructed.
Registering a callback ❶
Callback registered ❸
thread_local Tracer destructed.
***std::atexit callback executing*** ❹
static Tracer destructed.
```

在 run 中，您宣佈您正在註冊一個回呼 ❶，您在 atexit 中註冊了
一個回呼 ❷，您宣佈您已經完成了註冊 ❸，並且您用引數 zero 調用
exit ❹。將列表 21-3 中的程式輸出與列表 21-2 中的輸出進行比較。
請注意，不會出現以下輸出：

```
dynamic Tracer destructed.
Exiting main()
local Tracer destructed.
```

根據 std::exit 的規則，調用堆疊上的區域變數不會被清除。當然，
因為程式從來不會由 run 返回 main，所以 delete 永遠不會被調用，
這真是糟糕呀。

這個例子強調了一個重要的考量：您不應該用 std::exit 來處理正常
的程式執行。這裡提到的是完整性，因為您可能在早期 C++ 程式碼
中看到它。

> **NOTE**
>
> <cstdlib> 標題還包括 std::quick_exit，它會調用您用 std::at_
> quick_exit 所註冊的回呼，它與 std::atexit 的介面非常類似。主
> 要區別在於除非您顯式地調用 quick_exit，否則 at_quick_exit 回
> 呼不會執行，而當程式即將結束時，atexit 永遠會被執行。

std::abort

要結束一個程式，還可以用 std::abort 這個最後的手段。此函式接
受單一整數值的狀態碼，並立即將其傳回到操作環境，沒有調用物
件解構子，也沒有調用 std::atexit 回呼。列表 21-4 示範了如何使
用 std::abort。

列表 21-4：調用 std::abort

```
#include <cstdlib>
#include <iostream>
#include <string>

struct Tracer {
--snip--
};

Tracer static_tracer{ "static Tracer" };

void run() {
  std::cout << "Registering a callback\n"; ❶
  std::atexit([] { std::cout << "***std::atexit callback executing***\
n"; }); ❷
  std::cout << "Callback registered\n"; ❸
  std::abort(); ❹
}

int main() {
  --snip--
}
```
```
static Tracer constructed.
Entering main()
local Tracer constructed.
thread_local Tracer constructed.
dynamic Tracer constructed.
Registering a callback
Callback registered
```

在 run 中，您再次宣佈您正在註冊一個回呼 ❶，您用 atexit 註冊了一個回呼 ❷，並宣佈您已經完成了註冊 ❸。這次，您將改為調用 abort ❹。請注意，在您宣佈已經完成回呼註冊之後，並不會列印任何輸出 ❶。程式不會清理任何物件，您的 atexit 回呼不會被調用。

正如您所想像的，std::abort 沒有太多的正規用法，您可能會遇到的主要問題是 std::terminate 的預設行為，當有兩個例外同時執行時會呼叫到它。

與環境溝通

有時，您可能希望衍生出另一個程序。例如，Google 的 Chrome 瀏覽器會啟動許多程序來為單一瀏覽器會話提供服務。這透過搭載作業系統的程序模型來建構一些安全性和強健性。例如，Web 應用和外掛程式在不同的程序中執行，因此即使它們崩潰，整個瀏覽器不會崩潰。另外，透過在一個單獨的程序中執行瀏覽器的呈現引擎，任何安全性漏洞都變得更難利用，因為 Google 會在所謂的沙箱環境中鎖定該程序的許可權。

std::system

您可以用 <cstdlib> 標頭中的 std::system 函式啟動一個單獨的程序，該程序接受與要執行的命令相對應的 C 語言寫法的字串，並傳回與命令傳回碼相對應的 int。實際行為取決於操作環境。例如，該函式將在 Windows 機器上呼叫 *cmd.exe*，而在 Linux 機器上會呼叫 */bin/sh*。這個函式在命令仍在執行時暫停運作。

列表 21-5 示範了如何用 std::systemping 遠端主機。（如果您不使用類似 Unix 的作業系統，則需要將 command 的內容改成作業系統的相關命令。）

列表 21-5：使用 std::system 調用 ping 公用程式（輸出是由
macOS Mojave 版本 10.14 所產生）

```
#include <cstdlib>
#include <iostream>
#include <string>

int main() {
  std::string command{ "ping -c 4 google.com" }; ❶
  const auto result = std::system(command.c_str()); ❷
  std::cout << "The command \'" << command
            << "\' returned " << result << "\n";
}
```
```
PING google.com (172.217.15.78): 56 data bytes
64 bytes from 172.217.15.78: icmp_seq=0 ttl=56 time=4.447 ms
64 bytes from 172.217.15.78: icmp_seq=1 ttl=56 time=12.162 ms
64 bytes from 172.217.15.78: icmp_seq=2 ttl=56 time=8.376 ms
64 bytes from 172.217.15.78: icmp_seq=3 ttl=56 time=10.813 ms

--- google.com ping statistics ---
4 packets transmitted, 4 packets received, 0.0% packet loss
round-trip min/avg/max/stddev = 4.447/8.950/12.162/2.932 ms
The command 'ping -c 4 google.com' returned 0 ❸
```

首先，您初始化一個名為 command 的字串，其中包含 ping -c 4
google.com ❶。然後將 command 的內容傳給 std::system 來執行它
❷。這將導致作業系統用引數 -c4 調用 ping 命令，該引數指定要
ping 四次，而目標網址為 google.com。然後會列印一條狀態訊息，
報告 std::system 的傳回值 ❸。

std::getenv

操作環境通常有環境變數，使用者和開發人員可以設定這些環境
來協助程式找到程式需要執行的重要資訊。<cstdlib> 標頭包含
std::getenv 函式，該函式接受與要查找的環境變數名稱相對應的 C
語言寫法字串，並傳回包含相對應變數內容的 C 語言寫法字串。如
果找不到這樣的變數，函式將傳回 nullptr。

列表 21-6 示範了如何用 std::getenv 來取得路徑變數 *path*，其中包含包含重要可執行檔案的目錄清單。

列表 21-6：使用 std::getenv 檢索路徑變數（輸出是由 macOS
　　　　　 Mojave 版本 10.14 所產生）

```
#include <cstdlib>
#include <iostream>
#include <string>

int main() {
  std::string variable_name{ "PATH" }; ❶
  std::string result{ std::getenv(variable_name.c_str()) }; ❷
  std::cout << "The variable " << variable_name
            << " equals " << result << "\n"; ❸
}
```

```
The variable PATH equals /usr/local/bin:/usr/bin:/bin:/usr/sbin:/sbin
```

首先，您初始化一個名為 variable_name 的字串，其中包含了 PATH
❶。然後，把以 PATH 當作 std::getenv 的參數的執行結果儲存到名
為 result 的字串中 ❷。然後將結果列印到 stdout ❸。

管理作業系統訊號

作業系統訊號是發送給程序的非同步通知，通知程式發生了什麼事
件。<csignal> 標頭包含六個巨集常數，它們表示從作業系統到程式
的不同訊號（這些訊號與作業系統無關）：

- SIGTERM 表示終止請求。

- SIGSEGV 表示記憶體存取無效。

- SIGINT 表示外部中斷，例如鍵盤中斷。

- SIGILL 表示無效的程式映射。

- SIGABRT 表示例外終止條件，如 std::abort。

- SIGFPE 表示浮點錯誤，例如以零為除數。

要為這些訊號之一註冊處理常式，可以用 <csignal> 標頭中的 std::signal 函式。它接受與所列訊號巨集之一對應的單一 int 值當作第一個引數。它的第二個引數是指向一個函式的函式指標（不是函式物件！），它接受與訊號巨集相對應的 int 並傳回 void。這個函式必須有 C 連結（儘管大多數實作也允許 C++ 連結）。您將在本章後面學習 C 連結。現在，只需在函式定義前面加上 extern "C"。注意，由於中斷的非同步特性，對全域可變狀態的任何存取都必須同步。

列表 21-7 包含一個等待鍵盤中斷的程式。

列表 21-7：用 std::signal 註冊鍵盤中斷

```
#include <csignal>
#include <iostream>
#include <chrono>
#include <thread>
#include <atomic>

std::atomic_bool interrupted{}; ❶

extern "C" void handler(int signal) {
  std::cout << "Handler invoked with signal " << signal << ".\n"; ❷
  interrupted = true; ❸
}

int main() {
  using namespace std::chrono_literals;
  std::signal(SIGINT, handler); ❹
  while(!interrupted) { ❺
    std::cout << "Waiting..." << std::endl; ❻
    std::this_thread::sleep_for(1s);
  }
  std::cout << "Interrupted!\n"; ❼
}
```

```
Waiting...
Waiting...
```

```
Waiting...
Handler invoked with signal 2.
Interrupted! ❼
```

首先您宣告一個名為 interrupted 的 atomic_bool，用來儲存程式是否接收到鍵盤所輸入的中斷指令 ❶（它具有靜態儲存持續時間，由於不能將函式物件與 std::signal 一起使用，因此必須使用非成員函式來處理回呼）。接下來，宣告一個回呼處理常式，該處理常式接受一個名為 signal 的 int，將其值列印到 stdout ❷，並將 interrupted 設為 true ❸。

在 main 中，將 SIGINT 中斷碼的訊號處理常式設為 handler ❹。在迴圈中，透過列印訊息 ❻ 並休眠一秒鐘 ❼，等待程式被中斷 ❺。一旦程式被中斷，您將列印一條訊息並從 main 返回 ❼。

> **NOTE**
>
> 通常，在現代作業系統上，按 CTRTL-C 可造成中斷。

BoostProgramOptions 函式庫

大多數控制台應用程式可接受命令列引數。正如您在第 365 頁的「三種 main 的多載」中所瞭解到的，您可以定義 main 來接受參數 argc 和 argv，操作環境會分別用引數個數和引數內容填入引數 argc 和 argv。您總是可以手動解析這些內容並相對應地修改程式的行為，但是有一個更好的方法：Boost ProgramOptions 函式庫是撰寫控制台應用程式的一個重要成分。

> **NOTE**
>
> 本節中介紹的所有 Boost ProgramOptions 類別都可以在 <boost/program_options.hpp> 標題找到。

您可能想撰寫自己的引數解析程式碼，但 ProgramOptions 是一個更明智的選擇，原因有四：

1. **比自行開發要方便得多**。一旦學會了 ProgramOptions 的簡潔、宣告性語法，就可以用幾行程式碼輕鬆地描述相當複雜的控制台介面。

2. **處理錯誤絲毫不費力**。當使用者誤用您的程式時，ProgramOptions 會告訴使用者他們是如何誤用程式的，而無需您付出任何額外的努力。

3. **自動生成幫助提示**。基於您的宣告性標記，ProgramOptions 會幫您創建格式良好、易於使用的文件。

4. **輕易從命令列轉為設定檔**。如果您想要改為從設定檔或環境變數中擷取配置，很容易可以從命令列引數轉換。

ProgramOptions 由三個部分組成：

1. **選項說明**任由您指定允許的選項。

2. **解析器元件**從命令列、設定檔和環境變數中擷取選項名稱和值。

3. **儲存元件**為您提供存取型別化選項的介面。

在以下小節中，您將學到上述的每一部分。

選項說明

選項描述元件由三個主要類別組成：

- boost::program_options::option_description 描述單一選項。
- boost::program_options::value_semantic 知道單一選項的所需型別。
- boost::program_options::options_description 是一個包含多個 option_description 型別物件的容器。

您可以建構一個 options_description 來為程式的選項指定一個描述。或者，可以在描述程式的建構子中包含一個字串引數。如果包含了它，將會列印在描述中，但是在功能上不會有影響。接下來，您用它的 add_options 方法來傳回 boost::program_options::options_description_easy_init 型別的特殊物件。這個類別有一個特殊的 operator()，它至少接受兩個引數。

第一個引數是要添加的選項名稱。ProgramOptions 非常聰明，所以您可以提供一個用逗號分隔的長名稱和短名稱。例如，如果您有名為 threads, t 的選項，ProgramOptions 會將參數 --threads 從命令列綁定到此選項。如果將選項命名改成 threads, t，ProgramOptions 會將 --threads 或 -t 綁定到您的選項。

第二個引數是對選項的描述。您可以用 value_semantic、C 語言寫法的字串描述或兩者兼而有之。因為 options_description_easy_init 會從 operator() 傳回對自身的參照，所以可以將這些呼叫連結在一起，以便用簡潔的形式來表示程式選項。通常，您不會直接創建 value_semantic 物件，而是用方便的範本函式 boost::program_options::value 來產生它們。它接受與所需選項型別所對應的單一範本參數，所產生的指標會指向一個物件，該物件具有將文字輸入（例如，從命令列）解析為所需型別的程式碼。例如，要指定 int 型別的選項，可以調用 value<int>()。

所產生的指向物件將有幾個方法，允許您指定有關該選項的額外資訊。例如，您可以用 default_value 方法來設定選項的預設值。要指定預設值為 42 的 int 型別的選項，請用以下寫法：

```
value<int>()->default_value(42)
```

另一個常見的樣式是可以接受多個 token 的選項。這樣的選項允許在元素之間有空格，它們將被解析為單一字串。要做到這一點，只需使用 multitoken 方法。例如，要指定一個選項可以接受多個 std::string 值，可寫成以下敘述：

```
value<std::string>()->multitoken()
```

如果希望允許同一選項的多個實例，可以指定其值為 std::vector，
如下所示：

```
value<std::vector<std::string>>()
```

如果您有一個布林選項，那麼可使用方便函式 boost::program_
options::bool_switch，它接受指向 bool 的指標。如果使用者包含
相對應的選項，函式將把所指向的 bool 設為 true。例如，如果包含
相對應的選項，則以下寫法會將名為 flag 的 bool 設為 true：

```
bool_switch(&flag)
```

options_description 類別支援 operator<<，因此可以創建格式良
好的說明對話方塊而無需任何額外的工作。列表 21-8 示範了如何
用 ProgramOptions 為名為 *mgrep* 的範例程式建立 program_options
物件。

列表 21-8：使用 Boost ProgramOptions 產生格式良好的說明對話方塊

```
#include <boost/program_options.hpp>
#include <iostream>
#include <string>

int main(int argc, char** argv) {
  using namespace boost::program_options;
  bool is_recursive{}, is_help{};

  options_description description{ "mgrep [options] pattern path1
path2 ..." }; ❶
  description.add_options()
          ("help,h", bool_switch(&is_help), "display a help dialog") ❷
          ("threads,t", value<int>()->default_value(4),
                        "number of threads to use") ❸
```

```
                ("recursive,r", bool_switch(&is_recursive),
                            "search subdirectories recursively") ❹
            ("pattern", value<std::string>(), "pattern to search for") ❺
            ("paths", value<std::vector<std::string>>(), "path to search"); ❻
    std::cout << description; ❼
}
```

```
mgrep [options] pattern path1 path2 ...:
  -h [ --help ]              display a help dialog
  -t [ --threads ] arg (=4)  number of threads to use
  -r [ --recursive ]         search subdirectories recursively
  --pattern arg              pattern to search for
  --path arg                 path to search
```

首先，您用自訂用法字串初始化 options_description 物件 ❶。接下來，調用 add_options 並開始添加選項：一個布林標誌指出是否顯示說明對話方塊 ❷，一個 int 指出要用多少執行緒 ❸，另一個布林標誌指出是否以 recursive 方式搜尋子目錄 ❹，一個 std::string 指出要在檔案中搜尋的樣式 ❺，以及與要搜尋的路徑相對應的 std::string 值的清單 ❻，最後將 description 寫入 stdout ❼。

假設尚未實作的 mgrep 程式總是需要一個 pattern 和一個 paths 引數。您可以將它們轉換為**位置引數**，顧名思義，它將根據它們的位置分配引數。為此，使用 boost::program_options::positional_options_description 類別，它不接受任何建構子引數。您用 add 方法，該方法接受兩個引數：與要轉換為位置引數的選項相對應的 C 語言寫法字串和與要綁定到它的引數個數相對應的 int。您可以多次調用 add 來添加多個位置引數。但順序很重要。位置引數將從左到右綁定，因此您調用的第一個 add 將應用於最左邊的位置引數。對於最後一個位置選項，可以用數字 -1 告訴 ProgramOptions 將所有剩餘元素綁定到相對應的選項。

列表 21-9 提供了一個程式碼片段，您可以將其附加到列表 21-7 中的 main 中，以添加位置引數。

列表 21-9：把位置引數加到列表 21-8 中

```
positional_options_description positional; ❶
positional.add("pattern", 1); ❷
positional.add("path", -1); ❸
```

您在沒有任何建構子引數的情況下初始化 positional_options_description ❶。接下來，調用 add 並傳遞引數 pattern 和 1，這將把第 個位置選項綁定到 *pattern* 選項 ❷。再次調用 add，這次傳遞引數路徑和 -1 ❸，這將把其餘的位置選項綁定到 *path* 選項 ❸。

解析選項

既然已經宣告了程式如何接受選項，就可以解析使用者輸入了。您可以從環境變數、設定檔和命令列進行配置。為簡潔起見，本節僅討論最後一個問題。

> **NOTE**
>
> 有關如何從環境變數和設定檔取得配置的資訊，請參閱 Boost ProgramOptions 文件，尤其是想關的教學內容。

要解析命令列輸入，可以使用 boost::program_options::command_line_parser 類別，該類別接受兩個建構子參數：int 對應於命令列上的引數個數 *argc*，char** 對應於命令列上的引數值 *argv*（或內容）。這個類別提供了幾個重要的方法，您將用這些方法來宣告解析器應該如何解釋使用者輸入。

首先，您要調用它的 options 方法，該方法接受與 options_description 相對應的單一引數。接下來，您要用 positional 接受與位置選項描述相對應的單一引數。最後，您要調用 run 而不帶任何引數。這會導致解析器解析命令列輸入並傳回 parsed_options 物件。

列表 21-10 提供了一個程式碼片段，您可以在列表 21-8 之後將其附加到 main 中，以合併命令列解析器。

列表 21-10：添加 command_line_parser 到列表 21-8

```
command_line_parser parser{ argc, argv }; ❶
parser.options(description); ❷
parser.positional(positional); ❸
auto parsed_result = parser.run(); ❹
```

您透過傳入 main 的引數來初始化名為 parser 的 command_line_parser ❶。接下來，將 options_description 物件傳給 options 方法 ❷，並將 positional_options_description 傳給 positional 方法 ❸，然後調用 run 方法來產生 parsed_options 物件 ❹。

> **WARNING**
>
> 如果使用者傳遞的輸入無法被解析，例如，因為它們提供的選項不是您描述的一部分，所以解析器將引發繼承自 std::exception 的例外。

儲存和存取選項

將程式選項儲存到 boost::program_options::variables_map 類別中，該類別的建構子中不帶引數。要將解析後的選項放入 variables_map，可以用 boost::program_options::store 方法，該方法將 parsed_options 物件當作第一個引數，並將 variables_map 物件當作第二個引數，然後調用 boost::program_options::notify 方法，該方法接受一個 variables_map 引數。此時，variables_map 包含使用者指定的所有選項。

列表 21-11 提供了一個程式碼片段，您可以在列表 21-10 之後將其追加到 main 中，以將結果解析為 variables_map。

列表 21-11：將結果儲存到變數映射 variables_map

```
variables_map vm; ❶
store(parsed_result, vm); ❷
notify(vm); ❸
```

首先宣告一個 variables_map ❶。接下來，將列表 21-10 中的 parsed_result 和新宣告的 variables_map 傳給 store ❷，然後調用 variables_map 上的 notify ❸。

variables_map 類別是一個關聯式容器，本質上類別似於 std::map<std::string, boost::any>。要擷取元素，可以利用 operator[]，將選項名稱當作鍵來傳遞。結果是 boost::any，因此您需要用其 as 方法將其轉換為正確的型別。（您在第 378 頁的「any」中學到了 boost::any。）利用 empty 方法檢查任何可能為空的選項非常重要，如果您未能這樣做，並且無論如何都要強制轉換 any，您將得到一個執行階段錯誤。

列表 21-12 說明了如行從 variables_map 查找到所要的值。

列表 21-12：從 variables_map 查找所要的值

```
if (is_help) std::cout << "Is help.\n"; ❶
if (is_recursive) std::cout << "Is recursive.\n"; ❷
std::cout << "Threads: " << vm["threads"].as<int>() << "\n"; ❸
if (!vm["pattern"].empty()) { ❹
  std::cout << "Pattern: " << vm["pattern"].as<std::string>() << "\n"; ❺
} else {
  std::cout << "Empty pattern.\n";
}
if (!vm["path"].empty()) { ❻
  std::cout << "Paths:\n";
  for(const auto& path : vm["path"].as<std::vector<std::string>>()) ❼
    std::cout << "\t" << path << "\n";
} else {
  std::cout << "Empty path.\n";
}
```

由於您用 bool_switch 值當作 help 和 recursive 的選項，所以您只需直接用這些布林值來確定使用者是否請求了其中任何一個 ❶ ❷。因為執行緒有一個預設值，所以您不需要確保它是空的，因此您可以直接用 as<int> 擷取它的值 ❸。對於那些沒有預設值的選項，例如 pattern，您首先檢查它是否為 empty ❹。如果這些選項不是空的，您可以用 as<std::string> 擷取它們的值 ❺。對於 path ❻，您也可以這樣做，這允許您使用 <std::vector<std::string> 擷取使用者提供的集合 ❼。

把所有的東西結合起來

現在您已經具備了組裝基於程式選項的應用程式所需的所有知識。列表 21-13 展示了將前面的列表紅合在一起的方法。

列表 21-13：使用前面列表的完整命令列參數解析的應用程式

```cpp
#include <boost/program_options.hpp>
#include <iostream>
#include <string>

int main(int argc, char** argv) {
  using namespace boost::program_options;
  bool is_recursive{}, is_help{};

  options_description description{ "mgrep [options] pattern path1
path2 ..." };
  description.add_options()
          ("help,h", bool_switch(&is_help), "display a help dialog")
          ("threads,t", value<int>()->default_value(4),
                        "number of threads to use")
          ("recursive,r", bool_switch(&is_recursive),
                        "search subdirectories recursively")
          ("pattern", value<std::string>(), "pattern to search for")
          ("path", value<std::vector<std::string>>(), "path to search");

  positional_options_description positional;
  positional.add("pattern", 1);
```

```
positional.add("path", -1);

command_line_parser parser{ argc, argv };
parser.options(description);
parser.positional(positional);

variables_map vm;
try {
  auto parsed_result = parser.run(); ❶
  store(parsed_result, vm);
  notify(vm);
} catch (const std::exception& e) {
  std::cerr << e.what() << "\n";
  return -1;
}

if (is_help) { ❷
  std::cout << description;
  return 0;
}
if (vm["pattern"].empty()) { ❸
  std::cerr << "You must provide a pattern.\n";
  return -1;
}
if (vm["path"].empty()) { ❹
  std::cerr << "You must provide at least one path.\n";
  return -1;
}
const auto threads = vm["threads"].as<int>();
const auto& pattern = vm["pattern"].as<std::string>();
const auto& paths = vm["path"].as<std::vector<std::string>>();
// Continue program here ... ❺
std::cout << "Ok." << std::endl;
}
```

與之前的列表不同的是，您用 **try-catch** 程式區塊將調用包裝為在解析器上執行，以減少使用者錯誤的輸入 ❶。如果使用者確實提供了錯誤輸入，您只需捕獲例外，將錯誤列印到 stderr，然後回傳。

一旦像列表 21-8 到 21-12 那樣宣告程式選項並儲存它們之後，您要先檢查使用者是否請求了幫助提示 ❷。如果是的話，只需列印用法並退出，因為不需要執行任何進一步的檢查。接下來，執行一些錯誤檢查以確保使用者提供了一個樣式 ❸ 和至少一個路徑 ❹。如果沒有，則列印錯誤以及程式的正確用法並退出；否則，可以繼續撰寫程式 ❺。

列表 21-14 顯示了程式的各種輸出，這些輸出被編譯成二進位 mgrep。

列表 21-14：列表 21-13 中程式的各種調用和輸出

```
$ ./mgrep ❶
You must provide a pattern.
$ ./mgrep needle ❷
You must provide at least one path.
$ ./mgrep --supercharge needle haystack1.txt haystack2.txt ❸
unrecognised option '--supercharge'
$ ./mgrep --help ❹
mgrep [options] pattern path1 path2 ...:
  -h [ --help ]          display a help dialog
  -t [ --threads ] arg (=4) number of threads to use
  -r [ --recursive ]     search subdirectories recursively
  --pattern arg          pattern to search for
  --path arg             path to search
$ ./mgrep needle haystack1.txt haystack2.txt haystack3.txt ❺
Ok.
$ ./mgrep --recursive needle haystack1.txt ❻
Ok.
$ ./mgrep -rt 10 needle haystack1.txt haystack2.txt ❼
Ok.
```

前三個調用傳回錯誤的原因各不相同：沒有提供樣式 ❶，沒有提供路徑 ❷，或者提供了無法識別的選項 ❸。

在下一個調用中，您提供了 --help 選項，因此您將獲得友善的幫助對話方塊 ❹。最後三個調用將正確解析，因為它們都包含一個樣式和至少一個路徑。第一個沒有包含選項 ❺，第二個使用長選項名稱語法 ❻，第三個使用短選項語法 ❼。

有關編譯的特殊主題

本節介紹幾個重要的前置處理器特性，這些特性將幫助您理解雙重納入問題（將在下一節中描述）以及如何解決該問題。您將學習使用編譯器標誌來最佳化程式碼的不同選項。此外，您還將學習如何允許連結器使用特殊的語言關鍵字與 C 進行互動操作。

重訪前置處理器

前置處理器是一個在編譯前對原始程式碼應用簡單轉換的程式，您要用前置處理器指示詞對前置處理器下指令。所有前置處理器指示詞都以雜湊標記（hash mark, #）開頭。回想一下第 5 頁的「編譯器工具鏈」，#include 是一個前置處理器指示詞，它告訴前置處理器將相對應頭的內容直接複製並貼到原始程式碼中。

前置處理器還支援其他指示詞，最常見的是巨集（macro），這是一段有被命名的程式碼。每當在 C++ 程式碼中使用該名稱時，前置處理器就用巨集的內容替換該名稱。

這兩種不同的巨集是類以物件巨集和類以函式巨集，您用以下語法宣告類似物件的巨集：

```
#define <NAME> <CODE>
```

其中 NAME 是巨集的名稱，CODE 是替換該名稱的程式碼。例如，列表 21-15 示範了如何為巨集定義字串文字。

列表 21-15：使用類似物件巨集的 C++ 程式

```
#include <cstdio>
#define MESSAGE "LOL" ❶
```

```
int main(){
  printf(MESSAGE); ❷
}
```

LOL

您定義了對應於程式碼 "LOL" 的巨集 MESSAGE ❶。接下來，將巨集 MESSAGE 檔作 printf 的格式字串 ❷。在前置處理程序完成列表 21-15 的工作之後，編譯器將其顯示為列表 21-16。

列表 21-16：前置處理列表 21-15 的結果

```
#include <cstdio>

int main(){
  printf("LOL");
}
```

這裡的前置處理器不過是一個複製貼上的工具。巨集消失了，只剩下一個簡單的程式將 LOL 列印到控制台。

NOTE

> 如果您想檢查前置處理器所做的工作，編譯器通常會有一個標誌，將編譯限制為只執行前置處理的步驟。這將導致編譯器發出對應於每個翻譯單元的前置處理原始檔案。例如，在 GCC、Clang 和 MSVC 上，可以使用 -E 標誌。

類似函式的巨集與類似物件的巨集一樣，不同之處在於它可以在其識別字之後取得參數列表：

```
#define <NAME>(<PARAMETERS>) <CODE>
```

您可以在 *CODE* 中使用這些 *PARAMETERS*，允許使用者自訂巨集的行為。列表 21-17 包含類似函式的巨集 SAY_LOL_WITH。

列表 21-17：一個具有類似函式巨集的 C++ 程式

```
#include <cstdio>
#define SAY_LOL_WITH(fn) fn("LOL")  ❶

int main() {
  SAY_LOL_WITH(printf);  ❷
}
```

巨集 SAY_LOL_WITH 接受一個名為 fn 的參數 ❶。前置處理器將巨集貼到運算式 fn("LOL") 中。當計算 SAY_LOL_WITH 時，前置處理器會把 printf 貼到運算式中 ❷，產生一個翻譯單元，如列表 21-16 所示。

條件編譯

前置處理器還提供了條件編譯的功能，這個功能提供了基本的 if-else 邏輯。有幾種類別的條件編譯可用，列表 21-18 中說明了您最可能遇到的一種。

列表 21-18: 一個帶有條件編譯的 C++ 程式

```
#ifndef MY_MACRO  ❶
// Segment 1  ❷
#else
// Segment 2  ❸
#endif
```

如果在前置處理器評估 #ifndef 時未定義 MY_MACRO ❶，則列表 21-18 將簡化為以 // Segment 1 表示的程式碼 ❷。如果定義了 MY_MACRO，則列表 21-18 將評估以 // Segment 2 表示的程式碼 ❸，列表中的 #else 是非必需的選項。

雙重納入

除了使用 #include 之外，您應該儘可能避免使用前置處理器。前置處理器非常原始，如果過於依賴它，將增加除錯的困難度。這在 #include 中很明顯，它是一個簡單的複製和貼上命令。

由於一個符號只能定義一次（這個規則稱為一次定義規則），所以您必須確保您的標頭不會試圖重新定義符號。犯下這種錯誤最簡單方法是納入相同的標頭兩次，這稱為雙重包含問題（*double-inclusion problem*）。

避免雙重包含問題的方法通常是用條件編譯來產生納入防護（*include guard*）。納入防護會檢測標頭是否已被納入。如果有的話，就用條件編譯來清空標頭。列表 21-19 示範了如何在標頭周圍放置納入防護。

列表 21-19：加上了納入防護的 `<step_function.h>`

```
// step_function.h
#ifndef STEP_FUNCTION_H ❶
int step_function(int x);
#define STEP_FUNCTION_H ❷
#endif
```

當前置處理器第一次在原始檔中納入 step_function.h 時，巨集 STEP_FUNCTION_H 並沒有被定義，因此 #ifndef 會產生到 #endif 的程式碼。在這段程式碼中，您 #define 了巨集 STEP_FUNCTION_H ❷。這確保了如果前置處理器再次納入 step_function.h 時，#ifndef STEP_FUNCTION_H 的評估結果為 false，因此不會產生任何程式碼。

納入防護無處不在，以至於大多數現代工具鏈都支援 #pragma once 這個特殊語法。如果一個支援的前置處理器看到這一行，它的行為就像標頭有入防護一樣。這就省去了不少撰寫上的儀式。利用這樣的寫法，您可以將列表 21-19 重構為列表 21-20。

列表 21-20：改成使用 #progma once 的 step_function.h

```
#pragma once ❶
int step_function(int x);
```

這裡所做的只是一開始就使用 #pragma once，這是首選的方法。一般來說，每個標頭都應該以 #pragma once 開頭。

編譯器最佳化

現代編譯器可以對程式碼進行複雜的轉換，以提高執行時的效能並減少所產生的二進位檔大小。這些轉換被稱為**最佳化**（*optimizations*），它們會給程式設計師帶來一些額外的成本，因為最佳化必然會增加編譯時間。此外，最佳化的程式碼通常比未最佳化的程式碼更難除錯，因為最佳化器通常會將一些指令清除並重新排序。總之，您通常希望在程式設計時關閉最佳化，但在測試和正式上線時開啟它們。因此，編譯器通常提供幾個最佳化選項。表 21-1 描述了 GCC 8.3 中提供的最佳化選項的其中一個例子，不過這些標誌在主要編譯器中也非常普遍。

表 21-1：GCC 8.3 最佳化選項

控制選項	描述
-O0 (default)	關閉最佳化以　少編譯時間，可產生良好的除錯體驗，但執行時效能不理想。
-O or -O1	執行大多數可用的最佳化，但忽略那些可能需要大量（編譯）時間的最佳化。
-O2	完成在 -O1 時進行的所有最佳化，加上幾乎所有不會顯著增加二進位檔案大小的最佳化，編譯可能要比用 -O1 花費更長的時間。
-O3	完成在 -O2 時執行的所有最佳化，再加上許多可能會顯著增加二進位檔案大小的最佳化，這比 -O1 和 -O2 需要更多的編譯時間。
-Os	類似於 -O2 的最佳化，但優先　少二進位檔案大小。您可以將此（非正式地）看作是 -O3 的陪襯，-O3 願意增加二進位檔案大小以換取效能，而 -Os 會執行任何不增加二進位檔案大小的 -O2 最佳化。
-Ofast	啟用所有 -O3 最佳化，以及一些可能違反符合標準的危險最佳化，使用時要自行小心。
-Og	啟用不會降低除錯體驗的最佳化。提供了合理最佳化、快速編譯和易於除錯的良好平衡。

一般來說，產生正式環境二進位檔時採用 -O2，除非您有充分的理由要改變這個選項。對於除錯而言，請使用 -Og。

與 C 連結

您可以用語言連結（*language linkage*）讓 C 程式碼與您的程式中的函式和變數合併在一起。語言連結指示編譯器產生對另一種目的語言友好的特定格式的符號。例如，為了允許一個 C 程式使用您的函式，您只需將 extern "C" 加到您的程式碼中。

考慮列表 21-21 中的 sum.h 標頭，它為 sum 產生了一個與 C 相容的符號。

列表 21-21：讓 sum 函式可用於 C 連結器的標頭

```
// sum.h
#pragma once
extern "C" int sum(const int* x, int len);
```

現在編譯器將產生 C 連結器可以使用的物件。要在 C 程式碼中使用此函式，只需按照以下步驟宣告 sum 函式：

```
int sum(const int* x, size_t len);
```

然後指示您的 C 連結器納入 C++ 目的檔。

> **NOTE**
>
> 根據 C++ 標準，pragma 是一種向編譯器提供原始程式碼中所嵌入內容之外的額加資訊的方法。這些資訊是依實作而定的，因此編譯器不需要以任何方式使用 pragma 所指定的資訊。Pragma 是希臘文的字根，意思是「一個事實」。

您也可以用相反的方式來進行互動操作：用 C 編譯器產生目的檔連結器，並在 C++ 程式中使用 C 編譯器輸出。

假設 C 編譯器產生了一個與 sum 等效的函式。您可以用 sum.h 標頭進行編譯，由於語言連結，連結器使用目的檔案不會有問題。

如果有許多外部函式，可以使用大括號 {}，如列表 21-22 所示。

列表 21-22：列表 21-21 的重構，其中包含多個函式外部修飾語

```
// sum.h
#pragma once

extern "C" {
  int sum_int(const int* x, int len);
  double sum_double(const double* x, int len);
--snip--
}
```

sum_int 和 sum_double 函式將具有 C 語言連結。

NOTE

您還可以用 Poost Python 在 C++ 和 Python 之間進行互動操作。有關詳細資訊，請參閱 Boost 文件。

摘要

在本章中，您首先學到了支援您與應用程式生命週期互動的程式特性。接下來，我們探討了 Boost P rogram O ptions，它允許您使用宣告性語法輕鬆地接受使用者的輸入。然後，您檢視了編譯中的一些主題，這將有助於擴展 C++ 應用程式開發的視野。

練習

21-1. 將優雅的鍵盤中斷處理添加到列表 20-12 的非同步大寫 echo 伺服器中。添加一個 kill 開關,這個開關具有靜態儲存持續時間,會話物件和接受者在將更多非同步 I/O 排入佇列之前檢查該時間。713

21-2. 在列表 20-10 中為非同步 HTTP 客戶端添加程式選項。它應該接受主機(例如 *www.nostarch.com*)和一個或多個資源(例如 */index.htm*)的選項,並且應該為每個資源創建一個單獨的請求。

21-3. 在練習 21-2 的程式中添加另一個選項,該選項接受一個目錄,您要在其中寫入所有 HTTP 的回應。從每個主機 / 資源組合衍生一個檔案名稱。

21-4. 實作 mgrep 程式。它應該包含您在第 2 部分中所學到的許多函式庫。研究 Boost 演算法中的 Boyer-Moore 搜尋演算法(在 <boost/algorithm/search/Boyer_moor.hpp> 標題中)。用 std::async 啟動任務並決定協調它們之間運作的方式。

延伸閱讀

- 《*Boos tC++ 函式庫*》,第 2 版,作者:Boris Schaling(XML 出版社,2014)

- 《*C++ API 設計*》,作者:Martin Reddy(Morgan Kaufmann,2011)

索引

※ 提醒您：由於翻譯書排版的關係，部分索引名詞的對應頁碼會和實際頁碼有一頁之差。

M

macOS

    development environment (開發環境), 9

    integer size on (~ 上的整數大小), 40

macro (巨集), 952

magic values (神奇值), 273

`main` (主程序), 364

`make_simple_unique`, 235

`malloc`, 251

manipulators (操縱器), 716

Marx, Groucho (馬克思 , 格魯喬), 130

match condition (Boost Asio) (符合條件),
    907

matchers (Google Mock) (匹配器), 327–329

match (regex) (符合 (regex)), 679

The Matrix (《駭客任務》), 806

`max` (最大), 525

max heap (最大堆積), 853

maximum load factor (最大負載係數), 597

`mean` (genericizing) (平均 (泛型化)),
    155–158

member (成員), 68

    access operator (存取運算子), 246

    destruction order (解構順序), 147

    inheritance (繼承), 139–140

    initialization (初始化), 75

    initialization order 初始化順序), 147

    initializer lists (初始設定式列表), 110

    static (靜態), 122

member-of-object operator (物件成員運算
    子), 246

member-of-pointer operator (指標成員運算
    子), 246

memory fragmentation (記憶體碎片), 251

memory leaks (記憶體漏失), 126

memory management (記憶體管理), 118,
    251

Mercer, Leigh (默瑟 , 雷伊), 698, 798

merging (algorithm) (合併 (演算法)), 839

Mersenne Twister (梅森旋轉演算法), 534

metaprogramming (中繼程式設計), 237

methods (方法), 73

Meyers, Scott (梅耶 , 史考特), xxxii, 65,
    138, 210, 235, 557, 661–662

mgrep, 950

microseconds (微秒), 520

Microsoft Visual C++ Compiler (MSVC) (微
    軟 Visual C++ 編譯器 , 6

Microsoft Windows (微軟視窗), 6

milliseconds (毫秒), 520

`min` (最小), 525

minutes (分鐘), 520

mock (模擬), 396

`Mock` (模擬), 332–336

`MOCK_CONST_METHOD` (模擬常數方法), 434

mocking (模擬), 431

`MOCK_METHOD` (模擬方法), 434

`MockRepository` (模擬儲存庫), 332–336

*Modern C++ Design: Generic Programming
    and Design Patterns Applied*
    (Alexandrescu) (*C++ 設計新思維—
    泛型編程與設計範式之應用*(亞歷
    山大雷斯庫)), 237

modifier methods (path) (修改器方法 (路
    徑)), 744

modulo % (模數), 243

The Moon is a Harsh Mistress (Heinlein)
    (《怒月》(海萊因)), xl

most vexing parse (最煩人的解析), 84

move (移動)

    construction (建構), 211

    iterator adaptor (疊代轉接器), 639

    semantics (語意), lv, 163

資源

請造訪 *https://nostarch.com/cppcrashcourse/* 以獲取更新、勘誤表和更多資訊。

C++程式設計的樂趣｜範例實作與 專題研究的程式設計課

作　　者：Josh Lospinoso
譯　　者：張耀鴻
企劃編輯：蔡彤孟
文字編輯：詹祐甯
設計裝幀：張寶莉
發 行 人：廖文良

發 行 所：碁峰資訊股份有限公司
地　　址：台北市南港區三重路 66 號 7 樓之 6
電　　話：(02)2788-2408
傳　　真：(02)8192-4433
網　　站：www.gotop.com.tw
書　　號：ACL058700
版　　次：2021 年 10 月初版
建議售價：NT$880

國家圖書館出版品預行編目資料

C++程式設計的樂趣：範例實作與專題研究的程式設計課 / Josh
　　Lospinoso 原著；張耀鴻譯. -- 初版. -- 臺北市：碁峰資訊，
　　2021.10
　　　　面；　公分
　　譯自：C++ Crash Course: A Fast-Paced Introduction.
　　ISBN 978-986-502-883-1(平裝)
　　1.C++(電腦程式語言)
312.32C　　　　　　　　　　　　　　　　　110010603